Código Civil

Código Civil

2020 · 12ª Edição

Casamento Civil entre Pessoas do mesmo Sexo
Medidas de Proteção das Pessoas que Vivam em Economia Comum
Medidas de Proteção das Uniões de Facto
Testamento Vital
Novo Regime do Arrendamento Urbano
Balcão Nacional do Arrendamento e Procedimento Especial de Despejo
Regime de Determinação do Nível de Conservação dos Prédios Urbanos ou Frações Autónomas
Novo Regime do Arrendamento Rural
Cláusulas Contratuais Gerais
Regime Especial de Constituição Imediata de Associações

ALMEDINA

CÓDIGO CIVIL
1ª Edição: Setembro, 2011
EDITOR
EDIÇÕES ALMEDINA, S.A.
Rua Fernandes Tomás, n.ºs 76, 78 e 80
3000-167 Coimbra
Tel.: 239 851 904 · Fax: 239 851 901
www.almedina.net · editora@almedina.net
DESIGN DE CAPA
FBA.
PRÉ-IMPRESSÃO
EDIÇÕES ALMEDINA, S.A.
IMPRESSÃO E ACABAMENTO
PUBLITO - BRAGA

Fevereiro, 2020
DEPÓSITO LEGAL
466860/20

Apesar do cuidado e rigor colocados na elaboração da presente obra, devem os diplomas legais dela constantes ser sempre objeto de confirmação com as publicações oficiais.
Toda a legislação contida na presente obra encontra-se atualizada de acordo com os diplomas publicados em Diário da República, independentemente de terem já iniciado a sua vigência ou não.
Os textos legislativos apresentam a grafia com que foram publicados em Diário da República. Por determinação da RCM 8/2011, de 25-01, a partir de 1 de janeiro de 2012, tornou-se obrigatória a aplicação do Acordo Ortográfico à publicação do Diário da República, razão pela qual coexistem ambas as grafias.

ALMEDINA | GRUPOALMEDINA

BIBLIOTECA NACIONAL DE PORTUGAL – CATALOGAÇÃO NA PUBLICAÇÃO
PORTUGAL. Leis, decretos, etc. Código civil
Código civil. – 12ª ed. – (Textos da lei)
ISBN 978-972-40- 8349-0
CDU 347

NOTA PRÉVIA À 12ª EDIÇÃO

Desde a última edição desta obra, foram várias e importantes as alterações sofridas quer pelo Código Civil quer por diplomas da legislação complementar dela constante.

Desde logo, a Lei nº 85/2019, de 3 de setembro, alterou o Código Civil, revogando o instituto do prazo internupcial.

O Decreto-Lei nº 66/2019, de 21 de maio, que alterou as regras aplicáveis à intimação para a execução de obras de manutenção, reabilitação ou demolição e sua execução coerciva, implicou modificações em dois diplomas da legislação complementar desta obra: o Decreto-Lei nº 157/2006, de 8 de agosto, que aprovou o regime jurídico das obras em prédios arrendados, e o Decreto-Lei nº 307/2009, de 23 de outubro, que contém o regime jurídico da reabilitação urbana.

No mesmo dia foi também aprovado o Decreto-Lei nº 67/2019, que procede ao agravamento do imposto municipal sobre imóveis relativamente a prédios devolutos em zonas de pressão urbanística. Esse agravamento provocou uma alteração no Decreto-Lei nº 157/2006, de 8 de agosto, que aprovou o regime jurídico das obras em prédios arrendados.

Há também um novo diploma na legislação complementar desta obra. O Decreto-Lei nº 1/2020, de 9 de janeiro, criou o direito real de habitação duradoura, que faculta a uma ou a mais pessoas singulares o gozo de uma habitação alheia como sua residência permanente por um período vitalício, mediante o pagamento ao respetivo proprietário de uma caução pecuniária e de contrapartidas periódicas.

Contendo estas alterações e novidades, a 12ª edição deste Código Civil encontra-se totalmente atualizada e apta a servir as necessidades de todos quantos lidam com o Direito Civil na sua atividade profissional.

Coimbra, fevereiro de 2020
CECÍLIA SANTOS

Decreto-Lei nº 47344, de 25 de novembro de 1966

Usando da faculdade conferida pela 1ª parte do nº 2 do artigo 109º da Constituição, o Governo decreta e eu promulgo, para valer como lei, o seguinte:

ARTIGO 1º – Aprovação do Código Civil

É aprovado o Código Civil que faz parte do presente decreto-lei.

ARTIGO 2º – Começo de vigência

1 – O Código Civil entra em vigor no continente e ilhas adjacentes no dia 1 de Junho de 1967, à excepção do disposto nos artigos 1841º e 1850º, que começará a vigorar somente em 1 de Janeiro de 1968.

2 – O código não é, porém, aplicável às acções que estejam pendentes nos tribunais no dia da sua entrada em vigor, salvo o disposto nos artigos 17º e 21º do presente decreto-lei.

ARTIGO 3º – Revogação do direito anterior

Desde que principie a vigorar o novo Código Civil, fica revogada toda a legislação civil relativa às matérias que esse diploma abrange, com ressalva da legislação especial a que se faça expressa referência.

ARTIGO 4º – Remissões para o Código de 1867

Todas as remissões feitas em diplomas legislativos para o Código Civil de 1867 consideram-se feitas para as disposições correspondentes do novo código.

ARTIGO 5º – Aplicação no tempo

A aplicação das disposições do novo código a factos passados fica subordinada às regras do artigo 12º do mesmo diploma, com as modificações e os esclarecimentos constantes dos artigos seguintes.

ARTIGO 6º – Pessoas colectivas

As disposições dos artigos 157º a 194º do novo Código Civil não prejudicam as normas de direito público contidas em leis administrativas.

ARTIGO 7º – Interdições

Os dementes, surdos-mudos ou pródigos que tenham sido total ou parcialmente interditos do exercício de direitos, ou venham a sê-lo em acções pendentes, mantêm o grau de incapacidade que lhes tiver sido ou vier a ser fixado na sentença ou que resultar da lei anterior.

ARTIGO 8º – Privilégios creditórios e hipotecas legais

1 – Não são reconhecidos para o futuro, salvo em acções pendentes, os privilégios e hipotecas legais que não sejam concedidos no novo Código Civil, mesmo quando conferidos em legislação especial.

2 – Exceptuam-se os privilégios e hipotecas legais concedidas ao Estado ou a outras pessoas colectivas públicas, quando se não destinem à garantia de débitos fiscais.

ARTIGO 9º – Sociedades universais e familiares

Às sociedades universais e familiares constituídas até 31 de Maio de 1967 serão aplicáveis, até à sua extinção, respectivamente, as disposições dos artigos 1243º a 1248º e 1281º a 1297º do Código Civil de 1867.

ARTIGO 10º – Arrendamentos em Lisboa e Porto

Enquanto não for revista a situação criada em Lisboa e Porto pela suspensão das avaliações fiscais para o efeito da actualização de rendas dos prédios destinados a habitação, mantém-se o regime excepcional da Lei nº 2030, de 22 de Junho de 1948, quanto a esses arrendamentos.

ARTIGO 11º – Parceria agrícola

Ao contrato de parceria agrícola são aplicáveis, para o futuro, as disposições que regulam o arrendamento rural.

ARTIGO 12º – Foros do Estado

Na determinação do quantitativo do laudémio nos foros do Estado, para efeitos do disposto no artigo 1517º do novo Código Civil, atender-se-á ao valor dos respectivos prédios que resulte da matriz.

ARTIGO 13º – Anulação do casamento

1 – Os casamentos civis celebrados até 31 de Maio de 1967 não podem ser declarados nulos ou anulados, se para tal não houver fundamento reconhecido tanto pela lei antiga como pela nova lei civil, a não ser que já esteja pendente, naquela data, a respectiva acção.

2 – O disposto nos artigos 1639º e 1646º do novo código é aplicável às acções que forem intentadas depois de 31 de Maio de 1967, sem prejuízo do que, relativamente aos prazos, prescreve o artigo 297º do mesmo diploma.

ARTIGO 14º – Efeitos do casamento

O disposto nos artigos 1671º a 1697º do novo código é aplicável aos casamentos celebrados até 31 de Maio de 1967, mas em caso algum serão anulados os actos praticados pelos cônjuges na vigência da lei antiga, se em face desta não estiverem viciados.

ARTIGO 15º – Regime de bens

O preceituado nos artigos 1717º a 1752º só é aplicável aos casamentos celebrados até 31 de Maio de 1967 na medida em que for considerado como interpretativo do direito vigente, salvo pelo que respeita ao nº 2 do artigo 1739º

ARTIGO 16º – Doações para casamento e entre casados. Separação e divórcio

1 – Sem prejuízo da regra estabelecida no nº 2 do artigo 2º deste decreto-lei, são aplicáveis aos casamentos celebrados até 31 de Maio de 1967 as disposições do novo Código Civil relativas à caducidade das doações para casamento, às doações entre casados, à separação dos cônjuges ou dos seus bens e ao divórcio.

2 – Não pode, no entanto, ser decretada a separação judicial de pessoas e bens ou o divórcio de cônjuges casados até 31 de Maio de 1967 com fudamento em facto que não seja relevante segundo a lei vigente à data da sua verificação.

ARTIGO 17º – Conversão da separação em divórcio

O disposto nos artigos 1793º é aplicável nas acções pendentes e nos processos findos à data da entrada em vigor do novo Código Civil.

ARTIGO 18º – Impugnação da legitimidade

1 – Até 31 de Outubro de 1967 pode o marido da mãe intentar acção de impugnação da paternidade, com fundamento em qualquer dos factos referidos nas alíneas *c*) e *d*) do artigo 1817º do novo Código Civil, relativamente ao filho nascido antes da entrada em vigor deste diploma, com prejuízo do disposto no artigo 1818º

2 – Dentro do mesmo prazo serão recebidos nos tribunais de menores os requerimentos a que se refere o artigo 1820º, seguindo-se os demais termos da impugnação oficiosa, desde que o filho tenha menos de catorze anos de idade à data da apresentação do requerimento.

ARTIGO 19º – Acções de investigação de maternidade ou paternidade ilegítima

O facto de se ter esgotado o período a que se refere o nº 1 do artigo 1854º não impede que as acções de investigação de maternidade ou paternidade ilegítima sejam propostas até 31 de Maio de 1968, desde que não tenha caducado antes, em face da legislação anterior, o direito de as propor.

ARTIGO 20º – Filhos adulterinos

Os assentos secretos de perfilhação de filhos adulterinos, validamente lavrados ao abrigo da legislação vigente, tornar-se-ão públicos mediante averbamento oficioso sempre que sejam passadas certidões do respectivo registo de nascimento.

ARTIGO 21º - Tutela e curatela

As disposições do novo Código Civil relativas à tutela e à curatela são aplicáveis às tutelas e curatelas instauradas até 31 de Maio de 1967; porém, os tutores e os curadores já nomeados manter-se-ão nos seus cargos enquanto deles não se escusarem ou enquanto não forem removidos ou exonerados.

ARTIGO 22º - Declaração de nulidade ou anulação de testamento ou de disposições testamentárias

Os testamentos anteriores a 31 de Maio de 1967 e as disposições testamentárias neles contidas só podem ser declarados nulos ou anulados, por vício substancial ou de forma, se o respectivo fundamento for também reconhecido pelo novo Código Civil, salvo se a acção já estiver pendente naquela data.

ARTIGO 23º - Testamentaria

As atribuições do testamenteiro são as que lhe forem fixadas pela lei vigente à data da feitura do testamento.

Publique-se e cumpra-se como nele se contém.
Paços do Governo da República, 25 de Novembro de 1966.
– AMÉRICO DEUS RODRIGUES THOMAZ – *António de Oliveira Salazar – António Jorge Martins da Mota Veiga – Manuel Gomes de Araújo – Alfredo Rodrigues dos Santos Júnior – João de Matos Antunes Varela – Ulisses Cruz de Aguiar Cortês – Joaquim da Luz Cunha – Fernando Quintanilha Mendonça Dias – Alberto Marciano Gorjão Franco Nogueira – Eduardo de Arantes e Oliveira – Joaquim Moreira da Silva Cunha – Inocêncio Galvão Teles – José Gonçalo da Cunha Sottomayor Correia de Oliveira – Carlos Gomes da Silva Ribeiro – José João Gonçalves de Proença – Francisco Pereira Neto de Carvalho.*
Para ser presente à Assembleia Nacional.

Código Civil

LIVRO I
PARTE GERAL

TÍTULO I – Das leis, sua interpretação e aplicação

CAPÍTULO I – Fontes do direito

ARTIGO 1º – Fontes imediatas

1 – São fontes imediatas do direito as leis e as normas corporativas.

2 – Consideram-se leis todas as disposições genéricas provindas dos órgãos estaduais competentes; são normas corporativas as regras ditadas pelos organismos representativos das diferentes categorias morais, culturais, económicas ou profissionais, no domínio das suas atribuições, bem como os respectivos estatutos e regulamentos internos.

3 – As normas corporativas não podem contrariar as disposições legais de carácter imperativo.

ARTIGO 2º – Assentos

(Revogado pelo Decreto-Lei nº 329-A/95, de 12-12)

ARTIGO 3º – Valor jurídico dos usos

1 – Os usos que não forem contrários aos princípios da boa fé são juridicamente atendíveis quando a lei o determine.

2 – As normas corporativas prevalecem sobre os usos.

ARTIGO 4º – Valor da equidade

Os tribunais só podem resolver segundo a equidade:

a) Quando haja disposição legal que o permita;

b) Quando haja acordo das partes e a relação jurídica não seja indisponível;

c) Quando as partes tenham previamente convencionado o recurso à equidade, nos termos aplicáveis à cláusula compromissória.

CAPÍTULO II – Vigência, interpretação e aplicação das leis

ARTIGO 5º – Começo da vigência da lei

1 – A lei só se torna obrigatória depois de publicada no jornal oficial.

2 – Entre a publicação e a vigência da lei decorrerá o tempo que a própria lei fixar ou, na falta de fixação, o que for determinado em legislação especial.

ARTIGO 6º – Ignorância ou má interpretação da lei

A ignorância ou má interpretação da lei não justifica a falta do seu cumprimento nem isenta as pessoas das sanções nela estabelecidas.

ARTIGO 7º – Cessação da vigência da lei

1 – Quando se não destine a ter vigência temporária, a lei só deixa de vigorar se for revogada por outra lei.

2 – A revogação pode resultar de declaração expressa, da incompatibilidade entre as novas disposições e as regras precedentes ou da circunstância de a nova lei regular toda a matéria da lei anterior.

3 – A lei geral não revoga a lei especial, excepto se outra for a intenção inequívoca do legislador.

4 – A revogação da lei revogatória não importa o renascimento da lei que esta revogara.

ARTIGO 8º – Obrigação de julgar e dever de obediência à lei

1 – O tribunal não pode abster-se de julgar, invocando a falta ou obscuridade da lei ou alegando dúvida insanável acerca dos factos em litígio.

2 – O dever de obediência à lei não pode ser afastado sob pretexto de ser injusto ou imoral o conteúdo do preceito legislativo.

3 – Nas decisões que proferir, o julgador terá em consideração todos os casos que mereçam tratamento análogo, a fim de obter uma interpretação e aplicação uniformes do direito.

ARTIGO 9º – Interpretação da lei

1 – A interpretação não deve cingir-se à letra da lei, mas reconstituir a partir dos textos o pensamento legislativo, tendo sobretudo em conta a unidade do sistema jurídico, as circunstâncias em que a lei foi elaborada e as condições específicas do tempo em que é aplicada.

2 – Não pode, porém, ser considerado pelo intérprete o pensamento legislativo que não tenha na letra da lei um mínimo de correspondência verbal, ainda que imperfeitamente expresso.

3 – Na fixação do sentido e alcance da lei, o intérprete presumirá que o legislador consagrou as soluções mais acertadas e soube exprimir o seu pensamento em termos adequados.

ARTIGO 10º – Integração das lacunas da lei

1 – Os casos que a lei não preveja são regulados segundo a norma aplicável aos casos análogos.

2 – Há analogia sempre que no caso omisso procedam as razões justificativas da regulamentação do caso previsto na lei.

3 – Na falta de caso análogo, a situação é resolvida segundo a norma que o próprio intérprete criaria, se houvesse de legislar dentro do espírito do sistema.

ARTIGO 11º – Normas excepcionais

As normas excepcionais não comportam aplicação analógica, mas admitem interpretação extensiva.

ARTIGO 12º – Aplicação das leis no tempo. Princípio geral

1 – A lei só dispõe para o futuro; ainda que lhe seja atribuída eficácia retroactiva, presume-se que ficam ressalvados os efeitos já produzidos pelos factos que a lei se destina a regular.

2 – Quando a lei dispõe sobre as condições de validade substancial ou formal de quaisquer factos ou sobre os seus efeitos, entende-se, em caso de dúvida, que só visa os factos novos; mas, quando dispuser directamente sobre o conteúdo de certas relações jurídicas, abstraindo dos factos que lhes deram origem, entender-se-á que a lei abrange as próprias relações já constituídas, que subsistam à data da sua entrada em vigor.

ARTIGO 13º – Aplicação das leis no tempo. Leis interpretativas

1 – A lei interpretativa integra-se na lei interpretada, ficando salvos, porém, os efeitos já produzidos pelo cumprimento da obrigação, por sentença passada em julgado, por transacção, ainda que não homologada, ou por actos de análoga natureza.

2 – A desistência e a confissão não homologadas pelo tribunal podem ser revogadas pelo desistente ou confitente a quem a lei interpretativa for favorável.

CAPÍTULO III – Direitos dos estrangeiros e conflitos de leis

SECÇÃO I – Disposições gerais

ARTIGO 14º – Condição jurídica dos estrangeiros

1 – Os estrangeiros são equiparados aos nacionais quanto ao gozo de direitos civis, salvo disposição legal em contrário.

2 – Não são, porém, reconhecidos aos estrangeiros os direitos que, sendo atribuídos pelo respectivo Estado aos seus nacionais, o não sejam aos portugueses em igualdade de circunstâncias.

ARTIGO 15º - Qualificações

A competência atribuída a uma lei abrange somente as normas que, pelo seu conteúdo e pela função que têm nessa lei, integram o regime do instituto visado na regra de conflitos.

ARTIGO 16º - Referência à lei estrangeira. Princípio geral

A referência das normas de conflitos a qualquer lei estrangeira determina apenas, na falta de preceito em contrário, a aplicação do direito interno dessa lei.

ARTIGO 17º - Reenvio para a lei de um terceiro Estado

1 - Se, porém, o direito internacional privado da lei referida pela norma de conflitos portuguesa remeter para outra legislação e esta se considerar competente para regular o caso, é o direito interno desta legislação que deve ser aplicado.

2 - Cessa o disposto no número anterior, se a lei referida pela norma de conflitos portuguesa for a lei pessoal e o interessado residir habitualmente em território português ou em país cujas normas de conflitos considerem competente o direito interno do Estado da sua nacionalidade.

3 - Ficam, todavia, unicamente sujeitos à regra do nº 1 os casos da tutela e curatela, relações patrimoniais entre os cônjuges, poder paternal, relações entre adoptante e adoptado e sucessão por morte, se a lei nacional indicada pela norma de conflitos devolver para a lei da situação dos bens imóveis e esta se considerar competente.

ARTIGO 18º - Reenvio para a lei portuguesa

1 - Se o direito internacional privado da lei designada pela norma de conflitos devolver para o direito interno português, é este o direito aplicável.

2 - Quando, porém, se trate de matéria compreendida no estatuto pessoal, a lei portuguesa só é aplicável se o interessado tiver em território português a sua residência habitual ou se a lei do país desta residência considerar igualmente competente o direito interno português.

ARTIGO 19º - Casos em que não é admitido o reenvio

1 - Cessa o disposto nos dois artigos anteriores, quando da aplicação deles resulte a invalidade ou ineficácia de um negócio jurídico que seria válido ou eficaz segundo a regra fixada no artigo 16º, ou a ilegitimidade de um estado que de outro modo seria legítimo.

2 - Cessa igualmente o disposto nos mesmos artigos, se a lei estrangeira tiver sido designada pelos interessados, nos casos em que a designação é permitida.

ARTIGO 20º - Ordenamentos jurídicos plurilegislativos

1 - Quando, em razão da nacionalidade de certa pessoa, for competente a lei de um Estado em que coexistam diferentes sistemas legislativos locais, é o direito interno desse Estado que fixa em cada caso o sistema aplicável.

2 - Na falta de normas de direito interlocal, recorre-se ao direito internacional privado do mesmo Estado; e, se este não bastar, considera-se como lei pessoal do interessado a lei da sua residência habitual.

3 – Se a legislação competente constituir uma ordem jurídica territorialmente unitária, mas nela vigorarem diversos sistemas de normas para diferentes categorias de pessoas, observar-se-á sempre o estabelecido nessa legislação quanto ao conflito de sistemas.

ARTIGO 21º – Fraude à lei

Na aplicação das normas de conflitos são irrelevantes as situações de facto ou de direito criadas com o intuito fraudulento de evitar a aplicabilidade da lei que, noutras circunstâncias, seria competente.

ARTIGO 22º – Ordem pública

1 – Não são aplicáveis os preceitos da lei estrangeira indicados pela norma de conflitos, quando essa aplicação envolva ofensa dos princípios fundamentais da ordem pública internacional do Estado português.

2 – São aplicáveis, neste caso, as normas mais apropriadas da legislação estrangeira competente ou, subsidiariamente, as regras do direito interno português.

ARTIGO 23º – Interpretação e averiguação do direito estrangeiro

1 – A lei estrangeira é interpretada dentro do sistema a que pertence e de acordo com as regras interpretativas nele fixadas.

2 – Na impossibilidade de averiguar o conteúdo da lei estrangeira aplicável, recorrer-se-á à lei que for subsidiariamente competente, devendo adoptar-se igual procedimento sempre que não for possível determinar os elementos de facto ou de direito de que dependa a designação da lei aplicável.

ARTIGO 24º – Actos realizados a bordo

1 – Aos actos realizados a bordo de navios ou aeronaves, fora dos portos ou aeródromos, é aplicável a lei do lugar da respectiva matrícula, sempre que for competente a lei territorial.

2 – Os navios e aeronaves militares consideram-se como parte do território do Estado a que pertencem.

SECÇÃO II – Normas de conflitos

SUBSECÇÃO I – Âmbito e determinação da lei pessoal

ARTIGO 25º – Âmbito da lei pessoal

O estado dos indivíduos, a capacidade das pessoas, as relações de família e as sucessões por morte são regulados pela lei pessoal dos respectivos sujeitos, salvas as restrições estabelecidas na presente secção.

ARTIGO 26º – Início e termo da personalidade jurídica

1 – O início e termo da personalidade jurídica são fixados igualmente pela lei pessoal de cada indivíduo.

2 – Quando certo efeito jurídico depender da sobrevivência de uma a outra pessoa e estas tiverem leis pessoais diferentes, se as presunções de sobrevivência dessas leis forem inconciliáveis, é aplicável o disposto no nº 2 do artigo 68º

ARTIGO 27º – Direitos de personalidade

1 – Aos direitos de personalidade, no que respeita à sua existência e tutela e às restrições impostas ao seu exercício, é também aplicável a lei pessoal.

2 – O estrangeiro ou apátrida não goza, porém, de qualquer forma de tutela jurídica que não seja reconhecida na lei portuguesa.

ARTIGO 28º – Desvios quanto às consequências da incapacidade

1 – O negócio jurídico celebrado em Portugal por pessoa que seja incapaz segundo a lei pessoal competente não pode ser anulado com fundamento na incapacidade no caso de a lei interna portuguesa, se fosse aplicável, considerar essa pessoa como capaz.

2 – Esta excepção cessa, quando a outra parte tinha conhecimento da incapacidade, ou quando o negócio jurídico for unilateral, pertencer ao domínio do direito da família ou das sucessões ou respeitar à disposição de imóveis situados no estrangeiro.

3 – Se o negócio jurídico for celebrado pelo incapaz em país estrangeiro, será observada a lei desse país, que consagrar regras idênticas às fixadas nos números anteriores.

ARTIGO 29º – Maioridade

A mudança da lei pessoal não prejudica a maioridade adquirida segundo a lei pessoal anterior.

ARTIGO 30º – Tutela e institutos análogos

À tutela e institutos análogos de protecção aos incapazes é aplicável a lei pessoal do incapaz.

ARTIGO 31º – Determinação da lei pessoal

1 – A lei pessoal é a da nacionalidade do indivíduo.

2 – São, porém, reconhecidos em Portugal os negócios jurídicos celebrados no país da residência habitual do declarante, em conformidade com a lei desse país, desde que esta se considere competente.

ARTIGO 32º – Apátridas

1 – A lei pessoal do apátrida é a do lugar onde ele tiver a sua residência habitual.

2 – A lei pessoal do apátrida é, porém, a do seu domicílio legal quando o apátrida seja menor ou quando seja maior acompanhado com domicílio legal determinado por sentença.

3 – Na falta de residência habitual, é aplicável o disposto no nº 2 do artigo 82º

(Redação dada pela Lei nº 49/2018, de 14-08)

ARTIGO 33º – Pessoas colectivas

1 – A pessoa colectiva tem como lei pessoal a lei do Estado onde se encontra situada a sede principal e efectiva da sua administração.

2 – À lei pessoal compete especialmente regular: a capacidade da pessoa colectiva; a constituição, funcionamento e competência dos seus órgãos; os modos de aquisição e perda da qualidade de associado e os correspondentes direitos e deveres; a responsabilidade da pessoa colectiva, bem como a dos respectivos órgãos e membros, perante terceiros; a transformação, dissolução e extinção da pessoa colectiva.

3 – A transferência, de um Estado para outro, da sede da pessoa colectiva não extingue a personalidade jurídica desta, se nisso convierem as leis de uma e outra sede.

4 – A fusão de entidades com lei pessoal diferente é apreciada em face de ambas as leis pessoais.

ARTIGO 34º – Pessoas colectivas internacionais

A lei pessoal das pessoas colectivas internacionais é a designada na convenção que as criou ou nos respectivos estatutos e, na falta de designação, a do país onde estiver a sede principal.

SUBSECÇÃO II – Lei reguladora dos negócios jurídicos

ARTIGO 35º – Declaração negocial

1 – A perfeição, interpretação e integração da declaração negocial são reguladas pela lei aplicável à substância do negócio, a qual é igualmente aplicável à falta e vícios da vontade.

2 – O valor de um comportamento como declaração negocial é determinado pela lei da residência habitual comum do declarante e do destinatário e, na falta desta, pela lei do lugar onde o comportamento de verificou.

3 – O valor do silêncio como meio declaratório é igualmente determinado pela lei da residência habitual comum e, na falta desta, pela lei do lugar onde a proposta foi recebida.

ARTIGO 36º – Forma da declaração

1 – A forma da declaração negocial é regulada pela lei aplicável à substância do negócio; é, porém, suficiente a observância da lei em vigor no lugar em que é feita a declaração, salvo se a lei reguladora da substância do negócio exigir, sob pena de nulidade ou ineficácia, a observância de determinada forma, ainda que o negócio seja celebrado no estrangeiro.

2 – A declaração negocial é ainda formalmente válida se, em vez da forma prescrita na lei local, tiver sido observada a forma prescrita pelo Estado para que remete a norma de conflitos daquela lei, sem prejuízo do disposto na última parte do número anterior.

ARTIGO 37º – Representação legal

A representação legal está sujeita à lei reguladora da relação jurídica de que nasce o poder representativo.

ARTIGO 38º – Representação orgânica

A representação da pessoa colectiva por intermédio dos seus órgãos é regulada pela respectiva lei pessoal.

ARTIGO 39º – Representação voluntária

1 – A representação voluntária é regulada, quanto à existência, extensão, modificação, efeitos e extinção dos poderes representativos, pela lei do Estado em que os poderes são exercidos.

2 – Porém, se o representante exercer os poderes representativos em país diferente daquele que o representado indicou e o facto for conhecido do terceiro com quem contrate, é aplicável a lei do país da residência habitual do representado.

3 – Se o representante exercer profissionalmente a representação e o facto for conhecido do terceiro contratante, é aplicável a lei do domicílio profissional.

4 – Quando a representação se refira à disposição ou administração de bens imóveis, é aplicável a lei do país da situação desses bens.

ARTIGO 40º – Prescrição e caducidade

A prescrição e a caducidade são reguladas pela lei aplicável ao direito a que uma ou outra se refere.

SUBSECÇÃO III – Lei reguladora das obrigações

ARTIGO 41º – Obrigações provenientes de negócios jurídicos

1 – As obrigações provenientes de negócio jurídico, assim como a própria substância dele, são reguladas pela lei que os respectivos sujeitos tiverem designado ou houverem tido em vista.

2 – A designação ou referência das partes só pode, todavia, recair sobre lei cuja aplicabilidade corresponda a um interesse sério dos declarantes ou esteja em conexão com algum dos elementos do negócio jurídico atendíveis no domínio do direito internacional privado.

ARTIGO 42º – Critério supletivo

1 – Na falta de determinação da lei competente, atende-se, nos negócios jurídicos unilaterais, à lei da residência habitual do declarante e, nos contratos, à lei da residência habitual comum das partes.

2 – Na falta de residência comum, é aplicável, nos contratos gratuitos, a lei da residência habitual daquele que atribui o benefício e, nos restantes contratos, a lei do lugar da celebração.

ARTIGO 43º – Gestão de negócios

À gestão de negócios é aplicável a lei do lugar em que decorre a principal actividade do gestor.

ARTIGO 44º – Enriquecimento sem causa

O enriquecimento sem causa é regulado pela lei com base na qual se verificou a transferência do valor patrimonial a favor do enriquecido.

ARTIGO 45º – Responsabilidade extracontratual

1 – A responsabilidade extracontratual fundada, quer em acto ilícito, quer no risco ou em qualquer conduta lícita, é regulada pela lei do Estado onde decorreu a principal actividade causadora do prejuízo; em caso de responsabilidade por omissão, é aplicável a lei do lugar onde o responsável deveria ter agido.

2 – Se a lei do Estado onde se produziu o efeito lesivo considerar responsável o agente, mas não o considerar como tal a lei do país onde decorreu a sua actividade, é aplicável a primeira lei, desde que o agente devesse prever a produção de um dano, naquele país, como consequência do seu acto ou omissão.

3 – Se, porém, o agente e o lesado tiverem a mesma nacionalidade ou, na falta dela, a mesma residência habitual, e se encontrarem ocasionalmente em país estrangeiro, a lei aplicável será a da nacionalidade ou a da residência comum, sem prejuízo das disposições do Estado local que devam ser aplicadas indistintamente a todas as pessoas.

SUBSECÇÃO IV – Lei reguladora das coisas

ARTIGO 46º – Direitos reais

1 – O regime da posse, propriedade e demais direitos reais, é definido pela lei do Estado em cujo território as coisas se encontrem situadas.

2 – Em tudo quanto respeita à constituição ou transferência de direitos reais sobre coisas em trânsito, são estas havidas como situadas no país do destino.

3 – A constituição e transferência de direitos sobre os meios de transportes submetidos a um regime de matrícula são reguladas pela lei do país onde a matrícula tiver sido efectuada.

ARTIGO 47º – Capacidade para constituir direitos reais sobre coisas imóveis ou dispor deles

É igualmente definida pela lei da situação da coisa a capacidade para constituir direitos reais sobre coisas imóveis ou para dispor deles, desde que essa lei assim o determine; de contrário, é aplicável a lei pessoal.

ARTIGO 48º – Propriedade intelectual

1 – Os direitos de autor são regulados pela lei do lugar da primeira publicação da obra e, não estando esta publicada, pela lei pessoal do autor, sem prejuízo do disposto em legislação especial.

2 – A propriedade industrial é regulada pela lei do país da sua criação.

SUBSECÇÃO V – Lei reguladora das relações de família

ARTIGO 49º – Capacidade para contrair casamento ou celebrar convenções antenupciais

A capacidade para contrair casamento ou celebrar a convenção antenupcial é regulada, em relação a cada nubente, pela respectiva lei pessoal, à qual compete ainda definir o regime da falta e dos vícios da vontade dos contraentes.

ARTIGO 50º – Forma do casamento

A forma do casamento é regulada pela lei do Estado em que o acto é celebrado, salvo o disposto no artigo seguinte.

ARTIGO 51º – Desvios

1 – O casamento de dois estrangeiros em Portugal pode ser celebrado segundo a forma prescrita na lei nacional de qualquer dos contraentes, perante os respectivos agentes diplomáticos ou consulares, desde que igual competência seja reconhecida por essa lei aos agentes diplomáticos e consulares portugueses.

2 – O casamento no estrangeiro de dois portugueses ou de português e estrangeiro pode ser celebrado perante o agente diplomático ou consular do Estado Português ou perante os ministros do culto católico.

3 – Em qualquer dos casos previstos no número anterior, o casamento deve ser precedido do processo respectivo, organizado pela entidade competente, excepto se for dispensado nos termos do artigo 1599º

4 – O casamento no estrangeiro de dois portugueses ou de português e estrangeiro, em harmonia com as leis canónicas, é havido como casamento católico, seja qual for a forma legal da celebração do acto segundo a lei local, e à sua transcrição servirá de base o assento do registo paroquial.

(Redação dada pelo Decreto-Lei nº 324/2007, de 28-09)

ARTIGO 52º – Relações entre os cônjuges

1 – Salvo o disposto no artigo seguinte, as relações entre os cônjuges são reguladas pela lei nacional comum.

2 – Não tendo os cônjuges a mesma nacionalidade, é aplicável a lei da sua residência habitual comum e, na falta desta, a lei do país com o qual a vida familiar se ache mais estreitamente conexa.

(Redação dada pelo Decreto-Lei nº 496/77, de 25-11)

ARTIGO 53º – Convenções antenupciais e regime de bens

1 – A substância e efeitos das convenções antenupciais e do regime de bens, legal ou convencional, são definidos pela lei nacional dos nubentes ao tempo da celebração do casamento.

2 – Não tendo os nubentes a mesma nacionalidade é aplicável a lei da sua residência habitual comum à data do casamento e, se esta faltar também, a lei da primeira residência conjugal.

3 – Se for estrangeira a lei aplicável e um dos nubentes tiver a sua residência habitual em território português, pode ser convencionado um dos regimes admitidos neste código.

(Redação dada pelo Decreto-Lei nº 496/77, de 25-11)

ARTIGO 54º – Modificações do regime de bens

1 – Aos cônjuges é permitido modificar o regime de bens, legal ou convencional, se a tal forem autorizados pela lei competente nos termos do artigo 52º

2 – A nova convenção em caso nenhum terá efeito retroactivo em prejuízo de terceiro.

ARTIGO 55º – Separação judicial de pessoas e bens e divórcio

1 – À separação judicial de pessoas e bens e ao divórcio é aplicável o disposto no artigo 52º

2 – Se, porém, na constância do matrimónio houver mudança da lei competente, só pode fundamentar a separação ou o divórcio algum facto relevante ao tempo da sua verificação.

ARTIGO 56º – Constituição da filiação

1 – À constituição da filiação é aplicável a lei pessoal do progenitor à data do estabelecimento da relação.

2 – Tratando-se de filho de mulher casada, a constituição da filiação relativamente ao pai é regulada pela lei nacional comum da mãe e do marido; na falta desta, é aplicável a lei da residência habitual comum dos cônjuges e, se esta também faltar, a lei pessoal do filho.

3 – Para os efeitos do número anterior, atender-se-á ao momento do nascimento do filho ou ao momento da dissolução do casamento, se for anterior ao nascimento.

(Redação dada pelo Decreto-Lei nº 496/77, de 25-11)

ARTIGO 57º – Relações entre pais e filhos

1 – As relações entre pais e filhos são reguladas pela lei nacional comum dos pais e, na falta desta, pela lei da sua residência habitual comum; se os pais residirem habitualmente em Estados diferentes, é aplicável a lei pessoal do filho.

2 – Se a filiação apenas se achar estabelecida relativamente a um dos progenitores, aplica-se a lei pessoal deste; se um dos progenitores tiver falecido, é competente a lei pessoal do sobrevivo.

(Redação dada pelo Decreto-Lei nº 496/77, de 25-11)

ARTIGO 58º

(Revogado pelo Decreto-Lei nº 496/77, de 25-11)

ARTIGO 59º

(Revogado pelo Decreto-Lei nº 496/77, de 25-11)

ARTIGO 60º – Filiação adoptiva

1 – À constituição da filiação adoptiva é aplicável a lei pessoal do adoptante, sem prejuízo do disposto no número seguinte.

2 – Se a adopção for realizada por marido e mulher ou o adoptando for filho do cônjuge do adoptante, é competente a lei nacional comum dos cônjuges e, na falta desta, a lei da sua residência habitual comum; se também esta faltar, será aplicável a lei do país com o qual a vida familiar dos adoptantes se ache mais estreitamente conexa.

3 – As relações entre adoptante e adoptado, e entre este e a família de origem, estão sujeitas à lei pessoal do adoptante; no caso previsto no número anterior é aplicável o disposto no artigo 57º

4 – Se a lei competente para regular as relações entre o adoptando e os seus progenitores não conhecer o instituto da adopção, ou não o admitir em relação a quem se encontre na situação familiar do adoptando, a adopção não é permitida.

(Redação dada pelo Decreto-Lei nº 496/77, de 25-11)

ARTIGO 61º – Requisitos especiais da perfilhação ou adopção

1 – Se, como requisito da perfilhação ou adopção, a lei pessoal do perfilhando ou adoptando exigir o consentimento deste, será a exigência respeitada.

2 – Será igualmente respeitada a exigência do consentimento de terceiro a quem o interessado esteja ligado por qualquer relação jurídica de natureza familiar ou tutelar, se porvier da lei reguladora desta relação.

(Redação dada pelo Decreto-Lei nº 496/77, de 25-11)

SUBSECÇÃO VI – Lei reguladora das sucessões

ARTIGO 62º – Lei competente

A sucessão por morte é regulada pela lei pessoal do autor da sucessão ao tempo do falecimento deste, competindo-lhe também definir os poderes do administrador da herança e do executor testamentário.

ARTIGO 63º – Capacidade de disposição

1 – A capacidade para fazer, modificar ou revogar uma disposição por morte, bem como as exigências da forma especial das disposições por virtude da idade do disponente, são reguladas pela lei pessoal do autor ao tempo da declaração.

2 – Aquele que, depois de ter feito a disposição, adquirir nova lei pessoal conserva a capacidade necessária para revogar a disposição nos termos da lei anterior.

ARTIGO 64º – Interpretação das disposições; falta e vícios da vontade

É a lei pessoal do autor da herança ao tempo da declaração que regula:

a) A interpretação das respectivas cláusulas e disposições, salvo se houver referência expressa ou implícita a outra lei;

b) A falta e vícios da vontade;

c) A admissibilidade de testamentos de mão comum ou de pactos sucessórios, sem prejuízo, quanto a estes, do disposto no artigo 53º

ARTIGO 65º – Forma

1 – As disposições por morte, bem como a sua revogação ou modificação, serão válidas, quanto à forma, se corresponderem às prescrições da lei do lugar onde o acto for celebrado, ou às da lei pessoal do autor da herança, quer no momento da declaração, quer no momento da morte, ou ainda às prescrições da lei para que remeta a norma de conflitos da lei local.

2 – Se, porém, a lei pessoal do autor da herança no momento da declaração exigir, sob pena de nulidade ou ineficácia, a observância de determinada forma, ainda que o acto seja praticado no estrangeiro, será a exigência respeitada.

TÍTULO II – Das relações jurídicas

SUBTÍTULO I – Das pessoas

CAPÍTULO I – Pessoas singulares

SECÇÃO I – Personalidade e capacidade jurídica

ARTIGO 66º – Começo da personalidade

1 – A personalidade adquire-se no momento do nascimento completo e com vida.

2 – Os direitos que a lei reconhece aos nascituros dependem do seu nascimento.

ARTIGO 67º – Capacidade jurídica

As pessoas podem ser sujeitos de quaisquer relações jurídicas, salvo disposição legal em contrário; nisto consiste a sua capacidade jurídica.

ARTIGO 68º – Termo da personalidade

1 – A personalidade cessa com a morte.

2 – Quando certo efeito jurídico depender da sobrevivência de uma a outra pessoa, presume-se, em caso de dúvida, que uma e outra faleceram ao mesmo tempo.

3 – Tem-se por falecida a pessoa cujo cadáver não foi encontrado ou reconhecido, quando o desaparecimento se tiver dado em circunstâncias que não permitam duvidar da morte dela.

ARTIGO 69º – Renúncia à capacidade jurídica

Ninguém pode renunciar, no todo ou em parte, à sua capacidade jurídica.

SECÇÃO II – Direitos de personalidade

ARTIGO 70º – Tutela geral da personalidade

1 – A lei protege os indivíduos contra qualquer ofensa ilícita ou ameaça de ofensa à sua personalidade física ou moral.

2 – Independentemente da responsabilidade civil a que haja lugar, a pessoa ameaçada ou ofendida pode requerer as providências adequadas às circunstâncias do caso, com o fim de evitar a consumação da ameaça ou atenuar os efeitos da ofensa já cometida.

ARTIGO 71º – Ofensa a pessoas já falecidas

1 – Os direitos de personalidade gozam igualmente de protecção depois da morte do respectivo titular.

2 – Tem legitimidade, neste caso, para requerer as providências previstas no nº 2 do artigo anterior o cônjuge sobrevivo ou qualquer descendente, ascendente, irmão, sobrinho ou herdeiro do falecido.

3 – Se a ilicitude da ofensa resultar da falta de consentimento, só as pessoas que o deveriam prestar têm legitimidade, conjunta ou separadamente, para requerer as providências a que o número anterior se refere.

ARTIGO 72º – Direito ao nome

1 – Toda a pessoa tem direito a usar o seu nome, completo ou abreviado, e a opôr-se a que outrem o use ilicitamente para sua identificação ou outros fins.

2 – O titular do nome não pode, todavia, especialmente no exercício de uma actividade profissional, usá-lo de modo a prejudicar os interesses de quem tiver nome total ou parcialmente idêntico; nestes casos, o tribunal decretará as providências que, segundo juízos de equidade, melhor conciliem os interesse em conflito.

ARTIGO 73º – Legitimidade

As acções relativas à defesa do nome podem ser exercidas não só pelo respectivo titular, como, depois da morte dele pelas pessoas referidas no nº 2 do artigo 71º

ARTIGO 74º – Pseudónimo

O pseudónimo, quando tenha notoriedade, goza da protecção conferida ao próprio nome.

ARTIGO 75º – Cartas-missivas confidenciais

1 – O destinatário de carta-missiva de natureza confidencial deve guardar reserva sobre o seu conteúdo, não lhe sendo lícito aproveitar os elementos de informação que ela tenha levado ao seu conhecimento.

2 – Morto o destinatário, pode a restituição da carta confidencial ser ordenada pelo tribunal, a requerimento do autor dela ou, se este já tiver falecido, das pessoas indicadas no nº 2 do artigo 71º; pode também ser ordenada a destruição da carta, o seu depósito em mão de pessoa idónea ou qualquer outra medida apropriada.

ARTIGO 76º – Publicação de cartas confidenciais

1 – As cartas-missivas confidenciais só podem ser publicadas com o consentimento do seu autor ou com o suprimento judicial desse consentimento; mas não há lugar ao suprimento quando se trate de utilizar as cartas como documento literário, histórico ou biográfico.

2 – Depois da morte do autor, a autorização compete às pessoas designadas no nº 2 do artigo 71º, segundo a ordem nele indicada.

ARTIGO 77º – Memórias familiares e outros escritos confidenciais

O disposto no artigo anterior é aplicável, com as necessárias adaptações, às memórias familiares e pessoais e a outros escritos que tenham carácter confidencial ou se refiram à intimidade da vida privada.

ARTIGO 78º – Cartas-missivas não confidenciais

O destinatário de carta não confidencial só pode usar dela em termos que não contrariem a expectativa do autor.

ARTIGO 79º – Direito à imagem

1 – O retrato de uma pessoa não pode ser exposto, reproduzido ou lançado no comércio sem o consentimento dela; depois da morte da pessoa retratada, a autorização compete às pessoas designadas no nº 2 do artigo 71º, segundo a ordem nele indicada.

2 – Não é necessário o consentimento da pessoa retratada quando assim o justifiquem a sua notoriedade, o cargo que desempenhe, exigências de polícia ou de justiça, finalidades científicas, didácticas ou culturais, ou quando a reprodução da imagem vier enquadrada na de lugares públicos, ou na de factos de interesse público ou que hajam decorrido publicamente.

3 – O retrato não pode, porém, ser reproduzido, exposto ou lançado no comércio, se do facto resultar prejuízo para a honra, reputação ou simples decoro da pessoa retratada.

ARTIGO 80º – Direito à reserva sobre a intimidade da vida privada

1 – Todos devem guardar reserva quanto à intimidade da vida privada de outrem.

2 – A extensão da reserva é definida conforme a natureza do caso e a condição das pessoas.

ARTIGO 81º – Limitação voluntária dos direitos de personalidade

1 – Toda a limitação voluntária ao exercício dos direitos de personalidade é nula, se for contrária aos princípios da ordem pública.

2 – A limitação voluntária, quando legal, é sempre revogável, ainda que com obrigação de indemnizar os prejuízos causados às legítimas expectativas da outra parte.

SECÇÃO III – Domicílio

ARTIGO 82º – Domicílio voluntário geral

1 – A pessoa tem domicílio no lugar da sua residência habitual; se residir alternadamente em diversos lugares, tem-se por domiciliada em qualquer deles.

2 – Na falta de residência habitual, considera-se domiciliada no lugar da sua residência ocasional ou, se esta não puder ser determinada, no lugar onde se encontrar.

ARTIGO 83º – Domicílio profissional

1 – A pessoa que exerce uma profissão tem, quanto às relações a que esta se referem, domicílio profissional no lugar onde a profissão é exercida.

2 – Se exercer a profissão em lugares diversos, cada um deles constitui domicílio para as relações que lhe correspondem.

ARTIGO 84º – Domicílio electivo

É permitido estipular domicílio particular para determinados negócios, contanto que a estipulação seja reduzida a escrito.

ARTIGO 85º – Domicílio legal dos menores e dos maiores acompanhados

1 – O menor tem domicílio no lugar da residência da família; se ela não existir, tem por domicílio o do progenitor a cuja guarda estiver.

2 – O domicílio do menor que em virtude de decisão judicial foi confiado a terceira pessoa ou a estabelecimento de educação ou assistência é o do progenitor que exerce o poder paternal.

3 – O domicílio do menor sujeito a tutela é o do seu tutor.

4 – O domicílio do maior acompanhado é o determinado nos artigos anteriores, salvo se a sentença que decretou o acompanhamento dispuser de outro modo.

5 – Quando tenha sido instituído o regime de administração de bens, o domicílio do menor ou do maior acompanhado é o do administrador, nas relações a que essa administração se refere.

6 – Não são aplicáveis as regras dos números anteriores se delas resultar que o menor ou o maior acompanhado não tem domicílio em território nacional.

(Redação dada pela Lei nº 49/2018, de 14-08)

ARTIGO 86º

(Revogado pelo Decreto-Lei nº 496/77, de 25-11)

ARTIGO 87º – Domicílio legal dos empregados públicos

1 – Os empregados públicos, civis ou militares, quando haja lugar certo para o exercício dos seus empregos, têm nele domicílio necessário, sem prejuízo do seu domicílio voluntário no lugar da residência habitual.

2 – O domicílio necessário é determinado pela posse do cargo ou pelo exercício das respectivas funções.

ARTIGO 88º – Domicílio legal dos agentes diplomáticos portugueses

Os agentes diplomáticos portugueses, quando invoquem extraterritorialidade, consideram-se domiciliados em Lisboa.

SECÇÃO IV – Ausência

SUBSECÇÃO I – Curadoria provisória

ARTIGO 89º – Nomeação de curador provisório

1 – Quando haja necessidade de prover acerca da administração dos bens de quem desapareceu sem que dele se saiba parte e sem ter deixado representante legal ou procurador, deve o tribunal nomear-lhe curador provisório.

2 – Deve igualmente ser nomeado curador ao ausente, se o procurador não quiser ou não puder exercer as suas funções.

3 – Pode ser designado para certos negócios, sempre que as circunstâncias o exijam, um curador especial.

ARTIGO 90º – Providências cautelares

A possibilidade de nomeação do curador provisório não obsta às providências cautelares que se mostrem indispensáveis em relação a quaisquer bens do ausente.

ARTIGO 91º – Legitimidade

A curadoria provisória e as providências cautelares a que se refere o artigo anterior podem ser requeridas pelo Ministério Público ou por qualquer interessado.

ARTIGO 92º – A quem deve ser deferida a curadoria provisória

1 – O curador provisório será escolhido de entre as pessoas seguintes: o cônjuge do ausente, algum ou alguns dos herdeiros presumidos, ou algum ou alguns dos interessados na conservação dos bens.

2 – Havendo conflito de interesses entre o ausente e o curador ou entre o ausente e o cônjuge, ascendentes ou descendentes do curador, deve ser designado um curador especial, nos termos do nº 3 do artigo 89º

ARTIGO 93º – Relação dos bens e caução

1 – Os bens do ausente serão relacionados e só depois entregues ao curador provisório, ao qual será fixada caução pelo tribunal.

2 – Em caso de urgência, pode ser autorizada a entrega dos bens antes de estes serem relacionados ou de o curador prestar a caução exigida.

3 – Se o curador não prestar a caução, será nomeado outro em lugar dele.

ARTIGO 94º – Direitos e obrigações do curador provisório

1 – O curador fica sujeito ao regime do mandato geral em tudo o que não contrariar as disposições desta subsecção.

2 – Compete ao curador provisório requerer os procedimentos cautelares necessários e intentar as acções que não possam ser retardadas sem prejuízo dos interesses do ausente; cabe-lhe ainda representar o ausente em todas as acções contra este propostas.

3 – Só com autorização judicial pode o curador alienar ou onerar bens imóveis, objectos preciosos, títulos de crédito, estabelecimentos comerciais e quaisquer outros bens cuja alienação ou oneração não constitua acto de administração.

4 – A autorização judicial só será concedida quando o acto se justifique para evitar a deterioração ou ruína dos bens, solver dívidas do ausente, custear benfeitorias necessárias ou úteis ou ocorrer a outra necessidade urgente.

ARTIGO 95º – Prestação de contas

1 – O curador provisório deve prestar contas do seu mandato perante o tribunal, anualmente ou quando este o exigir.

2 – Deferida a curadoria definitiva nos termos da subsecção seguinte, as contas do curador provisório são prestadas aos curadores definitivos.

ARTIGO 96º – Remuneração do curador

O curador haverá dez por cento da receita líquida que realizar.

ARTIGO 97º – Substituição do curador provisório

O curador pode ser substituído, a requerimento do Ministério Público ou de qualquer interessado, logo que se mostre inconveniente a sua permanência no cargo.

ARTIGO 98º – Termo da curadoria

A curadoria provisória termina:

a) Pelo regresso do ausente;

b) Se o ausente providenciar acerca da administração dos bens;

c) Pela comparência de pessoa que legalmente represente o ausente ou de procurador bastante;

d) Pela entrega dos bens aos curadores definitivos ou ao cabeça-de-casal, nos termos do artigo 103º;

e) Pela certeza da morte do ausente.

SUBSECÇÃO II – Curadoria definitiva

ARTIGO 99º – Justificação da ausência

Decorridos dois anos sem se saber do ausente, se este não tiver deixado representante legal nem procurador bastante, ou cinco anos, no caso contrário, pode o Ministério Público ou algum dos interessados requerer a justificação da ausência.

ARTIGO 100º – Legitimidade

São interessados na justificação da ausência o cônjuge não separado judicialmente de pessoas e bens, os herdeiros do ausente e todos os que tiverem sobre os bens do ausente direito dependente da condição da sua morte.

ARTIGO 101º – Abertura de testamentos

Justificada a ausência, o tribunal requisitará certidões dos testamentos públicos e mandará proceder à abertura dos testamentos cerrados que existirem, a fim de serem tomados em conta na partilha e no deferimento da curadoria definitiva.

ARTIGO 102º – Entrega de bens aos legatários e outros interessados

Os legatários, como todos aqueles que por morte do ausente teriam direito a bens determinados, podem requerer, logo que a ausência esteja justificada, independentemente da partilha, que esses bens lhes sejam entregues.

ARTIGO 103º – Entrega dos bens aos herdeiros

1 – A entrega dos bens aos herdeiros do ausente à data das últimas notícias, ou aos herdeiros dos que depois tiverem falecido, só tem lugar depois da partilha.

2 – Enquanto não forem entregues os bens, a administração deles pertence ao cabeça-de-casal, designado nos termos dos artigos 2080º e seguintes.

ARTIGO 104º – Curadores definitivos

Os herdeiros e demais interessados a quem tenham sido entregues os bens do ausente são havidos como curadores definitivos.

ARTIGO 105º – Aparecimento de novos interessados

Se, depois de nomeados os curadores definitivos, aparecer herdeiro ou interessado que, em relação à data das últimas notícias do ausente, deva excluir algum deles ou haja de concorrer à sucessão, ser-lhe-ão entregues os bens nos termos dos artigos anteriores.

ARTIGO 106º – Exigibilidade de obrigações

A exigibilidade das obrigações que se extinguiriam pela morte do ausente fica suspensa.

ARTIGO 107º – Caução

1 – O tribunal pode exigir caução aos curadores definitivos ou a algum ou alguns deles, tendo em conta a espécie e valor dos bens e rendimentos que eventualmente hajam de restituir.

2 – Enquanto não prestar a caução fixada, o curador está impedido de receber os bens; estes são entregues, até ao termo da curadoria ou até à prestação da caução, a outro herdeiro ou interessado, que ocupará, em relação a eles, a posição de curador definitivo.

ARTIGO 108º – Ausente casado

Se o ausente for casado, pode o cônjuge não separado judicialmente de pessoas e bens requerer inventário e partilha, no seguimento do processo de justificação da ausência, e exigir os alimentos a que tiver direito.

ARTIGO 109º - Aceitação e repúdio da sucessão; disposição dos direitos sucessórios

1 – Justificada a ausência, é admitido o repúdio da sucessão do ausente ou a disposição dos respectivos direitos sucessórios.

2 – A eficácia do repúdio ou da disposição, assim como a aceitação da herança ou de legados, ficam, todavia, sujeitas à condição resolutiva da sobrevivência do ausente.

ARTIGO 110º - Direitos e obrigações dos curadores definitivos e demais interessados

Aos curadores definitivos a quem os bens hajam sido entregues é aplicável o disposto no artigo 94º, ficando extintos os poderes que anteriormente hajam sido conferidos pelo ausente em relação aos mesmos bens.

ARTIGO 111º - Fruição dos bens

1 – Os ascendentes, os descendentes e o cônjuge que sejam nomeados curadores definitivos têm direito, a contar da entrega dos bens, à totalidade dos frutos percebidos.

2 – Os curadores definitivos não abrangidos pelo número anterior devem reservar para o ausente um terço dos rendimentos líquidos dos bens que administrem.

ARTIGO 112º - Termo da curadoria definitiva

A curadoria definitiva termina:

a) Pelo regresso do ausente;

b) Pela notícia da sua existência e do lugar onde reside;

c) Pela certeza da sua morte;

d) Pela declaração de morte presumida.

ARTIGO 113º - Restituição dos bens ao ausente

1 – Nos casos previstos nas alíneas *a*) e *b*) do artigo anterior, os bens do ausente ser-lhe-ão entregues logo que ele o requeira.

2 – Enquanto não for requerida a entrega, mantém-se o regime da curadoria nos termos desta subsecção.

SUBSECÇÃO III – Morte presumida

ARTIGO 114º - Requisitos

1 – Decorridos dez anos sobre a data das últimas notícias, ou passados cinco anos, se entretanto o ausente houver completado oitenta anos de idade, podem os interessados a que se refere o artigo 100º requerer a declaração de morte presumida.

2 – A declaração de morte presumida não será proferida antes de haverem decorrido cinco anos sobre a data em que o ausente, se fosse vivo, atingiria a maioridade.

3 – A declaração de morte presumida do ausente não depende de prévia instalação da curadoria provisória ou definitiva e referir-se-á ao fim do dia das últimas notícias que dele houve.

ARTIGO 115º – Efeitos

A declaração de morte presumida produz os mesmos efeitos que a morte, mas não dissolve o casamento, sem prejuízo do disposto no artigo seguinte.

(Redação dada pelo Decreto-Lei nº 496/77, de 25-11)

ARTIGO 116º – Novo casamento do cônjuge do ausente

O cônjuge do ausente casado civilmente pode contrair novo casamento; neste caso, se o ausente regressar, ou houver notícia de que era vivo quando foram celebradas as novas núpcias, considera-se o primeiro matrimónio dissolvido por divórcio à data da declaração de morte presumida.

(Redação dada pelo Decreto-Lei nº 496/77, de 25-11)

ARTIGO 117º – Entrega dos bens

A entrega dos bens aos sucessores do ausente é feita nos termos dos artigos 101º e seguintes, com as necessárias adaptações, mas não há lugar a caução; se esta tiver sido prestada, pode ser levantada.

ARTIGO 118º – Óbito em data diversa

1 – Quando se prove que o ausente morreu em data diversa da fixada na sentença de declaração de morte presumida, o direito à herança compete aos que naquela data lhe deveriam suceder, sem prejuízo das regras da usucapião.

2 – Os sucessores de novo designados gozam apenas, em relação aos antigos, dos direitos que no artigo seguinte são atribuídos ao ausente.

ARTIGO 119º – Regresso do ausente

1 – Se o ausente regressar ou dele houver notícias, ser-lhe-á devolvido o património no estado em que se encontrar, com o preço dos bens alienados ou com os bens directamente sub-rogados, e bem assim com os bens adquiridos mediante o preço dos alienados, quando no título de aquisição se declare expressamente a proveniência do dinheiro.

2 – Havendo má-fé dos sucessores, o ausente tem direito a ser indemnizado do prejuízo sofrido.

3 – A má-fé, neste caso, consiste no conhecimento de que o ausente sobreviveu à data da morte presumida.

SUBSECÇÃO IV – Direitos eventuais do ausente

ARTIGO 120º – Direitos que sobrevierem ao ausente

Os direitos que eventualmente sobrevierem ao ausente desde que desapareceu sem dele haver notícias e que sejam dependentes da condição da sua existência passam às pessoas que seriam chamadas à titularidade deles se o ausente fosse falecido.

ARTIGO 121º - Curadoria provisória e definitiva

1 – O disposto no artigo anterior não altera o regime da curadoria provisória, à qual ficam sujeitos os direitos nele referidos.

2 – Instaurada a curadoria definitiva, são havidos como curadores definitivos, para todos os efeitos legais, aqueles que seriam chamados à titularidade dos direitos nos termos do mesmo artigo.

SECÇÃO V – Menores e maiores acompanhados

SUBSECÇÃO I – Condição jurídica dos menores

ARTIGO 122º - Menores

É menor quem não tiver ainda completado dezoito anos de idade.

(Redação dada pelo Decreto-Lei nº 496/77, de 25-11)

ARTIGO 123º - Incapacidade dos menores

Salvo disposição em contrário, os menores carecem de capacidade para o exercício de direitos.

ARTIGO 124º - Suprimento da incapacidade dos menores

A incapacidade dos menores é suprida pelo poder paternal e, subsidiariamente, pela tutela, conforme se dispõe nos lugares respectivos.

ARTIGO 125º - Anulabilidade dos actos dos menores

1 – Sem prejuízo do disposto no nº 2 do artigo 287º, os negócios jurídicos celebrados pelo menor podem ser anulados:

a) A requerimento, conforme os casos, do progenitor que exerça o poder paternal, do tutor ou do administrador de bens, desde que a acção seja proposta no prazo de um ano a contar do conhecimento que o requerente haja tido do negócio impugnado, mas nunca depois de o menor atingir a maioridade ou ser emancipado, salvo o disposto no artigo 131º;

b) A requerimento do próprio menor, no prazo de um ano a contar da sua maioridade ou emancipação;

c) A requerimento de qualquer herdeiro do menor, no prazo de um ano a contar da morte deste, ocorrida antes de expirar o prazo referido na alínea anterior.

2 – A anulabilidade é sanável mediante confirmação do menor depois de atingir a maioridade ou ser emancipado, ou por confirmação do progenitor que exerça o poder paternal, tutor ou administrador de bens, tratando-se de acto que algum deles pudesse celebrar como representante do menor.

(Redação dada pelo Decreto-Lei nº 496/77, de 25-11)

ARTIGO 126º - Dolo do menor

Não tem o direito de invocar a anulabilidade o menor que para praticar o acto tenha usado de dolo com o fim de se fazer passar por maior ou emancipado.

ARTIGO 127º – Excepções à incapacidade dos menores

1 – São excepcionalmente válidos, além de outros previstos na lei:

a) Os actos de administração ou disposição de bens que o maior de dezasseis anos haja adquirido por seu trabalho;

b) Os negócios jurídicos próprios da vida corrente do menor que, estando ao alcance da sua capacidade natural, só impliquem despesas, ou disposições de bens, de pequena importância;

c) Os negócios jurídicos relativos à profissão, arte ou ofício que o menor tenha sido autorizado a exercer, ou os praticados no exercício dessa profissão, arte ou ofício.

2 – Pelos actos relativos à profissão, arte ou ofício do menor e pelos actos praticados no exercício dessa profissão, arte ou ofício só respondem os bens de que o menor tiver a livre disposição.

(Redação dada pelo Decreto-Lei nº 496/77, de 25-11)

ARTIGO 128º – Dever de obediência

Em tudo quanto não seja ilícito ou imoral, devem os menores não emancipados obedecer a seus pais ou tutor e cumprir os seus preceitos.

ARTIGO 129º – Termo da incapacidade dos menores

A incapacidade dos menores termina quando eles atingem a maioridade ou são emancipados, salvas as restrições da lei.

SUBSECÇÃO II – Maioridade e emancipação

ARTIGO 130º – Efeitos da maioridade

Aquele que perfizer dezoito anos de idade adquire plena capacidade de exercício de direitos, ficando habilitado a reger a sua pessoa e a dispor dos seus bens.

(Redação dada pelo Decreto-Lei nº 496/77, de 25-11)

ARTIGO 131º – Pendência de ação de acompanhamento de maior

Estando pendente contra o menor, ao atingir a maioridade, ação de acompanhamento, mantêm-se as responsabilidades parentais ou a tutela até ao trânsito em julgado da respetiva sentença.

(Redação dada pela Lei nº 49/2018, de 14-08)

ARTIGO 132º – Emancipação

O menor é, de pleno direito, emancipado pelo casamento.

(Redação dada pelo Decreto-Lei nº 496/77, de 25-11)

ARTIGO 133º – Efeitos da emancipação

A emancipação atribui ao menor plena capacidade de exercício de direitos, habilitando-o a reger a sua pessoa e a dispor livremente dos seus bens como se fosse maior, salvo o disposto no artigo 1649º

(Redação dada pelo Decreto-Lei nº 496/77, de 25-11)

ARTIGOS 134º A 137º

(Revogados pelo Decreto-Lei nº 496/77, de 25-11)

SUBSECÇÃO III – Maiores acompanhados

ARTIGO 138º – Acompanhamento

O maior impossibilitado, por razões de saúde, deficiência, ou pelo seu comportamento, de exercer, plena, pessoal e conscientemente, os seus direitos ou de, nos mesmos termos, cumprir os seus deveres, beneficia das medidas de acompanhamento previstas neste Código.

(Redação dada pela Lei nº 49/2018, de 14-08)

ARTIGO 139º – Decisão judicial

1 – O acompanhamento é decidido pelo tribunal, após audição pessoal e direta do beneficiário, e ponderadas as provas.

2 – Em qualquer altura do processo, podem ser determinadas as medidas de acompanhamento provisórias e urgentes, necessárias para providenciar quanto à pessoa e bens do requerido.

(Redação dada pela Lei nº 49/2018, de 14-08)

ARTIGO 140º – Objetivo e supletividade

1 – O acompanhamento do maior visa assegurar o seu bem-estar, a sua recuperação, o pleno exercício de todos os seus direitos e o cumprimento dos seus deveres, salvo as exceções legais ou determinadas por sentença.

2 – A medida não tem lugar sempre que o seu objetivo se mostre garantido através dos deveres gerais de cooperação e de assistência que no caso caibam.

(Redação dada pela Lei nº 49/2018, de 14-08)

ARTIGO 141º – Legitimidade

1 – O acompanhamento é requerido pelo próprio ou, mediante autorização deste, pelo cônjuge, pelo unido de facto, por qualquer parente sucessível ou, independentemente de autorização, pelo Ministério Público.

2 – O tribunal pode suprir a autorização do beneficiário quando, em face das circunstâncias, este não a possa livre e conscientemente dar, ou quando para tal considere existir um fundamento atendível.

3 – O pedido de suprimento da autorização do beneficiário pode ser cumulado com o pedido de acompanhamento.

(Redação dada pela Lei nº 49/2018, de 14-08)

ARTIGO 142º – Menores

O acompanhamento pode ser requerido e instaurado dentro do ano anterior à maioridade, para produzir efeitos a partir desta.

(Redação dada pela Lei nº 49/2018, de 14-08)

ARTIGO 143º – Acompanhante

1 – O acompanhante, maior e no pleno exercício dos seus direitos, é escolhido pelo acompanhado ou pelo seu representante legal, sendo designado judicialmente.

2 – Na falta de escolha, o acompanhamento é deferido, no respetivo processo, à pessoa cuja designação melhor salvaguarde o interesse imperioso do beneficiário, designadamente:

a) Ao cônjuge não separado, judicialmente ou de facto;

b) Ao unido de facto;

c) A qualquer dos pais;

d) À pessoa designada pelos pais ou pela pessoa que exerça as responsabilidades parentais, em testamento ou em documento autêntico ou autenticado;

e) Aos filhos maiores;

f) A qualquer dos avós;

g) À pessoa indicada pela instituição em que o acompanhado esteja integrado;

h) Ao mandatário a quem o acompanhado tenha conferido poderes de representação;

i) A outra pessoa idónea.

3 – Podem ser designados vários acompanhantes com diferentes funções, especificando-se as atribuições de cada um, com observância dos números anteriores.

(Redação dada pela Lei nº 49/2018, de 14-08)

ARTIGO 144º – Escusa e exoneração

1 – O cônjuge, os descendentes ou os ascendentes não podem escusar-se ou ser exonerados.

2 – Os descendentes podem ser exonerados, a seu pedido, ao fim de cinco anos, se existirem outros descendentes igualmente idóneos.

3 – Os demais acompanhantes podem pedir escusa com os fundamentos previstos no artigo 1934º ou ser substituídos, a seu pedido, ao fim de cinco anos.

(Redação dada pela Lei nº 49/2018, de 14-08)

ARTIGO 145º – Âmbito e conteúdo do acompanhamento

1 – O acompanhamento limita-se ao necessário.

2 – Em função de cada caso e independentemente do que haja sido pedido, o tribunal pode cometer ao acompanhante algum ou alguns dos regimes seguintes:

a) Exercício das responsabilidades parentais ou dos meios de as suprir, conforme as circunstâncias;

b) Representação geral ou representação especial com indicação expressa, neste caso, das categorias de atos para que seja necessária;

c) Administração total ou parcial de bens;

d) Autorização prévia para a prática de determinados atos ou categorias de atos;

e) Intervenções de outro tipo, devidamente explicitadas.

3 – Os atos de disposição de bens imóveis carecem de autorização judicial prévia e específica.

4 – A representação legal segue o regime da tutela, com as adaptações necessárias, podendo o tribunal dispensar a constituição do conselho de família.

5 – À administração total ou parcial de bens aplica-se, com as adaptações necessárias, o disposto nos artigos 1967º e seguintes.

(Redação dada pela Lei nº 49/2018, de 14-08)

ARTIGO 146º – Cuidado e diligência

1 – No exercício da sua função, o acompanhante privilegia o bem-estar e a recuperação do acompanhado, com a diligência requerida a um bom pai de família, na concreta situação considerada.

2 – O acompanhante mantém um contacto permanente com o acompanhado, devendo visitá-lo, no mínimo, com uma periodicidade mensal, ou outra periodicidade que o tribunal considere adequada.

(Redação dada pela Lei nº 49/2018, de 14-08)

ARTIGO 147º – Direitos pessoais e negócios da vida corrente

1 – O exercício pelo acompanhado de direitos pessoais e a celebração de negócios da vida corrente são livres, salvo disposição da lei ou decisão judicial em contrário.

2 – São pessoais, entre outros, os direitos de casar ou de constituir situações de união, de procriar, de perfilhar ou de adotar, de cuidar e de educar os filhos ou os adotados, de escolher profissão, de se deslocar no país ou no estrangeiro, de fixar domicílio e residência, de estabelecer relações com quem entender e de testar.

(Redação dada pela Lei nº 49/2018, de 14-08)

ARTIGO 148º – Internamento

1 – O internamento do maior acompanhado depende de autorização expressa do tribunal.

2 – Em caso de urgência, o internamento pode ser imediatamente solicitado pelo acompanhante, sujeitando-se à ratificação do juiz.

(Redação dada pela Lei nº 49/2018, de 14-08)

ARTIGO 149º – Cessação e modificação do acompanhamento

1 – O acompanhamento cessa ou é modificado mediante decisão judicial que reconheça a cessação ou a modificação das causas que o justificaram.

2 – Os efeitos da decisão podem retroagir à data em que se verificou a cessação ou modificação referidas no número anterior.

3 – Podem pedir a cessação ou modificação do acompanhamento o acompanhante ou qualquer uma das pessoas referidas no nº 1 do artigo 141º

(Redação dada pela Lei nº 49/2018, de 14-08)

ARTIGO 150º – Conflito de interesses

1 – O acompanhante deve abster-se de agir em conflito de interesses com o acompanhado.

2 – A violação do dever referido no número anterior tem as consequências previstas no artigo 261º

3 – Sendo necessário, cabe-lhe requerer ao tribunal autorização ou as medidas concretamente convenientes.

(Redação dada pela Lei nº 49/2018, de 14-08)

ARTIGO 151º – Retribuição do acompanhante e prestação de contas

1 – As funções do acompanhante são gratuitas, sem prejuízo da alocação de despesas, consoante a condição do acompanhado e a do acompanhante.

2 – O acompanhante presta contas ao acompanhado e ao tribunal, quando cesse a sua função ou, na sua pendência, quando assim seja judicialmente determinado.

(Redação dada pela Lei nº 49/2018, de 14-08)

ARTIGO 152º – Remoção e exoneração do acompanhante

Sem prejuízo do disposto no artigo 144º, a remoção e a exoneração do acompanhante seguem o disposto nos artigos 1948º a 1950º

(Redação dada pela Lei nº 49/2018, de 14-08)

ARTIGO 153º – Publicidade

1 – A publicidade a dar ao início, ao decurso e à decisão final do processo de acompanhamento é limitada ao estritamente necessário para defender os interesses do beneficiário ou de terceiros, sendo decidida, em cada caso, pelo tribunal.

2 – Às decisões judiciais de acompanhamento é aplicável o disposto nos artigos 1920º-B e 1920º-C.

(Redação dada pela Lei nº 49/2018, de 14-08)

ARTIGO 154º – Atos do acompanhado

1 – Os atos praticados pelo maior acompanhado que não observem as medidas de acompanhamento decretadas ou a decretar são anuláveis:

a) Quando posteriores ao registo do acompanhamento;

b) Quando praticados depois de anunciado o início do processo, mas apenas após a decisão final e caso se mostrem prejudiciais ao acompanhado.

2 – O prazo dentro do qual a ação de anulação deve ser proposta só começa a contar-se a partir do registo da sentença.

3 – Aos atos anteriores ao anúncio do início do processo aplica-se o regime da incapacidade acidental.

(Redação dada pela Lei nº 49/2018, de 14-08)

ARTIGO 155º – Revisão periódica

O tribunal revê as medidas de acompanhamento em vigor de acordo com a periodicidade que constar da sentença e, no mínimo, de cinco em cinco anos.

(Redação dada pela Lei nº 49/2018, de 14-08)

ARTIGO 156º – Mandato com vista a acompanhamento

1 – O maior pode, prevenindo uma eventual necessidade de acompanhamento, celebrar um mandato para a gestão dos seus interesses, com ou sem poderes de representação.

2 – O mandato segue o regime geral e especifica os direitos envolvidos e o âmbito da eventual representação, bem como quaisquer outros elementos ou condições de exercício, sendo livremente revogável pelo mandante.

3 – No momento em que é decretado o acompanhamento, o tribunal aproveita o mandato, no todo ou em parte, e tem-no em conta na definição do âmbito da proteção e na designação do acompanhante.

4 – O tribunal pode fazer cessar o mandato quando seja razoável presumir que a vontade do mandante seria a de o revogar.

(Redação dada pela Lei nº 49/2018, de 14-08)

CAPÍTULO II – Pessoas colectivas

SECÇÃO I – Disposições gerais

ARTIGO 157º – Campo de aplicação

As disposições do presente capítulo são aplicáveis às associações que não tenham por fim o lucro económico dos associados, às fundações de interesse social, e ainda às sociedades, quando a analogia das situações o justifique.

ARTIGO 158º – Aquisição da personalidade

1 – As associações constituídas por escritura pública ou por outro meio legalmente admitido, que contenham as especificações referidas no nº 1 do artigo 167º, gozam de personalidade jurídica.

2 – As fundações referidas no artigo anterior adquirem personalidade jurídica pelo reconhecimento, o qual é individual e da competência da autoridade administrativa.

(Redação dada pela Lei nº 24/2012, de 09-07)

ARTIGO 158º-A – Nulidade do acto de constituição ou instituição

É aplicável à constituição de pessoas colectivas o disposto no artigo 280º, devendo o Ministério Público promover a declaração judicial da nulidade.

(Aditado pelo Decreto-Lei nº 496/77, de 25-11)

ARTIGO 159º – Sede

A sede da pessoa colectiva é a que os respectivos estatutos fixarem ou, na falta de designação estatutária, o lugar em que funciona normalmente a administração principal.

ARTIGO 160º – Capacidade

1 – A capacidade das pessoas colectivas abrange todos os direitos e obrigações necessários ou convenientes à prossecução dos seus fins.

2 – Exceptuam-se os direitos e obrigações vedados por lei ou que sejam inseparáveis da personalidade singular.

ARTIGO 161º

(Revogado pelo Decreto-Lei nº 496/77, de 25-11)

ARTIGO 162º – Órgãos

Os estatutos da pessoa coletiva designam os respetivos órgãos, entre os quais um órgão colegial de administração constituído por um número ímpar de titulares, dos quais um será o presidente, e um órgão de fiscalização, que pode ser constituído por um fiscal único ou por um número ímpar de titulares, dos quais um será o presidente.

(Redação dada pela Lei nº 24/2012, de 09-07)

ARTIGO 163º – Representação

1 – A representação da pessoa colectiva, em juízo e fora dele, cabe a quem os estatutos determinarem ou, na falta de disposição estatutária, à administração ou a quem por ela for designado.

2 – A designação de representantes por parte da administração só é oponível a terceiros quando se prove que estes a conheciam.

ARTIGO 164º – Obrigações e responsabilidade dos titulares dos órgãos da pessoa colectiva

1 – As obrigações e a responsabilidade dos titulares dos órgãos das pessoas colectivas para com estas são definidas nos respectivos estatutos, aplicando-se, na falta de disposições estatutárias, as regras do mandato com as necessárias adaptações.

2 – Os membros dos corpos gerentes não podem abster-se de votar nas deliberações tomadas em reuniões a que estejam presentes, e são responsáveis pelos prejuízos delas decorrentes, salvo se houverem manifestado a sua discordância.

ARTIGO 165º – Responsabilidade civil das pessoas colectivas

As pessoas colectivas respondem civilmente pelos actos ou omissões dos seus representantes, agentes ou mandatários nos mesmos termos em que os comitentes respondem pelos actos ou omissões dos seus comissários.

ARTIGO 166º – Destino dos bens em caso de extinção

1 – Extinta a pessoa coletiva, se existirem bens que lhe tenham sido doados ou deixados com qualquer encargo ou que estejam afetados a um certo fim, o tribunal, a requerimento do Ministério Público, dos liquidatários, de qualquer associado ou interessado, ou ainda de herdeiros do doador ou do autor da deixa testamentária, atribui-los-á, com o mesmo encargo ou afetação, a outra pessoa coletiva.

2 – Os bens não abrangidos pelo número anterior têm o destino que lhes for fixado pelos estatutos ou por deliberação dos associados, sem prejuízo do disposto em leis especiais; na falta de fixação ou de lei especial, o tribunal, a requerimento do Ministério Público, dos liquidatários ou de qualquer associado ou interessado,

determinará que sejam atribuídos a outra pessoa coletiva ou ao Estado, assegurando, tanto quanto possível, a realização dos fins da pessoa extinta.

(Redação dada pela Lei nº 150/2015, de 10-09)

SECÇÃO II – Associações

ARTIGO 167º – Acto de constituição e estatutos

1 – O acto de constituição da associação especificará os bens ou serviços com que os associados concorrem para o património social, a denominação, fim e sede da pessoa colectiva, a forma do seu funcionamento, assim como a sua duração, quando a associação se não constitua por tempo indeterminado.

2 – Os estatutos podem especificar ainda os direitos e obrigações dos associados, as condições da sua admissão, saída e exclusão, bem como os termos da extinção da pessoa colectiva e consequente devolução do seu património.

ARTIGO 168º – Forma e comunicação

1 – O acto de constituição da associação, os estatutos e as suas alterações devem constar de escritura pública, sem prejuízo do disposto em lei especial.

2 – O notário, a expensas da associação, promove de imediato a publicação da constituição e dos estatutos, bem como as alterações destes, nos termos legalmente previstos para os actos das sociedades comerciais.

3 – O ato de constituição, os estatutos e as suas alterações não produzem efeitos em relação a terceiros, enquanto não forem publicados nos termos do número anterior.

(Redação dada pela Lei nº 150/2015, de 10-09)

ARTIGO 169º

(Revogado pelo Decreto-Lei nº 496/77, de 25-11)

ARTIGO 170º – Titulares dos órgãos da associação e revogação dos seus poderes

1 – É a assembleia geral que elege os titulares dos órgãos da associação, sempre que os estatutos não estabeleçam outro processo de escolha.

2 – As funções dos titulares eleitos ou designados são revogáveis, mas a revogação não prejudica os direitos fundados no acto de constituição.

3 – O direito de revogação pode ser condicionado pelos estatutos à existência de justa causa.

ARTIGO 171º – Convocação e funcionamento do órgão da administração e do conselho fiscal

1 – O órgão da administração e o conselho fiscal são convocados pelos respectivos presidentes e só podem deliberar com a presença da maioria dos seus titulares.

2 – Salvo disposição legal ou estatutária em contrário, as deliberações são tomadas por maioria de votos dos titulares presentes, tendo o presidente, além do seu voto, direito a voto de desempate.

ARTIGO 172º – Competência da assembleia geral

1 – Competem à assembleia geral todas as deliberações não compreendidas nas atribuições legais ou estatutárias de outros órgãos da pessoa colectiva.

2 – São, necessariamente, da competência da assembleia geral a destituição dos titulares dos órgãos da associação, a aprovação do balanço, a alteração dos estatutos, a extinção da associação e a autorização para esta demandar os administradores por factos praticados no exercício do cargo.

ARTIGO 173º – Convocação da assembleia

1 – A assembleia geral deve ser convocada pela administração nas circunstâncias fixadas pelos estatutos e, em qualquer caso, uma vez em cada ano para aprovação do balanço.

2 – A assembleia será ainda convocada sempre que a convocação seja requerida, com um fim legítimo, por um conjunto de associados não inferior à quinta parte da sua totalidade, se outro número não for estabelecido nos estatutos.

3 – Se a administração não convocar a assembleia nos casos em que deve fazê-lo, a qualquer associado é lícito efectuar a convocação.

ARTIGO 174º – Forma de convocação

1 – A assembleia geral é convocada por meio de aviso postal, expedido para cada um dos associados com a antecedência mínima de oito dias; no aviso indicar-se-á o dia, hora e local da reunião e a respectiva ordem do dia.

2 – É dispensada a expedição do aviso postal referido no número anterior sempre que os estatutos prevejam a convocação da assembleia geral mediante publicação do respectivo aviso nos termos legalmente previstos para os actos das sociedades comerciais.

3 – São anuláveis as deliberações tomadas sobre matéria estranha à ordem do dia, salvo se todos os associados comparecerem à reunião e todos concordarem com o aditamento.

4 – A comparência de todos os associados sanciona quaisquer irregularidades da convocação, desde que nenhum deles se oponha à realização da assembleia.
(Redação dada pela Lei nº 40/2007, de 24-08)

ARTIGO 175º – Funcionamento

1 – A assembleia não pode deliberar, em primeira convocação, sem a presença de metade, pelo menos, dos seus associados.

2 – Salvo o disposto nos números seguintes, as deliberações são tomadas por maioria absoluta de votos dos associados presentes.

3 – As deliberações sobre alterações dos estatutos exigem o voto favorável de três quartos do número dos associados presentes.

4 – As deliberações sobre a dissolução ou prorrogação da pessoa colectiva requerem o voto favorável de três quartos do número de todos os associados.

5 – Os estatutos podem exigir um número de votos superior ao fixado nas regras anteriores.

ARTIGO 176º – Privação do direito de voto

1 – O associado não pode votar, por si ou como representante de outrem, nas matérias em que haja conflito de interesses entre a associação e ele, seu cônjuge, ascendentes ou descendentes.

2 – As deliberações tomadas com infracção do disposto no número anterior são anuláveis se o voto do associado impedido for essencial à existência da maioria necessária.

ARTIGO 177º – Deliberações contrárias à lei ou aos estatutos

As deliberações da assembleia geral contrárias à lei ou aos estatutos, seja pelo seu objecto, seja por virtude de irregularidades havidas na convocação dos associados ou no funcionamento da assembleia, são anuláveis.

ARTIGO 178º – Regime da anulabilidade

1 – A anulabilidade prevista nos artigos anteriores pode ser arguida, dentro do prazo de seis meses, pelo órgão da administração ou por qualquer associado que não tenha votado a deliberação.

2 – Tratando-se de associado que não foi convocado regularmente para a reunião da assembleia, o prazo só começa a correr a partir da data em que ele teve conhecimento da deliberação.

ARTIGO 179º – Protecção dos direitos de terceiro

A anulação das deliberações da assembleia não prejudica os direitos que terceiro de boa fé haja adquirido em execução das deliberações anuladas.

ARTIGO 180º – Natureza pessoal da qualidade de associado

Salvo disposição estatutária em contrário, a qualidade de associado não é transmissível, quer por acto entre vivos, quer por sucessão; o associado não pode incumbir outrem de exercer os seus direitos pessoais.

ARTIGO 181º – Efeitos da saída ou exclusão

O associado que por qualquer forma deixar de pertencer à associação não tem o direito de repetir as quotizações que haja pago e perde o direito ao património social, sem prejuízo da sua responsabilidade por todas as prestações relativas ao tempo em que foi membro da associação.

ARTIGO 182º – Causas de extinção

1 – As associações extinguem-se:

a) Por deliberação da assembleia geral;

b) Pelo decurso do prazo, se tiverem sido constituídas temporariamente;

c) Pela verificação de qualquer outra causa extintiva prevista no acto de constituição ou nos estatutos;

d) Pelo falecimento ou desaparecimento de todos os associados;

e) Por decisão judicial que declare a sua insolvência.

2 – As associações extinguem-se ainda por decisão judicial:

a) Quando o seu fim se tenha esgotado ou se haja tornado impossível;

b) Quando o seu fim real não coincida com o fim expresso no acto de constituição ou nos estatutos;

c) Quando o seu fim seja sistematicamente prosseguido por meios ilícitos ou imorais;

d) Quando a sua existência se torne contrária à ordem pública.

(Redação dada pelo Decreto-Lei nº 496/77, de 25-11)

ARTIGO 183º – Declaração da extinção

1 – Nos casos previstos nas alíneas *b*) e *c*) do nº 1 do artigo anterior, a extinção só se produzirá se, nos trinta dias subsequentes à data em que devia operar-se, a assembleia geral não decidir a prorrogação da associação ou a modificação dos estatutos.

2 – Nos casos previstos no nº 2 do artigo precedente, a declaração da extinção pode ser pedida em juízo pelo Ministério Público ou por qualquer interessado.

3 – A extinção por virtude da declaração de insolvência dá-se em consequência da própria declaração.

(Redação dada pelo Decreto-Lei nº 496/77, de 25-11)

ARTIGO 184º – Efeitos da extinção

1 – Extinta a associação, os poderes dos seus orgãos ficam limitados à prática dos actos meramente conservatórios e dos necessários, quer à liquidação do património social, quer à ultimação dos negócios pendentes; pelos actos restantes e pelos danos que deles advenham à associação respondem solidariamente os administradores que os praticarem.

2 – Pelas obrigações que os administradores contraírem, a associação só responde perante terceiros se estes estavam de boa fé e à extinção não tiver sido dada a devida publicidade.

SECÇÃO III – Fundações

ARTIGO 185º – Instituição e sua revogação

1 – As fundações visam a prossecução de fins de interesse social, podendo ser instituídas por ato entre vivos ou por testamento.

2 – A instituição por atos entre vivos deve constar de escritura pública, salvo o disposto em lei especial, e torna-se irrevogável logo que seja requerido o reconhecimento ou principie o respetivo processo oficioso.

3 – Aos herdeiros do instituidor não é permitido revogar a instituição, sem prejuízo do disposto acerca da sucessão legitimária.

4 – O ato de instituição, bem como os seus estatutos e suas alterações devem ser publicitados nos termos legalmente previstos para as sociedades comerciais, não produzindo efeitos em relação a terceiros enquanto não o forem.

(Redação dada pela Lei nº 150/2015, de 10-09)

ARTIGO 186º - Ato de instituição e estatutos

1 - No ato de instituição deve o instituidor indicar o fim da fundação e especificar os bens que lhe são destinados.

2 - No ato de instituição ou nos estatutos deve o instituidor providenciar ainda sobre a sede, organização e funcionamento da fundação, regular os termos da sua transformação ou extinção e fixar o destino dos respetivos bens.

(Redação dada pela Lei nº 150/2015, de 10-09)

ARTIGO 187º - Estatutos lavrados por pessoa diversa do instituidor

1 - Na falta de estatutos lavrados pelo instituidor ou na insuficiência deles, constando a instituição de testamento, é aos executadores deste que compete elaborá-los ou completá-los.

2 - A elaboração total ou parcial dos estatutos incumbe à própria autoridade competente para o reconhecimento da fundação, quando o instituidor os não tenha feito e a instituição não conste de testamento, ou quando os executores testamentários os não lavrem dentro do ano posterior à abertura da sucessão.

3 - Na elaboração dos estatutos ter-se-á em conta, na medida do possível, a vontade real ou presumível do fundador.

ARTIGO 188º - Reconhecimento

1 - O reconhecimento deve ser requerido pelo instituidor, seus herdeiros ou executores testamentários, no prazo máximo de 180 dias a contar da data da instituição da fundação, ou ser oficiosamente promovido pela entidade competente.

2 - O reconhecimento importa a aquisição, pela fundação, dos bens e direitos que o ato de instituição lhe atribui.

3 - O reconhecimento pode ser negado:

a) Se os fins da fundação não forem considerados de interesse social pela entidade competente, designadamente se aproveitarem ao instituidor ou sua família ou a um universo restrito de beneficiários com eles relacionados;

b) Se o património afetado for insuficiente ou inadequado, designadamente se estiver onerado com encargos que comprometam a realização dos fins estatutários ou se não gerar rendimentos suficientes para garantir a realização daqueles fins;

c) Se os estatutos apresentarem alguma desconformidade com a lei.

4 - A entidade competente para o reconhecimento promove a publicação no jornal oficial da decisão de reconhecimento ou da sua recusa.

5 - Negado o reconhecimento por insuficiência do património, fica a instituição sem efeito, se o instituidor for vivo; mas, se já houver falecido, serão os bens entregues a uma associação ou fundação de fins análogos, que a entidade competente designar, salvo disposição do instituidor em contrário.

(Redação dada pela Lei nº 150/2015, de 10-09)

ARTIGO 189º - Modificação dos estatutos

Os estatutos da fundação podem a todo o tempo ser modificados pela autoridade competente para o reconhecimento, sob proposta da respectiva administração, contanto que não haja alteração essencial do fim da instituição e se não contrarie a vontade do fundador.

ARTIGO 190º – Transformação

1 – Ouvida a administração, e também o fundador, se for vivo, a entidade competente para o reconhecimento pode ampliar o fim da fundação, sempre que a rentabilização social dos meios disponíveis o aconselhe.

2 – A mesma entidade pode ainda, após as audições previstas no número anterior, atribuir à fundação um fim diferente:

a) Quando tiver sido inteiramente preenchido o fim para que foi instituída ou este se tiver tornado impossível;

b) Quando o fim da instituição deixar de revestir interesse social;

c) Quando o património se tornar insuficiente para a realização do fim previsto.

3 – O novo fim deve aproximar-se, no que for possível, do fim fixado pelo fundador.

4 – Não há lugar à mudança do fim, se o ato de instituição o proibir ou prescrever a extinção da fundação.

(Redação dada pela Lei nº 24/2012, de 09-07)

ARTIGO 190º-A – Fusão

Sob proposta das respetivas administrações, ou em alternativa à decisão referida no nº 2 do artigo anterior, e após as audições previstas no nº 1 do mesmo artigo, a entidade competente para o reconhecimento pode determinar a fusão de duas ou mais fundações, de fins análogos, contanto que a tal não se oponha a vontade dos fundadores.

(Redação dada pela Lei nº 150/2015, de 10-09)

ARTIGO 191º – Encargo prejudicial aos fins da fundação

1 – Estando o património da fundação onerado com encargos cujo cumprimento impossibilite ou dificulte gravemente o preenchimento do fim institucional, pode a entidade competente para o reconhecimento sob proposta da administração, suprimir, reduzir ou comutar esses encargos, ouvido o fundador, se for vivo.

2 – Se, porém, o encargo tiver sido motivo essencial da instituição, pode a mesma entidade considerar o seu cumprimento como fim da fundação, ou incorporar a fundação noutra pessoa colectiva capaz de satisfazer o encargo à custa do património incorporado, sem prejuízo dos seus próprios fins.

3 – As fundações só podem aceitar heranças a benefício de inventário.

(Redação dada pela Lei nº 24/2012, de 09-07)

ARTIGO 192º – Causas de extinção

1 – As fundações extinguem-se:

a) Pelo decurso do prazo, se tiverem sido constituídas temporariamente;

b) Pela verificação de qualquer outra causa extintiva prevista no ato de instituição;

c) Com o encerramento do processo de insolvência, se não for admissível a continuidade da fundação.

2 – As fundações podem ainda ser extintas pela entidade competente para o reconhecimento:

a) Quando o seu fim se tenha esgotado ou se haja tornado impossível;

b) Quando as atividades desenvolvidas demonstrem que o fim real não coincide com o fim previsto no ato de instituição;

c) Quando não tiverem desenvolvido qualquer atividade relevante nos três anos precedentes.

3 – As fundações podem ainda ser extintas por decisão judicial, em ação intentada pelo Ministério Público ou pela entidade competente para o reconhecimento:

a) Quando o seu fim seja sistematicamente prosseguido por meios ilícitos ou imorais;

b) Quando a sua existência se torne contrária à ordem pública.

(Redação dada pela Lei nº 24/2012, de 09-07)

ARTIGO 193º - Declaração da extinção

1 – Quando ocorra alguma das causas extintivas previstas no nº 1 do artigo anterior, a administração da fundação comunica o facto à entidade competente para o reconhecimento, a fim de esta declarar a extinção.

2 – A declaração de extinção proferida pela entidade competente para o reconhecimento é publicitada nos termos previstos no nº 4 do artigo 188º.

(Redação dada pela Lei nº 150/2015, de 10-09)

ARTIGO 194º - Efeitos da extinção

1 – A extinção da fundação desencadeia a abertura do processo de liquidação do seu património, competindo à entidade competente para o reconhecimento tomar as providências que julgue convenientes.

2 – Na falta de providências especiais em contrário, é aplicável o disposto no artigo 184º

(Redação dada pela Lei nº 24/2012, de 09-07)

CAPÍTULO III - Associações sem personalidade jurídica e comissões especiais

ARTIGO 195º - Organização e administração

1 – À organização interna e administração das associações sem personalidade jurídica são aplicáveis as regras estabelecidas pelos associados e, na sua falta, as disposições legais relativas às associações, exceptuadas as que pressupõem a personalidade destas.

2 – As limitações impostas aos poderes normais dos administradores só são oponíveis a terceiro quando este as conhecia ou devia conhecer.

3 – À saída dos associados é aplicável o disposto no artigo 181º

(Redação dada pelo Decreto-Lei nº 496/77, de 25-11)

ARTIGO 196º – Fundo comum das associações

1 – As contribuições dos associados e os bens com elas adquiridos constituem o fundo comum da associação.

2 – Enquanto a associação subsistir, nenhum associado pode exigir a divisão do fundo comum e nenhum credor dos associados tem o direito de o fazer excutir.

ARTIGO 197º – Liberalidades

1 – As liberalidades em favor de associações sem personalidade jurídica consideram-se feitas aos respectivos associados, nessa qualidade, salvo se o autor tiver condicionado a deixa ou doação à aquisição da personalidade jurídica; neste caso, se tal aquisição se não verificar dentro do prazo de um ano, fica a disposição sem efeito.

2 – Os bens deixados ou doados à associação sem personalidade jurídica acrescem ao fundo comum, independentemente de outro acto de transmissão.

(Redação dada pelo Decreto-Lei nº 496/77, de 25-11)

ARTIGO 198º – Responsabilidade por dívidas

1 – Pelas obrigações validamente assumidas em nome da associação responde o fundo comum e, na falta ou insuficiência deste, o património daquele que as tiver contraído; sendo o acto praticado por mais de uma pessoa, respondem todas solidariamente.

2 – Na falta ou insuficiência do fundo comum e do património dos associados directamente responsáveis, têm os credores acção contra os restantes associados, que respondem proporcionalmente à sua entrada para o fundo comum.

3 – A representação em juízo do fundo comum cabe àqueles que tiverem assumido a obrigação.

ARTIGO 199º – Comissões especiais

As comissões constituídas para realizar qualquer plano de socorro ou beneficiência, ou promover a execução de obras públicas, monumentos, festivais, exposições, festejos e actos semelhantes, se não pedirem o reconhecimento da personalidade da associação ou não a obtiverem, ficam sujeitas, na falta de lei em contário, às disposições subsequentes.

ARTIGO 200º – Responsabilidade dos organizadores e administradores

1 – Os membros da comissão e os encarregados de administrar os seus fundos são pessoal e solidariamente responsáveis pela conservação dos fundos recolhidos e pela sua afectação ao fim anunciado.

2 – Os membros da comissão respondem ainda, pessoal e solidariamente, pelas obrigações contraídas em nome dela.

3 – Os subscritores só podem exigir o valor que tiverem subscrito quando se não cumpra, por qualquer motivo, o fim para que a comissão foi constituída.

ARTIGO 201º – Aplicação dos bens a outro fim

1 – Se os fundos angariados forem insuficientes para o fim anunciado, ou este se mostrar impossível, ou restar algum saldo depois de satisfeito o fim da comissão, os bens terão a aplicação prevista no acto constitutivo da comissão ou no programa anunciado.

2 – Se nenhuma aplicação tiver sido prevista e a comissão não quiser aplicar os bens a um fim análogo, cabe à autoridade administrativa prover sobre o seu destino, respeitando na medida do possível a intenção dos subscritores.

ARTIGO 201º-A – Publicidade

As associações e comissões especiais sem personalidade jurídica promovem a publicação da sua constituição, da sua sede e do seu programa nos termos legalmente previstos para os actos das sociedades comerciais.

(Aditado pela Lei nº 40/2007, de 24-08)

Subtítulo I-A – Dos animais

ARTIGO 201º-B – Animais

Os animais são seres vivos dotados de sensibilidade e objeto de proteção jurídica em virtude da sua natureza.

(Aditado pela Lei nº 8/2017, de 03-03)

ARTIGO 201º-C – Proteção jurídica dos animais

A proteção jurídica dos animais opera por via das disposições do presente código e de legislação especial.

(Aditado pela Lei nº 8/2017, de 03-03)

ARTIGO 201º-D – Regime subsidiário

Na ausência de lei especial, são aplicáveis subsidiariamente aos animais as disposições relativas às coisas, desde que não sejam incompatíveis com a sua natureza.

(Aditado pela Lei nº 8/2017, de 03-03)

SUBTÍTULO II – Das coisas

ARTIGO 202º – Noção

1 – Diz-se coisa tudo aquilo que pode ser objecto de relações jurídicas.

2 – Consideram-se, porém, fora do comércio todas as coisas que não podem ser objecto de direitos privados, tais como as que se encontram no domínio público e as que são, por sua natureza, insusceptíveis de apropriação individual.

ARTIGO 203º – Classificação das coisas

As coisas são imóveis ou móveis, simples ou compostas, fungíveis ou não fungíveis, consumíveis ou não consumíveis, divisíveis ou indivisíveis, principais ou acessórias, presentes ou futuras.

ARTIGO 204º – Coisas imóveis

1 – São coisas imóveis:

a) Os prédios rústicos e urbanos;

b) As águas;

c) As árvores, os arbustos e os frutos naturais, enquanto estiverem ligados ao solo;

d) Os direitos inerentes aos imóveis mencionados nas alíneas anteriores;

e) As partes integrantes dos prédios rústicos e urbanos.

2 – Entende-se por prédio rústico uma parte delimitada do solo e as construções nele existentes que não tenham autonomia económica, e por prédio urbano qualquer edifício incorporado no solo, com os terrenos que lhe sirvam de logradouro.

3 – É parte integrante toda a coisa móvel ligada materialmente ao prédio com carácter de permanência.

ARTIGO 205º – Coisas móveis

1 – São móveis todas as coisas não compreendidas no artigo anterior.

2 – Às coisas móveis sujeitas a registo público é aplicável o regime das coisas móveis em tudo o que não seja especialmente regulado.

ARTIGO 206º – Coisas compostas

1 – É havida como coisa composta, ou universalidade de facto, a pluralidade de coisas móveis que, pertencendo à mesma pessoa, têm um destino unitário.

2 – As coisas singulares que constituem a universalidade podem ser objecto de relações jurídicas próprias.

ARTIGO 207º – Coisas fungíveis

São fungíveis as coisas que se determinam pelo seu género, qualidade e quantidade, quando constituam objecto de relações jurídicas.

ARTIGO 208º – Coisas consumíveis

São consumíveis as coisas cujo uso regular importa a sua destruição ou a sua alienação.

ARTIGO 209º – Coisas divisíveis

São divisíveis as coisas que podem ser fraccionadas sem alteração da sua substância, diminuição de valor ou prejuízo para o uso a que se destinam.

ARTIGO 210º – Coisas acessórias

1 – São coisas acessórias, ou pertenças, as coisas móveis que, não constituindo partes integrantes, estão afectadas por forma duradoura ao serviço ou ornamentação de uma outra.

2 – Os negócios jurídicos que têm por objecto a coisa principal não abrangem, salvo declaração em contrário, as coisas acessórias.

ARTIGO 211º – Coisas futuras

São coisas futuras as que não estão em poder do disponente, ou a que este não tem direito, ao tempo da declaração negocial.

ARTIGO 212º – Frutos

1 – Diz-se fruto de uma coisa tudo o que ela produz periodicamente, sem prejuízo da sua substância.

2 – Os frutos são naturais ou civis; dizem-se naturais os que provêm directamente da coisa, e civis as rendas ou interesses que a coisa produz em consequência de uma relação jurídica.

3 – Consideram-se frutos das universalidades de animais as crias não destinadas à substituição das cabeças que por qualquer causa vierem a faltar, os despojos, e todos os proventos auferidos, ainda que a título eventual.

ARTIGO 213º – Partilha dos frutos

1 – Os que têm direito aos frutos naturais até um momento determinado, ou a partir de certo momento, fazem seus todos os frutos percebidos durante a vigência do seu direito.

2 – Quanto a frutos civis, a partilha faz-se proporcionalmente à duração do direito.

ARTIGO 214º – Frutos colhidos prematuramente

Quem colher prematuramente frutos naturais é obrigado a restituí-los, se vier a extinguir-se o seu direito antes da época normal das colheitas.

ARTIGO 215º – Restituição de frutos

1 – Quem for obrigado por lei à restituição de frutos percebidos tem direito a ser indemnizado das despesas de cultura, sementes e matérias-primas e dos restantes encargos de produção e colheita, desde que não sejam superiores ao valor desses frutos.

2 – Quando se trate de frutos pendentes, o que é obrigado à entrega da coisa não tem direito a qualquer indemnização, salvo nos casos especialmente previstos na lei.

ARTIGO 216º – Benfeitorias

1 – Consideram-se benfeitorias todas as despesas feitas para conservar ou melhorar a coisa.

2 – As benfeitorias são necessárias, úteis ou voluptuárias.

3 – São benfeitorias necessárias as que têm por fim evitar a perda, destruição ou deterioração da coisa; úteis as que, não sendo indispensáveis para a sua conservação, lhe aumentam, todavia, o valor; voluptuárias as que, não sendo indispensáveis para a sua conservação nem lhe aumentando o valor, servem apenas para recreio do benfeitorizante.

SUBTÍTULO III – Dos factos jurídicos

CAPÍTULO I – Negócio jurídico

SECÇÃO I – Declaração negocial

SUBSECÇÃO I – Modalidades da declaração

ARTIGO 217º – Declaração expressa e declaração tácita

1 – A declaração negocial pode ser expressa ou tácita: é expressa, quando feita por palavras, escrito ou qualquer outro meio directo de manifestação da vontade, e tácita, quando se deduz de factos que, com toda a probabilidade, a revelam.

2 – O carácter formal da declaração não impede que ela seja emitida tacitamente, desde que a forma tenha sido observada quanto aos factos de que a declaração se deduz.

ARTIGO 218º – O silêncio como meio declarativo

O silêncio vale como declaração negocial, quando esse valor lhe seja atribuído por lei, uso ou convenção.

SUBSECÇÃO II – Forma

ARTIGO 219º – Liberdade de forma

A validade da declaração negocial não depende da observância de forma especial, salvo quando a lei a exigir.

ARTIGO 220º – Inobservância da forma legal

A declaração negocial que careça da forma legalmente prescrita é nula, quando outra não seja a sanção especialmente prevista na lei.

ARTIGO 221º – Âmbito da forma legal

1 – As estipulações verbais acessórias anteriores ao documento legalmente exigido para a declaração negocial, ou contemporâneas dele, são nulas, salvo quando a razão determinante da forma lhes não seja aplicável e se prove que correspondem à vontade do autor da declaração.

2 – As estipulações posteriores ao documento só estão sujeitas à forma legal prescrita para a declaração se as razões da exigência especial da lei lhe forem aplicáveis.

ARTIGO 222º – Âmbito da forma voluntária

1 – Se a forma escrita não for exigida por lei, mas tiver sido adoptada pelo autor da declaração, as estipulações verbais acessórias anteriores ao escrito, ou contemporânea dele, são válidas, quando se mostre que correspondem à vontade do declarante e a lei as não sujeite à forma escrita.

2 – As estipulações verbais posteriores ao documento são válidas, excepto se, para o efeito, a lei exigir a forma escrita.

ARTIGO 223º – Forma convencional

1 – Podem as partes estipular uma forma especial para a declaração; presume-se, neste caso, que as partes se não querem vincular senão pela forma convencionada.

2 – Se, porém, a forma só for convencionada depois de o negócio estar concluído ou no momento da sua conclusão, e houver fundamento para admitir que as partes se quiseram vincular desde logo, presume-se que a convenção teve em vista a consolidação do negócio, ou qualquer outro efeito, mas não a sua substituição.

SUBSECÇÃO III – Perfeição da declaração negocial

ARTIGO 224º – Eficácia da declaração negocial

1 – A declaração negocial que tem um destinatário torna-se eficaz logo que chega ao seu poder ou é dele conhecida; as outras, logo que a vontade do declarante se manifesta na forma adequada.

2 – É também considerada eficaz a declaração que só por culpa do destinatário não foi por ele oportunamente recebida.

3 – A declaração recebida pelo destinatário em condições de, sem culpa sua, não poder ser conhecida é ineficaz.

ARTIGO 225º – Anúncio público da declaração

A declaração pode ser feita mediante anúncio publicado num dos jornais da residência do declarante, quando se dirija a pessoa desconhecida ou cujo paradeiro seja por aquele ignorado.

ARTIGO 226º – Morte, incapacidade ou indisponibilidade superveniente

1 – A morte ou incapacidade do declarante, posterior à emissão da declaração, não prejudica a eficácia desta, salvo se o contrário resultar da própria declaração.

2 – A declaração é ineficaz, se o declarante, enquanto o destinatário não a receber ou dela não tiver conhecimento, perder o poder de disposição do direito a que ela se refere.

ARTIGO 227º – Culpa na formação dos contratos

1 – Quem negoceia com outrem para conclusão de um contrato deve, tanto nos preliminares como na formação dele, proceder segundo as regras da boa fé, sob pena de responder pelos danos que culposamente causar à outra parte.

2 – A responsabilidade prescreve nos termos do artigo 498º

ARTIGO 228º – Duração da proposta contratual

1 – A proposta do contrato obriga o proponente nos termos seguintes:

a) Se for fixado pelo proponente ou convencionado pelas partes um prazo para a aceitação, a proposta mantém-se até o prazo findar;

b) Se não for fixado prazo, mas o proponente pedir resposta imediata, a proposta mantém-se até que, em condições normais, esta e a aceitação cheguem ao seu destino;

c) Se não for fixado prazo e a proposta for feita a pessoa ausente ou, por escrito, a pessoa presente, manter-se-á até cinco dias depois do prazo que resulta do preceituado na alínea precedente.

2 – O disposto no número anterior não prejudica o direito de revogação da proposta nos termos em que a revogação é admitida no artigo 230º

ARTIGO 229º – Recepção tardia

1 – Se o proponente receber a aceitação tardiamente, mas não tiver razões para admitir que ela foi expedida fora do tempo, deve avisar imediatamente o aceitante de que o contrato se não concluiu, sob pena de responder pelo prejuízo havido.

2 – O proponente pode, todavia, considerar eficaz a resposta tardia, desde que ela tenha sido expedida em tempo oportuno; em qualquer outro caso, a formação do contrato depende de nova proposta e nova aceitação.

ARTIGO 230º – Irrevogabilidade da proposta

1 – Salvo declaração em contrário, a proposta de contrato é irrevogável depois de ser recebida pelo destinatário ou de ser dele conhecida.

2 – Se, porém, ao mesmo tempo que a proposta, ou antes dela, o destinatário receber a retractação do proponente ou tiver por outro meio conhecimento dela, fica a proposta sem efeito.

3 – A revogação da proposta, quando dirigida ao público, é eficaz, desde que seja feita na forma da oferta ou em forma equivalente.

ARTIGO 231º – Morte ou incapacidade do proponente ou do destinatário

1 – Não obsta à conclusão do contrato a morte ou incapacidade do proponente, excepto se houver fundamento para presumir que outra teria sido a sua vontade.

2 – A morte ou incapacidade do destinatário determina a ineficácia da proposta.

ARTIGO 232º – Âmbito do acordo de vontades

O contrato não fica concluído enquanto as partes não houverem acordado em todas as cláusulas sobre as quais qualquer delas tenha julgado necessário o acordo.

ARTIGO 233º – Aceitação com modificações

A aceitação com aditamentos, limitações ou outras modificações importa a rejeição da proposta; mas, se a modificação for suficientemente precisa, equivale a nova proposta, contanto que outro sentido não resulte da declaração.

ARTIGO 234º – Dispensa de declaração de aceitação

Quando a proposta, a própria natureza ou circunstâncias do negócio, ou os usos tornem dispensável a declaração de aceitação, tem-se o contrato por concluído logo que a conduta da outra parte mostre a intenção de aceitar a proposta.

ARTIGO 235º – Revogação da aceitação ou da rejeição

1 – Se o destinatário rejeitar a proposta, mas depois a aceitar, prevalece a aceitação, desde que esta chegue ao poder do proponente, ou seja dele conhecida, ao mesmo tempo que a rejeição, ou antes dela.

2 – A aceitação pode ser revogada mediante declaração que ao mesmo tempo, ou antes dela, chegue ao poder do proponente ou seja dele conhecida.

SUBSECÇÃO IV – Interpretação e integração

ARTIGO 236º – Sentido normal da declaração

1 – A declaração negocial vale com o sentido que um declaratário normal, colocado na posição do real declaratário, possa deduzir do comportamento do declarante, salvo se este não puder razoavelmente contar com ele.

2 – Sempre que o declaratário conheça a vontade real do declarante, é de acordo com ela que vale a declaração emitida.

ARTIGO 237º – Casos duvidosos

Em caso de dúvida sobre o sentido da declaração, prevalece, nos negócios gratuitos, o menos gravoso para o disponente e, nos onerosos, o que conduzir ao maior equilíbrio das prestações.

ARTIGO 238º – Negócios formais

1 – Nos negócios formais não pode a declaração valer com um sentido que não tenha um mínimo de correspondência no texto do respectivo documento, ainda que imperfeitamente expresso.

2 – Esse sentido pode, todavia, valer, se corresponder à vontade real das partes e as razões determinantes da forma do negócio se não opuserem a essa validade.

ARTIGO 239º – Integração

Na falta de disposição especial, a declaração negocial deve ser integrada de harmonia com a vontade que as partes teriam tido se houvessem previsto o ponto omisso, ou de acordo com os ditames da boa fé, quando outra seja a solução por eles imposta.

SUBSECÇÃO V – Falta e vícios da vontade

ARTIGO 240º – Simulação

1 – Se, por acordo entre declarante e declaratário, e no intuito de enganar terceiros, houver divergência entre a declaração negocial e a vontade real do declarante, o negócios diz-se simulado.

2 – O negócio simulado é nulo.

ARTIGO 241º – Simulação relativa

1 – Quando sob o negócio simulado exista um outro que as partes quiseram realizar, é aplicável a este o regime que lhe corresponderia se fosse concluído sem dissimulação, não sendo a sua validade prejudicada pela nulidade do negócio simulado.

2 – Se, porém, o negócio dissimulado for de natureza formal, só é válido se tiver sido observada a forma exigida por lei.

ARTIGO 242º – Legitimidade para arguir a simulação

1 – Sem prejuízo do disposto no artigo 286º, a nulidade do negócio simulado pode ser arguida pelos próprios simuladores entre si, ainda que a simulação seja fraudulenta.

2 – A nulidade pode também ser invocada pelos herdeiros legitimários que pretendam agir em vida do autor da sucessão contra os negócios por ele simuladamente feitos com o intuito de os prejudicar.

ARTIGO 243º – Inoponibilidade da simulação a terceiros de boa fé

1 – A nulidade proveniente da simulação não pode ser arguida pelo simulador contra terceiro de boa fé.

2 – A boa fé consiste na ignorância da simulação ao tempo em que foram constituídos os respectivos direitos.

3 – Considera-se sempre de má fé o terceiro que adquiriu o direito posteriormente ao registo da acção de simulação, quando a este haja lugar.

ARTIGO 244º – Reserva mental

1 – Há reserva mental, sempre que é emitida uma declaração contrária à vontade real com o intuito de enganar o declaratário.

2 – A reserva não prejudica a validade da declaração, excepto se for conhecida do declaratário; neste caso, a reserva tem os efeitos da simulação.

ARTIGO 245º – Declarações não sérias

1 – A declaração não séria, feita na expectativa de que a falta de seriedade não seja desconhecida, carece de qualquer efeito.

2 – Se, porém, a declaração for feita em circunstâncias que induzam o declaratário a aceitar justificadamente a sua seriedade, tem ele o direito de ser indemnizado pelo prejuízo que sofrer.

ARTIGO 246º – Falta de consciência da declaração e coacção física

A declaração não produz qualquer efeito, se o declarante não tiver a consciência de fazer uma declaração negocial ou for coagido pela força física a emiti-la; mas, se a falta de consciência da declaração foi devida a culpa, fica o declarante obrigado a indemnizar o declaratário.

ARTIGO 247º – Erro na declaração

Quando, em virtude de erro, a vontade declarada não corresponda à vontade real do autor, a declaração negocial é anulável, desde que o declaratário conhecesse ou não devesse ignorar a essencialidade, para o declarante, do elemento sobre que incidiu o erro.

ARTIGO 248º – Validação do negócio

A anulabilidade fundada em erro na declaração não procede, se o declaratário aceitar o negócio como o declarante o queria.

ARTIGO 249º – Erro de cálculo ou de escrita

O simples erro de cálculo ou de escrita, revelado no próprio contexto da declaração ou através das circunstâncias em que a declaração é feita, apenas dá direito à rectificação desta.

ARTIGO 250º – Erro na transmissão da declaração

1 – A declaração negocial inexactamente transmitida por quem seja incumbido da transmissão pode ser anulada nos termos do artigo 247º

2 – Quando, porém, a inexactidão for devida a dolo do intermediário, a declaração é sempre anulável.

ARTIGO 251º – Erro sobre a pessoa ou sobre o objecto do negócio

O erro que atinja os motivos determinantes da vontade, quando se refira à pessoa do declaratário ou ao objecto do negócio, torna este anulável nos termos do artigo 247º

ARTIGO 252º – Erro sobre os motivos

1 – O erro que recaia nos motivos determinantes da vontade, mas se não refira à pessoa do declaratário nem ao objecto do negócio, só é causa de anulação se as partes houverem reconhecido, por acordo, a essencialidade do motivo.

2 – Se, porém, recair sobre as circunstâncias que constituem a base do negócio, é aplicável ao erro do declarante o disposto sobre a resolução ou modificação do contrato por alteração das circunstâncias vigentes no momento em que o negócio foi concluído.

ARTIGO 253º – Dolo

1 – Entende-se por dolo qualquer sugestão ou artifício que alguém empregue com a intenção ou consciência de induzir ou manter em erro o autor da declaração, bem como a dissimulação, pelo declaratário ou terceiro, do erro do declarante.

2 – Não constituem dolo ilícito as sugestões ou artifícios usuais, considerados legítimos segundo as concepções dominantes no comércio jurídico, nem a dissimulação do erro, quando nenhum dever de elucidar o declarante resulte da lei, de estipulação negocial ou daquelas concepções.

ARTIGO 254º – Efeitos do dolo

1 – O declarante cuja vontade tenha sido determinada por dolo pode anular a declaração; a anulabilidade não é excluída pelo facto de o dolo ser bilateral.

2 – Quando o dolo provier de terceiro, a declaração só é anulável se o destinatário tinha ou devia ter conhecimento dele; mas, se alguém tiver adquirido directamente algum direito por virtude da declaração, esta é anulável em relação ao beneficiário, se tiver sido ele o autor do dolo ou se o conhecia ou devia ter conhecido.

ARTIGO 255º – Coacção moral

1 – Diz-se feita sob coacção moral a declaração negocial determinada pelo receio de um mal de que o declarante foi ilicitamente ameaçado com o fim de obter dele a declaração.

2 – A ameaça tanto pode respeitar à pessoa como à honra ou fazenda do declarante ou de terceiro.

3 – Não constitui coacção a ameaça do exercício normal de um direito nem o simples temor reverencial.

ARTIGO 256º – Efeitos da coacção

A declaração negocial extorquida por coacção é anulável, ainda que esta provenha de terceiro; neste caso, porém, é necessário que seja grave o mal e justificado o receio da sua consumação.

ARTIGO 257º – Incapacidade acidental

1 – A declaração negocial feita por quem, devido a qualquer causa, se encontrava acidentalmente incapacitado de entender o sentido dela ou não tinha o livre exercício da sua vontade é anulável, desde que o facto seja notório ou conhecido do declaratário.

2 – O facto é notório, quando uma pessoa de normal diligência o teria podido notar.

SUBSECÇÃO VI – Representação

DIVISÃO I – Princípios gerais

ARTIGO 258º – Efeitos da representação

O negócio jurídico realizado pelo representante em nome do representado, nos limites dos poderes que lhe competem, produz os seus efeitos na esfera jurídica deste último.

ARTIGO 259º – Falta ou vícios da vontade e estados subjectivos relevantes

1 – À excepção dos elementos em que tenha sido decisiva a vontade do representado, é na pessoa do representante que deve verificar-se, para efeitos de nulidade ou anulabilidade da declaração, a falta ou vício da vontade, bem como o conhecimento ou ignorância dos factos que podem influir nos efeitos do negócio.

2 – Ao representado de má fé não aproveita a boa fé do representante.

ARTIGO 260º - Justificação dos poderes do representante

1 - Se uma pessoa dirigir em nome de outrem uma declaração a terceiro, pode este exigir que o representante, dentro de prazo razoável, faça prova dos seus poderes, sob pena de a declaração não produzir efeitos.

2 - Se os poderes de representação constarem de documento, pode o terceiro exigir uma cópia dele assinada pelo representante.

ARTIGO 261º - Negócio consigo mesmo

1 - É anulável o negócio celebrado pelo representante consigo mesmo, seja em nome próprio, seja em representação de terceiro, a não ser que o representado tenha especificadamente consentido na celebração, ou que o negócio excluía por sua natureza a possibilidade de um conflito de interesses.

2 - Considera-se celebrado pelo representante, para o efeito do número precedente, o negócio realizado por aquele em quem tiverem sido substabelecidos os poderes de representação.

DIVISÃO II - Representação voluntária

ARTIGO 262º - Procuração

1 - Diz-se procuração o acto pelo qual alguém atribui a outrem, voluntariamente, poderes representativos.

2 - Salvo disposição legal em contrário, a procuração revestirá a forma exigida para o negócio que o procurador deva realizar.

ARTIGO 263º - Capacidade do procurador

O procurador não necessita de ter mais do que a capacidade de entender e querer exigida pela natureza do negócio que haja de efectuar.

ARTIGO 264º - Substituição do procurador

1 - O procurador só pode fazer-se substituir por outrem se o representado o permitir ou se a faculdade de substituição resultar do conteúdo da procuração ou da relação jurídica que a determina.

2 - A substituição não envolve exclusão do procurador primitivo, salvo declaração em contrário.

3 - Sendo autorizada a substituição, o procurador só é responsável para com o representado se tiver agido com culpa na escolha do substituto ou nas instruções que lhe deu.

4 - O procurador pode servir-se de auxiliares na execução da procuração, se outra coisa não resultar do negócio ou da natureza do acto que haja de praticar.

ARTIGO 265º - Extinção da procuração

1 - A procuração extingue-se quando o procurador a ela renuncia, ou quando cessa a relação jurídica que lhe serve de base, excepto se outra for, neste caso, a vontade do representado.

2 – A procuração é livremente revogável pelo representado, não obstante convenção em contrário ou renúncia ao direito de revogação.

3 – Mas, se a procuração tiver sido conferida também no interesse do procurador ou de terceiro, não pode ser revogada sem acordo do interessado, salvo ocorrendo justa causa.

ARTIGO 266º – Protecção de terceiros

1 – As modificações e a revogação da procuração devem ser levadas ao conhecimento de terceiros por meios idóneos, sob pena de lhes não serem oponíveis senão quando se mostre que delas tinham conhecimento no momento da conclusão do negócio.

2 – As restantes causas extintivas da procuração não podem ser opostas a terceiro que sem culpa, as tenha ignorado.

ARTIGO 267º – Restituição do documento da representação

1 – O representante deve restituir o documento de onde constem os seus poderes, logo que a procuração tiver caducado.

2 – O representante não goza do direito de retenção do documento.

ARTIGO 268º – Representação sem poderes

1 – O negócio que uma pessoa, sem poderes de representação, celebre em nome de outrem é ineficaz em relação a este, se não for por ele ratificado.

2 – A ratificação está sujeita à forma exigida para a procuração e tem eficácia retroactiva, sem prejuízo dos direitos de terceiro.

3 – Considera-se negada a ratificação, se não for feita dentro do prazo que a outra parte fixar para o efeito.

4 – Enquanto o negócio não for ratificado, tem a outra parte a faculdade de o revogar ou rejeitar, salvo se, no momento da conclusão, conhecia a falta de poderes do representante.

ARTIGO 269º – Abuso da representação

O disposto no artigo anterior é aplicável ao caso de o representante ter abusado dos seus poderes, se a outra parte conhecia ou devia conhecer o abuso.

SUBSECÇÃO VII – Condição e termo

ARTIGO 270º – Noção de condição

As partes podem subordinar a um acontecimento futuro e incerto a produção dos efeitos do negócio jurídico ou a sua resolução: no primeiro caso, diz-se suspensiva a condição; no segundo, resolutiva.

ARTIGO 271º – Condições ilícitas ou impossíveis

1 – É nulo o negócio jurídico subordinado a uma condição contrária à lei ou à ordem pública, ou ofensiva dos bons costumes.

2 – É igualmente nulo o negócio sujeito a uma condição suspensiva que seja física ou legalmente impossível; se for resolutiva, tem-se a condição por não escrita.

ARTIGO 272º - Pendência da condição

Aquele que contrair uma obrigação ou alienar um direito sob condição suspensiva, ou adquirir um direito sob condição resolutiva, deve agir, na pendência da condição, segundo os ditames da boa fé, por forma que não comprometa a integridade do direito da outra parte.

ARTIGO 273º - Pendência da condição: actos conservatórios

Na pendência da condição suspensiva, o adquirente do direito pode praticar actos conservatórios, e igualmente os pode realizar, na pendência da condição resolutiva, o devedor ou o alienante condicional.

ARTIGO 274º - Pendência da condição: actos dispositivos

1 – Os actos de disposição dos bens ou direitos que constituem objecto do negócio condicional, realizados na pendência da condição, ficam sujeitos à eficácia ou ineficácia do próprio negócio, salvo estipulação em contrário.

2 – Se houver lugar à restituição do que tiver sido alienado, é aplicável, directamente ou por analogia, o disposto nos artigos 1269º e seguintes em relação ao possuidor de boa fé.

ARTIGO 275º - Verificação e não verificação da condição

1 – A certeza de que a condição se não pode verificar equivale à sua não verificação.

2 – Se a verificação da condição for impedida, contra as regras da boa fé, por aquele a quem prejudica, tem-se por verificada; se for provocada, nos mesmos termos, por aquele a quem aproveita, considera-se como não verificada.

ARTIGO 276º - Retroactividade da condição

Os efeitos do preenchimento da condição retrotraem-se à data da conclusão do negócio, a não ser que, pela vontade das partes ou pela natureza do acto, hajam de ser reportados a outro momento.

ARTIGO 277º - Não retroactividade

1 – Sendo a condição resolutiva aposta a um contrato de execução continuada ou periódica, é aplicável o disposto no nº 2 do art. 434º

2 – O preenchimento da condição não prejudica a validade dos actos de administração ordinária realizados, enquanto a condição estiver pendente, pela parte a quem incumbir o exercício do direito.

3 – À aquisição de frutos pela parte a que se refere o número anterior são aplicáveis as disposições relativas à aquisição de frutos pelo possuidor de boa fé.

ARTIGO 278º – Termo

Se for estipulado que os efeitos do negócio jurídico comecem ou cessem a partir de certo momento, é aplicável à estipulação, com as necessárias adaptações, o disposto nos artigos 272º e 273º

ARTIGO 279º – Cômputo do termo

À fixação do termo são aplicáveis, em caso de dúvida, as seguintes regras:

a) Se o termo se referir ao princípio, meio ou fim do mês, entende-se como tal, respectivamente, o primeiro dia, o dia 15 e o último dia do mês; se for fixado no princípio, meio ou fim do ano, entende-se, respectivamente, o primeiro dia do ano, o dia 30 de Junho e o dia 31 de Dezembro;

b) Na contagem de qualquer prazo não se inclui o dia, nem a hora, se o prazo for de horas, em que ocorrer o evento a partir do qual o prazo começa a correr;

c) O prazo fixado em semanas, meses ou anos, a contar de certa data, termina às 24 horas do dia que corresponda, dentro da última semana, mês ou ano, a essa data; mas, se no último mês não existir dia correspondente, o prazo finda no último dia desse mês;

d) É havido, respectivamente, como prazo de uma ou duas semanas o designado por oito ou quinze dias, sendo havido como prazo de um ou dois dias o designado por 24 ou 48 horas;

e) O prazo que termine em domingo ou dia feriado transfere-se para o primeiro dia útil; aos domingos e dias feriados são equiparadas as férias judiciais, se o acto sujeito a prazo tiver de ser praticado em juízo.

SECÇÃO II – **Objecto negocial. Negócios usurários**

ARTIGO 280º – Requisitos do objecto negocial

1 – É nulo o negócio jurídico cujo objecto seja física ou legalmente impossível, contrário à lei ou indeterminável.

2 – É nulo o negócio contrário à ordem pública, ou ofensivo dos bons costumes.

ARTIGO 281º – Fim contrário à lei ou à ordem pública ou ofensivo dos bons costumes

Se apenas o fim do negócio jurídico for contrário à lei ou à ordem pública, ou ofensivo dos bons costumes, o negócio só é nulo quando o fim for comum a ambas as partes.

ARTIGO 282º – Negócios usurários

1 – É anulável, por usura, o negócio jurídico, quando alguém, explorando a situação de necessidade, inexperiência, ligeireza, dependência, estado mental ou fraqueza de carácter de outrem, obtiver deste, para si ou para terceiro, a promessa ou a concessão de benefícios excessivos ou injustificados.

2 – Fica ressalvado o regime especial estabelecido nos artigos 559º-A e 1146º *(Redação dada pelo Decreto-Lei nº 262/83, de 16-06)*

ARTIGO 283º – Modificação dos negócios usurários

1 – Em lugar da anulação, o lesado pode requerer a modificação do negócio segundos juízos de equidade.

2 – Requerida a anulação, a parte contrária tem a faculdade de opor-se ao pedido, declarando aceitar a modificação do negócio nos termos do número anterior.

ARTIGO 284º – Usura criminosa

Quando o negócio usurário constituir crime, o prazo para o exercício do direito de anulação ou modificação não termina enquanto o crime não prescrever; e, se a responsabilidade criminal se extinguir por causa diferente da prescrição ou no juízo penal for proferida sentença que transite em julgado, aquele prazo conta-se da data da extinção da responsabilidade criminal ou daquela em que a sentença transitar em julgado, salvo se houver de contar-se a partir de momento posterior, por força do disposto no nº 1 do artigo 287º

SECÇÃO III – Nulidade e anulabilidade do negócio jurídico

ARTIGO 285º – Disposição geral

Na falta de regime especial, são aplicáveis à nulidade e à anulabilidade do negócio jurídico as disposições dos artigos subsequentes.

ARTIGO 286º – Nulidade

A nulidade é invocável a todo o tempo por qualquer interessado e pode ser declarada oficiosamente pelo tribunal.

ARTIGO 287º – Anulabilidade

1 – Só têm legitimidade para arguir a anulabilidade as pessoas em cujo interesse a lei a estabelece, e só dentro do ano subsequente à cessação do vício que lhe serve de fundamento.

2 – Enquanto, porém, o negócio não estiver cumprido, pode a anulabilidade ser arguida, sem dependência de prazo, tanto por via de acção como por via de excepção.

ARTIGO 288º – Confirmação

1 – A anulabilidade é sanável mediante confirmação.

2 – A confirmação compete à pessoa a quem pertencer o direito de anulação, e só é eficaz quando for posterior à cessação do vício que serve de fundamento à anulabilidade e o seu autor tiver conhecimento do vício e do direito à anulação.

3 – A confirmação pode ser expressa ou tácita e não depende de forma especial.

4 – A confirmação tem eficácia retroactiva, mesmo em relação a terceiro.

ARTIGO 289º – Efeitos da declaração de nulidade e da anulação

1 – Tanto a declaração de nulidade como a anulação do negócio têm efeito retroactivo, devendo ser restituído tudo o que tiver sido prestado ou, se a restituição em espécie não for possível, o valor correspondente.

2 – Tendo alguma das partes alienado gratuitamente coisa que devesse restituir, e não podendo tornar-se efectiva contra o alienante a restituição do valor dela, fica o adquirente obrigado em lugar daquele, mas só na medida do seu enriquecimento.

3 – É aplicável em qualquer dos casos previstos nos números anteriores, directamente ou por analogia, o disposto nos artigos 1269º e seguintes.

ARTIGO 290º – Momento da restituição

As obrigações recíprocas de restituição que incumbem às partes por força da nulidade ou anulação do negócio devem ser cumpridas simultaneamente, sendo extensivas ao caso, na parte aplicável, as normas relativas à excepção de não cumprimento do contrato.

ARTIGO 291º – Inoponibilidade da nulidade e da anulação

1 – A declaração de nulidade ou a anulação do negócio jurídico que respeite a bens imóveis, ou a bens móveis sujeitos a registo, não prejudica os direitos adquiridos sobre os mesmos bens, a título oneroso, por terceiro de boa fé, se o registo da aquisição for anterior ao registo da acção de nulidade ou anulação ou ao registo do acordo entre as partes acerca da invalidade do negócio.

2 – Os direitos de terceiro não são, todavia, reconhecidos, se a acção for proposta e registada dentro dos três anos posteriores à conclusão do negócio.

3 – É considerado de boa fé o terceiro adquirente que no momento da aquisição desconhecia, sem culpa, o vício do negócio nulo ou anulável.

ARTIGO 292º – Redução

A nulidade ou anulação parcial não determina a invalidade de todo o negócio, salvo quando se mostre que este não teria sido concluído sem a parte viciada.

ARTIGO 293º – Conversão

O negócio nulo ou anulado pode converter-se num negócio de tipo ou conteúdo diferente, do qual contenha os requisitos essenciais de substância e de forma, quando o fim prosseguido pelas partes permita supor que elas o teriam querido, se tivessem previsto a invalidade.

ARTIGO 294º – Negócios celebrados contra a lei

Os negócios celebrados contra disposição legal de carácter imperativo são nulos, salvo nos casos em que outra solução resulte da lei.

CAPÍTULO II – Actos jurídicos

ARTIGO 295º – Disposições reguladoras

Aos actos jurídicos que não sejam negócios jurídicos são aplicáveis, na medida em que a analogia das situações o justifique, as disposições do capítulo precedente.

CAPÍTULO III – O tempo e a sua repercussão nas relações jurídicas

SECÇÃO I – Disposições gerais

ARTIGO 296º – Contagem dos prazos

As regras constantes do artigo 279º são aplicáveis, na falta de disposição especial em contrário, aos prazos e termos fixados por lei, pelos tribunais ou por qualquer outra autoridade.

ARTIGO 297º – Alteração de prazos

1 – A lei que estabelecer, para qualquer efeito, um prazo mais curto do que o fixado na lei anterior é também aplicável aos prazos que já estiverem em curso, mas o prazo só se conta a partir da entrada em vigor da nova lei, a não ser que, segundo a lei antiga, falte menos tempo para o prazo se completar.

2 – A lei que fixar um prazo mais longo é igualmente aplicável aos prazos que já estejam em curso, mas computar-se-á neles todo o tempo decorrido desde o seu momento inicial.

3 – A doutrina dos números anteriores é extensiva, na parte aplicável, aos prazos fixados pelos tribunais ou por qualquer autoridade.

ARTIGO 298º – Prescrição, caducidade e não uso do direito

1 – Estão sujeitos a prescrição, pelo seu não exercício durante o lapso de tempo estabelecido na lei, os direitos que não sejam indisponíveis ou que a lei não declare isentos de prescrição.

2 – Quando, por força da lei ou por vontade das partes, um direito deva ser exercido dentro de certo prazo, são aplicáveis as regras da caducidade, a menos que a lei se refira expressamente à prescrição.

3 – Os direitos de propriedade, usufruto, uso e habitação, enfiteuse, superfície e servidão não prescrevem, mas podem extinguir-se pelo não uso nos casos especialmente previstos na lei, sendo aplicáveis nesses casos, na falta de disposição em contrário, as regras da caducidade.

ARTIGO 299º – Alteração da qualificação

1 – Se a lei considerar de caducidade um prazo que a lei anterior tratava como prescricional, ou se, ao contrário, considerar como prazo de prescrição o que a lei antiga tratava como caso de caducidade, a nova qualificação é também aplicável aos prazos em curso.

2 – No primeiro caso, porém, se a prescrição estiver suspensa ou tiver sido interrompida no domínio da lei antiga, nem a suspensão nem a interrupção serão atingidas pela aplicação da nova lei; no segundo, o prazo passa a ser susceptível de suspensão e interrupção nos termos gerais da prescrição.

SECÇÃO II – Prescrição

SUBSECÇÃO I – Disposições gerais

ARTIGO 300º – Inderrogabilidade do regime da prescrição

São nulos os negócios jurídicos destinados a modificar os prazos legais da prescrição ou a facilitar ou dificultar por outro modo as condições em que a prescrição opera os seus efeitos.

ARTIGO 301º – A quem aproveita a prescrição

A prescrição aproveita a todos os que dela possam tirar benefício, sem excepção dos incapazes.

ARTIGO 302º – Renúncia da prescrição

1 – A renúncia da prescrição só é admitida depois de haver decorrido o prazo prescricional.

2 – A renúncia pode ser tácita e não necessita de ser aceita pelo beneficiário.

3 – Só tem legitimidade para renunciar à prescrição quem puder dispor do benefício que a prescrição tenha criado.

ARTIGO 303º – Invocação da prescrição

O tribunal não pode suprir, de ofício, a prescrição; esta necessita, para ser eficaz, de ser invocada, judicial ou extrajudicialmente, por aquele a quem aproveita, pelo seu representante ou, tratando-se de incapaz, pelo Ministério Público.

ARTIGO 304º – Efeitos da prescrição

1 – Completada a prescrição, tem o beneficiário a faculdade de recusar o cumprimento da prestação ou de se opor, por qualquer modo, ao exercício do direito prescrito.

2 – Não pode, contudo, ser repetida a prestação realizada espontaneamente em cumprimento de uma obrigação prescrita, ainda quando feita com ignorância da prescrição; este regime é aplicável a quaisquer formas de satisfação do direito prescrito, bem como ao seu reconhecimento ou à prestação de garantias.

3 – No caso de venda com reserva de propriedade até ao pagamento do preço, se prescrever o crédito do preço, pode o vendedor, não obstante a prescrição, exigir a restituição da coisa quando o preço não seja pago.

ARTIGO 305º – Oponibilidade da prescrição por terceiros

1 – A prescrição é invocável pelos credores e por terceiros com legítimo interesse na sua declaração, ainda que o devedor a ela tenha renunciado.

2 – Se, porém, o devedor tiver renunciado, a prescrição só pode ser invocada pelos credores desde que se verifiquem os requisitos exigidos para a impugnação pauliana.

3 – Se, demandado o devedor, este não alegar a prescrição e for condenado, o caso julgado não afecta o direito reconhecido aos seus credores.

ARTIGO 306º – Início do curso da prescrição

1 – O prazo da prescrição começa a correr quando o direito puder ser exercido; se, porém, o beneficiário da prescrição só estiver obrigado a cumprir decorrido certo tempo sobre a interpelação, só findo esse tempo se inicia o prazo da prescrição.

2 – A prescrição de direitos sujeitos a condição suspensiva ou termo inicial só começa depois de a condição se verificar ou o termo se vencer.

3 – Se for estipulado que o devedor cumprirá quando puder, ou o prazo for deixado ao arbítrio do devedor, a prescrição só começa a correr depois da morte dele.

4 – Se a dívida for ilíquida, a prescrição começa a correr desde que ao credor seja lícito promover a liquidação; promovida a liquidação, a prescrição do resultado líquido começa a correr desde que seja feito o seu apuramento por acordo ou sentença passada em julgado.

ARTIGO 307º – Prestações periódicas

Tratando-se de renda perpétua ou vitalícia ou de outras prestações periódicas análogas, a prescrição do direito unitário do credor corre desde a exigibilidade da primeira prestação que não for paga.

ARTIGO 308º – Transmissão

1 – Depois de iniciada, a prescrição continua a correr, ainda que o direito passe para novo titular.

2 – Se a dívida for assumida por terceiro, a prescrição continua a correr em benefício dele, a não ser que a assunção importe reconhecimento interruptivo da prescrição.

SUBSECÇÃO II – Prazos da prescrição

ARTIGO 309º – Prazo ordinário

O prazo ordinário da prescrição é de vinte anos.

ARTIGO 310º – Prescrição de cinco anos

Prescrevem no prazo de cinco anos:

a) As anuidades de rendas perpétuas ou vitalícias;

b) As rendas e alugueres devidos pelo locatário, ainda que pagos por uma só vez;

c) Os foros;

d) Os juros convencionais ou legais, ainda que ilíquidos, e os dividendos das sociedades;

e) As quotas de amortização do capital pagáveis com os juros;

f) As pensões alimentícias vencidas;

g) Quaisquer outras prestações periodicamente renováveis.

ARTIGO 311º – Direitos reconhecidos em sentença ou título executivo

1 – O direito para cuja prescrição, bem que só presuntiva, a lei estabelecer um prazo mais curto do que o prazo ordinário fica sujeito a este último, se sobrevier sentença passada em julgado que o reconheça, ou outro título executivo.

2 – Quando, porém, a sentença ou outro título se referir a prestações ainda não devidas, a prescrição continua a ser, em relação a elas, a de curto prazo.

SUBSECÇÃO III – Prescrições presuntivas

ARTIGO 312º – Fundamento das prescrições presuntivas

As prescrições de que trata a presente subsecção fundam-se na presunção de cumprimento.

ARTIGO 313º – Confissão do devedor

1 – A presunção de cumprimento pelo decurso do prazo só pode ser ilidida por confissão do devedor originário ou daquele a quem a dívida tiver sido transmitida por sucessão.

2 – A confissão extrajudicial só releva quando for realizada por escrito.

ARTIGO 314º – Confissão tácita

Considera-se confessada a dívida se o devedor se recusar a depor ou a prestar juramento no tribunal, ou praticar em juízo actos incompatíveis com a presunção de cumprimento.

ARTIGO 315º – Aplicação das regras gerais

As obrigações sujeitas a prescrição presuntiva estão subordinadas, nos termos gerais, às regras da prescrição ordinária.

ARTIGO 316º – Prescrição de seis meses

Prescrevem no prazo de seis meses os créditos de estabelecimentos de alojamento, comidas ou bebidas, pelo alojamento, comidas ou bebidas que forneçam, sem prejuízo do disposto na alínea *a*) do artigo seguinte.

ARTIGO 317º – Prescrição de dois anos

Prescrevem no prazo de dois anos:

a) Os créditos dos estabelecimentos que forneçam alojamento, ou alojamento e alimentação, a estudantes, bem como os créditos dos estabelecimentos de ensino, educação, assistência ou tratamento, relativamente aos serviços prestados;

b) Os créditos dos comerciantes pelos objectos vendidos a quem não seja comerciante ou os não destine ao seu comércio, e bem assim os créditos daqueles que exerçam profissionalmente uma indústria, pelo fornecimento de mercadorias ou produtos, execução de trabalhos ou gestão de negócios alheios, incluindo as despesas que hajam efectuado, a menos que a prestação se destine ao exercício industrial do devedor;

c) Os créditos pelos serviços prestados no exercício de profissões liberais e pelo reembolso das despesas correspondentes.

SUBSECÇÃO IV – Suspensão da prescrição

ARTIGO 318º – Causas bilaterais da suspensão

A prescrição não começa nem corre:

a) Entre os cônjuges, ainda que separados judicialmente de pessoas e bens;

b) Entre quem exerça o poder paternal e as pessoas a ele sujeitas, entre o tutor e o tutelado ou entre o curador e o curatelado;

c) Entre as pessoas cujos bens estejam sujeitos, por lei ou por determinação judicial ou de terceiro, à administração de outrem e aquelas que exercem a administração, até serem aprovadas as contas finais;

d) Entre as pessoas colectivas e os respectivos administradores, relativamente à responsabilidade destes pelo exercício dos seus cargos, enquanto neles se mantiverem;

e) Entre quem presta o trabalho doméstico e o respectivo patrão, enquanto o contrato durar;

f) Enquanto o devedor for usufrutuário do crédito ou tiver direito de penhor sobre ele.

ARTIGO 319º – Suspensão a favor de militares e pessoas adstritas às forças militares

A prescrição não começa nem corre contra militares em serviço, durante o tempo de guerra ou mobilização, dentro ou fora do País, ou contra as pessoas que estejam, por motivo de serviço, adstritas às forças militares.

ARTIGO 320º – Suspensão a favor de menores e dos maiores acompanhados

1 – A prescrição não começa nem corre contra menores enquanto não tiverem quem os represente ou administre seus bens, salvo se respeitar a actos para os quais o menor tenha capacidade; e, ainda que o menor tenha representante legal ou quem administre os seus bens, a prescrição contra ele não se completa sem ter decorrido um ano a partir do termo da incapacidade.

2 – Tratando-se de prescrições presuntivas, a prescrição não se suspende, mas não se completa sem ter decorrido um ano sobre a data em que o menor passou a ter representante legal ou administrador dos seus bens ou adquiriu plena capacidade.

3 – O disposto nos números anteriores é aplicável aos maiores acompanhados que não tenham capacidade para exercer o seu direito, com a diferença de que a incapacidade se considera finda, caso não tenha cessado antes, passados três anos sobre o termo do prazo que seria aplicável se a suspensão se não houvesse verificado.

(Redação dada pela Lei nº 49/2018, de 14-08)

ARTIGO 321º – Suspensão por motivo de força maior ou dolo do obrigado

1 – A prescrição suspende-se durante o tempo em que o titular estiver impedido de fazer valer o seu direito, por motivo de força maior, no decurso dos últimos três meses do prazo.

2 – Se o titular não tiver exercido o seu direito em consequência de dolo do obrigado, é aplicável o disposto no número anterior.

ARTIGO 322º – Prescrição dos direitos da herança ou contra ela

A prescrição de direitos da herança ou contra ela não se completa antes de decorridos seis meses depois de haver pessoa por quem ou contra quem os direitos possam ser invocados.

SUBSECÇÃO V – Interrupção da prescrição

ARTIGO 323º – Interrupção promovida pelo titular

1 – A prescrição interrompe-se pela citação ou notificação judicial de qualquer acto que exprima, directa ou indirectamente, a intenção de exercer o direito, seja qual for o processo a que o acto pertence e ainda que o tribunal seja incompetente.

2 – Se a citação ou notificação se não fizer dentro de cinco dias depois de ter sido requerida, por causa não imputável ao requerente, tem-se a prescrição por interrompida logo que decorram os cinco dias.

3 – A anulação da citação ou notificação não impede o efeito interruptivo previsto nos números anteriores.

4 – É equiparado à citação ou notificação, para efeitos deste artigo, qualquer outro meio judicial pelo qual se dê conhecimento do acto àquele contra quem o direito pode ser exercido.

ARTIGO 324º – Compromisso arbitral

1 – O compromisso arbitral interrompe a prescrição relativamente ao direito que se pretende tornar efectivo.

2 – Havendo cláusula compromissória ou sendo o julgamento arbitral determinado por lei, a prescrição considera-se interrompida quando se verifique algum dos casos previstos no artigo anterior.

ARTIGO 325º – Reconhecimento

1 – A prescrição é ainda interrompida pelo reconhecimento do direito, efectuado perante o respectivo titular por aquele contra quem o direito pode ser exercido.

2 – O reconhecimento tácito só é relevante quando resulte de factos que inequivocamente o exprimam.

ARTIGO 326º – Efeitos da interrupção

1 – A interrupção inutiliza para a prescrição todo o tempo decorrido anteriormente, começando a correr novo prazo a partir do acto interruptivo, sem prejuízo do disposto nos nº 1 e 3 do artigo seguinte.

2 – A nova prescrição está sujeita ao prazo da prescrição primitiva, salvo o disposto no artigo 311º

ARTIGO 327º – Duração da interrupção

1 – Se a interrupção resultar de citação, notificação ou acto equiparado, ou de compromisso arbitral, o novo prazo de prescrição não começa a correr enquanto não passar em julgado a decisão que puser termo ao processo.

2 – Quando, porém, se verifique a desistência ou a absolvição da instância, ou esta seja considerada deserta, ou fique sem efeito o compromisso arbitral, o novo prazo prescricional começa a correr logo após o acto interruptivo.

3 – Se, por motivo processual não imputável ao titular do direito, o réu for absolvido da instância ou ficar sem efeito o compromisso arbitral, e o prazo da prescrição tiver entretanto terminado ou terminar nos dois meses imediatos ao trânsito em julgado da decisão ou da verificação do facto que torna ineficaz o compromisso, não se considera completada a prescrição antes de findarem estes dois meses.

SECÇÃO III – Caducidade

ARTIGO 328º – Suspensão e interrupção

O prazo de caducidade não se suspende nem se interrompe senão nos casos em que a lei o determine.

ARTIGO 329º – Começo do prazo

O prazo de caducidade, se a lei não fixar outra data, começa a correr no momento em que o direito puder legalmente ser exercido.

ARTIGO 330º – Estipulações válidas sobre a caducidade

1 – São válidos os negócios pelos quais se criem casos especiais de caducidade, se modifique o regime legal desta ou se renuncie a ela, contanto que não se trate de matéria subtraída à disponibilidade das partes ou de fraude às regras legais da prescrição.

2 – São aplicáveis aos casos convencionais de caducidade, na dúvida acerca da vontade dos contraentes, as disposições relativas à suspensão da prescrição.

ARTIGO 331º – Causas impeditivas da caducidade

1 – Só impede a caducidade a prática, dentro do prazo legal ou convencional, do acto a que a lei ou convenção atribua efeito impeditivo.

2 – Quando, porém, se trate de prazo fixado por contrato ou disposição legal relativa a direito disponível, impede também a caducidade o reconhecimento do direito por parte daquele contra quem deva ser exercido.

ARTIGO 332º – Absolvição e interrupção da instância e ineficácia do compromisso arbitral

1 – Quando a caducidade se referir ao direito de propor certa acção em juízo e esta tiver sido tempestivamente proposta, é aplicável o disposto no nº 3 do artigo 327º; mas, se o prazo fixado para a caducidade for inferior a dois meses, é substituído por ele o designado nesse preceito.

2 – Nos casos previstos na primeira parte do artigo anterior, se a instância se tiver interrompido, não se conta para efeitos de caducidade o prazo decorrido entre a proposição da acção e a interrupção da instância.

ARTIGO 333º – Apreciação oficiosa da caducidade

1 – A caducidade é apreciada oficiosamente pelo tribunal e pode ser alegada em qualquer fase do processo, se for estabelecida em matéria excluída da disponibilidade das partes.

2 – Se for estabelecida em matéria não excluída da disponibilidade das partes, é aplicável à caducidade o disposto no artigo 303º

SUBTÍTULO IV – Do exercício e tutela dos direitos

CAPÍTULO I – Disposições gerais

ARTIGO 334º – Abuso do direito

É ilegítimo o exercício de um direito, quando o titular exceda manifestamente os limites impostos pela boa fé, pelos bons costumes ou pelo fim social ou económico desse direito.

ARTIGO 335º – Colisão de direitos

1 – Havendo colisão de direitos iguais ou da mesma espécie, devem os titulares ceder na medida do necessário para que todos produzam igualmente o seu efeito, sem maior detrimento para qualquer das partes.

2 – Se os direitos forem desiguais ou de espécie diferente, prevalece o que deva considerar-se superior.

ARTIGO 336º – Acção directa

1 – É lícito o recurso à força com o fim de realizar ou assegurar o próprio direito, quando a acção directa for indispensável, pela impossibilidade de recorrer em tempo útil aos meios coercivos normais, para evitar a inutilização prática desse direito, contanto que o agente não exceda o que for necessário para evitar o prejuízo.

2 – A acção directa pode consistir na apropriação, destruição ou deterioração de uma coisa, na eliminação da resistência irregularmente oposta ao exercício do direito, ou noutro acto análogo.

3 – A acção directa não é lícita, quando sacrifique interesses superiores aos que o agente visa realizar ou assegurar.

ARTIGO 337º – Legítima defesa

1 – Considera-se justificado o acto destinado a afastar qualquer agressão actual e contrária à lei contra a pessoa ou património do agente ou de terceiro, desde que não seja possível fazê-lo pelos meios normais e o prejuízo causado pelo acto não seja manifestamente superior ao que pode resultar da agressão.

2 – O acto considera-se igualmente justificado, ainda que haja excesso de legítima defesa, se o excesso for devido a perturbação ou medo não culposo do agente.

ARTIGO 338º – Erro acerca dos pressupostos da acção directa ou da legítima defesa

Se o titular do direito agir na suposição errónea de se verificarem os pressupostos que justificam a acção directa ou a legítima defesa, é obrigado a indemnizar o prejuízo causado, salvo se o erro for desculpável.

ARTIGO 339º – Estado de necessidade

1 – É lícita a acção daquele que destruir ou danificar coisa alheia com o fim de remover o perigo actual de um dano manifestamente superior, quer do agente, quer de terceiro.

2 – O autor da destruição ou do dano é, todavia, obrigado a indemnizar o lesado pelo prejuízo sofrido, se o perigo for provocado por sua culpa exclusiva; em qualquer outro caso, o tribunal pode fixar uma indemnização equitativa e condenar nela não só o agente, como aqueles que tiraram proveito do acto ou contribuíram para o estado de necessidade.

ARTIGO 340º – Consentimento do lesado

1 – O acto lesivo dos direitos de outrem é lícito, desde que este tenha consentido na lesão.

2 – O consentimento do lesado não exclui, porém, a ilicitude do acto, quando este for contrário a uma proibição legal ou aos bons costumes.

3 – Tem-se por consentida a lesão, quando esta se deu no interesse do lesado e de acordo com a sua vontade presumível.

CAPÍTULO II – Provas

SECÇÃO I – Disposições gerais

ARTIGO 341º – Função das provas

As provas têm por função a demonstração da realidade dos factos.

ARTIGO 342º – Ónus da prova

1 – Àquele que invocar um direito cabe fazer a prova dos factos constitutivos do direito alegado.

2 – A prova dos factos impeditivos, modificativos ou extintivos do direito invocado compete àquele contra quem a invocação é feita.

3 – Em caso de dúvida, os factos devem ser considerados como constitutivos do direito.

ARTIGO 343º – Ónus da prova em casos especiais

1 – Nas acções de simples apreciação ou declaração negativa, compete ao réu a prova dos factos constitutivos do direito que se arroga.

2 – Nas acções que devam ser propostas dentro de certo prazo a contar da data em que o autor teve conhecimento de determinado facto, cabe ao réu a prova de

o prazo ter já decorrido, salvo se outra for a solução especialmente consignada na lei.

3 – Se o direito invocado pelo autor estiver sujeito a condição suspensiva ou a termo inicial, cabe-lhe a prova de que a condição se verificou ou o termo se venceu; se o direito estiver sujeito a condição resolutiva ou a termo final, cabe ao réu provar a verificação da condição ou o vencimento do prazo.

ARTIGO 344º – Inversão do ónus da prova

1 – As regras dos artigos anteriores invertem-se, quando haja presunção legal, dispensa ou liberação do ónus da prova, ou convenção válida nesse sentido, e, de um modo geral, sempre que a lei o determine.

2 – Há também inversão do ónus da prova, quando a parte contrária tiver culposamente tornado impossível a prova ao onerado, sem prejuízo das sanções que a lei de processo mande especialmente aplicar à desobediência ou às falsas declarações.

ARTIGO 345º – Convenções sobre as provas

1 – É nula a convenção que inverta o ónus da prova, quando se trate de direito indisponível ou a inversão torne excessivamente difícil a uma das partes o exercício do direito.

2 – É nula, nas mesmas condições, a convenção que excluir algum meio legal de prova ou admitir um meio de prova diverso dos legais; mas, se as determinações legais quanto à prova tiverem por fundamento razões de ordem pública, a convenção é nula em quaisquer circunstâncias.

ARTIGO 346º – Contraprova

Salvo o disposto no artigo seguinte, à prova que for produzida pela parte sobre quem recai o ónus probatório pode a parte contrária opor contraprova a respeito dos mesmos factos, destinada a torná-los duvidosos; se o conseguir, é a questão decidida contra a parte onerada com a prova.

ARTIGO 347º – Modo de contrariar a prova legal plena

A prova legal plena só pode ser contrariada por meio de prova que mostre não ser verdadeiro o facto que dela for objecto, sem prejuízo de outras restrições especialmente determinadas na lei.

ARTIGO 348º – Direito consuetudinário, local ou estrangeiro

1 – Àquele que invocar direito consuetudinário, local ou estrangeiro, compete fazer a prova da sua existência e conteúdo; mas o tribunal deve procurar, oficiosamente, obter o respectivo conhecimento.

2 – O conhecimento oficioso incumbe também ao tribunal, sempre que este tenha de decidir com base no direito consuetudinário, local ou estrangeiro, e nenhuma das partes o tenha invocado, ou a parte contrária tenha reconhecido a sua existência e conteúdo ou não haja deduzido oposição.

3 – Na impossibilidade de determinar o conteúdo do direito aplicável, o tribunal recorrerá às regras do direito comum português.

SECÇÃO II – Presunções

ARTIGO 349º – Noção

Presunções são as ilações que a lei ou o julgador tira de um facto conhecido para firmar um facto desconhecido.

ARTIGO 350º – Presunções legais

1 – Quem tem a seu favor a presunção legal escusa de provar o facto a que ela conduz.

2 – As presunções legais podem, todavia, ser ilididas mediante prova em contrário, excepto nos casos em que a lei o proibir.

ARTIGO 351º – Presunções judiciais

As presunções judiciais só são admitidas nos casos e termos em que é admitida a prova testemunhal.

SECÇÃO III – Confissão

ARTIGO 352º – Noção

Confissão é o reconhecimento que a parte faz da realidade de um facto que lhe é desfavorável e favorece a parte contrária.

ARTIGO 353º – Capacidade e legitimação

1 – A confissão só é eficaz quando feita por pessoa com capacidade e poder para dispor do direito a que o facto confessado se refira.

2 – A confissão feita pelo litisconsorte é eficaz, se o litisconsórcio for voluntário, embora o seu efeito se restrinja ao interesse do confitente; mas não o é, se o litisconsórcio for necessário.

3 – A confissão feita por um substituto processual não é eficaz contra o substituído.

ARTIGO 354º – Inadmissibilidade da confissão

A confissão não faz prova contra o confitente:

a) Se for declarada insuficiente por lei ou recair sobre facto cujo reconhecimento ou investigação a lei proíba;

b) Se recair sobre factos relativos a direitos indisponíveis;

c) Se o facto confessado for impossível ou notoriamente inexistente.

ARTIGO 355º – Modalidades

1 – A confissão pode ser judicial ou extrajudicial.

2 – Confissão judicial é a feita em juízo, competente ou não, mesmo quando arbitral, e ainda que o processo seja de jurisdição voluntária.

3 – A confissão feita num processo só vale como judicial nesse processo; a realizada em qualquer procedimento preliminar ou incidental só vale como confissão judicial na acção correspondente.

4 – Confissão extrajudicial é a feita por algum modo diferente da confissão judicial.

ARTIGO 356º – Formas da confissão judicial

1 – A confissão judicial espontânea pode ser feita nos articulados, segundo as prescrições da lei processual, ou em qualquer outro acto do processo, firmado pela parte pessoalmente ou por procurador especialmente autorizado.

2 – A confissão judicial provocada pode ser feita em depoimento de parte ou em prestações de informações ou esclarecimentos ao tribunal.

ARTIGO 357º – Declaração confessória

1 – A declaração confessória deve ser inequívoca, salvo se a lei o dispensar.

2 – Se for ordenado o depoimento de parte ou o comparecimento desta para prestação de informações ou esclarecimentos, mas ela não comparecer ou se recusar a depor ou a prestar as informações ou esclarecimentos, sem provar justo impedimento, ou responder que não se recorda ou nada sabe, o tribunal apreciará livremente o valor da conduta da parte para efeitos probatórios.

ARTIGO 358º – Força probatória da confissão

1 – A confissão judicial escrita tem força probatória plena contra o confitente.

2 – A confissão extrajudicial, em documento autêntico ou particular, considera-se provada nos termos aplicáveis a estes documentos e, se for feita à parte contrária ou a quem a represente, tem força probatória plena.

3 – A confissão extrajudicial não constante de documento não pode ser provada por testemunhas nos casos em que não é admitida a prova testemunhal; quando esta seja admitida, a força probatória da confissão é livremente apreciada pelo tribunal.

4 – A confissão judicial que não seja escrita e a confissão extrajudicial feita a terceiro ou contida em testamento são apreciadas livremente pelo tribunal.

ARTIGO 359º – Nulidade e anulabilidade da confissão

1 – A confissão, judicial ou extrajudicial, pode ser declarada nula ou anulada, nos termos gerais, por falta ou vícios da vontade, mesmo depois do trânsito em julgado da decisão, se ainda não tiver caducado o direito de pedir a sua anulação.

2 – O erro, desde que seja essencial, não tem de satisfazer aos requisitos exigidos para a anulação dos negócios jurídicos.

ARTIGO 360º – Indivisibilidade da confissão

Se a declaração confessória, judicial ou extrajudicial, for acompanhada da narração de outros factos ou circunstâncias tendentes a infirmar a eficácia do facto confessado ou a modificar ou extinguir os seus efeitos, a parte que dela quiser aproveitar-se como prova plena tem de aceitar também como verdadeiros os outros factos ou circunstâncias, salvo se provar a sua inexactidão.

ARTIGO 361º – Valor do reconhecimento não confessório

O reconhecimento de factos desfavoráveis, que não possa valer como confissão, vale como elemento probatório que o tribunal apreciará livremente.

SECÇÃO IV – Prova documental

SUBSECÇÃO I – Disposições gerais

ARTIGO 362º – Noção

Prova documental é a que resulta de documento; diz-se documento qualquer objecto elaborado pelo homem com o fim de reproduzir ou representar uma pessoa, coisa ou facto.

ARTIGO 363º – Modalidades dos documentos escritos

1 – Os documentos escritos podem ser autênticos ou particulares.

2 – Autênticos são os documentos exarados, com as formalidades legais, pelas autoridades públicas nos limites da sua competência ou, dentro do círculo de actividade que lhe é atribuído, pelo notário ou outro oficial público provido de fé pública; todos os outros documentos são particulares.

3 – Os documentos particulares são havidos por autenticados, quando confirmados pelas partes, perante notário, nos termos prescritos nas leis notariais.

ARTIGO 364º – Exigência legal de documento escrito

1 – Quando a lei exigir, como forma da declaração negocial, documento autêntico, autenticado ou particular, não pode este ser subtituído por outro meio de prova ou por outro documento que não seja de força probatória superior.

2 – Se, porém, resultar claramente da lei que o documento é exigido apenas para prova da declaração, pode ser substituído por confissão expressa, judicial ou extrajudicial, contanto que, neste último caso, a confissão conste de documento de igual ou superior valor probatório.

ARTIGO 365º – Documentos passados em país estrangeiro

1 – Os documentos autênticos ou particulares passados em país estrangeiro, na conformidade da respectiva lei, fazem prova como o fariam os documentos da mesma natureza exarados em Portugal.

2 – Se o documento não estiver legalizado, nos termos da lei processual, e houver fundadas dúvidas acerca da sua autenticidade ou da autenticidade do reconhecimento, pode ser exigida a sua legalização.

ARTIGO 366º – Falta de requisitos legais

A força probatória do documento escrito a que falte algum dos requisitos exigidos na lei é apreciada livremente pelo tribunal.

ARTIGO 367º – Reforma de documentos escritos

Podem ser reformados judicialmente os documentos escritos que por qualquer modo tiverem desaparecido.

ARTIGO 368º – Reproduções mecânicas

As reproduções fotográficas ou cinematográficas, os registos fonográficos e, de um modo geral, quaisquer outras reproduções mêcanicas de factos ou de coisas fazem prova plena dos factos e das coisas que representam, se a parte contra quem os documentos são apresentados não impugnar a sua exactidão.

SUBSECÇÃO II – Documentos autênticos

ARTIGO 369º – Competência da autoridade ou oficial público

1 – O documento só é autêntico quando a autoridade ou oficial público que o exara for competente, em razão da matéria e do lugar, e não estiver legalmente impedido de o lavrar.

2 – Considera-se, porém, exarado por autoridade ou oficial público competente o documento lavrado por quem exerça publicamente as respectivas funções, a não ser que os intervenientes ou beneficiários conhecessem, no momento da sua feitura, a falsa qualidade da autoridade ou oficial público, a sua incompetência ou a irregularidade da sua investidura.

ARTIGO 370º – Autenticidade

1 – Presume-se que o documento provém da autoridade ou oficial público a quem é atribuído, quando estiver subscrito pelo autor com assinatura reconhecida por notário ou com o selo do respectivo serviço.

2 – A presunção de autenticidade pode ser ilidida mediante prova em contrário, e pode ser excluída oficiosamente pelo tribunal quando seja manifesta pelos sinais exteriores do documento a sua falta de autenticidade; em caso de dúvida, pode ser ouvida a autoridade ou oficial público a quem o documento é atribuído.

3 – Quando o documento for anterior ao século XVIII, a sua autenticidade será estabelecida por meio de exame feito na Torre do Tombo, desde que seja contestada ou posta em dúvida por alguma das partes ou pela entidade a quem o documento for apresentado.

ARTIGO 371º – Força probatória

1 – Os documentos autênticos fazem prova plena dos factos que referem como praticados pela autoridade ou oficial público respectivo, assim como dos factos que neles são atestados com base nas percepções da entidade documentadora; os meros juízos pessoais do documentador só valem como elementos sujeitos à livre apreciação do julgador.

2 – Se o documento contiver palavras emendadas, truncadas ou escritas sobre rasuras ou entrelinhas, sem a devida ressalva, determinará o julgador livremente a

medida em que os vícios externos do documento excluem ou reduzem a sua força probatória.

ARTIGO 372º - Falsidade

1 – A força probatória dos documentos autênticos só pode ser ilidida com base na sua falsidade.

2 – O documento é falso, quando nele se atesta como tendo sido objecto da percepção da autoridade ou oficial público qualquer facto que na realidade se não verificou, ou como tendo sido praticado pela entidade responsável qualquer acto que na realidade o não foi.

3 – Se a falsidade for evidente em face dos sinais exteriores do documento, pode o tribunal, oficiosamente, declará-lo falso.

SUBSECÇÃO III - Documentos particulares

ARTIGO 373º - Assinatura

1 – Os documentos particulares devem ser assinados pelo seu autor, ou por outrem a seu rogo, se o rogante não souber ou não puder assinar.

2 – Nos títulos emitidos em grande número ou nos demais casos em que o uso o adimita, pode a assinatura ser substituída por simples reprodução mecânica.

3 – Se o documento for subscrito por pessoa que não saiba ou não possa ler, a subscrição só obriga quando feita ou confirmada perante notário, depois de lido o documento ao subscritor.

4 – O rogo deve igualmente ser dado ou confirmado perante notário, depois de lido o documento ao rogante.

ARTIGO 374º - Autoria da letra e da assinatura

1 – A letra e a assinatura, ou só a assinatura, de um documento particular consideram-se verdadeiras, quando reconhecidas ou não impugnadas pela parte contra quem o documento é apresentado, ou quando esta declare não saber se lhe pertencem, apesar de lhe serem atribuídas, ou quando sejam havidas legal ou judicialmente como verdadeiras.

2 – Se a parte contra quem o documento é apresentado impugnar a veracidade da letra ou da assinatura, ou declarar que não sabe se são verdadeiras, não lhe sendo elas imputadas, incumbe à parte que apresentar o documento a prova da sua veracidade.

ARTIGO 375º - Reconhecimento notarial

1 – Se estiverem reconhecidas presencialmente, nos termos das leis notariais, a letra e a assinatura do documento, ou só a assinatura, têm-se por verdadeiras.

2 – Se a parte contra quem o documento é apresentado arguir a falsidade do reconhecimento presencial da letra e da assinatura, ou só da assinatura, a ela incumbe a prova dessa falsidade.

3 – Salvo disposição legal em contrário, o reconhecimento por semelhança vale como mero juízo pericial.

ARTIGO 376º – Força probatória

1 – O documento particular cuja autoria seja reconhecida nos termos dos artigos antecedentes faz prova plena quanto às declarações atribuídas ao seu autor, sem prejuízo da arguição e prova da falsidade do documento.

2 – Os factos compreendidos na declaração consideram-se provados na medida em que forem contrários aos interesses do declarante; mas a declaração é indivisível, nos termos prescritos para a prova por confissão.

3 – Se o documento contiver notas marginais, palavras entrelinhadas, rasuras, emendas ou outros vícios externos, sem a devida ressalva, cabe ao julgador fixar livremente a medida em que esses vícios excluem ou reduzem a força probatória do documento.

ARTIGO 377º – Documentos autenticados

Os documentos particulares autenticados nos termos da lei notarial têm a força probatória dos documentos autênticos, mas não os substituem quando a lei exija documento desta natureza para a validade do acto.

ARTIGO 378º – Assinatura em branco

Se o documento tiver sido assinado em branco, total ou parcialmente, o seu valor probatório pode ser ilidido, mostrando-se que nele se inseriram declarações divergentes do ajustado com o signatário ou que o documento lhe foi subtraído.

ARTIGO 379º – Valor dos telegramas

Os telegramas cujos originais tenham sido escritos e assinados ou somente assinados, pela pessoa em nome de quem são expedidos, ou por outrem a seu rogo, nos termos do nº 4 do artigo 373º, são considerados para todos os efeitos como documentos particulares e estão sujeitos, como tais, ao disposto nos artigos anteriores.

SUBSECÇÃO IV – Disposições especiais

ARTIGO 380º – Registos e outros escritos

1 – Os registos e outros escritos onde habitualmente alguém tome nota dos pagamentos que lhe são efectuados fazem prova contra o seu autor, se indicarem inequivocamente, posto que mediante um simples sinal, a recepção de algum pagamento; mas o autor do escrito pode provar, por qualquer meio, que a nota não corresponde à realidade.

2 – Têm igual força probatória os mesmos escritos, quando feitos e assinados por outrem, segundo instruções do credor.

3 – É aplicável nestes casos a regra da indivisibilidade, nos termos prescritos para a prova por confissão.

ARTIGO 381º - Notas em seguimento, à margem ou no verso do documento

1 - A nota escrita pelo credor, ou por outrem segundo instruções dele, em seguimento, à margem ou no verso do documento que ficou em poder do credor, ainda que não esteja datada nem firmada, faz prova do facto anotado, se favorecer a exoneração do devedor.

2 - Idêntico valor é atribuído à nota escrita pelo credor, ou segundo instruções dele, em seguimento, à margem ou no verso de documento de quitação ou de título de dívida em poder do devedor.

3 - A força probatória das notas pode ser contrariada por qualquer meio de prova; mas, quando se trate de quitação no documento ou título em poder do devedor, se a nota estiver assinada pelo credor, são aplicáveis as regras legais acerca dos documentos particulares assinados pelo seu autor.

ARTIGO 382º - Cancelamento dos escritos ou notas

Se forem cancelados pelo credor, os escritos a que se referem os dois artigos anteriores perdem a força probatória que neles lhes é atribuída, ainda que o cancelamento não prejudique a sua leitura, salvo quando forem feitos por exigência do devedor ou de terceiro, nos termos do artigo 788º

ARTIGO 383º - Certidões

1 - As certidões de teor extraídas de documentos arquivados nas repartições notariais ou noutras repartições públicas, quando expedidas pelo notário ou por outro depositário público autorizado, têm a força probatória dos originais.

2 - A prova resultante da certidão de teor parcial pode ser invalidada ou modificada por meio da certidão de teor integral.

3 - Qualquer interessado, e bem assim a autoridade pública a quem for exibida, para efeito de prova, uma certidão parcial, podem exigir do apresentante a exibição da certidão integral correspondente.

ARTIGO 384º - Certidões de certidões

As certidões de certidões, expedidas na conformidade da lei, têm a força probatória das certidões de que forem extraídas.

ARTIGO 385º - Invalidação da força probatória das certidões

1 - A força probatória das certidões pode ser invalidada ou modificada por confronto com o original ou com a certidão de que foram extraídas.

2 - A pessoa contra quem for apresentada a certidão pode exigir que o confronto seja feito na sua presença.

ARTIGO 386º - Públicas-formas

1 - As cópias de teor, total ou parcial, expedidas por oficial público autorizado e extraídas de documentos avulsos que lhe sejam apresentados para esse efeito têm a força probatória do respectivo original, se a parte contra a qual forem apresentadas não requerer a exibição desse original.

2 – Requerida a exibição, a pública-forma não tem a força probatória do original, se este não for apresentado ou, sendo-o, se não mostrar conforme com ela.

ARTIGO 387º – Fotocópias de documentos

1 – As cópias fotográficas de documentos arquivados nas repartições notariais ou noutras repartições públicas têm a força probatória das certidões de teor, se a conformidade delas com o original for atestada pela entidade competente para expedir estas últimas; é aplicável, neste caso, o disposto no artigo 385º

2 – As cópias fotográficas de documentos estranhos aos arquivos mencionados no número anterior têm o valor da pública-forma, se a sua conformidade com o original for atestada por notário; é aplicável, neste caso, o disposto no artigo 386º

SECÇÃO V – Prova pericial

ARTIGO 388º – Objecto

A prova pericial tem por fim a percepção ou apreciação de factos por meio de peritos, quando sejam necessários conhecimentos especiais que os julgadores não possuem, ou quando os factos, relativos a pessoas, não devam ser objecto de inspecção judicial.

ARTIGO 389º – Força probatória

A força probatória das respostas dos peritos é fixada livremente pelo tribunal.

SECÇÃO VI – Prova por inspecção

ARTIGO 390º – Objecto

A prova por inspecção tem por fim a percepção directa de factos pelo tribunal.

ARTIGO 391º – Força probatória

O resultado da inspecção é livremente apreciado pelo tribunal.

SECÇÃO VII – Prova testemunhal

ARTIGO 392º – Admissibilidade

A prova por testemunhas é admitida em todos os casos em que não seja directa ou indirectamente afastada.

ARTIGO 393º – Inadmissibilidade da prova testemunhal

1 – Se a declaração negocial, por disposição da lei ou estipulação das partes, houver de ser reduzida a escrito ou necessitar de ser provada por escrito, não é admitida prova testemunhal.

2 – Também não é admitida prova por testemunhas, quando o facto estiver plenamente provado por documento ou por outro meio com força probatória plena.

3 – As regras dos números anteriores não são aplicáveis à simples interpretação do contexto do documento.

ARTIGO 394º – Convenções contra o conteúdo de documentos ou além dele

1 – É inadmissível a prova por testemunhas, se tiver por objecto quaisquer convenções contrárias ou adicionais ao conteúdo de documento autêntico ou dos documentos particulares mencionados nos artigos 373º a 379º quer as convenções sejam anteriores à formação do documento ou contemporâneas dele, quer sejam posteriores.

2 – A proibição do número anterior aplica-se ao acordo simulatório e ao negócio dissimulado, quando invocados pelos simuladores.

3 – O disposto nos números anteriores não é aplicável a terceiros.

ARTIGO 395º – Factos extintivos da obrigação

As disposições dos artigos precedentes são aplicáveis ao cumprimento, remissão, novação, compensação e, de um modo geral, aos contratos extintivos da relação obrigacional, mas não aos factos extintivos da obrigação, quando invocados por terceiro.

ARTIGO 396º – Força probatória

A força probatória dos depoimentos das testemunhas é apreciada livremente pelo tribunal.

LIVRO II
DIREITO DAS OBRIGAÇÕES

TÍTULO I – Das obrigações em geral

CAPÍTULO I – Disposições gerais

SECÇÃO I – Conteúdo da obrigação

ARTIGO 397º – Noção

Obrigação é o vínculo jurídico por virtude do qual uma pessoa fica adstrita para com outra à realização de uma prestação.

ARTIGO 398º – Conteúdo da prestação

1 – As partes podem fixar livremente, dentro dos limites da lei, o conteúdo positivo ou negativo da prestação.

2 – A prestação não necessita de ter valor pecuniário; mas deve corresponder a um interesse do credor, digno de protecção legal.

ARTIGO 399º – Prestação de coisa futura

É admitida a prestação de coisa futura sempre que a lei não a proíba.

ARTIGO 400º – Determinação da prestação

1 – A determinação da prestação pode ser confiada a uma ou outra das partes ou a terceiro; em qualquer dos casos deve ser feita segundo juízos de equidade, se outros critérios não tiverem sido estipulados.

2 – Se a determinação não puder ser feita ou não tiver sido feita no tempo devido, sê-lo-á pelo tribunal, sem prejuízo do disposto acerca das obrigações genéricas e alternativas.

ARTIGO 401º – Impossibilidade originária da prestação

1 – A impossibilidade originária da prestação produz a nulidade do negócio jurídico.

2 – O negócio é, porém, válido, se a obrigação for assumida para o caso de a prestação se tornar possível, ou se, estando o negócio dependente de condição suspensiva ou de termo inicial, a prestação se tornar possível até à verificação da condição ou até ao vencimento do termo.

3 – Só se considera impossível a prestação que o seja relativamente ao objecto, e não apenas em relação à pessoa do devedor.

SECÇÃO II – Obrigações naturais

ARTIGO 402º – Noção

A obrigação diz-se natural, quando se funda num mero dever de ordem moral ou social, cujo cumprimento não é judicialmente exigível, mas corresponde a um dever de justiça.

ARTIGO 403º – Não repetição do indevido

1 – Não pode ser repetido o que for prestado espontaneamente em cumprimento de obrigação natural, excepto se o devedor não tiver capacidade para efectuar a prestação.

2 – A prestação considera-se espontânea, quando é livre de toda a coacção.

ARTIGO 404º – Regime

As obrigações naturais estão sujeitas ao regime das obrigações civis em tudo o que não se relacione com a realização coactiva da prestação, salvas as disposições especiais da lei.

CAPÍTULO II – Fontes das obrigações

SECÇÃO I – Contratos

SUBSECÇÃO I – Disposições gerais

ARTIGO 405º – Liberdade contratual

1 – Dentro dos limites da lei, as partes têm a faculdade de fixar livremente o conteúdo dos contratos, celebrar contratos diferentes dos previstos neste código ou incluir nestes as claúsulas que lhes aprouver.

2 – As partes podem ainda reunir no mesmo contrato regras de dois ou mais negócios, total ou parcialmente regulados na lei.

ARTIGO 406º – Eficácia dos contratos

1 – O contrato deve ser pontualmente cumprido, e só pode modificar-se ou extinguir-se por mútuo consentimento dos contraentes ou nos casos admitidos na lei.

2 – Em relação a terceiros, o contrato só produz efeitos nos casos e termos especialmente previstos na lei.

ARTIGO 407º – Incompatibilidade entre direitos pessoais de gozo

Quando, por contratos sucessivos, se constituírem, a favor de pessoas diferentes, mas sobre a mesma coisa, direitos pessoais de gozo incompatíveis entre si, prevalece o direito mais antigo em data, sem prejuízo das regras próprias do registo.

ARTIGO 408º – Contratos com eficácia real

1 – A constituição ou transferência de direitos reais sobre coisa determinada dá-se por mero efeito do contrato, salvas as excepções previstas na lei.

2 – Se a transferência respeitar a coisa futura ou indeterminada, o direito transfere-se quando a coisa for adquirida pelo alienante ou determinada com conhecimento de ambas as partes, sem prejuízo do disposto em matéria de obrigações genéricas e do contrato de empreitada; se, porém, respeitar a frutos naturais ou a partes componentes ou integrantes, a transferência só se verifica no momento da colheita ou separação.

ARTIGO 409º – Reserva da propriedade

1 – Nos contratos de alienação é lícito ao alienante reservar para si a propriedade da coisa até ao cumprimento total ou parcial das obrigações da outra parte ou até à verificação de qualquer outro evento.

2 – Tratando-se de coisa imóvel, ou de coisa móvel sujeita a registo, só a cláusula constante do registo é oponível a terceiros.

SUBSECÇÃO II – Contrato-promessa

ARTIGO 410º – Regime aplicável

1 – À convenção pela qual alguém se obriga a celebrar certo contrato são aplicáveis as disposições legais relativas ao contrato prometido, exceptuadas as relativas à forma e as que, por sua razão de ser, não se devam considerar extensivas ao contrato-promessa.

2 – Porém, a promessa respeitante à celebração de contrato para o qual a lei exija documento, quer autêntico, quer particular, só vale se constar de documento assinado pela parte que se vincula ou por ambas, consoante o contrato-promessa seja unilateral ou bilateral.

3 – No caso de promessa respeitante à celebração de contrato oneroso de transmissão ou constituição de direito real sobre edifício, ou fracção autónoma dele, já construído, em construção ou a construir, o documento referido no número anterior deve conter o reconhecimento presencial das assinaturas do promitente ou promitentes e a certificação, pela entidade que realiza aquele reconhecimento, da existência da respectiva licença de utilização ou de construção; contudo, o contraente que promete transmitir ou constituir o direito só pode invocar a omissão destes requisitos quando a mesma tenha sido culposamente causada pela outra parte.

(Redação dada pelo Decreto-Lei nº 116/2008, de 04-07)

ARTIGO 411º – Promessa unilateral

Se o contrato-promessa vincular apenas uma das partes e não se fixar o prazo dentro do qual o vínculo é eficaz, pode o tribunal, a requerimento do promitente, fixar à outra parte um prazo para o exercício do direito, findo o qual este caducará.

ARTIGO 412º – Transmissão dos direitos e obrigações das partes

1 – Os direitos e obrigações resultantes do contrato-promessa que não sejam exclusivamente pessoais transmitem-se aos sucessores das partes.

2 – A transmissão por acto entre vivos está sujeita às regras gerais.

(Redação dada pelo Decreto-Lei nº 379/86, de 11-11)

ARTIGO 413º – Eficácia real da promessa

1 – À promessa de transmissão ou constituição de direitos reais sobre bens imóveis, ou móveis sujeitos a registo, podem as partes atribuir eficácia real, mediante declaração expressa e inscrição no registo.

2 – Salvo o disposto em lei especial, deve constar de escritura pública ou de documento particular autenticado a promessa a que as partes atribuam eficácia real; porém, quando a lei não exija essa forma para o contrato prometido, é bastante documento particular com reconhecimento da assinatura da parte que se vincula ou de ambas, consoante se trate de contrato-promessa unilateral ou bilateral.

(Redação dada pelo Decreto-Lei nº 116/2008, de 04-07)

SUBSECÇÃO III – Pactos de preferência

ARTIGO 414º – Noção

O pacto de preferência consiste na convenção pela qual alguém assume a obrigação de dar preferência a outrem na venda de determinada coisa.

ARTIGO 415º – Forma

É aplicável ao pacto de preferência o disposto no nº 2 do artigo 410º

ARTIGO 416º – Conhecimento do preferente

1 – Querendo vender a coisa que é objecto do pacto, o obrigado deve comunicar ao titular do direito o projecto de venda e as cláusulas do respectivo contrato.

2 – Recebida a comunicação, deve o titular exercer o seu direito dentro do prazo de oito dias, sob pena de caducidade, salvo se estiver vinculado a prazo mais curto ou o obrigado lhe assinar prazo mais longo.

ARTIGO 417º – Venda da coisa juntamente com outras

1 – Se o obrigado quiser vender a coisa juntamente com outra ou outras, por um preço global, pode o direito ser exercido em relação àquela pelo preço que proporcionalmente lhe for atribuído, sendo lícito, porém, ao obrigado exigir que a preferência abranja todas as restantes, se estas não forem separáveis sem prejuízo apreciável.

2 – O disposto no número anterior é aplicável ao caso de o direito de preferência ter eficácia real e a coisa ter sido vendida a terceiro juntamente com outra ou outras.

ARTIGO 418º – Prestação acessória

1 – Se o obrigado receber de terceiro a promessa de uma prestação acessória que o titular do direito de preferência não possa satisfazer, será essa prestação compensada em dinheiro; não sendo avaliável em dinheiro, é excluída a preferência, salvo se for lícito presumir que, mesmo sem a prestação estipulada, a venda não deixaria de ser efectuada, ou que a prestação foi convencionada para afastar a preferência.

2 – Se a prestação acessória tiver sido convencionada para afastar a preferência, o preferente não é obrigado a satisfazê-la, mesmo que ela seja avaliável em dinheiro.

ARTIGO 419º – Pluralidade de titulares

1 – Pertencendo simultaneamente a vários titulares, o direito de preferência só pode ser exercido por todos em conjunto; mas, se o direito se extinguir em relação a algum deles, ou algum declarar que não o quer exercer, acresce o seu direito aos restantes.

2 – Se o direito pertencer a mais de um titular, mas houver de ser exercido apenas por um deles, na falta de designação abrir-se-á licitação entre todos, revertendo o excesso para o alienante.

ARTIGO 420º – Transmissão do direito e da obrigação de preferência

O direito e a obrigação de preferência não são transmissíveis em vida nem por morte, salvo estipulação em contrário.

ARTIGO 421º – Eficácia real

1 – O direito de preferência pode, por convenção das partes, gozar de eficácia real se, respeitando a bens imóveis, ou a móveis sujeitos a registo, forem observados os requisitos de forma e de publicidade exigidos no artigo 413º

2 – É aplicável neste caso, com as necessárias adaptações, o disposto no artigo 1410º
(Redação dada pelo Decreto-Lei nº 379/86, de 11-11)

ARTIGO 422º – Valor relativo do direito de preferência

O direito convencional de preferência não prevalece contra os direitos legais de preferência; e, se não gozar de eficácia real, também não procede relativamente à alienação efectuada em execução, falência, insolvência ou casos análogos.

ARTIGO 423º – Extensão das disposições anteriores a outros contratos

As disposições dos artigos anteriores relativas à compra e venda são extensivas, na parte aplicável, à obrigação de preferência que tiver por objecto outros contratos com ela compatíveis.

SUBSECÇÃO IV - Cessão da posição contratual

ARTIGO 424º - Noção. Requisitos

1 - No contrato com prestações recíprocas, qualquer das partes tem a faculdade de transmitir a terceiro a sua posição contratual, desde que o outro contraente, antes ou depois da celebração do contrato, consinta na transmissão.

2 - Se o consentimento do outro contraente for anterior à cessão, esta só produz efeitos a partir da sua notificação ou reconhecimento.

ARTIGO 425º - Regime

A forma da transmissão, a capacidade de dispor e de receber, a falta e vícios da vontade e as relações entre as partes definem-se em função do tipo de negócio que serve de base à cessão.

ARTIGO 426º - Garantia da existência da posição contratual

1 - O cedente garante ao cessionário, no momento da cessão, a existência da posição contratual transmitida, nos termos aplicáveis ao negócio, gratuito ou oneroso, em que a cessão se integra.

2 - A garantia do cumprimento das obrigações só existe se for convencionada nos termos gerais.

ARTIGO 427º - Relações entre o outro contraente e o cessionário

A outra parte no contrato tem o direito de opor ao cessionário os meios de defesa provenientes desse contrato, mas não os que provenham de outras relações com o cedente, a não ser que os tenha reservado ao consentir na cessão.

SUBSECÇÃO V - Excepção de não cumprimento do contrato

ARTIGO 428º - Noção

1 - Se nos contratos bilaterais não houver prazos diferentes para o cumprimento das prestações, cada um dos contraentes tem a faculdade de recusar a sua prestação enquanto o outro não efectuar a que lhe cabe ou não oferecer o seu cumprimento simultâneo.

2 - A excepção não pode ser afastada mediante a prestação de garantias.

ARTIGO 429º - Insolvência ou diminuição de garantias

Ainda que esteja obrigado a cumprir em primeiro lugar, tem o contraente a faculdade de recusar a respectiva prestação enquanto o outro não cumprir ou não der garantias de cumprimento, se, posteriormente ao contrato, se verificar alguma das circunstâncias que importam a perda do benefício do prazo.

ARTIGO 430º - Prescrição

Prescrito um dos direitos, o respectivo titular continua a gozar da excepção de não cumprimento, excepto quando se trate de prescrição presuntiva.

ARTIGO 431º – Eficácia em relação a terceiros

A excepção de não cumprimento é oponível aos que no contrato vierem a substituir qualquer dos contraentes nos seus direitos e obrigações.

SUBSECÇÃO VI – Resolução do contrato

ARTIGO 432º – Casos em que é admitida

1 – É admitida a resolução do contrato fundada na lei ou em convenção.

2 – A parte, porém, que, por circunstâncias não imputáveis ao outro contraente, não estiver em condições de restituir o que houver recebido não tem o direito de resolver o contrato.

ARTIGO 433º – Efeitos entre as partes

Na falta de disposição especial, a resolução é equiparada, quanto aos seus efeitos, à nulidade ou anulabilidade do negócio jurídico, com ressalva do disposto nos artigos seguintes.

ARTIGO 434º – Retroactividade

1 – A resolução tem efeito retroactivo, salvo se a retroactividade contrariar a vontade das partes ou a finalidade da resolução.

2 – Nos contratos de execução continuada ou periódica, a resolução não abrange as prestações já efectuadas, excepto se entre estas e a causa da resolução existir um vínculo que legitime a resolução de todas elas.

ARTIGO 435º – Efeitos em relação a terceiros

1 – A resolução, ainda que expressamente convencionada, não prejudica os direitos adquiridos por terceiro.

2 – Porém, o registo da acção de resolução que respeite a bens imóveis, ou a móveis sujeitos a registo, torna o direito de resolução oponível a terceiro que não tenha registado o seu direito antes do registo da acção.

ARTIGO 436º – Como e quando se efectiva a resolução

1 – A resolução do contrato pode fazer-se mediante declaração à outra parte.

2 – Não havendo prazo convencionado para a resolução do contrato, pode a outra parte fixar ao titular do direito de resolução um prazo razoável para que o exerça, sob pena de caducidade.

SUBSECÇÃO VII – Resolução ou modificação do contrato por alteração das circunstâncias

ARTIGO 437º – Condições de admissibilidade

1 – Se as circunstâncias em que as partes fundaram a decisão de contratar tiverem sofrido uma alteração anormal, tem a parte lesada direito à resolução do contrato, ou

à modificação dele segundo juízos de equidade, desde que a exigência das obrigações por ela assumidas afecte gravemente os princípios da boa fé e não esteja coberta pelos riscos próprios do contrato.

2 – Requerida a resolução, a parte contrária pode opor-se ao pedido, declarando aceitar a modificação do contrato nos termos do número anterior.

ARTIGO 438º – Mora da parte lesada

A parte lesada não goza do direito de resolução ou modificação do contrato, se estava em mora no momento em que a alteração das circunstâncias se verificou.

ARTIGO 439º – Regime

Resolvido o contrato, são aplicáveis à resolução as disposições da subsecção anterior.

SUBSECÇÃO VIII – Antecipação do cumprimento. Sinal

ARTIGO 440º – Antecipação do cumprimento

Se, ao celebrar-se o contrato ou em momento posterior, um dos contraentes entregar ao outro coisa que coincida, no todo ou em parte, com a prestação a que fica adstrito, é a entrega havida como antecipação total ou parcial do cumprimento, salvo se as partes quiserem atribuir à coisa entregue o carácter de sinal.

ARTIGO 441º – Contrato-promessa de compra e venda

No contrato-promessa de compra e venda presume-se que tem carácter de sinal toda a quantia entregue pelo promitente-comprador ao promitente-vendedor, ainda que a título de antecipação ou princípio de pagamento do preço.

ARTIGO 442º – Sinal

1 – Quando haja sinal, a coisa entregue deve ser imputada na prestação devida, ou restituída quando a imputação não for possível.

2 – Se quem constitui o sinal deixar de cumprir a obrigação por causa que lhe seja imputável, tem o outro contraente a faculdade de fazer sua a coisa entregue; se o não cumprimento do contrato for devido a este último, tem aquele a faculdade de exigir o dobro do que prestou, ou, se houve tradição da coisa a que se refere o contrato prometido, o seu valor, ou o do direito a transmitir ou a constituir sobre ela, determinado objectivamente, à data do não cumprimento da promessa, com dedução do preço convencionado, devendo ainda ser-lhe restituído o sinal e a parte do preço que tenha pago.

3 – Em qualquer dos casos previstos no número anterior, o contraente não faltoso pode, em alternativa, requerer a execução específica do contrato, nos termos do artigo 830º; se o contraente não faltoso optar pelo aumento do valor da coisa ou do direito, como se estabelece no número anterior, pode a outra parte opor-se ao exercício dessa faculdade, oferecendo-se para cumprir a promessa, salvo o disposto no artigo 808º

4 – Na ausência de estipulação em contrário, não há lugar, pelo não cumprimento do contrato, a qualquer outra indemnização, nos casos de perda do sinal ou de pagamento do dobro deste, ou do aumento do valor da coisa ou do direito à data do não cumprimento.

(Redação dada pelo Decreto-Lei nº 379/86, de 11-11)

SUBSECÇÃO IX – Contrato a favor de terceiro

ARTIGO 443º – Noção

1 – Por meio de contrato, pode uma das partes assumir perante outra, que tenha na promessa um interesse digno de protecção legal, a obrigação de efectuar uma prestação a favor de terceiro, estranho ao negócio; diz-se promitente a parte que assume a obrigação e promissário o contraente a quem a promessa é feita.

2 – Por contrato a favor de terceiro, têm as partes ainda a possibilidade de remitir dívidas ou ceder créditos, e bem assim de constituir, modificar, transmitir ou extinguir direitos reais.

ARTIGO 444º – Direitos do terceiro e do promissário

1 – O terceiro a favor de quem for convencionada a promessa adquire direito à prestação, independentemente de aceitação.

2 – O promissário tem igualmente o direito de exigir do promitente o cumprimento da promessa, a não ser que outra tenha sido a vontade dos contraentes.

3 – Quando se trate da promessa de exonerar o promissário de uma dívida para com terceiro, só àquele é lícito exigir o cumprimento da promessa.

ARTIGO 445º – Prestações em benefício de pessoa indeterminada

Se a prestação for estipulada em benefício de um conjunto indeterminado de pessoas ou no interesse público, o direito de a reclamar pertence não só ao promissário ou seus herdeiros, como às entidades competentes para defender os interesses em causa.

ARTIGO 446º – Direitos dos herdeiros do promissário

1 – Nem os herdeiros do promissário, nem as entidades a que o artigo anterior se refere, podem dispor do direito à prestação ou autorizar qualquer modificação do seu objecto.

2 – Quando a prestação se torne impossível por causa imputável ao promitente, têm os herdeiros do promissário, bem como as entidades competentes para reclamar o cumprimento da prestação, o direito de exigir a correspondente indemnização, para os fins convencionados.

ARTIGO 447º – Rejeição ou adesão do terceiro beneficiário

1 – O terceiro pode rejeitar a promessa ou aderir a ela.

2 – A rejeição faz-se mediante declaração ao promitente, o qual deve comunicá-la ao promissário; se culposamente deixar de o fazer, é responsável em face deste.

3 – A adesão faz-se mediante declaração, tanto ao promitente como ao promissário.

ARTIGO 448º – Revogação pelos contraentes

1 – Salvo estipulação em contrário, a promessa é revogável enquanto o terceiro não manifestar a sua adesão, ou enquanto o promissário for vivo, quando se trate de promessa que haja de ser cumprida depois da morte deste.

2 – O direito de revogação pertence ao promissário; se, porém, a promessa foi feita no interesse de ambos os outorgantes, a revogação depende do consentimento do promitente.

ARTIGO 449º – Meios de defesa oponíveis pelo promitente

São oponíveis ao terceiro, por parte do promitente, todos os meios de defesa derivados do contrato, mas não aqueles que advenham de outra relação entre promitente e promissário.

ARTIGO 450º – Relações entre o promissário e pessoas estranhas ao benefício

1 – Só no que respeita à contribuição do promissário para a prestação a terceiro são aplicáveis as disposições relativas à colação, imputação e redução das doações e à impugnação pauliana.

2 – Se a designação de terceiro for feita a título de liberalidade, são aplicáveis, com as necessárias adaptações, as normas relativas à revogação das doações por ingratidão do donatário.

(Redação dada pelo Decreto-Lei nº 496/77, de 25-11)

ARTIGO 451º – Promessa a cumprir depois da morte do promissário

1 – Se a prestação a terceiro houver de ser efectuada após a morte do promissário, presume-se que só depois do falecimento deste o terceiro adquire direito a ela.

2 – Se, porém, o terceiro morrer antes do promissário, os seus herdeiros são chamados em lugar dele à titularidade da promessa.

SUBSECÇÃO X – Contrato para pessoa a nomear

ARTIGO 452º – Noção

1 – Ao celebrar o contrato, pode uma das partes reservar o direito de nomear um terceiro que adquira os direitos e assuma as obrigações provenientes desse contrato.

2 – A reserva de nomeação não é possível nos casos em que não é admitida a representação ou é indispensável a determinação dos contraentes.

ARTIGO 453º – Nomeação

1 – A nomeação deve ser feita mediante declaração por escrito ao outro contraente, dentro do prazo convencionado ou, na falta de convenção, dentro dos cinco dias posteriores à celebração do contrato.

2 – A declaração de nomeação deve ser acompanhada, sob pena de ineficácia, do instrumento de ratificação do contrato ou de procuração anterior à celebração deste.

ARTIGO 454º – Forma da ratificação

1 – A ratificação deve constar de documento escrito.

2 – Se, porém, o contrato tiver sido celebrado por meio de documento de maior força probatória, necessita a ratificação de revestir igual forma.

ARTIGO 455º – Efeitos

1 – Sendo a declaração de nomeação feita nos termos do art. 453º, a pessoa nomeada adquire os direitos e assume as obrigações provenientes do contrato a partir da celebração dele.

2 – Não sendo feita a declaração de nomeação nos termos legais, o contrato produz os seus efeitos relativamente ao contraente originário, desde que não haja estipulação em contrário.

ARTIGO 456º – Publicidade

1 – Se o contrato estiver sujeito a registo, pode este ser feito em nome do contraente originário, com indicação da cláusula para pessoa a nomear, fazendo-se posteriormente os necessários averbamentos.

2 – O disposto no número anterior é extensivo a qualquer outra forma de publicidade a que o contrato esteja sujeito.

SECÇÃO II – Negócios unilaterais

ARTIGO 457º – Princípio geral

A promessa unilateral de uma prestação só obriga nos casos previstos na lei.

ARTIGO 458º – Promessa de cumprimento e reconhecimento de dívida

1 – Se alguém, por simples declaração unilateral, prometer uma prestação ou reconhecer uma dívida, sem indicação da respectiva causa, fica o credor dispensado de provar a relação fundamental, cuja existência se presume até prova em contrário.

2 – A promessa ou reconhecimento deve, porém, constar de documento escrito, se outras formalidades não forem exigidas para a prova da relação fundamental.

ARTIGO 459º – Promessa pública

1 – Aquele que, mediante anúncio público, prometer uma prestação a quem se encontre em determinada situação ou pratique certo facto, positivo ou negativo, fica vinculado desde logo à promessa.

2 – Na falta de declaração em contrário, o promitente fica obrigado mesmo em relação àqueles que se encontrem na situação prevista ou tenham praticado o facto sem atender à promessa ou na ignorância dela.

ARTIGO 460º – Prazo de validade

A promessa pública sem prazo de validade fixado pelo promitente ou imposto pela natureza ou fim da promessa mantém-se enquanto não for revogada.

ARTIGO 461º – Revogação

1 – Não tendo prazo de validade, a promessa pública é revogável a todo o tempo pelo promitente; se houver prazo, só é revogável ocorrendo justa causa.

2 – Em qualquer dos casos, a revogação não é eficaz, se não for feita na forma da promessa ou em forma equivalente, ou se a situação prevista já se tiver verificado ou o facto já tiver sido praticado.

ARTIGO 462º – Cooperação de várias pessoas

Se na produção do resultado previsto tiverem cooperado várias pessoas, conjunta ou separadamente, e todas tiverem direito à prestação, esta será dividida equitativamente, atendendo-se à parte que cada uma delas teve nesse resultado.

ARTIGO 463º – Concursos públicos

1 – A oferta da prestação como prémio de um concurso só é válida quando se fixar no anúncio público o prazo para a apresentação dos concorrentes.

2 – A decisão sobre a admissão dos concorrentes ou a concessão do prémio a qualquer deles pertence exclusivamente às pessoas designadas no anúncio ou, se não houver designação, ao promitente.

SECÇÃO III – Gestão de negócios

ARTIGO 464º – Noção

Dá-se a gestão de negócios, quando uma pessoa assume a direcção de negócio alheio no interesse e por conta do respectivo dono, sem para tal estar autorizada.

ARTIGO 465º – Deveres do gestor

O gestor deve:

a) Conformar-se com o interesse e a vontade, real ou presumível, do dono do negócio, sempre que esta não seja contrária à lei ou à ordem pública, ou ofensiva dos bons costumes;

b) Avisar o dono do negócio, logo que seja possível, de que assumiu a gestão;

c) Prestar contas, findo o negócio ou interrompida a gestão, ou quando o dono as exigir;

d) Prestar a este todas as informações relativas à gestão;

e) Entregar-lhe tudo o que tenha recebido de terceiros no exercício da gestão ou o saldo das respectivas contas, com os juros legais, relativamente às quantias em dinheiro, a partir do momento em que a entrega haja de ser efectuada.

ARTIGO 466º – Responsabilidade do gestor

1 – O gestor responde perante o dono do negócio, tanto pelos danos a que der causa, por culpa sua, no exercício da gestão, como por aqueles que causar com a injustificada interrupção dela.

2 – Considera-se culposa a actuação do gestor, quando ele agir em desconformidade com o interesse ou a vontade, real ou presumível, do dono do negócio.

ARTIGO 467º – Solidariedade dos gestores

Havendo dois ou mais gestores que tenham agido conjuntamente, são solidárias as obrigações deles para com o dono do negócio.

ARTIGO 468º – Obrigações do dono do negócio

1 – Se a gestão tiver sido exercida em conformidade com o interesse e a vontade, real ou presumível, do dono do negócio, é este obrigado a reembolsar o gestor das despesas que ele fundadamente tenha considerado indispensáveis, com juros legais a contar do momento em que foram feitas, e a indemnizá-lo do prejuízo que haja sofrido.

2 – Se a gestão não foi exercida nos termos do número anterior, o dono do negócio responde apenas segundo as regras do enriquecimento sem causa, com ressalva do disposto no artigo seguinte.

ARTIGO 469º – Aprovação da gestão

A aprovação da gestão implica a renúncia ao direito de indemnização pelos danos devidos a culpa do gestor e vale como reconhecimento dos direitos que a este são conferidos no nº 1 do artigo anterior.

ARTIGO 470º – Remuneração do gestor

1 – A gestão não dá direito a qualquer remuneração, salvo se corresponder ao exercício da actividade profissional do gestor.

2 – À fixação da remuneração é aplicável, neste caso, o disposto no nº 2 do artigo 1158º

ARTIGO 471º – Representação sem poderes e mandato sem representação

Sem prejuízo do que preceituam os artigos anteriores quanto às relações entre o gestor e o dono do negócio, é aplicável aos negócios jurídicos celebrados por aquele em nome deste o disposto no artigo 268º; se o gestor os realizar em seu próprio nome, são extensivas a esses negócios, na parte aplicável, as disposições relativas ao mandato sem representação.

ARTIGO 472º – Gestão de negócio alheio julgado próprio

1 – Se alguém gerir negócio alheio, convencido de que ele lhe pertence, só é aplicável o disposto nesta secção se houver aprovação da gestão; em quaisquer outras circunstâncias, são aplicáveis à gestão as regras do enriquecimento sem causa, sem prejuízo de outras que ao caso couberem.

2 – Se houver culpa do gestor na violação do direito alheio, são aplicáveis ao caso as regras da responsabilidade civil.

SECÇÃO IV – Enriquecimento sem causa

ARTIGO 473º – Princípio geral

1 – Aquele que, sem causa justificativa, enriquecer à custa de outrem é obrigado a restituir aquilo com que injustamente se locupletou.

2 – A obrigação de restituir, por enriquecimento sem causa, tem de modo especial por objecto o que for indevidamente recebido, ou o que for recebido por virtude de uma causa que deixou de existir ou em vista de um efeito que não se verificou.

ARTIGO 474º – Natureza subsdiária da obrigação

Não há lugar à restituição por enriquecimento, quando a lei facultar ao empobrecido outro meio de ser indemnizado ou restituído, negar o direito à restituição ou atribuir outros efeitos ao enriquecimento.

ARTIGO 475º – Falta do resultado previsto

Também não há lugar à restituição se, ao efectuar a prestação, o autor sabia que o efeito com ela previsto era impossível, ou se, agindo contra a boa fé, impediu a sua verificação.

ARTIGO 476º – Repetição do indevido

1 – Sem prejuízo do disposto acerca das obrigações naturais, o que for prestado com intenção de cumprir uma obrigação pode ser repetido, se esta não existia no momento da prestação.

2 – A prestação feita a terceiro pode ser repetida pelo devedor enquanto não se tornar liberatória nos termos do artigo 770º

3 – A prestação feita por erro desculpável antes do vencimento da obrigação só dá lugar à repetição daquilo com que o credor se enriqueceu por efeito do cumprimento antecipado.

ARTIGO 477º – Cumprimento de obrigação alheia na convicção de que é própria

1 – Aquele que, por erro desculpável, cumprir uma obrigação alheia, julgando-a própria, goza de direito de repetição, excepto se o credor, desconhecendo o erro do autor da prestação, se tiver privado do título ou das garantias do crédito, tiver deixado prescrever ou caducar o seu direito, ou não o tiver exercido contra o devedor ou contra o fiador enquanto solventes.

2 – Quando não existe o direito de repetição, fica o autor da prestação sub-rogado nos direitos do credor.

ARTIGO 478º – Cumprimento de obrigação alheia na convicção de estar obrigado a cumpri-la

Aquele que cumprir obrigação alheia, na convicção errónea de estar obrigado para com o devedor a cumpri-la, não tem o direito de repetição contra o credor, mas apenas o direito de exigir do devedor exonerado aquilo com que este injustamente se locupletou, excepto se o credor conhecia o erro ao receber a prestação.

ARTIGO 479º – Objecto da obrigação de restituir

1 – A obrigação de restituir fundada no enriquecimento sem causa compreende tudo quanto se tenha obtido à custa do empobrecido ou, se a restituição em espécie não for possível, o valor correspondente.

2 – A obrigação de restituir não pode exceder a medida do locupletamento à data da verificação de algum dos factos referidos nas duas alíneas do artigo seguinte.

ARTIGO 480º – Agravamento da obrigação

O enriquecido passa a responder também pelo perecimento ou deterioração culposa da coisa, pelos frutos que por sua culpa deixem de ser percebidos e pelos juros legais das quantias a que o empobrecido tiver direito, depois de se verificar algumas das seguintes circunstâncias:

a) Ter sido o enriquecido citado judicialmente para a restituição;

b) Ter ele conhecimento da falta de causa do seu enriquecimento ou da falta do efeito que se pretendia obter com a prestação.

ARTIGO 481º – Obrigação de restituir no caso de alienação gratuita

1 – Tendo o enriquecido alienado gratuitamente coisa que devesse restituir, fica o adquirente obrigado em lugar dele, mas só na medida do seu próprio enriquecimento.

2 – Se, porém, a transmissão teve lugar depois da verificação de algum dos factos referidos no artigo anterior, o alienante è responsável nos termos desse artigo, e o adquirente, se estiver de má fé, é responsável nos mesmos termos.

ARTIGO 482º – Prescrição

O direito à restituição por enriquecimento prescreve no prazo de três anos, a contar da data em que o credor teve conhecimento do direito que lhe compete e da pessoa do responsável, sem prejuízo da prescrição ordinária se tiver decorrido o respectivo prazo a contar do enriquecimento.

SECÇÃO V – Responsabilidade civil

SUBSECÇÃO I – Responsabilidade por factos ilícitos

ARTIGO 483º – Princípio geral

1 – Aquele que, com dolo ou mera culpa, violar ilicitamente o direito de outrem ou qualquer disposição legal destinada a proteger interesses alheios fica obrigado a indemnizar o lesado pelos danos resultantes da violação.

2 – Só existe obrigação de indemnizar independentemente de culpa nos casos especificados na lei.

ARTIGO 484º – Ofensa do crédito ou do bom nome

Quem afirmar ou difundir um facto capaz de prejudicar o crédito ou o bom nome de qualquer pessoa, singular ou colectiva, responde pelos danos causados.

ARTIGO 485º – Conselhos, recomendações ou informações

1 – Os simples conselhos, recomendações ou informações não responsabilizam quem os dá, ainda que haja negligência da sua parte.

2 – A obrigação de indemnizar existe, porém, quando se tenha assumido a responsabilidade pelos danos, quando havia o dever jurídico de dar conselho, recomendação ou informação e se tenha procedido com negligência ou intenção de prejudicar, ou quando o procedimento do agente constitua facto punível.

ARTIGO 486º – Omissões

As simples omissões dão lugar à obrigação de reparar os danos, quando, independentemente dos outros requisitos legais, havia, por força da lei ou do negócio jurídico, o dever de praticar o acto omitido.

ARTIGO 487º – Culpa

1 – É ao lesado que incumbe provar a culpa do autor da lesão, salvo havendo presunção legal de culpa.

2 – A culpa é apreciada, na falta de outro critério legal, pela diligência de um bom pai de família, em face das circunstâncias de cada caso.

ARTIGO 488º – Imputabilidade

1 – Não responde pelas consequências do facto danoso quem, no momento em que o facto ocorreu, estava, por qualquer causa, incapacitado de entender ou querer, salvo se o agente se colocou culposamente nesse estado, sendo este transitório.

2 – Presume-se falta de imputabilidade nos menores de sete anos.

(Redação dada pela Lei nº 49/2018, de 14-08)

ARTIGO 489º – Indemnização por pessoa não imputável

1 – Se o acto causador dos danos tiver sido praticado por pessoa não imputável, pode esta, por motivo de equidade, ser condenada a repará-los, total ou parcialmente, desde que não seja possível obter a devida reparação das pessoas a quem incumbe a sua vigilância.

2 – A indemnização será, todavia, calculada por forma a não privar a pessoa não imputável dos alimentos necessários, conforme o seu estado e condição, nem dos meios indispensáveis para cumprir os seus deveres legais de alimentos.

ARTIGO 490º – Responsabilidade dos autores, instigadores e auxiliares

Se forem vários os autores, instigadores ou auxiliares do acto ilícito, todos eles respondem pelos danos que hajam causado.

ARTIGO 491º – Responsabilidade das pessoas obrigadas à vigilância de outrem

As pessoas que, por lei ou negócio jurídico, forem obrigadas a vigiar outras, por virtude da incapacidade natural destas, são responsáveis pelos danos que elas causem a terceiro, salvo se mostrarem que cumpriram o seu dever de vigilância ou que os danos se teriam produzido ainda que o tivessem cumprido.

ARTIGO 492º – Danos causados por edifícios ou outras obras

1 – O proprietário ou possuidor de edifício ou outra obra que ruir, no todo ou em parte, por vício de construção ou defeito de conservação, responde pelos danos causados, salvo se provar que não houve culpa da sua parte ou que, mesmo com a diligência devida, se não teriam evitado os danos.

2 – A pessoa obrigada, por lei ou negócio jurídico, a conservar o edifício ou obra responde, em lugar do proprietário ou possuidor, quando os danos forem devidos exclusivamente a defeito de conservação.

ARTIGO 493º – Danos causados por coisas, animais ou actividades

1 – Quem tiver em seu poder coisa móvel ou imóvel, com o dever de a vigiar, e bem assim quem tiver assumido o encargo da vigilância de quaisquer animais, responde pelos danos que a coisa ou os animais causarem, salvo se provar que nenhuma culpa houve da sua parte ou que os danos se teriam igualmente produzido ainda que não houvesse culpa sua.

2 – Quem causar danos a outrem no exercício de uma actividade, perigosa por sua própria natureza ou pela natureza dos meios utilizados, é obrigado a repará-los, excepto se mostrar que empregou todas as providências exigidas pelas circunstâncias com o fim de os prevenir.

ARTIGO 493º-A – Indemnização em caso de lesão ou morte de animal

1 – No caso de lesão de animal, é o responsável obrigado a indemnizar o seu proprietário ou os indivíduos ou entidades que tenham procedido ao seu socorro pelas despesas em que tenham incorrido para o seu tratamento, sem prejuízo de indemnização devida nos termos gerais.

2 – A indemnização prevista no número anterior é devida mesmo que as despesas se computem numa quantia superior ao valor monetário que possa ser atribuído ao animal.

3 – No caso de lesão de animal de companhia de que tenha provindo a morte, a privação de importante órgão ou membro ou a afetação grave e permanente da sua capacidade de locomoção, o seu proprietário tem direito, nos termos do nº 1 do artigo 496º, a indemnização adequada pelo desgosto ou sofrimento moral em que tenha incorrido, em montante a ser fixado equitativamente pelo tribunal.

(Aditado pela Lei nº 8/2017, de 03-03)

ARTIGO 494º – Limitação da indemnização no caso de mera culpa

Quando a responsabilidade se fundar na mera culpa, poderá a indemnização ser fixada, equitativamente, em montante inferior ao que corresponderia aos danos causados, desde que o grau de culpabilidade do agente, a situação económica deste e do lesado e as demais circunstâncias do caso o justifiquem.

ARTIGO 495º – Indemnização a terceiros em caso de morte ou lesão corporal

1 – No caso de lesão de que proveio a morte, é o responsável obrigado a indemnizar as despesas feitas para salvar o lesado e todas as demais, sem exceptuar as do funeral.

2 – Neste caso, como em todos os outros de lesão corporal, têm direito a indemnização aqueles que socorreram o lesado, bem como os estabelecimentos hospitalares, médicos ou outras pessoas ou entidades que tenham contribuído para o tratamento ou assistência da vítima.

3 – Têm igualmente direito a indemnização os que podiam exigir alimentos ao lesado ou aqueles a quem o lesado os prestava no cumprimento de uma obrigação natural.

ARTIGO 496º – Danos não patrimoniais

1 – Na fixação da indemnização deve atender-se aos danos não patrimoniais que, pela sua gravidade, mereçam a tutela do direito.

2 – Por morte da vítima, o direito à indemnização por danos não patrimoniais cabe, em conjunto, ao cônjuge não separado de pessoas e bens e aos filhos ou outros descendentes; na falta destes, aos pais ou outros ascendentes; e, por último, aos irmãos ou sobrinhos que os representem.

3 – Se a vítima vivia em união de facto, o direito de indemnização previsto no número anterior cabe, em primeiro lugar, em conjunto, à pessoa que vivia com ela e aos filhos ou outros descendentes.

4 – O montante da indemnização é fixado equitativamente pelo tribunal, tendo em atenção, em qualquer caso, as circunstâncias referidas no artigo 494º; no caso de morte, podem ser atendidos não só os danos não patrimoniais sofridos pela vítima, como os sofridos pelas pessoas com direito a indemnização nos termos dos números anteriores.

(Redação dada pela Lei nº 23/2010, de 30-08)

ARTIGO 497º – Responsabilidade solidária

1 – Se forem várias as pessoas responsáveis pelos danos, é solidária a sua responsabilidade.

2 – O direito de regresso entre os responsáveis existe na medida das respectivas culpas e das consequências que delas advieram, presumindo-se iguais as culpas das pessoas responsáveis.

ARTIGO 498º – Prescrição

1 – O direito de indemnização prescreve no prazo de três anos, a contar da data em que o lesado teve conhecimento do direito que lhe compete, embora com desconhecimento da pessoa do responsável e da extensão integral dos danos, sem prejuízo da prescrição ordinária se tiver decorrido o respectivo prazo a contar do facto danoso.

2 – Prescreve igualmente no prazo de três anos, a contar do cumprimento, o direito de regresso entre os responsáveis.

3 – Se o facto ilícito constituir crime para o qual a lei estabeleça prescrição sujeita a prazo mais longo, é este o prazo aplicável.

4 – A prescrição do direito de indemnização não importa prescrição da acção de reivindicação nem da acção de restituição por enriquecimento sem causa, se houver lugar a uma ou a outra.

SUBSECÇÃO II – Responsabilidade pelo risco

ARTIGO 499º – Disposições aplicáveis

São extensivas aos casos de responsabilidade pelo risco, na parte aplicável e na falta de preceitos legais em contrário, as disposições que regulam a responsabilidade por factos ilícitos.

ARTIGO 500º – Responsabilidade do comitente

1 – Aquele que encarrega outrem de qualquer comissão responde, independentemente de culpa, pelos danos que o comissário causar, desde que sobre este recaia também a obrigação de indemnizar.

2 – A responsabilidade do comitente só existe se o facto danoso for praticado pelo comissário, ainda que intencionalmente ou contra as instruções daquele, no exercício da função que lhe foi confiada.

3 – O comitente que satisfizer a indemnização tem o direito de exigir do comissário o reembolso de tudo quanto haja pago, excepto se houver também culpa da sua parte; neste caso será aplicável o disposto no nº 2 do artigo 497º

ARTIGO 501º – Responsabilidade do Estado e de outras pessoas colectivas públicas

O Estado e demais pessoas colectivas públicas, quando haja danos causados a terceiro pelos seus órgãos, agentes ou representantes no exercício de actividades de gestão privada, respondem civilmente por esses danos nos termos em que os comitentes respondem pelos danos causados pelos seus comissários.

ARTIGO 502º – Danos causados por animais

Quem no seu próprio interesse utilizar quaisquer animais responde pelos danos que eles causarem, desde que os danos resultem do perigo especial que envolve a sua utilização.

ARTIGO 503º – Acidentes causados por veículos

1 – Aquele que tiver a direcção efectiva de qualquer veículo de circulação terrestre e o utilizar no seu próprio interesse, ainda que por intermédio de comissário, responde pelos danos provenientes dos riscos próprios do veículo, mesmo que este não se encontre em circulação.

2 – As pessoas não imputáveis respondem nos termos do art. 489º

3 – Aquele que conduzir o veículo por conta de outrem responde pelos danos que causar, salvo se provar que não houve culpa da sua parte; se, porém, o conduzir fora do exercício das suas funções de comissário, responde nos termos do nº 1.

ARTIGO 504º – Beneficiários da responsabilidade

1 – A responsabilidade pelos danos causados por veículos aproveita a terceiros, bem como às pessoas transportadas.

2 – No caso de transporte por virtude de contrato, a responsabilidade abrange só os danos que atinjam a própria pessoa e as coisas por ela transportadas.

3 – No caso de transporte gratuito, a responsabilidade abrange apenas os danos pessoais da pessoa transportada.

4 – São nulas as cláusulas que excluam ou limitem a responsabilidade do transportador pelos acidentes que atinjam a pessoa transportada.

(Redação dada pelo Decreto-Lei nº 14/96, de 06-03)

ARTIGO 505º – Exclusão da responsabilidade

Sem prejuízo do disposto no artigo 570º, a responsabilidade fixada pelo nº 1 do artigo 503º só é excluída quando o acidente for imputável ao próprio lesado ou a terceiro, ou quando resulte de causa de força maior estranha ao funcionamento do veículo.

ARTIGO 506º – Colisão de veículos

1 – Se da colisão entre dois veículos resultarem danos em relação aos dois ou em relação a um deles, e nenhum dos condutores tiver culpa no acidente, a responsabilidade é repartida na proporção em que o risco de cada um dos veículos houver contribuído para os danos; se os danos forem causados somente por um dos veículos, sem culpa de nenhum dos condutores, só a pessoa por eles responsável é obrigada a indemnizar.

2 – Em caso de dúvida, considera-se igual a medida da contribuição de cada um dos veículos para os danos, bem como a contribuição da culpa de cada um dos condutores.

ARTIGO 507º – Responsabilidade solidária

1 – Se a responsabilidade pelo risco recair sobre várias pessoas, todas respondem solidariamente pelos danos, mesmo que haja culpa de alguma ou algumas.

2 – Nas relações entre os diferentes responsáveis, a obrigação de indemnizar reparte-se de harmonia com o interesse de cada um na utilização do veículo; mas, se houver culpa de algum ou de alguns, apenas os culpados respondem, sendo aplicável quanto ao direito de regresso, entre eles, ou em relação a eles, o disposto no nº 2 do art. 497º

ARTIGO 508º – Limites máximos

1 – A indemnização fundada em acidente de viação, quando não haja culpa do responsável, tem como limite máximo o capital mínimo do seguro obrigatório de responsabilidade civil automóvel.

2 – Se o acidente for causado por veículo utilizado em transporte colectivo, a indemnização tem como limite máximo o capital mínimo do seguro obrigatório de responsabilidade civil automóvel estabelecido para os transportes colectivos.

3 – Se o acidente for causado por veículo utilizado em transporte ferroviário, a indemnização tem como limite máximo o capital mínimo do seguro obrigatório de responsabilidade civil estabelecido para essa situação em legislação especial.
(Redação dada pelo Decreto-Lei nº 59/2004, de 19-03)

ARTIGO 509º – Danos causados por instalações de energia eléctrica ou gás

1 – Aquele que tiver a direcção efectiva de instalação destinada à condução ou entrega da energia eléctrica ou do gás, e utilizar essa instalação no seu interesse, responde tanto pelo prejuízo que derive da condução ou entrega da electricidade ou do gás, como pelos danos resultantes da própria instalação, excepto se ao tempo do acidente esta estiver de acordo com as regras técnicas em vigor e em perfeito estado de conservação.

2 – Não obrigam a reparação os danos devidos a causa de força maior; considera-se de força maior toda a causa exterior independente do funcionamento e utilização da coisa.

3 – Os danos causados por utensílios de uso de energia não são reparáveis nos termos desta disposição.

ARTIGO 510º – Limites da responsabilidade

A indemnização fundada na responsabilidade a que se refere o artigo precedente, quando não haja culpa do responsável, tem, para cada acidente, como limite máximo o estabelecido no nº 1 do artigo 508º, salvo se, havendo seguro obrigatório, diploma especial estabelecer um capital mínimo de seguro, caso em que a indemnização tem como limite máximo esse capital.
(Redação dada pelo Decreto-Lei nº 59/2004, de 19-03)

CAPÍTULO III – Modalidades das obrigações

SECÇÃO I – Obrigações de sujeito activo indeterminado

ARTIGO 511º – Determinação da pessoa do credor

A pessoa do credor pode não ficar determinada no momento em que a obrigação é constituída; mas deve ser determinável, sob pena de ser nulo o negócio jurídico do qual a obrigação resultaria.

SECÇÃO II – Obrigações solidárias

SUBSECÇÃO I – Disposições gerais

ARTIGO 512º – Noção

1 – A obrigação é solidária, quando cada um dos devedores responde pela prestação integral e esta a todos libera, ou quando cada um dos credores tem a faculdade de exigir, por si só, a prestação integral e esta libera o devedor para com todos eles.

2 – A obrigação não deixa de ser solidária pelo facto de os devedores estarem obrigados em termos diversos ou com diversas garantias, ou de ser diferente o conteúdo das prestações de cada um deles; igual diversidade se pode verificar quanto à obrigação do devedor relativamente a cada um dos credores solidários.

ARTIGO 513º – Fontes da solidariedade

A solidariedade de devedores ou credores só existe quando resulte da lei ou da vontade das partes.

ARTIGO 514º – Meios de defesa

1 – O devedor solidário demandado pode defender-se por todos os meios que pessoalmente lhe competem ou que são comuns a todos os condevedores.

2 – Ao credor solidário são oponíveis igualmente não só os meios de defesa comum, como os que pessoalmente lhe respeitem.

ARTIGO 515º – Herdeiros dos devedores ou credores solidários

1 – Os herdeiros do devedor solidário respondem colectivamente pela totalidade da dívida; efectuada a partilha, cada co-herdeiro responde nos termos do artigo 2098º

2 – Os herdeiros do credor solidário só conjuntamente podem exonerar o devedor; efectuada a partilha, se o crédito tiver sido adjudicado a dois ou mais herdeiros, também só em conjunto estes podem exonerar o devedor.

ARTIGO 516º – Participação nas dívidas e nos créditos

Nas relações entre si, presume-se que os devedores ou credores solidários comparticipam em partes iguais na dívida ou no crédito, sempre que da relação jurídica entre eles existente não resulte que são diferentes as suas partes, ou que um só deles deve suportar o encargo da dívida ou obter o benefício do crédito.

ARTIGO 517º – Litisconsórcio

1 – A solidariedade não impede que os devedores solidários demandem conjuntamente o credor ou sejam por ele conjuntamente demandados.

2 – De igual direito gozam os credores solidários relativamente ao devedor e este em relação àqueles.

SUBSECÇÃO II – Solidariedade entre devedores

ARTIGO 518º – Exclusão do benefício da divisão

Ao devedor solidário demandado não é lícito opor o benefício da divisão; e, ainda que chame os outros devedores à demanda, nem por isso se libera da obrigação de efectuar a prestação por inteiro.

ARTIGO 519º – Direitos do credor

1 – O credor tem o direito de exigir de qualquer dos devedores toda a prestação, ou parte dela, proporcional ou não à quota do interpelado; mas, se exigir judicialmente

a um deles a totalidade ou parte da prestação, fica inibido de proceder judicialmente contra os outros pelo que ao primeiro tenha exigido salvo se houver razão atendível, como a insolvência ou risco de insolvência do demandado, ou dificuldade, por outra causa, em obter dele a prestação.

2 – Se um dos devedores tiver qualquer meio de defesa pessoal contra o credor, não fica este inibido de reclamar dos outros a prestação integral, ainda que esse meio já lhe tenha sido oposto.

ARTIGO 520º – Impossibilidade da prestação

Se a prestação se tornar impossível por facto imputável a um dos devedores, todos eles são solidariamente responsáveis pelo seu valor; mas só o devedor a quem o facto é imputável responde pela reparação dos danos que excedam esse valor, e, sendo vários, é solidária a sua responsabilidade.

ARTIGO 521º – Prescrição

1 – Se, por efeito da suspensão ou interrupção da prescrição, ou de outra causa, a obrigação de um dos devedores se mantiver, apesar de prescritas as obrigações dos outros, e aquele for obrigado a cumprir, cabe-lhe o direito de regresso contra os seus condevedores.

2 – O devedor que não haja invocado a prescrição não goza do direito de regresso contra os condevedores cujas obrigações tenham prescrito, desde que estes aleguem a prescrição.

ARTIGO 522º – Caso julgado

O caso julgado entre o credor e um dos devedores não é oponível aos restantes devedores, mas pode ser oposto por estes, desde que não se baseie em fundamento que respeite pessoalmente àquele devedor.

ARTIGO 523º – Satisfação do direito do credor

A satisfação do direito do credor, por cumprimento, dação em cumprimento, novação, consignação em depósito ou compensação, produz a extinção, relativamente a ele, das obrigações de todos os devedores.

ARTIGO 524º – Direito de regresso

O devedor que satisfizer o direito do credor além da parte que lhe competir tem direito de regresso contra cada um dos condevedores, na parte que a estes compete.

Artigo 525º – Meios de defesa oponíveis pelos condevedores

1 – Os condevedores podem opor ao que satisfez o direito do credor a falta de decurso do prazo que lhes tenha sido concedido para o cumprimento da obrigação, bem como qualquer outro meio de defesa, quer este seja comum, quer respeite pessoalmente ao demandado.

2 – A faculdade concedida no número anterior tem lugar, ainda que o condevedor tenha deixado, sem culpa sua, de opor ao credor o meio comum de defesa, salvo

se a falta de oposição for imputável ao devedor que pretende valer-se do mesmo meio.

ARTIGO 526º – Insolvência dos devedores ou impossibilidade de cumprimento

1 – Se um dos devedores estiver insolvente ou não puder por outro motivo cumprir a prestação a que está adstrito, é a sua quota-parte repartida proporcionalmente entre todos os demais, incluíndo o credor de regresso e os devedores que pelo credor hajam sido exonerados da obrigação ou apenas do vínculo da solidariedade.

2 – Ao credor de regresso não aproveita o benefício da repartição na medida em que só por negligência sua lhe não tenha sido possível cobrar a parte do seu condevedor na obrigação solidária.

ARTIGO 527º – Renúncia à solidariedade

A renúncia à solidariedade a favor de um ou alguns dos devedores não prejudica o direito do credor relativamente aos restantes, contra os quais conserva o direito à prestação por inteiro.

SUBSECÇÃO III – Solidariedade entre credores

ARTIGO 528º – Escolha do credor

1 – É permitido ao devedor escolher o credor solidário a quem satisfaça a prestação, enquanto não tiver sido judicialmente citado para a respectiva acção por outro credor cujo crédito se ache vencido.

2 – Se o devedor cumprir perante credor diferente daquele que judicialmente exigiu a prestação, não fica dispensado de realizar a favor deste a prestação integral; mas, quando a solidariedade entre os credores tiver sido estabelecida em favor do devedor, este pode, renunciando total ou parcialmente ao benefício, prestar a cada um dos credores a parte que lhe cabe no crédito comum ou satisfazer a algum dos outros a prestação com dedução da parte do demandante.

ARTIGO 529º – Impossibilidade da prestação

1 – Se a prestação se tornar impossível por facto imputável ao devedor, subsiste a solidariedade relativamente ao crédito da indemnização.

2 – Se a prestação se tornar impossível por facto imputável a um dos credores, fica este obrigado a indemnizar os outros.

ARTIGO 530º – Prescrição

1 – Se o direito de um dos credores se mantiver devido a suspensão ou interrupção da prescrição ou a outra causa, apesar de haverem prescrito os direitos dos restantes credores, pode o devedor opor àquele credor a prescrição do crédito na parte relativa a estes últimos.

2 – A renúncia à prescrição, feita pelo devedor em benefício de um dos credores, não produz efeito relativamente aos restantes.

ARTIGO 531º – Caso julgado

O caso julgado entre um dos credores e o devedor não é oponível aos outros credores; mas pode ser oposto por estes ao devedor, sem prejuízo das excepções pessoais que o devedor tenha o direito de invocar em relação a cada um deles.

ARTIGO 532º – Satisfação do direito de um dos credores

A satisfação do direito de um dos credores, por cumprimento, dação em cumprimento, novação, consignação em depósito ou compensação, produz a extinção, relativamente a todos os credores, da obrigação do devedor.

ARTIGO 533º – Obrigação do credor que foi pago

O credor cujo direito foi satisfeito além da parte que lhe competia na relação interna entre os credores tem de satisfazer aos outros a parte que lhes cabe no crédito comum.

SECÇÃO III – Obrigações divisíveis e indivisíveis

ARTIGO 534º – Obrigações divisíveis

São iguais as partes que têm na obrigação divisível os vários credores ou devedores, se outra proporção não resultar da lei ou do negócio jurídico; mas entre os herdeiros do devedor, depois da partilha, serão essas partes fixadas proporcionalmente às suas quotas hereditárias, sem prejuízo do disposto nos nºs 2 e 3 do artigo 2098º

ARTIGO 535º – Obrigações indivisíveis com pluralidade de devedores

1 – Se a prestação for indivisível e vários os devedores, só de todos os obrigados pode o credor exigir o cumprimento da prestação, salvo se tiver sido estipulada a solidariedade ou esta resultar da lei.

2 – Quando ao primitivo devedor da prestação indivisível sucedam vários herdeiros, também só de todos eles tem o credor a possibilidade de exigir o cumprimento da prestação.

ARTIGO 536º – Extinção relativamente a um dos devedores

Se a obrigação indivisível se extinguir apenas em relação a algum ou alguns dos devedores, não fica o credor inibido de exigir a prestação dos restantes obrigados, contanto que lhes entregue o valor da parte que cabia ao devedor ou devedores exonerados.

ARTIGO 537º – Impossibilidade da prestação

Se a prestação indivisível se tornar impossível por facto imputável a algum ou alguns dos devedores, ficam os outros exonerados.

ARTIGO 538º – Pluralidade de credores

1 – Sendo vários os credores da prestação indivisível, qualquer deles tem o direito de exigi-la por inteiro; mas o devedor, enquanto não for judicialmente citado, só relativamente a todos, em conjunto, se pode exonerar.

2 – O caso julgado favorável a um dos credores aproveita aos outros, se o devedor não tiver, contra estes, meios especiais de defesa.

SECÇÃO IV – Obrigações genéricas

ARTIGO 539º – Determinação do objecto

Se o objecto da prestação for determinado apenas quanto ao género, compete a sua escolha ao devedor, na falta de estipulação em contrário.

ARTIGO 540º – Não perecimento do género

Enquanto a prestação for possível em coisas do género estipulado, não fica o devedor exonerado pelo facto de perecerem aquelas com que se dispunha a cumprir.

ARTIGO 541º – Concentração da obrigação

A obrigação concentra-se, antes do cumprimento, quando isso resultar de acordo das partes, quando o género se extinguir a ponto de restar apenas uma das coisas nele compreendidas, quando o credor incorrer em mora, ou ainda nos termos do artigo 797º

ARTIGO 542º – Concentração por facto do credor ou de terceiro

1 – Se couber ao credor ou a terceiro, a escolha só é eficaz se for declarada, respectivamente, ao devedor ou a ambas as partes, e é irrevogável.

2 – Se couber a escolha ao credor e este a não fizer dentro do prazo estabelecido ou daquele que para o efeito lhe for fixado pelo devedor, é a este que a escolha passa a competir.

SECÇÃO V – Obrigações alternativas

ARTIGO 543º – Noção

1 – É alternativa a obrigação que compreende duas ou mais prestações, mas em que o devedor se exonera efectuando aquela que, por escolha, vier a ser designada.

2 – Na falta de determinação em contrário, a escolha pertence ao devedor.

ARTIGO 544º – Indivisibilidade das prestações

O devedor não pode escolher parte de uma prestação e parte de outra ou outras, nem ao credor ou a terceiro é lícito fazê-lo quando a escolha lhes pertencer.

ARTIGO 545º – Impossibilidade não imputável às partes

Se uma ou algumas das prestações se tornarem impossíveis por causa não imputável às partes, a obrigação considera-se limitada às prestações que forem possíveis.

ARTIGO 546º – Impossibilidade imputável ao devedor

Se a impossibilidade de alguma das prestações for imputável ao devedor e a escolha lhe pertencer, deve efectuar uma das prestações possíveis; se a escolha pertencer ao credor, este poderá exigir uma das prestações possíveis, ou pedir a indemnização pelos danos provenientes de não ter sido efectuada a prestação que se tornou impossível, ou resolver o contrato nos termos gerais.

ARTIGO 547º – Impossibilidade imputável ao credor

Se a impossibilidade de alguma das prestações for imputável ao credor e a escolha lhe pertencer, considera-se cumprida a obrigação; se a escolha pertencer ao devedor, também a obrigação se tem por cumprida, a menos que este prefira efectuar outra prestação e ser indemnizado dos danos que houver sofrido.

ARTIGO 548º – Falta de escolha pelo devedor

O credor, na execução, pode exigir que o devedor, dentro do prazo estipulado ou do estabelecido na lei de processo, declare por qual das prestações quer optar, sob pena de se devolver ao credor o direito de escolha.

(Redação dada pelo Decreto-Lei nº 38/2003, de 08-03)

ARTIGO 549º – Escolha pelo credor ou por terceiro

À escolha que o credor ou terceiro deva efectuar é aplicável o disposto no artigo 542º

SECÇÃO VI – Obrigações pecuniárias

SUBSECÇÃO I – Obrigações de quantidade

ARTIGO 550º – Princípio nominalista

O cumprimento das obrigações pecuniárias faz-se em moeda que tenha curso legal no País à data em que for efectuado e pelo valor nominal que a moeda nesse momento tiver, salvo estipulação em contrário.

ARTIGO 551º – Actualização das obrigações pecuniárias

Quando a lei permitir a actualização das prestações pecuniárias, por virtude das flutuações do valor da moeda, atender-se-á, na falta de outro critério legal, aos índices dos preços, de modo a restabelecer, entre a prestação e a quantidade de mercadorias a que ela equivale, a relação existente na data em que a obrigação se constituiu.

SUBSECÇÃO II – Obrigações de moeda específica

ARTIGO 552º – Validade das obrigações de moeda específica

O curso legal ou forçado da nota de banco não prejudica a validade do acto pelo qual alguém se comprometa a pagar em moeda metálica ou em valor dessa moeda.

ARTIGO 553º – Obrigações de moeda específica sem quantitativo expresso em moeda corrente

Quando for estipulado o pagamento em certa espécie monetária, o pagamento deve ser feito na espécie estipulada, existindo ela legalmente, embora tenha variado de valor após a data em que a obrigação foi constituída.

ARTIGO 554º – Obrigações de moeda específica ou de certo metal com quantitativo expresso em moeda corrente

Quando o quantitativo da obrigação é expresso em dinheiro corrente, mas se estipula que o cumprimento será efectuado em certa espécie monetária ou em moedas de certo metal, presume-se que as partes querem vincular-se ao valor corrente que a moeda ou as moedas do metal escolhido tinham à data da estipulação.

ARTIGO 555º – Falta da moeda estipulada

1 – Quando se tiver estipulado o cumprimento em determinada espécie monetária, em certo metal ou em moedas de certo metal, e se não encontrem as espécies ou as moedas estipuladas em quantidade bastante, pode o pagamento ser feito, quanto à parte da dívida que não for possível cumprir nos termos acordados, em moeda corrente que perfaça o valor dela, segundo a cotação que a moeda escolhida ou as moedas do metal indicado tiverem na bolsa no dia do cumprimento.

2 – Se as moedas estipuladas ou as moedas do metal indicado não tiverem cotação na bolsa, atender-se-á ao valor corrente, ou, na falta deste, ao valor corrente do metal; a esse mesmo valor se atenderá, quando a moeda, devido à sua raridade, tenha atingido uma cotação ou preço corrente anormal, com que as partes não hajam contado no momento em que a obrigação se constituiu.

ARTIGO 556º – Moeda específica sem curso legal

1 – Sempre que a espécie monetária estipulada ou as moedas do metal estipulado não tenham já curso legal na data do cumprimento, deve a prestação ser feita em moeda que tenha curso legal nessa data, de harmonia com a norma de redução que a lei tiver estabelecido ou, na falta de determinação legal, segundo a relação de valores correntes na data em que a nova moeda for introduzida.

2 – Quando o quantitativo da obrigação tiver sido expresso em moeda corrente, estipulando-se o pagamento em espécies monetárias, em certo metal ou em moedas de certo metal, e essas moedas carecerem de curso legal na data do cumprimento, observar-se-á a doutrina do número anterior, uma vez determinada a quantidade dessas moedas que constituía o montante da prestação em dívida.

ARTIGO 557º – Cumprimento em moedas de dois ou mais metais ou de um entre vários metais

1 – No caso de se ter convencionado o cumprimento em moedas de um entre dois ou mais metais, a determinação da pessoa a quem a escolha pertence é feita de acordo com as regras das obrigações alternativas.

2 – Quando se estipular o cumprimento da obrigação em moedas de dois ou mais metais, sem se fixar a proporção de umas e outras, cumprirá o devedor entregando em partes iguais moedas dos metais especificados.

SUBSECÇÃO III – Obrigações em moeda com curso legal apenas no estrangeiro

ARTIGO 558º – Termos do cumprimento

1 – A estipulação do cumprimento em moeda com curso legal apenas no estrangeiro não impede o devedor de pagar em moeda com curso legal no País, segundo o câmbio do dia do cumprimento e do lugar para este estabelecido, salvo se essa faculdade houver sido afastada pelos interessados.

2 – Se, porém, o credor estiver em mora, pode o devedor cumprir de acordo com o câmbio da data em que a mora se deu.

(Redação dada pelo Decreto-Lei nº 343/98, de 06-11)

SECÇÃO VII – Obrigações de juros

ARTIGO 559º – Taxa de juro

1 – Os juros legais e os estipulados sem determinação de taxa ou quantitativo são os fixados em portaria conjunta dos Ministros da Justiça e das Finanças e do Plano.

2 – A estipulação de juros a taxa superior à fixada nos termos do número anterior deve ser feita por escrito, sob pena de serem apenas devidos na medida dos juros legais.

(Redação dada pelo Decreto-Lei nº 200-C/80, de 24-06)

ARTIGO 559º-A – Juros usurários

É aplicável o disposto no artigo 1146º a toda a estipulação de juros ou quaisquer outras vantagens em negócios ou actos de concessão, outorga, renovação, desconto ou prorrogação do prazo de pagamento de um crédito e em outros análogos.

(Redação dada pelo Decreto-Lei nº 262/83, de 16-06)

ARTIGO 560º – Anatocismo

1 – Para que os juros vencidos produzam juros é necessária convenção posterior ao vencimento; pode haver também juros de juros, a partir da notificação judicial feita ao devedor para capitalizar os juros vencidos ou proceder ao seu pagamento sob pena de capitalização.

2 – Só podem ser capitalizados os juros correspondentes ao período mínimo de um ano.

3 – Não são aplicáveis as restrições dos números anteriores, se forem contrárias a regras ou usos particulares do comércio.

ARTIGO 561º – Autonomia do crédito de juros

Desde que se constitui, o crédito de juros não fica necessariamente dependente do crédito principal, podendo qualquer deles ser cedido ou extinguir-se sem o outro.

SECÇÃO VIII – Obrigação de indemnização

ARTIGO 562º – Princípio geral

Quem estiver obrigado a reparar um dano deve reconstituir a situação que existiria, se não se tivesse verificado o evento que obriga à reparação.

ARTIGO 563º – Nexo de causalidade

A obrigação de indemnização só existe em relação aos danos que o lesado provavelmente não teria sofrido se não fosse a lesão.

ARTIGO 564º – Cálculo da indemnização

1 – O dever de indemnizar compreende não só o prejuízo causado, como os benefícios que o lesado deixou de obter em consequência da lesão.

2 – Na fixação da indemnização pode o tribunal atender aos danos futuros, desde que sejam previsíveis; se não forem determináveis, a fixação da indemnização correspondente será remetida para decisão ulterior.

ARTIGO 565º – Indemnização provisória

Devendo a indemnização ser fixada em liquidação posterior, pode o tribunal condenar desde logo o devedor no pagamento de uma indemnização, dentro do quantitativo que considere já provado.

(Redação dada pelo Decreto-Lei nº 38/2003, de 08-03)

ARTIGO 566º – Indemnização em dinheiro

1 – A indemnização é fixada em dinheiro, sempre que a reconstituição natural não seja possível, não repare integralmente os danos ou seja excessivamente onerosa para o devedor.

2 – Sem prejuízo do preceituado noutras disposições, a indemnização em dinheiro tem como medida a diferença entre a situação patrimonial do lesado, na data mais recente que puder ser atendida pelo tribunal, e a que teria nessa data se não existissem danos.

3 – Se não puder ser averiguado o valor exacto dos danos, o tribunal julgará equitativamente dentro dos limites que tiver por provados.

ARTIGO 567º – Indemnização em renda

1 – Atendendo à natureza continuada dos danos, pode o tribunal, a requerimento do lesado, dar à indemnização, no todo ou em parte, a forma de renda vitalícia ou temporária, determinando as providências necessárias para garantir o seu pagamento.

2 – Quando sofram alteração sensível as circunstâncias em que assentou, quer o estabelecimento da renda, quer o seu montante ou duração, quer a dispensa ou imposição de garantias, a qualquer das partes é permitido exigir a correspondente modificação da sentença ou acordo.

ARTIGO 568º – Cessão dos direitos do lesado

Quando a indemnização resulte da perda de qualquer coisa ou direito, o responsável pode exigir, no acto do pagamento ou em momento posterior, que o lesado lhe ceda os seus direitos contra terceiros.

ARTIGO 569º – Indicação do montante dos danos

Quem exigir a indemnização não necessita de indicar a importância exacta em que avalia os danos, nem o facto de ter pedido determinado quantitativo o impede, no decurso da acção, de reclamar quantia mais elevada, se o processo vier a revelar danos superiores aos que foram inicialmente previstos.

ARTIGO 570º – Culpa do lesado

1 – Quando um facto culposo do lesado tiver concorrido para a produção ou agravamento dos danos, cabe ao tribunal determinar, com base na gravidade das culpas de ambas as partes e nas consequências que delas resultaram, se a indemnização deve ser totalmente concedida, reduzida ou mesmo excluída.

2 – Se a responsabilidade se basear numa simples presunção de culpa, a culpa do lesado, na falta de disposição em contrário, exclui o dever de indemnizar.

ARTIGO 571º – Culpa dos representantes legais e auxiliares

Ao facto culposo do lesado é equiparado o facto culposo dos seus representantes legais e das pessoas de quem ele se tenha utilizado.

ARTIGO 572º – Prova da culpa do lesado

Àquele que alega a culpa do lesado incumbe a prova da sua verificação; mas o tribunal conhecerá dela, ainda que não seja alegada.

SECÇÃO IX – Obrigação de informação e de apresentação de coisas ou documentos

ARTIGO 573º – Obrigação de informação

A obrigação de informação existe, sempre que o titular de um direito tenha dúvida fundada acerca da sua existência ou do seu conteúdo e outrem esteja em condições de prestar as informações necessárias.

ARTIGO 574º – Apresentação de coisas

1 – Ao que invoca um direito, pessoal ou real, ainda que condicional ou a prazo, relativo a certa coisa, móvel ou imóvel, é lícito exigir do possuidor ou detentor a

apresentação da coisa, desde que o exame seja necessário para apurar a existência ou o conteúdo do direito e o demandado não tenha motivos para fundadamente se opor à diligência.

2 – Quando aquele de quem se exige a apresentação da coisa a detiver em nome de outrem, deve avisar a pessoa em cujo nome a detém, logo que seja exigida a apresentação, a fim de ela, se quiser, usar os meios de defesa que no caso couberem.

ARTIGO 575º – Apresentação de documentos

As disposições do artigo anterior são, com as necessárias adaptações, extensivas aos documentos, desde que o requerente tenha um interesse jurídico atendível no exame deles.

ARTIGO 576º – Reprodução das coisas e dos documentos

Feita a apresentação, o requerente tem a faculdade de tirar cópias ou fotografias, ou usar de outros meios destinados a obter a reprodução da coisa ou documento, desde que a reprodução se mostre necessária e se lhe não oponha motivo grave alegado pelo requerido.

CAPÍTULO IV – Transmissão de créditos e de dívidas

SECÇÃO I – Cessão de créditos

ARTIGO 577º – Admissibilidade da cessão

1 – O credor pode ceder a terceiro uma parte ou a totalidade do crédito, independentemente do consentimento do devedor, contanto que a cessão não seja interdita por determinação da lei ou convenção das partes e o crédito não esteja, pela própria natureza da prestação, ligado à pessoa do credor.

2 – A convenção pela qual se proíba ou restrinja a possibilidade da cessão não é oponível ao cessionário, salvo se este a conhecia no momento da cessão.

ARTIGO 578º – Regime aplicável

1 – Os requisitos e efeitos da cessão entre as partes definem-se em função do tipo de negócio que lhe serve de base.

2 – Salvo o disposto em lei especial, a cessão de créditos hipotecários, quando não seja feita em testamento e a hipoteca recaia sobre bens imóveis, deve constar de escritura pública ou de documento particular autenticado.

(Redação dada pelo Decreto-Lei nº 116/2008, de 04-07)

ARTIGO 579º – Proibição da cessão de direitos litigiosos

1 – A cessão de créditos ou outros direitos litigiosos feita, directamente ou por interposta pessoa, a juízes ou magistrados do Ministério Público, funcionários de justiça ou mandatários judiciais é nula, se o processo decorrer na área em que exercem habitualmente a sua actividade ou profissão; é igualmente nula a cessão

desses créditos ou direitos feita a peritos ou outros auxiliares da justiça que tenham intervenção no respectivo processo.

2 – Entende-se que a cessão é efectuada por interposta pessoa, quando é feita ao cônjuge do inibido ou a pessoa de quem este seja herdeiro presumido, ou quando é feita a terceiro, de acordo com o inibido, para o cessionário transmitir a este a coisa ou direito cedido.

3 – Diz-se litigioso o direito que tiver sido contestado em juízo contencioso, ainda que arbitral, por qualquer interessado.

ARTIGO 580º – Sanções

1 – A cessão feita com quebra do disposto no artigo anterior, além de nula, sujeita o cessionário à obrigação de reparar os danos causados, nos termos gerais.

2 – A nulidade da cessão não pode ser invocada pelo cessionário.

ARTIGO 581º – Excepções

A proibição da cessão dos créditos ou direitos litigiosos não tem lugar nos casos seguintes:

a) Quando a cessão for feita ao titular de um direito de preferência ou de remição relativo ao direito cedido;

b) Quando a cessão se realizar para defesa de bens possuídos pelo cessionário;

c) Quando a cessão se fizer ao credor em cumprimento do que lhe é devido.

ARTIGO 582º – Transmissão de garantias e outros acessórios

1 – Na falta de convenção em contrário, a cessão do crédito importa a transmissão, para o cessionário, das garantias e outros acessórios do direito transmitido, que não sejam inseparáveis da pessoa do cedente.

2 – A coisa empenhada que estiver na posse do cedente será entregue ao cessionário, mas não a que estiver na posse de terceiro.

ARTIGO 583º – Efeitos em relação ao devedor

1 – A cessão produz efeitos em relação ao devedor desde que lhe seja notificada, ainda que extrajudicialmente, ou desde que ele a aceite.

2 – Se, porém, antes da notificação ou aceitação, o devedor pagar ao cedente ou celebrar com ele algum negócio jurídico relativo ao crédito, nem o pagamento nem o negócio é oponível ao cessionário, se este provar que o devedor tinha conhecimento da cessão.

ARTIGO 584º – Cessão a várias pessoas

Se o mesmo crédito for cedido a várias pessoas, prevalece a cessão que primeiro for notificada ao devedor ou que por este tiver sido aceita.

ARTIGO 585º – Meios de defesa oponíveis pelo devedor

O devedor pode opor ao cessionário, ainda que este os ignorasse, todos os meios de defesa que lhe seria lícito invocar contra o cedente, com ressalva dos que provenham de facto posterior ao conhecimento da cessão.

ARTIGO 586º – Documentos e outros meios probatórios

O cedente é obrigado a entregar ao cessionário os documentos e outros meios probatórios do crédito, que estejam na sua posse e em cuja conservação não tenha interesse legítimo.

ARTIGO 587º – Garantia da existência do crédito e da solvência do devedor

1 – O cedente garante ao cessionário a existência e a exigibilidade do crédito ao tempo da cessão, nos termos aplicáveis ao negócio, gratuito ou oneroso, em que a cessão se integra.

2 – O cedente só garante a solvência do devedor se a tanto expressamente se tiver obrigado.

ARTIGO 588º – Aplicação das regras da cessão a outras figuras

As regras da cessão de créditos são extensivas, na parte aplicável, à cessão de quaisquer outros direitos não exceptuados por lei, bem como à transferência legal ou judicial de créditos.

SECÇÃO II – Sub-rogação

ARTIGO 589º – Sub-rogação pelo credor

O credor que recebe a prestação de terceiro pode sub-rogá-lo nos seus direitos, desde que o faça expressamente até ao momento do cumprimento da obrigação.

ARTIGO 590º – Sub-rogação pelo devedor

1 – O terceiro que cumpre a obrigação pode ser igualmente sub-rogado pelo devedor até ao momento do cumprimento, sem necessidade do consentimento do credor.

2 – A vontade de sub-rogar deve ser expressamente manifestada.

ARTIGO 591º – Sub-rogação em consequência de empréstimo feito ao devedor

1 – O devedor que cumpre a obrigação com dinheiro ou outra coisa fungível emprestada por terceiro pode sub-rogar este nos direitos do credor.

2 – A sub-rogação não necessita do consentimento do credor, mas só se verifica quando haja declaração expressa, no documento do empréstimo, de que a coisa se destina ao cumprimento da obrigação e de que o mutuante fica sub-rogado nos direitos do credor.

ARTIGO 592º – Sub-rogação legal

1 – Fora dos casos previstos nos artigos anteriores ou noutras disposições da lei, o terceiro que cumpre a obrigação só fica sub-rogado nos direitos do credor quando tiver garantido o cumprimento, ou quando, por outra causa, estiver directamente interessado na satisfação do crédito.

2 – Ao cumprimento é equiparada a dação em cumprimento, a consignação em depósito, a compensação ou outra causa de satisfação do crédito compatível com a sub-rogação.

ARTIGO 593º – Efeitos da sub-rogação

1 – O sub-rogado adquire, na medida da satisfação dada ao direito do credor, os poderes que a este competiam.

2 – No caso de satisfação parcial, a sub-rogação não prejudica os direitos do credor ou do seu cessionário, quando outra coisa não for estipulada.

3 – Havendo vários sub-rogados, ainda que em momentos sucessivos, por satisfações parciais do crédito, nenhum deles tem preferência sobre os demais.

ARTIGO 594º – Disposições aplicáveis

É aplicável à sub-rogação, com as necessárias adaptações, o disposto nos artigos 582º a 584º

SECÇÃO III – Transmissão singular de dívidas

ARTIGO 595º – Assunção de dívida

1 – A transmissão a título singular de uma dívida pode verificar-se:

a) Por contrato entre o antigo e o novo devedor, ratificado pelo credor;

b) Por contrato entre o novo devedor e o credor, com ou sem consentimento do antigo devedor.

2 – Em qualquer dos casos a transmissão só exonera o antigo devedor havendo declaração expressa do credor; de contrário, o antigo devedor responde solidariamente com o novo obrigado.

ARTIGO 596º – Ratificação do credor

1 – Enquanto não for ratificado pelo credor, podem as partes distratar o contrato a que se refere a alínea *a*) do nº 1 do artigo anterior.

2 – Qualquer das partes tem o direito de fixar ao credor um prazo para a ratificação, findo o qual esta se considera recusada.

ARTIGO 597º – Invalidade da transmissão

Se o contrato de transmissão da dívida for declarado nulo ou anulado e o credor tiver exonerado o anterior obrigado, renasce a obrigação deste, mas consideram-se extintas as garantias prestadas por terceiro, excepto se este conhecia o vício na altura em que teve notícia da transmissão.

ARTIGO 598º – Meios de defesa

Na falta de convenção em contrário, o novo devedor não tem o direito de opor ao credor os meios de defesa baseados nas relações entre ele e o antigo devedor, mas pode opor-lhe os meios de defesa derivados das relações entre o antigo devedor e o credor, desde que o seu fundamento seja anterior à assunção da dívida e se não trate de meios de defesa pessoais do antigo devedor.

ARTIGO 599º – Transmissão de garantias e acessórios

1 – Com a dívida transmitem-se para o novo devedor, salvo convenção em contrário, as obrigações acessórias do antigo devedor que não sejam inseparáveis da pessoa deste.

2 – Mantêm-se nos mesmos termos as garantias do crédito, com excepção das que tiverem sido constituídas por terceiro ou pelo antigo devedor, que não haja consentido na transmissão da dívida.

ARTIGO 600º – Insolvência do novo devedor

O credor que tiver exonerado o antigo devedor fica impedido de exercer contra ele o seu direito de crédito ou qualquer direito de garantia, se o novo devedor se mostrar insolvente, a não ser que expressamente haja ressalvado a responsabilidade do primitivo obrigado.

CAPÍTULO V – Garantia geral das obrigações

SECÇÃO I – Disposições gerais

ARTIGO 601º – Princípio geral

Pelo cumprimento da obrigação respondem todos os bens do devedor susceptíveis de penhora, sem prejuízo dos regimes especialmente estabelecidos em consequência da separação de patrimónios.

ARTIGO 602º – Limitação da responsabilidade por convenção das partes

Salvo quando se trate de matéria subtraída à disponibilidade das partes, é possível, por convenção entre elas, limitar a responsabilidade do devedor a alguns dos seus bens, no caso de a obrigação não ser voluntariamente cumprida.

ARTIGO 603º – Limitação por determinação de terceiro

1 – Os bens deixados ou doados com a cláusula de exclusão da responsabilidade por dívidas do beneficiário respondem pelas obrigações posteriores à liberalidade, e também pelas anteriores se for registada a penhora antes do registo daquela cláusula.

2 – Se a liberalidade tiver por objecto bens não sujeitos a registo, a cláusula só é oponível aos credores cujo direito seja anterior à liberalidade.

ARTIGO 604º – Concurso de credores

1 – Não existindo causas legítimas de preferência, os credores têm o direito de ser pagos proporcionalmente pelo preço dos bens do devedor, quando ele não chegue para integral satisfação dos débitos.

2 – São causas legítimas de preferência, além de outras admitidas na lei, a consignação de rendimentos, o penhor, a hipoteca, o privilégio e o direito de retenção.

SECÇÃO II – Conservação da garantia patrimonial

SUBSECÇÃO I – Declaração de nulidade

ARTIGO 605º – Legitimidade dos credores

1 – Os credores têm legitimidade para invocar a nulidade dos actos praticados pelo devedor, quer estes sejam anteriores, quer posteriores à constituição do crédito, desde que tenham interesse na declaração da nulidade, não sendo necessário que o acto produza ou agrave a insolvência do devedor.

2 – A nulidade aproveita não só ao credor que a tenha invocado, como a todos os demais.

SUBSECÇÃO II – Sub-rogação do credor ao devedor

ARTIGO 606º – Direitos sujeitos à sub-rogação

1 – Sempre que o devedor o não faça, tem o credor a faculdade de exercer, contra terceiro, os direitos de conteúdo patrimonial que competem àquele, excepto se, por sua própria natureza ou disposição da lei, só puderem ser exercidos pelo respectivo titular.

2 – A sub-rogação, porém, só é permitida quando seja essencial à satisfação ou garantia do direito do credor.

ARTIGO 607º – Credores sob condição suspensiva ou a prazo

O credor sob condição suspensiva e o credor a prazo apenas são admitidos a exercer a sub-rogação quando mostrem ter interesse em não aguardar a verificação da condição ou o vencimento do crédito.

ARTIGO 608º – Citação do devedor

Sendo exercida judicialmente a sub-rogação, é necessária a citação do devedor.

ARTIGO 609º – Efeitos da sub-rogação

A sub-rogação exercida por um dos credores aproveita a todos os demais.

SUBSECÇÃO III – Impugnação pauliana

ARTIGO 610º – Requisitos gerais

Os actos que envolvam diminuição da garantia patrimonial do crédito e não sejam de natureza pessoal podem ser impugnados pelo credor, se concorrerem as circunstâncias seguintes:

a) Ser o crédito anterior ao acto ou, sendo posterior, ter sido o acto realizado dolosamente com o fim de impedir a satisfação do direito do futuro credor;

b) Resultar do acto a imposibilidade, para o credor, de obter a satisfação integral do seu crédito, ou agravamento dessa impossilidade.

ARTIGO 611º – Prova

Incumbe ao credor a prova do montante das dívidas, e ao devedor ou a terceiro interessado na manutenção do acto a prova de que o obrigado possui bens penhoráveis de igual ou maior valor.

ARTIGO 612º – Requisito da má fé

1 – O acto oneroso só está sujeito à impugnação pauliana se o devedor e o terceiro tiverem agido de má fé; se o acto for gratuito, a impugnação procede, ainda que um e outro agissem de boa fé.

2 – Entende-se por má fé a consciência do prejuízo que o acto causa ao credor.

ARTIGO 613º – Transmissões posteriores ou constituição posterior de direitos

1 – Para que a impugnação proceda contra as transmissões posteriores é necessário:

a) Que, relativamente à primeira transmissão, se verifiquem os requisitos da impugnabilidade referidos nos artigos anteriores;

b) Que haja má fé tanto do alienante como do posterior adquirente, no caso de a nova transmissão ser a título oneroso.

2 – O disposto no número anterior é aplicável, com as necessárias adaptações, à constituição de direitos sobre os bens transmitidos em benefício de terceiro.

ARTIGO 614º – Créditos não vencidos ou sob condição suspensiva

1 – Não obsta ao exercício da impugnação o facto de o direito do credor não ser ainda exigível.

2 – O credor sob condição suspensiva pode, durante a pendência da condição, verificados os requisitos da impugnabilidade, exigir a prestação de caução.

ARTIGO 615º – Actos impugnáveis

1 – Não obsta à impugnação a nulidade do acto realizado pelo devedor.

2 – O cumprimento de obrigação vencida não está sujeito a impugnação; mas é impugnável o cumprimento tanto da obrigação ainda não exigível como da obrigação natural.

ARTIGO 616º – Efeitos em relação ao credor

1 – Julgada procedente a impugnação, o credor tem direito à restituição dos bens na medida do seu interesse, podendo executá-los no património do obrigado à restituição e praticar os actos de conservação da garantia patrimonial autorizados por lei.

2 – O adquirente de má fé é responsável pelo valor dos bens que tenha alienado, bem como dos que tenham perecido ou se hajam deteriorado por caso fortuito, salvo se provar que a perda ou deterioração se teriam igualmente verificado no caso de os bens se encontrarem no poder do devedor.

3 – O adquirente de boa fé responde só na medida do seu enriquecimento.

4 – Os efeitos da impugnação aproveitam apenas ao credor que a tenha requerido.

ARTIGO 617º – Relações entre devedor e terceiro

1 – Julgada procedente a impugnação, se o acto impugnado for de natureza gratuita, o devedor só é responsável perante o adquirente nos termos do disposto em matéria de doações; sendo o acto oneroso, o adquirente tem somente o direito de exigir do devedor aquilo com este se enriqueceu.

2 – Os direitos que terceiro adquira contra o devedor não prejudicam a satisfação dos direitos do credor sobre os bens que são objecto da restituição.

ARTIGO 618º – Caducidade

O direito de impugnação caduca ao fim de cinco anos, contados da data do acto impugnável.

SUBSECÇÃO IV – Arresto

ARTIGO 619º – Requisitos

1 – O credor que tenha justo receio de perder a garantia patrimonial do seu crédito pode requerer o arresto de bens do devedor, nos termos da lei de processo.

2 – O credor tem o direito de requerer o arresto contra o adquirente dos bens do devedor, se tiver sido judicialmente impugnada a transmissão.

ARTIGO 620º – Caução

O requerente do arresto é obrigado a prestar caução, se esta lhe for exigida pelo tribunal.

ARTIGO 621º – Responsabilidade do credor

Se o arresto for julgado injustificado ou caducar, o requerente é responsável pelos danos causados ao arrestado, quando não tenha agido com a prudência normal.

ARTIGO 622º – Efeitos

1 – Os actos de disposição dos bens arrestados são ineficazes em relação ao requerente do arresto, de acordo com as regras próprias da penhora.

2 – Ao arresto são extensivos, na parte aplicável, os demais efeitos da penhora.

CAPÍTULO VI – Garantias especiais das obrigações

SECÇÃO I – Prestação de caução

ARTIGO 623º – Caução imposta ou autorizada por lei

1 – Se alguém for obrigado ou autorizado por lei a prestar caução, sem se designar a espécie que ela deve revestir, pode a garantia ser prestada por meio de depósito de dinheiro, títulos de crédito, pedras ou metais preciosos, ou por penhor, hipoteca ou fiança bancária.

2 – Se a caução não puder ser prestada por nenhum dos meios referidos, é lícita a prestação de outra espécie de fiança, desde que o fiador renuncie ao benefício da excussão.

3 – Cabe ao tribunal apreciar a idoneidade da caução, sempre que não haja acordo dos interessados.

ARTIGO 624º – Caução resultante de negócio jurídico ou determinação do tribunal

1 – Se alguém for obrigado ou autorizado por negócio jurídico a prestar caução, ou esta for imposta pelo tribunal, é permitido prestá-la por meio de qualquer garantia, real ou pessoal.

2 – É aplicável, nestes casos, o disposto no nº 3 do artigo anterior.

ARTIGO 625º – Falta de prestação de caução

1 – Se a pessoa obrigada à caução a não prestar, o credor tem o direito de requerer o registo de hipoteca sobre os bens do devedor, ou outra cautela idónea, salvo se for diferente a solução especialmente fixada na lei.

2 – A garantia limita-se aos bens suficientes para assegurar o direito do credor.

ARTIGO 626º – Insuficiência ou impropriedade da caução

Quando a caução prestada se torne insuficiente ou imprópria, por causa não imputável ao credor, tem este o direito de exigir que ela seja reforçada ou que seja prestada outra forma de caução.

SECÇÃO II – Fiança

SUBSECÇÃO I – Disposições gerais

ARTIGO 627º – Noção. Acessoriedade

1 – O fiador garante a satisfação do direito de crédito, ficando pessoalmente obrigado perante o credor.

2 – A obrigação do fiador é acessória da que recai sobre o principal devedor.

ARTIGO 628º – Requisitos

1 – A vontade de prestar fiança deve ser expressamente declarada pela forma exigida para a obrigação principal.

2 – A fiança pode ser prestada sem conhecimento do devedor ou contra a vontade dele, e à sua prestação não obsta o facto de a obrigação ser futura ou condicional.

ARTIGO 629º – Mandato de crédito

1 – Aquele que encarrega outrem de dar crédito a terceiro, em nome e por conta do encarregado, responde como fiador, se o encargo for aceito.

2 – O autor do encargo tem a faculdade de revogar o mandato enquanto o crédito não for concedido, assim como a todo o momento o pode denunciar, sem prejuízo da responsabilidade pelos danos que haja causado.

3 – É lícito ao encarregado recusar o cumprimento do encargo, sempre que a situação patrimonial dos outros contraentes ponha em risco o seu futuro direito.

ARTIGO 630º – Subfiança

Subfiador é aquele que afiança o fiador perante o credor.

ARTIGO 631º – Âmbito da fiança

1 – A fiança não pode exceder a dívida principal nem ser contraída em condições mais onerosas, mas pode ser contraída por quantidade menor ou em menos onerosas condições.

2 – Se exceder a dívida principal ou for contraída em condições mais onerosas, a fiança não é nula, mas apenas redutível aos precisos termos da dívida afiançada.

ARTIGO 632º – Invalidade da obrigação principal

1 – A fiança não é válida se o não for a obrigação principal.

2 – Sendo, porém, anulada a obrigação principal, por incapacidade ou por falta ou vício da vontade do devedor, nem por isso a fiança deixa de ser válida, se o fiador conhecia a causa da anulabilidade ao tempo em que a fiança foi prestada.

ARTIGO 633º – Idoneidade do fiador. Reforço da fiança

1 – Se algum devedor estiver obrigado a dar fiador, não é o credor forçado a aceitar quem não tiver capacidade para se obrigar ou não tiver bens suficientes para garantir a obrigação.

2 – Se o fiador nomeado mudar de fortuna, de modo que haja risco de insolvência, tem o credor a faculdade de exigir o reforço da fiança.

3 – Se o devedor não reforçar a fiança ou não oferecer outra garantia idónea dentro do prazo que lhe for fixado pelo tribunal, tem o credor o direito de exigir o imediato cumprimento da obrigação.

SUBSECÇÃO II – Relações entre o credor e o fiador

ARTIGO 634º – Obrigação do fiador

A fiança tem o conteúdo da obrigação principal e cobre as consequências legais e contratuais da mora ou culpa do devedor.

ARTIGO 635º – Caso julgado

1 – O caso julgado entre credor e devedor não é oponível ao fiador, mas a este é lícito invocá-lo em seu benefício, salvo se respeitar a circunstâncias pessoais do devedor que não excluam a responsabilidade do fiador.

2 – O caso julgado entre credor e fiador aproveita ao devedor, desde que respeite à obrigação principal, mas não o prejudica o caso julgado desfavorável.

ARTIGO 636º – Prescrição: interrupção, suspensão e renúncia

1 – A interrupção da prescrição relativamente ao devedor não produz efeito contra o fiador, nem a interrupção relativa a este tem eficácia contra aquele; mas, se o credor interromper a prescrição contra o devedor e der conhecimento do facto ao fiador, considera-se a prescrição interrompida contra este na data da comunicação.

2 – A suspensão da prescrição relativamente ao devedor não produz efeito em relação ao fiador, nem a suspensão relativa a este se repercute naquele.

3 – A renúncia à prescrição por parte de um dos obrigados também não produz efeito relativamente ao outro.

ARTIGO 637º – Meios de defesa do fiador

1 – Além dos meios de defesa que lhe são próprios, o fiador tem o direito de opor ao credor aqueles que competem ao devedor, salvo se forem incompatíveis com a obrigação do fiador.

2 – A renúncia do devedor a qualquer meio de defesa não produz efeito em relação ao fiador.

ARTIGO 638º – Benefício da excussão

1 – Ao fiador é lícito recusar o cumprimento enquanto o credor não tiver excutido todos os bens do devedor sem obter a satisfação do seu crédito.

2 – É lícita ainda a recusa, não obstante a excussão de todos os bens do devedor, se o fiador provar que o crédito não foi satisfeito por culpa do credor.

ARTIGO 639º – Benefício da excussão, havendo garantias reais

1 – Se, para segurança da mesma dívida, houver garantia real constituída por terceiro, contemporânea da fiança ou anterior a ela, tem o fiador o direito de exigir a execução prévia das coisas sobre que recai a garantia real.

2 – Quando as coisas oneradas garantam outros créditos do mesmo credor, o disposto no número anterior só é aplicável se o valor delas for suficiente para satisfazer a todos.

3 – O autor da garantia real, depois de executado, não fica sub-rogado nos direitos do credor contra o fiador.

ARTIGO 640º – Exclusão dos benefícios anteriores

O fiador não pode invocar os benefícios constantes dos artigos anteriores:

a) Se houver renunciado ao benefício da excussão e, em especial, se tiver assumido a obrigação de principal pagador;

b) Se o devedor ou o dono dos bens onerados com a garantia não puder, em virtude de facto posterior à constituição da fiança, ser demandado ou executado no território continental ou das ilhas adjacentes.

ARTIGO 641º – Chamamento do devedor à demanda

1 – O credor, ainda que o fiador goze do benefício da excussão, pode demandá-lo só ou juntamente com o devedor; se for demandado só, ainda que não goze do benefício

da excussão, o fiador tem a faculdade de chamar o devedor à demanda, para com ele se defender ou ser conjuntamente condenado.

2 – Salvo declaração expressa em contrário no processo, a falta de chamamento do devedor à demanda importa renúncia ao benefício da excussão.

ARTIGO 642º – Outros meios de defesa do fiador

1 – Ao fiador é lícito recusar o cumprimento enquanto o direito do credor puder ser satisfeito por compensação com um crédito do devedor ou este tiver a possibilidade de se valer da compensação com uma dívida do credor.

2 – Enquanto o devedor tiver o direito de impugnar o negócio donde provém a sua obrigação, pode igualmente o fiador recusar o cumprimento.

ARTIGO 643º – Subfiador

O subfiador goza do benefício da excussão, tanto em relação ao fiador como em relação ao devedor.

SUBSECÇÃO III – Relações entre o devedor e o fiador

ARTIGO 644º – Sub-rogação

O fiador que cumprir a obrigação fica sub-rogado nos direitos do credor, na medida em que estes foram por ele satisfeitos.

ARTIGO 645º – Aviso do cumprimento ao devedor

1 – O fiador que cumprir a obrigação deve avisar do cumprimento o devedor, sob pena de perder o seu direito contra este no caso de o devedor, por erro, efectuar de novo a prestação.

2 – O fiador que, nos termos do número anterior, perder o seu direito contra o devedor pode repetir do credor a prestação feita, como se fosse indevida.

ARTIGO 646º – Aviso do cumprimento ao fiador

O devedor que cumprir a obrigação deve avisar o fiador, sob pena de responder pelo prejuízo que causar se culposamente o não fizer.

ARTIGO 647º – Meios de defesa

O devedor que consentir no cumprimento pelo fiador ou que, avisado por este, lhe não der conhecimento, injustificadamente, dos meios de defesa que poderia opor ao credor fica impedido de opor esses meios contra o fiador.

ARTIGO 648º – Direito à liberação ou à prestação de caução

É permitido ao fiador exigir a sua liberação, ou a prestação de caução para garantia do seu direito eventual contra o devedor, nos casos seguintes:

a) Se o credor obtiver contra o fiador sentença exequível;

b) Se os riscos da fiança se agravarem sensivelmente;

c) Se, após a assunção da fiança, o devedor se houver colocado na situação prevista na alínea *b*) do artigo 640º;

d) Se o devedor se houver comprometido a desonerar o fiador dentro de certo prazo ou verificado certo evento e já tiver decorrido o prazo ou se tiver verificado o evento previsto;

e) Se houverem decorrido cinco anos, não tendo a obrigação principal um termo, ou se, tendo-o, houver prorrogação legal imposta a qualquer das partes.

SUBSECÇÃO IV – **Pluralidade de fiadores**

ARTIGO 649º – Responsabilidade para com o credor

1 – Se várias pessoas tiverem, isoladamente, afiançado o devedor pela mesma dívida, responde cada uma delas pela satisfação integral do crédito, excepto se foi convencionado o benefício da divisão; são aplicáveis, naquele caso, com as ressalvas necessárias, as regras das obrigações solidárias.

2 – Se os fiadores se houverem obrigado conjuntamente, ainda que em momentos diferentes, é lícito a qualquer deles invocar o benefício da divisão, respondendo, porém, cada um deles, proporcionalmente, pela quota do confiador que se encontre insolvente.

3 – É equiparado ao fiador insolvente aquele que não puder ser demandado, nos termos da alínea *b*) do artigo 640º

ARTIGO 650º – Relações entre fiadores e subfiadores

1 – Havendo vários fiadores, e respondendo cada um deles pela totalidade da prestação, o que tiver cumprido fica sub-rogado nos direitos do credor contra o devedor e, de harmonia com as regras das obrigações solidárias, contra os outros fiadores.

2 – Se o fiador, judicialmente demandado, cumprir integralmente a obrigação ou uma parte superior à sua quota, apesar de lhe ser lícito invocar o benefício da divisão, tem o direito de reclamar dos outros as quotas deles, no que haja pago a mais, ainda que o devedor não esteja insolvente.

3 – Se o fiador, podendo embora invocar o benefício da divisão, cumprir voluntariamente a obrigação nas condições previstas no número anterior, o seu regresso contra os outros fiadores só é admitido depois de excutidos todos os bens do devedor.

4 – Se algum dos fiadores tiver um subfiador, este não responde, perante os outros fiadores, pela quota do seu afiançado que se mostre insolvente, salvo se o contrário resultar do acto da subfiança.

SUBSECÇÃO V – **Extinção da fiança**

ARTIGO 651º – Extinção da obrigação principal

A extinção da obrigação principal determina a extinção da fiança.

ARTIGO 652º – Vencimento da obrigação principal

1 – Se a obrigação principal for a prazo, o fiador que gozar do benefício da excussão pode exigir, vencida a obrigação, que o credor proceda contra o devedor dentro de dois meses, a contar do vencimento, sob pena de a fiança caducar; este prazo não termina sem decorrer um mês sobre a notificação feita ao credor.

2 – Sob igual cominação pode o fiador que goze do benefício da excussão exigir a interpelação do devedor, quando dela depender o vencimento da obrigação e houver decorrido mais de um ano sobre a assunção da fiança.

ARTIGO 653º – Liberação por impossibilidade de sub-rogação

Os fiadores, ainda que solidários, ficam desonerados da obrigação que contraíram, na medida em que, por facto positivo ou negativo do credor, não puderem ficar sub-rogados nos direitos que a este competem.

ARTIGO 654º – Obrigação futura

Sendo a fiança prestada para garantia de obrigação futura, tem o fiador, enquanto a obrigação se não constituir, a possibilidade de liberar-se da garantia, se a situação patrimonial do devedor se agravar em termos de pôr em risco os seus direitos eventuais contra este, ou se tiverem decorrido cinco anos sobre a prestação da fiança, quando outro prazo não resulte da convenção.

ARTIGO 655º

(Revogado pela Lei nº 6/2006, de 27-02)

SECÇÃO III – Consignação de rendimentos

ARTIGO 656º – Noção

1 – O cumprimento da obrigação, ainda que condicional ou futura, pode ser garantido mediante a consignação dos rendimentos de certos bens imóveis, ou de certos bens móveis sujeitos a registo.

2 – A consignação de rendimentos pode garantir o cumprimento da obrigação e o pagamento dos juros, ou apenas o cumprimento da obrigação ou só o pagamento dos juros.

ARTIGO 657º – Legitimidade. Consignação constituída por terceiro

1 – Só tem legitimidade para constituir a consignação quem puder dispor dos rendimentos consignados.

2 – É aplicável à consignação constituída por terceiro o disposto no artigo 717º

ARTIGO 658º – Espécies

1 – A consignação é voluntária ou judicial.

2 – É voluntária a consignação constituída pelo devedor ou por terceiro, quer mediante negócio entre vivos, quer por meio de testamento, e judicial a que resulta de decisão do tribunal.

ARTIGO 659º – Prazo

1 – A consignação de rendimentos pode fazer-se por determinado número de anos ou até ao pagamento da dívida garantida.

2 – Quando inicida sobre os rendimentos de bens imóveis, a consignação nunca excederá o prazo de quinze anos.

ARTIGO 660º – Forma e registo

1 – Salvo o disposto em lei especial, o acto constitutivo da consignação voluntária deve constar de escritura pública, de documento particular autenticado ou de testamento, se respeitar a coisas imóveis, e de escrito particular, quando recaia sobre móveis.

2 – A consignação está sujeita a registo, salvo se tiver por objecto os rendimentos de títulos de crédito nominativos, devendo neste caso ser mencionada nos títulos e averbada, nos termos da respectiva legislação.

(Redação dada pelo Decreto-Lei nº 116/2008, de 04-07)

ARTIGO 661º – Modalidades

1 – Na consignação é possível estipular:

a) Que continuem em poder do concedente os bens cujos rendimentos são consignados;

b) Que os bens passem para o poder do credor, o qual fica, na parte aplicável, equiparado ao locatário, sem prejuízo da faculdade de por seu turno os locar;

c) Que os bens passem para o poder de terceiro, por título de locação ou por outro, ficando o credor com o direito de receber os respectivos frutos.

2 – Os frutos da coisa são imputados primeiro nos juros, e só depois no capital, se a consignação garantir tanto o capital como os juros.

ARTIGO 662º – Prestação de contas

1 – Continuando os bens no poder do concedente, tem o credor o direito de exigir dele a prestação anual de contas, se não houver de receber em cada período uma importância fixa.

2 – De igual direito goza o concedente, em relação ao credor, nos demais casos previstos no nº 1 do artigo anterior.

ARTIGO 663º – Obrigações do credor. Renúncia à garantia

1 – Se os bens cujos rendimentos são consignados passarem para o poder do credor, deve este administrá-los como um proprietário diligente e pagar as contribuições e demais encargos das coisas.

2 – O credor só pode liberar-se das obrigações referidas no número anterior renunciando à garantia.

3 – À renúncia é aplicável o disposto no artigo 731º

ARTIGO 664º – Extinção

A consignação extingue-se pelo decurso do prazo estipulado, e ainda pelas mesmas causas por que cessa o direito de hipoteca, com excepção da indicada na alínea *b*) do artigo 730º

ARTIGO 665º – Remissão

São aplicáveis à consignação, com as necessárias adaptações, os artigos 692º, 694º a 696º, 701º e 702º

SECÇÃO IV – Penhor

SUBSECÇÃO I – Disposições gerais

ARTIGO 666º – Noção

1 – O penhor confere ao credor o direito à satisfação do seu crédito, bem como dos juros, se os houver, com preferência sobre os demais credores, pelo valor de certa coisa móvel, ou pelo valor de créditos ou outros direitos não susceptíveis de hipoteca, pertencentes ao devedor ou a terceiro.

2 – É havido como penhor o depósito a que se refere o nº 1 do artigo 623º

3 – A obrigação garantida pelo penhor pode ser futura ou condicional.

ARTIGO 667º – Legitimidade para empenhar. Penhor constituído por terceiro

1 – Só tem legitimidade para dar bens em penhor quem os puder alienar.

2 – É aplicável ao penhor constituído por terceiro o disposto no artigo 717º

ARTIGO 668º – Regimes especiais

As disposições desta secção não prejudicam os regimes especiais estabelecidos por lei para certas modalidades de penhor.

SUBSECÇÃO II – Penhor de coisas

ARTIGO 669º – Constituição do penhor

1 – O penhor só produz os seus efeitos pela entrega da coisa empenhada, ou de documento que confira a exclusiva disponibilidade dela, ao credor ou a terceiro.

2 – A entrega pode consistir na simples atribuição da composse ao credor, se essa atribuição privar o autor do penhor da possibilidade de dispor materialmente da coisa.

ARTIGO 670º – Direitos do credor pignoratício

Mediante o penhor, o credor pignoratício adquire o direito:

a) De usar, em relação à coisa empenhada, das acções destinadas à defesa da posse, ainda que seja contra o próprio dono;

b) De ser indemnizado das benfeitorias necessárias e úteis e de levantar estas últimas, nos termos do artigo 1273º;

c) De exigir a substituição ou o reforço do penhor ou o cumprimento imediato da obrigação, se a coisa empenhada perecer ou se tornar insuficiente para segurança da dívida, nos termos fixados para a garantia hipotecária.

ARTIGO 671º – Deveres do credor pignoratício

O credor pignoratício é obrigado:

a) A guardar e administrar como um proprietário diligente a coisa empenhada, respondendo pela sua existência e conservação;

b) A não usar dela sem consentimento do autor do penhor, excepto se o uso for indispensável à conservação da coisa;

c) A restituir a coisa, extinta a obrigação a que serve de garantia.

ARTIGO 672º – Frutos da coisa empenhada

1 – Os frutos da coisa empenhada serão encontrados nas despesas feitas com ela e nos juros vencidos, devendo o excesso, na falta de convenção em contrário, ser abatido no capital que for devido.

2 – Havendo lugar à restituição de frutos, não se consideram estes, salvo convenção em contrário, abrangidos pelo penhor.

ARTIGO 673º – Uso da coisa empenhada

Se o credor usar da coisa empenhada contra o disposto na alínea *b*) do artigo 671º, ou proceder de forma a que a coisa corra o risco de perder-se ou deteriorar-se, tem o autor do penhor o direito de exigir que ele preste caução idónea ou que a coisa seja depositada em poder de terceiro.

ARTIGO 674º – Venda antecipada

1 – Sempre que haja receio fundado de que a coisa empenhada se perca ou deteriore, tem o credor, bem como o autor do penhor, a faculdade de proceder à venda antecipada da coisa, mediante prévia autorização judicial.

2 – Sobre o produto da venda fica o credor com os direitos que lhe cabiam em relação à coisa vendida, podendo o tribunal, no entanto, ordenar que o preço seja depositado.

3 – O autor do penhor tem a faculdade de impedir a venda antecipada da coisa, oferecendo outra garantia real idónea.

ARTIGO 675º – Execução do penhor

1 – Vencida a obrigação, adquire o credor o direito de se pagar pelo produto da venda executiva da coisa empenhada, podendo a venda ser feita extraprocessualmente, se as partes assim o tiverem convencionado.

2 – É lícito aos interessados convencionar que a coisa empenhada seja adjudicada ao credor pelo valor que o tribunal fixar.

(Redação dada pelo Decreto-Lei nº 38/2003, de 08-03)

ARTIGO 676º – Cessão da garantia

1 – O direito de penhor pode ser transmitido independentemente da cessão do crédito, sendo aplicável neste caso, com as necessárias adaptações, o disposto sobre a transmissão da hipoteca.

2 – À entrega da coisa empenhada ao cessionário é aplicável o disposto no nº 2 do artigo 582º

ARTIGO 677º – Extinção do penhor

O penhor extingue-se pela restituição da coisa empenhada, ou do documento a que se refere o nº 1 do artigo 669º, e ainda pelas mesmas causas por que cessa o direito da hipoteca, com excepção da indicada na alínea *b*) do artigo 730º

ARTIGO 678º – Remissão

São aplicáveis ao penhor, com as necessárias adaptações, os artigos 692º, 694º a 699º, 701º e 702º

SUBSECÇÃO III – Penhor de direitos

ARTIGO 679º – Disposições aplicáveis

São extensivas ao penhor de direitos, com as necessárias adaptações, as disposições da subsecção anterior, em tudo o que não seja contrariado pela natureza especial desse penhor ou pelo preceituado nos artigos subsequentes.

ARTIGO 680º – Objecto

Só é admitido o penhor de direitos quando estes tenham por objecto coisas móveis e sejam susceptíveis de transmissão.

ARTIGO 681º – Forma e publicidade

1 – A constituição do penhor de direitos está sujeita à forma e publicidade exigidas para a transmissão dos direitos empenhados.

2 – Se, porém, tiver por objecto um crédito, o penhor só produz os seus efeitos desde que seja notificado ao respectivo devedor, ou desde que este o aceite, salvo tratando-se de penhor sujeito a registo, pois neste caso produz os seus efeitos a partir do registo.

3 – A ineficácia do penhor por falta de notificação ou registo não impede a aplicação, com as necessárias correcções, do disposto no nº 2 do artigo 583º

ARTIGO 682º – Entrega de documentos

O titular do direito empenhado deve entregar ao credor pignoratício os documentos comprovativos desse direito que estiverem na sua posse e em cuja conservação não tenha interesse legítimo.

ARTIGO 683º – Conservação do direito empenhado

O credor pignoratício é obrigado a praticar os actos indispensáveis à conservação do direito empenhado e a cobrar os juros e mais prestações acessórias compreendidas na garantia.

ARTIGO 684º – Relações entre o obrigado e o credor pignoratício

Dado em penhor um direito por virtude do qual se possa exigir uma prestação, as relações entre o obrigado e o credor pignoratício estão sujeitas às disposições aplicáveis, na cessão de créditos, às relações entre o devedor e o cessionário.

ARTIGO 685º – Cobrança de créditos empenhados

1 – O credor pignoratício deve cobrar o crédito empenhado logo que este se torne exigível, passando o penhor a incidir sobre a coisa prestada em satisfação desse crédito.

2 – Se, porém, o crédito tiver por objecto a prestação de dinheiro ou de outra coisa fungível, o devedor não pode fazê-la senão aos dois credores conjuntamente; na falta de acordo entre os interessados, tem o obrigado a faculdade de usar da consignação em depósito.

3 – Se o mesmo crédito for objecto de vários penhores, só o credor cujo direito prefira aos demais tem legitimidade para cobrar o crédito empenhado; mas os outros têm a faculdade de compelir o devedor a satisfazer a prestação ao credor preferente.

4 – O titular do crédito empenhado só pode receber a respectiva prestação com o consentimento do credor pignoratício, extinguindo-se neste caso o penhor.

SECÇÃO V – Hipoteca

SUBSECÇÃO I – Disposições gerais

ARTIGO 686º – Noção

1 – A hipoteca confere ao credor o direito de ser pago pelo valor de certas coisas imóveis, ou equiparadas, pertencentes ao devedor ou a terceiro com preferência sobre os demais credores que não gozem de privilégio especial ou de prioridade de registo.

2 – A obrigação garantida pela hipoteca pode ser futura ou condicional.

ARTIGO 687º – Registo

A hipoteca deve ser registada, sob pena de não produzir efeitos, mesmo em relação às partes.

ARTIGO 688º – Objecto

1 – Só podem ser hipotecados:

a) Os prédios rústicos e urbanos;

b) O domínio directo e o domínio útil dos bens enfitêuticos;

c) O direito de superfície;

d) O direito resultante de concessões em bens do domínio público, observadas as disposições legais relativas à transmissão dos direitos concedidos;

e) O usufruto das coisas e direitos constantes das alíneas anteriores;

f) As coisas móveis que, para este efeito, sejam por lei equiparadas às imóveis.

2 – As partes de um prédio susceptíveis de propriedade autónoma sem perda da sua natureza imobiliária podem ser hipotecadas separadamente.

ARTIGO 689º – Bens comuns

1 – É também susceptível de hipoteca a quota de coisa ou direito comum.

2 – A divisão da coisa ou direito comum, feita com o consentimento do credor, limita a hipoteca à parte que for atribuída ao devedor.

ARTIGO 690º – Bens excluídos

Não pode ser hipotecada a meação dos bens comuns do casal, nem tão-pouco a quota de herança indivisa.

ARTIGO 691º – Extensão

1 – A hipoteca abrange:

a) As coisas imóveis referidas nas alíneas *c*) a *e*) do nº 1 do artigo 204º;

b) As acessões naturais;

c) As benfeitorias, salvo o direito de terceiros.

2 – Na hipoteca de fábricas, consideram-se abrangidos pela garantia os maquinismos e demais móveis inventariados no título constitutivo, mesmo que não sejam parte integrante dos respectivos imóveis.

3 – Os donos e possuidores de maquinismos, móveis e utensílios destinados à exploração de fábricas, abrangidos no registo de hipoteca dos respectivos imóveis, não os podem alienar ou retirar sem consentimento escrito do credor e incorrem na responsabilidade própria dos fiéis depositários.

(Redação dada pelo Decreto-Lei nº 225/84, de 06-07)

ARTIGO 692º – Indemnizações devidas

1 – Se a coisa ou direito hipotecado se perder, deteriorar ou diminuir de valor, e o dono tiver direito a ser indemnizado, os titulares da garantia conservam, sobre o crédito respectivo ou as quantias pagas a título de indemnização, as preferências que lhes competiam em relação à coisa onerada.

2 – Depois de notificado da existência da hipoteca, o devedor da indemnização não se libera pelo cumprimento da sua obrigação com prejuízo dos direitos conferidos no número anterior.

3 – O disposto nos números precedentes é aplicável às indemnizações devidas por expropriação ou requisição, bem como por extinção do direito de superfície, ao preço da remição do foro e aos casos análogos.

ARTIGO 693º – Acessórios do crédito

1 – A hipoteca assegura os acessórios do crédito que constem do registo.

2 – Tratando-se de juros, a hipoteca nunca abrange, não obstante convenção em contrário, mais do que os relativos a três anos.

3 – O disposto no número anterior não impede o registo de nova hipoteca em relação a juros em dívida.

ARTIGO 694º – Pacto comissório

É nula, mesmo que seja anterior ou posterior à constituição da hipoteca, a convenção pela qual o credor fará sua a coisa onerada no caso de o devedor não cumprir.

ARTIGO 695º – Cláusula de inalienabilidade dos bens hipotecados

É igualmente nula a convenção que proíba o respectivo dono de alienar ou onerar os bens hipotecados, embora seja lícito convencionar que o crédito hipotecário se vencerá logo que esses bens sejam alienados ou onerados.

ARTIGO 696º – Indivisibilidade

Salvo convenção em contrário, a hipoteca é indivisível, subsistindo por inteiro sobre cada uma das coisas oneradas e sobre cada uma das partes que as constituam, ainda que a coisa ou o crédito seja dividido ou este se encontre parcialmente satisfeito.

ARTIGO 697º – Penhora dos bens

O devedor que for dono da coisa hipotecada tem o direito de se opor não só a que outros bens sejam penhorados na execução enquanto se não reconhecer a insuficiência da garantia, mas ainda a que, relativamente aos bens onerados, a execução se estenda além do necessário à satisfação do direito do credor.

ARTIGO 698º – Defesa do dono da coisa ou do titular do direito

1 – Sempre que o dono da coisa ou o titular do direito hipotecado seja pessoa diferente do devedor, é-lhe lícito opor ao credor, ainda que o devedor a eles tenha renunciado, os meios de defesa que o devedor tiver contra o crédito, com exclusão das excepções que são recusadas ao fiador.

2 – O dono ou o titular a que o número anterior se refere tem a faculdade de se opor à execução enquanto o devedor puder impugnar o negócio donde provém a sua obrigação, ou o credor puder ser satisfeito por compensação com um crédito do devedor, ou este tiver a possibilidade de se valer da compensação com uma dívida do credor.

ARTIGO 699º – Hipoteca e usufruto

1 – Extinguindo-se o usufruto constituído sobre a coisa hipotecada, o direito do credor hipotecário passa a exercer-se sobre a coisa, como se o usufruto nunca tivesse sido constituído.

2 – Se a hipoteca tiver por objecto o direito de usufruto, considera-se extinta com a extinção deste direito.

3 – Porém, se a extinção do usufruto resultar de renúncia, ou da transferência dos direitos do usufrutuário para o proprietário, ou da aquisição da propriedade por parte daquele, a hipoteca subsiste, como se a extinção do direito se não tivesse verificado.

ARTIGO 700º – Administração da coisa hipotecada

O corte de árvores ou arbustos, a colheita de frutos naturais e a alienação de partes integrantes ou coisas acessórias abrangidas pela hipoteca só são eficazes em relação ao credor hipotecário se forem anteriores ao registo da penhora e couberem nos poderes de administração ordinária.

ARTIGO 701º – Substituição ou reforço da hipoteca

1 – Quando, por causa não imputável ao credor, a coisa hipotecada perecer ou a hipoteca se tornar insuficiente para segurança da obrigação, tem o credor o direito de exigir que o devedor a substitua ou reforce; e, não o fazendo este nos termos declarados na lei de processo, pode aquele exigir o imediato cumprimento da obrigação ou, tratando-se de obrigação futura, registar hipoteca sobre outros bens do devedor.

2 – Não obsta ao direito do credor o facto de a hipoteca ter sido constituída por terceiro, salvo se o devedor for estranho à sua constituição; porém, mesmo neste caso, se a diminuição da garantia for devida a culpa do terceiro, o credor tem o direito de exigir deste a substituição ou o reforço, ficando o mesmo sujeito à cominação do número anterior em lugar do devedor.

ARTIGO 702º – Seguro

1 – Quando o devedor se comprometa a segurar a coisa hipotecada e não a segure no prazo devido ou deixe rescindir o contrato por falta de pagamento dos respectivos prémios, tem o credor a faculdade de segurá-la à custa do devedor; mas, se o fizer por um valor excessivo, pode o devedor exigir a redução do contrato aos limites convenientes.

2 – Nos casos previstos no número anterior, pode o credor reclamar, em lugar do seguro, o imediato cumprimento da obrigação.

ARTIGO 703º – Espécies de hipoteca

As hipotecas são legais, judiciais ou voluntárias.

SUBSECÇÃO II – Hipotecas legais

ARTIGO 704º – Noção

As hipotecas legais resultam imediatamente da lei, sem dependência da vontade das partes, e podem constituir-se desde que exista a obrigação a que servem de segurança.

ARTIGO 705º – Credores com hipoteca legal

Os credores que têm hipoteca legal são:

a) O Estado e as autarquias locais, sobre os bens cujos rendimentos estão sujeitos à *contribuição predial*, para garantia do pagamento desta contribuição;

b) O Estado e as demais pessoas colectivas públicas, sobre os bens dos encarregados da gestão de fundos públicos, para garantia do cumprimento das obrigações por que se tornem responsáveis;

c) O menor e o maior acompanhado, sobre os bens do tutor, acompanhante e administrador legal, para assegurar a responsabilidade que nestas qualidades vierem a assumir;

d) O credor por alimentos;

e) O co-herdeiro, sobre os bens adjudicados ao devedor de tornas, para garantir o pagamento destas;

f) O legatário de dinheiro ou outra coisa fungível, sobre os bens sujeitos ao encargo do legado ou, na sua falta, sobre os bens que os herdeiros responsáveis houverem do testador.

(Redação dada pela Lei nº 49/2018, de 14-08)

ARTIGO 706º – Registo da hipoteca a favor de menor ou de maior acompanhado

1 – A determinação do valor da hipoteca estabelecida a favor do menor ou do maior acompanhado, para efeito do registo, e a designação dos bens sobre que há de ser registada cabem ao conselho de família ou, na sua falta, ao tutor ou ao acompanhante.

2 – Têm legitimidade para requerer o registo o tutor, o administrador legal, os vogais do conselho de família, o acompanhante e qualquer dos parentes do menor.

(Redação dada pela Lei nº 49/2018, de 14-08)

ARTIGO 707º – Substituição por outra caução

1 – O tribunal pode autorizar, a requerimento do devedor, a substituição da hipoteca legal por outra caução.

2 – Não tendo o devedor bens susceptíveis de hipoteca, suficientes para garantir o crédito, pode o credor exigir outra caução, nos termos do artigo 625º, salvo nos casos das hipotecas destinadas a garantir o pagamento das tornas ou do legado de dinheiro ou outra coisa fungível.

ARTIGO 708º – Bens sujeitos à hipoteca legal

Sem prejuízo do direito de redução, as hipotecas legais podem ser registadas em relação a quaisquer bens do devedor, quando não forem especificados por lei ou no título respectivo os bens sujeitos à garantia.

ARTIGO 709º – Reforço

O credor só goza do direito de reforçar as hipotecas previstas nas alíneas *e)* e *f)* do artigo 705º se a garantia puder continuar a incidir sobre os bens aí especificados.

SUBSECÇÃO III – Hipotecas judiciais

ARTIGO 710º – Constituição

1 – A sentença que condenar o devedor à realização de uma prestação em dinheiro ou outra coisa fungível é título bastante para o registo de hipoteca sobre quaisquer bens do obrigado, mesmo que não haja transitado em julgado.

2 – Se a prestação for ilíquida, pode a hipoteca ser registada pelo quantitativo provável do crédito.

3 – Se o devedor for condenado a entregar uma coisa ou a prestar um facto, só pode ser registada a hipoteca havendo conversão da prestação numa indemnização pecuniária.

ARTIGO 711º – Sentenças estrangeiras

As sentenças dos tribunais estrangeiros, revistas e confirmadas em Portugal, podem titular o registo da hipoteca judicial, na medida em que a lei do país onde foram proferidas lhes reconheça igual valor.

SUBSECÇÃO IV – Hipotecas voluntárias

ARTIGO 712º – Noção

Hipoteca voluntária é a que nasce de contrato ou declaração unilateral.

ARTIGO 713º – Segunda hipoteca

A hipoteca não impede o dono dos bens de os hipotecar de novo; neste caso, extinta uma das hipotecas, ficam os bens a garantir, na sua totalidade, as restantes dívidas hipotecárias.

ARTIGO 714º – Forma

Sem prejuízo do disposto em lei especial, o acto de constituição ou modificação da hipoteca voluntária, quando recaia sobre bens imóveis, deve constar de escritura pública, de testamento ou de documento particular autenticado.

(Redação dada pelo Decreto-Lei nº 116/2008, de 04-07)

ARTIGO 715º – Legitimidade para hipotecar

Só tem legitimidade para hipotecar quem puder alienar os respectivos bens.

ARTIGO 716º – Hipotecas gerais

1 – São nulas as hipotecas voluntárias que incidam sobre todos os bens do devedor ou de terceiro sem os especificar.

2 – A especificação deve constar do título constitutivo da hipoteca.

ARTIGO 717º – Hipoteca constituída por terceiro

1 – A hipoteca constituída por terceiro extingue-se na medida em que, por facto positivo ou negativo do credor, não possa dar-se a sub-rogação daquele nos direitos deste.

2 – O caso julgado proferido em relação ao devedor produz efeitos relativamente a terceiro que haja constituído a hipoteca, nos termos em que os produz em relação ao fiador.

SUBSECÇÃO V – Redução da hipoteca

ARTIGO 718º – Modalidades

A hipoteca pode ser reduzida voluntária ou judicialmente.

ARTIGO 719º – Redução voluntária

A redução voluntária só pode ser consentida por quem puder dispor da hipoteca, sendo aplicável à redução o regime estabelecido para a renúncia à garantia.

ARTIGO 720º – Redução judicial

1 – A redução judicial tem lugar, nas hipotecas legais e judiciais, a requerimento de qualquer interessado, quer no que concerne aos bens, quer no que respeita à quantia

designada como montante do crédito, excepto se, por convenção ou sentença, a coisa onerada ou a quantia assegurada tiver sido especialmente indicada.

2 – No caso previsto na parte final do número anterior, ou no de hipoteca voluntária, a redução judicial só é admitida:

a) Se, em consequência do cumprimento parcial ou outra causa de extinção, a dívida se encontrar reduzida a menos de dois terços do seu montante inicial;

b) Se, por virtude de acessões naturais ou benfeitorias, a coisa ou o direito hipotecado se tiver valorizado em mais de um terço do seu valor à data da constituição da hipoteca.

3 – A redução é realizável, quanto aos bens, ainda que a hipoteca tenha por objecto uma só coisa ou direito, desde que a coisa ou direito seja susceptível de cómoda divisão.

SUBSECÇÃO VI – **Transmissão dos bens hipotecados**

ARTIGO 721º – Expurgação da hipoteca

Aquele que adquiriu bens hipotecados, registou o título de aquisição e não é pessoalmente responsável pelo cumprimento das obrigações garantidas tem o direito de expurgar a hipoteca por qualquer dos modos seguintes:

a) Pagando integralmente aos credores hipotecários as dívidas a que os bens estão hipotecados;

b) Declarando que está pronto a entregar aos credores, para pagamento dos seus créditos, até à quantia pela qual obteve os bens, ou aquela em que os estima, quando a aquisição tenha sido feita por título gratuito ou não tenha havido fixação de preço.

ARTIGO 722º – Expurgação no caso de revogação de doação

O direito de expurgação é extensivo ao doador ou aos seus herdeiros, relativamente aos bens hipotecados pelo donatário que venham ao poder daqueles em consequência da revogação da liberalidade por ingratidão do donatário, ou da sua redução por inoficiosidade.

(Redação dada pelo Decreto-Lei nº 496/77, de 25-11)

ARTIGO 723º – Direitos dos credores quanto à expurgação

1 – A sentença que declarar os bens livres de hipotecas em consequência de expurgação não será proferida sem se mostrar que foram citados todos os credores hipotecários.

2 – O credor que, tendo a hipoteca registada, não for citado nem comparecer espontaneamente em juízo não perde os seus direitos de credor hipotecário, seja qual for a sentença proferida em relação aos outros credores.

3 – Se o requerente da expurgação não depositar a importância devida, nos termos da lei de processo, fica o requerimento sem efeito e não pode ser renovado, sem prejuízo da responsabilidade do requerente pelos danos causados aos credores.

ARTIGO 724º – Direitos reais que renascem pela venda judicial

1 – Se o adquirente da coisa hipotecada tinha, anteriormente à aquisição, algum direito real sobre ela, esse direito renasce no caso de venda em processo de execução ou de expurgação da hipoteca e é atendido em harmonia com as regras legais relativas a essa venda.

2 – Renascem do mesmo modo e são incluídas na venda as servidões que, à data do registo da hipoteca, oneravam algum prédio do terceiro adquirente em benefício do prédio hipotecado.

ARTIGO 725º – Exercício antecipado do direito hipotecário contra o adquirente

O credor hipotecário pode, antes do vencimento do prazo, exercer o seu direito contra o adquirente da coisa ou direito hipotecado se, por culpa deste, diminuir a segurança do crédito.

ARTIGO 726º – Benfeitorias e frutos

Para os efeitos dos artigos 1269º, 1270º e 1275º, o terceiro adquirente é havido como possuidor de boa fé, na execução, até ao registo da penhora, e, na expurgação da hipoteca, até à venda judicial da coisa ou direito.

SUBSECÇÃO VII – Transmissão da hipoteca

ARTIGO 727º – Cessão da hipoteca

1 – A hipoteca que não for inseparável da pessoa do devedor pode ser cedida sem o crédito assegurado, para garantia de crédito pertencente a outro credor do mesmo devedor, com observância das regras próprias da cessão de créditos; se, porém, a coisa ou direito hipotecado pertencer a terceiro, é necessário o consentimento deste.

2 – O credor com hipoteca sobre mais de uma coisa ou direito só pode cedê-la à mesma pessoa e na sua totalidade.

ARTIGO 728º – Valor da hipoteca cedida

1 – A hipoteca cedida garante o novo crédito nos limites do crédito originariamente garantido.

2 – Registada a cessão, a extinção do crédito originário não afecta a subsistência da hipoteca.

ARTIGO 729º – Cessão do grau hipotecário

É também permitida a cessão do grau hipotecário a favor de qualquer outro credor hipotecário posteriormente inscrito sobre os mesmos bens, observadas igualmente as regras respeitantes à cessão do respectivo crédito.

SUBSECÇÃO VIII – Extinção da hipoteca

ARTIGO 730º – Causas de extinção

A hipoteca extingue-se:

a) Pela extinção da obrigação a que serve de garantia;

b) Por prescrição, a favor de terceiro adquirente do prédio hipotecado, decorridos vinte anos sobre o registo da aquisição e cinco sobre o vencimento da obrigação;

c) Pelo perecimento da coisa hipotecada, sem prejuízo do disposto nos artigos 692º e 701º;

d) Pela renúncia do credor.

ARTIGO 731º – Renúncia à hipoteca

1 – A renúncia à hipoteca deve ser expressa e escrita em documento que contenha a assinatura do renunciante reconhecida presencialmente, salvo se esta for feita na presença de funcionário da conservatória competente para o registo, não carecendo de aceitação do devedor ou do autor da hipoteca para produzir os seus efeitos.

2 – Os administradores de patrimónios alheios não podem renunciar às hipotecas constituídas em benefício das pessoas cujos patrimónios administram.

(Redação dada pelo Decreto-Lei nº 263-A/2007, de 23-07)

ARTIGO 732º – Renascimento da hipoteca

Se a causa extintiva da obrigação ou a renúncia do credor à garantia for declarada nula ou anulada, ou ficar por outro motivo sem efeito, a hipoteca, se a inscrição tiver sido cancelada, renasce apenas desde a data da nova inscrição.

SECÇÃO VI – Privilégios creditórios

SUBSECÇÃO I – Disposições gerais

ARTIGO 733º – Noção

Privilégio creditório é a faculdade que a lei, em atenção à causa do crédito, concede a certos credores, independentemente do registo, de serem pagos com preferência a outros.

ARTIGO 734º – Acessórios do crédito

O privilégio creditório abrange os juros relativos aos últimos dois anos, se forem devidos.

ARTIGO 735º – Espécies

1 – São de duas espécies os privilégios creditórios: mobiliários e imobiliários.

2 – Os privilégios mobiliários são gerais, se abrangem o valor de todos os bens móveis existentes no património do devedor à data da penhora ou de acto equivalente; são especiais, quando compreendem só o valor de determinados bens móveis.

3 – Os privilégios imobiliários estabelecidos neste Código são sempre especiais. *(Redação dada pelo Decreto-Lei nº 38/2003, de 08-03)*

SUBSECÇÃO II – **Privilégios mobiliários gerais**

ARTIGO 736º – Créditos do Estado e das autarquias locais

1 – O Estado e as autarquias locais têm privilégio mobiliário geral para garantia dos créditos por impostos indirectos, e também pelos impostos directos inscritos para cobrança no ano corrente na data da penhora, ou acto equivalente, e nos dois anos anteriores.

2 – Este privilégio não compreende a sisa ou o imposto sobre as sucessões e doações, nem quaisquer outros impostos que gozem de privilégio especial.

ARTIGO 737º – Outros créditos que gozam de privilégio mobiliário geral

1 – Gozam de privilégio geral sobre os móveis:

a) O crédito por despesas do funeral do devedor, conforme a sua condição e costume da terra;

b) O crédito por despesas com doenças do devedor ou de pessoas a quem este deva prestar alimentos, relativo aos últimos seis meses;

c) O crédito por despesas indispensáveis para o sustento do devedor e das pessoas a quem este tenha a obrigação de prestar alimentos, relativo aos últimos seis meses;

d) Os créditos emergentes do contrato de trabalho, ou da violação ou cessação deste contrato, pertencentes ao trabalhador e relativos aos últimos seis meses.

2 – O prazo de seis meses referido nas alíneas *b)*, *c)* e *d)* do número anterior conta-se a partir da morte do devedor ou do pedido de pagamento.

SUBSECÇÃO III – **Privilégios mobiliários especiais**

ARTIGO 738º – Despesas de justiça e imposto sobre sucessões e doações

1 – Os créditos por despesas de justiça feitas directamente no interesse comum dos credores, para a conservação, execução ou liquidação de bens móveis, têm privilégio sobre estes bens.

2 – Têm igualmente privilégio sobre os bens móveis transmitidos os créditos do Estado resultantes do imposto sobre as sucessões e doações.

ARTIGO 739º – Privilégio sobre os frutos de prédios rústicos

Gozam de privilégios sobre os frutos dos prédios rústicos respectivos:

a) Os créditos pelos fornecimentos de sementes, plantas e adubos, e de água ou energia para irrigação ou outros fins agrícolas;

b) Os créditos por dívidas de foros relativos ao ano corrente na data da penhora, ou acto equivalente, e ao ano anterior.

ARTIGO 740º – Privilégios sobre as rendas dos prédios urbanos

Os créditos por dívidas de foros relativos ao ano corrente na data da penhora, ou acto equivalente, e ao ano anterior, gozam de privilégio sobre as rendas dos prédios urbanos respectivos.

ARTIGO 741º – Crédito de indemnização

O crédito da vítima de um facto que implique responsabilidade civil tem privilégio sobre a indemnização devida pelo segurador da responsabilidade em que o lesante haja incorrido.

ARTIGO 742º – Crédito do autor de obra intelectual

O crédito do autor de obra intelectual, fundado em contrato de edição, tem privilégio sobre os exemplares da obra existentes em poder do editor.

SUBSECÇÃO IV – Privilégios imobiliários

ARTIGO 743º – Despesas de justiça

Os créditos por despesas de justiça feitas directamente no interesse comum dos credores, para a conservação, execução ou liquidação dos bens imóveis, têm privilégio sobre estes bens.

ARTIGO 744º – Contribuição predial e impostos de transmissão

1 – Os créditos por contribuição predial devida ao Estado ou às autarquias locais, inscritos para cobrança no ano corrente na data da penhora, ou acto equivalente, e nos dois anos anteriores, têm privilégio sobre os bens cujos rendimentos estão sujeitos àquela contribuição.

2 – Os créditos do Estado pela sisa e pelo imposto sobre as sucessões e doações têm privilégio sobre os bens transmitidos.

SUBSECÇÃO V – Efeitos e extinção dos privilégios

ARTIGO 745º – Concurso de créditos privilegiados

1 – Os créditos privilegiados são pagos pela ordem segundo a qual vão indicados nas disposições seguintes.

2 – Havendo créditos igualmente privilegiados, dar-se-á rateio entre eles, na proporção dos respectivos montantes.

ARTIGO 746º – Privilégios por despesas de justiça

Os privilégios por despesas de justiça, quer sejam mobiliários, quer imobiliários, têm preferência não só sobre os demais privilégios, como sobre as outras garantias, mesmo anteriores, que onerem os mesmos bens, e valem contra os terceiros adquirentes.

ARTIGO 747º – Ordem dos outros privilégios mobiliários

1 – Os créditos com privilégio mobiliário graduam-se pela ordem seguinte:

a) Os créditos por impostos, pagando-se em primeiro lugar o Estado e só depois as autarquias locais;

b) Os créditos por fornecimentos destinados à produção agrícola;

c) Os créditos por dívidas de foros;

d) Os créditos da vítima de um facto que dê lugar a responsabilidade civil;

e) Os créditos do autor de obra intelectual;

f) Os créditos com privilégio mobiliário geral, pela ordem segundo a qual são enumerados no artigo 737º

2 – O disposto no presente artigo é aplicável, ainda que os privilégios existam contra proprietários sucessivos da coisa.

ARTIGO 748º – Ordem dos outros privilégios imobiliários

1 – Os créditos com privilégio imobiliário graduam-se pela ordem seguinte:

a) Os créditos do Estado, pela contribuição predial, pela sisa e pelo imposto sobre as sucessões e doações;

b) Os créditos das autarquias locais, pela contribuição predial.

ARTIGO 749º – Privilégio geral e direitos de terceiro

1 – O privilégio geral não vale contra terceiros, titulares de direitos que, recaindo sobre as coisas abrangidas pelo privilégio, sejam oponíveis ao exe-quente.

2 – As leis de processo estabelecem os limites ao objecto e à oponibilidade do privilégio geral ao exequente e à massa falida, bem como os casos em que ele não é invocável ou se extingue na execução ou perante a declaração da falência.

(Redação dada pelo Decreto-Lei nº 38/2003, de 08-03)

ARTIGO 750º – Privilégio mobiliário especial e direitos de terceiro

Salvo disposição em contrário, no caso de conflito entre o privilégio mobiliário especial e um direito de terceiro, prevalece o que mais cedo se houver adquirido.

ARTIGO 751º – Privilégio imobiliário especial e direitos de terceiro

Os privilégios imobiliários especiais são oponíveis a terceiros que adquiram o prédio ou um direito real sobre ele e preferem à consignação de rendimentos, à hipoteca ou ao direito de retenção, ainda que estas garantias sejam anteriores.

(Redação dada pelo Decreto-Lei nº 38/2003, de 08-03)

ARTIGO 752º – Extinção

Os privilégios extinguem-se pelas mesmas causas por que se extingue o direito de hipoteca.

ARTIGO 753º – Remissão

São aplicáveis aos privilégios, com as necessárias adaptações, os artigos 692º e 694º a 699º

SECÇÃO VII – Direito de retenção

ARTIGO 754º – Quando existe

O devedor que disponha de um crédito contra o seu credor goza do direito de retenção se, estando obrigado a entregar certa coisa, o seu crédito resultar de despesas feitas por causa dela ou de danos por ela causados.

ARTIGO 755º – Casos especiais

1 – Gozam ainda do direito de retenção:

a) O transportador, sobre as coisas transportadas, pelo crédito resultante do transporte;

b) O albergueiro, sobre as coisas que as pessoas albergadas hajam trazido para a pousada ou acessórios dela, pelo crédito da hospedagem;

c) O mandatário, sobre as coisas que lhe tiveram sido entregues para execução do mandato, pelo crédito resultante da sua actividade;

d) O gestor de negócios, sobre as coisas que tenha em seu poder para execução da gestão, pelo crédito proveniente desta;

e) O depositário e o comodatário, sobre as coisas que lhe tiverem sido entregues em consequência dos respectivos contratos, pelos créditos deles resultantes;

f) O beneficiário da promessa de transmissão ou constituição de direito real que obteve a tradição da coisa a que se refere o contrato prometido, sobre essa coisa, pelo crédito resultante do não cumprimento imputável à outra parte, nos termos do artigo 442º

2 – Quando haja transportes sucessivos, mas todos os transportadores se tenham obrigado em comum, entende-se que o último detém as coisas em nome próprio e em nome dos outros.

(Redação dada pelo Decreto-Lei nº 379/86, de 11-11)

ARTIGO 756º – Exclusão do direito de retenção

Não há direito de retenção:

a) A favor dos que tenham obtido por meios ilícitos a coisa que devem entregar, desde que, no momento da aquisição, conhecessem a ilicitude desta;

b) A favor dos que tenham realizado de má fé as despesas de que proveio o seu crédito;

c) Relativamente a coisas impenhoráveis;

d) Quando a outra parte preste caução suficiente.

ARTIGO 757º – Inexigibilidade e iliquidez do crédito

1 – O devedor goza do direito de retenção, mesmo antes do vencimento do seu crédito, desde que entretanto se verifique alguma das circunstâncias que importam a perda do benefício do prazo.

2 – O direito de retenção não depende da liquidez do crédito do respectivo titular.

ARTIGO 758º – Retenção de coisas móveis

Recaindo o direito de retenção sobre coisa móvel, o respectivo titular goza dos direitos e está sujeito às obrigações do credor pignoratício, salvo pelo que respeita à substituição ou reforço da garantia.

ARTIGO 759º – Retenção de coisas imóveis

1 – Recaindo o direito de retenção sobre coisa imóvel, o respectivo titular, enquanto não entregar a coisa retida, tem a faculdade de a executar, nos mesmos termos em que o pode fazer o credor hipotecário, e de ser pago com preferência aos demais credores do devedor.

2 – O direito de retenção prevelece neste caso sobre a hipoteca, ainda que esta tenha sido registada anteriormente.

3 – Até à entrega da coisa são aplicáveis, quanto aos direitos e obrigações do titular da retenção, as regras do penhor, com as necessárias adaptações.

ARTIGO 760º – Transmissão

O direito de retenção não é transmissível sem que seja transmitido o crédito que ele garante.

ARTIGO 761º – Extinção

O direito de retenção extingue-se pelas mesmas causas por que cessa o direito de hipoteca, e ainda pela entrega da coisa.

CAPÍTULO VII – Cumprimento e não cumprimento das obrigações

SECÇÃO I – Cumprimento

SUBSECÇÃO I – Disposições gerais

ARTIGO 762º – Princípio geral

1 – O devedor cumpre a obrigação quando realiza a prestação a que está vinculado.

2 – No cumprimento da obrigação, assim como no exercício do direito correspondente, devem as partes proceder de boa fé.

ARTIGO 763º – Realização integral da prestação

1 – A prestação deve ser realizada integralmente e não por partes, excepto se outro for o regime convencionado ou imposto por lei ou pelos usos.

2 – O credor tem, porém, a faculdade de exigir uma parte da prestação; a exigência dessa parte não priva o devedor da possibilidade de oferecer a prestação por inteiro.

ARTIGO 764º – Capacidade do devedor e do credor

1 – O devedor tem de ser capaz, se a prestação constituir um acto de disposição; mas o credor que haja recebido do devedor incapaz pode opor-se ao pedido de anulação se o devedor não tiver tido prejuízo com o cumprimento.

2 – O credor deve, pelo seu lado, ter capacidade para receber a prestação; mas, se esta chegar ao poder do representante legal do incapaz ou o património deste tiver enriquecido, pode o devedor opor-se ao pedido de anulação da prestação realizada e de novo cumprimento da obrigação, na medida do que tiver sido recebido pelo representante ou do enriquecimento do incapaz.

ARTIGO 765º – Entrega da coisa de que o devedor não pode dispor

1 – O credor que de boa fé receber a prestação de coisa que o devedor não pode alhear tem o direito de impugnar o cumprimento, sem prejuízo da faculdade de se ressarcir dos danos que haja sofrido.

2 – O devedor que, de boa ou má fé, prestar coisa de que lhe não é lícito dispor não pode impugnar o cumprimento, a não ser que ofereça uma nova prestação.

ARTIGO 766º – Declaração de nulidade ou anulação do cumprimento e garantias prestadas por terceiro

Se o cumprimento for declarado nulo ou anulado por causa imputável ao credor, não renascem as garantias prestadas por terceiro, salvo se este conhecia o vício na data em que teve notícia do cumprimento da obrigação.

SUBSECÇÃO II – Quem pode fazer e a quem pode ser feita a prestação

ARTIGO 767º – Quem pode fazer a prestação

1 – A prestação pode ser feita tanto pelo devedor como por terceiro, interessado ou não no cumprimento da obrigação.

2 – O credor não pode, todavia, ser constrangido a receber de terceiro a prestação, quando se tenha acordado expressamente em que esta deve ser feita pelo devedor, ou quando a substituição o prejudique.

ARTIGO 768º – Recusa da prestação pelo credor

1 – Quando a prestação puder ser efectuada por terceiro, o credor que a recuse incorre em mora perante o devedor.

2 – É, porém, lícito ao credor recusá-la, desde que o devedor se oponha ao cumprimento e o terceiro não possa ficar sub-rogado nos termos do artigo 592º; a oposição do devedor não obsta a que o credor aceite validamente a prestação.

ARTIGO 769º – A quem deve ser feita a prestação

A prestação deve ser feita ao credor ou ao seu representante.

ARTIGO 770º – Prestação feita a terceiro

A prestação feita a terceiro não extingue a obrigação, excepto:

a) Se assim foi estipulado ou consentido pelo credor;

b) Se o credor a ratificar;

c) Se quem a recebeu houver adquirido posteriormente o crédito;

d) Se o credor vier a aproveitar-se do cumprimento e não tiver interesse fundado em não a considerar como feita a si próprio;

e) Se o credor for herdeiro de quem a recebeu e responder pelas obrigações do autor da sucessão;

f) Nos demais casos em que a lei o determinar.

ARTIGO 771º – Oposição à indicação feita pelo credor

O devedor não é obrigado a satisfazer a prestação ao representante voluntário do credor nem à pessoa por este autorizada a recebê-la, se não houver convenção nesse sentido.

SUBSECÇÃO III – Lugar da prestação

ARTIGO 772º – Princípio geral

1 – Na falta de estipulação ou disposição especial da lei, a prestação deve ser efectuada no lugar do domicílio do devedor.

2 – Se o devedor mudar de domicílio depois de constituída a obrigação, a prestação será efectuada no novo domicílio, excepto se a mudança acarretar prejuízo para o credor, pois, nesse caso, deve ser efectuada no lugar do domicílio primitivo.

ARTIGO 773º – Entrega de coisa móvel

1 – Se a prestação tiver por objecto coisa móvel determinada, a obrigação deve ser cumprida no lugar onde a coisa se encontrava ao tempo da conclusão do negócio.

2 – A disposição do número anterior é ainda aplicável, quando se trate de coisa genérica que deve ser escolhida de um conjunto determinado ou de coisa que deva ser produzida em certo lugar.

ARTIGO 774º – Obrigações pecuniárias

Se a obrigação tiver por objecto certa quantia em dinheiro, deve a prestação ser efectuada no lugar do domicílio que o credor tiver ao tempo do cumprimento.

ARTIGO 775º – Mudança do domicílio do credor

Se tiver sido estipulado, ou resultar da lei, que o cumprimento deve efectuar-se no domicílio do credor, e este mudar de domicílio após a constituição da obrigação, pode a prestação ser efectuada no domicílio do devedor, salvo se aquele se comprometer a indemnizar este do prejuízo que sofrer com a mudança.

ARTIGO 776º – Impossibilidade da prestação no lugar fixado

Quando a prestação for ou se tornar impossível no lugar fixado para o cumprimento e não houver fundamento para considerar a obrigação nula ou extinta, são aplicáveis as regras supletivas dos artigos 772º a 774º

SUBSECÇÃO IV – Prazo da prestação

ARTIGO 777º – Determinação do prazo

1 – Na falta de estipulação ou disposição especial da lei, o credor tem o direito de exigir a todo o tempo o cumprimento da obrigação, assim como o devedor pode a todo o tempo exonerar-se dela.

2 – Se, porém, se tornar necessário o estabelecimento de um prazo, quer pela própria natureza da prestação, quer por virtude das circunstâncias que a determinaram, quer por força dos usos, e as partes não acordarem na sua determinação, a fixação dele é deferida ao tribunal.

3 – Se a determinação do prazo for deixada ao credor e este não usar da faculdade que lhe foi concedida, compete ao tribunal fixar o prazo, a requerimento do devedor.

ARTIGO 778º – Prazo dependente da possibilidade ou do arbítrio do devedor

1 – Se tiver sido estipulado que o devedor cumprirá quando puder, a prestação só é exigível tendo este a possibilidade de cumprir; falecendo o devedor, é a prestação exigível dos seus herdeiros, independentemente da prova dessa possibilidade, mas sem prejuízo do disposto no artigo 2071º

2 – Quando o prazo for deixado ao arbítrio do devedor, só dos seus herdeiros tem o credor o direito de exigir que satisfaçam a prestação.

ARTIGO 779º – Beneficiário do prazo

O prazo tem-se por estabelecido a favor do devedor, quando se não mostre que o foi a favor do credor, ou do devedor e do credor conjuntamente.

ARTIGO 780º – Perda do benefício do prazo

1 – Estabelecido o prazo a favor do devedor, pode o credor, não obstante, exigir o cumprimento imediato da obrigação, se o devedor se tornar insolvente, ainda que a insolvência não tenha sido judicialmente declarada, ou se, por causa imputável ao devedor, diminuirem as garantias do crédito ou não forem prestadas as garantias prometidas.

2 – O credor tem o direito de exigir do devedor, em lugar do cumprimento imediato da obrigação, a substituição ou reforço das garantias, se estas sofreram diminuição.

ARTIGO 781º – Dívida liquidável em prestações

Se a obrigação puder ser liquidada em duas ou mais prestações, a falta de realização de uma delas importa o vencimento de todas.

ARTIGO 782º – Perda do benefício do prazo em relação aos co-obrigados e terceiros

A perda do benefício do prazo não se estende aos co-obrigados do devedor, nem a terceiro que a favor do crédito tenha constituído qualquer garantia.

SUBSECÇÃO V – Imputação do cumprimento

ARTIGO 783º – Designação pelo devedor

1 – Se o devedor, por diversas dívidas da mesma espécie ao mesmo credor, efectuar uma prestação que não chegue para as extinguir a todas, fica à sua escolha designar as dívidas a que o cumprimento se refere.

2 – O devedor, porém, não pode designar contra a vontade do credor uma dívida que ainda não esteja vencida, se o prazo tiver sido estabelecido em benefício do credor; e também não lhe é lícito designar contra a vontade do credor uma dívida de montante superior ao da prestação efectuada, desde que o credor tenha o direito de recusar a prestação parcial.

ARTIGO 784º – Regras supletivas

1 – Se o devedor não fizer a designação, deve o cumprimento imputar-se na dívida vencida; entre várias dívidas vencidas, na que oferece menor garantia para o credor; entre várias dívidas igualmente garantidas, na mais onerosa para o devedor; entre várias dívidas igualmente onerosas, na que primeiro se tenha vencido; se várias se tiverem vencido simultaneamente, na mais antiga em data.

2 – Não sendo possível aplicar as regras fixadas no número precedente, a prestação presumir-se-á feita por conta de todas as dívidas, rateadamente, mesmo com prejuízo, neste caso, do disposto no artigo 763º

ARTIGO 785º – Dívidas de juros, despesas e indemnização

1 – Quando, além do capital, o devedor estiver obrigado a pagar despesas ou juros, ou a indemnizar o credor em consequência da mora, a prestação que não chegue para cobrir tudo o que é devido presume-se feita por conta, sucessivamente, das despesas, da indemnização, dos juros e do capital.

2 – A imputação no capital só pode fazer-se em último lugar, salvo se o credor concordar em que se faça antes.

SUBSECÇÃO VI – Prova do cumprimento

ARTIGO 786º – Presunções de cumprimento

1 – Se o credor der quitação do capital sem reserva dos juros ou de outras prestações acessórias, presume-se que estão pagos os juros ou prestações.

2 – Sendo devidos juros ou outras prestações periódicas e dando o credor quitação, sem reserva, de uma dessas prestações, presumem-se realizadas as prestações anteriores.

3 – A entrega voluntária, feita pelo credor ao devedor, do título original do crédito faz presumir a liberação do devedor e dos seus condevedores, solidários ou conjuntos, bem como do fiador e do devedor principal, se o título é entregue a algum destes.

ARTIGO 787º - Direito à quitação

1 - Quem cumpre a obrigação tem o direito de exigir quitação daquele a quem a prestação é feita, devendo a quitação constar de documento autêntico ou autenticado ou ser provida de reconhecimento notarial, se aquele que cumpriu tiver nisso interesse legítimo.

2 - O autor do cumprimento pode recusar a prestação enquanto a quitação não for dada, assim como pode exigir a quitação depois do cumprimento.

SUBSECÇÃO VII - **Direito à restituição do título ou à menção do cumprimento**

ARTIGO 788º - Restituição do título. Menção do cumprimento

1 - Extinta a dívida, tem o devedor o direito de exigir a restituição do título da obrigação; se o cumprimento for parcial, ou o título conferir outros direitos ao credor, ou este tiver, por outro motivo, interesse legítimo na conservação dele, pode o devedor exigir que o credor mencione no título o cumprimento efectuado.

2 - Goza dos mesmos direitos o terceiro que cumprir a obrigação, se ficar sub-rogado nos direitos do credor.

3 - É aplicável à restituição do título e à menção do cumprimento o disposto no nº 2 do artigo anterior.

ARTIGO 789º - Impossibilidade de restituição ou de menção

Se o credor invocar a impossibilidade, por qualquer causa, de restituir o título ou de nele mencionar o cumprimento, pode o devedor exigir quitação passada em documento autêntico ou autenticado ou com reconhecimento notarial, correndo o encargo por conta do credor.

SECÇÃO II - **Não cumprimento**

SUBSECÇÃO I - **Impossibilidade do cumprimento e mora não imputáveis ao devedor**

ARTIGO 790º - Impossibilidade objectiva

1 - A obrigação extingue-se quando a prestação se torna impossível por causa não imputável ao devedor.

2 - Quando o negócio do qual a obrigação procede houver sido feito sob condição ou a termo, e a prestação for possível na data da conclusão do negócio, mas se tornar impossível antes da verificação da condição ou do vencimento do termo, é a imposibilidade considerada superveniente e não afecta a validade do negócio.

ARTIGO 791º - Impossibilidade subjectiva

A impossibilidade relativa à pessoa do devedor importa igualmente a extinção da obrigação, se o devedor, no cumprimento desta, não puder fazer-se substituir por terceiro.

ARTIGO 792º – Impossibilidade temporária

1 – Se a impossibilidade for temporária, o devedor não responde pela mora no cumprimento.

2 – A impossibilidade só se considera temporária enquanto, atenta a finalidade da obrigação, se mantiver o interesse do credor.

ARTIGO 793º – Impossibilidade parcial

1 – Se a prestação se tornar parcialmente impossível, o devedor exonera-se mediante a prestação do que for possível, devendo, neste caso, ser proporcionalmente reduzida a contraprestação a que a outra parte estiver vinculada.

2 – Porém, o credor que não tiver, justificadamente, interesse no cumprimento parcial da obrigação pode resolver o negócio.

ARTIGO 794º – "Commodum" de representação

Se, por virtude do facto que tornou impossível a prestação, o devedor adquirir algum direito sobre certa coisa, ou contra terceiro, em substituição do objecto da prestação, pode o credor exigir a prestação dessa coisa, ou substituir-se ao devedor na titularidade do direito que este tiver adquirido contra terceiro.

ARTIGO 795º – Contratos bilaterais

1 – Quando no contrato bilateral uma das prestações se torne impossível, fica o credor desobrigado da contraprestação e tem o direito, se já a tiver realizado, de exigir a sua restituição nos termos prescritos para o enriquecimento sem causa.

2 – Se a prestação se tornar impossível por causa imputável ao credor, não fica este desobrigado da contraprestação; mas, se o devedor tiver algum benefício com a exoneração, será o valor do benefício descontado na contraprestação.

ARTIGO 796º – Risco

1 – Nos contratos que importem a transferência do domínio sobre certa coisa ou que constituam ou transfiram um direito real sobre ela, o perecimento ou deterioração da coisa por causa não imputável ao alienante corre por conta do adquirente.

2 – Se, porém, a coisa tiver continuado em poder do alienante em consequência de termo constituído a seu favor, o risco só se transfere com o vencimento do termo ou a entrega da coisa, sem prejuízo do disposto no artigo 807º

3 – Quando o contrato estiver dependente de condição resolutiva, o risco do perecimento durante a pendência da condição corre por conta do adquirente, se a coisa lhe tiver sido entregue; quando for suspensiva a condição, o risco corre por conta do alienante durante a pendência da condição.

ARTIGO 797º – Promessa de envio

Quando se trate de coisa que, por força da convenção, o alienante deva enviar para local diferente do lugar do cumprimento, a transferência do risco opera-se com a entrega ao transportador ou expedidor da coisa ou à pessoa indicada para a execução do envio.

SUBSECÇÃO II – Falta de cumprimento e mora imputáveis ao devedor

Divisão I – Princípios gerais

ARTIGO 798º – Responsabilidade do devedor

O devedor que falta culposamente ao cumprimento da obrigação torna-se responsável pelo prejuízo que causa ao credor.

ARTIGO 799º – Presunção de culpa e apreciação desta

1 – Incumbe ao devedor provar que a falta de cumprimento ou o cumprimento defeituoso da obrigação não procede de culpa sua.

2 – A culpa é apreciada nos termos aplicáveis à responsabilidade civil.

ARTIGO 800º – Actos dos representantes legais ou auxiliares

1 – O devedor é responsável perante o credor pelos actos dos seus representantes legais ou das pessoas que utilize para o cumprimento da obrigação, como se tais actos fossem praticados pelo próprio devedor.

2 – A responsabilidade pode ser convencionalmente excluída ou limitada, mediante acordo prévio dos interessados, desde que a exclusão ou limitação não compreenda actos que representem a violação de deveres impostos por normas de ordem pública.

DIVISÃO II – Impossibilidade do cumprimento

ARTIGO 801º – Impossibilidade culposa

1 – Tornando-se impossível a prestação por causa imputável ao devedor, é este responsável como se faltasse culposamente ao cumprimento da obrigação.

2 – Tendo a obrigação por fonte um contrato bilateral, o credor, independentemente do direito à indemnização, pode resolver o contrato e, se já tiver realizado a sua prestação, exigir a restituição dela por inteiro.

ARTIGO 802º – Impossibilidade parcial

1 – Se a prestação se tornar parcialmente impossível, o credor tem a faculdade de resolver o negócio ou de exigir o cumprimento do que for possível, reduzindo neste caso a sua contraprestação, se for devida; em qualquer dos casos o credor mantém o direito à indemnização.

2 – O credor não pode, todavia, resolver o negócio, se o não cumprimento parcial, atendendo ao seu interesse, tiver escassa importância.

ARTIGO 803º – "Commodum" de representação

1 – É extensivo ao caso de impossibilidade imputável ao devedor o que dispõe o artigo 794º

2 – Se o credor fizer valer o direito conferido no número antecedente, o montante da indemnização a que tenha direito será reduzido na medida correspondente.

DIVISÃO III – Mora do devedor

ARTIGO 804º – Princípios gerais

1 – A simples mora constitui o devedor na obrigação de reparar os danos causados ao credor.

2 – O devedor considera-se constituído em mora quando, por causa que lhe seja imputável, a prestação, ainda possível, não foi efectuada no tempo devido.

ARTIGO 805º – Momento da constituição em mora

1 – O devedor só fica constituído em mora depois de ter sido judicial ou extrajudicialmente interpelado para cumprir.

2 – Há, porém, mora do devedor, independentemente de interpelação:

a) Se a obrigação tiver prazo certo;

b) Se a obrigação provier de facto ilícito;

c) Se o próprio devedor impedir a interpelação, considerando-se interpelado, neste caso, na data em que normalmente o teria sido.

3 – Se o crédito for ilíquido, não há mora enquanto se não tornar líquido, salvo se a falta de liquidez for imputável ao devedor; tratando-se, porém, de responsabilidade por facto ilícito ou pelo risco, o devedor constitui-se em mora desde a citação, a menos que já haja então mora, nos termos da primeira parte deste número.

(Redação dada pelo Decreto-Lei nº 262/83, de 16-06)

ARTIGO 806º – Obrigações pecuniárias

1 – Na obrigação pecuniária a indemnização corresponde aos juros a contar do dia da constituição em mora.

2 – Os juros devidos são os juros legais, salvo se antes da mora for devido um juro mais elevado ou as partes houverem estipulado um juro moratório diferente do legal.

3 – Pode, no entanto, o credor provar que a mora lhe causou dano superior aos juros referidos no número anterior e exigir a indemnização suplementar correspondente, quando se trate de responsabilidade por facto ilícito ou pelo risco.

(Redação dada pelo Decreto-Lei nº 262/83, de 16-06)

ARTIGO 807º – Risco

1 – Pelo facto de estar em mora, o devedor torna-se responsável pelo prejuízo que o credor tiver em consequência da perda ou deterioração daquilo que deveria entregar, mesmo que estes factos lhe não sejam imputáveis.

2 – Fica, porém, salva ao devedor a possibilidade de provar que o credor teria sofrido igualmente os danos se a obrigação tivesse sido cumprida em tempo.

ARTIGO 808º – Perda do interesse do credor ou recusa do cumprimento

1 – Se o credor, em consequência da mora, perder o interesse que tinha na prestação, ou esta não for realizada dentro do prazo que razoavelmente for fixado pelo credor, considera-se para todos os efeitos não cumprida a obrigação.

2 – A perda do interesse na prestação é apreciada objectivamente.

DIVISÃO IV – Fixação contratual dos direitos do credor

ARTIGO 809º – Renúncia do credor aos seus direitos

É nula a cláusula pela qual o credor renuncia antecipadamente a qualquer dos direitos que lhe são facultados nas divisões anteriores nos casos de não cumprimento ou mora do devedor, salvo o disposto no nº 2 do artigo 800º

ARTIGO 810º – Cláusula penal

1 – As partes podem, porém, fixar por acordo o montante da indemnização exigível: é o que se chama cláusula penal.

2 – A cláusula penal está sujeita às formalidades exigidas para a obrigação principal, e é nula se for nula esta obrigação.

ARTIGO 811º – Funcionamento da cláusula penal

1 – O credor não pode exigir cumulativamente, com base no contrato, o cumprimento coercivo da obrigação principal e o pagamento da cláusula penal, salvo se esta tiver sido estabelecida para o atraso da prestação; é nula qualquer estipulação em contrário.

2 – O estabelecimento da cláusula penal obsta a que o credor exija indemnização pelo dano excedente, salvo se outra for a convenção das partes.

3 – O credor não pode em caso algum exigir uma indemnização que exceda o valor do prejuízo resultante do incumprimento da obrigação principal.

(Redação dada pelo Decreto-Lei nº 262/83, de 16-06)

ARTIGO 812º – Redução equitativa da cláusula penal

1 – A cláusula penal pode ser reduzida pelo tribunal, de acordo com a equidade, quando for manifestamente excessiva, ainda que por causa superveniente; é nula qualquer estipulação em contrário.

2 – É admitida a redução nas mesmas circunstâncias, se a obrigação tiver sido parcialmente cumprida.

(Redação dada pelo Decreto-Lei nº 262/83, de 16-06)

SUBSECÇÃO III – Mora do credor

ARTIGO 813º – Requisitos

O credor incorre em mora quando, sem motivo justificado, não aceita a prestação que lhe é oferecida nos termos legais ou não pratica os actos necessários ao cumprimento da obrigação.

ARTIGO 814º – Responsabilidade do devedor

1 – A partir da mora, o devedor apenas responde, quanto ao objecto da prestação, pelo seu dolo; relativamente aos proventos da coisa, só responde pelos que hajam sido percebidos.

2 – Durante a mora, a dívida deixa de vencer juros, quer legais, quer convencionados.

ARTIGO 815º – Risco

1 – A mora faz recair sobre o credor o risco da impossibilidade superveniente da prestação, que resulte de facto não imputável a dolo do devedor.

2 – Sendo o contrato bilateral, o credor que, estando em mora, perca total ou parcialmente o seu crédito por impossibilidade superveniente da prestação não fica exonerado da contraprestação; mas, se o devedor tiver algum benefício com a extinção da sua obrigação, deve o valor do benefício ser descontado na contraprestação.

ARTIGO 816º – Indemnização

O credor em mora indemnizará o devedor das maiores despesas que este seja obrigado a fazer com o oferecimento infrutífero da prestação e a guarda e conservação do respectivo objecto.

SECÇÃO III – Realização coactiva da prestação

SUBSECÇÃO I – Acção de cumprimento e execução

ARTIGO 817º – Princípio geral

Não sendo a obrigação voluntariamente cumprida, tem o credor o direito de exigir judicialmente o seu cumprimento e de executar o património do devedor, nos termos declarados neste código e nas leis de processo.

ARTIGO 818º – Execução de bens de terceiro

O direito de execução pode incidir sobre bens de terceiro, quando estejam vinculados à garantia do crédito, ou quando sejam objecto de acto praticado em prejuízo do credor, que este haja procedentemente impugnado.

ARTIGO 819º – Disposição, oneração ou arrendamento dos bens penhorados

Sem prejuízo das regras do registo, são inoponíveis à execução os actos de disposição, oneração ou arrendamento dos bens penhorados.

(Redação dada pelo Decreto-Lei nº 38/2003, de 08-03)

ARTIGO 820º – Penhora de créditos

Sendo penhorado algum crédito do devedor, a extinção dele por causa dependente da vontade do executado ou do seu devedor, verificada depois da penhora, é igualmente inoponível à execução.

ARTIGO 821º – Liberação ou cessão de rendas ou alugueres não vencidos

A liberação ou cessão, antes da penhora, de rendas e alugueres não vencidos é inoponível ao exequente, na medida em que tais rendas ou alugueres respeitem a períodos de tempo não decorridos à data da penhora.

ARTIGO 822º – Preferência resultante da penhora

1 – Salvo nos casos especialmente previstos na lei, o exequente adquire pela penhora o direito de ser pago com preferência a qualquer outro credor que não tenha garantia real anterior.

2 – Tendo os bens do executado sido previamente arrestados, a anterioridade da penhora reporta-se à data do arresto.

ARTIGO 823º – Perda, expropriação ou deterioração da coisa penhorada

Se a coisa penhorada se perder, for expropriada ou sofrer diminuição de valor, e, em qualquer dos casos, houver lugar a indemnização de terceiro, o exequente conserva sobre os créditos respectivos, ou sobre as quantias pagas a título de indemnização, o direito que tinha sobre a coisa.

ARTIGO 824º – Venda em execução

1 – A venda em execução transfere para o adquirente os direitos do executado sobre a coisa vendida.

2 – Os bens são transmitidos livres dos direitos de garantia que os onerarem, bem como dos demais direitos reais que não tenham registo anterior ao de qualquer arresto, penhora ou garantia, com excepção dos que, constituídos em data anterior, produzam efeitos em relação a terceiros independentemente de registo.

3 – Os direitos de terceiro que caducarem nos termos do número anterior transferem-se para o produto da venda dos respectivos bens.

ARTIGO 825º – Garantia no caso de execução de coisa alheia

1 – O adquirente, no caso de execução de coisa alheia, pode exigir que o preço lhe seja restituído por aqueles a quem foi atribuído e que os danos sejam reparados pelos credores e pelo executado que hajam procedido com culpa; é aplicável à restituição do preço o disposto no artigo 894º

2 – Se o terceiro tiver protestado pelo seu direito no acto da venda, ou anteriormente a ela, e o adquirente conhecer o protesto, não lhe é lícito pedir a reparação dos danos, salvo se os credores ou o devedor se tiverem responsabilizado pela indemnização.

3 – Em lugar de exigir dos credores a restituição do preço, o adquirente pode exercer contra o devedor, por sub-rogação, os direitos desses credores.

ARTIGO 826º – Adjudicação e remição

As disposições dos artigos antecedentes relativos à venda são aplicáveis, com as necessárias adaptações, à adjudicação e à remição.

SUBSECÇÃO II – Execução específica

ARTIGO 827º – Entrega de coisa determinada

Se a prestação consistir na entrega de coisa determinada, o credor tem a faculdade de requerer, em execução, que a entrega lhe seja feita.

(Redação dada pelo Decreto-Lei nº 38/2003, de 08-03)

ARTIGO 828º – Prestação de facto fungível

O credor de prestação de facto fungível tem a faculdade de requerer, em execução, que o facto seja prestado por outrem à custa do devedor.

ARTIGO 829º – Prestação de facto negativo

1 – Se o devedor estiver obrigado a não praticar algum acto e vier a praticá-lo, tem o credor o direito de exigir que a obra, se obra feita houver, seja demolida à custa do que se obrigou a não a fazer.

2 – Cessa o direito conferido no número anterior, havendo apenas lugar à indemnização, nos termos gerais, se o prejuízo da demolição para o devedor for consideravelmente superior ao prejuízo sofrido pelo credor.

ARTIGO 829º-A – Sanção pecuniária compulsória

1 – Nas obrigações de prestação de facto infungível, positivo ou negativo, salvo nas que exigem especiais qualidades científicas ou artísticas do obrigado, o tribunal deve, a requerimento do credor, condenar o devedor ao pagamento de uma quantia pecuniária por cada dia de atraso no cumprimento ou por cada infracção, conforme for mais conveniente às circunstâncias do caso.

2 – A sanção pecuniária compulsória prevista no número anterior será fixada segundo critérios de razoabilidade, sem prejuízo da indemnização a que houver lugar.

3 – O montante da sanção pecuniária compulsória destina-se, em partes iguais, ao credor e ao Estado.

4 – Quando for estipulado ou judicialmente determinado qualquer pagamento em dinheiro corrente, são automaticamente devidos juros à taxa de 5% ao ano, desde a data em que a sentença de condenação transitar em julgado, os quais acrescerão aos juros de mora, se estes forem também devidos, ou à indemnização a que houver lugar.

(Aditado pelo Decreto-Lei nº 262/83, de 16-06)

ARTIGO 830º – Contrato-promessa

1 – Se alguém se tiver obrigado a celebrar certo contrato e não cumprir a promessa, pode a outra parte, na falta de convenção em contrário, obter sentença que produza os efeitos da declaração negocial do faltoso, sempre que a isso não se oponha a natureza da obrigação assumida.

2 – Entende-se haver convenção em contrário, se existir sinal ou tiver sido fixada uma pena para o caso de não cumprimento da promessa.

3 – O direito à execução específica não pode ser afastado pelas partes nas promessas a que se refere o nº 3 do artigo 410º; a requerimento do faltoso, porém, a sentença que produza os efeitos da sua declaração negocial pode ordenar a modificação do contrato nos termos do artigo 437º, ainda que a alteração das circunstâncias seja posterior à mora.

4 – Tratando-se de promessa relativa à celebração de contrato oneroso de transmissão ou constituição de direito real sobre edifício, ou fracção autónoma dele, em que caiba ao adquirente, nos termos do artigo 721º, a faculdade de expurgar hipoteca a que o mesmo se encontre sujeito, pode aquele, caso a extinção de tal garantia

não preceda a mencionada transmissão ou constituição, ou não coincida com esta, requerer, para efeito da expurgação, que a sentença referida no nº 1 condene também o promitente faltoso a entregar-lhe o montante do débito garantido, ou o valor nele correspondente à fracção do edifício ou do direito objecto do contrato e dos juros respectivos, vencidos e vincendos, até pagamento integral.

5 – No caso de contrato em que ao obrigado seja lícito invocar a excepção de não cumprimento, a acção improcede, se o requerente não consignar em depósito a sua prestação no prazo que lhe for fixado pelo tribunal.

(Redação dada pelo Decreto-Lei nº 379/86, de 11-11)

SECÇÃO IV – Cessão de bens aos credores

ARTIGO 831º – Noção

Dá-se a cessão de bens aos credores quando estes, ou alguns deles, são encarregados pelo devedor de liquidar o património deste, ou parte dele, e repartir entre si o respectivo produto, para satisfação dos seus créditos.

ARTIGO 832º – Forma

1 – A cessão deve ser feita por escrito e está, além disso, sujeita à forma exigida para a validade da transmissão dos bens nela compreendidos.

2 – A cessão deve ser registada sempre que abranja bens sujeitos a registo.

ARTIGO 833º – Execução dos bens cedidos

A cessão não impede que os bens cedidos sejam executados pelos credores que dela não participam, enquanto não tiverem sido alienados; não gozam de igual direito os cessionários nem os credores posteriores à cessão.

ARTIGO 834º – Poderes dos cessionários e do devedor

1 – Enquanto a cessão se mantiver, os poderes de administração e disposição dos respectivos bens pertencem exclusivamente aos cessionários.

2 – O devedor conserva, porém, o direito de fiscalizar a gestão dos credores, e tem o direito à prestação de contas no fim da liquidação ou, se a cessão se prolongar por mais de um ano, no termo de cada ano.

ARTIGO 835º – Exoneração do devedor

O devedor só fica liberado em face dos credores a partir do recebimento da parte que a estes compete no produto da liquidação, e na medida do que receberam.

ARTIGO 836º – Desistência da cessão

1 – É permitido ao devedor desistir a todo o tempo da cessão, cumprindo as obrigações a que está adstrito para com os cessionários.

2 – A desistência não tem efeito retroactivo.

CAPÍTULO VIII – Causas de extinção das obrigações além do cumprimento

SECÇÃO I – Dação em cumprimento

ARTIGO 837º – Quando é admitida

A prestação de coisa diversa da que for devida, embora de valor superior, só exonera o devedor se o credor der o seu assentimento.

ARTIGO 838º – Vícios da coisa ou do direito

O credor a quem for feita a dação em cumprimento goza de garantia pelos vícios da coisa ou do direito transmitido, nos termos prescritos para a compra e venda; mas pode optar pela prestação primitiva e reparação dos danos sofridos.

ARTIGO 839º – Nulidade ou anulabilidade da dação

Sendo a dação declarada nula ou anulada por causa imputável ao credor, não renascem as garantias prestadas por terceiro, excepto se este conhecia o vício na data em que teve notícia da dação.

ARTIGO 840º – Dação "pro solvendo"

1 – Se o devedor efectuar uma prestação diferente da devida, para que o credor obtenha mais facilmente, pela realização do valor dela, a satisfação do seu crédito, este só se extingue quando for satisfeito, e na medida respectiva.

2 – Se a dação tiver por objecto a cessão de um crédito ou a assunção de uma dívida, presume-se feita nos termos do número anterior.

SECÇÃO II – Consignação em depósito

ARTIGO 841º – Quando tem lugar

1 – O devedor pode livrar-se da obrigação mediante o depósito da coisa devida, nos casos seguintes:

a) Quando, sem culpa sua, não puder efectuar a prestação ou não puder fazê-lo com segurança, por qualquer motivo relativo à pessoa do credor;

b) Quando o credor estiver em mora.

2 – A consignação em depósito é facultativa.

ARTIGO 842º – Consignação por terceiro

A consignação em depósito pode ser efectuada a requerimento de terceiro a quem seja lícito efectuar a prestação.

ARTIGO 843º – Dependência de outra prestação

Se o devedor tiver a faculdade de não cumprir senão contra uma prestação do credor, é-lhe lícito exigir que a coisa consignada não seja entregue ao credor enquanto este não efectuar aquela prestação.

ARTIGO 844º – Entrega da coisa consignada

Feita a consignação, fica o consignatário obrigado a entregar ao credor a coisa consignada, e o credor com o direito de exigir a sua entrega.

ARTIGO 845º – Revogação da consignação

1 – O devedor pode revogar a consignação, mediante declaração feita no processo, e pedir a restituição da coisa consignada.

2 – Extingue-se o direito de revogação, se o credor, por declaração feita no processo, aceitar a consignação, ou se esta for considerada válida por sentença passada em julgado.

ARTIGO 846º – Extinção da obrigação

A consignação aceita pelo credor ou declarada válida por decisão judicial libera o devedor, como se ele tivesse feito a prestação ao credor na data do depósito.

SECÇÃO III – Compensação

ARTIGO 847º – Requisitos

1 – Quando duas pessoas sejam reciprocamente credor e devedor, qualquer delas pode livrar-se da sua obrigação por meio de compensação com a obrigação do seu credor, verificados os seguintes requisitos:

a) Ser o seu crédito exigível judicialmente e não proceder contra ele excepção, peremptória ou dilatória, de direito material;

b) Terem as duas obrigações por objecto coisas fungíveis da mesma espécie e qualidade.

2 – Se as duas dívidas não forem de igual montante, pode dar-se a compensação na parte correspondente.

3 – A iliquidez da dívida não impede a compensação.

ARTIGO 848º – Como se torna efectiva

1 – A compensação torna-se efectiva mediante declaração de uma das partes à outra.

2 – A declaração é ineficaz, se for feita sob condição ou a termo.

ARTIGO 849º – Prazo gratuito

O credor que concedeu gratuitamente um prazo ao devedor está impedido de compensar a sua dívida antes do vencimento do prazo.

ARTIGO 850º – Créditos prescritos

O crédito prescrito não impede a compensação, se a prescrição não podia ser invocada na data em que os dois créditos se tornaram compensáveis.

ARTIGO 851º – Reciprocidade dos créditos

1 – A compensação apenas pode abranger a dívida do declarante, e não a de terceiro, ainda que aquele possa efectuar a prestação deste, salvo se o declarante

estiver em risco de perder o que é seu em consequência de execução por dívida de terceiro.

2 – O declarante só pode utilizar para a compensação créditos que sejam seus, e não créditos alheios, ainda que o titular respectivo dê o seu consentimento; e só procedem para o efeito créditos seus contra o seu credor.

ARTIGO 852º – Diversidade de lugares do cumprimento

1 – Pelo simples facto de deverem ser cumpridas em lugares diferentes, as duas obrigações não deixam de ser compensáveis, salvo estipulação em contrário.

2 – O declarante é, todavia, obrigado a reparar os danos sofridos pela outra parte, em consequência de esta não receber o seu crédito ou não cumprir a sua obrigação no lugar determinado.

ARTIGO 853º – Exclusão da compensação

1 – Não podem extinguir-se por compensação:

a) Os créditos provenientes de factos ilícitos dolosos;

b) Os créditos impenhoráveis, excepto se ambos forem da mesma natureza;

c) Os créditos do Estado ou de outras pessoas colectivas públicas, excepto quando a lei o autorize.

2 – Também não é admitida a compensação, se houver prejuízo de direitos de terceiro, constituídos antes de os créditos se tornarem compensáveis, ou se o devedor a ela tiver renunciado.

ARTIGO 854º – Retroactividade

Feita a declaração de compensação, os créditos consideram-se extintos desde o momento em que se tornaram compensáveis.

ARTIGO 855º – Pluralidade de créditos

1 – Se existirem, de uma ou outra parte, vários créditos compensáveis, a escolha dos que ficam extintos pertence ao declarante.

2 – Na falta de escolha, é aplicável o disposto nos artigos 784º e 785º

ARTIGO 856º – Nulidade ou anulabilidade da compensação

Declarada nula ou anulada a compensação, subsistem as obrigações respectivas; mas, sendo a nulidade ou anulação imputável a alguma das partes, não renascem as garantias que em seu benefício foram prestadas por terceiro, salvo se este conhecia o vício quando foi feita a declaração de compensação.

SECÇÃO IV – Novação

ARTIGO 857º – Novação objectiva

Dá-se a novação objectiva quando o devedor contrai perante o credor uma nova obrigação em substituição da antiga.

ARTIGO 858º – Novação subjectiva

A novação por substituição do credor dá-se quando um novo credor é substituído ao antigo, vinculando-se o devedor para com ele por uma nova obrigação; e a novação por substituição do devedor, quando um novo devedor, contraindo nova obrigação, é substituído ao antigo, que é exonerado pelo credor.

ARTIGO 859º – Declaração negocial

A vontade de contrair a nova obrigação em substituição da antiga deve ser expressamente manifestada.

ARTIGO 860º – Ineficácia da novação

1 – Se a primeira obrigação estava extinta ao tempo em que a segunda foi contraída, ou vier a ser declarada nula ou anulada, fica a novação sem efeito.

2 – Se for declarada nula ou anulada a nova obrigação, subsiste a obrigação primitiva; mas, sendo a nulidade ou anulação imputável ao credor, não renascem as garantias prestadas por terceiro, salvo se este, na data em que teve notícia da novação, conhecia o vício da nova obrigação.

ARTIGO 861º – Garantias

1 – Extinta a obrigação antiga pela novação, ficam igualmente extintas, na falta de reserva expressa, as garantias que asseguravam o seu cumprimento, mesmo quando resultantes da lei.

2 – Dizendo a garantia respeito a terceiro, é necessária também a reserva expressa deste.

ARTIGO 862º – Meios de defesa

O novo crédito não está sujeito aos meios de defesa oponíveis à obrigação antiga, salvo estipulação em contrário.

SECÇÃO V – Remissão

ARTIGO 863º – Natureza contratual da remissão

1 – O credor pode remitir a dívida por contrato com o devedor.

2 – Quando tiver o carácter de liberalidade, a remissão por negócio entre vivos é havida como doação, na conformidade dos artigos 940º e seguintes.

ARTIGO 864º – Obrigações solidárias

1 – A remissão concedida a um devedor solidário libera os outros somente na parte do devedor exonerado.

2 – Se o credor, neste caso, reservar o seu direito, por inteiro, contra os outros devedores, conservam estes, por inteiro também, o direito de regresso contra o devedor exonerado.

3 – A remissão concedida por um dos credores solidários exonera o devedor para com os restantes credores, mas somente na parte que respeita ao credor remitente.

ARTIGO 865º – Obrigações indivisíveis

1 – À remissão concedida pelo credor de obrigação indivisível a um dos devedores é aplicável o disposto no artigo 536º

2 – Sendo a remissão concedida por um dos credores ao devedor, este não fica exonerado para com os outros credores; mas estes não podem exigir do devedor a prestação senão entregando-lhe o valor da parte daquele concredor.

ARTIGO 866º – Eficácia em relação a terceiros

1 – A remissão concedida ao devedor aproveita a terceiros.

2 – A remissão concedida a um dos fiadores aproveita aos outros na parte do fiador exonerado; mas, se os outros consentirem na remissão, respondem pela totalidade da dívida, salvo declaração em contrário.

3 – Se for declarada nula ou anulada a remissão por facto imputável ao credor, não renascem as garantias prestadas por terceiro, excepto se este conhecia o vício na data em que teve notícia da remissão.

ARTIGO 867º – Renúncia às garantias

A renúncia às garantias da obrigação não faz presumir a remissão da dívida.

SECÇÃO VI – Confusão

ARTIGO 868º – Noção

Quando na mesma pessoa se reúnam as qualidades de credor e devedor da mesma obrigação, extinguem-se o crédito e a dívida.

ARTIGO 869º – Obrigações solidárias

1 – A reunião na mesma pessoa das qualidades de devedor solidário e credor exonera os demais obrigados, mas só na parte da dívida relativa a esse devedor.

2 – A reunião na mesma pessoa das qualidades de credor solidário e devedor exonera este na parte daquele.

ARTIGO 870º – Obrigações indivisíveis

1 – Se na obrigação indivisível em que há vários devedores se reunirem as qualidades de credor e devedor, é aplicável o disposto no artigo 536º

2 – Sendo vários os credores e verificando-se a confusão entre um deles e o devedor, é aplicável o disposto no nº 2 do artigo 865º

ARTIGO 871º – Eficácia em relação a terceiros

1 – A confusão não prejudica os direitos de terceiro.

2 – Se houver, a favor de terceiro, direitos de usufruto ou de penhor sobre o crédito, este subsiste, não obstante a confusão, na medida em que o exija o interesse do usufrutuário ou do credor pignoratício.

3 – Se na mesma pessoa se reunirem as qualidades de devedor e fiador, fica extinta a fiança, excepto se o credor tiver legítimo interesse na subsistência da garantia.

4 – A reunião na mesma pessoa das qualidades de credor e de proprietário da coisa hipotecada ou empenhada não impede que a hipoteca ou o penhor se mantenha, se o credor nisso tiver interesse e na medida em que esse interesse se justifique.

ARTIGO 872º – Patrimónios separados

Não há confusão, se o crédito e a dívida pertencem a patrimónios separados.

ARTIGO 873º – Cessação da confusão

1 – Se a confusão se desfizer, renasce a obrigação com os seus acessórios, mesmo em relação a terceiro, quando o facto que a destrói seja anterior à própria confusão.

2 – Quando a cessação da confusão for imputável ao credor, não renascem as garantias prestadas por terceiro, salvo se este conhecia o vício na data em que teve notícia da confusão.

TÍTULO II – Dos contratos em especial

CAPÍTULO I – Compra e venda

SECÇÃO I – Disposições gerais

ARTIGO 874º – Noção

Compra e venda é o contrato pelo qual se transmite a propriedade de uma coisa, ou outro direito, mediante um preço.

ARTIGO 875º – Forma

Sem prejuízo do disposto em lei especial, o contrato de compra e venda de bens imóveis só é válido se for celebrado por escritura pública ou por documento particular autenticado.

(Redação dada pelo Decreto-Lei nº 116/2008, de 04-07)

ARTIGO 876º – Venda de coisa ou direito litigioso

1 – Não podem ser compradores de coisa ou direito litigioso, quer directamente, quer por interposta pessoa, aqueles a quem a lei não permite que seja feita a cessão de créditos ou direitos litigiosos, conforme se dispõe no capítulo respectivo.

2 – A venda feita com quebra do disposto no número anterior, além de nula, sujeita o comprador, nos termos gerais, à obrigação de reparar os danos causados.

3 – A nulidade não pode ser invocada pelo comprador.

ARTIGO 877º – Venda a filhos ou netos

1 – Os pais e avós não podem vender a filhos ou netos, se os outros filhos ou netos não consentirem na venda; o consentimento dos descendentes, quando não possa ser prestado ou seja recusado, é susceptível de suprimento judicial.

2 – A venda feita com quebra do que preceitua o número anterior é anulável; a anulação pode ser pedida pelos filhos ou netos que não deram o seu consentimento, dentro do prazo de um ano a contar do conhecimento da celebração do contrato, ou do termo da incapacidade, se forem incapazes.

3 – A proibição não abrange a dação em cumprimento feita pelo ascendente.

ARTIGO 878º – Despesas do contrato

Na falta de convenção em contrário, as despesas do contrato e outras acessórias ficam a cargo do comprador.

SECÇÃO II – Efeitos da compra e venda

ARTIGO 879º – Efeitos essenciais

A compra e venda tem como efeitos essenciais:

a) A transmissão da propriedade da coisa ou da titularidade do direito;

b) A obrigação de entregar a coisa;

c) A obrigação de pagar o preço.

ARTIGO 880º – Bens futuros, frutos pendentes e partes componentes ou integrantes

1 – Na venda de bens futuros, de frutos pendentes ou de partes componentes ou integrantes de uma coisa, o vendedor fica obrigado a exercer as diligências necessárias para que o comprador adquira os bens vendidos, segundo o que for estipulado ou resultar das circunstâncias do contrato.

2 – Se as partes atribuírem ao contrato carácter aleatório, é devido o preço, ainda que a transmissão dos bens não chegue a verificar-se.

ARTIGO 881º – Bens de existência ou titularidade incerta

Quando se vendam bens de existência ou titularidade incerta e no contrato se faça menção dessa incerteza, é devido o preço, ainda que os bens não existam ou não pertençam ao vendedor, excepto se as partes recusarem ao contrato natureza aleatória.

ARTIGO 882º – Entrega da coisa

1 – A coisa deve ser entregue no estado em que se encontrava ao tempo da venda.

2 – A obrigação de entrega abrange, salvo estipulação em contrário, as partes integrantes, os frutos pendentes e os documentos relativos à coisa ou direito.

3 – Se os documentos contiverem outras matérias de interesse do vendedor, é este obrigado a entregar pública-forma da parte respeitante à coisa ou direito que foi objecto da venda, ou fotocópia de igual valor.

ARTIGO 883º – Determinação do preço

1 – Se o preço não estiver fixado por entidade pública, e as partes o não determinarem nem convencionarem o modo de ele ser determinado, vale como preço contratual o que o vendedor normalmente praticar à data da conclusão do contrato ou, na falta dele, o do mercado ou bolsa no momento do contrato e no lugar em que o comprador deva cumprir; na insuficiência destas regras, o preço é determinado pelo tribunal, segundo juízos de equidade.

2 – Quando as partes se tenham reportado ao justo preço, é aplicável o disposto no número anterior.

ARTIGO 884º – Redução do preço

1 – Se a venda ficar limitada a parte do seu objecto, nos termos do artigo 292º ou por força de outros preceitos legais, o preço respeitante à parte válida do contrato é o que neste figurar, se houver sido discriminado como parcela do preço global.

2 – Na falta de discriminação, a redução é feita por meio de avaliação.

ARTIGO 885º – Tempo e lugar do pagamento do preço

1 – O preço deve ser pago no momento e no lugar da entrega da coisa vendida.

2 – Mas, se por estipulação das partes ou por força dos usos o preço não tiver de ser pago no momento da entrega, o pagamento será efectuado no lugar do domicílio que o credor tiver ao tempo do cumprimento.

ARTIGO 886º – Falta de pagamento do preço

Transmitida a propriedade da coisa, ou o direito sobre ela, e feita a sua entrega, o vendedor não pode, salvo convenção em contrário, resolver o contrato por falta de pagamento do preço.

SECÇÃO III – Venda de coisas sujeitas a contagem, pesagem ou medição

ARTIGO 887º – Coisas determinadas. Preço fixado por unidade

Na venda de coisas determinadas, com preço fixado à razão de tanto por unidade, é devido o preço proporcional ao número, peso ou medida real das coisas vendidas, sem embargo de no contrato se declarar quantidade diferente.

ARTIGO 888º – Coisas determinadas. Preço não fixado por unidade

1 – Se na venda de coisas determinadas o preço não for estabelecido à razão de tanto por unidade, o comprador deve o preço declarado, mesmo que no contrato se indique o número, peso ou medida das coisas vendidas e a indicação não corresponda à realidade.

2 – Se, porém, a quantidade efectiva diferir da declarada em mais de um vigésimo desta, o preço sofrerá redução ou aumento proporcional.

ARTIGO 889º – Compensação entre faltas e excessos

Quando se venda por um só preço uma pluralidade de coisas determinadas e homogéneas, com indicação do peso ou medida de cada uma delas, e se declare quantidade inferior à real quanto a alguma ou algumas e superior quanto a outra ou outras, far-se-á compensação entre as faltas e os excessos até ao limite da sua concorrência.

ARTIGO 890º – Caducidade do direito à diferença de preço

1 – O direito ao recebimento da diferença de preço caduca dentro de seis meses ou um ano após a entrega da coisa, consoante esta for móvel ou imóvel; mas, se a diferença só se tornar exigível em momento posterior à entrega, o prazo contar-se-á a partir desse momento.

2 – Na venda de coisas que hajam de ser transportadas de um lugar para outro, o prazo reportado à data da entrega só começa a correr no dia em que o comprador as receber.

ARTIGO 891º – Resolução do contrato

1 – Se o preço devido por aplicação do artigo 887º ou do nº 2 do artigo 888º exceder o proporcional à quantidade declarada em mais de um vigésimo deste, e o vendedor exigir esse excesso, o comprador tem o direito de resolver o contrato, salvo se houver procedido com dolo.

2 – O direito à resolução caduca no prazo de três meses, a contar da data em que o vendedor fizer por escrito a exigência do excesso.

SECÇÃO IV – Venda de bens alheios

ARTIGO 892º – Nulidade da venda

É nula a venda de bens alheios sempre que o vendedor careça de legitimidade para a realizar; mas o vendedor não pode opor a nulidade ao comprador de boa fé, como não pode opô-la ao vendedor de boa fé o comprador doloso.

ARTIGO 893º – Bens alheios como bens futuros

A venda de bens alheios fica, porém, sujeita ao regime da venda de bens futuros, se as partes os considerarem nesta qualidade.

ARTIGO 894º – Restituição do preço

1 – Sendo nula a venda de bens alheios, o comprador que tiver procedido de boa fé tem o direito de exigir a restituição integral do preço, ainda que os bens se hajam perdido, estejam deteriorados ou tenham diminuído de valor por qualquer outra causa.

2 – Mas, se o comprador houver tirado proveito da perda ou diminuição de valor dos bens, será o proveito abatido no montante do preço e da indemnização que o vendedor tenha de pagar-lhe.

ARTIGO 895º - Convalidação do contrato

Logo que o vendedor adquira por algum modo a propriedade da coisa ou o direito vendido, o contrato torna-se válido e a dita propriedade ou direito transfere-se para o comprador.

ARTIGO 896º - Casos em que o contrato se não convalida

1 – O contrato não adquire, porém, validade, se entretanto ocorrer algum dos seguintes factos:

a) Pedido judicial de declaração de nulidade do contrato, formulado por um dos contraentes contra o outro;

b) Restituição do preço ou pagamento da indemnização, no todo ou em parte, com aceitação do credor;

c) Transacção entre os contraentes, na qual se reconheça a nulidade do contrato;

d) Declaração escrita, feita por um dos estipulantes ao outro, de que não quer que o contrato deixe de ser declarado nulo.

2 – As disposições das alíneas *a*) e *d*) do número precedente não prejudicam o disposto na segunda parte do artigo 892º

ARTIGO 897º - Obrigação de convalidação

1 – Em caso de boa fé do comprador, o vendedor é obrigado a sanar a nulidade da venda, adquirindo a propriedade da coisa ou o direito vendido.

2 – Quando exista uma tal obrigação, o comprador pode subordinar ao não cumprimento dela, dentro do prazo que o tribunal fixar, o efeito previsto na alínea *a*) do nº 1 do artigo anterior.

ARTIGO 898º - Indemnização em caso de dolo

Se um dos contraentes houver procedido de boa fé e o outro dolosamente, o primeiro tem direito a ser indemnizado, nos termos gerais, de todos os prejuízos que não teria sofrido se o contrato fosse válido desde o começo, ou não houvesse sido celebrado, conforme venha ou não a ser sanada a nulidade.

ARTIGO 899º - Indemnização, não havendo dolo nem culpa

O vendedor é obrigado a indemnizar o comprador de boa fé, ainda que tenha agido sem dolo nem culpa; mas, neste caso, a indemnização compreende apenas os danos emergentes que não resultem de despesas voluptuárias.

ARTIGO 900º - Indemnização pela não convalidação da venda

1 – Se o vendedor for responsável pelo não cumprimento da obrigação de sanar a nulidade da venda ou pela mora no seu cumprimento, a respectiva indemnização acresce à regulada nos artigos anteriores, excepto na parte em que o prejuízo seja comum.

2 – Mas, no caso previsto no artigo 898º, o comprador escolherá entre a indemnização dos lucros cessantes pela celebração do contrato nulo e a dos lucros cessantes pela falta ou retardamento da convalidação.

ARTIGO 901º – Garantia do pagamento de benfeitorias

O vendedor é garante solidário do pagamento das benfeitorias que devam ser reembolsadas pelo dono da coisa ao comprador de boa fé.

ARTIGO 902º – Nulidade parcial do contrato

Se os bens só parcialmente forem alheios e o contrato valer na parte restante por aplicação do artigo 292º, observar-se-ão as disposições antecedentes quanto à parte nula e reduzir-se-á proporcionalmente o preço estipulado.

ARTIGO 903º – Disposições supletivas

1 – O disposto no artigo 894º, no nº 1 do artigo 897º, no artigo 899º, no nº 1 do artigo 900º e no artigo 901º cede perante convenção em contrário, excepto se o contraente a quem a convenção aproveitaria houver agido com dolo, e de boa fé o outro estipulante.

2 – A declaração contratual de que o vendedor não garante a sua legitimidade ou não responde pela evicção envolve derrogação de todas as disposições legais a que o número anterior se refere, com excepção do preceituado no artigo 894º

3 – As cláusulas derrogadoras das disposições supletivas a que se refere o nº 1 são válidas, sem embargo da nulidade do contrato de compra e venda onde se encontram insertas, desde que a nulidade proceda da ilegitimidade do vendedor, nos termos desta secção.

ARTIGO 904º – Âmbito desta secção

As normas da presente secção apenas se aplicam à venda de coisa alheia como própria.

SECÇÃO V – Venda de bens onerados

ARTIGO 905º – Anulabilidade por erro ou dolo

Se o direito transmitido estiver sujeito a alguns ónus ou limitações que excedam os limites normais inerentes aos direitos da mesma categoria, o contrato é anulável por erro ou dolo, desde que no caso se verifiquem os requisitos legais da anulabilidade.

ARTIGO 906º – Convalescença do contrato

1 – Desaparecidos por qualquer modo os ónus ou limitações a que o direito estava sujeito, fica sanada a anulabilidade do contrato.

2 – A anulabilidade persiste, porém, se a existência dos ónus ou limitações já houver causado prejuízo ao comprador, ou se este já tiver pedido em juízo a anulação da compra e venda.

ARTIGO 907º – Obrigação de fazer convalescer o contrato. Cancelamento dos registos

1 – O vendedor é obrigado a sanar a anulabilidade do contrato, mediante a expurgação dos ónus ou limitações existentes.

2 – O prazo para a expurgação será fixado pelo tribunal, a requerimento do comprador.

3 – O vendedor deve ainda promover, à sua custa, o cancelamento de qualquer ónus ou limitação que conste do registo, mas na realidade não exista.

ARTIGO 908º – Indemnização em caso de dolo

Em caso de dolo, o vendedor, anulado o contrato, deve indemnizar o comprador do prejuízo que este não sofreria se a compra e venda não tivesse sido celebrada.

ARTIGO 909º – Indemnização em caso de simples erro

Nos casos de anulação fundada em simples erro, o vendedor também é obrigado a indemnizar o comprador, ainda que não tenha havido culpa da sua parte, mas a indemnização abrange apenas os danos emergentes do contrato.

ARTIGO 910º – Não cumprimento da obrigação de fazer convalescer o contrato

1 – Se o vendedor se constituir em responsabilidade por não sanar a anulabilidade do contrato, a correspondente indemnização acresce à que o comprador tenha direito a receber na conformidade dos artigos precedentes, salvo na parte em que o prejuízo foi comum.

2 – Mas, no caso previsto no artigo 908º, o comprador escolherá entre a indemnização dos lucros cessantes pela celebração do contrato que veio a ser anulado e a dos lucros cessantes pelo facto de não ser sanada a anulabilidade.

ARTIGO 911º – Redução do preço

1 – Se as circunstâncias mostrarem que, sem erro ou dolo, o comprador teria igualmente adquirido os bens, mas por preço inferior, apenas lhe caberá o direito à redução do preço, em harmonia com a desvalorização resultante dos ónus ou limitações, além da indemnização que no caso competir.

2 – São aplicáveis à redução do preço os preceitos anteriores, com as necessárias adaptações.

ARTIGO 912º – Disposições supletivas

1 – O disposto nos nºs 1 e 3 do artigo 907º, no artigo 909º e no nº 1 do artigo 910º cede perante estipulação das partes em contrário, a não ser que o vendedor tenha procedido com dolo e as cláusulas contrárias àquelas normas visem a beneficiá-lo.

2 – Não obsta à validade das cláusulas derrogadoras destas disposições supletivas a anulação do contrato de compra e venda por erro ou dolo, segundo as prescrições desta secção.

SECÇÃO VI – Venda de coisas defeituosas

ARTIGO 913º – Remissão

1 – Se a coisa vendida sofrer de vício que a desvalorize ou impeça a realização do fim a que é destinada, ou não tiver as qualidades asseguradas pelo vendedor ou

necessárias para a realização daquele fim, observar-se-á, com as devidas adaptações, o prescrito na secção precedente, em tudo quanto não seja modificado pelas disposições dos artigos seguintes.

2 – Quando do contrato não resulte o fim a que a coisa vendida se destina, atender-se-á à função normal das coisas da mesma categoria.

ARTIGO 914º – Reparação ou substituição da coisa

O comprador tem o direito de exigir do vendedor a reparação da coisa ou, se for necessário e esta tiver natureza fungível, a substituição dela; mas esta obrigação não existe, se o vendedor desconhecia sem culpa o vício ou a falta de qualidade de que a coisa padece.

ARTIGO 915º – Indemnização em caso de simples erro

A indemnização prevista no artigo 909º também não é devida, se o vendedor se encontrava nas condições a que se refere a parte final do artigo anterior.

ARTIGO 916º – Denúncia do defeito

1 – O comprador deve denunciar ao vendedor o vício ou a falta de qualidade da coisa, excepto se este houver usado de dolo.

2 – A denúncia será feita até trinta dias depois de conhecido o defeito e dentro de seis meses após a entrega da coisa.

3 – Os prazos referidos no número anterior são, respectivamente, de um e de cinco anos, caso a coisa vendida seja um imóvel.

(Redação dada pelo Decreto-Lei nº 267/94, de 25-10)

ARTIGO 917º – Caducidade da acção

A acção de anulação por simples erro caduca, findo qualquer dos prazos fixados no artigo anterior sem o comprador ter feito a denúncia, ou decorridos sobre esta seis meses, sem prejuízo, neste último caso, do disposto no nº 2 do artigo 287º

ARTIGO 918º – Defeito superveniente

Se a coisa, depois de vendida e antes de entregue, se deteriorar, adquirindo vícios ou perdendo qualidades, ou a venda respeitar a coisa futura ou a coisa indeterminada de certo género, são aplicáveis as regras relativas ao não cumprimento das obrigações.

ARTIGO 919º – Venda sobre amostra

Sendo a venda feita sobre amostra, entende-se que o vendedor assegura a existência, na coisa vendida, de qualidades iguais às da amostra, salvo se da convenção ou dos usos resultar que esta serve somente para indicar de modo aproximado as qualidades do objecto.

ARTIGO 920º – Venda de animais defeituosos

Ficam ressalvadas as leis especiais ou, na falta destas, os usos sobre a venda de animais defeituosos.

ARTIGO 921º – Garantia de bom funcionamento

1 – Se o vendedor estiver obrigado, por convenção das partes ou por força dos usos, a garantir o bom funcionamento da coisa vendida, cabe-lhe repará-la, ou substituí-la quando a substituição for necessária e a coisa tiver natureza fungível, independentemente de culpa sua ou de erro do comprador.

2 – No silêncio do contrato, o prazo da garantia expira seis meses após a entrega da coisa, se os usos não estabelecerem prazo maior.

3 – O defeito de funcionamento deve ser denunciado ao vendedor dentro do prazo da garantia e, salvo estipulação em contrário, até trinta dias depois de conhecido.

4 – A acção caduca logo que finde o tempo para a denúncia sem o comprador a ter feito, ou passados seis meses sobre a data em que a denúncia foi efectuada.

ARTIGO 922º – Coisas que devem ser transportadas

Na venda de coisas que devam ser transportadas de um lugar para outro, os prazos que os artigos 916º e 921º mandam contar a partir da entrega só começam a correr no dia em que o credor as receber.

SECÇÃO VII – Venda a contento e venda sujeita a prova

ARTIGO 923º – Primeira modalidade de venda a contento

1 – A compra e venda feita sob reserva de a coisa agradar ao comprador vale como proposta de venda.

2 – A proposta considera-se aceita se, entregue a coisa ao comprador, este não se pronunciar dentro do prazo da aceitação, nos termos do nº 1 do artigo 228º

3 – A coisa deve ser facultada ao comprador para exame.

ARTIGO 924º – Segunda modalidade de venda a contento

1 – Se as partes estiverem de acordo sobre a resolução da compra e venda no caso de a coisa não agradar ao comprador, é aplicável ao contrato o disposto nos artigos 432º e seguintes.

2 – A entrega da coisa não impede a resolução do contrato.

3 – O vendedor pode fixar um prazo razoável para a resolução, se nenhum for estabelecido pelo contrato ou, no silêncio deste, pelos usos.

ARTIGO 925º – Venda sujeita a prova

1 – A venda sujeita a prova considera-se feita sob a condição suspensiva de a coisa ser idónea para o fim a que é destinada e ter as qualidades asseguradas pelo vendedor, excepto se as partes a subordinarem a condição resolutiva.

2 – A prova deve ser feita dentro do prazo e segundo a modalidade estabelecida pelo contrato ou pelos usos; se tanto o contrato como os usos forem omissos, observar-se-ão o prazo fixado pelo vendedor e a modalidade escolhida pelo comprador, desde que sejam razoáveis.

3 – Não sendo o resultado da prova comunicado ao vendedor antes de expirar o prazo a que se refere o número antecedente, a condição tem-se por verificada quando suspensiva, e por não verificada quando resolutiva.

4 – A coisa deve ser facultada ao comprador para prova.

ARTIGO 926º – Dúvidas sobre a modalidade da venda

Em caso de dúvida sobre a modalidade de venda que as partes escolheram, de entre as previstas nesta secção, presume-se terem adoptado a primeira.

SECÇÃO VIII – Venda a retro

ARTIGO 927º – Noção

Diz-se a retro a venda em que se reconhece ao vendedor a faculdade de resolver o contrato.

ARTIGO 928º – Cláusulas nulas

1 – É nula, sem prejuízo da validade das outras cláusulas, a estipulação de pagamento de dinheiro ao comprador ou de qualquer outra vantagem para este, como contrapartida da resolução.

2 – É igualmente nula, quanto ao excesso, a cláusula que declare o vendedor obrigado a restituir, em caso de resolução, preço superior ao fixado para a venda.

ARTIGO 929º – Prazo para a resolução

1 – A resolução pode ser exercida dentro de dois ou cinco anos a contar da venda, conforme esta for de bens móveis ou imóveis, salvo estipulação de prazo mais curto.

2 – Se as partes convencionarem prazo ou prorrogação de prazo que exceda o limite de dois ou cinco anos a partir da venda, a convenção considera-se reduzida a esse preciso limite.

ARTIGO 930º – Forma da resolução

A resolução é feita por meio de notificação judicial ao comprador dentro dos prazos fixados no artigo antecedente; sem prejuízo do disposto em lei especial, se respeitar a coisas imóveis, a resolução será reduzida a escritura pública ou a documento particular autenticado nos 15 dias imediatos, com ou sem a intervenção do comprador, sob pena de caducidade do direito.

(Redação dada pelo Decreto-Lei nº 116/2008, de 04-07)

ARTIGO 931º – Reembolso do preço e de despesas

No silêncio do contrato, a resolução fica igualmente sem efeito se, dentro do mesmo prazo de quinze dias, o vendedor não fizer ao comprador oferta real das importâncias líquidas que haja de pagar-lhe a título de reembolso do preço e das despesas com o contrato e outras acessórias.

ARTIGO 932º - Efeitos em relação a terceiros

A cláusula a retro é oponível a terceiros, desde que a venda tenha por objecto coisas imóveis, ou coisas móveis sujeitas a registo, e tenha sido registada.

ARTIGO 933º - Venda de coisa ou direito comum

Se for vendida coisa ou direito comum com a cláusula a retro, só em conjunto os vendedores podem exercer o direito de resolução.

SECÇÃO IX - Venda a prestações

ARTIGO 934º - Falta de pagamento de uma prestação

Vendida a coisa a prestações, com reserva de propriedade, e feita a sua entrega ao comprador, a falta de pagamento de uma só prestação que não exceda a oitava parte do preço não dá lugar à resolução do contrato, nem sequer, haja ou não reserva de propriedade, importa a perda do benefício do prazo relativamente às prestações seguintes, sem embargo de convenção em contrário.

ARTIGO 935º - Cláusula penal no caso de o comprador não cumprir

1 - A indemnização estabelecida em cláusula penal, por o comprador não cumprir, não pode ultrapassar metade do preço, salva a faculdade de as partes estipularem, nos termos gerais, a ressarcibilidade de todo o prejuízo sofrido.

2 - A indemnização fixada pelas partes será reduzida a metade do preço, quando tenha sido estipulada em montante superior, ou quando as prestações pagas superem este valor e se tenha convencionado a não restituição delas; havendo, porém, prejuízo excedente e não se tendo estipulado a sua ressarcibilidade, será ressarcido até ao limite da indemnização convencionada pelas partes.

ARTIGO 936º - Outros contratos com finalidade equivalente

1 - O disposto nos dois artigos anteriores é extensivo a todos os contratos pelos quais se pretenda obter resultado equivalente ao da venda a prestações.

2 - Quando se locar uma coisa, com a cláusula de que se tornará propriedade do locatário depois de satisfeitas todas as rendas ou alugueres pactuados, a resolução do contrato por o locatário o não cumprir tem efeito retroactivo, devendo o locador restituir as importâncias recebidas, sem possibilidade de convenção em contrário, mas também sem prejuízo do seu direito a indemnização nos termos gerais e nos do artigo anterior.

SECÇÃO X - Venda sobre documentos

ARTIGO 937º - Entrega dos documentos

Na venda sobre documentos, a entrega da coisa é substituída pela entrega do seu título representativo e dos outros documentos exigidos pelo contrato ou, no silêncio deste, pelos usos.

ARTIGO 938º – Venda de coisa em viagem

1 – Se o contrato tiver por objecto coisa em viagem e, mencionada esta circunstância, figurar entre os documentos entregues a apólice de seguro contra os riscos do transporte, observar-se-ão as regras seguintes, na falta de estipulação em contrário:

a) O preço deve ser pago, ainda que a coisa já não existisse quando o contrato foi celebrado, por se haver perdido casualmente depois de ter sido entregue ao transportador;

b) O contrato não é anulável com fundamento em defeitos da coisa, produzidos casualmente após o momento da entrega;

c) O risco fica a cargo do comprador desde a data da compra.

2 – As duas primeiras regras do número anterior não têm aplicação se, ao tempo do contrato, o vendedor já sabia que a coisa estava perdida ou deteriorada e dolosamente o não revelou ao comprador de boa fé.

3 – Quando o seguro apenas cobrir parte dos riscos, o disposto neste artigo vale exclusivamente em relação à parte segurada.

SECÇÃO XI – Outros contratos onerosos

ARTIGO 939º – Aplicabilidade das normas relativas à compra e venda

As normas da compra e venda são aplicáveis aos outros contratos onerosos pelos quais se alienam bens ou se estabeleçam encargos sobre eles, na medida em que sejam conformes com a sua natureza e não estejam em contradição com as disposições legais respectivas.

CAPÍTULO II – Doação

SECÇÃO I – Disposições gerais

ARTIGO 940º – Noção

1 – Doação é o contrato pelo qual uma pessoa, por espírito de liberalidade e à custa do seu património, dispõe gratuitamente de uma coisa ou de um direito, ou assume uma obrigação, em benefício do outro contraente.

2 – Não há doação na renúncia a direitos e no repúdio de herança ou legado, nem tão-pouco nos donativos conformes aos usos sociais.

ARTIGO 941º – Doação remuneratória

É considerada doação a liberalidade remuneratória de serviços recebidos pelo doador, que não tenham a natureza de dívida exigível.

ARTIGO 942º – Objecto da doação

1 – A doação não pode abranger bens futuros.

2 – Incidindo, porém, a doação sobre uma universalidade de facto que continue no uso e fruição do doador, consideram-se doadas, salvo declaração em contrário, as coisas singulares que venham de futuro a integrar a universalidade.

ARTIGO 943º – Prestações periódicas

A doação que tiver por objecto prestações periódicas extingue-se por morte do doador.

ARTIGO 944º – Doação conjunta

1 – A doação feita a várias pessoas conjuntamente considera-se feita por partes iguais, sem que haja direito de acrescer entre os donatários, salvo se o doador houver declarado o contrário.

2 – O disposto no número anterior não prejudica o direito de acrescer entre usufrutuários, quando o usufruto tenha sido constituído por doação.

ARTIGO 945º – Aceitação da doação

1 – A proposta de doação caduca, se não for aceita em vida do doador.

2 – A tradição para o donatário, em qualquer momento, da coisa móvel doada, ou do seu título representativo, é havida como aceitação.

3 – Se a proposta não for aceita no próprio acto ou não se verificar a tradição nos termos do número anterior, a aceitação deve obedecer à forma prescrita no artigo 947º e ser declarada ao doador, sob pena de não produzir os seus efeitos.

ARTIGO 946º – Doação por morte

1 – É proibida a doação por morte, salvo nos casos especialmente previstos na lei.

2 – Será, porém, havida como disposição testamentária a doação que houver de produzir os seus efeitos por morte do doador, se tiverem sido observadas as formalidades dos testamentos.

ARTIGO 947º – Forma da doação

1 – Sem prejuízo do disposto em lei especial, a doação de coisas imóveis só é válida se for celebrada por escritura pública ou por documento particular autenticado.

2 – A doação de coisas móveis não depende de formalidade alguma externa, quando acompanhada de tradição da coisa doada; não sendo acompanhada de tradição da coisa, só pode ser feita por escrito.

(Redação dada pelo Decreto-Lei nº 116/2008, de 04-07)

SECÇÃO II – Capacidade para fazer ou receber doações

ARTIGO 948º – Capacidade activa

1 – Têm capacidade para fazer doações todos os que podem contratar e dispor dos seus bens.

2 – A capacidade é regulada pelo estado em que o doador se encontrar ao tempo da declaração negocial.

ARTIGO 949º – Carácter pessoal da doação

1 – Não é permitido atribuir a outrem, por mandato, a faculdade de designar a pessoa do donatário ou determinar o objecto da doação, salvo nos casos previstos no nº 2 do artigo 2182º

2 – Os representantes legais dos incapazes não podem fazer doações em nome destes.

ARTIGO 950º – Capacidade passiva

1 – Podem receber doações todos os que não estão especialmente inibidos de as aceitar por disposição da lei.

2 – A capacidade do donatário é fixada no momento da aceitação.

ARTIGO 951º – Aceitação por parte de incapazes

1 – As pessoas que não têm capacidade para contratar não podem aceitar doações com encargos senão por intermédio dos seus representantes legais.

2 – Porém, as doações puras feitas a tais pessoas produzem efeitos independentemente de aceitação em tudo o que aproveite aos donatários.

ARTIGO 952º – Doação a nascituros

1 – Os nascituros concebidos ou não concebidos podem adquirir por doação, sendo filhos de pessoa determinada, viva ao tempo da declaração de vontade do doador.

2 – Na doação feita a nascituros presume-se que o doador reserva para si o usufruto dos bens doados até ao nascimento do donatário.

ARTIGO 953º – Casos de indisponibilidade relativa

É aplicável às doações, devidamente adaptado, o disposto nos artigos 2192º a 2198º

SECÇÃO III – Efeitos das doações

ARTIGO 954º – Efeitos essenciais

A doação tem como efeitos essenciais:

a) A transmissão da propriedade da coisa ou da titularidade do direito;

b) A obrigação de entregar a coisa;

c) A assunção da obrigação, quando for esse o objecto do contrato.

ARTIGO 955º – Entrega da coisa

1 – A coisa deve ser entregue no estado em que se encontrava ao tempo da aceitação.

2 – A obrigação de entrega abrange, na falta de estipulação em contrário, as partes integrantes, os frutos pendentes e os documentos relativos à coisa ou direito.

ARTIGO 956º – Doação de bens alheios

1 – É nula a doação de bens alheios; mas o doador não pode opor a nulidade ao donatário de boa fé.

2 – O doador só responde pelo prejuízo causado ao donatário quando este esteja de boa fé e se verifique algum dos seguintes factos:

a) Ter o doador assumido expressamente a obrigação de indemnizar o prejuízo;

b) Ter o doador agido com dolo;

c) Ter a doação carácter remuneratório;

d) Ser a doação onerosa ou modal, ficando a responsabilidade do doador limitada, neste caso, ao valor dos encargos.

3 – É imputável no prejuízo do donatário o valor da coisa ou do direito doado, mas não os benefícios que ele deixou de obter em consequência da nulidade.

4 – Não havendo lugar a indemnização, o donatário fica sub-rogado nos direitos que possam competir ao doador relativamente à coisa ou direito doado.

ARTIGO 957º – Ónus ou vícios do direito ou da coisa doada

1 – O doador não responde pelos ónus ou limitações do direito transmitido, nem pelos vícios da coisa, excepto quando se tiver expressamente responsabilizado ou tiver procedido com dolo.

2 – A doação é, porém, anulável em qualquer caso, a requerimento do donatário de boa fé.

ARTIGO 958º – Reserva de usufruto

1 – O doador tem a faculdade de reservar para si, ou para terceiro, o usufruto dos bens doados.

2 – Havendo reserva de usufruto em favor de várias pessoas, simultânea ou sucessivamente, são aplicáveis as disposições dos artigos 1441º e 1442º

ARTIGO 959º – Reserva do direito de dispor de coisa determinada

1 – O doador pode reservar para si o direito de dispor, por morte ou por acto entre vivos, de alguma ou algumas das coisas compreendidas na doação, ou o direito a certa quantia sobre os bens doados.

2 – O direito reservado não se transmite aos herdeiros do doador, e, quando respeite a imóveis, ou móveis sujeitos a registo, carece de ser registado.

ARTIGO 960º – Cláusula de reversão

1 – O doador pode estipular a reversão da coisa doada.

2 – A reversão dá-se no caso de o doador sobreviver ao donatário, ou a este e a todos os seus descendentes; não havendo estipulação em contrário, entende-se que a reversão só se verifica neste último caso.

3 – A cláusula de reversão que respeite a coisas imóveis, ou a coisas móveis sujeitas a registo, carece de ser registada.

ARTIGO 961º – Efeitos da reversão

Os bens doados que pela cláusula de reversão regressem ao património do doador passam livres dos encargos que lhes tenham sido impostos enquanto estiverem em poder do donatário ou de terceiros a quem tenham sido transmitidos.

ARTIGO 962º – Substituições fideicomissárias

1 – São admitidas substituições fideicomissárias nas doações.

2 – A estas substituições são aplicáveis, com as necessárias correcções, os artigos 2286º e seguintes.

ARTIGO 963º – Cláusulas modais

1 – As doações podem ser oneradas com encargos.

2 – O donatário não é obrigado a cumprir os encargos senão dentro dos limites do valor da coisa ou do direito doado.

ARTIGO 964º – Pagamento de dívidas

1 – Se a doação for feita com o encargo de pagamento das dívidas do doador, entender-se-á a cláusula, na falta de outra declaração, como obrigando ao pagamento das que existirem ao tempo da doação.

2 – Só é legal o encargo do pagamanto de dívidas futuras do doador desde que se determine o seu montante no acto da doação.

ARTIGO 965º – Cumprimento dos encargos

Na doação modal, tanto o doador, ou os seus herdeiros, como quaisquer interessados têm legitimidade para exigir do donatário, ou dos seus herdeiros, o cumprimento dos encargos.

ARTIGO 966º – Resolução da doação

O doador, ou os seus herdeiros, também podem pedir a resolução da doação, fundada no não cumprimento dos encargos, quando esse direito lhes seja conferido pelo contrato.

ARTIGO 967º – Condições ou encargos impossíveis ou ilícitos

As condições ou encargos física ou legalmente impossíveis, contrários à lei ou à ordem pública, ou ofensivos dos bons costumes ficam sujeitos às regras estabelecidas em matéria testamentária.

ARTIGO 968º – Confirmação das doações nulas

Não pode prevalecer-se da nulidade da doação o herdeiro do doador que a confirme depois da morte deste ou lhe dê voluntária execução, conhecendo o vício e o direito à declaração de nulidade.

SECÇÃO IV - Revogação das doações

ARTIGO 969º - Revogação da proposta de doação

1 – Enquanto não for aceita a doação, o doador pode livremente revogar a sua declaração negocial, desde que observe as formalidades desta.

2 – A proposta de doação não caduca pelo decurso dos prazos fixados no nº 1 do artigo 228º

ARTIGO 970º - Revogação da doação

As doações são revogáveis por ingratidão do donatário.

(Redação dada pelo Decreto-Lei nº 496/77, de 25-11)

ARTIGOS 971º A 973º

(Revogados pelo Decreto-Lei nº 496/77, de 25-11)

ARTIGO 974º - Casos de ingratidão

A doação pode ser revogada por ingratidão, quando o donatário se torne incapaz, por indignidade, de suceder ao doador, ou quando se verifique alguma das ocorrências que justificam a deserdação.

ARTIGO 975º - Exclusão da revogação

A doação não é revogável por ingratidão do donatário:

a) Sendo feita para casamento;

b) Sendo remuneratória;

c) Se o doador houver perdoado ao donatário.

ARTIGO 976º - Prazo e legitimidade para a acção

1 – A acção de revogação por ingratidão não pode ser proposta, nem depois da morte do donatário, nem pelos herdeiros do doador, salvo o caso previsto no nº 3 e caduca ao cabo de um ano, contado desde o facto que lhe deu causa ou desde que o doador teve conhecimento desse facto.

2 – Falecido o doador ou o donatário, a acção, quando pendente, é transmissível aos herdeiros de um ou de outro.

3 – Se o donatário tiver cometido contra o doador o crime de homicídio, ou por qualquer causa o tiver impedido de revogar a doação, a acção pode ser proposta pelos herdeiros do doador dentro de um ano a contar da morte deste.

ARTIGO 977º - Inadmissibilidade de renúncia antecipada

O doador não pode antecipadamente renúnciar ao direito de revogar a doação por ingratidão do donatário.

(Redação dada pelo Decreto-Lei nº 496/77, de 25-11)

ARTIGO 978º - Efeitos da revogação

1 – Os efeitos da revogação da doação retrotraem-se à data da proposição da acção.

2 – Revogada a liberalidade, são os bens doados restituídos ao doador, ou aos seus herdeiros, no estado em que se encontrarem.

3 – Se os bens tiverem sido alienados ou não puderem ser restituídos em espécie por outra causa imputável ao donatário, entregará este, ou entregarão os seus herdeiros, o valor que eles tinham ao tempo em que foram alienados ou se verificou a impossibilidade de restituição, acrescido dos juros legais a contar da proposição da acção.

ARTIGO 979º – Efeitos em relação a terceiros

A revogação da doação não afecta terceiros que hajam adquirido, anteriormente à demanda, direitos reais sobre os bens doados, sem prejuízo das regras relativas ao registo; neste caso, porém, o donatário indemnizará o doador.

CAPÍTULO III – Sociedade

SECÇÃO I – Disposições gerais

ARTIGO 980º – Noção

Contrato de sociedade é aquele em que duas ou mais pessoas se obrigam a contribuir com bens ou serviços para o exercício em comum de certa actividade económica, que não seja de mera fruição, a fim de repartirem os lucros resultantes dessa actividade.

ARTIGO 981º – Forma

1 – O contrato de sociedade não está sujeito a forma especial, à excepção da que for exigida pela natureza dos bens com que os sócios entram para a sociedade.

2 – A inobservância da forma, quando esta for exigida, só anula todo o negócio se este não puder converter-se segundo o disposto no artigo 293º, de modo que à sociedade fique o simples uso e fruição dos bens cuja transferência determina a forma especial, ou se o negócio não puder reduzir-se, nos termos do artigo 292º, às demais participações.

ARTIGO 982º – Alterações do contrato

1 – As alterações do contrato requerem o acordo de todos os sócios, excepto se o próprio contrato o dispensar.

2 – Se o contrato conceder direitos especiais a algum dos sócios, não podem os direitos concedidos ser suprimidos ou coarctados sem o assentimento do respectivo titular, salvo estipulação expressa em contrário.

SECÇÃO II – Relações entre os sócios

ARTIGO 983º – Entradas

1 – Os sócios estão somente obrigados às entradas estabelecidas no contrato.

2 – As entradas dos sócios presumem-se iguais em valor, se este não for determinado no contrato.

ARTIGO 984º – Execução da prestação, garantia e risco da coisa

A execução da prestação, a garantia e o risco da coisa são regulados nos termos seguintes:

a) Se a entrada consistir na transferência ou constituição de um direito real, pelas normas do contrato de compra e venda;

b) Se o sócio apenas se obrigar a facultar à sociedade o uso e fruição de uma coisa, pelas normas do contrato de locação;

c) Se a entrada consistir na transferência de um crédito ou de uma posição contratual, pelas normas, respectivamente, da cessão de créditos ou da cessão da posição contratual, presumindo-se, todavia, que o sócio garante a solvência do devedor.

ARTIGO 985º – Administração

1 – Na falta de convenção em contrário, todos os sócios têm igual poder para administrar.

2 – Pertencendo a administração a todos os sócios ou apenas a alguns deles, qualquer dos administradores tem o direito de se opor ao acto que outro pretenda realizar, cabendo à maioria decidir sobre o mérito da oposição.

3 – Se o contrato confiar a administração a todos ou a vários sócios em conjunto, entende-se, em caso de dúvida, que as deliberações podem ser tomadas por maioria.

4 – Salvo estipulação noutro sentido, considera-se tomada por maioria a deliberação que reúna os sufrágios de mais de metade dos administradores.

5 – Ainda que para a administração em geral, ou para determinada categoria de actos, seja exigido o assentimento de todos os administradores, ou da maioria deles, a qualquer dos administradores é lícito praticar os actos urgentes da administração destinados a evitar à sociedade um dano iminente.

ARTIGO 986º – Alteração da administração

1 – A cláusula do contrato que atribuir a administração ao sócio pode ser judicialmente revogada, a requerimento de qualquer outro, ocorrendo justa causa.

2 – É permitido incluir no contrato casos especiais de revogação, mas não é lícito aos interessados afastar a regra do número anterior.

3 – A designação de administradores feita em acto posterior pode ser revogada por deliberação da maioria dos sócios, sendo em tudo o mais aplicáveis à revogação as regras do mandato.

ARTIGO 987º – Direitos e obrigações dos administradores

1 – Aos direitos e obrigações dos administradores são aplicáveis as normas do mandato.

2 – Qualquer sócio pode tornar efectiva a responsabilidade a que está sujeito o administrador.

ARTIGO 988º – Fiscalização dos sócios

1 – Nenhum sócio pode ser privado, nem sequer por cláusula do contrato, do direito de obter dos administradores as informações de que necessite sobre os negócios da sociedade, de consultar os documentos a eles pertinentes e de exigir a prestação de contas.

2 – As contas são prestadas no fim de cada ano civil, salvo se outra coisa for estipulada no contrato, ou se for inferior a um ano a duração prevista para a sociedade.

ARTIGO 989º – Uso das coisas sociais

O sócio não pode, sem consentimento unânime dos consócios, servir-se das coisas sociais para fins estranhos à sociedade.

ARTIGO 990º – Proibição de concorrência

O sócio que, sem expressa autorização de todos os outros, exercer, por conta própria ou alheia, actividade igual à da sociedade fica responsável pelos danos que lhe causar, podendo ainda ser excluído, nos termos da alínea *a*) do artigo 1003º

ARTIGO 991º – Distribuição periódica dos lucros

Se os contraentes nada tiverem declarado sobre o destino dos lucros de cada exercício, os sócios têm direito a que estes lhes sejam atribuídos nos termos fixados no artigo imediato, depois de deduzidas as quantias afectadas, por deliberação da maioria, à prossecução dos fins sociais.

ARTIGO 992º – Distribuição dos lucros e das perdas

1 – Na falta de convenção em contrário, os sócios participam nos lucros e perdas da sociedade segundo a proporção das respectivas entradas.

2 – No silêncio do contrato, os sócios de indústria não respondem, nas relações internas, pelas perdas sociais.

3 – Se o contrato não fixar o quinhão do sócio de indústria nos lucros nem o valor da sua contribuição, será o quinhão deste estimado pelo tribunal segundo juízos de equidade; do mesmo modo se avaliará a parte nos lucros e perdas do sócio que apenas se obrigou a facultar à sociedade o uso e fruição de uma coisa.

4 – Se o contrato determinar somente a parte de cada sócio nos lucros, presumir-se-á ser a mesma a sua parte nas perdas.

ARTIGO 993º – Divisão deferida a terceiro

1 – Convencionando-se que a divisão dos ganhos e perdas seja feita por terceiro, deve este fazê-la segundo juízos de equidade, sempre que não haja estipulação em contrário; se a divisão não puder ser feita ou não tiver sido feita no tempo devido, sê-lo-á pelo tribunal, segundo os mesmos juízos.

2 – Qualquer sócio tem o direito de impugnar a divisão feita por terceiro, no prazo de seis meses a contar do dia em que ela chegou ao seu conhecimento.

3 – Porém, a recepção dos respectivos lucros extingue o direito à impugnação, salvo se anteriormente se protestou contra a divisão, ou se, ao tempo do recebimento, eram desconhecidas as causas da impugnabilidade.

ARTIGO 994º – Pacto leonino

É nula a cláusula que exclui um sócio da comunhão nos lucros ou que o isenta de participar nas perdas da sociedade, salvo o disposto no nº 2 do artigo 992º

ARTIGO 995º – Cessão de quotas

1 – Nenhum sócio pode ceder a terceiro a sua quota sem consentimento de todos os outros.

2 – A cessão de quotas está sujeita à forma exigida para a transmissão dos bens da sociedade.

SECÇÃO III – Relações com terceiros

ARTIGO 996º – Representação da sociedade

1 – A sociedade é representada em juízo e fora dele pelos seus administradores, nos termos do contrato ou de harmonia com as regras fixadas no artigo 985º

2 – Quando não estiverem sujeitas a registo, as deliberações sobre a extinção ou modificação dos poderes dos administradores não são oponíveis a terceiros que, sem culpa, as ignoravam ao tempo em que contrataram com a sociedade; considera-se sempre culposa a ignorância, se à deliberação foi dada a publicidade conveniente.

ARTIGO 997º – Responsabilidade pelas obrigações sociais

1 – Pelas dívidas sociais respondem a sociedade e, pessoal e solidariamente, os sócios.

2 – Porém, o sócio demandado para pagamento dos débitos da sociedade pode exigir a prévia excussão do património social.

3 – A responsabilidade dos sócios que não sejam administradores pode ser modificada, limitada ou excluída por cláusula expressa do contrato, excepto no caso de a administração competir unicamente a terceiras pessoas; se a cláusula não estiver sujeita a registo, é aplicável, quanto à sua oponibilidade a terceiros, o disposto no nº 2 do artigo anterior.

4 – O sócio não pode eximir-se à responsabilidade por determinada dívida a pretexto de esta ser anterior à sua entrada para a sociedade.

ARTIGO 998º – Resposabilidade por factos ilícitos

1 – A sociedade responde civilmente pelos actos ou omissões dos seus representantes, agentes ou mandatários, nos mesmos termos em que os comitentes respondem pelos actos ou omissões dos seus comissários.

2 – Não podendo o lesado ressarcir-se completamente, nem pelos bens da sociedade, nem pelo património do representante, agente ou mandatário, ser-lhe-á lícito

exigir dos sócios o que faltar, nos mesmos termos em que o poderia fazer qualquer credor social.

ARTIGO 999º – Credor particular do sócio

1 – Enquanto se não dissolver a sociedade, e sendo suficientes outros bens do devedor, o credor particular do sócio apenas pode executar o direito deste aos lucros e à quota de liquidação.

2 – Se os outros bens do devedor forem insuficientes, o credor pode exigir a liquidação da quota do devedor nos termos do artigo 1021º.

ARTIGO 1000º – Compensação

Não é admitida compensação entre aquilo que um terceiro deve à sociedade e o crédito dele sobre algum dos sócios, nem entre o que a sociedade deve a terceiro e o crédito que sobre este tenha algum dos sócios.

SECÇÃO IV – Morte, exoneração ou exclusão de sócios

ARTIGO 1001º – Morte de um sócio

1 – Falecendo um sócio, se o contrato nada estipular em contrário, deve a sociedade liquidar a sua quota em benefício dos herdeiros; mas os sócios supérstites têm a faculdade de optar pela dissolução da sociedade, ou pela sua continuação com os herdeiros se vierem a acordo com eles.

2 – A opção pela dissolução da sociedade só é oponível aos herdeiros do sócio falecido se lhes for comunicada dentro de sessenta dias, a contar do conhecimento da morte pelos sócios supérstites.

3 – Sendo dissolvida a sociedade, os herdeiros assumem todos os direitos inerentes, na sociedade em liquidação, à quota do sócio falecido.

4 – Sendo os herdeiros chamados à sociedade, podem livremente dividir entre si o quinhão do seu antecessor ou encabeçá-lo em algum ou alguns deles.

ARTIGO 1002º – Exoneração

1 – Todo o sócio tem o direito de se exonerar da sociedade, se a duração desta não tiver sido fixada no contrato; não se considera, para este efeito, fixada no contrato a duração da sociedade, se esta tiver sido constituída por toda a vida de um sócio ou por período superior a trinta anos.

2 – Havendo fixação de prazo, o direito de exoneração só pode ser exercido nas condições previstas no contrato ou quando ocorra justa causa.

3 – A exoneração só se torna efectiva no fim do ano social em que é feita a comunicação respectiva, mas nunca antes de decorridos três meses sobre esta comunicação.

4 – As causas legais de exoneração não podem ser suprimidas ou modificadas; a supressão ou modificação das causas contratuais depende do acordo de todos os sócios.

ARTIGO 1003º – Exclusão

A exclusão de um sócio pode dar-se nos casos previstos no contrato, e ainda nos seguintes:

a) Quando lhe seja imputável violação grave das obrigações para com a sociedade;

b) Em caso de benefício do acompanhamento, precedendo decisão do tribunal que o tenha decretado;

c) Quando, sendo sócio de indústria, se impossibilite de prestar à sociedade os serviços a que ficou obrigado;

d) Quando, por causa não imputável aos administradores, se verifique o perecimento da coisa ou direito que constituía a entrada do sócio, nos termos do artigo seguinte.

(Redação dada pela Lei nº 49/2018, de 14-08)

ARTIGO 1004º – Perecimento superveniente da coisa

O perecimento superveniente da coisa é fundamento de exclusão do sócio:

a) Se a entrada consistir na transferência ou constituição de um direito real sobre a coisa e esta perecer antes da entrega;

b) Se o sócio entrou para a sociedade apenas com o uso e fruição da coisa perdida.

ARTIGO 1005º – Deliberação sobre a exclusão

1 – A exclusão depende do voto da maioria dos sócios, não incluindo no número destes o sócio em causa, e produz efeitos decorridos trinta dias sobre a data da respectiva comunicação ao excluído.

2 – O direito de oposição do sócio excluído caduca decorrido o prazo referido no número anterior.

3 – Se a sociedade tiver apenas dois sócios, a exclusão de qualquer deles só pode ser pronunciada pelo tribunal.

ARTIGO 1006º – Eficácia da exoneração ou exclusão

1 – A exoneração ou exclusão não isenta o sócio da responsabilidade em face de terceiros pelas obrigações sociais contraídas até ao momento em que a exoneração ou exclusão produzir os seus efeitos.

2 – A exoneração e a exclusão que não estejam sujeitas a registo não são oponíveis a terceiros que, sem culpa, as ignoravam ao tempo em que contrataram com a sociedade; considera-se sempre culposa a ignorância, se ao acto foi dada a publicidade conveniente.

SECÇÃO V – Dissolução da sociedade

ARTIGO 1007º – Causas de dissolução

A sociedade dissolve-se:

a) Por acordo dos sócios;

b) Pelo decurso do prazo fixado no contrato, não havendo prorrogação;

c) Pela realização do objecto social, ou por este se tornar impossível;

d) Por se extinguir a pluralidade dos sócios, se no prazo de seis meses não for reconstituída;

e) Por decisão judicial que declare a sua insolvência;

f) Por qualquer outra causa prevista no contrato.

ARTIGO 1008º – Dissolução por acordo. Prorrogação do prazo

1 – A dissolução por acordo depende do voto unânime dos sócios, a não ser que o contrato permita a modificação das suas cláusulas ou a dissolução da sociedade por simples voto maioritário.

2 – A prorrogação do prazo fixado no contrato pode ser validamente convencionada até à partilha; considera-se tacitamente prorrogada a sociedade, por tempo indeterminado, se os sócios continuaram a exercer a actividade social, salvo se das circunstâncias resultar que não houve essa intenção.

ARTIGO 1009º – Poderes dos administradores depois da dissolução

1 – Dissolvida a sociedade, os poderes dos administradores ficam limitados à prática dos actos meramente conservatórios e, no caso de não terem sido nomeados liquidatários, dos actos necessários à liquidação do património social.

2 – Pelas obrigações que os administradores assumam contra o disposto no número anterior, a sociedade e os outros sócios só respondem perante terceiros se estes estavam de boa fé ou, no caso de ser obrigatório o registo da dissolução, se este não tiver sido efectuado; nos restantes casos, respondem solidariamente os administradores que tenham assumido aquelas obrigações.

SECÇÃO VI – Liquidação da sociedade e de quotas

ARTIGO 1010º – Liquidação da sociedade

Dissolvida a sociedade, procede-se à liquidação do seu património.

ARTIGO 1011º – Forma da liquidação

1 – Se não estiver fixada no contrato, a forma da liquidação é regulada pelos sócios; na falta de acordo de todos, observar-se-ão as disposições dos artigos subsequentes e as das leis de processo.

2 – Se o prazo para a liquidação não estiver determinado, qualquer sócio ou credor pode requerer a sua determinação pelo tribunal.

ARTIGO 1012º – Liquidatários

1 – A liquidação compete aos administradores.

2 – Se o contrato confiar aos sócios a nomeacão dos liquidatários e o acordo se revelar impossível, será a falta deste suprida pelo tribunal, por iniciativa de qualquer sócio ou credor.

ARTIGO 1013º – Posição dos liquidatários

1 – A posição dos liquidatários é idêntica à dos administradores, com as modificações constantes dos artigos seguintes.

2 – Salvo acordo dos sócios em contrário, as decisões dos liquidatários são tomadas por maioria.

ARTIGO 1014º – Termos iniciais da liquidação

1 – Se os liquidatários não forem os administradores, devem exigir destes a entrega dos bens e dos livros e documentos da sociedade, bem como as contas relativas ao último período de gestão; na falta de entrega, esta deve ser requerida ao tribunal.

2 – É obrigatória a organização de um inventário que dê a conhecer a situação do património social; o inventário é elaborado conjuntamente por administradores e liquidatários.

ARTIGO 1015º – Poderes dos liquidatários

Cabe aos liquidatários praticar todos os actos necessários à liquidação do património social, ultimando os negócios pendentes, cobrando os créditos, alienando os bens e pagando aos credores.

ARTIGO 1016º – Pagamento do passivo

1 – É defeso aos liquidatários proceder à partilha dos bens sociais enquanto não tiverem sido pagos os credores da sociedade ou consignadas as quantias necessárias.

2 – Quando os bens da sociedade não forem suficientes para a liquidação do passivo, os liquidatários podem exigir dos sócios, além das entradas em dívida, as quantias necessárias, em proporção da parte de cada um nas perdas e dentro dos limites da respectiva responsabilidade; se, porém, algum sócio se encontrar insolvente, será a sua parte dividida pelos demais, nos termos referidos.

ARTIGO 1017º – Restituição dos bens atribuídos em uso e fruição

1 – O sócio que tiver entrado para a sociedade com o uso e fruição de certos bens tem o direito de os levantar no estado em que se encontrarem.

2 – Se os bens se houverem perdido ou deteriorado por causa imputável aos administradores, são estes e a sociedade solidariamente responsáveis pelos danos.

ARTIGO 1018º – Partilha

1 – Extintas as dívidas sociais, o activo restante é destinado em primeiro lugar ao reembolso das entradas efectivamente realizadas, exceptuadas as contribuições de serviços e as de uso e fruição de certos bens.

2 – Se não puder ser feito o reembolso integral, o activo existente é distribuído pelos sócios, por forma que a diferença para menos recaia em cada um deles na proporção da parte que lhe competir nas perdas da sociedade; se houver saldo depois de feito o reembolso, será repartido por eles na proporção da parte que lhes caiba nos lucros.

3 – As entradas que não sejam de dinheiro são estimadas no valor que tinham à data da constituição da sociedade, se não lhes tiver sido atribuído outro no contrato.

4 – Ainda que o contrato o não preveja, podem os sócios acordar em que a partilha dos bens se faça em espécie.

ARTIGO 1019º – Regresso à actividade social

1 – Enquanto não se ultimarem as partilhas, podem os sócios retomar o exercício da actividade social, desde que o resolvam por unanimidade.

2 – Se, porém, a dissolução tiver resultado de causa imperativa, é necessário que tenham cessado as circunstâncias que a determinaram.

ARTIGO 1020º – Responsabilidade dos sócios após a liquidação

Encerrada a liquidação e extinta a sociedade, os antigos sócios continuam responsáveis perante terceiros pelo pagamento dos débitos que não tenham sido saldados, como se não tivesse havido liquidação.

ARTIGO 1021º – Liquidação de quotas

1 – Nos casos de morte, exoneração ou exclusão de um sócio, o valor da sua quota é fixado com base no estado da sociedade à data em que ocorreu ou produziu efeitos o facto determinante da liquidação; se houver negócios em curso, o sócio ou os herdeiros participarão nos lucros e perdas deles resultantes.

2 – Na avaliação da quota observar-se-ão, com as adaptações necessárias, as regras dos nºs 1 a 3 do artigo 1018º, na parte em que forem aplicáveis.

3 – O pagamento do valor da liquidação deve ser feito, salvo acordo em contrário, dentro do prazo de seis meses, a contar do dia em que tiver ocorrido ou produzido efeitos o facto determinante da liquidação.

CAPÍTULO IV – Locação

SECÇÃO I – Disposições gerais

ARTIGO 1022º – Noção

«Locação» é o contrato pelo qual uma das partes se obriga a proporcionar à outra o gozo temporário de uma coisa, mediante retribuição.

ARTIGO 1023º – Arrendamento e aluguer

A locação diz-se «arrendamento» quando versa sobre coisa imóvel, «aluguer» quando incide sobre coisa móvel.

ARTIGO 1024º – A locação como ato de administração

1 – A locação constitui, para o locador, um ato de administração ordinária, exceto quando for celebrada por prazo superior a seis anos.

2 – O arrendamento de prédio indiviso feito pelo consorte ou consortes administradores só é válido quando os restantes comproprietários manifestem, por escrito e antes ou depois do contrato, o seu assentimento.

(Redação dada pela Lei nº 6/2006, de 27-02)

ARTIGO 1025º – Duração máxima

A locação não pode celebrar-se por mais de 30 anos; quando estipulada por tempo superior, ou como contrato perpétuo, considera-se reduzida àquele limite.

ARTIGO 1026º – Prazo supletivo

Na falta de estipulação, entende-se que o prazo de duração do contrato é igual à unidade de tempo a que corresponde a retribuição fixada, salvas as disposições especiais deste Código.

ARTIGO 1027º – Fim do contrato

Se do contrato e respetivas circunstâncias não resultar o fim a que a coisa locada se destina, é permitido ao locatário aplicá-la a quaisquer fins lícitos, dentro da função normal das coisas de igual natureza.

ARTIGO 1028º – Pluralidade de fins

1 – Se uma ou mais coisas forem locadas para fins diferentes, sem subordinação de uns a outros, observar-se-á, relativamente a cada um deles, o regime respetivo.

2 – As causas de nulidade, anulabilidade ou resolução que respeitem a um dos fins não afetam a parte restante da locação, exceto se do contrato ou das circunstâncias que o acompanham não resultar a discriminação das coisas ou partes da coisa correspondentes às várias finalidades, ou estas forem solidárias entre si.

3 – Se, porém, um dos fins for principal e os outros subordinados, prevalecerá o regime correspondente ao fim principal; os outros regimes só são aplicáveis na medida em que não contrariem o primeiro e a aplicação deles se não mostre incompatível com o fim principal.

ARTIGO 1029º – Exigência de escritura pública

(Revogado pela Lei nº 6/2006, de 27-02)

ARTIGO 1030º – Encargos da coisa locada

Os encargos da coisa locada, sem embargo de estipulação em contrário, recaem sobre o locador, a não ser que a lei os imponha ao locatário.

SECÇÃO II – Obrigações do locador

ARTIGO 1031º – Enumeração

São obrigações do locador:

a) Entregar ao locatário a coisa locada;

b) Assegurar-lhe o gozo desta para os fins a que a coisa se destina.

ARTIGO 1032º – Vício da coisa locada

Quando a coisa locada apresentar vício que lhe não permita realizar cabalmente o fim a que é destinada, ou carecer de qualidades necessárias a esse fim ou asseguradas pelo locador, considera-se o contrato não cumprido:

a) Se o defeito datar, pelo menos, do momento da entrega e o locador não provar que o desconhecia sem culpa;

b) Se o defeito surgir posteriormente à entrega, por culpa do locador.

ARTIGO 1033º – Casos de irresponsabilidade do locador

O disposto no artigo anterior não é aplicável:

a) Se o locatário conhecia o defeito quando celebrou o contrato ou recebeu a coisa;

b) Se o defeito já existia ao tempo da celebração do contrato e era facilmente reconhecível, a não ser que o locador tenha assegurado a sua inexistência ou usado de dolo para o ocultar;

c) Se o defeito for da responsabilidade do locatário;

d) Se este não avisou do defeito o locador, como lhe cumpria.

ARTIGO 1034º – Ilegitimidade do locador ou deficiência do seu direito

1 – São aplicáveis as disposições dos dois artigos anteriores:

a) Se o locador não tiver a faculdade de proporcionar a outrem o gozo da coisa locada;

b) Se o seu direito não for de propriedade ou estiver sujeito a algum ónus ou limitação que exceda os limites normais inerentes a este direito;

c) Se o direito do locador não possuir os atributos que ele assegurou ou estes atributos cessarem posteriormente por culpa dele.

2 – As circunstâncias descritas no número antecedente só importam a falta de cumprimento do contrato quando determinarem a privação, definitiva ou temporária, do gozo da coisa ou a diminuição dele por parte do locatário.

ARTIGO 1035º – Anulabilidade por erro ou dolo

O disposto nos artigos 1032º e 1034º não obsta à anulação do contrato por erro ou por dolo, nos termos gerais.

ARTIGO 1036º – Reparações ou outras despesas urgentes

1 – Se o locador estiver em mora quanto à obrigação de fazer reparações ou outras despesas, e umas ou outras, pela sua urgência, se não compadecerem com as delongas do procedimento judicial, tem o locatário a possibilidade de fazê-las extrajudicialmente, com direito ao seu reembolso.

2 – Quando a urgência não consinta qualquer dilação, o locatário pode fazer as reparações ou despesas, também com direito a reembolso, independentemente de mora do locador, contanto que o avise ao mesmo tempo.

ARTIGO 1037º – Atos que impedem ou diminuem o gozo da coisa

1 – Não obstante convenção em contrário, o locador não pode praticar atos que impeçam ou diminuam o gozo da coisa pelo locatário, com exceção dos que a lei ou os usos facultem ou o próprio locatário consinta em cada caso, mas não tem obrigação de assegurar esse gozo contra atos de terceiro.

2 – O locatário que for privado da sua coisa ou perturbado no exercício dos seus direitos pode usar, mesmo contra o locador, dos meios facultados ao possuidor nos artigos 1276º e seguintes.

SECÇÃO III – Obrigações do locatário

SUBSECÇÃO I – Disposição geral

ARTIGO 1038º – Enumeração

São obrigações do locatário:

a) Pagar a renda ou aluguer;

b) Facultar ao locador o exame da coisa locada;

c) Não aplicar a coisa a fim diverso daqueles a que ela se destina;

d) Não fazer dela uma utilização imprudente;

e) Tolerar as reparações urgentes, bem como quaisquer obras ordenadas pela autoridade pública;

f) Não proporcionar a outrem o gozo total ou parcial da coisa por meio de cessão onerosa ou gratuita da sua posição jurídica, sublocação ou comodato, exceto se a lei o permitir ou o locador o autorizar;

g) Comunicar ao locador, dentro de quinze dias, a cedência do gozo da coisa por algum dos referidos títulos, quando permitida ou autorizada;

h) Avisar imediatamente o locador, sempre que tenha conhecimento de vícios na coisa, ou saiba que a ameaça algum perigo ou que terceiros se arrogam direitos em relação a ela, desde que o facto seja ignorado pelo locador;

i) Restituir a coisa locada findo o contrato.

SUBSECÇÃO II – Pagamento da renda ou aluguer

ARTIGO 1039º – Tempo e lugar do pagamento

1 – O pagamento da renda ou aluguer deve ser efetuado no último dia de vigência do contrato ou do período a que respeita, e no domicílio do locatário à data do vencimento, se as partes ou os usos não fixarem outro regime.

2 – Se a renda ou aluguer houver de ser pago no domicílio, geral ou particular, do locatário ou de procurador seu, e o pagamento não tiver sido efetuado, presume-se que o locador não veio nem mandou receber a prestação no dia do vencimento.

ARTIGO 1040º – Redução da renda ou aluguer

1 – Se, por motivo não atinente à sua pessoa ou à dos seus familiares, o locatário sofrer privação ou diminuição do gozo da coisa locada, haverá lugar a uma redução da renda ou aluguer proporcional ao tempo da privação ou diminuição e à extensão desta, sem prejuízo do disposto na secção anterior.

2 – Mas, se a privação ou diminuição não for imputável ao locador nem aos seus familiares, a redução só terá lugar no caso de uma ou outra exceder um sexto da duração do contrato.

3 – Consideram-se familiares os parentes, afins ou serviçais que vivam habitualmente em comunhão de mesa e habitação com o locatário ou o locador.

ARTIGO 1041º – Mora do locatário

1 – Constituindo-se o locatário em mora, o locador tem o direito de exigir, além das rendas ou alugueres em atraso, uma indemnização igual a 20% do que for devido, salvo se o contrato for resolvido com base na falta de pagamento.

2 – Cessa o direito à indemnização ou à resolução do contrato, se o locatário fizer cessar a mora no prazo de oito dias a contar do seu começo.

3 – Enquanto não forem cumpridas as obrigações a que o nº 1 se refere, o locador tem o direito de recusar o recebimento das rendas ou alugueres seguintes, os quais são considerados em dívida para todos os efeitos.

4 – A receção de novas rendas ou alugueres não priva o locador do direito à resolução do contrato ou à indemnização referida, com base nas prestações em mora.

5 – Caso exista fiança e o arrendatário não faça cessar a mora nos termos do nº 2, o senhorio deve, nos 90 dias seguintes, notificar o fiador da mora e das quantias em dívida.

6 – O senhorio apenas pode exigir do fiador a satisfação dos seus direitos de crédito após efetuar a notificação prevista no número anterior.

7 – Em contratos sujeitos ao regime de arrendamento apoiado, o senhorio pode, no âmbito de acordo de regularização de dívida, reduzir ou dispensar a indemnização prevista no nº 1, sem prejuízo do direito à resolução do contrato e à cobrança de juros de mora, em caso de incumprimento do acordo.

(Redação dada pela Lei nº 13/2019, de 12-02)

ARTIGO 1042º – Cessação da mora

1 – O locatário pode pôr fim à mora oferecendo ao locador o pagamento das rendas ou alugueres em atraso, bem como a indemnização fixada no nº 1 do artigo anterior.

2 – Perante a recusa do locador em receber as correspondentes importâncias, pode o locatário recorrer à consignação em depósito.

(Redação dada pela Lei nº 6/2006, de 27-02)

SUBSECÇÃO III – Restituição da coisa locada

ARTIGO 1043º – Dever de manutenção e restituição da coisa

1 – Na falta de convenção, o locatário é obrigado a manter e restituir a coisa no estado em que a recebeu, ressalvadas as deteriorações inerentes a uma prudente utilização, em conformidade com os fins do contrato.

2 – Presume-se que a coisa foi entregue ao locatário em bom estado de manutenção quando não exista documento onde as partes tenham descrito o estado dela ao tempo da entrega.

ARTIGO 1044º – Perda ou deterioração da coisa

O locatário responde pela perda ou deteriorações da coisa, não excetuadas no artigo anterior, salvo se resultarem de causa que lhe não seja imputável nem a terceiro a quem tenha permitido a utilização dela.

ARTIGO 1045º – Indemnização pelo atraso na restituição da coisa

1 – Se a coisa locada não for restituída, por qualquer causa, logo que finde o contrato, o locatário é obrigado, a título de indemnização, a pagar até ao momento da restituição a renda ou aluguer que as partes tenham estipulado, exceto se houver fundamento para consignar em depósito a coisa devida.

2 – Logo, porém, que o locatário se constitua em mora, a indemnização é elevada ao dobro.

ARTIGO 1046º – Indemnização de despesas e levantamento de benfeitorias

1 – Fora dos casos previstos no artigo 1036º, e salvo estipulação em contrário, o locatário é equiparado ao possuidor de má fé quanto a benfeitorias que haja feito na coisa locada.

2 – Tratando-se de aluguer de animais, as despesas de alimentação destes correm sempre, na falta de estipulação em contrário, por conta do locatário.

SECÇÃO IV – Resolução e caducidade do contrato

SUBSECÇÃO I – Resolução

ARTIGO 1047º – Resolução

A resolução do contrato de locação pode ser feita judicial ou extrajudicialmente.

(Redação dada pela Lei nº 6/2006, de 27-02)

ARTIGO 1048º – Falta de pagamento da renda ou aluguer

1 – O direito à resolução do contrato por falta de pagamento da renda ou aluguer, quando for exercido judicialmente, caduca logo que o locatário, até ao termo do prazo para a contestação da ação declarativa, pague, deposite ou consigne em depósito as somas devidas e a indemnização referida no nº 1 do artigo 1041º

2 – O locatário só pode fazer uso da faculdade referida no número anterior uma única vez, com referência a cada contrato.

3 – O regime previsto nos números anteriores aplica-se ainda à falta de pagamento de encargos e despesas que corram por conta do locatário.

4 – Ao direito à resolução do contrato por falta de pagamento da renda ou aluguer, quando for exercido extrajudicialmente, é aplicável, com as necessárias adaptações, o disposto nos nºs 3 e 4 do artigo 1084º

(Redação dada pela Lei nº 31/2012, de 14-08)

ARTIGO 1049º – Cedência do gozo da coisa

O locador não tem direito à resolução do contrato com fundamento na violação do disposto nas alíneas *f*) e *g*) do artigo 1038º, se tiver reconhecido o beneficiário da cedência como tal, ou ainda, no caso da alínea *g*), se a comunicação lhe tiver sido feita por este.

ARTIGO 1050º – Resolução do contrato pelo locatário

O locatário pode resolver o contrato, independentemente de responsabilidade do locador:

a) Se, por motivo estranho à sua própria pessoa ou à dos seus familiares, for privado do gozo da coisa, ainda que só temporariamente;

b) Se na coisa locada existir ou sobrevier defeito que ponha em perigo a vida ou a saúde do locatário ou dos seus familiares.

SUBSECÇÃO II – Caducidade

Artigo 1051º – Casos de caducidade

O contrato de locação caduca:

a) Findo o prazo estipulado ou estabelecido por lei;

b) Verificando-se a condição a que as partes o subordinaram, ou tornando-se certo que não pode verificar-se, conforme a condição seja resolutiva ou suspensiva;

c) Quando cesse o direito ou findem os poderes legais de administração com base nos quais o contrato foi celebrado;

d) Por morte do locatário ou, tratando-se de pessoa coletiva, pela extinção desta, salvo convenção escrita em contrário;

e) Pela perda da coisa locada;

f) Pela expropriação por utilidade pública, salvo quando a expropriação se compadeça com a subsistência do contrato;

g) Pela cessação dos serviços que determinaram a entrega da coisa locada.

(Redação dada pela Lei nº 6/2006, de 27-02)

ARTIGO 1052º – Exceções

O contrato de locação não caduca:

a) Se for celebrado pelo usufrutuário e a propriedade se consolidar na sua mão;

b) Se o usufrutuário alienar o seu direito ou renunciar a ele, pois nestes casos o contrato só caduca pelo termo normal do usfruto;

c) Se for celebrado pelo cônjuge administrador.

(Redação dada pelo Decreto-Lei nº 496/77, de 25-11)

ARTIGO 1053º – Despejo do prédio

Em qualquer dos casos de caducidade previstos nas alíneas *b*) e seguintes do artigo 1051º, a restituição do prédio, tratando-se de arrendamento, só pode ser exigida passados seis meses sobre a verificação do facto que determina a caducidade ou, sendo o arrendamento rural, no fim do ano agrícola em curso no termo do referido prazo.

(Redação dada pela Lei nº 6/2006, de 27-02)

ARTIGO 1054º – Renovação do contrato

1 – Findo o prazo do arrendamento, o contrato renova-se por períodos sucessivos se nenhuma das partes se tiver oposto à renovação no tempo e pela forma convencionados ou designados na lei.

2 – O prazo da renovação é igual ao do contrato; mas é apenas de um ano, se o prazo do contrato for mais longo.

(Redação dada pela Lei nº 31/2012, de 14-08)

ARTIGO 1055º – Oposição à renovação

1 – A oposição à renovação tem de ser comunicada ao outro contraente com a antecedência mínima seguinte:

a) 120 dias, se o prazo de duração inicial do contrato ou da sua renovação for igual ou superior a seis anos;

b) 60 dias, se o prazo de duração inicial do contrato ou da sua renovação for igual ou superior a um ano e inferior a seis anos;

c) 30 dias, se o prazo de duração inicial do contrato ou da sua renovação for igual ou superior a três meses e inferior a um ano;

d) Um terço do prazo de duração inicial do contrato ou da sua renovação, tratando-se de prazo inferior a três meses.

2 – A antecedência a que se refere o número anterior reporta-se ao termo do prazo de duração inicial do contrato ou da sua renovação.

(Redação dada pela Lei nº 31/2012, de 14-08)

ARTIGO 1056º – Outra causa de renovação

Se, não obstante a caducidade do arrendamento, o locatário se mantiver no gozo da coisa pelo lapso de um ano, sem oposição do locador, o contrato considera-se igualmente renovado nas condições do artigo 1054º

SECÇÃO V – Transmissão da posição contratual

ARTIGO 1057º – Transmissão da posição do locador

O adquirente do direito com base no qual foi celebrado o contrato sucede nos direitos e obrigações do locador, sem prejuízo das regras do registo.

ARTIGO 1058º – Liberação ou cessão de rendas ou alugueres

A liberação ou cessão de rendas ou alugueres não vencidos é inoponível ao sucessor entre vivos do locador, na medida em que tais rendas ou alugueres respeitem a períodos de tempo não decorridos à data da sucessão.

ARTIGO 1059º – Transmissão da posição do locatário

1 – A posição contratual do locatário é transmissível por morte dele ou, tratando-se de pessoa coletiva, pela extinção desta, se assim tiver sido convencionado por escrito.

2 – A cessão da posição do locatário está sujeita ao regime geral dos artigos 424º e seguintes, sem prejuízo das disposições especiais deste capítulo.

SECÇÃO VI – Sublocação

ARTIGO 1060º – Noção

A locação diz-se «sublocação», quando o locador a celebra com base no direito de locatário que lhe advém de um precedente contrato locativo.

ARTIGO 1061º – Efeitos

A sublocação só produz efeitos em relação ao locador ou a terceiros a partir do seu reconhecimento pelo locador ou da comunicação a que se refere a alínea *g*) do artigo 1038º

ARTIGO 1062º – Limite da renda ou aluguer

O locatário não pode cobrar do sublocatário renda ou aluguer superior ou proporcionalmente superior ao que é devido pelo contrato de locação, aumentado de 20%, salvo se outra coisa tiver sido convencionada com o locador.

ARTIGO 1063º – Direitos do locador em relação ao sublocatário

Se tanto o locatário como o sublocatário estiverem em mora quanto às respetivas dívidas de renda ou aluguer, é lícito ao locador exigir do sublocatário o que este dever, até ao montante do seu próprio crédito.

SECÇÃO VII – Arrendamento de prédios urbanos*

SUBSECÇÃO I – Disposições gerais

ARTIGO 1064º – Âmbito

A presente secção aplica-se ao arrendamento, total ou parcial, de prédios urbanos e, ainda, a outras situações nela previstas.

ARTIGO 1065º – Imóveis mobilados e acessórios

A locação de imóveis mobilados e seus acessórios presume-se unitária, originando uma única renda e submetendo-se à presente secção.

ARTIGO 1066º – Arrendamentos mistos

1 – O arrendamento conjunto de uma parte urbana e de uma parte rústica é havido por urbano quando essa seja a vontade dos contratantes.

2 – Na dúvida, atende-se, sucessivamente, ao fim principal do contrato e à renda que os contratantes tenham atribuído a cada uma delas.

3 – Na falta ou insuficiência de qualquer dos critérios referidos no número anterior, o arrendamento tem-se por urbano.

ARTIGO 1067º – Fim do contrato

1 – O arrendamento urbano pode ter fim habitacional ou não habitacional.

2 – Quando nada se estipule, o local arrendado pode ser gozado no âmbito das suas aptidões, tal como resultem da licença de utilização.

* *Aditada pela Lei nº 6/2006, de 27-02.*

3 – Na falta de licença de utilização, o arrendamento vale como habitacional se o local for habitável ou como não habitacional se o não for, salvo se outro destino lhe tiver vindo a ser dado.

ARTIGO 1067º-A – Não discriminação no acesso ao arrendamento

1 – Ninguém pode ser discriminado no acesso ao arrendamento em razão de sexo, ascendência ou origem étnica, língua, território de origem, nacionalidade, religião, crença, convicções políticas ou ideológicas, género, orientação sexual, idade ou deficiência.

2 – O anúncio de oferta de imóvel para arrendamento e outra forma de publicidade ligada à disponibilização de imóveis para arrendamento não pode conter qualquer restrição, especificação ou preferência baseada em categorias discriminatórias violadoras do disposto no número anterior.

(Aditado pela Lei nº 13/2019, de 12-02)

ARTIGO 1068º – Comunicabilidade

O direito do arrendatário comunica-se ao seu cônjuge, nos termos gerais e de acordo com o regime de bens vigente.

SUBSECÇÃO II – Celebração

ARTIGO 1069º – Forma

1 – O contrato de arrendamento urbano deve ser celebrado por escrito.

2 – Na falta de redução a escrito do contrato de arrendamento que não seja imputável ao arrendatário, este pode provar a existência de título por qualquer forma admitida em direito, demonstrando a utilização do locado pelo arrendatário sem oposição do senhorio e o pagamento mensal da respetiva renda por um período de seis meses.

(Redação dada pela Lei nº 13/2019, de 12-02)

ARTIGO 1070º – Requisitos de celebração

1 – O arrendamento urbano só pode recair sobre locais cuja aptidão para o fim do contrato seja atestada pelas entidades competentes, designadamente através de licença de utilização, quando exigível.

2 – Diploma próprio regula o requisito previsto no número anterior e define os elementos que o contrato de arrendamento urbano deve conter.

SUBSECÇÃO III – Direitos e obrigações das partes

DIVISÃO I – Obrigações não pecuniárias

ARTIGO 1071º – Limitações ao exercício do direito

Os arrendatários estão sujeitos às limitações impostas aos proprietários de coisas imóveis, tanto nas relações de vizinhança como nas relações entre arrendatários de partes de uma mesma coisa.

ARTIGO 1072º – Uso efetivo do locado

1 – O arrendatário deve usar efetivamente a coisa para o fim contratado, não deixando de a utilizar por mais de um ano.

2 – O não uso pelo arrendatário é lícito:

a) Em caso de força maior ou de doença;

b) Se a ausência, não perdurando há mais de dois anos, for devida ao cumprimento de deveres militares ou profissionais do próprio, do cônjuge ou de quem viva com o arrendatário em união de facto;

c) Se a utilização for mantida por quem, tendo direito a usar o locado, o fizesse há mais de um ano;

d) Se a ausência se dever à prestação de apoios continuados a pessoas com deficiência com grau de incapacidade igual ou superior a 60%, incluindo a familiares.

(Redação dada pela Lei nº 79/2014, de 19-12)

ARTIGO 1073º – Deteriorações lícitas

1 – É lícito ao arrendatário realizar pequenas deteriorações no prédio arrendado quando elas se tornem necessárias para assegurar o seu conforto ou comodidade.

2 – As deteriorações referidas no número anterior devem, no entanto, ser reparadas pelo arrendatário antes da restituição do prédio, salvo estipulação em contrário.

ARTIGO 1074º – Obras

1 – Cabe ao senhorio executar todas as obras de conservação, ordinárias ou extraordinárias, requeridas pelas leis vigentes ou pelo fim do contrato, salvo estipulação em contrário.

2 – O arrendatário apenas pode executar quaisquer obras quando o contrato o faculte ou quando seja autorizado, por escrito, pelo senhorio.

3 – Excetuam-se do disposto no número anterior as situações previstas no artigo 1036º e no artigo 22º-A do regime jurídico das obras em prédios arrendados, aprovado pelo Decreto-Lei nº 157/2006, de 8 de agosto.

4 – (*Revogado.*)

5 – Salvo estipulação em contrário, o arrendatário tem direito, no final do contrato, a compensação pelas obras licitamente feitas, nos termos aplicáveis às benfeitorias realizadas por possuidor de boa fé.

(Redação dada pela Lei nº 13/2019, de 12-02)

DIVISÃO II – Renda e encargos

ARTIGO 1075º – Disposições gerais

1 – A renda corresponde a uma prestação pecuniária periódica.

2 – Na falta de convenção em contrário, se as rendas estiverem em correspondência com os meses do calendário gregoriano, a primeira vencer-se-á no momento da celebração do contrato e cada uma das restantes no 1º dia útil do mês imediatamente anterior àquele a que diga respeito.

ARTIGO 1076º – Antecipação de rendas

1 – O pagamento da renda pode ser antecipado, havendo acordo escrito, por período não superior a três meses.

2 – As partes podem caucionar, por qualquer das formas legalmente previstas, o cumprimento das obrigações respetivas.

ARTIGO 1077º – Atualização de rendas

1 – As partes estipulam, por escrito, a possibilidade de atualização da renda e o respetivo regime.

2 – Na falta de estipulação, aplica-se o seguinte regime:

a) A renda pode ser atualizada anualmente, de acordo com os coeficientes de atualização vigentes;

b) A primeira atualização pode ser exigida um ano após o início da vigência do contrato e as seguintes, sucessivamente, um ano após a atualização anterior;

c) O senhorio comunica, por escrito e com a antecedência mínima de 30 dias, o coeficiente de atualização e a nova renda dele resultante;

d) A não atualização prejudica a recuperação dos aumentos não feitos, podendo, todavia, os coeficientes ser aplicados em anos posteriores, desde que não tenham passado mais de três anos sobre a data em que teria sido inicialmente possível a sua aplicação.

ARTIGO 1078º – Encargos e despesas

1 – As partes estipulam, por escrito, o regime dos encargos e despesas, aplicando-se, na falta de estipulação em contrário, o disposto nos números seguintes.

2 – Os encargos e despesas correntes respeitantes ao fornecimento de bens ou serviços relativos ao local arrendado correm por conta do arrendatário.

3 – No arrendamento de fração autónoma, os encargos e despesas referentes à administração, conservação e fruição de partes comuns do edifício, bem como o pagamento de serviços de interesse comum, correm por conta do senhorio.

4 – Os encargos e despesas devem ser contratados em nome de quem for responsável pelo seu pagamento.

5 – Sendo o arrendatário responsável por um encargo ou despesa contratado em nome do senhorio, este apresenta, no prazo de um mês, o comprovativo do pagamento feito.

6 – No caso previsto no número anterior, a obrigação do arrendatário vence-se no final do mês seguinte ao da comunicação pelo senhorio, devendo ser cumprida simultaneamente com a renda subsequente.

7 – Se as partes acordarem uma quantia fixa mensal a pagar por conta dos encargos e despesas, os acertos são feitos semestralmente.

SUBSECÇÃO IV – Cessação

DIVISÃO I – Disposições comuns

ARTIGO 1079º – Formas de cessação

O arrendamento urbano cessa por acordo das partes, resolução, caducidade, denúncia ou outras causas previstas na lei.

ARTIGO 1080º – Imperatividade

As normas sobre a resolução, a caducidade e a denúncia do arrendamento urbano têm natureza imperativa, salvo disposição legal em contrário.

(Redação dada pela Lei nº 31/2012, de 14-08)

ARTIGO 1081º – Efeitos da cessação

1 – A cessação do contrato torna imediatamente exigível, salvo se outro for o momento legalmente fixado ou acordado pelas partes, a desocupação do local e a sua entrega, com as reparações que incumbam ao arrendatário.

2 – Com antecedência não superior a três meses sobre a obrigação de desocupação do local, o senhorio pode exigir ao arrendatário a colocação de escritos, quando correspondam aos usos da terra.

3 – O arrendatário deve, em qualquer caso, mostrar o local a quem o pretender tomar de arrendamento durante os três meses anteriores à desocupação, em horário acordado com o senhorio.

4 – Na falta de acordo, o horário é, nos dias úteis, das 17 horas e 30 minutos às 19 horas e 30 minutos e, aos sábados e domingos, das 15 às 19 horas.

DIVISÃO II – Cessação por acordo entre as partes

ARTIGO 1082º – Revogação

1 – As partes podem, a todo o tempo, revogar o contrato, mediante acordo a tanto dirigido.

2 – O acordo referido no número anterior é celebrado por escrito quando não seja imediatamente executado ou quando contenha cláusulas compensatórias ou outras cláusulas acessórias.

DIVISÃO III – Resolução

ARTIGO 1083º – Fundamento da resolução

1 – Qualquer das partes pode resolver o contrato, nos termos gerais de direito, com base em incumprimento pela outra parte.

2 – É fundamento de resolução o incumprimento que, pela sua gravidade ou consequências, torne inexigível à outra parte a manutenção do arrendamento, designadamente, quanto à resolução pelo senhorio:

a) A violação de regras de higiene, de sossego, de boa vizinhança ou de normas constantes do regulamento do condomínio;

b) A utilização do prédio contrária à lei, aos bons costumes ou à ordem pública;

c) O uso do prédio para fim diverso daquele a que se destina, ainda que a alteração do uso não implique maior desgaste ou desvalorização para o prédio;

d) O não uso do locado por mais de um ano, salvo nos casos previstos no nº 2 do artigo 1072º;

e) A cessão, total ou parcial, temporária ou permanente e onerosa ou gratuita, do gozo do prédio, quando ilícita, inválida ou ineficaz perante o senhorio.

3 – É inexigível ao senhorio a manutenção do arrendamento em caso de mora igual ou superior a três meses no pagamento da renda, encargos ou despesas que corram por conta do arrendatário ou de oposição por este à realização de obra ordenada por autoridade pública, sem prejuízo do disposto nos nºs 3 a 5 do artigo seguinte.

4 – É ainda inexigível ao senhorio a manutenção do arrendamento no caso de o arrendatário se constituir em mora superior a oito dias, no pagamento da renda, por mais de quatro vezes, seguidas ou interpoladas, num período de 12 meses, com referência a cada contrato, não sendo aplicável o disposto nos nºs 3 e 4 do artigo seguinte.

5 – É fundamento de resolução pelo arrendatário, designadamente, a não realização pelo senhorio de obras que a este caibam, quando tal omissão comprometa a habitabilidade do locado e, em geral, a aptidão deste para o uso previsto no contrato.

6 – No caso previsto no nº 4, o senhorio apenas pode resolver o contrato se tiver informado o arrendatário, por carta registada com aviso de receção, após o terceiro atraso no pagamento da renda, de que é sua intenção pôr fim ao arrendamento naqueles termos.

(Redação dada pela Lei nº 13/2019, de 12-02)

ARTIGO 1084º – Modo de operar

1 – A resolução pelo senhorio com fundamento numa das causas previstas no nº 2 do artigo anterior é decretada nos termos da lei de processo.

2 – A resolução pelo senhorio quando fundada em causa prevista nos nºs 3 e 4 do artigo anterior bem como a resolução pelo arrendatário operam por comunicação à contraparte onde fundamentadamente se invoque a obrigação incumprida.

3 – A resolução pelo senhorio, quando opere por comunicação à contraparte e se funde na falta de pagamento da renda, encargos ou despesas que corram por conta do arrendatário, nos termos do nº 3 do artigo anterior, fica sem efeito se o arrendatário puser fim à mora no prazo de um mês.

4 – O arrendatário só pode fazer uso da faculdade referida no número anterior uma única vez, com referência a cada contrato.

5 – Fica sem efeito a resolução fundada na oposição pelo arrendatário à realização de obra ordenada por autoridade pública se, no prazo de 60 dias, cessar essa oposição.

(Redação dada pela Lei nº 43/2017, de 14-06)

ARTIGO 1085º – Caducidade do direito de resolução

1 – A resolução deve ser efetivada dentro do prazo de um ano a contar do conhecimento do facto que lhe serve de fundamento, sob pena de caducidade.

2 – O prazo referido no número anterior é reduzido para três meses quando o fundamento da resolução seja o previsto nos nºs 3 ou 4 do artigo 1083º

3 – Quando se trate de facto continuado ou duradouro, o prazo não se completa antes de decorrido um ano da sua cessação.

(Redação dada pela Lei nº 31/2012, de 14-08)

ARTIGO 1086º – Cumulações

1 – A resolução é cumulável com a denúncia ou com a oposição à renovação,

podendo prosseguir a discussão a ela atinente mesmo depois da cessação do contrato, com a finalidade de apurar as consequências que ao caso caibam.

2 – A resolução é igualmente cumulável com a responsabilidade civil.

ARTIGO 1087º – Desocupação

A desocupação do locado, nos termos do artigo 1081º, é exigível após o decurso de um mês a contar da resolução se outro prazo não for judicialmente fixado ou acordado pelas partes.

(Redação dada pela Lei nº 31/2012, de 14-08)

SUBSECÇÃO V – Subarrendamento

ARTIGO 1088º – Autorização do senhorio

1 – A autorização para subarrendar o prédio deve ser dada por escrito.

2 – O subarrendamento não autorizado considera-se, todavia, ratificado pelo senhorio se ele reconhecer o subarrendatário como tal.

ARTIGO 1089º – Caducidade

O subarrendamento caduca com a extinção, por qualquer causa, do contrato de arrendamento, sem prejuízo da responsabilidade do sublocador para com o sublocatário, quando o motivo da extinção lhe seja imputável.

ARTIGO 1090º – Direitos do senhorio em relação ao subarrendatário

1 – Sendo total o subarrendamento, o senhorio pode substituir-se ao arrendatário, mediante notificação judicial, considerando-se resolvido o primitivo arrendamento e passando o subarrendatário a arrendatário direto.

2 – Se o senhorio receber alguma renda do subarrendatário e lhe passar recibo depois da extinção do arrendamento, é o subarrendatário havido como arrendatário direto.

SUBSECÇÃO VI – Direito de preferência

ARTIGO 1091º – Regra geral

1 – O arrendatário tem direito de preferência:

a) Na compra e venda ou dação em cumprimento do local arrendado há mais de dois anos, sem prejuízo do previsto nos números seguintes;

b) Na celebração de novo contrato de arrendamento, em caso de caducidade do seu contrato por ter cessado o direito ou terem findado os poderes legais de administração com base nos quais o contrato fora celebrado.

2 – O direito previsto na alínea *b)* existe enquanto não for exigível a restituição do prédio, nos termos do artigo 1053º

3 – O direito de preferência do arrendatário é graduado imediatamente acima do direito de preferência conferido ao proprietário do solo pelo artigo 1535º

4 – A comunicação prevista no nº 1 do artigo 416º é expedida por carta registada com aviso de receção, sendo o prazo de resposta de 30 dias a contar da data da receção.

5 – É aplicável, com as necessárias adaptações, o disposto nos artigos 416º a 418º e 1410º, sem prejuízo das especificidades, em caso de arrendamento para fins habitacionais, previstas nos números seguintes.

6 – No caso de venda de coisa juntamente com outras, nos termos do artigo 417º, o obrigado indica na comunicação o preço que é atribuído ao locado bem como os demais valores atribuídos aos imóveis vendidos em conjunto.

7 – Quando seja aplicável o disposto na parte final do nº 1 do artigo 417º, a comunicação referida no número anterior deve incluir a demonstração da existência de prejuízo apreciável, não podendo ser invocada a mera contratualização da não redução do negócio como fundamento para esse prejuízo.

8 – No caso de contrato de arrendamento para fins habitacionais relativo a parte de prédio não constituído em propriedade horizontal, o arrendatário tem direito de preferência nos mesmos termos previstos para o arrendatário de fração autónoma, a exercer nas seguintes condições:

a) O direito é relativo à quota-parte do prédio correspondente à permilagem do locado pelo valor proporcional dessa quota-parte face ao valor total da transmissão;

b) A comunicação prevista no nº 1 do artigo 416º deve indicar os valores referidos na alínea anterior;

c) A aquisição pelo preferente é efetuada com afetação do uso exclusivo da quota-parte do prédio a que corresponde o locado.

9 – Caso o obrigado à preferência pretenda vender um imóvel não sujeito ao regime da propriedade horizontal, podem os arrendatários do mesmo, que assim o pretendam, exercer os seus direitos de preferência em conjunto, adquirindo, na proporção, a totalidade do imóvel em compropriedade.

(Redação dada pela Lei nº 64/2018, de 29-10)

SUBSECÇÃO VII – **Disposições especiais do arrendamento para habitação**

DIVISÃO I – **Âmbito do contrato**

ARTIGO 1092º – Indústrias domésticas

1 – No uso residencial do prédio arrendado inclui-se, salvo cláusula em contrário, o exercício de qualquer indústria doméstica, ainda que tributada.

2 – É havida como doméstica a indústria explorada na residência do arrendatário que não ocupe mais de três auxiliares assalariados.

ARTIGO 1093º – Pessoas que podem residir no local arrendado

1 – Nos arrendamentos para habitação podem residir no prédio, além do arrendatário:

a) Todos os que vivam com ele em economia comum;

b) Um máximo de três hóspedes, salvo cláusula em contrário.

2 – Consideram-se sempre como vivendo com o arrendatário em economia comum a pessoa que com ele viva em união de facto, os seus parentes ou afins na linha reta ou até ao 3º grau da linha colateral, ainda que paguem alguma retribuição, e bem assim as pessoas relativamente às quais, por força da lei ou de negócio jurídico que não respeite diretamente à habitação, haja obrigação de convivência ou de alimentos.

3 – Consideram-se «hóspedes» as pessoas a quem o arrendatário proporcione habitação e preste habitualmente serviços relacionados com esta, ou forneça alimentos, mediante retribuição.

DIVISÃO II – Duração

ARTIGO 1094º – Tipos de contratos

1 – O contrato de arrendamento urbano para habitação pode celebrar-se com prazo certo ou por duração indeterminada.

2 – No contrato com prazo certo pode convencionar-se que, após a primeira renovação, o arrendamento tenha duração indeterminada.

3 – No silêncio das partes, o contrato considera-se celebrado por prazo certo, pelo período de cinco anos.

(Redação dada pela Lei nº 43/2017, de 14-06)

SUBDIVISÃO I – Contrato com prazo certo

ARTIGO 1095º – Estipulação de prazo certo

1 – O prazo deve constar de cláusula inserida no contrato.

2 – O prazo referido no número anterior não pode, contudo, ser inferior a um nem superior a 30 anos, considerando-se automaticamente ampliado ou reduzido aos referidos limites mínimo e máximo quando, respetivamente, fique aquém do primeiro ou ultrapasse o segundo.

3 – O limite mínimo previsto no número anterior não se aplica aos contratos para habitação não permanente ou para fins especiais transitórios, designadamente por motivos profissionais, de educação e formação ou turísticos, neles exarados.

(Redação dada pela Lei nº 13/2019, de 12-02)

ARTIGO 1096º – Renovação automática

1 – Salvo estipulação em contrário, o contrato celebrado com prazo certo renova-se automaticamente no seu termo e por períodos sucessivos de igual duração ou de três anos se esta for inferior, sem prejuízo do disposto no número seguinte.

2 – Salvo estipulação em contrário, não há lugar a renovação automática nos contratos previstos nº 3 do artigo anterior.

3 – Qualquer das partes pode opor-se à renovação, nos termos dos artigos seguintes.

(Redação dada pela Lei nº 13/2019, de 12-02)

ARTIGO 1097º – Oposição à renovação deduzida pelo senhorio

1 – O senhorio pode impedir a renovação automática do contrato mediante comunicação ao arrendatário com a antecedência mínima seguinte:

a) 240 dias, se o prazo de duração inicial do contrato ou da sua renovação for igual ou superior a seis anos;

b) 120 dias, se o prazo de duração inicial do contrato ou da sua renovação for igual ou superior a um ano e inferior a seis anos;

c) 60 dias, se o prazo de duração inicial do contrato ou da sua renovação for igual ou superior a seis meses e inferior a um ano;

d) Um terço do prazo de duração inicial do contrato ou da sua renovação, tratando-se de prazo inferior a seis meses.

2 – A antecedência a que se refere o número anterior reporta-se ao termo do prazo de duração inicial do contrato ou da sua renovação.

3 – A oposição à primeira renovação do contrato, por parte do senhorio, apenas produz efeitos decorridos três anos da celebração do mesmo, mantendo-se o contrato em vigor até essa data, sem prejuízo do disposto no número seguinte.

4 – Excetua-se do número anterior a necessidade de habitação pelo próprio ou pelos seus descendentes em 1º grau, aplicando-se, com as devidas adaptações, o disposto no artigo 1102º e nos nºs 1, 5 e 9 do artigo 1103º

(Redação dada pela Lei nº 13/2019, de 12-02)

ARTIGO 1098º – Oposição à renovação ou denúncia pelo arrendatário

1 – O arrendatário pode impedir a renovação automática do contrato mediante comunicação ao senhorio com a antecedência mínima seguinte:

a) 120 dias, se o prazo de duração inicial do contrato ou da sua renovação for igual ou superior a seis anos;

b) 90 dias, se o prazo de duração inicial do contrato ou da sua renovação for igual ou superior a um ano e inferior a seis anos;

c) 60 dias, se o prazo de duração inicial do contrato ou da sua renovação for igual ou superior a seis meses e inferior a um ano;

d) Um terço do prazo de duração inicial do contrato ou da sua renovação, tratando-se de prazo inferior a seis meses.

2 – A antecedência a que se refere o número anterior reporta-se ao termo do prazo de duração inicial do contrato ou da sua renovação.

3 – Sem prejuízo do disposto no número seguinte, decorrido um terço do prazo de duração inicial do contrato ou da sua renovação, o arrendatário pode denunciá-lo a todo o tempo, mediante comunicação ao senhorio com a antecedência mínima seguinte:

a) 120 dias do termo pretendido do contrato, se o prazo deste for igual ou superior a um ano;

b) 60 dias do termo pretendido do contrato, se o prazo deste for inferior a um ano.

4 – Quando o senhorio impedir a renovação automática do contrato, nos termos do artigo anterior, o arrendatário pode denunciá-lo a todo o tempo, mediante comunicação ao senhorio com uma antecedência não inferior a 30 dias do termo pretendido do contrato.

5 – A denúncia do contrato, nos termos dos nºs 3 e 4, produz efeitos no final de um mês do calendário gregoriano, a contar da comunicação.

6 – A inobservância da antecedência prevista nos números anteriores não obsta à cessação do contrato, mas obriga ao pagamento das rendas correspondentes ao período de pré-aviso em falta, exceto se resultar de desemprego involuntário, incapacidade permanente para o trabalho ou morte do arrendatário ou de pessoa que com este viva em economia comum há mais de um ano.

(Redação dada pela Lei nº 13/2019, de 12-02)

SUBDIVISÃO II – Contrato de duração indeterminada

ARTIGO 1099º – Princípio geral

O contrato de duração indeterminada cessa por denúncia de uma das partes, nos termos dos artigos seguintes.

ARTIGO 1100º – Denúncia pelo arrendatário

1 – Sem prejuízo do disposto no número seguinte, após seis meses de duração efetiva do contrato, o arrendatário pode denunciá-lo, independentemente de qualquer justificação, mediante comunicação ao senhorio com a antecedência mínima seguinte:

a) 120 dias do termo pretendido do contrato, se, à data da comunicação, este tiver um ano ou mais de duração efetiva;

b) 60 dias do termo pretendido do contrato, se, à data da comunicação, este tiver até um ano de duração efetiva.

2 – Quando o senhorio denunciar o contrato nos termos da alínea *c*) do artigo seguinte, o arrendatário pode denunciá-lo, independentemente de qualquer justificação, mediante comunicação ao senhorio com antecedência não inferior a 30 dias do termo pretendido do contrato.

3 – A denúncia do contrato, nos termos dos números anteriores, produz efeitos no final de um mês do calendário gregoriano, a contar da comunicação.

4 – À denúncia pelo arrendatário é aplicável, com as necessárias adaptações, o disposto no nº 6 do artigo 1098º

(Cfr. Declaração de Rectificação nº 59-A/2012, de 12-10)

ARTIGO 1101º – Denúncia pelo senhorio

O senhorio pode denunciar o contrato de duração indeterminada nos casos seguintes:

a) Necessidade de habitação pelo próprio ou pelos seus descendentes em 1º grau;

b) Para demolição ou realização de obras de remodelação ou restauro profundos que obriguem à desocupação do locado, desde que não resulte local com características equivalentes às do locado, onde seja possível a manutenção do arrendamento;

c) Mediante comunicação ao arrendatário com antecedência não inferior a cinco anos sobre a data em que pretenda a cessação.

(Redação dada pela Lei nº 13/2019, de 12-02)

ARTIGO 1102º – Denúncia para habitação

1 – O direito de denúncia para habitação do senhorio depende do pagamento do montante equivalente a um ano de renda e da verificação dos seguintes requisitos:

a) Ser o senhorio proprietário, comproprietário ou usufrutuário do prédio há mais de dois anos ou, independentemente deste prazo, se o tiver adquirido por sucessão;

b) Não ter o senhorio, há mais de um ano, na área dos concelhos de Lisboa ou do Porto e seus limítrofes ou no respetivo concelho quanto ao resto do País, casa própria que satisfaça as necessidades de habitação própria ou dos seus descendentes em 1º grau.

2 – *(Revogado.)*

3 – O direito de denúncia para habitação do descendente está sujeito à verificação do requisito previsto na alínea *a*) do nº 1 relativamente ao senhorio e do da alínea *b*) do mesmo número para o descendente.

(Redação dada pela Lei nº 31/2012, de 14-08)

ARTIGO 1103º – Denúncia justificada

1 – A denúncia pelo senhorio com qualquer dos fundamentos previstos nas alíneas *a*) e *b*) do artigo 1101º é feita mediante comunicação ao arrendatário com antecedência não inferior a seis meses sobre a data pretendida para a desocupação e da qual conste de forma expressa, sob pena de ineficácia, o fundamento da denúncia.

2 – Quando a denúncia tiver o fundamento previsto na alínea *b*) do artigo 1101º, a comunicação referida no número anterior é acompanhada, sob pena de ineficácia da denúncia, dos seguintes documentos:

a) Comprovativo de que foi iniciado, junto da entidade competente, procedimento de controlo prévio da operação urbanística a efetuar no locado; e

b) Termo de responsabilidade do técnico autor do projeto legalmente habilitado que ateste que a operação urbanística reúne os pressupostos legais de uma obra de demolição ou de uma obra de remodelação ou restauro profundos e as razões que obrigam à desocupação do locado.

3 – A denúncia a que se refere o número anterior é confirmada, sob pena de ineficácia, mediante comunicação ao arrendatário, acompanhada dos seguintes documentos:

a) Alvará de licença de obras ou título da comunicação prévia;

b) Documento emitido pela câmara municipal, que ateste que a operação urbanística constitui, nos termos da lei, uma obra de demolição ou uma obra de remodelação ou restauro profundos para efeitos de aplicação do disposto na alínea *b*) do artigo 1101º, quando tal não resulte do documento referido na alínea anterior.

4 – Na situação prevista no número anterior, a desocupação tem lugar no prazo de 60 dias contados da receção da confirmação, salvo se não se encontrar decorrido o prazo previsto no nº 1, caso em que a desocupação tem lugar até ao termo do último dos prazos.

5 – O senhorio que haja invocado o fundamento referido na alínea *a*) do artigo 1101º deve dar ao local a utilização invocada no prazo de três meses e por um período mínimo de dois anos.

6 – A invocação do disposto na alínea *b*) do artigo 1101º obriga o senhorio, mediante acordo e em alternativa:

a) Ao pagamento de uma indemnização correspondente a dois anos da renda, de valor não inferior a duas vezes o montante de 1/15 do valor patrimonial tributário do locado;

b) A garantir o realojamento do arrendatário por período não inferior a três anos.

7 – Caso as partes não cheguem a acordo no prazo de 30 dias a contar da receção da comunicação prevista no nº 1, aplica-se o disposto na alínea *a*) do número anterior.

8 – Metade da indemnização deve ser paga após a confirmação da denúncia e o restante no ato da entrega do locado, sob pena de ineficácia.

9 – Salvo motivo não imputável ao senhorio, o não cumprimento do disposto no nº 5, ou o não início da obra prevista na alínea *b*) do artigo 1101º, no prazo de seis meses contados da desocupação do locado, obriga o senhorio ao pagamento de uma indemnização correspondente a 10 anos de renda.

10 – Da denúncia pelo senhorio não pode resultar uma duração total do contrato inferior a dois anos.

11 – A denúncia prevista na alínea *b*) do artigo 1101º é objeto de legislação especial, sem prejuízo do disposto nos números anteriores.

(Redação dada pela Lei nº 13/2019, de 12-02)

ARTIGO 1104º – Confirmação da denúncia

No caso previsto na alínea *c*) do artigo 1101º, a denúncia deve ser confirmada, sob pena de ineficácia, por comunicação com a antecedência máxima de 15 meses e mínima de um ano relativamente à data da sua efetivação.

(Redação dada pela Lei nº 13/2019, de 12-02)

DIVISÃO III – Transmissão

ARTIGO 1105º – Comunicabilidade e transmissão em vida para o cônjuge

1 – Incidindo o arrendamento sobre casa de morada de família, o seu destino é, em caso de divórcio ou de separação judicial de pessoas e bens, decidido por acordo dos cônjuges, podendo estes optar pela transmissão ou pela concentração a favor de um deles.

2 – Na falta de acordo, cabe ao tribunal decidir, tendo em conta a necessidade de cada um, os interesses dos filhos e outros fatores relevantes.

3 – A transferência ou a concentração acordadas e homologadas pelo juiz ou pelo conservador do registo civil ou a decisão judicial a elas relativa são notificadas oficiosamente ao senhorio.

ARTIGO 1106º – Transmissão por morte

1 – O arrendamento para habitação não caduca por morte do arrendatário quando lhe sobreviva:

a) Cônjuge com residência no locado;

b) Pessoa que com ele vivesse em união de facto há mais de um ano;

c) Pessoa que com ele vivesse em economia comum há mais de um ano.

2 – *(Revogado.)*

3 – Havendo várias pessoas com direito à transmissão, a posição do arrendatário transmite-se, em igualdade de circunstâncias, sucessivamente para o cônjuge sobrevivo ou pessoa que com o falecido vivesse em união de facto, para o parente ou afim mais próximo ou, de entre estes, para o mais velho ou para a mais velha de entre as restantes pessoas que com ele residissem em economia comum.

4 – O direito à transmissão previsto nos números anteriores não se verifica se, à data da morte do arrendatário, o titular desse direito tiver outra casa, própria ou arrendada, na área dos concelhos de Lisboa ou do Porto e seus limítrofes ou no respetivo concelho quanto ao resto do País.

5 – A morte do arrendatário nos seis meses anteriores à data da cessação do contrato dá ao transmissário o direito de permanecer no local por período não inferior a seis meses a contar do decesso.

(Redação dada pela Lei nº 13/2019, de 12-02)

ARTIGO 1107º - Comunicação

1 - Por morte do arrendatário, a transmissão do arrendamento, ou a sua concentração no cônjuge sobrevivo, deve ser comunicada ao senhorio, com cópia dos documentos comprovativos e no prazo de três meses a contar da ocorrência.

2 - A inobservância do disposto no número anterior obriga o transmissário faltoso a indemnizar por todos os danos derivados da omissão.

SUBSECÇÃO VIII - Disposições especiais do arrendamento para fins não habitacionais

ARTIGO 1108º - Âmbito

As regras da presente subsecção aplicam-se aos arrendamentos urbanos para fins não habitacionais, bem como, com as necessárias adaptações e em conjunto com o regime geral da locação civil, aos arrendamentos rústicos não sujeitos a regimes especiais.

ARTIGO 1109º - Locação de estabelecimento

1 - A transferência temporária e onerosa do gozo de um prédio ou de parte dele, em conjunto com a exploração de um estabelecimento comercial ou industrial nele instalado, rege-se pelas regras da presente subsecção, com as necessárias adaptações.

2 - A transferência temporária e onerosa de estabelecimento instalado em local arrendado não carece de autorização do senhorio, mas deve ser-lhe comunicada no prazo de um mês.

ARTIGO 1110º - Duração, denúncia ou oposição à renovação

1 - As regras relativas à duração, denúncia e oposição à renovação dos contratos de arrendamento para fins não habitacionais são livremente estabelecidas pelas partes, aplicando-se, na falta de estipulação, o disposto quanto ao arrendamento para habitação, sem prejuízo do disposto no presente artigo e no seguinte.

2 - Na falta de estipulação, o contrato considera-se celebrado com prazo certo, pelo período de cinco anos, não podendo o arrendatário denunciá-lo com antecedência inferior a um ano.

3 - Salvo estipulação em contrário, o contrato celebrado por prazo certo renova-se automaticamente no seu termo e por períodos sucessivos de igual duração ou de cinco anos se esta for inferior, sem prejuízo do disposto no nº 2 do artigo 1096º

4 - Nos cinco primeiros anos após o início do contrato, independentemente do prazo estipulado, o senhorio não pode opor-se à renovação.

(Redação dada pela Lei nº 13/2019, de 12-02)

ARTIGO 1110º-A - Disposições especiais relativas à denúncia e oposição da renovação pelo senhorio

1 - Nos contratos de arrendamento não habitacional, o senhorio apenas pode denunciar o contrato nos casos previstos nas alíneas *b*) e *c*) do artigo 1101º

2 - A denúncia prevista no número anterior obriga o senhorio a indemnizar separadamente o arrendatário e os trabalhadores do estabelecimento pelos prejuízos que, comprovadamente, resultem da cessação do contrato de arrendamento, sem prejuízo do disposto no número seguinte.

3 – No que respeita ao arrendatário, a indemnização prevista no número anterior não tem lugar se o arrendamento tiver sido objeto de trespasse nos três anos anteriores.

4 – No caso da alínea *b*) do artigo 1101º do Código Civil, ao valor da indemnização devida ao arrendatário nos termos do nº 2 é deduzido o valor da indemnização prevista na alínea *a*) do nº 1 do artigo 6º do regime jurídico das obras em prédios arrendados, aprovado pelo Decreto-Lei nº 157/2006, de 8 de agosto, na sua redação atual.

(Aditado pela Lei nº 13/2019, de 12-02)

ARTIGO 1111º – Obras

1 – As regras relativas à responsabilidade pela realização das obras de conservação ordinária ou extraordinária, requeridas por lei ou pelo fim do contrato, são livremente estabelecidas pelas partes.

2 – Se as partes nada convencionarem, cabe ao senhorio executar as obras de conservação, considerando-se o arrendatário autorizado a realizar as obras exigidas por lei ou requeridas pelo fim do contrato.

ARTIGO 1112º – Transmissão da posição do arrendatário

1 – É permitida a transmissão por ato entre vivos da posição do arrendatário, sem dependência da autorização do senhorio:

a) No caso de trespasse de estabelecimento comercial ou industrial;

b) A pessoa que no prédio arrendado continue a exercer a mesma profissão liberal, ou a sociedade profissional de objeto equivalente.

2 – Não há trespasse:

a) Quando a transmissão não seja acompanhada de transferência, em conjunto, das instalações, utensílios, mercadorias ou outros elementos que integram o estabelecimento;

b) Quando a transmissão vise o exercício, no prédio, de outro ramo de comércio ou indústria ou, de um modo geral, a sua afetação a outro destino.

3 – A transmissão deve ser celebrada por escrito e comunicada ao senhorio.

4 – O senhorio tem direito de preferência no trespasse por venda ou dação em cumprimento, salvo convenção em contrário.

5 – Quando, após a transmissão, seja dado outro destino ao prédio, ou o transmissário não continue o exercício da mesma profissão liberal, o senhorio pode resolver o contrato.

ARTIGO 1113º – Morte do arrendatário

1 – O arrendamento não caduca por morte do arrendatário, mas os sucessores podem renunciar à transmissão, comunicando a renúncia ao senhorio no prazo de três meses, com cópia dos documentos comprovativos da ocorrência.

2 – É aplicável o disposto no artigo 1107º, com as necessárias adaptações.

SECÇÃO VIII – Arrendamento de prédios urbanos e arrendamento de prédios rústicos não abrangidos na secção precedente

ARTIGOS 1114º A 1120º

(Revogados pelo Decreto-Lei nº 321-B/90, de 15-10)

CAPÍTULO V – Parceria pecuária

ARTIGO 1121º – Noção

Parceria pecuária é o contrato pelo qual uma ou mais pessoas entregam a outra ou outras um animal ou certo número deles, para estas os criarem, pensarem e vigiarem, com o ajuste de repartirem entre si os lucros futuros em certa proporção.

ARTIGO 1122º – Prazo

1 – Na falta de convenção quanto a prazo, atender-se-á aos usos da terra; na falta de usos, qualquer dos contraentes pode, a todo o tempo, fazer caducar a parceria.

2 – A existência de prazo não impede que o contraente resolva o contrato, se a outra parte não cumprir as suas obrigações.

ARTIGO 1123º – Caducidade

A parceria caduca pela morte do parceiro pensador ou pela perda dos animais, e também quando cesse o direito ou findem os poderes legais de administração com base nos quais o contrato foi celebrado, ou quando se verifique a condição resolutiva a que as partes o subordinaram.

ARTIGO 1124º – Obrigações do parceiro pensador

O parceiro pensador é obrigado a empregar na guarda e tratamento dos animais o cuidado de um pensador diligente.

ARTIGO 1125º – Utilização dos animais

1 – O parceiro proprietário é obrigado a assegurar a utilização dos animais ao parceiro pensador.

2 – O parceiro pensador que for privado dos seus direitos ou perturbado no exercício deles pode usar, mesmo contra o parceiro proprietário, dos meios facultados ao possuidor nos artigos 1276º e seguintes.

ARTIGO 1126º – Risco

1 – Se os animais perecerem, se inutilizarem ou diminuírem de valor, por facto não imputável ao parceiro pensador, o risco corre por conta do proprietário.

2 – Se, porém, algum proveito se puder tirar dos animais que pereceram ou se inutilizaram, pertence o benefício ao proprietário até ao valor deles no momento da entrega.

3 – As regras dos números anteriores são imperativas.

ARTIGO 1127º – Tosquia de gado lanígero

O parceiro pensador de gado lanígero não pode fazer a tosquia sem que previna o parceiro proprietário; se o não prevenir, pagará em dobro o valor da parte que deveria pertencer ao proprietário.

ARTIGO 1128º – Regime subsidiário

Em tudo o que não estiver estabelecido nos artigos precedentes devem ser observados, na falta de convenção, os usos da terra.

CAPÍTULO VI – Comodato

ARTIGO 1129º – Noção

Comodato é o contrato gratuito pelo qual uma das partes entrega à outra certa coisa, móvel ou imóvel, para que se sirva dela, com a obrigação de a restituir.

ARTIGO 1130º – Comodato fundado num direito temporário

1 – Se o comodante emprestar a coisa com base num direito de duração limitada, não pode o contrato ser celebrado por tempo superior; e, quando o seja, reduzir-se-á ao limite de duração desse direito.

2 – É aplicável ao comodato constituído pelo usufrutuário o disposto nas alíneas *a*) e *b*) do artigo 1052º

ARTIGO 1131º – Fim do contrato

Se do contrato e respectivas circunstâncias não resultar o fim a que a coisa emprestada se destina, é permitido ao comodatário aplicá-la a quaisquer fins lícitos, dentro da função normal das coisas de igual natureza.

ARTIGO 1132º – Frutos da coisa

Só por força de convenção expressa o comodatário pode fazer seus os frutos colhidos.

ARTIGO 1133º – Actos que impedem ou diminuem o uso da coisa

1 – O comodante deve abster-se de actos que impeçam ou restrinjam o uso da coisa pelo comodatário, mas não é obrigado a assegurar-lhe esse uso.

2 – Se este for privado do seus direitos ou perturbado no exercício deles, pode usar, mesmo contra o comodante, dos meios facultados ao possuidor nos artigos 1276º e seguintes.

ARTIGO 1134º – Responsabilidade do comodante

O comodante não responde pelos vícios ou limitações do direito nem pelos vícios da coisa, excepto quando se tiver expressamente responsabilizado ou tiver procedido com dolo.

ARTIGO 1135º – Obrigações do comodatário

São obrigações do comodatário:

a) Guardar e conservar a coisa emprestada;

b) Facultar ao comodante o exame dela;

c) Não a aplicar a fim diverso daquele a que a coisa se destina;

d) Não fazer dela uma utilização imprudente;

e) Tolerar quaisquer benfeitorias que o comodante queira realizar na coisa;

f) Não proporcionar a terceiro o uso da coisa, excepto se o comodante o autorizar;

g) Avisar imediatamente o comodante, sempre que tenha conhecimento de vícios na coisa ou saiba que a ameaça algum perigo ou que terceiro se arroga direitos em relação a ela, desde que o facto seja ignorado do comodante;

h) Restituir a coisa findo o contrato.

ARTIGO 1136º – Perda ou deterioração da coisa

1 – Quando a coisa emprestada perecer ou se deteriorar casualmente, o comodatário é responsável, se estava no seu poder tê-lo evitado, ainda que mediante o sacrifício de coisa própria de valor não superior.

2 – Quando, porém, o comodatário a tiver aplicado a fim diverso daquele a que a coisa se destina, ou tiver consentido que terceiro a use sem para isso estar autorizado, será responsável pela perda ou deterioração, salvo provando que ela teria igualmente ocorrido sem a sua conduta ilegal.

3 – Sendo avaliada a coisa ao tempo do contrato, presume-se que a responsabilidade ficou a cargo do comodatário, embora este não pudesse evitar o prejuízo pelo sacrifício de coisa própria.

ARTIGO 1137º – Restituição

1 – Se os contraentes não convencionaram prazo certo para a restituição da coisa, mas esta foi emprestada para uso determinado, o comodatário deve restituí-la ao comodante logo que o uso finde, independentemente de interpelação.

2 – Se não foi convencionado prazo para a restituição nem determinado o uso da coisa, o comodatário é obrigado a restituí-la logo que lhe seja exigida.

3 – É aplicável à manutenção e restituição da coisa emprestada o disposto no artigo 1043º

ARTIGO 1138º – Benfeitorias

1 – O comodatário é equiparado, quanto a benfeitorias, ao possuidor de má fé.

2 – Tratando-se de empréstimo de animais, as despesas de alimentação destes correm, salvo estipulação em contrário, por conta do comodatário.

ARTIGO 1139º – Solidariedade dos comodatários

Sendo dois ou mais os comodatários, são solidárias as suas obrigações.

ARTIGO 1140º – Resolução

Não obstante a existência de prazo, o comodante pode resolver o contrato, se para isso tiver justa causa.

ARTIGO 1141º – Caducidade

O contrato caduca pela morte do comodatário.

CAPÍTULO VII – Mútuo

ARTIGO 1142º – Noção

Mútuo é o contrato pelo qual uma das partes empresta à outra dinheiro ou outra coisa fungível, ficando a segunda obrigada a restituir outro tanto do mesmo género e qualidade.

ARTIGO 1143º – Forma

Sem prejuízo do disposto em lei especial, o contrato de mútuo de valor superior a €25000 só é válido se for celebrado por escritura pública ou por documento particular autenticado e o de valor superior a €2500 se o for por documento assinado pelo mutuário.

(Redação dada pelo Decreto-Lei nº 116/2008, de 04-07)

ARTIGO 1144º – Propriedade das coisas mutuadas

As coisas mutuadas tornam-se propriedade do mutuário pelo facto da entrega.

ARTIGO 1145º – Gratuidade ou onerosidade do mútuo

1 – As partes podem convencionar o pagamento de juros como retribuição do mútuo; este presume-se oneroso em caso de dúvida.

2 – Ainda que o mútuo não verse sobre dinheiro, observar-se-á, relativamente a juros, o disposto no artigo 559º e, havendo mora do mutuário, o disposto no artigo 806º

ARTIGO 1146º – Usura

1 – É havido como usurário o contrato de mútuo em que sejam estipulados juros anuais que excedam os juros legais, acrescidos de 3% ou 5%, conforme exista ou não garantia real.

2 – É havida também como usurária a cláusula penal que fixar como indemnização devida pela falta de restituição do empréstimo relativamente ao tempo de mora mais do que o correspondente a 7% ou a 9% acima dos juros legais, conforme exista ou não garantia real.

3 – Se a taxa de juros estipulada ou o montante da indemnização exceder o máximo fixado nos números precedentes, considera-se reduzido a esses máximos, ainda que seja outra a vontade dos contraentes.

4 – O respeito dos limites máximos referidos neste artigo não obsta à aplicabilidade dos artigos 282º a 284º

(Redação dada pelo Decreto-Lei nº 262/83, de 16-06)

ARTIGO 1147º – Prazo no mútuo oneroso

No mútuo oneroso o prazo presume-se estipulado a favor de ambas as partes, mas o mutuário pode antecipar o pagamento, desde que satisfaça os juros por inteiro.

ARTIGO 1148º – Falta de fixação de prazo

1 – Na falta de estipulação de prazo, a obrigação do mutuário, tratando-se de mútuo gratuito, só se vence trinta dias após a exigência do seu cumprimento.

2 – Se o mútuo for oneroso e não se tiver fixado prazo, qualquer das partes pode pôr termo ao contrato, desde que o denuncie com uma antecipação mínima de trinta dias.

3 – Tratando-se, porém, de empréstimo, gratuito ou oneroso, de cereais ou outros produtos rurais a favor de lavrador, presume-se feito até à colheita seguinte dos produtos semelhantes.

4 – A doutrina do número anterior é aplicável aos mutuários que, não sendo lavradores, recolhem pelo arrendamento de terras próprias frutos semelhantes aos que receberam de empréstimo.

ARTIGO 1149º – Impossibilidade de restituição

Se o mútuo recair em coisa que não seja dinheiro e a restituição se tornar impossível ou extremamente difícil por causa não imputável ao mutuário, pagará este o valor que a coisa tiver no momento e lugar do vencimento da obrigação.

ARTIGO 1150º – Resolução do contrato

O mutuante pode resolver o contrato, se o mutuário não pagar os juros no seu vencimento.

ARTIGO 1151º – Responsabilidade do mutuante

É aplicável à responsabilidade do mutuante, no mútuo gratuito, o disposto no artigo 1134º

CAPÍTULO VIII – Contrato de trabalho

ARTIGO 1152º – Noção

Contrato de trabalho é aquele pelo qual uma pessoa se obriga, mediante retribuição, a prestar a sua actividade intelectual ou manual a outra pessoa, sob a autoridade e direcção desta.

ARTIGO 1153º – Regime

O contrato de trabalho está sujeito a legislação especial.

CAPÍTULO IX – Prestação de serviço

ARTIGO 1154º – Noção

Contrato de prestação de serviço é aquele em que uma das partes se obriga a proporcionar à outra certo resultado do seu trabalho intelectual ou manual, com ou sem retribuição.

ARTIGO 1155º – Modalidades do contrato

O mandato, o depósito e a empreitada, regulados nos capítulos subsequentes, são modalidades do contrato de prestação de serviço.

ARTIGO 1156º – Regime

As disposições sobre o mandato são extensivas, com as necessárias adaptações, às modalidades do contrato de prestação de serviço que a lei não regule especialmente.

CAPÍTULO X – Mandato

SECÇÃO I – Disposições gerais

ARTIGO 1157º – Noção

Mandato é o contrato pelo qual uma das partes se obriga a praticar um ou mais actos jurídicos por conta da outra.

ARTIGO 1158º – Gratuidade ou onerosidade do mandato

1 – O mandato presume-se gratuito, excepto se tiver por objecto actos que o mandatário pratique por profissão; neste caso, presume-se oneroso.

2 – Se o mandato for oneroso, a medida da retribuição, não havendo ajuste entre as partes, é determinada pelas tarifas profissionais; na falta destas, pelos usos; e, na falta de umas e outros, por juízos de equidade.

ARTIGO 1159º – Extensão do mandato

1 – O mandato geral só compreende os actos de administração ordinária.

2 – O mandato especial abrange, além dos actos nele referidos, todos os demais necessários à sua execução.

ARTIGO 1160º – Pluralidade de mandatos

Se alguém incumbir duas ou mais pessoas da prática dos mesmos actos jurídicos, haverá tantos mandatos quantas as pessoas designadas, salvo se o mandante declarar que devem agir conjuntamente.

SECÇÃO II – Direitos e obrigações do mandatário

ARTIGO 1161º – Obrigações do mandatário

O mandatário é obrigado:

a) A praticar os actos compreendidos no mandato, segundo as instruções do mandante;

b) A prestar as informações que este lhe peça, relativas ao estado da gestão;

c) A comunicar ao mandante, com prontidão, a execução do mandato ou, se o não tiver executado, a razão por que assim procedeu;

d) A prestar contas, findo o mandato ou quando o mandante as exigir;

e) A entregar ao mandante o que recebeu em execução do mandato ou no exercício deste, se o não despendeu normalmente no cumprimento do contrato.

ARTIGO 1162º – Inexecução do mandato ou a inobservância das instruções

O mandatário pode deixar de executar o mandato ou afastar-se das instru-ções recebidas, quando seja razoável supor que o mandante aprovaria a sua conduta, se conhecesse certas circunstâncias que não foi possível comunicar-lhe em tempo útil.

ARTIGO 1163º – Aprovação tácita da execução ou inexecução do mandato

Comunicada a execução ou inexecução do mandato, o silêncio do mandante por tempo superior àquele em que teria de pronunciar-se, segundo os usos ou, na falta destes, de acordo com a natureza do assunto, vale como aprovação da conduta do mandatário, ainda que este haja excedido os limites do mandato ou desrespeitado as instruções do mandante, salvo acordo em contrário.

ARTIGO 1164º – Juros devidos pelo mandatário

O mandatário deve pagar ao mandante os juros legais correspondentes às quantias que recebeu dele ou por conta dele, a partir do momento em que devia entregar-lhas, ou remeter-lhas, ou aplicá-las segundo as suas instruções.

ARTIGO 1165º – Substituto e auxiliares do mandatário

O mandatário pode, na execução do mandato, fazer-se substituir por outrem ou servir-se de auxiliares, nos mesmos termos em que o procurador o pode fazer.

ARTIGO 1166º - Pluralidade de mandatários

Havendo dois ou mais mandatários com o dever de agirem conjuntamente, responderá cada um deles pelos seus actos, se outro regime não tiver sido convencionado.

SECÇÃO III - Obrigações do mandante

ARTIGO 1167º - Enumeração

O mandante é obrigado:

a) A fornecer ao mandatário os meios necessários à execução do mandato, se outra coisa não foi convencionada;

b) A pagar-lhe a retribuição que ao caso competir, e fazer-lhe provisão por conta dela segundo os usos;

c) A reembolsar o mandatário das despesas feitas que este fundadamente tenha considerado indispensáveis, com juros legais desde que foram efectuadas;

d) A indemnizá-lo do prejuízo sofrido em consequência do mandato, ainda que o mandante tenha procedido sem culpa.

ARTIGO 1168º - Suspensão da execução do mandato

O mandatário pode abster-se da execução do mandato enquanto o mandante estiver em mora quanto à obrigação expressa na alínea *a*) do artigo anterior.

ARTIGO 1169º - Pluralidade de mandantes

Sendo dois ou mais os mandantes, as suas obrigações para com o madatário são solidárias, se o mandato tiver sido conferido para assunto de interesse comum.

SECÇÃO IV - Revogação e caducidade do mandato

SUBSECÇÃO I - Revogação

ARTIGO 1170º - Revogabilidade do mandato

1 – O mandato é livremente revogável por qualquer das partes, não obstante convenção em contrário ou renúncia ao direito de revogação.

2 – Se, porém, o mandato tiver sido conferido também no interesse do mandatário ou de terceiro, não pode ser revogado pelo mandante sem acordo do interessado, salvo ocorrendo justa causa.

ARTIGO 1171º - Revogação tácita

A designação de outra pessoa, por parte do mandante, para a prática dos mesmos actos implica revogação do mandato, mas só produz este efeito depois de ser conhecida pelo mandatário.

ARTIGO 1172º - Obrigação de indemnização

A parte que revogar o contrato deve indemnizar a outra do prejuízo que esta sofrer:

a) Se assim tiver sido convencionado;

b) Se tiver sido estipulada a irrevogabilidade ou tiver havido renúncia ao direito de revogação;

c) Se a revogação proceder do mandante e versar sobre mandato oneroso, sempre que o mandato tenha sido conferido por certo tempo ou para determinado assunto, ou que o mandante o revogue sem a antecedência conveniente;

d) Se a revogação proceder do mandatário e não tiver sido realizada com a antecedência conveniente.

ARTIGO 1173º – Mandato colectivo

Sendo o mandato conferido por várias pessoas e para assunto de interesse comum, a revogação só produz efeito se for realizada por todos os mandantes.

SUBSECÇÃO II – Cadudicade

ARTIGO 1174º – Casos de caducidade

O mandato caduca:

a) Por morte do mandante ou do mandatário;

b) Por sentença de acompanhamento do mandante ou do mandatário, quando essa sentença, relativamente aos atos abrangidos pelo mandato, atribua poderes de representação ao acompanhante ou determine a necessidade de autorização prévia.

(Redação dada pela Lei nº 49/2018, de 14-08)

ARTIGO 1175º – Morte ou acompanhamento do mandante

1 – A morte do mandante ou a sentença de acompanhamento a ele relativa não faz caducar o mandato quando este tenha sido conferido também no interesse do mandatário ou de terceiro.

2 – Nos outros casos, só o faz caducar a partir do momento em que sejam conhecidas do mandatário, ou quando da caducidade não possam resultar prejuízos para o mandante ou seus herdeiros.

(Redação dada pela Lei nº 49/2018, de 14-08)

ARTIGO 1176º – Morte, acompanhamento ou incapacidade natural do mandatário

1 – Caducando o mandato por morte ou por sentença de acompanhamento do mandatário, os seus herdeiros ou o seu acompanhante devem prevenir o mandante e tomar as providências adequadas, até que ele próprio esteja em condições de as tomar.

2 – Idêntica obrigação recai sobre as pessoas que convivam com o mandatário, no caso de incapacidade natural deste.

(Redação dada pela Lei nº 49/2018, de 14-08)

ARTIGO 1177º – Pluralidade de mandatários

Se houver vários mandatários com obrigação de agir conjuntamente, o mandato caduca em relação a todos, embora a causa de caducidade respeite apenas a um deles, salvo convenção em contrário.

SECÇÃO V – Mandato com representação

ARTIGO 1178º – Mandatário com poderes de representação

1 – Se o mandatário for representante, por ter recebido poderes para agir em nome do mandante, é também aplicável ao mandato o disposto nos artigos 258º e seguintes.

2 – O mandatário a quem hajam sido conferidos poderes de representação tem o dever de agir não só por conta, mas em nome do mandante, a não ser que outra coisa tenha sido estipulada.

ARTIGO 1179º – Revogação ou renúncia da procuração

A revogação e a renúncia da procuração implicam revogação do mandato.

SECÇÃO VI – Mandato sem representação

ARTIGO 1180º – Mandatário que age em nome próprio

O mandatário, se agir em nome próprio, adquire os direitos e assume as obrigações decorrentes dos actos que celebra, embora o mandato seja conhecido dos terceiros que participem nos actos ou sejam destinatários destes.

ARTIGO 1181º – Direitos adquiridos em execução do mandato

1 – O mandatário é obrigado a transferir para o mandante os direitos adquiridos em execução do mandato.

2 – Relativamente aos créditos, o mandante pode substituir-se ao mandatário no exercício dos respectivos direitos.

ARTIGO 1182º – Obrigações contraídas em execução do mandato

O mandante deve assumir, por qualquer das formas indicadas no nº 1 do artigo 595º, as obrigações contraídas pelo mandatário em execução do mandato; se não puder fazê-lo, deve entregar ao mandatário os meios necessários para as cumprir ou reembolsá-lo do que este houver despendido nesse cumprimento.

ARTIGO 1183º – Responsabilidade do mandatário

Salvo estipulação em contrário, o mandatário não é responsável pela falta de cumprimento das obrigações assumidas pelas pessoas com quem haja contratado, a não ser que no momento da celebração do contrato conhecesse ou devesse conhecer a insolvência delas.

ARTIGO 1184º – Responsabilidade dos bens adquiridos pelo mandatário

Os bens que o mandatário haja adquirido em execução do mandato e devam ser transferidos para o mandante nos termos do nº 1 do artigo 1181º não respondem pelas obrigações daquele, desde que o mandato conste de documento anterior à data da penhora desses bens e não tenha sido feito o registo da aquisição, quando esta esteja sujeita a registo.

CAPÍTULO XI – **Depósito**

SECÇÃO I – **Disposições gerais**

ARTIGO 1185º – Noção

Depósito é o contrato pelo qual uma das partes entrega à outra uma coisa, móvel ou imóvel, para que a guarde, e a restitua quando for exigida.

ARTIGO 1186º – Gratuidade ou onerosidade do depósito

É aplicável ao depósito o disposto no artigo 1158º

SECÇÃO II – **Direitos e obrigações do depositário**

ARTIGO 1187º – Obrigações de depositário

O depositário é obrigado:

a) A guardar a coisa depositada;

b) A avisar imediatamente o depositante, quando saiba que algum perigo ameaça a coisa ou que terceiro se arroga direitos em relação a ela, desde que o facto seja desconhecido do depositante;

c) A restituir a coisa com os seus frutos.

ARTIGO 1188º – Turbação de detenção ou esbulho da coisa

1 – Se o depositário for privado da detenção da coisa por causa que lhe não seja imputável, fica exonerado das obrigações de guarda e restituição, mas deve dar conhecimento imediato da privação ao depositante.

2 – Independentemente da obrigação imposta no número anterior, o depositário que for privado da detenção da coisa ou perturbado no exercício dos seus direitos pode usar, mesmo contra o depositante, dos meios facultados ao possuidor nos artigos 1276º e seguintes.

ARTIGO 1189º – Uso da coisa e subdepósito

O depositário não tem o direito de usar a coisa depositada nem de a dar em depósito a outrem, se o depositante o não tiver autorizado.

ARTIGO 1190º – Guarda da coisa

O depositário pode guardar a coisa de modo diverso do convencionado, quando haja razões para supor que o depositante aprovaria a alteração, se conhecesse as circunstâncias que a fundamentam; mas deve participar-lhe a mudança logo que a comunicação seja possível.

ARTIGO 1191º – Depósito cerrado

1 – Se o depósito recair sobre coisa encerrada nalgum invólucro ou recipiente, deve o depositário guardá-la e restituí-la no mesmo estado, sem a devassar.

2 – No caso de o invólucro ou recipiente ser violado, presume-se que na violação houve culpa do depositário; e, se este não ilidir a presunção, presumir-se-á verdadeira a descrição feita pelo depositante.

ARTIGO 1192º – Restituição da coisa

1 – O depositário não pode recusar a restituição ao depositante com o fundamento de que este não é proprietário da coisa nem tem sobre ela outro direito.

2 – Se, porém, for proposta por terceiro acção de reivindicação contra o depositário, este, enquanto não for julgada definitivamente a acção, só pode liberar-se da obrigação de restituir consignando em depósito a coisa.

3 – Se chegar ao conhecimento do depositário que a coisa provém de crime, deve participar imediatamente o depósito à pessoa a quem foi subtraída ou, não sabendo quem é, ao Ministério Público; e só poderá restituir a coisa ao depositante se dentro de quinze dias, contados da participação, ela não lhe for reclamada por quem de direito.

ARTIGO 1193º – Terceiro interessado no depósito

Se a coisa foi depositada também no interesse de terceiro e este comunicou ao depositário a sua adesão, o depositário não pode exonerar-se restituindo a coisa ao depositante sem consentimento do terceiro.

ARTIGO 1194º – Prazo de restituição

O prazo de restituição da coisa tem-se por estabelecido a favor do depositante; mas, sendo o depósito oneroso, o depositante satisfará por inteiro a retribuição do depositário, mesmo quando exija a restituição da coisa antes de findar o prazo estipulado, salvo se para isso tiver justa causa.

ARTIGO 1195º – Lugar de restituição

No silêncio das partes, o depositário deve restituir a coisa móvel no lugar onde, segundo o contrato, tiver de a guardar.

ARTIGO 1196º – Despesas da restituição

As despesas da restituição ficam a cargo do depositante.

ARTIGO 1197º – Responsabilidade no caso de subdepósito

Se o depositário, devidamente autorizado, confiar por sua vez a coisa em depósito a terceiro, é responsável por culpa sua na escolha dessa pessoa.

ARTIGO 1198º – Auxiliares

O depositário pode socorrer-se de auxiliares no cumprimento das suas obrigações, sempre que o contrário não resulte do conteúdo ou finalidade do depósito.

SECÇÃO III – Obrigações do depositante

ARTIGO 1199º – Enumeração

O depositante é obrigado:

a) A pagar ao depositário a retribuição devida;

b) A reembolsá-lo das despesas que ele fundadamente tenha considerado indispensáveis para a conservação da coisa, com juros legais desde que foram efectuadas;

c) A indemnizá-lo do prejuízo sofrido em consequência do depósito, salvo se o depositante houver procedido sem culpa.

ARTIGO 1200º – Remuneração do depositário

1 – A remuneração do depositário, quando outra coisa se não tenha convencionado, deve ser paga no termo do depósito; mas, se for fixada por períodos de tempo, pagar-se-á no fim de cada um deles.

2 – Findado o depósito antes do prazo convencionado, pode o depositário exigir uma parte proporcional ao tempo decorrido, sem prejuízo do preceituado no artigo 1194º

ARTIGO 1201º – Restituição da coisa

Não tendo sido convencionado prazo para a restituição da coisa, o depositário tem o direito de a restituir a todo o tempo; se, porém, tiver sido convencionado prazo, só havendo justa causa o pode fazer antes de o prazo findar.

SECÇÃO IV – Depósito de coisa controvertida

ARTIGO 1202º – Noção

Se duas ou mais pessoas disputam a propriedade de uma coisa ou outro direito sobre ela, podem por meio de depósito entregá-la a terceiro, para que este a guarde e, resolvida a controvérsia, a restitua à pessoa a quem se apurar que pertence.

ARTIGO 1203º – Onerosidade do depósito

O depósito de coisa controvertida presume-se oneroso.

ARTIGO 1204º – Administração da coisa

Salvo convenção em contrário, cabe ao depositário a obrigação de administrar a coisa.

SECÇÃO V – Depósito irregular

ARTIGO 1205º – Noção

Diz-se irregular o depósito que tem por objecto coisas fungíveis.

ARTIGO 1206º – Regime

Consideram-se aplicáveis ao depósito irregular, na medida do possível, as normas relativas ao contrato de mútuo.

CAPÍTULO XII – Empreitada

SECÇÃO I – Disposições gerais

ARTIGO 1207º – Noção

Empreitada é o contrato pelo qual uma das partes se obriga em relação à outra a realizar certa obra, mediante um preço.

ARTIGO 1208º – Execução da obra

O empreiteiro deve executar a obra em conformidade com o que foi convencionado, e sem vícios que excluam ou reduzam o valor dela, ou a sua aptidão para o uso ordinário ou previsto no contrato.

ARTIGO 1209º – Fiscalização

1 – O dono da obra pode fiscalizar, à sua custa, a execução dela, desde que não perturbe o andamento ordinário da empreitada.

2 – A fiscalização feita pelo dono da obra, ou por comissário, não impede aquele, findo o contrato, de fazer valer os seus direitos contra o empreiteiro, embora sejam aparentes os vícios da coisa ou notória a má execução do contrato, excepto se tiver havido da sua parte concordância expressa com a obra executada.

ARTIGO 1210º – Fornecimento dos materiais e utensílios

1 – Os materiais e utensílios necessários à execução da obra devem ser fornecidos pelo empreiteiro, salvo convenção ou uso em contrário.

2 – No silêncio do contrato, os materiais devem corresponder às características da obra e não podem ser de qualidade inferior à média.

ARTIGO 1211º – Determinação e pagamento do preço

1 – É aplicável à determinação do preço, com as necessárias adaptações, o disposto no artigo 883º

2 – O preço deve ser pago, não havendo cláusula ou uso em contrário, no acto de aceitação da obra.

ARTIGO 1212º – Propriedade da obra

1 – No caso de empreitada de construção de coisa móvel com materiais fornecidos, no todo ou na sua maior parte, pelo empreiteiro, a aceitação da coisa importa a transferência da propriedade para o dono da obra; se os materiais foram fornecidos por este, continuam a ser propriedade dele, assim como é propriedade sua a coisa logo que seja concluída.

2 – No caso de empreitada de construção de imóveis, sendo o solo ou a superfície pertença do dono da obra, a coisa é propriedade deste, ainda que seja o empreiteiro

quem fornece os materiais; estes consideram-se adquiridos pelo dono da obra à medida que vão sendo incorporados no solo.

ARTIGO 1213º – Subempreitada

1 – Subempreitada é o contrato pelo qual um terceiro se obriga para com o empreiteiro a realizar a obra a que este se encontra vinculado, ou uma parte dela.

2 – É aplicável à subempreitada, assim como ao concurso de auxiliares na execução da empreitada, o disposto no artigo 264º, com as necessárias adaptações.

SECÇÃO II – Alterações e obras novas

ARTIGO 1214º – Alterações da iniciativa do empreiteiro

1 – O empreiteiro não pode, sem autorização do dono da obra, fazer alterações ao plano convencionado.

2 – A obra alterada sem autorização é havida como defeituosa; mas, se o dono quiser aceitá-la tal como foi executada, não fica obrigado a qualquer suplemento de preço nem a indemnização por enriquecimento sem causa.

3 – Se tiver sido fixado para a obra um preço global e a autorização não tiver sido dada por escrito com fixação do aumento de preço, o empreiteiro só pode exigir do dono da obra uma indemnização correspondente ao enriquecimento deste.

ARTIGO 1215º – Alterações necessárias

1 – Se, para execução da obra, for necessário, em consequência de direitos de terceiro ou de regras técnicas, introduzir alterações ao plano convencionado, e as partes não vierem a acordo, compete ao tribunal determinar essas alterações e fixar as correspondentes modificações quanto ao preço e prazo de execução.

2 – Se, em consequência das alterações, o preço for elevado em mais de vinte por cento, o empreiteiro pode denunciar o contrato e exigir uma indemnização equitativa.

ARTIGO 1216º – Alterações exigidas pelo dono da obra

1 – O dono da obra pode exigir que sejam feitas alterações ao plano convencionado, desde que o seu valor não exceda a quinta parte do preço estipulado e não haja modificação da natureza da obra.

2 – O empreiteiro tem direito a um aumento do preço estipulado, correspondente ao acréscimo de despesa e trabalho, e a um prolongamento do prazo para a execução da obra.

3 – Se das alterações introduzidas resultar uma diminuição de custo ou de trabalho, o empreiteiro tem direito ao preço estipulado, com dedução do que, em consequência das alterações, poupar em despesas ou adquirir por outras aplicações da sua actividade.

ARTIGO 1217º – Alterações posteriores à entrega e obras novas

1 – Não é aplicável o disposto nos artigos precedentes às alterações feitas depois da entrega da obra, nem às obras que tenham autonomia em relação às previstas no contrato.

2 – O dono da obra tem o direito de recusar as alterações e as obras referidas no número anterior, se as não tiver autorizado; pode, além disso, exigir a sua eliminação, se esta for possível, e, em qualquer caso, uma indemnização pelo prejuízo, nos termos gerais.

SECÇÃO III – **Defeitos da obra**

ARTIGO 1218º - Verificação da obra

1 – O dono da obra deve verificar, antes de a aceitar, se ela se encontra nas condições convencionadas e sem vícios.

2 – A verificação deve ser feita dentro do prazo usual ou, na falta de uso, dentro do período que se julgue razoável depois de o empreiteiro colocar o dono da obra em condições de a poder fazer.

3 – Qualquer das partes tem o direito de exigir que a verificação seja feita, à sua custa, por peritos.

4 – Os resultados da verificação devem ser comunicados ao empreiteiro.

5 – A falta da verificação ou da comunicação importa aceitação da obra.

ARTIGO 1219º - Casos de irresponsabilidade do empreiteiro

1 – O empreiteiro não responde pelos defeitos da obra, se o dono a aceitou sem reserva, com conhecimento deles.

2 – Presumem-se conhecidos os defeitos aparentes, tenha ou não havido verificação da obra.

ARTIGO 1220º - Denúncia dos defeitos

1 – O dono da obra deve, sob pena de caducidade dos direitos conferidos nos artigos seguintes, denunciar ao empreiteiro os defeitos da obra dentro dos trinta dias seguintes ao seu descobrimento.

2 – Equivale à denúncia o reconhecimento, por parte do empreiteiro, da existência do defeito.

ARTIGO 1221º - Eliminação dos defeitos

1 – Se os defeitos puderem ser suprimidos, o dono da obra tem o direito de exigir do empreiteiro a sua eliminação; se não puderem ser eliminados, o dono pode exigir nova construção.

2 – Cessam os direitos conferidos no número anterior, se as despesas forem desproporcionadas em relação ao proveito.

ARTIGO 1222º - Redução do preço e resolução do contrato

1 – Não sendo eliminados os defeitos ou construída de novo a obra, o dono pode exigir a redução do preço ou a resolução do contrato, se os defeitos tornarem a obra inadequada ao fim a que se destina.

2 – A redução do preço é feita nos termos do artigo 884º

ARTIGO 1223º – Indemnização

O exercício dos direitos conferidos nos artigos antecedentes não exclui o direito a ser indemnizado nos termos gerais.

ARTIGO 1224º – Caducidade

1 – Os direitos de eliminação dos defeitos, redução do preço, resolução do contrato e indemnização caducam, se não forem exercidos dentro de um ano a contar da recusa da aceitação da obra ou da aceitação com reserva, sem prejuízo da caducidade prevista no artigo 1220º

2 – Se os defeitos eram desconhecidos do dono da obra e este a aceitou, o prazo de caducidade conta-se a partir da denúncia; em nenhum caso, porém, aqueles direitos podem ser exercidos depois de decorrerem dois anos sobre a entrega da obra.

ARTIGO 1225º – Imóveis destinados a longa duração

1 – Sem prejuízo do disposto nos artigos 1219º e seguintes, se a empreitada tiver por objecto a construção, modificação ou reparação de edifícios ou outros imóveis destinados por sua natureza a longa duração e, no decurso de cinco anos a contar da entrega, ou no decurso do prazo de garantia convencionado, a obra, por vício do solo ou da construção, modificação ou reparação, ou por erros na execução dos trabalhos, ruir total ou parcialmente, ou apresentar defeitos, o empreiteiro é responsável pelo prejuízo causado ao dono da obra ou a terceiro adquirente.

2 – A denúncia, em qualquer dos casos, deve ser feita dentro do prazo de um ano e a indemnização deve ser pedida no ano seguinte à denúncia.

3 – Os prazos previstos no número anterior são igualmente aplicáveis ao direito à eliminação dos defeitos, previstos no artigo 1221º

4 – O disposto nos números anteriores é aplicável ao vendedor de imóvel que o tenha construído, modificado ou reparado.

(Redação dada pelo Decreto-Lei nº 267/94, de 25-10)

ARTIGO 1226º – Responsabilidade dos subempreiteiros

O direito de regresso do empreiteiro contra os subempreiteiros quanto aos direitos conferidos nos artigos anteriores caduca, se não lhes for comunicada a denúncia dentro dos trinta dias seguintes à sua recepção.

SECÇÃO IV – Impossibilidade de cumprimento e risco pela perda ou deterioração da obra

ARTIGO 1227º – Impossibilidade de execução da obra

Se a execução da obra se tornar impossível por causa não imputável a qualquer das partes, é aplicável o disposto no artigo 790º; tendo, porém, havido começo de execução, o dono da obra é obrigado a indemnizar o empreiteiro do trabalho executado e das despesas realizadas.

ARTIGO 1228º - Risco

1 - Se, por causa não imputável a qualquer das partes, a coisa perecer ou se deteriorar, o risco corre por conta do proprietário.

2 - Se, porém, o dono da obra estiver em mora quanto à verificação ou aceitação da coisa, o risco corre por conta dele.

SECÇÃO V - Extinção do contrato

ARTIGO 1229º - Desistência do dono da obra

O dono da obra pode desistir da empreitada a todo o tempo, ainda que tenha sido iniciada a sua execução, contanto que indemnize o empreiteiro dos seus gastos e trabalho e do proveito que poderia tirar da obra.

ARTIGO 1230º - Morte ou incapacidade das partes

1 - O contrato de empreitada não se extingue por morte do dono da obra, nem por morte ou incapacidade do empreiteiro, a não ser que, neste último caso, tenham sido tomadas em conta, no acto da celebração, as qualidades pessoais deste.

2 - Extinto o contrato por morte ou incapacidade do empreiteiro, considera-se a execução da obra como impossível por causa não imputável a qualquer das partes.

CAPÍTULO XIII - Renda perpétua

ARTIGO 1231º - Noção

Contrato de renda perpétua é aquele em que uma pessoa aliena em favor de outra certa soma de dinheiro, ou qualquer outra coisa móvel ou imóvel, ou um direito, e a segunda se obriga, sem limite de tempo, a pagar, como renda, determinada quantia em dinheiro ou outra coisa fungível.

ARTIGO 1232º - Forma

Sem prejuízo do disposto em lei especial, a renda perpétua só é válida se for constituída por escritura pública ou por documento particular autenticado.

(Redação dada pelo Decreto-Lei nº 116/2008, de 04-07)

ARTIGO 1233º - Caução

O devedor da renda é obrigado a caucionar o cumprimento da obrigação.

ARTIGO 1234º - Exclusão do direito de acrescer

Não há na renda perpétua direito de acrescer entre os beneficiários.

ARTIGO 1235º - Resolução do contrato

Ao beneficiário da renda é permitido resolver o contrato, quando o devedor se constitua em mora quanto às prestações correspondentes a dois anos, ou se verifique algum dos casos previstos no artigo 780º

ARTIGO 1236º – Remição

1 – O devedor pode a todo o tempo remir a renda, mediante o pagamento da importância em dinheiro que represente a capitalização da mesma, à taxa legal de juros.

2 – O direito de remição é irrenunciável, mas é lícito estipular-se que não possa ser exercido em vida do primeiro beneficiário ou dentro de certo prazo não superior a vinte anos.

ARTIGO 1237º – Juros

A renda perpétua fica sujeita às disposições legais sobre juros, no que for compatível com a sua natureza e com o preceituado nos artigos antecedentes.

CAPÍTULO XIV – Renda vitalícia

ARTIGO 1238º – Noção

Contrato de renda vitalícia é aquele em que uma pessoa aliena em favor de outra certa soma de dinheiro, ou qualquer outra coisa móvel ou imóvel, ou um direito, e a segunda se obriga a pagar certa quantia em dinheiro ou outra coisa fungível durante a vida do alienante ou de terceiro.

ARTIGO 1239º – Forma

Sem prejuízo da aplicação das regras especiais de forma quanto à alienação da coisa ou do direito e do disposto em lei especial, a renda vitalícia deve ser constituída por documento escrito, sendo necessária escritura pública ou documento particular autenticado se a coisa ou o direito alienado for de valor igual ou superior a €25000.

(Redação dada pelo Decreto-Lei nº 116/2008, de 04-07)

ARTIGO 1240º – Duração da renda

A renda pode ser convencionada por uma ou duas vidas.

ARTIGO 1241º – Direito de acrescer

No silêncio do contrato, sendo dois ou mais os beneficiários da renda, e falecendo algum deles, a sua parte acresce à dos outros.

ARTIGO 1242º – Resolução do contrato

Ao beneficiário da renda vitalícia é lícito resolver o contrato nos mesmos termos em que é permitida a resolução da renda perpétua ao respectivo beneficiário.

ARTIGO 1243º – Remição

O devedor só pode remir a renda, com reembolso do que tiver recebido e perda das prestações já efectuadas, se assim se tiver convencionado.

ARTIGO 1244º – Prestações antecipadas

Se as prestações se vencem antecipadamente, a última é devida por inteiro, ainda que o beneficiário faleça antes de completado o período respectivo.

CAPÍTULO XV - Jogo e aposta

ARTIGO 1245º - Nulidade do contrato

O jogo e a aposta não são contratos válidos nem constiuem fonte de obrigações civis; porém, quando lícitos, são fonte de obrigações naturais, excepto se neles concorrer qualquer outro motivo de nulidade ou anulabilidade, nos termos gerais de direito, ou se houver fraude do credor na sua execução.

ARTIGO 1246º - Competições desportivas

Exceptuam-se do disposto no artigo anterior as competições desportivas, com relação às pessoas que nelas tomarem parte.

ARTIGO 1247º - Legislação especial

Fica ressalvada a legislação especial sobre a matéria de que trata este capítulo.

CAPÍTULO XVI - Transacção

ARTIGO 1248º - Noção

1 – Transacção é o contrato pelo qual as partes previnem ou terminam um litígio mediante recíprocas concessões.

2 – As concessões podem envolver a constituição, modificação ou extinção de direitos diversos do direito controvertido.

ARTIGO 1249º - Matérias insusceptíveis de transacção

As partes não podem transigir sobre direitos de que lhes não é permitido dispor, nem sobre questões respeitantes a negócios jurídicos ilícitos.

ARTIGO 1250º - Forma

Sem prejuízo do disposto em lei especial, a transacção preventiva ou extrajudicial deve constar de escritura pública ou de documento particular autenticado, quando dela possa derivar algum efeito para o qual uma daquelas formas seja exigida, e de documento escrito, nos casos restantes.

(Redação dada pelo Decreto-Lei nº 116/2008, de 04-07)

LIVRO III
DIREITO DAS COISAS

TÍTULO I – Da posse

CAPÍTULO I – Disposições gerais

ARTIGO 1251º – Noção

Posse é o poder que se manifesta quando alguém actua por forma correspondente ao exercício do direito de propriedade ou de outro direito real.

ARTIGO 1252º – Exercício da posse por intermediário

1 – A posse tanto pode ser exercida pessoalmente como por intermédio de outrem.

2 – Em caso de dúvida, presume-se a posse naquele que exerce o poder de facto, sem prejuízo do disposto no nº 2 do artigo 1257º

ARTIGO 1253º – Simples detenção

São havidos como detentores ou possuidores precários:

a) Os que exercem o poder de facto sem intenção de agir como beneficiários do direito;

b) Os que simplesmente se aproveitam da tolerância do titular do direito;

c) Os representantes ou mandatários do possuidor e, de um modo geral, todos os que possuem em nome de outrem.

ARTIGO 1254º – Presunções de posse

1 – Se o possuidor actual possuiu em tempo mais remoto, presume-se que possuiu igualmente no tempo intermédio.

2 – A posse actual não faz presumir a posse anterior, salvo quando seja titulada; neste caso, presume-se que há posse desde a data do título.

ARTIGO 1255º – Sucessão na posse

Por morte do possuidor, a posse continua nos seus sucessores desde o momento da morte, independentemente da apreensão material da coisa.

ARTIGO 1256º – Acessão da posse

1 – Aquele que houver sucedido na posse de outrem por título diverso da sucessão por morte pode juntar à sua a posse do antecessor.

2 – Se, porém, a posse do antecessor for de natureza diferente da posse do sucessor, a acessão só se dará dentro dos limites daquela que tem menor âmbito.

ARTIGO 1257º – Conservação da posse

1 – A posse mantém-se enquanto durar a actuação correspondente ao exercício do direito ou a possibilidade de a continuar.

2 – Presume-se que a posse continua em nome de quem a começou.

CAPÍTULO II – Caracteres da posse

ARTIGO 1258º – Espécies de posse

A posse pode ser titulada ou não titulada, de boa ou de má fé, pacífica ou violenta, pública ou oculta.

ARTIGO 1259º – Posse titulada

1 – Diz-se titulada a posse fundada em qualquer modo legítimo de adquirir, independentemente, quer do direito do transmitente, quer da validade substancial do negócio jurídico.

2 – O título não se presume, devendo a sua existência ser provada por aquele que o invoca.

ARTIGO 1260º – Posse de boa fé

1 – A posse diz-se de boa fé, quando o possuidor ignorava, ao adquiri-la, que lesava o direito de outrem.

2 – A posse titulada presume-se de boa fé, e a não titulada, de má fé.

3 – A posse adquirida por violência é sempre considerada de má fé, mesmo quando seja titulada.

ARTIGO 1261º – Posse pacífica

1 – Posse pacífica é a que foi adquirida sem violência.

2 – Considera-se violenta a posse quando, para obtê-la, o possuidor usou de coacção física, ou de coacção moral nos termos do artigo 255º

ARTIGO 1262º – Posse pública

Posse pública é a que se exerce de modo a poder ser conhecida pelos interessados.

CAPÍTULO III – Aquisição e perda da posse

ARTIGO 1263º – Aquisição da posse

A posse adquire-se:

a) Pela prática reiterada, com publicidade, dos actos materiais correspondentes ao exercício do direito;

b) Pela tradição material ou simbólica da coisa, efectuada pelo anterior possuidor;

c) Por constituto possessório;

d) Por inversão do título da posse.

ARTIGO 1264º – Constituto possessório

1 – Se o titular do direito real, que está na posse da coisa, transmitir esse direito a outrem, não deixa de considerar-se transferida a posse para o adquirente, ainda que, por qualquer causa, aquele continue a deter a coisa.

2 – Se o detentor da coisa, à data do negócio translativo do direito, for um terceiro, não deixa de considerar-se igualmente transferida a posse, ainda que essa detenção haja de continuar.

ARTIGO 1265º – Inversão do título da posse

A inversão do título da posse pode dar-se por oposição do detentor do direito contra aquele em cujo nome possuía ou por acto de terceiro capaz de transferir a posse.

ARTIGO 1266º – Capacidade para adquirir a posse

Podem adquirir posse todos os que têm uso da razão, e ainda os que o não têm, relativamente às coisas susceptíveis de ocupação.

ARTIGO 1267º – Perda da posse

1 – O possuidor perde a posse:

a) Pelo abandono;

b) Pela perda ou destruição material da coisa ou por esta ser posta fora do comércio;

c) Pela cedência;

d) Pela posse de outrem, mesmo contra a vontade do antigo possuidor, se a nova posse houver durado por mais de um ano.

2 – A nova posse de outrem conta-se desde o seu início, se foi tomada publicamente, ou desde que é conhecida do esbulhado, se foi tomada ocultamente; sendo adquirida por violência, só se conta a partir da cessação desta.

CAPÍTULO IV – Efeitos da posse

ARTIGO 1268º – Presunção da titularidade do direito

1 – O possuidor goza da presunção da titularidade do direito excepto se existir, a favor de outrem, presunção fundada em registo anterior ao início da posse.

2 – Havendo concorrência de presunções legais fundadas em registo, será a prioridade entre elas fixada na legislação respectiva.

ARTIGO 1269º – Perda ou deterioração da coisa

O possuidor de boa fé só responde pela perda ou deterioração da coisa se tiver procedido com culpa.

ARTIGO 1270º – Frutos na posse de boa fé

1 – O possuidor de boa fé faz seus os frutos naturais percebidos até ao dia em que souber que está a lesar com a sua posse o direito de outrem, e os frutos civis correspondentes ao mesmo período.

2 – Se ao tempo em que cessa a boa fé estiverem pendentes frutos naturais, é o titular obrigado a indemnizar o possuidor das despesas de cultura, sementes ou matérias-primas e, em geral, de todas as despesas de produção, desde que não sejam superiores ao valor dos frutos que vierem a ser colhidos.

3 – Se o possuidor tiver alienado frutos antes da colheita e antes de cessar a boa fé, a alienação subsiste mas o produto da colheita pertence ao titular do direito, deduzida a indemnização a que o número anterior se refere.

ARTIGO 1271º – Frutos na posse de má fé

O possuidor de má fé deve restituir os frutos que a coisa produziu até ao termo da posse e responde, além disso, pelo valor daqueles que um proprietário diligente poderia ter obtido.

ARTIGO 1272º – Encargos

Os encargos com a coisa são pagos pelo titular do direito e pelo possuidor, na medida dos direitos de cada um deles sobre os frutos no período a que respeitam os encargos.

ARTIGO 1273º – Benfeitorias necessárias e úteis

1 – Tanto o possuidor de boa fé como o de má fé têm direito a ser indemnizados das benfeitorias necessárias que hajam feito, e bem assim a levantar as benfeitorias úteis realizadas na coisa, desde que o possam fazer sem detrimento dela.

2 – Quando, para evitar o detrimento da coisa, não haja lugar ao levantamento das benfeitorias, satisfará o titular do direito ao possuidor o valor delas, calculado segundo as regras do enriquecimento sem causa.

ARTIGO 1274º – Compensação de benfeitorias com deteriorações

A obrigação de indemnização por benfeitorias é susceptível de compensação com a responsabilidade do possuidor por deteriorações.

ARTIGO 1275º – Benfeitorias voluptuárias

1 – O possuidor de boa fé tem direito a levantar as benfeitorias voluptuárias, não se dando detrimento da coisa; no caso contrário, não pode levantá-las nem haver o valor delas.

2 – O possuidor de má fé perde, em qualquer caso, as benfeitorias voluptuárias que haja feito.

CAPÍTULO V – Defesa da posse

ARTIGO 1276º – Acção de prevenção

Se o possuidor tiver justo receio de ser perturbado ou esbulhado por outrem, será o autor da ameaça, a requerimento do ameaçado, intimado para se abster de lhe fazer agravo, sob pena de multa e responsabilidade pelo prejuízo que causar.

ARTIGO 1277º – Acção directa e defesa judicial

O possuidor que for perturbado ou esbulhado pode manter-se ou restituir-se por sua própria força e autoridade, nos termos do artigo 336º, ou recorrer ao tribunal para que este lhe mantenha ou restitua a posse.

ARTIGO 1278º – Manutenção e restituição da posse

1 – No caso de recorrer ao tribunal, o possuidor perturbado ou esbulhado será mantido ou restituído enquanto não for convencido na questão da titularidade do direito.

2 – Se a posse não tiver mais de um ano, o possuidor só pode ser mantido ou restituído contra quem não tiver melhor posse.

3 – É melhor posse a que for titulada; na falta de título, a mais antiga; e, se tiverem igual antiguidade, a posse actual.

ARTIGO 1279º – Esbulho violento

Sem prejuízo do disposto nos artigos anteriores, o possuidor que for esbulhado com violência tem o direito de ser restituído provisoriamente à sua posse, sem audiência do esbulhador.

ARTIGO 1280º – Exclusão das servidões não aparentes

As acções mencionadas nos artigos anteriores não são aplicáveis à defesa das servidões não aparentes, salvo quando a posse se funde em título provindo do proprietário do prédio serviente ou de quem lho transmitiu.

ARTIGO 1281º – Legitimidade

1 – A acção de manutenção da posse pode ser intentada pelo perturbado ou pelos seus herdeiros, mas apenas contra o perturbador, salva a acção de indemnização contra os herdeiros deste.

2 – A acção de restituição de posse pode ser intentada pelo esbulhado ou pelos seus herdeiros, não só contra o esbulhador ou seus herdeiros, mas ainda contra quem esteja na posse da coisa e tenha conhecimento do esbulho.

ARTIGO 1282º – Caducidade

A acção de manutenção, bem como as de restituição da posse, caducam, se não forem intentadas dentro do ano subsequente ao facto da turbação ou do esbulho, ou ao conhecimento dele quando tenha sido praticado a ocultas.

ARTIGO 1283º – Efeito da manutenção ou restituição

É havido como nunca perturbado ou esbulhado o que foi mantido na sua posse ou a ela foi restituído judicialmente.

ARTIGO 1284º – Indemnização de prejuízos e encargos com a restituição

1 – O possuidor mantido ou restituído tem direito a ser indemnizado do prejuízo que haja sofrido em consequência da turbação ou do esbulho.

2 – A restituição da posse é feita à custa do esbulhador e no lugar do esbulho.

ARTIGO 1285º – Embargos de terceiro

O possuidor cuja posse for ofendida por penhora ou diligência ordenada judicialmente pode defender a sua posse mediante embargos de terceiro, nos termos definidos na lei de processo.

(Redação dada pelo Decreto-Lei nº 38/2003, de 08-03)

ARTIGO 1286º – Defesa da composse

1 – Cada um dos compossuidores, seja qual for a parte que lhe cabe, pode usar contra terceiro dos meios facultados nos artigos precedentes, quer para defesa da própria posse, quer para defesa da posse comum, sem que ao terceiro seja lícito opor-lhe que ela não lhe pertence por inteiro.

2 – Nas relações entre compossuidores não é permitido o exercício da acção de manutenção.

3 – Em tudo o mais são aplicáveis à composse as disposições do presente capítulo.

CAPÍTULO VI – Usucapião

SECÇÃO I – Disposições gerais

ARTIGO 1287º – Noção

A posse do direito de propriedade ou de outros direitos reais de gozo, mantida por certo lapso de tempo, faculta ao possuidor, salvo disposição em contrário, a aquisição do direito a cujo exercício corresponde a sua actuação: é o que se chama usucapião.

ARTIGO 1288º – Retroactividade da usucapião

Invocada a usucapião, os seus efeitos retrotraem-se à data do início da posse.

ARTIGO 1289º – Capacidade para adquirir

1 – A usucapião aproveita a todos os que podem adquirir.

2 – Os incapazes podem adquirir por usucapião, tanto por si como por intermédio das pessoas que legalmente os representam.

ARTIGO 1290º – Usucapião em caso de detenção

Os detentores ou possuidores precários não podem adquirir para si, por usucapião, o direito possuído, excepto achando-se invertido o título da posse; mas, neste caso, o tempo necessário para a usucapião só começa a correr desde a inversão do título.

ARTIGO 1291º – Usucapião por compossuidor

A usucapião por um compossuidor relativamente ao objecto da posse comum aproveita igualmente aos demais compossuidores.

ARTIGO 1292º – Aplicação das regras da prescrição

São aplicáveis à usucapião, com as necessárias adaptações, as disposições relativas à suspensão e interrupção da prescrição, bem como o preceituado nos artigos 300º, 302º, 303º e 305º

SECÇÃO II – Usucapião de imóveis

ARTIGO 1293º – Direitos excluídos

Não podem adquirir-se por usucapião:

a) As servidões prediais não aparentes;

b) Os direitos de uso e de habitação.

ARTIGO 1294º – Justo título e registo

Havendo título de aquisição e registo deste, a usucapião tem lugar:

a) Quando a posse, sendo de boa fé, tiver durado por dez anos, contados desde a data do registo;

b) Quando a posse, ainda que de má fé, houver durado quinze anos, contados da mesma data.

ARTIGO 1295º – Registo da mera posse

1 – Não havendo registo do título de aquisição, mas registo da mera posse, a usucapião tem lugar:

a) Se a posse tiver continuado por cinco anos, contados desde a data do registo, e for de boa fé;

b) Se a posse tiver continuado por dez anos, a contar da mesma data, ainda que não seja de boa fé.

2 – A mera posse só é registada em vista de decisão final proferida em processo de justificação, nos termos da lei registral, na qual se reconheça que o possuidor tem possuído pacífica e publicamente por tempo não inferior a cinco anos.

(Redação dada pelo Decreto-Lei nº 273/2001, de 13-10)

ARTIGO 1296º – Falta de registo

Não havendo registo do título nem da mera posse, a usucapião só pode dar-se no termo de quinze anos, se a posse for de boa fé, e de vinte anos, se for de má fé.

ARTIGO 1297º – Posse violenta ou oculta

Se a posse tiver sido constituída com violência ou tomada ocultamente, os prazos da usucapião só começam a contar-se desde que cesse a violência ou a posse se torne pública.

SECÇÃO III – Usucapião de móveis

ARTIGO 1298º – Coisas sujeitas a registo

Os direitos reais sobre coisas móveis sujeitas a registo adquirem-se por usucapião, nos termos seguintes:

a) Havendo título de aquisição e registo deste, quando a posse tiver durado dois anos, estando o possuidor de boa fé, ou quatro anos, se estiver de má fé;

b) Não havendo registo, quando a posse tiver durado dez anos, independentemente da boa fé do possuidor e da existência de título.

ARTIGO 1299º – Coisas não sujeitas a registo

A usucapião de coisas não sujeitas a registo dá-se quando a posse, de boa fé e fundada em justo título, tiver durado três anos, ou quando, independentemente da boa fé e de título, tiver durado seis anos.

ARTIGO 1300º – Posse violenta ou oculta

1 – É aplicável à usucapião de móveis o disposto no artigo 1297º

2 – Se, porém, a coisa possuída passar a terceiro de boa fé antes da cessação da violência ou da publicidade da posse, pode o interessado adquirir direitos sobre ela passados quatros anos desde a constituição da sua posse, se esta for titulada, ou sete, na falta de título.

ARTIGO 1301º – Coisa comprada a comerciante

O que exigir de terceiro coisa por este comprada, de boa fé, a comerciante que negoceie em coisa do mesmo ou semelhante género é obrigado a restituir o preço que o adquirente tiver dado por ela, mas goza do direito de regresso contra aquele que culposamente deu causa ao prejuízo.

TÍTULO II – Do direito de propriedade

CAPÍTULO I – Propriedade em geral

SECÇÃO I – Disposições gerais

ARTIGO 1302º – Objecto do direito de propriedade

1 – As coisas corpóreas, móveis ou imóveis, podem ser objeto do direito de propriedade regulado neste código.

2 – Podem ainda ser objeto do direito de propriedade os animais, nos termos regulados neste código e em legislação especial.

(Redação dada pela Lei nº 8/2017, de 03-03)

ARTIGO 1303º – Propriedade intelectual

1 – Os direitos de autor e a propriedade industrial estão sujeitos a legislação especial.

2 – São, todavia, subsidiariamente aplicáveis aos direitos de autor e à propriedade industrial as disposições deste còdigo, quando se harmonizem com a natureza daqueles direitos e não contrariem o regime para eles especialmente estabelecido.

ARTIGO 1304º – Domínio do Estado e de outras pessoas colectivas públicas

O domínio das coisas pertencentes ao Estado ou a quaisquer outras pessoas colectivas públicas está igualmente sujeito às disposições deste código em tudo o que não for especialmente regulado e não contrarie a natureza própria daquele domínio.

ARTIGO 1305º – Propriedade das coisas

O proprietário goza de modo pleno e exclusivo dos direitos de uso, fruição e disposição das coisas que lhe pertencem, dentro dos limites da lei e com observância das restrições por ela impostas.

(Redação dada pela Lei nº 8/2017, de 03-03)

ARTIGO 1305º-A – Propriedade de animais

1 – O proprietário de um animal deve assegurar o seu bem-estar e respeitar as características de cada espécie e observar, no exercício dos seus direitos, as disposições especiais relativas à criação, reprodução, detenção e proteção dos animais e à salvaguarda de espécies em risco, sempre que exigíveis.

2 – Para efeitos do disposto no número anterior, o dever de assegurar o bem-estar inclui, nomeadamente:

a) A garantia de acesso a água e alimentação de acordo com as necessidades da espécie em questão;

b) A garantia de acesso a cuidados médico-veterinários sempre que justificado, incluindo as medidas profiláticas, de identificação e de vacinação previstas na lei.

3 – O direito de propriedade de um animal não abrange a possibilidade de, sem motivo legítimo, infligir dor, sofrimento ou quaisquer outros maus-tratos que resultem em sofrimento injustificado, abandono ou morte.
(Aditado pela Lei nº 8/2017, de 03-03)

ARTIGO 1306º – "Numerus clausus"

1 – Não é permitida a constituição, com carácter real, de restrições ao direito de propriedade ou de figuras parcelares deste direito senão nos casos previstos na lei; toda a restrição resultante de negócio jurídico, que não esteja nestas condições, tem natureza obrigacional.

2 – O quinhão e o compáscuo constituídos até à entrada em vigor deste código ficam sujeitos à legislação anterior.

ARTIGO 1307º – Propriedade resolúvel e temporária

1 – O direito de propriedade pode constituir-se sob condição.

2 – A propriedade temporária só é admitida nos casos especialmente previstos na lei.

3 – À propriedade sob condição é aplicável o disposto nos artigos 272º a 277º

ARTIGO 1308º – Expropriações

Ninguém pode ser privado, no todo ou em parte, do seu direito de propriedade senão nos casos fixados na lei.

ARTIGO 1309º – Requisições

Só nos casos previstos na lei pode ter lugar a requisição temporária de coisas do domínio privado.

ARTIGO 1310º – Indemnizações

Havendo expropriação por utilidade pública ou particular ou requisição de bens, é sempre devida a indemnização adequada ao proprietário e aos titulares dos outros direitos reais afectados.

SECÇÃO II – Defesa da propriedade

ARTIGO 1311º – Acção de reivindicação

1 – O proprietário pode exigir judicialmente de qualquer possuidor ou detentor da coisa o reconhecimento do seu direito de propriedade e a consequente restituição do que lhe pertence.

2 – Havendo reconhecimento do direito de propriedade, a restituição só pode ser recusada nos casos previstos na lei.

ARTIGO 1312º – Encargos com a restituição

A restituição da coisa é feita à custa do esbulhador, se o houver, e no lugar do esbulho.

ARTIGO 1313º – Imprescritibilidade da acção de reivindicação

Sem prejuízo dos direitos adquiridos por usucapião, a acção de reivindicação não prescreve pelo decurso do tempo.

ARTIGO 1314º – Acção directa

É admitida a defesa da propriedade por meio de acção directa, nos termos do artigo 336º

ARTIGO 1315º – Defesa de outros direitos reais

As disposições precedentes são aplicáveis, com as necessárias correcções à defesa de todo o direito real.

CAPÍTULO II – Aquisição da propriedade

SECÇÃO I – Disposições gerais

ARTIGO 1316º – Modos de aquisição

O direito de propriedade adquire-se por contrato, sucessão por morte, usucapião, ocupação, acessão e demais modos previstos na lei.

ARTIGO 1317º – Momento da aquisição

O momento da aquisição do direito de propriedade é:

a) No caso de contrato, o designado nos artigos 408º e 409º;

b) No caso de sucessão por morte, o da abertura da sucessão;

c) No caso de usucapião, o do início da posse;

d) Nos casos de ocupação e acessão, o da verificação dos factos respectivos.

SECÇÃO II – Ocupação de coisas e animais

ARTIGO 1318º – Suscetibilidade de ocupação

Podem ser adquiridos por ocupação os animais e as coisas móveis que nunca tiveram dono, ou foram abandonados, perdidos ou escondidos pelos seus proprietários, salvas as restrições dos artigos seguintes.

(Redação dada pela Lei nº 8/2017, de 03-03)

ARTIGO 1319º – Caça e pesca

A ocupação dos animais bravios que se encontram no seu estado de liberdade natural é regulada por legislação especial.

ARTIGO 1320º – Animais selvagens com guarida própria

1 – Os animais bravios habituados a certa guarida, ordenada por indústria do homem, que mudem para outra guarida de diverso dono ficam pertencendo a este,

se não puderem ser individualmente reconhecidos; no caso contrário, pode o antigo dono recuperá-los, contanto que o faça sem prejuízo do outro.

2 – Provando-se, porém, que os animais foram atraídos por fraude ou artifício do dono da guarida onde se hajam acolhido, é este obrigado a entregá-los ao antigo dono, ou a pagar-lhe em triplo o valor deles, se lhe não for possível restituí-los.

ARTIGO 1321º – Animais ferozes fugidos

(Revogado pela Lei nº 8/2017, de 03-03)

ARTIGO 1322º – Enxames de abelhas

1 – O proprietário de enxame de abelhas tem o direito de o perseguir e capturar em prédio alheio, mas é responsável pelos danos que causar.

2 – Se o dono da colmeia não perseguir o enxame logo que saiba terem as abelhas enxameado, ou se decorrerem dois dias sem que o enxame tenha sido capturado, pode ocupá-lo o proprietário do prédio onde ele se encontre, ou consentir que outrem o ocupe.

ARTIGO 1323º – Animais e coisas móveis perdidas

1 – Aquele que encontrar animal ou coisa móvel perdida e souber a quem pertence deve restituir o animal ou a coisa a seu dono ou avisá-lo do achado.

2 – Se não souber a quem pertence o animal ou coisa móvel, aquele que os encontrar deve anunciar o achado pelo modo mais conveniente, atendendo ao seu valor e às possibilidades locais, e avisar as autoridades, observando os usos da terra, sempre que os haja.

3 – Para efeitos do disposto no número anterior, deve o achador de animal, quando possível, recorrer aos meios de identificação acessíveis através de médico veterinário.

4 – Anunciado o achado, o achador faz seu o animal ou a coisa perdida, se não for reclamada pelo dono dentro do prazo de um ano, a contar do anúncio ou aviso.

5 – Restituído o animal ou a coisa, o achador tem direito à indemnização do prejuízo havido e das despesas realizadas.

6 – O achador goza do direito de retenção e não responde, no caso de perda ou deterioração do animal ou da coisa, senão havendo da sua parte dolo ou culpa grave.

7 – O achador de animal pode retê-lo em caso de fundado receio de que o animal achado seja vítima de maus-tratos por parte do seu proprietário.

(Redação dada pela Lei nº 8/2017, de 03-03)

ARTIGO 1324º – Tesouros

1 – Se aquele que descobrir coisa móvel de algum valor, escondida ou enterrada, não puder determinar quem é o dono dela, torna-se proprietário de metade do achado; a outra metade pertence ao proprietário da coisa móvel ou imóvel onde o tesouro estava escondido ou enterrado.

2 – O achador deve anunciar o achado nos termos do nº 1 do artigo anterior, ou avisar as autoridades, excepto quando seja evidente que o tesouro foi escondido ou enterrado há mais de vinte anos.

3 – Se o achador não cumprir o disposto no número anterior, ou fizer seu o achado ou parte dele sabendo quem é o dono, ou ocultar do proprietário da coisa onde ele se encontrava, perde em benefício do Estado os direitos conferidos no nº 1 deste artigo, sem exclusão dos que lhe possam caber como proprietário.

SECÇÃO III – Acessão

SUBSECÇÃO I – Disposições gerais

ARTIGO 1325º – Noção

Dá-se a acessão, quando com a coisa que é propriedade de alguém se une e incorpora outra coisa que lhe não pertencia.

ARTIGO 1326º – Espécies

1 – A acessão diz-se natural, quando resulta exclusivamente das forças da natureza; dá-se a acessão industrial, quando, por facto do homem, se confundem objectos pertencentes a diversos donos, ou quando alguém aplica o trabalho próprio a matéria pertencente a outrem, confundindo o resultado desse trabalho com propriedade alheia.

2 – A acessão industrial é mobiliária ou imobiliária, conforme a natureza das coisas.

SUBSECÇÃO II – Acessão natural

ARTIGO 1327º – Princípio geral

Pertence ao dono da coisa tudo o que a esta acrescer por efeito da natureza.

ARTIGO 1328º – Aluvião

1 – Pertence aos donos dos prédios confinantes com quaisquer correntes de água tudo o que, por acção das águas, se lhes unir ou neles for depositado, sucessiva e imperceptivelmente.

2 – É aplicável o disposto no número anterior ao terreno que insensivelmente se for deslocando, por acção das águas, de uma das margens para outra, ou de um prédio superior para outro inferior, sem que o proprietário do terreno perdido possa invocar direitos sobre ele.

ARTIGO 1329º – Avulsão

1 – Se, por acção natural e violenta, a corrente arrancar quaisquer plantas ou levar qualquer objecto ou porção conhecida de terreno, e arrojar essas coisas sobre prédio alheio, o dono delas tem o direito de exigir que lhe sejam entregues, contanto que o faça dentro de seis meses, se antes não foi notificado para fazer a remoção no prazo judicialmente assinado.

2 – Não se fazendo a remoção nos prazos designados, é aplicável o disposto no artigo anterior.

ARTIGO 1330º – Mudança de leito

1 – Se a corrente mudar de direcção, abandonando o leito antigo, os proprietários deste conservam o direito que tinham sobre ele, e o dono do prédio invadido conserva igualmente a propriedade do terreno ocupado de novo pela corrente.

2 – Se a corrente se dividir em dois ramos ou braços, sem que o leito antigo seja abandonado, é ainda aplicável o disposto no número anterior.

ARTIGO 1331º – Formação de ilhas e mouchões

1 – As ilhas ou mouchões que se formem nas correntes de água pertencem ao dono da parte do leito ocupado.

2 – Se, porém, as ilhas ou mouchões se formarem por avulsão, o proprietário do terreno onde a diminuição haja ocorrido goza do direito de remoção nas condições prescritas pelo artigo 1329º

ARTIGO 1332º – Lagos e lagoas

As disposições dos artigos antecedentes são aplicáveis aos lagos e lagoas, quando aí ocorrerem factos análogos.

SUBSECÇÃO III – Acessão industrial mobiliária

ARTIGO 1333º – União ou confusão de boa fé

1 – Se alguém, de boa fé, unir ou confundir objecto seu com objecto alheio, de modo que a separação deles não seja possível ou, sendo-o, dela resulte prejuízo para alguma das partes, faz seu o objecto adjunto o dono daquele que for de maior valor, contanto que indemnize o dono do outro ou lhe entregue coisa equivalente.

2 – Se ambas as coisas forem de igual valor e os donos não acordarem sobre qual haja de ficar com ela, abrir-se-á entre eles licitação, adjudicando-se o objecto licitado àquele que maior valor oferecer por ele; verificada a soma que no valor oferecido deve pertencer ao outro, é o adjudicatário obrigado a pagar-lha.

3 – Se os interessados não quiserem licitar, será vendida a coisa e cada um deles haverá no produto da venda a parte que deva tocar-lhe.

4 – Em qualquer dos casos previstos nos números anteriores, o autor da confusão é obrigado a ficar com a coisa adjunta, ainda que seja de maior valor, se o dono dela preferir a respectiva indemnização.

ARTIGO 1334º – União ou confusão de má fé

1 – Se a união ou confusão tiver sido feita de má fé e a coisa alheia puder ser separada sem padecer detrimento, será esta restituída a seu dono, sem prejuízo do direito que este tem de ser indemnizado do dano sofrido.

2 – Se, porém, a coisa não puder ser separada sem padecer detrimento, deve o autor da união ou confusão restituir o valor da coisa e indemnizar o seu dono, quando este não prefira ficar com ambas as coisas adjuntas e pagar ao autor da união ou confusão o valor que for calculado segundo as regras do enriquecimento sem causa.

ARTIGO 1335º – Confusão casual

1 – Se a adjunção ou confusão se operar casualmente e as coisas adjuntas ou confundidas não puderem separar-se sem detrimento de alguma delas, ficam pertencendo ao dono da mais valiosa, que pagará o justo valor da outra; se, porém, este não quiser fazê-lo, assiste idêntico direito ao dono da menos valiosa.

2 – Se nenhum deles quiser ficar com a coisa, será esta vendida, e cada um deles haverá a parte do preço que lhe pertencer.

3 – Se ambas as coisas forem de igual valor, observar-se-á o disposto nos números 2 e 3 do artigo 1333º

ARTIGO 1336º – Especificação de boa fé

1 – Quem de boa fé der nova forma, por seu trabalho, a coisa móvel pertencente a outrem faz sua a coisa transformada, se ela não puder ser restituída à primitiva forma ou não puder sê-lo sem perda do valor criado pela especificação; neste último caso, porém, tem o dono da matéria o direito de ficar com a coisa, se o valor da especificação não exceder o da matéria.

2 – Em ambos os casos previstos no número anterior, o que ficar com a coisa é obrigado a indemnizar o outro do valor que lhe pertencer.

ARTIGO 1337º – Especificação de má fé

Se a especificação tiver sido feita de má fé, será a coisa especificada restituída a seu dono no estado em que se encontrar, com indemnização dos danos, sem que o dono seja obrigado a indemnizar o especificador, se o valor da especificação não tiver aumentado em mais de um terço o valor da coisa especificada; se o aumento for superior, deve o dono da coisa repor o que exceder o dito terço.

ARTIGO 1338º – Casos de especificação

Constituem casos de especificação a escrita, a pintura, o desenho, a fotografia, a impressão, a gravura e outros actos semelhantes, feitos com utilização de materiais alheios.

SUBSECÇÃO IV – Acessão industrial imobiliária

ARTIGO 1339º – Obras, sementeiras ou plantações com materiais alheios

Aquele que em terreno seu construir obra ou fizer sementeira ou plantação com materiais, sementes ou plantas alheias adquire os materiais, sementes ou plantas que utilizou, pagando o respectivo valor, além da indemnização a que haja lugar.

ARTIGO 1340º – Obras, sementeiras ou plantações feitas de boa fé em terreno alheio

1 – Se alguém, de boa fé, construir obra em terreno alheio, ou nele fizer sementeira ou plantação, e o valor que as obras, sementeiras ou plantações tiverem trazido à totalidade do prédio for maior do que o valor que este tinha antes, o autor da incorporação adquire a propriedade dele, pagando o valor que o prédio tinha antes das obras, sementeiras ou plantações.

2 – Se o valor acrescentado for igual, haverá licitação entre o antigo dono e o autor da incorporação, pela forma estabelecida no número 2 do artigo 1333º

3 – Se o valor acrescentado for menor, as obras, sementeiras ou plantações pertencem ao dono do terreno, com obrigação de indemnizar o autor delas do valor que tinham ao tempo da incorporação.

4 – Entende-se que houve boa fé, se o autor da obra, sementeira ou plantação desconhecia que o terreno era alheio, ou se foi autorizada a incorporação pelo dono do terreno.

ARTIGO 1341º – Obras, sementeiras ou plantações feitas de má fé em terreno alheio

Se a obra, sementeira ou plantação for feita de má fé, tem o dono do terreno o direito de exigir que seja desfeita e que o terreno seja restituído ao seu primitivo estado à custa do autor dela, ou, se o preferir, o direito de ficar com a obra, sementeira ou plantação pelo valor que for fixado segundo as regras do enriquecimento sem causa.

ARTIGO 1342º – Obras, sementeiras ou plantações feitas com materiais alheios em terreno alheio

1 – Quando as obras, sementeiras ou plantações sejam feitas em terreno alheio com materiais, sementes ou plantas alheias, ao dono dos materiais, sementes ou plantas cabem os direitos conferidos no artigo 1340º ao autor da incorporação, quer este esteja de boa, quer de má fé.

2 – Se, porém, o dono dos materiais, sementes ou plantas tiver culpa, é-lhe aplicável o disposto no artigo antecedente em relação ao autor da incorporação; neste caso, se o autor da incorporação estiver de má fé, é solidária a responsabilidade de ambos, e a divisão do enriquecimento é feita em proporção do valor dos materiais, sementes ou plantas e da mão-de-obra.

ARTIGO 1343º – Prolongamento de edifício por terreno alheio

1 – Quando na construção de um edifício em terreno próprio se ocupe, de boa fé, uma parcela de terreno alheio, o construtor pode adquirir a propriedade do terreno ocupado, se tiverem decorrido três meses a contar do início da ocupação, sem oposição do proprietário, pagando o valor do terreno e reparando o prejuízo causado, designadamente o resultante da depreciação eventual do terreno restante.

2 – É aplicável o disposto no número anterior relativamente a qualquer direito real de terceiro sobre o terreno ocupado.

CAPÍTULO III – Propriedade de imóveis

SECÇÃO I – Disposições gerais

ARTIGO 1344º – Limites materiais

1 – A propriedade dos imóveis abrange o espaço aéreo correspondente à superfície, bem como o subsolo, com tudo o que neles se contém e não esteja desintegrado do domínio por lei ou negócio jurídico.

2 – O proprietário não pode, todavia, proibir os actos de terceiro que, pela altura ou profundidade a que têm lugar, não haja interesse em impedir.

ARTIGO 1345º – Coisas imóveis sem dono conhecido

As coisas imóveis sem dono conhecido consideram-se do património do Estado.

ARTIGO 1346º – Emissão de fumo, produção de ruídos e factos semelhantes

O proprietário de um imóvel pode opor-se à emissão de fumo, fuligem, vapores, cheiros, calor ou ruídos, bem como à produção de trepidações e a outros quaisquer factos semelhantes, provenientes de prédio vizinho, sempre que tais factos importem um prejuízo substancial para o uso do imóvel ou não resultem da utilização normal do prédio de que emanam.

ARTIGO 1347º – Instalações prejudiciais

1 – O proprietário não pode construir nem manter no seu prédio quaisquer obras, instalações ou depósitos de substâncias corrosivas ou perigosas, se for de recear que possam ter sobre o prédio vizinho efeitos nocivos não permitidos por lei.

2 – Se as obras, instalações ou depósitos tiverem sido autorizados por entidade pública competente, ou tiverem sido observadas as condições especiais prescritas na lei para a construção ou manutenção deles, a sua inutilização só é admitida a partir do momemto em que o prejuízo se torne efectivo.

3 – É devida, em qualquer dos casos, indemnização pelo prejuízo sofrido.

ARTIGO 1348º – Escavações

1 – O proprietário tem a faculdade de abrir no seu prédio minas ou poços e fazer escavações, desde que não prive os prédios vizinhos do apoio necssário para evitar desmoronamentos ou deslocações de terra.

2 – Logo que venham a padecer danos com as obras feitas, os proprietários vizinhos serão indemnizados pelo autor delas, mesmo que tenham sido tomadas as precauções julgadas necessárias.

ARTIGO 1349º – Passagem forçada momentânea

1 – Se, para reparar algum edifício ou construção, for indispensável levantar andaime, colocar objectos sobre prédio alheio, fazer passar por ele os materiais para a obra ou praticar outros actos análogos, é o dono do prédio obrigado a consentir nesses actos.

2 – É igualmente permitido o acesso a prédio alheio a quem pretenda apoderar-se de coisas suas que acidentalmente nele se encontrem; o proprietário pode impedir o acesso, entregando a coisa ao seu dono.

3 – Em qualquer dos casos previstos neste artigo, o proprietário tem direito a ser indemnizado do prejuízo sofrido.

ARTIGO 1350º – Ruína de construção

Se qualquer edifício ou outra obra oferecer perigo de ruir, no todo ou em parte, e do desmoronamento puderem resultar danos para o prédio vizinho, é lícito ao dono deste exigir da pessoa responsável pelos danos, nos termos do artigo 492º, as providências necessárias para eliminar o perigo.

ARTIGO 1351º – Escoamento natural das águas

1 – Os prédios inferiores estão sujeitos a receber as águas que, naturalmente e sem obra do homem, decorrem dos prédios superiores, assim como a terra e entulhos que elas arrastam na sua corrente.

2 – Nem o dono do prédio inferior pode fazer obras que estorvem o escoamento, nem o dono do prédio superior obras capazes de o agravar, sem prejuízo da possibilidade de constituição da servidão legal de escoamento, nos casos em que é admitida.

ARTIGO 1352º – Obras defensivas das águas

1 – O dono do prédio onde existam obras defensivas para conter as águas, ou onde, pela variação do curso das águas, seja necessário construir novas obras, é obrigado a fazer os reparos precisos, ou a tolerar que os façam, sem prejuízo dele, os donos dos prédios que padeçam danos ou estejam expostos a danos iminentes.

2 – O disposto no número anterior é aplicável, sempre que seja necessário despojar algum prédio de materiais cuja acumulação ou queda estorve o curso das águas com prejuízo ou risco de terceiro.

3 – Todos os proprietários que participam do benefício das obras são obrigados a contribuir para as despesas delas, em proporção do seu interesse, sem prejuízo da responsabilidade que recaia sobre o autor dos danos.

SECÇÃO II – Direito de demarcação

ARTIGO 1353º – Conteúdo

O proprietário pode obrigar os donos dos prédios confinantes a concorrerem para a demarcação das estremas entre o seu prédio e os deles.

ARTIGO 1354º – Modo de proceder à demarcação

1 – A demarcação é feita de conformidade com os títulos de cada um e, na falta de títulos suficientes, de harmonia com a posse em que estejam os confinantes ou segundo o que resultar de outros meios de prova.

2 – Se os títulos não determinarem os limites dos prédios ou a área pertencente a cada proprietário, e a questão não puder ser resolvida pela posse ou por outro meio de prova, a demarcação faz-se distribuindo o terreno em litígio por partes iguais.

3 – Se os títulos indicarem um espaço maior ou menor do que o abrangido pela totalidade do terreno, atribuir-se-á a falta ou o acréscimo proporcionalmente à parte de cada um.

ARTIGO 1355º – Imprescritibilidade

O direito de demarcação é imprescritível, sem prejuízo dos direitos adquiridos por usucapião.

SECÇÃO III – Direito de tapagem

ARTIGO 1356º – Conteúdo

A todo o tempo o proprietário pode murar, valar, rodear de sebes o seu prédio, ou tapá-lo de qualquer modo.

ARTIGO 1357º – Valas, regueiras e valados

O proprietário que pretenda abrir vala ou regueira ao redor do prédio é obrigado a deixar mota externa de largura igual à profundidade da vala e a conformar-se com o disposto no artigo 1348º; se fizer valado, deve deixar externamente regueira ou alcorca, salvo havendo, em qualquer dos casos, uso da terra em contrário.

ARTIGO 1358º – Presunção de comunhão

1 – As valas, regueiras e valados, entre prédios de diversos donos, a que faltem as condições impostas no artigo antecedente, presumem-se comuns, não havendo sinal em contrário.

2 – É sinal de que a vala ou regueira sem mota externa não é comum o achar-se a terra da escavação ou limpeza lançada só de um lado durante mais de um ano; neste caso, presume-se que a vala é do proprietário de cujo lado a terra estiver.

ARTIGO 1359º – Sebes vivas

1 – Não podem ser plantadas sebes vivas nas estremas dos prédios sem previamente se colocarem marcos divisórios.

2 – As sebes vivas consideram-se, em caso de dúvida, pertencentes ao proprietário que mais precisa delas; se ambos estiverem no mesmo caso, presumem-se comuns, salvo se existir uso da terra pelo qual se determine de outro modo a sua propriedade.

SECÇÃO IV – Construções e edificações

ARTIGO 1360º – Abertura de janelas, portas, varandas e obras semelhantes

1 – O proprietário que no seu prédio levantar edifício ou outra construção não pode abrir nela janelas ou portas que deitem directamente sobre o prédio vizinho sem deixar entre este e cada uma das obras o intervalo de metro e meio.

2 – Igual restrição é aplicável às varandas, terraços, eirados ou obras semelhantes, quando sejam servidos de parapeitos de altura inferior a metro e meio em toda a sua extensão ou parte dela.

3 – Se os dois prédios forem oblíquos entre si, a distância de metro e meio conta-se perpendicularmente do prédio para onde deitam as vistas até à construção ou

edifício novamente levantado; mas, se a obliquidade for além de quarenta e cinco graus, não tem aplicação a restrição imposta ao proprietário.

ARTIGO 1361º - Prédios isentos da restrição

As restrições do artigo precedente não são aplicáveis a prédios separados entre si por estrada, caminho, rua, travessa ou outra passagem por terreno do domínio público.

ARTIGO 1362º - Servidão de vistas

1 - A existência de janelas, portas, varandas, terraços, eirados ou obras semelhantes, em contravenção do disposto na lei, pode importar, nos termos gerais, a constituição da servidão de vistas por usucapião.

2 - Constituída a servidão de vistas, por usucapião ou outro título, ao proprietário vizinho só é permitido levantar edifício ou outra construção no seu prédio desde que deixe entre o novo edifício ou construção e as obras mencionadas no nº 1 o espaço mínimo de metro e meio, correpondente à extensão destas obras.

ARTIGO 1363º - Frestas, seteiras ou óculos para luz e ar

1 - Não se consideram abrangidos pelas restrições da lei as frestas, seteiras ou óculos para luz e ar, podendo o vizinho levantar a todo o tempo a sua casa ou contramuro, ainda que vede tais aberturas.

2 - As frestas, seteiras ou óculos para luz e ar devem, todavia, situar-se pelo menos a um metro e oitenta centímetros de altura, a contar do solo ou do sobrado, e não devem ter, numa das suas dimensões, mais de quinze centímetros; a altura de um metro e oitenta centímetros respeita a ambos os lados da parede ou muro onde essas aberturas se encontram.

ARTIGO 1364º - Janelas gradadas

É aplicável o disposto no nº 1 do artigo antecedente às aberturas, quaisquer que sejam as suas dimensões, igualmente situadas a mais de um metro e oitenta centímetros do solo ou do sobrado, com grades fixas de ferro ou outro metal, de secção não inferior a um centímetro quadrado e cuja malha não seja superior a cinco centímetros.

ARTIGO 1365º - Estilicídio

1 - O proprietário deve edificar de modo que a beira do telhado ou outra cobertura não goteje sobre o prédio vizinho, deixando um intervalo mínimo de cinco decímetros entre o prédio e a beira, se de outro modo não puder evitá-lo.

2 - Constituída por qualquer título a servidão de estilicídio, o proprietário do prédio serviente não pode levantar edifício ou construção que impeça o escoamento das águas, devendo realizar as obras necessárias para que o escoamento se faça sobre o seu prédio, sem prejuízo para o prédio dominante.

SECÇÃO V – Plantação de árvores e arbustos

ARTIGO 1366º – Termos em que pode ser feita

1 – É lícita a plantação de árvores e arbustos até à linha divisória dos prédios; mas ao dono do prédio vizinho é permitido arrancar e cortar as raízes que se introduzirem no seu terreno e o tronco ou ramos que sobre ele propenderem, se o dono da árvore, sendo rogado judicialmente ou extrajudicialmente, o não fizer dentro de três dias.

2 – O disposto no número antecedente não prejudica as restrições constantes de leis especiais relativas à plantação ou sementeira de eucaliptos, acácias ou outras árvores igualmente nocivas nas proximidades de terrenos cultivados, terras de regadio, nascentes de água ou prédios urbanos, nem quaisquer outras restrições impostas por motivos de interesse público.

ARTIGO 1367º – Apanha de frutos

O proprietário de árvore ou arbusto contíguo a prédio de outrem ou com ele confinante pode exigir que o dono do prédio lhe permita fazer a apanha dos frutos, que não seja possível fazer do seu lado; mas é responsável pelo prejuízo que com a apanha vier a causar.

ARTIGO 1368º – Árvores ou arbustos situados na linha divisória

As árvores ou arbustos nascidos na linha divisória de prédios pertencentes a donos diferentes presumem-se comuns; qualquer dos consortes tem a faculdade de os arrancar, mas o outro tem direito a haver metade do valor das árvores ou arbustos, ou metade da lenha ou madeira que produzirem, como mais lhe convier.

ARTIGO 1369º – Árvores ou arbustos que sirvam de marco divisório

Servindo a árvore ou o arbusto de marco divisório, não pode ser cortado ou arrancado senão de comum acordo.

SECÇÃO VI – Paredes e muros de meação

ARTIGO 1370º – Comunhão forçada

1 – O proprietário de prédio confinante com parede ou muro alheio pode adquirir nele comunhão, no todo ou em parte, quer quanto à sua extensão, quer quanto à sua altura, pagando metade do seu valor e metade do valor do solo sobre que estiver construído.

2 – De igual faculdade gozam o superficiário e o enfiteuta.

ARTIGO 1371º – Presunção de compropriedade

1 – A parede ou muro divisório entre dois edifícios presume-se comum em toda a sua altura, sendo os edifícios iguais, e até à altura do inferior, se o não forem.

2 – Os muros entre prédios rústicos, ou entre pátios e quintais de prédios urbanos, presumem-se igualmente comuns, não havendo sinal em contrário.

3 – São sinais que excluem a presunção de comunhão:

a) A existência de espigão em ladeira só para um lado;

b) Haver no muro, só de um lado, cachorros de pedra salientes encravados em toda a largura dele;

c) Não estar o prédio contíguo igualmente murado pelos outros lados.

4 – No caso da alínea *a*) do número anterior, presume-se que o muro pertence ao prédio para cujo lado se inclina a ladeira; nos outros casos, àquele de cujo lado se encontrem as construções ou sinais mencionados.

5 – Se o muro sustentar em toda a sua largura qualquer construção que esteja só de um dos lados, presume-se do mesmo modo que ele pertence exclusivamente ao dono da construção.

ARTIGO 1372º – Abertura de janelas ou frestas

O proprietário a quem pertença em comum alguma parede ou muro não pode abrir nele janelas ou frestas, nem fazer outra alteração, sem consentimento do seu consorte.

ARTIGO 1373º – Construção sobre o muro comum

1 – Qualquer dos consortes tem, no entanto, a faculdade de edificar sobre a parede ou muro comum e de introduzir nele traves ou barrotes, contanto que não ultrapasse o meio da parede ou do muro.

2 – Tendo a parede ou muro espessura inferior a cinco decímetros, não tem lugar a restrição do número anterior.

ARTIGO 1374º – Alçamento do muro comum

1 – A qualquer dos consortes é permitido altear a parede ou muro comum, contanto que o faça à sua custa, ficando a seu cargo todas as despesas de conservação da parte alteada.

2 – Se a parede ou muro não estiver em estado de aguentar o alçamento, o consorte que pretender levantá-lo tem de reconstruí-lo por inteiro à sua custa e, se quiser aumentar-lhe a espessura, é o espaço para isso necessário tomado do seu lado.

3 – O consorte que não tiver contribuído para o alçamento pode adquirir comunhão na parte aumentada, pagando metade do valor dessa parte e, no caso de aumento de espessura, também metade do valor do solo correspondente a esse aumento.

ARTIGO 1375º – Reparação e reconstrução do muro

1 – A reparação ou reconstrução da parede ou muro comum é feita por conta dos consortes, em proporção das suas partes.

2 – Se o muro for simplesmente de vedação, a despesa é dividida pelos consortes em partes iguais.

3 – Se, além da vedação, um dos consortes tirar do muro proveito que não seja comum ao outro, a despesa é rateada entre eles em proporção do proveito que cada um tirar.

4 – Se a ruína do muro provier de facto do qual só um dos consortes tire proveito, só o beneficiário é obrigado a reconstruí-lo ou repará-lo.

5 – É sempre facultado ao consorte eximir-se dos encargos de reparação ou reconstrução da parede ou muro, renunciando ao seu direito nos termos dos nºs 1 e 2 do artigo 1411º

SECÇÃO VII – **Fraccionamento e emparcelamento de prédios rústicos**

ARTIGO 1376º – Fraccionamento

1 – Os terrenos aptos para cultura não podem fraccionar-se em parcelas de área inferior a determinada superfície mínima, correspondente à unidade de cultura fixada para cada zona do País; importa fraccionamento, para este efeito, a constituição de usufruto sobre uma parcela do terreno.

2 – Também não é admitido o fraccionamento, quando dele possa resultar o encrave de qualquer das parcelas, ainda que seja respeitada a área fixada para a unidade de cultura.

3 – O preceituado neste artigo abrange todo o terreno contíguo pertencente ao mesmo proprietário, embora seja composto por prédios distintos.

ARTIGO 1377º – Possibilidade do fraccionamento

A proibição do fraccionamento não é aplicável:

a) A terrenos que constituam partes componentes de prédios urbanos ou se destinem a algum fim que não seja a cultura;

b) Se o adquirente da parcela resultante do fraccionamento for proprietário de terreno contíguo ao adquirido, desde que a área da parte restante do terreno fraccionado corresponda, pelo menos, a uma unidade de cultura;

c) Se o fraccionamento tiver por fim a desintegração de terrenos para construção ou rectificação de estremas.

ARTIGO 1378º – Troca de terrenos

A troca de terrenos aptos para cultura só é admissível:

a) Quando ambos os terrenos tenham área igual ou superior à unidade de cultura fixada para a respectiva zona;

b) Quando, tendo qualquer dos terrenos àrea inferior à unidade de cultura, da permuta resulte adquirir um dos proprietários terreno contíguo a outro que lhe pertença, em termos que lhe permitam constituir um novo prédio com área igual ou superior àquela unidade;

c) Quando, independentemente da área dos terrenos, ambos os permutantes adquiram terreno confinante com prédio seu.

ARTIGO 1379º – Sanções

1 – São nulos os atos de fracionamento ou troca contrários ao disposto nos artigos 1376º e 1378º

2 – São anuláveis os atos de fracionamento efetuado ao abrigo da alínea *c)* do artigo 1377º se a construção não for iniciada no prazo de três anos.

3 – Tem legitimidade para a ação de anulação o Ministério Público ou qualquer proprietário que goze do direito de preferência nos termos do artigo seguinte.

4 – A ação de anulação caduca no fim de três anos, a contar do termo do prazo referido no nº 2.

(Redação dada pela Lei nº 111/2015, de 27-08)

ARTIGO 1380º – Direito de preferência

1 – Os proprietários de terrenos confinantes, de área inferior à unidade de cultura, gozam reciprocamente do direito de preferência nos casos de venda, dação em cumprimento ou aforamento de qualquer dos prédios a quem não seja proprietário confinante.

2 – Sendo vários os proprietários com direito de preferência, cabe este direito:

a) No caso de alienação de prédio encravado, ao proprietário que estiver onerado com a servidão de passagem;

b) Nos outros casos, ao proprietário que, pela preferência, obtenha a área que mais se aproxime da unidade de cultura fixada para a respectiva zona.

3 – Estando os preferentes em igualdade de circunstâncias, abrir-se-á licitação entre eles, revertendo o excesso para o alienante.

4 – É aplicável ao direito de preferência conferido neste artigo o disposto nos artigos 416º a 418º e 1410º, com as necessárias adaptações.

ARTIGO 1381º – Casos em que não existe o direito de preferência

Não gozam do direito de preferência os proprietários de terrenos confinantes:

a) Quando algum dos terrenos constitua parte componente de um prédio urbano ou se destine a algum fim que não seja a cultura;

b) Quando a alienação abranja um conjunto de prédios que, embora dispersos, formem uma exploração agrícola de tipo familiar.

ARTIGO 1382º – Emparcelamento

1 – Chama-se emparcelamento o conjunto de operações de remodelação predial destinadas a pôr termo à fragmentação e dispersão dos prédios rústicos pertencentes ao mesmo titular, com o fim de melhorar as condições técnicas e económicas da exploração agrícola.

2 – Os termos em que devem ser realizadas as operações de emparcelamento são fixados em legislação especial.

SECÇÃO VIII – Atravessadouros

ARTIGO 1383º – Abolição dos atravessadouros

Consideram-se abolidos os atravessadouros, por mais antigos que sejam, desde que não se mostrem estabelecidos em proveito de prédios determinados, constituindo servidões.

ARTIGO 1384º – Atravessadouros reconhecidos

São, porém, reconhecidos os atravessadouros com posse imemorial, que se dirijam a ponte ou fonte de manifesta utilidade, enquanto não existirem vias públicas destinadas à utilização ou aproveitamento de uma ou outra, bem como os admitidos em legislação especial.

CAPÍTULO IV – Propriedade das águas

SECÇÃO I – Disposições gerais

ARTIGO 1385º – Classificação das águas

As águas são públicas ou particulares; as primeiras estão sujeitas ao regime estabelecido em leis especiais e as segundas às disposições dos artigos seguintes.

ARTIGO 1386º – Águas particulares

1 – São particulares:

a) As águas que nascerem em prédio particular e as pluviais que nele caírem, enquanto não transpuserem, abandonadas, os limites do mesmo prédio ou daquele para onde o dono dele as tiver conduzido, e ainda as que, ultrapassando esses limites e correndo por prédios particulares, forem consumidas antes de se lançarem no mar ou em outra água pública;

b) As águas subterrâneas existentes em prédios particulares;

c) Os lagos e lagoas existentes dentro de um prédio particular, quando não sejam alimentados por corrente pública;

d) As águas originariamente públicas que tenham entrado no domínio privado até 21 de Março de 1868, por preocupação, doação régia ou concessão;

e) As águas públicas concedidas perpetuamente para regas ou melhoramentos agrícolas;

f) As águas subterrâneas existentes em terrenos públicos, municipais ou de freguesia, exploradas mediante licença e destinadas a regas ou melhoramentos agrícolas.

2 – Não estando fixado o volume das águas referidas nas alíneas *d*), *e*) e *f*), do número anterior, entender-se-á que há direito apenas ao caudal necessário para o fim a que as mesmas se destinam.

ARTIGO 1387º – Obras para armazenamento ou derivação de águas; leito das correntes não navegáveis nem flutuáveis

1 – São ainda particulares:

a) Os poços, galerias, canais, levadas, aquedutos, reservatórios, albufeiras e demais obras destinadas à captação, derivação ou armazenamento de águas públicas ou particulares;

b) O leito ou álveo das correntes não navegáveis nem flutuáveis que atravessam terrenos particulares.

2 – Entende-se por leito ou álveo a porção do terreno que a água cobre sem transbordar para o solo natural, habitualmente enxuto.

3 – Quando a corrente passa entre dois prédios, pertence a cada proprietário o tracto compreendido entre a linha marginal e a linha média do leito ou álveo, sem prejuízo do disposto nos artigos 1328º e seguintes.

4 – As faces ou rampas e os capelos dos cômoros, valados, tapadas, muros de terra, alvenaria ou enrocamentos erguidos sobre a superfície natural do solo marginal não pertencem ao leito ou álveo da corrente, mas fazem parte da margem.

ARTIGO 1388º – Requisição de águas

1 – Em casos urgentes de incêndio ou calamidade pública, as autoridades administrativas podem, sem forma de processo nem indemnização prévia, ordenar a utilização imediata de quaisquer águas particulares necessárias para conter ou evitar os danos.

2 – Se da utilização da água resultarem danos apreciáveis, têm os lesados direito a indemnização, paga por aqueles em benefício de quem a água foi utilizada.

SECÇÃO II – Aproveitamento das águas

ARTIGO 1389º – Fontes e nascentes

O dono do prédio onde haja alguma fonte ou nascente de água pode servir-se dela e dispor do seu uso livremente, salvas as restrições previstas na lei e os direitos que terceiro haja adquirido ao uso da água por título justo.

ARTIGO 1390º – Títulos de aquisição

1 – Considera-se título justo de aquisição da água das fontes e nascentes, conforme os casos, qualquer meio legítimo de adquirir a propriedade de coisas imóveis ou de constituir servidões.

2 – A usucapião, porém, só é atendida quando for acompanhada da construção de obras, visíveis e permanentes, no prédio onde exista a fonte ou nascente, que revelem a captação e a posse da água nesse prédio; sobre o significado das obras é admitida qualquer espécie de prova.

3 – Em caso de divisão ou partilha de prédios sem intervenção de terceiro, a aquisição do direito de servidão nos termos do artigo 1549º não depende da existência de sinais reveladores da destinação do antigo proprietário.

ARTIGO 1391º – Direitos dos prédios inferiores

Os donos dos prédios para onde se derivam as águas vertentes de qualquer fonte ou nascente podem eventualmente aproveitá-las nesses prédios; mas a privação desse uso por efeito de novo aproveitamento que faça o proprietário da fonte ou nascente não constitui violação de direito.

ARTIGO 1392º – Restrições ao uso das águas

1 – Ao proprietário da fonte ou nascente não é lícito mudar o seu curso costumado, se os habitantes de uma povoação ou casal há mais de cinco anos se abastecerem dela ou das suas águas vertentes para gastos domésticos.

2 – Se os habitantes da povoação ou casal não houverem adquirido por título justo o uso das águas, o proprietário tem direito a indemnização, que será paga, conforme os casos, pela respectiva junta de freguesia ou pelo dono do casal.

ARTIGO 1393º – Águas pluviais e de lagos e lagoas

O disposto nos artigos antecedentes é aplicável, com as necessárias adaptações, às águas pluviais referidas na alínea *a*) do nº 1 do artigo 1386º e às águas dos lagos e lagoas compreendidas na alínea *c*) do mesmo número.

ARTIGO 1394º – Águas subterrâneas

1 – É lícito ao proprietário procurar águas subterrâneas no seu prédio, por meio de poços ordinários ou artesianos, minas ou quaisquer escavações, contanto que não prejudique direitos que terceiro haja adquirido por título justo.

2 – Sem prejuízo do disposto no artigo 1396º, a diminuição do caudal de qualquer água pública ou particular, em consequência da exploração de água subterrânea, não constitui violação de direitos de terceiro, excepto se a captação se fizer por meio de infiltrações provocadas e não naturais.

ARTIGO 1395º – Títulos de aquisição

1 – Consideram-se títulos justos de aquisição das águas subterrâneas os referidos nos nºs 1 e 2 do artigo 1390º

2 – A simples atribuição a terceiro do direito de explorar águas subterrâneas não importa, para o proprietário, privação do mesmo direito, se tal abdicação não resultar claramente do título.

ARTIGO 1396º – Restrições ao aproveitamento das águas

O proprietário que, ao explorar águas subterrâneas, altere ou faça diminuir as águas de fonte ou reservatório destinado a uso público é obrigado a repor as coisas no estado anterior; não sendo isso possível, deve fornecer, para o mesmo uso, em local apropriado, água equivalente àquela de que o público ficou privado.

ARTIGO 1397º – Águas originariamente públicas

As águas referidas nas alíneas *d*), *e*) e *f*) do nº 1 do artigo 1386º são inseparáveis dos prédios a que se destinam, e o direito sobre elas caduca, revertendo as águas ao domínio público, se forem abandonadas, ou não se fizer delas um uso proveitoso correpondente ao fim a que eram destinadas ou para que foram concedidas.

SECÇÃO III – Condomínio das águas

ARTIGO 1398º – Despesas de conservação

1 – Pertencendo a água a dois ou mais co-utentes, todos devem contribuir para as despesas necessárias ao conveniente aproveitamento dela, na proporção do seu uso, podendo para esse fim executar-se as obras necessárias e fazer-se os trabalhos de pesquisa indispensáveis, quando se reconheça haver perda ou diminuição de volume ou caudal.

2 – O co-utente não pode eximir-se do encargo, renunciando ao seu direito em benefício dos outros co-utentes, contra a vontade destes.

ARTIGO 1399º – Divisão de águas

A divisão das águas comuns, quando deva realizar-se, é feita, no silêncio do título, em proporção da superfície, necessidades e natureza da cultura dos terrenos a regar, podendo repartir-se o caudal ou o tempo da sua utilização, como mais convier ao seu bom aproveitamento.

ARTIGO 1400º – Costumes na divisão de águas

1 – As águas fruídas em comum que, por costume seguido há mais de vinte anos, estiveram divididas ou subordinadas a um regime estável e normal de distribuição continuam a ser aproveitadas por essa forma, sem nova divisão.

2 – A obrigatoriedade do costume impõe-se também aos co-utentes que não sejam donos da água, sem prejuízo dos direitos do proprietário, que pode a todo tempo desviá-la ou reivindicá-la, se estiver a ser aproveitada por quem não tem nem adquiriu direito a ela.

ARTIGO 1401º – Costumes abolidos

1 – Consideram-se abolidos no aproveitamento das águas o costume de as utilizar pelo sistema de torna-torna ou outros semelhantes, mediante os quais a água pertença ao primeiro ocupante, sem outra norma de distribuição que não seja o arbítrio; as águas que assim tenham sido utilizadas consideram-se indivisas para todos os efeitos.

2 – Consideram-se igualmente abolidos os costumes de romper ou esvaziar os açudes e diques construídos superiormente, distraindo deles água para ser utilizada em prédios ou engenhos inferiormente situados que não têm direito ao aproveitamento; se existir direito ao aproveitamento, consideram-se as águas indivisas.

ARTIGO 1402º – Interpretação dos títulos

Sempre que dos títulos não resulte outro sentido, entende-se por uso contínuo o de todos os instantes; por uso diário, o de vinte e quatro horas a contar da meia noite; por uso diurno ou nocturno, o que medeia entre o nascer e o pôr do Sol ou vice-versa, por uso semanal, o que principia ao meio-dia de domingo e termina à mesma hora em igual dia da semana seguinte; por uso estival, o que começa em 1 de Abril e termina em 1 de Outubro seguinte; por uso hibernal, o que corresponde aos outros meses do ano.

CAPÍTULO V – Compropriedade

SECÇÃO I – Disposições gerais

ARTIGO 1403º – Noção

1 – Existe propriedade em comum, ou compropriedade, quando duas ou mais pessoas são simultaneamente titulares do direito de propriedade sobre a mesma coisa.

2 – Os direitos dos consortes ou comproprietários sobre a coisa comum são qualitativamente iguais, embora possam ser quantitativamente diferentes; as quotas presumem-se, todavia, quantitativamente iguais na falta de indicação em contrário do título constitutivo.

ARTIGO 1404º – Aplicação das regras da compropriedade a outras formas de comunhão

As regras da compropriedade são aplicáveis, com as necessárias adaptações, à comunhão de quaisquer outros direitos, sem prejuízo do disposto especialmente para cada um deles.

ARTIGO 1405º – Posição dos comproprietários

1 – Os comproprietários exercem, em conjunto, todos os direitos que pertencem ao proprietário singular; separadamente, participam nas vantagens e encargos da coisa, em proporção da suas quotas e nos termos dos artigos seguintes.

2 – Cada consorte pode reivindicar de terceiro a coisa comum, sem que a este seja lícito opor-lhe que ela lhe não pertence por inteiro.

SECÇÃO II – Direitos e encargos do comproprietário

ARTIGO 1406º – Uso da coisa comum

1 – Na falta de acordo sobre o uso da coisa comum, a qualquer dos comproprietários é lícito servir-se dela, contanto que a não empregue para fim diferente daquele a que a coisa se destina e não prive os outros consortes do uso a que igualmente têm direito.

2 – O uso da coisa comum por um dos comproprietários não constitui posse exclusiva ou posse de quota superior à dele, salvo se tiver havido inversão do título.

ARTIGO 1407º – Administração da coisa

1 – É aplicável aos comproprietários, com as necessárias adaptações, o disposto no artigo 985º; para que haja, porém, a maioria dos consortes exigida por lei, é necessário que eles representem, pelo menos, metade do valor total das quotas.

2 – Quando não seja possível formar a maioria legal, a qualquer dos consortes é lícito recorrer ao tribunal, que decidirá segundo juízos de equidade.

3 – Os actos realizados pelo comproprietário contra a oposição da maioria legal dos consortes são anuláveis e tornam o autor responsável pelo prejuízo a que der causa.

ARTIGO 1408º – Disposição e oneração da quota

1 – O comproprietário pode dispor de toda a sua quota na comunhão ou de parte dela, mas não pode, sem consentimento dos restantes consortes, alienar nem onerar parte especificada da coisa comum.

2 – A disposição ou oneração de parte especificada sem o consentimento dos consortes é havida como disposição ou oneração de coisa alheia.

3 – A disposição da quota está sujeita à forma exigida para a disposição da coisa.

ARTIGO 1409º – Direito de preferência

1 – O comproprietário goza do direito de preferência e tem o primeiro lugar entre os preferentes legais no caso de venda, ou dação em cumprimento, a estranhos da quota de qualquer dos seus consortes.

2 – É aplicável à preferência do comproprietário, com as adaptações convenientes, o disposto nos artigos 416º a 418º

3 – Sendo dois ou mais os preferentes, a quota alienada é adjudicada a todos, na proporção das suas quotas.

ARTIGO 1410º – Acção de preferência

1 – O comproprietário a quem se não dê conhecimento da venda ou da dação em cumprimento tem o direito de haver para si a quota alienada, contanto que o requeira dentro do prazo de seis meses, a contar da data em que teve conhecimento dos elementos essenciais da alienação, e deposite o preço devido nos 15 dias seguintes à propositura da acção.

2 – O direito de preferência e a respectiva acção não são prejudicados pela modificação ou distrate da alienação, ainda que estes efeitos resultem de confissão ou transacção judicial.

(Redação dada pelo Decreto-Lei nº 68/96, de 31-05)

ARTIGO 1411º – Benfeitorias necessárias

1 – Os comproprietários devem contribuir, em proporção das respectivas quotas, para as despesas necessárias à conservação ou fruição da coisa comum, sem prejuízo da faculdade de se eximirem do encargo renunciando ao seu direito.

2 – A renúncia, porém, não é válida sem o consentimento dos restantes consortes, quando a despesa tenha sido anteriormente aprovada pelo interessado, e é revogável sempre que as despesas previstas não venham a realizar-se.

3 – A renúncia do comproprietário está sujeita à forma prescrita para a doação e aproveita a todos os consortes, na proporção das respectivas quotas.

ARTIGO 1412º – Direito de exigir a divisão

1 – Nenhum dos comproprietários é obrigado a permanecer na indivisão, salvo quando se houver convencionado que a coisa se conserve indivisa.

2 – O prazo fixado para a indivisão da coisa não excederá cinco anos; mas é lícito renovar este prazo, uma ou mais vezes, por nova convenção.

3 – A cláusula de indivisão vale em relação a terceiros, mas deve ser registada para tal efeito, se a compropriedade respeitar a coisas imóveis ou a coisas móveis sujeitas a registo.

ARTIGO 1413º – Processo da divisão

1 – A divisão é feita amigavelmente ou nos termos da lei do processo.

2 – A divisão amigável está sujeita à forma exigida para a alienação onerosa da coisa.

CAPÍTULO VI – Propriedade horizontal

SECÇÃO I – Disposições gerais

ARTIGO 1414º – Princípio geral

As fracções de que um edifício se compõe, em condições de constituirem unidades independentes, podem pertencer a proprietários diversos em regime de propriedade horizontal.

ARTIGO 1415º – Objecto

Só podem ser objecto de propriedade horizontal as fracções autónomas que, além de constituírem unidades independentes, sejam distintas e isoladas entre si, com saída própria para uma parte comum do prédio ou para a via pública.

ARTIGO 1416º – Falta de requisitos legais

1 – A falta de requisitos legalmente exigidos importa a nulidade do título constitutivo da propriedade horizontal e a sujeição do prédio ao regime da compropriedade, pela atribuição a cada consorte da quota que lhe tiver sido fixada nos termos do artigo 1418º ou, na falta de fixação, da quota correspondente ao valor relativo da sua fracção.

2 – Têm legitimidade para arguir a nulidade do título os condóminos, e também o Ministério Público sobre participação da entidade pública a quem caiba a aprovação ou fiscalização das construções.

SECÇÃO II – Constituição

ARTIGO 1417º – Princípio geral

1 – A propriedade horizontal pode ser constituída por negócio jurídico, usucapião, decisão administrativa ou decisão judicial, proferida em acção de divisão de coisa comum ou em processo de inventário.

2 – A constituição da propriedade horizontal por decisão judicial pode ter lugar a requerimento de qualquer consorte, desde que no caso se verifiquem os requisitos exigidos pelo artigo 1415º

(Redação dada pela Lei nº 6/2006, de 27-06)

ARTIGO 1418º – Conteúdo do título constitutivo

1 – No título constitutivo serão especificadas as partes do edifício correspondentes às várias fracções, por forma que estas fiquem devidamente individualizadas, e será fixado o valor relativo de cada fracção, expresso em percentagem ou permilagem, do valor total do prédio.

2 – Além das especificações constantes do número anterior, o título constitutivo pode ainda conter, designadamente:

a) Menção do fim a que se destina cada fracção ou parte comum;

b) Regulamento do condomínio, disciplinando o uso, fruição e conservação, quer das partes comuns, quer das fracções autónomas;

c) Previsão do compromisso arbitral para a resolução dos litígios emergentes da relação de condomínio.

3 – A falta da especificação exigida pelo nº 1 e a não coincidência entre o fim referido na alínea *a)* do nº 2 e o que foi fixado no projecto aprovado pela entidade pública competente determinam a nulidade do título constitutivo.

(Redação dada pelo Decreto-Lei nº 267/94, de 25-10)

ARTIGO 1419º – Modificação do título

1 – Sem prejuízo do disposto no nº 3 do artigo 1422º-A e do disposto em lei especial, o título constitutivo da propriedade horizontal pode ser modificado por escritura pública ou por documento particular autenticado, havendo acordo de todos os condóminos.

2 – O administrador, em representação do condomínio, pode outorgar a escritura ou elaborar e subscrever o documento particular a que se refere o número anterior, desde que o acordo conste de acta assinada por todos os condóminos.

3 – A inobservância do disposto no artigo 1415º importa a nulidade do acordo; esta nulidade pode ser declarada a requerimento das pessoas e entidades designadas no nº 2 do artigo 1416º

(Redação dada pelo Decreto-Lei nº 116/2008, de 04-07)

SECÇÃO III – Direitos e encargos dos condóminos

ARTIGO 1420º – Direitos dos condóminos

1 – Cada condómino é proprietário exclusivo da fracção que lhe pertence e comproprietário das partes comuns do edifício.

2 – O conjunto dos dois direitos é incindível; nenhum deles pode ser alienado separadamente, nem é lícito renunciar à parte comum como meio de o condómino se desonerar das despesas necessárias à sua conservação ou fruição.

ARTIGO 1421º – Partes comuns do prédio

1 – São comuns as seguintes partes do edifício:

a) O solo, bem como os alicerces, colunas, pilares, paredes mestras e todas as partes restantes que constituem a estrutura do prédio;

b) O telhado ou os terraços de cobertura, ainda que destinados ao uso de qualquer fracção;

c) As entradas, vestíbulos, escadas e corredores de uso ou passagem comum a dois ou mais condóminos;

d) As instalações gerais de água, electricidade, aquecimento, ar condicionado, gás, comunicações e semelhantes.

2 – Presumem-se ainda comuns:

a) Os pátios e jardins anexos ao edifício;

b) Os ascensores;

c) As dependências destinadas ao uso e habitação do porteiro;

d) As garagens e outros lugares de estacionamento;

e) Em geral, as coisas que não sejam afectadas ao uso exclusivo de um dos condóminos.

3 – O título constitutivo pode afectar ao uso exclusivo de um dos condóminos certas zonas das partes comuns.

(Redação dada pelo Decreto-Lei nº 267/94, de 25-10)

ARTIGO 1422º – Limitações ao exercício dos direitos

1 – Os condóminos, nas relações entre si, estão sujeitos, de um modo geral, quanto às fracções que exclusivamente lhes pertencem e quanto às partes comuns, às limitações impostas aos proprietários e aos comproprietários de coisas imóveis.

2 – É especialmente vedado aos condóminos:

a) Prejudicar, quer com obras novas, quer por falta de reparação, a segurança, a linha arquitectónica ou o arranjo estético do edifício;

b) Destinar a sua fracção a usos ofensivos dos bons costumes;

c) Dar-lhe uso diverso do fim a que é destinada;

d) Praticar quaisquer actos ou actividades que tenham sido proibidos no título constitutivo ou, posteriormente, por deliberação da assembleia de condóminos aprovada sem oposição.

3 – As obras que modifiquem a linha arquitectónica ou o arranjo estético do edifício podem ser realizadas se para tal se obtiver prévia autorização da assembleia de condóminos, aprovada por maioria representativa de dois terços do valor total do prédio.

4 – Sempre que o título constitutivo não disponha sobre o fim de cada fracção autónoma, a alteração ao seu uso carece da autorização da assembleia de condóminos, aprovada por maioria representativa de dois terços do valor total do prédio.

(Redação dada pelo Decreto-Lei nº 267/94, de 25-10)

ARTIGO 1422º-A – Junção e divisão de fracções autónomas

1 – Não carece de autorização dos restantes condóminios a junção, numa só, de duas ou mais fracções do mesmo edifício, desde que estas sejam contíguas.

2 – Para efeitos do disposto do número anterior, a contiguidade das fracções é dispensada quando se trate de fracções correspondentes a arrecadações e garagens.

3 – Não é permitida a divisão de fracções em novas fracções autónomas, salvo autorização do título constitutivo ou da assembleia de condóminos, aprovada sem qualquer oposição.

4 – Sem prejuízo do disposto em lei especial, nos casos previstos nos números anteriores, cabe aos condóminos que juntaram ou cindiram as fracções o poder de, por acto unilateral constante de escritura pública ou de documento particular autenticado, introduzir a correspondente alteração no título constitutivo.

5 – A escritura pública ou o documento particular a que se refere o número anterior devem ser comunicados ao administrador no prazo de 10 dias.

(Redação dada pelo Decreto-Lei nº 116/2008, de 04-07)

ARTIGO 1423º – Direitos de preferência e de divisão

Os condóminos não gozam do direito de preferência na alienação de fracções nem do direito de pedir a divisão das partes comuns.

ARTIGO 1424º – Encargos de conservação e fruição

1 – Salvo disposição em contrário, as despesas necessárias à conservação e fruição das partes comuns do edifício e ao pagamento de serviços de interesse comum são pagas pelos condóminos em proporção do valor das suas fracções.

2 – Porém, as despesas relativas ao pagamento de serviços de interesse comum podem, mediante disposição do regulamento de condomínio, aprovada sem oposição por maioria representativa de dois terços do valor total do prédio, ficar a cargo dos condóminos em partes iguais ou em proporção à respectiva fruição, desde que devidamente especificadas e justificados os critérios que determinam a sua imputação.

3 – As despesas relativas aos diversos lanços de escadas ou às partes comuns do prédio que sirvam exclusivamente algum dos condóminos ficam a cargo dos que delas se servem.

4 – Nas despesas dos ascensores só participam os condóminos cujas fracções por eles possam ser servidas.

5 – Nas despesas relativas às rampas de acesso e às plataformas elevatórias, quando colocadas nos termos do nº 3 do artigo seguinte, só participam os condóminos que tiverem procedido à referida colocação.

(Redação dada pela Lei nº 32/2012, de 14-08)

ARTIGO 1425º – Inovações

1 – Sem prejuízo do disposto nos números seguintes, as obras que constituam inovações dependem da aprovação da maioria dos condóminos, devendo essa maioria representar dois terços do valor total do prédio.

2 – Havendo pelo menos oito frações autónomas, dependem da aprovação por maioria dos condóminos que representem a maioria do valor total do prédio, as seguintes inovações:

a) Colocação de ascensores;

b) Instalação de gás canalizado.

3 – No caso de um dos membros do respetivo agregado familiar ser uma pessoa com mobilidade condicionada, qualquer condómino pode, mediante prévia comunicação nesse sentido ao administrador e observando as normas técnicas de acessibilidade previstas em legislação específica, efetuar as seguintes inovações:

a) Colocação de rampas de acesso;

b) Colocação de plataformas elevatórias, quando não exista ascensor com porta e cabina de dimensões que permitam a sua utilização por uma pessoa em cadeira de rodas.

4 – As inovações previstas nas alíneas *a*) e *b*) do número anterior podem ser levantadas pelos condóminos que as tenham efetuado ou que tenham pago a parte que lhes compete nas despesas de execução e manutenção da obra, desde que:

a) O possam fazer sem detrimento do edifício; e

b) Exista acordo entre eles.

5 – Quando as inovações previstas nas alíneas *a*) e *b*) do nº 3 não possam ser levantadas, o condómino terá direito a receber o respetivo valor, calculado segundo as regras do enriquecimento sem causa.

6 – A intenção de efetuar as inovações previstas no nº 3 ou o seu levantamento deve ser comunicada ao administrador com 15 dias de antecedência.

7– Nas partes comuns do edifício não são permitidas inovações capazes de prejudicar a utilização, por parte de algum dos condóminos, tanto das coisas próprias como das comuns.

(Redação dada pela Lei nº 32/2012, de 14-08)

ARTIGO 1426º – Encargos com as inovações

1 – As despesas com as inovações ficam a cargo dos condóminos nos termos fixados pelo artigo 1424º

2 – Os condóminos que não tenham aprovado a inovação são obrigados a concorrer para as respectivas despesas, salvo se a recusa for judicialmente havida como fundada.

3 – Considera-se sempre fundada a recusa, quando as obras tenham natureza voluptuária ou não sejam proporcionadas à importância do edifício.

4 – O condómino cuja recusa seja havida como fundada pode a todo o tempo participar nas vantagens da inovação, mediante o pagamento da quota correspondente às despesas de execução e manutenção da obra.

5 – Qualquer condómino pode a todo o tempo participar nas vantagens da colocação de plataformas elevatórias, efetuada nos termos do nº 3 do artigo anterior, mediante o pagamento da parte que lhe compete nas despesas de execução e manutenção da obra.

(Redação dada pela Lei nº 32/2012, de 14-08)

ARTIGO 1427º – Reparações indispensáveis e urgentes

As reparações indispensáveis e urgentes nas partes comuns do edifício podem ser levadas a efeito, na falta ou impedimento do administrador, por iniciativa de qualquer condómino.

ARTIGO 1428º – Destruição do edifício

1 – No caso de destruição do edifício ou de uma parte que represente, pelo menos, três quartos do seu valor, qualquer dos condóminos tem o direito de exigir a venda do terreno e dos materiais, pela forma que a assembleia vier a designar.

2 – Se a destruição atingir uma parte menor, pode a assembleia deliberar, pela maioria do número dos condóminos e do capital investido no edifício, a reconstrução deste.

3 – Os condómios que não queiram participar nas despesas da reconstrução podem ser obrigados a alienar os seus direitos a outros condóminos, segundo o valor entre eles acordado ou fixado judicialmente.

4 – É permitido ao alienante escolher o condómino ou condóminos a quem a transmissão deve ser feita.

ARTIGO 1429º – Seguro obrigatório

1 – É obrigatório o seguro contra o risco de incêndio do edifício, quer quanto às fracções autónomas, quer relativamente às partes comuns.

2 – O seguro deve ser celebrado pelos condóminos; o administrador deve, no entanto, efectuá-lo quando os condóminos o não hajam feito dentro do prazo e pelo valor que, para o efeito, tenha sido fixado em assembleia; nesse caso, ficará com o direito de reaver deles o respectivo prémio.

(Redação dada pelo Decreto-Lei nº 267/94, de 25-10)

ARTIGO 1429º-A – Regulamento do condomínio

1 – Havendo mais de quatro condóminos e caso não faça parte do título constitutivo, deve ser elaborado um regulamento do condomínio disciplinando o uso, a fruição e a conservação das partes comuns.

2 – Sem prejuízo do disposto na alínea *b*) do nº 2 do artigo 1418º, a feitura do regulamento compete à assembleia de condóminos ou ao administrador, se aquela o não houver elaborado.

(Aditado pelo Decreto-Lei nº 267/94, de 25-10)

SECÇÃO IV – Administração das partes comuns do edifício

ARTIGO 1430º – Órgãos administrativos

1 – A administração das partes comuns do edifício compete à assembleia dos condóminos e a um administrador.

2 – Cada condómio tem na assembleia tantos votos quantas as unidades inteiras que couberem na percentagem ou permilagem a que o artigo 1418º se refere.

ARTIGO 1431º – Assembleia dos condóminos

1 – A assembleia reúne-se na primeira quinzena de Janeiro, mediante convocação do administrador, para discussão e aprovação das contas respeitantes ao último ano e aprovação do orçamento das despesas a efectuar durante o ano.

2 – A assembleia também reunirá quando for convocada pelo administrador, ou por condóminos que representem, pelo menos, vinte e cinco por cento do capital investido.

3 – Os condóminos podem fazer-se representar por procurador.

ARTIGO 1432º – Convocação e funcionamento da assembleia

1 – A assembleia é convocada por meio de carta registada, enviada com 10 dias de antecedência, ou mediante aviso convocatório feito com a mesma antecedência, desde que haja recibo de recepção assinado pelos condóminos.

2 – A convocatória deve indicar o dia, hora, local e ordem de trabalhos da reunião e informar sobre os assuntos cujas deliberações só podem ser aprovadas por unanimidade dos votos.

3 – As deliberações são tomadas, salvo disposição especial, por maioria dos votos representativos do capital investido.

4 – Se não comparecer o número de condóminos suficiente para se obter vencimento e na convocatória não tiver sido desde logo fixada outra data, considera-se convocada nova reunião para uma semana depois, na mesma hora e local, podendo neste caso a assembleia deliberar por maioria de votos dos condóminos presentes, desde que estes representem, pelo menos, um quarto do valor total do prédio.

5 – As deliberações que careçam de ser aprovadas por unanimidade dos votos podem ser aprovadas por unanimidade dos condóminos presentes desde que estes representem, pelo menos, dois terços do capital investido, sob condição de aprovação da deliberação pelos condóminos ausentes, nos termos dos números seguintes.

6 – As deliberações têm de ser comunicadas a todos os condóminos ausentes, por carta registada com aviso de recepção, no prazo de 30 dias.

7 – Os condóminos têm 90 dias após a recepção da carta referida no número anterior para comunicar, por escrito, a assembleia de condóminos o seu assentimento ou a sua discordância.

8 – O silêncio dos condóminos deve ser considerado como aprovação da deliberação comunicada nos termos do nº 6.

9 – Os condóminos não residentes devem comunicar, por escrito, ao administrador o seu domicílio ou o do seu representante.

(Redação dada pelo Decreto-Lei nº 267/94, de 25-10)

ARTIGO 1433º – Impugnação das deliberações

1 – As deliberações da assembleia contrárias à lei ou a regulamentos anteriormente aprovados são anuláveis a requerimento de qualquer condómino que as não tenha aprovado.

2 – No prazo de 10 dias contado da deliberação para os condóminos presentes, ou contado da sua comunicação, para os condóminos ausentes, pode ser exigida ao administrador a convocação de uma assembleia extraordinária, a ter lugar no prazo de 20 dias, para revogação das deliberações inválidas ou ineficazes.

3 – No prazo de 30 dias contado nos termos do número anterior, pode qualquer condómino sujeitar a deliberação a um centro de arbitragem.

4 – O direito de propor a acção de anulação caduca no prazo de 20 dias contados sobre a deliberação da assembleia extraordinária ou, caso esta não tenha sido solicitada, no prazo de 60 dias sobre a data da deliberação.

5 – Pode também ser requerida a suspensão das deliberações nos termos da lei de processo.

6 – A representação judiciária dos condóminos contra quem são propostas as acções compete ao administrador ou à pessoa que a assembleia designar para esse efeito.

(Redação dada pelo Decreto-Lei nº 267/94, de 25-10)

ARTIGO 1434º - Compromisso arbitral

1 – A assembleia pode estabelecer a obrigatoriedade da celebração de compromissos arbitrais para a resolução de litígios entre condóminos, ou entre condóminos e o administrador, e fixar penas pecuniárias para a inobservância das disposições deste código, das deliberações da assembleia ou das decisões do administrador.

2 – O montante das penas aplicáveis em cada ano nunca excederá a quarta parte do rendimento colectável anual da fracção do infractor.

ARTIGO 1435º - Administrador

1 – O administrador é eleito e exonerado pela assembleia.

2 – Se a assembleia não eleger administrador, será este nomeado pelo tribunal a requerimento de qualquer dos condóminos.

3 – O administrador pode ser exonerado pelo tribunal, a requerimento de qualquer condómino, quando se mostre que praticou irregularidades ou agiu com negligência no exercício das suas funções.

4 – O cargo de administrador é remunerável e tanto pode ser desempenhado por um dos condóminos como por terceiro; o período de funções é, salvo disposição em contrário, de um ano, renovável.

5 – O administrador mantém-se em funções até que seja eleito ou nomeado o seu sucessor.

(Redação dada pelo Decreto-Lei nº 267/94, de 25-10)

ARTIGO 1435º-A - Administrador provisório

1 – Se a assembleia de condóminos não eleger administrador e este não houver sido nomeado judicialmente, as correspondentes funções são obrigatoriamente desempenhadas, a título provisório, pelo condómino cuja fracção ou fracções representem a maior percentagem do capital investido, salvo se outro condómino houver manifestado vontade de exercer o cargo e houver comunicado tal propósito aos demais condóminos.

2 – Quando, nos termos do número anterior, houver mais de um condómino em igualdade de circunstâncias, as funções recaem sobre aquele a que corresponda a primeira letra na ordem alfabética utilizada na descrição das fracções constantes do registo predial.

3 – Logo que seja eleito ou judicialmente nomeado um administrador, o condómino que nos termos do presente artigo se encontra provido na administração cessa

funções, devendo entregar àquele todos os documentos respeitantes ao condomínio que estejam confiados à sua guarda.

(Aditado pelo Decreto-Lei nº 267/94, de 25-10)

ARTIGO 1436º – Funções do administrador

São funções do administrador, além de outras que lhe sejam atribuídas pela assembleia:

a) Convocar a assembleia dos condóminos;

b) Elaborar o orçamento das receitas e despesas relativas a cada ano;

c) Verificar a existência do seguro contra o risco de incêndio, propondo à assembleia o montante do capital seguro;

d) Cobrar as receitas e efectuar as despesas comuns;

e) Exigir dos condóminos a sua quota-parte nas despesas aprovadas;

f) Realizar os actos conservatórios dos direitos relativos aos bens comuns;

g) Regular o uso das coisas comuns e a prestação dos serviços de interesse comum;

h) Executar as deliberações da assembleia;

i) Representar o conjunto dos condóminos perante as autoridades administrativas;

j) Prestar contas à assembleia;

l) Assegurar a execução do regulamento e das disposições legais e administrativas relativas ao condomínio;

m) Guardar e manter todos os documentos que digam respeito ao condomínio.

(Redação dada pelo Decreto-Lei nº 267/94, de 25-10)

ARTIGO 1437º – Legitimidade do administrador

1 – O administrador tem legitimidade para agir em juízo, quer contra qualquer dos condóminos, quer contra terceiro, na execução das funções que lhe pertencem ou quando autorizado pela assembleia.

2 – O administrador pode também ser demandado nas acções respeitentes às partes comuns do edifício.

3 – Exceptuam-se as acções relativas a questões de propriedade ou posse dos bens comuns, salvo se a assembleia atribuir para o efeito poderes especiais ao administrador.

ARTIGO 1438º – Recurso dos actos do administrador

Dos actos do administrador cabe recurso para a assembleia, a qual pode neste caso ser convocada pelo condómino recorrente.

ARTIGO 1438º-A – Propriedade horizontal de conjuntos de edifícios

O regime previsto neste capítulo pode ser aplicado, com as necessárias adaptações, a conjuntos de edifícios contíguos funcionalmente ligados entre si pela existência de partes comuns afectadas ao uso de todas ou algumas unidades ou fracções que os compõem.

(Aditado pelo Decreto-Lei nº 267/94, de 25-10)

TÍTULO III – Do usufruto, uso e habitação

CAPÍTULO I – Disposições gerais

ARTIGO 1439º – Noção

Usufruto é o direito de gozar temporária e plenamente uma coisa ou direito alheio, sem alterar a sua forma ou substância.

ARTIGO 1440º – Constituição

O usufruto pode ser constituído por contrato, testamento, usucapião ou disposição da lei.

ARTIGO 1441º – Usufruto simultâneo e sucessivo

O usufruto pode ser constituído em favor de uma ou mais pessoas, simultânea ou sucessivamente, contanto que existam ao tempo em que o direito do primeiro usufrutuário se torne efectivo.

ARTIGO 1442º – Direito de acrescer

Salvo estipulação em contrário, o usufruto constituído por contrato ou testamento em favor de várias pessoas conjuntamente só se consolida com a propriedade por morte da última que sobreviver.

ARTIGO 1443º – Duração

Sem prejuízo do disposto nos artigos anteriores, o usufruto não pode exceder a vida do usufrutuário; sendo constituído a favor de uma pessoa colectiva, de direito público ou privado, a sua duração máxima é de trinta anos.

ARTIGO 1444º – Trespasse a terceiro

1 – O usufrutuário pode trespassar a outrem o seu direito, definitiva ou temporariamente, bem como onerá-lo, salvas as restrições impostas pelo título constitutivo ou pela lei.

2 – O usufrutuário responde pelos danos que as coisas padecerem por culpa da pessoa que o substituir.

ARTIGO 1445º – Direitos e obrigações do usufrutuário

Os direitos e obrigações do usufrutuário são regulados pelo título constitutivo do usufruto; na falta ou insuficiência deste, observar-se-ão as disposições seguintes.

CAPÍTULO II – Direitos do usufrutuário

ARTIGO 1446º – Uso, fruição e administração da coisa ou do direito

O usufrutuário pode usar, fruir e administrar a coisa ou o direito como faria um bom pai de família, respeitando o seu destino económico.

ARTIGO 1447º – Indemnização do usufrutuário

O usufrutuário, ao começar o usufruto, não é obrigado a abonar ao proprietário despesa alguma feita; mas, findo o usufruto, o proprietário é obrigado a indemnizar aquele das despesas de cultura, sementes ou matérias-primas e, de um modo geral, de todas as despesas de produção feitas pelo usufrutuário, até ao valor dos frutos que vierem a ser colhidos.

ARTIGO 1448º – Alienação dos frutos antes da colheita

Se o usufrutuário tiver alienado frutos antes da colheita e o usufruto se extinguir antes que sejam colhidos, a alienação subsiste, mas o produto dela pertence ao proprietário, deduzida a indemnização a que o artigo anterior se refere.

ARTIGO 1449º – Âmbito do usufruto

O usufruto abrange as coisas acrescidas e todos os direitos inerentes à coisa usufruída.

ARTIGO 1450º – Benfeitorias úteis e voluptuárias

1 – O usufrutuário tem a faculdade de fazer na coisa usufruída as benfeitorias úteis e voluptuárias que bem lhe parecer, contanto que não altere a sua forma ou substância, nem o seu destino económico.

2 – É aplicável ao usufrutuário, quanto a benfeitorias úteis e voluptuárias, o que neste código se prescreve relativamente ao possuidor de boa fé.

ARTIGO 1451º – Usufruto de coisas consumíveis

1 – Quando o usufruto tiver por objecto coisas consumíveis, pode o usufrutuário servir-se delas ou aliená-las, mas é obrigado a restituir o seu valor, findo o usufruto, no caso de as coisas terem sido estimadas; se o não foram, a restituição será feita pela entrega de outras do mesmo género, qualidade ou quantidade, ou do valor destas na conjuntura em que findar o usufruto.

2 – O usufruto de coisas consumíveis não importa transferência da propriedade para o usufrutuário.

ARTIGO 1452º – Usufruto de coisas deterioráveis

1 – Se o usufruto abranger coisas que, não sendo consumíveis, são, todavia, susceptíveis de se deteriorarem pelo uso, não é o usufrutuário obrigado a mais do que restituí-las no fim do usufruto como se encontrarem, a não ser que tenham sido deterioradas por uso diverso daquele que lhes era próprio ou por culpa do usufrutuário.

2 – Se as não apresentar, o usufrutuário responde pelo valor que as coisas tinham na conjuntura em que começou o usufruto, salvo se provar que perderam todo o seu valor em uso legítimo.

ARTIGO 1453º – Perecimento natural de árvores e arbustos

1 – Ao usufrutuário de árvores ou arbustos é lícito aproveitar-se das que forem perecendo naturalmente.

2 – Tratando-se, porém, de árvores ou arbustos frutíferos, o usufrutuário é obrigado a plantar tantos pés quantos os que perecerem naturalmente, ou a substituir esta cultura por outra igualmente útil para o proprietário, se for impossível ou prejudicial a renovação de plantas do mesmo género.

ARTIGO 1454º – Perecimento acidental de árvores e arbustos

1 – As árvores ou arbustos que caiam ou sejam arrancados ou quebrados por acidente pertencem ao proprietário, sem prejuízo do disposto no nº 2 do artigo seguinte quando se trate de matas ou árvores de corte.

2 – O usufrutuário pode, todavia, aplicar essas árvores e arbustos às reparações que seja obrigado a fazer, ou exigir que o proprietário as retire, desocupando o terreno.

ARTIGO 1455º – Usufruto de matas e árvores de corte

1 – O usufrutuário de matas ou quaisquer árvores isoladas que se destinem à produção de madeira ou lenha deve observar, nos cortes, a ordem e as praxes usadas pelo proprietário ou, na sua falta, o uso da terra.

2 – Se, em consequência de ciclone, incêndio, requisição do Estado ou outras causas análogas vier a ser prejudicada consideravelmente a fruição normal do usufrutuário, deve o proprietário compensá-lo até ao limite dos juros da quantia correspondente ao valor das árvores mortas, ou até ao limite dos juros da importância recebida.

ARTIGO 1456º – Usufruto de plantas de viveiro

O usufrutuário de plantas de viveiro é obrigado a conformar-se, no arranque das plantas, com a ordem e praxes do proprietário ou, na sua falta, com o uso da terra, tanto pelo que toca ao tempo e modo do arranque como pelo que respeita ao tempo e modo de retanchar o viveiro.

ARTIGO 1457º – Exploração de minas

1 – O usufrutuário de concessão mineira deve conformar-se, na exploração das minas, com as praxes seguidas pelo respectivo titular.

2 – O usufrutuário de terrenos onde existam explorações mineiras tem direito às quantias devidas ao proprietário do solo, quer a título de renda, quer por qualquer outro título, em proporção do tempo que durar o usufruto.

ARTIGO 1458º – Exploração de pedreiras

1 – O usufrutuário não pode abrir de novo pedreiras sem consentimento do proprietário; mas, se elas já estiverem em exploração ao começar o usufruto, tem o usufrutuário a faculdade de explorá-las, conformando-se com as praxes observadas pelo proprietário.

2 – A proibição não inibe o usufrutuário de extrair pedra do solo para reparações ou obras a que seja obrigado.

ARTIGO 1459º – Exploração de águas

1 – O usufrutuário pode, em benefício do prédio usufruído, procurar águas subterrâneas por meio de poços, minas ou outras escavações.

2 – As benfeitorias a que o número anterior se refere ficam sujeitas ao que neste código se dispõe quanto ao possuidor de boa fé.

ARTIGO 1460º – Constituição de servidões

1 – Relativamente à constituição de servidões activas, o usufrutuário goza dos mesmos direitos do proprietário, mas não lhe é lícito constituir encargos que ultrapassem a duração do usufruto.

2 – O proprietário não pode constituir servidões sem consentimento do usufrutuário, desde que delas resulte diminuição do valor do usufruto.

ARTIGO 1461º – Tesouros

Se o usufrutuário descobrir na coisa usufruída algum tesouro, observar-se-ão as disposições deste código acerca dos que acham tesouros em propriedade alheia.

ARTIGO 1462º – Usufruto sobre universalidades de animais

1 – Se o usufruto for constituído numa universalidade de animais, é o usufrutuário obrigado a substituir com as crias novas as cabeças que, por qualquer motivo, vierem a faltar.

2 – Se os animais se perderem, na totalidade ou em parte, por caso fortuito, sem produzirem outros que os substituam, o usufrutuário é tão somente obrigado a entregar as cabeças restantes.

3 – Neste caso, porém, o usufrutuário é responsável pelos despojos dos animais, quando de tais despojos se tenha aproveitado.

ARTIGO 1463º – Usufruto de rendas vitalícias

O usufrutuário de rendas vitalícias tem direito a perceber as prestações correspondentes à duração do usufruto, sem ser obrigado a qualquer restituição.

ARTIGO 1464º – Usufruto de capitais postos a juro

1 – O usufrutuário de capitais postos a juro ou a qualquer outro interesse, ou investidos em títulos de crédito, tem o direito de perceber os frutos correspondentes à duração do usufruto.

2 – Não é lícito levantar ou investir capitais sem o acordo dos dois titulares; no caso de divergência, pode ser judicialmente suprido o consentimento, quer do proprietário, quer do usufrutuário.

ARTIGO 1465º – Usufruto constituído sobre dinheiro e usufruto de capitais levantados

1 – Se o usufruto tiver por objecto certa quantia, e bem assim quando no decurso do usufruto sejam levantados capitais nos termos do artigo anterior, tem o usufrutuário a faculdade de administrar esses valores como bem lhe parecer, desde que preste a devida caução; neste caso, corre por sua conta o risco da perda da soma usufruída.

2 – Se o usufrutuário não quiser usar desta faculdade, é aplicável o disposto no nº 2 do artigo anterior.

ARTIGO 1466º – Prémios e outras utilidades aleatórias

O usufrutuário de títulos de crédito tem direito à fruição dos prémios ou outras utilidades aleatórias produzidas pelo título.

ARTIGO 1467º – Usufruto de títulos de participação

1 – O usufrutuário de acções ou de partes sociais tem direito:

a) Aos lucros distribuídos correspondentes ao tempo de duração do usufruto;

b) A votar nas assembleias gerais, salvo quando se trate de deliberações que importem alteração dos estatutos ou dissolução da sociedade;

c) A usufruir os valores que, no acto de liquidação da sociedade ou da quota, caibam à parte social sobre que incide o usufruto.

2 – Nas deliberações que importem alteração dos estatutos ou dissolução da sociedade, o voto pertence conjuntamente ao usufrutuário e ao titular da raiz.

CAPÍTULO III – Obrigações do usufrutuário

ARTIGO 1468º – Relação de bens e caução

Antes de tomar conta dos bens, o usufrutuário deve:

a) Relacioná-los, com citação ou assistência do proprietário, declarando o estado deles, bem como o valor dos móveis, se os houver;

b) Prestar caução, se esta lhe for exigida, tanto para a restituição dos bens ou do respectivo valor, sendo bens consumíveis, como para a reparação das deteriorações que venham a padecer por sua culpa, ou para o pagamento de qualquer outra indemnização que seja devida.

ARTIGO 1469º – Dispensa de caução

A caução não é exigível do alienante com reserva de usufruto e pode ser dispensada no título constitutivo do usufruto.

(Redação dada pelo Decreto-Lei nº 496/77, de 25-11)

ARTIGO 1470º – Falta de caução

1 – Se o usufrutuário não prestar a caução devida, tem o proprietário a faculdade de exigir que os imóveis se arrendem ou ponham em administração, que os móveis se vendam ou lhe sejam entregues, que os capitais, bem como a importância dos preços das vendas, se dêem a juros ou se empreguem em títulos de crédito nominativos, que os títulos ao portador se convertam em nominativos ou se depositem nas mãos de terceiro, ou que se adoptem outras medidas adequadas.

2 – Não havendo acordo do usufrutuário quanto ao destino dos bens, decidirá o tribunal.

ARTIGO 1471º – Obras e melhoramentos

1 – O usufrutuário é obrigado a consentir ao proprietário quaisquer obras ou melhoramentos de que seja susceptível a coisa usufruída, e também quaisquer novas

plantações, se o usufruto recair em prédios rústicos, contanto que dos actos do proprietário não resulte diminuição do valor do usufruto.

2 – Das obras ou melhoramentos realizados tem o usufrutuário direito ao usufruto, sem ser obrigado a pagar juros das somas desembolsadas pelo proprietário ou qualquer outra indemnização; no caso, porém, de as obras ou melhoramentos aumentarem o rendimento líquido da coisa usufruída, o aumento pertence ao proprietário.

ARTIGO 1472º – Reparações ordinárias

1 – Estão a cargo do usufrutuário tanto as reparações ordinárias indispensáveis para a conservação da coisa como as despesas de administração.

2 – Não se consideram ordinárias as reparações que, no ano em que forem necessárias, excedam dois terços do rendimento líquido desse ano.

3 – O usufrutuário pode eximir-se das reparações ou despesas a que é obrigado, renunciando ao usufruto.

ARTIGO 1473º – Reparações extraordinárias

1 – Quanto às reparações extraordinárias, só incumbe ao usufrutuário avisar em tempo o proprietário, para que este querendo, as mande fazer; se, porém, elas se tiverem tornado necessárias por má administração do usufrutuário, é aplicável o disposto no artigo anterior.

2 – Se o proprietário, depois de avisado, não fizer as reparações extraordinárias, e estas forem de utilidade real, pode o usufrutuário fazê-las a expensas suas e exigir a importância despendida, ou o pagamento do valor que tiverem no fim do usufruto, se este valor for inferior ao custo.

3 – Se o proprietário fizer as reparações, observar-se-á o disposto no nº 2 do artigo 1471º

ARTIGO 1474º – Impostos e outros encargos anuais

O pagamento dos impostos e quaisquer outros encargos anuais que incidam sobre o rendimento dos bens usufruídos incumbe a quem for titular do usufruto no momento do vencimento.

ARTIGO 1475º – Actos lesivos da parte de terceiros

O usufrutuário é obrigado a avisar o proprietário de qualquer facto de terceiro, de que tenha notícia, sempre que ele possa lesar os direitos do proprietário; se o não fizer, responde pelos danos que este venha a sofrer.

CAPÍTULO IV – Extinção do usufruto

ARTIGO 1476º – Causas de extinção

1 – O usufruto extingue-se:

a) Por morte do usufrutuário, ou chegado o termo do prazo por que o direito foi conferido, quando não seja vitalício;

b) Pela reunião do usufruto e da propriedade na mesma pessoa;
c) Pelo seu não exercício durante vinte anos, qualquer que seja o motivo;
d) Pela perda total da coisa usufruída;
e) Pela renúncia.

2 – A renúncia não requer aceitação do proprietário.

ARTIGO 1477º – Usufruto até certa idade de terceira pessoa

O usufruto concedido a alguém até certa idade de terceira pessoa durará pelos anos prefixos, ainda que o terceiro faleça antes da idade referida, excepto se o usufruto tiver sido concedido só em atenção à existência de tal pessoa.

ARTIGO 1478º – Perda parcial e "rei mutatio"

1 – Se a coisa ou direito usufruído se perder só em parte, continua o usufruto na parte restante.

2 – O disposto no número anterior é aplicável no caso de a coisa se transformar noutra que ainda tenha valor, embora com finalidade económica distinta.

ARTIGO 1479º – Destruição de edifícios

1 – Se o usufruto for constituído em algum prédio urbano e este for destruído por qualquer causa, tem o usufrutuário direito a desfrutar o solo e os materiais restantes.

2 – O proprietário da raiz pode, porém, reconstruir o prédio, ocupando o solo e os materiais, desde que pague ao usufrutuário, durante o usufruto, os juros correspondentes ao valor do mesmo solo e dos materiais.

3 – As disposições dos números anteriores são igualmente aplicáveis, se o usufruto for constituído em algum prédio rústico de que faça parte o edifício destruído.

ARTIGO 1480º – Indemnizações

1 – Se a coisa ou direito usufruído se perder, deteriorar ou diminuir de valor, e o proprietário tiver direito a ser indemnizado, o usufruto passa a incidir sobre a indemnização.

2 – O disposto no número antecedente é aplicável à indemnização resultante de expropriação ou requisição da coisa ou direito, à indemnização devida por extinção do direito de superfície, ao preço da remição do foro e a outros casos análogos.

ARTIGO 1481º – Seguro de coisa destruída

1 – Se o usufrutuário tiver feito o seguro da coisa ou pago os prémios pelo seguro já feito, o usufruto transfere-se para a indemnização devida pelo segurador.

2 – Tratando-se de um edifício, o proprietário pode reconstruí-lo, transferindo-se, neste caso, o usufruto para o novo edifício; se, porém, a soma despendida na reconstrução for superior à indemnização recebida, o direito do usufrutuário será proporcional à indemnização.

3 – Sendo os prémios pagos pelo proprietário, a este pertence por inteiro a indemnização que for devida.

ARTIGO 1482º – Mau uso por parte do usufrutuário

O usufruto não se extingue, ainda que o usufrutuário faça mau uso da coisa usufruída; mas, se o abuso se tornar consideravelmente prejudicial ao proprietário, pode este exigir que a coisa lhe seja entregue, ou que se tomem as providências previstas no artigo 1470º, obrigando-se, no primeiro caso, a pagar anualmente ao usufrutuário o produto líquido dela, depois de deduzidas as despesas e o prémio que pela sua administração lhe for arbitrado.

ARTIGO 1483º – Restituição da coisa

Findo o usufruto, deve o usufrutuário restituir a coisa ao proprietário, sem prejuízo do disposto para as coisas consumíveis e salvo o direito de retenção nos casos em que possa ser invocado.

CAPÍTULO V – Uso e habitação

ARTIGO 1484º – Noção

1 – O direito de uso consiste na faculdade de se servir de certa coisa alheia e haver os respectivos frutos, na medida das necessidades, quer do titular, quer da sua família.

2 – Quando este direito se refere a casa de morada, chama-se direito de habitação.

ARTIGO 1485º – Constituição, extinção e regime

Os direitos de uso e de habitação constituem-se e extinguem-se pelos mesmos modos que o usufruto, sem prejuízo do disposto na alínea *b*) do artigo 1293º, e são igualmente regulados pelo seu título constitutivo; na falta ou insuficiência deste, observar-se-ão as disposições seguintes.

ARTIGO 1486º – Fixação das necessidades pessoais

As necessidades pessoais do usuário ou do morador usuário são fixadas segundo a sua condição social.

ARTIGO 1487º – Âmbito da família

Na família do usuário ou do morador usuário compreendem-se apenas o cônjuge, nãoseparado judicialmente de pessoas e bens, os filhos solteiros, outros parentes a quem sejam devidos alimentos e as pessoas que, convivendo com o respectivo titular, se encontrem ao seu serviço ou ao serviço das pessoas designadas.

ARTIGO 1488º – Intransmissibilidade do direito

O usuário e o morador usuário não podem trespassar ou locar o seu direito, nem onerá-lo por qualquer modo.

ARTIGO 1489º – Obrigações inerentes ao uso e à habitação

1 – Se o usuário consumir todos os frutos do prédio ou ocupar todo o edifício, ficam a seu cargo as reparações ordinárias, as despesas de administração e os impostos e encargos anuais, como se fosse usufrutuário.

2 – Se o usuário perceber só parte dos frutos ou ocupar só parte do edifício, contribuirá para as despesas mencionadas no número precedente em proporção da sua fruição.

ARTIGO 1490º – Aplicação das normas do usufruto

São aplicados aos direitos de uso e de habitação as disposições que regulam o usufruto, quando conformes à natureza daqueles direitos.

TÍTULO IV – Da enfiteuse

ARTIGOS 1491º A 1523º

(Revogados pelos Decretos-Leis nºs 195-A/76, de 16-03, e 233/76, de 02-04. O Decreto-Lei nº 195-A/76, de 16 de Março, aboliu a enfiteuse sobre prédios rústicos. O Decreto-Lei nº 233/76, de 2 de Abril, extinguiu a enfiteuse relativa a prédios urbanos. Assim, perderam eficácia os preceitos contidos no presente título, ou seja, os artigos 1491º a 1523º, que se encontram substituídos pelas normas contidas naqueles diplomas legais, designadamente quanto à mudança do regime jurídico. O Decreto-Lei nº 546/76, de 10 de Julho, deu nova redação no nº 3 do artigo 1º do Decreto-Lei nº 195-A/76, e o Decreto-Lei nº 226/80, de 15 de Julho, deu nova redação ao artigo 2º do Decreto-Lei nº 233/76, de 2 de Abril).

TÍTULO V – Do direito de superfície

CAPÍTULO I – Disposições gerais

ARTIGO 1524º – Noção

O direito de superfície consiste na faculdade de construir ou manter, perpétua ou temporariamente, uma obra em terreno alheio, ou de nele fazer ou manter plantações.

ARTIGO 1525º – Objecto

1 – Tendo por objecto a construção de uma obra, o direito de superfície pode abranger uma parte do solo não necessária à sua implantação, desde que ela tenha utilidade para o uso da obra.

2 – O direito de superfície pode ter por objecto a construção ou a manutenção de obra sob solo alheio.

(Redação dada pelo Decreto-Lei nº 257/91, de 18-07)

ARTIGO 1526º – Direito de construir sobre edifício alheio

O direito de construir sobre edifício alheio está sujeito às disposições deste título e às limitações impostas à constituição da propriedade horizontal; levantado o edifício, são aplicáveis as regras da propriedade horizontal, passando o construtor a ser condómino das partes referidas no artigo 1421º

ARTIGO 1527º – Direito de superfície constituído pelo Estado ou por pessoas colectivas públicas

O direito de superfície constituído pelo Estado ou por pessoas colectivas públicas em terrenos do seu domínio privado fica sujeito a legislação especial e, subsidiariamente, às disposições deste código.

CAPÍTULO II – Constituição do direito de superfície

ARTIGO 1528º – Príncipio geral

O direito de superfície pode ser constituido por contrato, testamento ou usucapião, e pode resultar da alienação de obra ou árvores já existentes, separadamente da propriedade do solo.

ARTIGO 1529º – Servidões

1 – A constituição do direito de superfície importa a constituição das servidões necessárias ao uso e fruição da obra ou das árvores; se no título não forem designados o local e as demais condições de exercício das servidões, serão fixados, na falta de acordo, pelo tribunal.

2 – A constituição coerciva da servidão de passagem sobre prédio de terceiro só é possível se, à data da constituição do direito de superfície, já era encravado o prédio sobre que este direito recaía.

CAPÍTULO III – Direitos e encargos do superficiário e do proprietário

ARTIGO 1530º – Preço

1 – No acto de constituição do direito de superfície, pode convencionar-se, a título de preço, que o superficiário pague uma única prestação ou pague certa prestação anual, perpétua ou temporária.

2 – O pagamento temporário de uma prestação anual é compatível com a constituição perpétua do direito de superfície.

3 – As prestações são sempre em dinheiro.

ARTIGO 1531º – Pagamento das prestações anuais

1 – Ao pagamento das prestações anuais é aplicável o disposto nos artigos 1505º e 1506º, com as necessárias adaptações.

2 – Havendo mora no cumprimento, o proprietário do solo tem o direito de exigir o triplo das prestações em dívida.

ARTIGO 1532º – Fruição do solo antes do início da obra

Enquanto não se iniciar a construção da obra ou não se fizer a plantação das árvores, o uso e a fruição da superfície pertencem ao proprietário do solo, o qual, todavia, não pode impedir nem tornar mais onerosa a construção ou a plantação.

ARTIGO 1533º – Fruição do subsolo

O uso e a fruição do subsolo pertencem ao proprietário; este é, porém, responsável pelo prejuízo causado ao superficiário em consequência da exploração que dele fizer.

ARTIGO 1534º – Transmissibilidade dos direitos

O direito de superfície e o direito de propriedade do solo são transmissíveis por acto entre vivos ou por morte.

ARTIGO 1535º – Direito de preferência

1 – O proprietário do solo goza do direito de preferência, em último lugar, na venda ou dação em cumprimento do direito de superfície; sendo, porém, enfitêutico o prédio incorporado no solo, prevalece o direito de preferência do proprietário.

2 – É aplicável ao direito de preferência o disposto nos artigos 416º a 418º e 1410º

CAPÍTULO IV – Extinção do direito de superfície

ARTIGO 1536º – Casos de extinção

1 – O direito de superfície extingue-se:

a) Se o superficiário não concluir a obra ou não fizer a plantação dentro do prazo fixado ou, na falta de fixação, dentro do prazo de dez anos;

b) Se, destruída a obra ou as árvores, o superficiário não reconstruir a obra ou não renovar a plantação, dentro dos mesmos prazos a contar da destruição;

c) Pelo decurso do prazo, sendo constituído por certo tempo;

d) Pela reunião na mesma pessoa do direito de superfície e do direito de propriedade;

e) Pelo desaparecimento ou inutilização do solo;

f) Pela expropriação por utilidade pública.

2 – No título constitutivo pode também estipular-se a extinção do direito de superfície em consequência da destruição da obra ou das árvores, ou da verificação de qualquer condição resolutiva.

3 – À extinção do direito de superfície, nos casos previstos nas alíneas *a*) e *b*) do nº 1, são aplicáveis as regras da prescrição.

ARTIGO 1537º – Falta de pagamento das prestações anuais

1 – A falta de pagamento das prestações anuais durante vinte anos extingue a obrigação de as pagar, mas o superficiário não adquire a propriedade do solo, salvo se houver usucapião em seu benefício.

2 – À extinção da obrigação de pagamento das prestações são aplicáveis as regras da prescrição.

ARTIGO 1538º – Extinção pelo decurso do prazo

1 – Sendo o direito de superfície constituído por certo tempo, o proprietário do solo, logo que expire o prazo, adquire a propriedade da obra ou das árvores.

2 – Salvo estipulação em contrário, o superficiário tem, nesse caso, direito a uma indemnização, calculada segundo as regras do enriquecimento sem causa.

3 – Não havendo lugar à indemnização, o superficiário responde pelas deteriorações da obra ou das plantações, quando haja culpa da sua parte.

ARTIGO 1539º – Extinção de direitos reais constituídos sobre o direito de superfície

1 – A extinção do direito de superfície pelo decurso do prazo fixado importa a extinção dos direitos reais de gozo ou de garantia constituídos pelo superficiário em benefício de terceiro.

2 – Se, porém, o superficiário tiver a receber alguma indemnização nos termos do artigo anterior, aqueles direitos transferem-se para a indemnização, conforme o disposto nos lugares respectivos.

ARTIGO 1540º – Direitos reais constituídos pelo proprietário

Os direitos reais constituídos pelo proprietário sobre o solo estendem-se à obra e às árvores adquiridas nos termos do artigo 1538º

ARTIGO 1541º – Permanência dos direitos reais

Extinguindo-se o direito de superfície perpétuo, ou o temporário antes do decurso do prazo, os direitos direitos reais constituídos sobre a superfície ou sobre o solo continuam a onerar separadamente as duas parcelas, como se não tivesse havido extinção, sem prejuízo da aplicação das disposições dos artigos anteriores logo que o prazo decorra.

ARTIGO 1542º – Extinção por expropriação

Extinguindo-se o direito de superfície em consequência de expropriação por utilidade pública, cabe a cada um dos titulares a parte da indemnização que corresponder ao valor do respectivo direito.

TÍTULO VI – Das servidões prediais

CAPÍTULO I – Disposições gerais

ARTIGO 1543º – Noção

Servidão predial é o encargo imposto num prédio em proveito exclusivo de outro prédio pertencente a dono diferente; diz-se serviente o prédio sujeito à servidão e dominante o que dela beneficia.

ARTIGO 1544º – Conteúdo

Podem ser objecto da servidão quaisquer utilidades, ainda que futuras ou eventuais, susceptíveis de ser gozadas por intermédio do prédio dominante, mesmo que não aumentem o seu valor.

ARTIGO 1545º – Inseparabilidade das servidões

1 – Salvas as excepções previstas na lei, as servidões não podem ser separadas dos prédios a que pertencem, activa ou passivamente.

2 – A afectação das utilidades próprias da servidão a outros prédios importa sempre a constituição de uma servidão nova e a extinção da antiga.

ARTIGO 1546º – Indivisibilidade das servidões

As servidões são indivisíveis: se o prédio serviente for dividido entre vários donos, cada porção fica sujeita à parte da servidão que lhe cabia; se for dividido o prédio dominante, tem cada consorte o direito de usar da servidão sem alteração nem mudança.

CAPÍTULO II – Constituição das servidões

ARTIGO 1547º – Princípios gerais

1 – As servidões prediais podem ser constituídas por contrato, testamento, usucapião ou destinação do pai de família.

2 – As servidões legais, na falta de constituição voluntária, podem ser constituídas por sentença judicial ou por decisão administrativa, conforme os casos.

ARTIGO 1548º – Constituição por usucapião

1 – As servidões não aparentes não podem ser constituídas por usucapião.

2 – Consideram-se não aparentes as servidões que não se revelam por sinais visíveis e permanentes.

ARTIGO 1549º – Constituição por destinação do pai de família

Se em dois prédios do mesmo dono, ou em duas fracções de um só prédio, houver sinal ou sinais visíveis e permanentes, postos em um ou em ambos, que revelem serventia de um para com outro, serão esses sinais havidos como prova da servidão quando, em relação ao domínio, os dois prédios, ou as duas fracções do mesmo prédio, vierem a separar-se, salvo se ao tempo da separação outra coisa se houver declarado no respectivo documento.

CAPÍTULO III – Servidões legais

SECÇÃO I – Servidões legais de passagem

ARTIGO 1550º – Servidão em benefício de prédio encravado

1 – Os proprietários de prédios que não tenham comunicação com a via pública, nem condições que permitam estabelecê-la sem excessivo incómodo ou dispêndio, têm a faculdade de exigir a constituição de servidões de passagem sobre os prédios rústicos vizinhos.

2 – De igual faculdade goza o proprietário que tenha comunicação insuficiente com a via pública, por terreno seu ou alheio.

ARTIGO 1551º – Possibilidade de afastamento da servidão

1 – Os proprietários de quintas muradas, quintais, jardins ou terreiros adjacentes a prédios urbanos podem subtrair-se ao encargo de ceder passagem, adquirindo o prédio encravado pelo seu justo valor.

2 – Na falta de acordo, o preço é fixado judicialmente; sendo dois ou mais os proprietários interessados, abrir-se-á licitação entre eles, revertendo o excesso para o alienante.

ARTIGO 1552º – Encrave voluntário

1 – O proprietário que, sem justo motivo, provocar o encrave absoluto ou relativo do prédio só pode constituir a servidão mediante o pagamento de indemnização agravada.

2 – A indemnização agravada é fixada, de harmonia com a culpa do proprietário, até ao dobro da que normalmente seria devida.

ARTIGO 1553º – Lugar da constituição da servidão

A passagem deve ser concedida através do prédio ou prédios que sofram menor prejuízo, e pelo modo e lugar menos inconvenientes para os prédios onerados.

ARTIGO 1554º – Indemnização

Pela constituição da servidão de passagem é devida a indemnização correspondente ao prejuízo sofrido.

ARTIGO 1555º – Direito de preferência na alienação do prédio encravado

1 – O proprietário de prédio onerado com a servidão legal de passagem, qualquer que tenha sido o título constitutivo, tem direito de preferência, no caso de venda, dação em cumprimento ou aforamento do prédio dominante.

2 – É aplicável a este caso o disposto nos artigos 416º a 418º e 1410º

3 – Sendo dois ou mais os preferentes, abrir-se-á entre eles licitação, revertendo o excesso para o alienante.

ARTIGO 1556º – Servidões de passagem para o aproveitamento de águas

1 – Quando para seus gastos domésticos os proprietários não tenham acesso às fontes, poços e reservatórios públicos destinados a esse uso, bem como às correntes de domínio público, podem ser constituídas servidões de passagem nos termos aplicáveis dos artigos anteriores.

2 – Estas servidões só serão constituídas depois de se verificar que os proprietários que as reclamam não podem haver água suficiente de outra proveniência, sem excessivo incómodo ou dispêndio.

SECÇÃO II – Servidões legais de águas

ARTIGO 1557º – Aproveitamento de águas para gastos domésticos

1 – Quando não seja possível ao proprietário, sem excessivo incómodo ou dispêndio, obter água para seus gastos domésticos pela forma indicada no artigo anterior, os proprietários vizinhos podem ser compelidos a permitir, mediante indemnização, o aproveitamento das águas sobrantes das suas nascentes ou reservatórios, na medida do indispensável para aqueles gastos.

2 – Estão isentos da servidão os prédios urbanos e os referidos no nº 1 do artigo 1551º

ARTIGO 1558º – Aproveitamento de águas para fins agrícolas

1 – O proprietário que não tiver nem puder obter, sem excessivo incómodo ou dispêndio, água suficiente para a irrigação do seu prédio, tem a faculdade de aproveitar as águas dos prédios vizinhos, que estejam sem utilização, pagando o seu justo valor.

2 – O disposto no número anterior não é aplicável às águas provenientes de concessão nem faculta a exploração de águas subterrâneas em prédio alheio.

ARTIGO 1559º – Servidão legal de presa

Os proprietários e os donos de estabelecimentos industriais, que tenham direito ao uso de águas particulares existentes em prédio alheio, podem fazer neste prédio as obras necessárias ao represamento e derivação da respectiva água, mediante o pagamento da indemnização correspondente ao prejuízo que causarem.

ARTIGO 1560º – Servidão legal de presa para o aproveitamento de águas públicas

1 – A servidão de presa para o aproveitamento de águas públicas só pode ser imposta coercivamente nos casos seguintes:

a) Quando os proprietários, ou os donos de estabelecimentos industriais, sitos na margem de uma corrente não navegável nem flutuável, só possam aproveitar a água a que tenham direito fazendo presa, açude ou obra semelhante que vá travar no prédio fronteiro;

b) Quando a água tenha sido objecto de concessão.

2 – No caso da alínea *a*) do número anterior e no de concessão de interesse privado, não estão sujeitas à servidão as casas de habitação, nem os quintais, jardins ou terreiros que lhes sejam contíguos; no caso de concessão de utilidade pública, estes prédios só estão sujeitos ao encargo se no respectivo processo administrativo se tiver provado a impossibilidade material ou económica de executar as obras sem a sua utilização.

3 – No caso da alínea *b*) do nº 1, a servidão considera-se constituída em consequência da concessão, mas a indemnização, na falta de acordo, é fixada pelo tribunal.

4 – Se o proprietário do prédio fronteiro sujeito à servidão de travamento quiser utilizar a obra realizada, pode torná-la comum, provando que tem direito a aproveitar-se da água e pagando uma parte da despesa proporcional ao benefício que receber.

ARTIGO 1561º – Servidão legal de aqueduto

1 – Em proveito da agricultura ou da indústria, ou para gastos domésticos, a todos é permitido encanar, subterraneamente ou a descoberto, as águas particulares a que tenham direito, através de prédios rústicos alheios, não sendo quintais, jardins ou terreiros contíguos a casas de habitação, mediante indemnização do prejuízo que da obra resulte para os ditos prédios; as quintas muradas só estão sujeitas ao encargo quando o aqueduto seja construído subterraneamente.

2 – O proprietário do prédio serviente tem, a todo o tempo, o direito de ser também indemnizado do prejuízo que venha a resultar da infiltração ou erupção das águas ou da deterioração das obras feitas para a sua condução.

3 – A natureza, direcção e forma do aqueduto serão as mais convenientes para o prédio dominante e as menos onerosas para o prédio serviente.

4 – Se a água do aqueduto não for toda necessária ao seu proprietário, e o proprietário do prédio serviente quiser ter parte no excedente, ser-lhe-á concedida essa parte a todo o tempo, mediante prévia indemnização, e pagando ele, além disso, a quota proporcional à despesa feita com a sua condução até ao ponto donde pretende derivá-la.

ARTIGO 1562º – Servidão legal de aqueduto para o aproveitamento de águas públicas

1 – Para o aproveitamento de águas públicas, a constituição forçada de servidão de aqueduto só é admitida no caso de haver concessão da água.

2 – É aplicável a esta servidão o disposto nos nºs 2 e 3 do artigo 1560º

ARTIGO 1563º – Servidão legal de escoamento

1 – A constituição forçada da servidão de escoamento é permitida, precedendo indemnização do prejuízo:

a) Quando, por obra do homem, e para fins agrícolas ou industriais, nasçam águas em algum prédio ou para ele sejam conduzidas de outro prédio;

b) Quando se pretenda dar direcção definida a águas que seguiam o seu curso natural;

c) Em relação às águas provenientes de gaivagem, canos falsos, valas, guarda-matos, alcorcas ou qualquer outro modo de enxugo de prédios;

d) Quando haja concessão de águas públicas, relativamente às sobejas.

2 – Aos proprietários onerados com a servidão de escoamento é aplicável o disposto no artigo 1391º

3 – Na liquidação da indemnização será levado em conta o valor dos benefícios que para o prédio serviente advenham do uso da água, nos termos do número anterior; e, no caso da alínea *b*) do nº 1, será atendido o prejuízo que já resultava do decurso natural das águas.

4 – Só estão sujeitos à servidão de escoamento os prédios que podem ser onerados com a servidão legal de aqueduto.

CAPÍTULO IV – Exercício das servidões

ARTIGO 1564º – Modo de exercício

As servidões são reguladas, no que respeita à sua extensão e exercício, pelo respectivo título; na insuficiência do título, observar-se-á o disposto nos artigos seguintes.

ARTIGO 1565º – Extensão da servidão

1 – O direito de servidão compreende tudo o que é necessário para o seu uso e conservação.

2 – Em caso de dúvida quanto à extensão ou modo de exercício, entender-se-á constituída a servidão por forma a satisfazer as necessidades normais e previsíveis do prédio dominante com o menor prejuízo para o prédio serviente.

ARTIGO 1566º – Obras no prédio serviente

1 – É lícito ao proprietário do prédio dominante fazer obras no prédio serviente, dentro dos poderes que lhe são conferidos no artigo anterior, desde que não torne mais onerosa a servidão.

2 – As obras devem ser feitas no tempo e pela forma que sejam mais convenientes para o proprietário do prédio serviente.

ARTIGO 1567º – Encargos das obras

1 – As obras são feitas à custa do proprietário do prédio dominante, salvo se outro regime tiver sido convencionado.

2 – Sendo diversos os prédios dominantes, todos os proprietários são obrigados a contribuir, na proporção da parte que tiverem nas vantagens da servidão, para as despesas das obras; e só poderão eximir-se do encargo renunciando à servidão em proveito dos outros.

3 – Se o proprietário do prédio serviente também auferir utilidades da servidão, é obrigado a contribuir pela forma estabelecida no número anterior.

4 – Se o proprietário do prédio serviente se houver obrigado a custear as obras, só lhe será possível eximir-se desse encargo pela renúncia ao seu direito de propriedade em benefício do proprietário do prédio dominante, podendo a renúncia, no caso de a servidão onerar apenas uma parte do prédio, limitar-se a essa parte; recusando-se o proprietário do prédio dominante a aceitar a renúncia, não fica, por isso, dispensado de custear as obras.

ARTIGO 1568º – Mudança de servidão

1 – O proprietário do prédio serviente não pode estorvar o uso da servidão, mas pode, a todo o tempo, exigir a mudança dela para sítio diferente do primitivamente assinado, ou para outro prédio, se a mudança lhe for conveniente e não prejudicar os interesses do proprietário do prédio dominante, contanto que a faça à sua custa; com o consentimento de terceiro pode a servidão ser mudada para o prédio deste.

2 – A mudança também pode dar-se a requerimento e à custa do proprietário do prédio dominante, se dela lhe advierem vantagens e com ela não for prejudicado o proprietário do prédio serviente.

3 – O modo e o tempo de exercício da servidão serão igualmente alterados, a pedido de qualquer dos proprietários, desde que se verifiquem os requisitos referidos nos números anteriores.

4 – As faculdades conferidas neste artigo não são renunciáveis nem podem ser limitadas por negócio jurídico.

CAPÍTULO V – Extinção das servidões

ARTIGO 1569º – Casos de extinção

1 – As servidões extinguem-se:

a) Pela reunião dos dois prédios, dominante e serviente, no domínio da mesma pessoa;

b) Pelo não uso durante vinte anos, qualquer que seja o motivo;

c) Pela aquisição, por usucapião, da liberdade do prédio;

d) Pela renúncia;

e) Pelo decurso do prazo, se tiverem sido constituídas temporariamente.

2 – As servidões constituídas por usucapião serão judicialmente declaradas extintas, a requerimento do proprietário do prédio serviente, desde que se mostrem desnecessárias ao prédio dominante.

3 – O disposto no número anterior é aplicável às servidões legais, qualquer que tenha sido o título da sua constituição: tendo havido indemnização, será esta restituída, no todo ou em parte, conforme as circunstâncias.

4 – As servidões referidas nos artigos 1557º e 1558º também podem ser remidas judicialmente, mostrando o proprietário do prédio serviente que pretende fazer da água um aproveitamento justificado; no que respeita à restituição da indemnização, é aplicável o disposto anteriormente, não podendo, todavia, a remição ser exigida antes de decorridos dez anos sobre a constituição da servidão.

5 – A renúncia a que se refere a alínea *d*) do nº 1 não requer aceitação do proprietário do prédio serviente.

ARTIGO 1570º – Começo do prazo para a extinção pelo não uso

1 – O prazo para a extinção das servidões pelo não uso conta-se a partir do momento em que deixaram de ser usadas; tratando-se de servidões para cujo exercício não é necessário o facto do homem, o prazo corre desde a verificação de algum facto que impeça o seu exercício.

2 – Nas servidões exercidas com intervalos de tempo, o prazo corre desde o dia em que poderiam exercer-se e não foi retomado o seu exercício.

3 – Se o prédio dominante pertencer a vários proprietários, o uso que um deles fizer da servidão impede a extinção relativamente aos demais.

ARTIGO 1571º – Impossibilidade de exercício

A impossibilidade de exercer a servidão não importa a sua extinção, enquanto não decorrer o prazo da alínea *b*) do nº 1 do artigo 1569º

ARTIGO 1572º – Exercício parcial

A servidão não deixa de considerar-se exercida por inteiro, quando o proprietário do prédio dominante aproveita apenas uma parte das utilidades que lhe são inerentes.

ARTIGO 1573º – Exercício em época diversa

O exercício da servidão em época diferente da fixada no título não impede a sua extinção pelo não uso, sem prejuízo da possibilidade de aquisição de uma nova servidão por usucapião.

ARTIGO 1574º – "Usucapio libertatis"

1 – A aquisição, por usucapião, da liberdade do prédio só pode dar-se quando haja, por parte do proprietário do prédio serviente, oposição ao exercício da servidão.

2 – O prazo para a usucapião só começa a contar-se desde a oposição.

ARTIGO 1575º – Servidões constituídas pelo usufrutuário ou enfiteuta

As servidões activas adquiridas pelo usufrutuário não se extinguem pela cessação do usufruto, como também se não extinguem pela devolução do prazo ao senhorio as servidões, activas ou passivas, constituídas pelo enfiteuta.

LIVRO IV
DIREITO DA FAMÍLIA

TÍTULO I – Disposições gerais

ARTIGO 1576º – Fontes das relações jurídicas familiares

São fontes das relações jurídicas familiares o casamento, o parentesco, a afinidade e a adopção.

ARTIGO 1577º – Noção de casamento

Casamento é o contrato celebrado entre duas pessoas que pretendem constituir família mediante uma plena comunhão de vida, nos termos das disposições deste Código.

(Redação dada pela Lei nº 9/2010, de 31-05)

ARTIGO 1578º – Noção de parentesco

Parentesco é o vínculo que une duas pessoas, em consequência de uma delas descender da outra ou de ambas procederem de um progenitor comum.

ARTIGO 1579º – Elementos do parentesco

O parentesco determina-se pelas gerações que vinculam os parentes um ao outro: cada geração forma um grau, e a série dos graus constitui a linha de parentesco.

ARTIGO 1580º – Linhas de parentesco

1 – A linha diz-se recta, quando um dos parentes descende do outro; diz-se colateral, quando nenhum dos parentes descende do outro, mas ambos procedem de um progenitor comum.

2 – A linha recta é descendente ou ascendente: descendente, quando se considera como partindo do ascendente para o que dele procede; ascendente, quando se considera como partindo deste para o progenitor.

ARTIGO 1581º – Cômputo dos graus

1 – Na linha recta há tantos graus quantas as pessoas que formam a linha de parentesco, excluido o progenitor.

2 – Na linha colateral os graus contam-se pela mesma forma, subindo por um dos ramos e descendo pelo outro, mas sem contar o progenitor comum.

ARTIGO 1582º – Limites do parentesco

Salvo disposição da lei em contrário, os efeitos do parentesco produzem-se em qualquer grau da linha recta e até ao sexto grau na colateral.

ARTIGO 1583º

(Revogado pelo Decreto-Lei nº 496/77, de 25-11)

ARTIGO 1584º – Noção de afinidade

Afinidade é o vínculo que liga cada um dos cônjuges aos parentes do outro.

(Redação dada pelo Decreto-Lei nº 496/77, de 25-11)

ARTIGO 1585º – Elementos e cessação da afinidade

A afinidade determina-se pelos mesmos graus e linhas que definem o parentesco e não cessa pela dissolução do casamento por morte.

(Redação dada pela Lei nº 61/2008, de 31-10)

ARTIGO 1586º – Noção de adopção

Adopção é o vínculo que, à semelhança da filiação natural, mas independentemente dos laços do sangue, se estabelece legalmente entre duas pessoas nos termos dos artigos 1973º e seguintes.

TÍTULO II – Do casamento

CAPÍTULO I – Modalidades do casamento

ARTIGO 1587º – Casamento católico e civil

1 – O casamento é católico ou civil.

2 – A lei civil reconhece valor e eficácia de casamento ao matrimónio católico nos termos das disposições seguintes.

ARTIGO 1588º – Efeitos do casamento católico

O casamento católico rege-se, quanto aos efeitos civis, pelas normas comuns deste código, salvo disposição em contrário.

ARTIGO 1589º – Dualidade de casamentos

1 – O casamento católico contraído por pessoas já ligadas entre si por casamento civil não dissolvido é averbado ao assento, independentemente do processo preliminar de casamento.

2 – Não é permitido o casamento civil de duas pessoas unidas por matrimónio católico anterior.

(Redação dada pelo Decreto-Lei nº 324/2007, de 28-09)

ARTIGO 1590º – Casamentos urgentes

O casamento urgente que for celebrado sem a presença de ministro da Igreja Católica ou funcionário do registo civil é havido por católico ou civil segundo a intenção das partes, manifestada expressamente ou deduzida das formalidades adoptadas, das crenças dos nubentes ou de quaisquer outros elementos.

CAPÍTULO II – Promessa de casamento

ARTIGO 1591º – Ineficácia da promessa

O contrato pelo qual, a título de esponsais, desposórios ou qualquer outro, duas pessoas se comprometem a contrair matrimónio não dá direito a exigir a celebração do casamento, nem a reclamar, na falta de cumprimento, outras indemnizações que não sejam as previstas no artigo 1594º, mesmo quando resultantes de cláusula penal.

(Redação dada pela Lei nº 9/2010, de 31-05)

ARTIGO 1592º – Restituições, nos casos de incapacidade e de retractação

1 – No caso de o casamento deixar de celebrar-se por incapacidade ou retractação de algum dos promitentes, cada um deles é obrigado a restituir os donativos que o outro ou terceiro lhe tenha feito em virtude da promessa e na expectativa do casamento, segundo os termos prescritos para a nulidade ou anulabilidade do negócio jurídico.

2 – A obrigação de restituir abrange as cartas e retratos pessoais do outro contraente, mas não as coisas que hajam sido consumidas antes da retractação ou da verificação da incapacidade.

ARTIGO 1593º – Restituições no caso de morte

1 – Se o casamento não se efectuar em razão da morte de algum dos promitentes, o promitente sobrevivo pode conservar os donativos do falecido, mas, nesse caso, perderá o direito de exigir os que, por sua parte, lhe tenha feito.

2 – O mesmo promitente pode reter a correspondência e os retratos pessoais do falecido e exigir a restituição dos que este haja recebido da sua parte.

ARTIGO 1594º – Indemnizações

1 – Se algum dos contraentes romper a promessa sem justo motivo ou, por culpa sua, der lugar a que outro se retracte, deve indemnizar o esposado inocente, bem como os pais deste ou terceiros que tenham agido em nome dos pais, quer das despesas feitas, quer das obrigações contraídas na previsão do casamento.

2 – Igual indemnização é devida, quando o casamento não se realize por motivo de incapacidade de algum dos contraentes, se ele ou os seus representantes houverem procedido com dolo.

3 – A indemnização é fixada segundo o prudente arbítrio do tribunal, devendo atender-se, no seu cálculo, não só à medida em que as despesas e obrigações se mostre razoáveis, perante as circunstâncias do caso e a condição dos contraentes, mas também às vantagens que, independentemente do casamento, umas e outras possam ainda proporcionar.

ARTIGO 1595º – Caducidade das acções

O direito de exigir a restituição dos donativos ou a indemnização caduca no prazo de um ano, contado da data do rompimento da promessa ou da morte do promitente.

CAPÍTULO III – Pressupostos da celebração do casamento

SECÇÃO I – Casamento católico

ARTIGO 1596º – Capacidade civil

O casamento católico só pode ser celebrado por quem tiver a capacidade matrimonial exigida na lei civil.

ARTIGO 1597º – Processo preliminar de casamento

1 – A capacidade dos nubentes para contrair matrimónio é comprovada por meio do processo preliminar de casamento, organizado nas conservatórias a requerimento dos nubentes ou do pároco respectivo.

2 – O consentimento dos pais ou tutor, relativo ao nubente menor, pode ser prestado na presença de duas testemunhas perante o pároco, o qual levantará auto de ocorrência, assinando-o com todos os intervenientes.

(Redação dada pelo Decreto-Lei nº 324/2007, de 28-09)

ARTIGO 1598º – Certificado da capacidade matrimonial

1 – Verificada no despacho final do processo preliminar de casamento a inexistência de impedimento à realização do casamento, o funcionário do registo civil extrai dele o certificado da capacidade matrimonial, que é remetido ao pároco e sem o qual o casamento não pode ser celebrado.

2 – Se, depois de expedido o certificado, o funcionário tiver conhecimento de algum impedimento, comunica-o imediatamente ao pároco, a fim de se sobrestar na celebração até ao julgamento respectivo.

(Redação dada pelo Decreto-Lei nº 324/2007, de 28-09)

ARTIGO 1599º – Dispensa do processo preliminar de casamento

1 – O casamento *in articulo mortis*, na iminência de parto ou cuja celebração imediata seja expressamente autorizada pelo ordinário próprio, por grave motivo de ordem

moral, pode celebrar-se independentemente do processo preliminar de casamento e de passagem do certificado previsto no artigo anterior.

2 – A dispensa do processo preliminar de casamento não altera as exigências da lei civil quanto à capacidade matrimonial dos nubentes, continuando estes sujeitos às sanções estabelecidas na mesma lei.

(Redação dada pelo Decreto-Lei nº 324/2007, de 28-09)

SECÇÃO II – Casamento Civil

SUBSECÇÃO I – Impedimentos matrimoniais

ARTIGO 1600º – Regra geral

Têm capacidade para contrair casamento todos aqueles em quem se não verifique algum dos impedimentos matrimoniais previstos na lei.

ARTIGO 1601º – Impedimentos dirimentes absolutos

São impedimentos dirimentes, obstando ao casamento da pessoa a quem respeitam com qualquer outra:

a) A idade inferior a dezasseis anos;

b) A demência notória, mesmo durante os intervalos lúcidos, e a decisão de acompanhamento, quando a sentença respetiva assim o determine;

c) O casamento anterior não dissolvido, católico ou civil, ainda que o respectivo assento não tenha sido lavrado no registo do estado civil.

(Redação dada pela Lei nº 49/2018, de 14-08)

ARTIGO 1602º – Impedimentos dirimentes relativos

São também dirimentes, obstando ao casamento entre si das pessoas a quem respeitam, os impedimentos seguintes:

a) O parentesco na linha recta;

b) A relação anterior de responsabilidades parentais;

c) O parentesco no segundo grau da linha colateral;

d) A afinidade na linha recta;

e) A condenação anterior de um dos nubentes, como autor ou cúmplice, por homicídio doloso, ainda que não consumado, contra o cônjuge do outro.

(Redação dada pela Lei nº 137/2015, de 07-09)

ARTIGO 1603º – Prova da maternidade ou paternidade

1 – A prova da maternidade ou paternidade para efeitos do disposto nas alíneas *a)*, *b)* e *c)* do artigo anterior é sempre admitida no processo preliminar de casamento, mas o reconhecimento do parentesco, quer neste processo, quer na acção de declaração de nulidade ou anulação do casamento, não produz qualquer outro efeito e

não vale sequer como começo de prova em acção de investigação de maternidade ou paternidade.

2 – Fica salvo o recurso aos meios ordinários para o efeito de se fazer declarar a inexistência do impedimento em acção proposta contra as pessoas que teriam legitimidade para requerer a declaração de nulidade ou anulação do casamento, com base no impedimento reconhecido.

(Redação dada pelo Decreto-Lei nº 324/2007, de 28-09)

ARTIGO 1604º – Impedimentos impedientes

São impedimentos impedientes, além de outros designados em leis especiais:

a) A falta de autorização dos pais ou do tutor para o casamento do nubente menor, quando não suprida pelo conservador do registo civil;

b) *(Revogada.)*

c) O parentesco no terceiro grau da linha colateral;

d) O vínculo de tutela, acompanhamento de maior ou administração legal de bens;

e) *(Revogada.)*

f) A pronúncia do nubente pelo crime de homicídio doloso, ainda que não consumado, contra o cônjuge do outro, enquanto não houver despronúncia ou absolvição por decisão passada em julgado.

(Redação dada pela Lei nº 85/2019, de 03-09)

ARTIGO 1605º – Prazo internupcial

(Revogado pela Lei nº 85/2019, de 03-09)

ARTIGO 1606º

(Revogado pelo Decreto-Lei nº 496/77, de 25-11)

ARTIGO 1607º – Vínculo de adoção

(Revogado pela Lei nº 143/2015, de 08-09)

ARTIGO 1608º – Vínculo de tutela, curatela ou administração legal de bens

O vínculo de tutela, curatela ou administração legal de bens impede o casamento do incapaz com o tutor, curador ou administrador, ou seus parentes ou afins na linha recta, irmãos, cunhados ou sobrinhos, enquanto não tiver decorrido um ano sobre o termo da incapacidade e não estiverem aprovadas as respectivas contas, se houver lugar a elas.

ARTIGO 1609º – Dispensa

1 – São susceptíveis de dispensa os impedimentos seguintes:

a) O parentesco no terceiro grau da linha colateral;

b) O vínculo de tutela, curatela ou administração legal de bens, se as respectivas contas estiverem já aprovadas.

2 – A dispensa compete ao conservador do registo civil, que a concederá quando haja motivos sérios que justifiquem a celebração do casamento.

3 – Se algum dos nubentes for menor, o conservador ouvirá, sempre que possível, os pais ou o tutor.

(Redação dada pela Lei nº 143/2015, de 08-09)

SUBSECÇÃO II – **Processo preliminar de casamento**

ARTIGO 1610º – Necessidade e fim do processo preliminar de casamento

A celebração do casamento é precedida de um processo, regulado na lei do registo civil e destinado à verificação da inexistência de impedimentos.

(Redação dada pelo Decreto-Lei nº 324/2007, de 28-09)

ARTIGO 1611º – Declaração de impedimentos

1 – Até ao momento da celebração do casamento, qualquer pessoa pode declarar os impedimentos de que tenha conhecimento.

2 – A declaração é obrigatória para o Ministério Público e para os funcionários do registo civil logo que tenham conhecimento do impedimento.

3 – Feita a declaração, o casamento só será celebrado se o impedimento cessar, for dispensado nos termos do artigo 1609º ou for julgado improcedente por decisão judicial com trânsito em julgado.

(Redação dada pelo Decreto-Lei nº 163/95, de 13-07)

ARTIGO 1612º – Autorização dos pais ou do tutor

1 – A autorização para o casamento de menor de dezoito anos e maior de dezasseis deve ser concedida pelos progenitores que exerçam o poder paternal, ou pelo tutor.

2 – Pode o conservador do registo civil suprir a autorização a que se refere o número anterior se razões ponderosas justificarem a celebração do casamento e o menor tiver suficiente maturidade física e psíquica.

(Redação dada pelo Decreto-Lei nº 163/95, de 13-07)

ARTIGO 1613º – Despacho final

Findo o processo preliminar de casamento e os processos judiciais a que este der causa, cabe ao funcionário do registo civil proferir despacho final, no qual autoriza os nubentes a celebrar casamento ou manda arquivar o processo.

(Redação dada pelo Decreto-Lei nº 324/2007, de 28-09)

ARTIGO 1614º – Prazo para a celebração do casamento

Autorizada a realização do casamento, este deve celebrar-se dentro dos seis meses seguintes.

(Redação dada pelo Decreto-Lei nº 324/2007, de 28-09)

CAPÍTULO IV – Celebração do casamento civil

SECÇÃO I – Disposições gerais

ARTIGO 1615º – Publicidade e forma

A celebração do casamento é pública e está sujeita, segundo a vontade dos nubentes:

a) À forma fixada neste Código e nas leis do registo civil;

b) À forma religiosa, nos termos de legislação especial.

(Redação dada pela Lei nº 16/2001, de 22-06)

ARTIGO 1616º – Pessoas que devem intervir

É indispensável para a celebração do casamento a presença:

a) Dos contraentes, ou de um deles e do procurador do outro;

b) Do funcionário do registo civil ou, nos casos de casamento civil sob forma religiosa, do ministro do culto, devidamente credenciado;

c) De duas testemunhas, nos casos em que é exigida por lei especial.

(Redação dada pelo Decreto-Lei nº 324/2007, de 28-09)

ARTIGO 1617º – Actualidade do mútuo consenso

A vontade dos nubentes só é relevante quando manifestada no próprio acto da celebração do casamento.

ARTIGO 1618º – Aceitação dos efeitos do casamento

1 – A vontade de contrair casamento importa aceitação de todos os efeitos legais do matrimónio, sem prejuízo das legítimas estipulações dos esposos em convenção antenupcial.

2 – Consideram-se não escritas as cláusulas pelas quais os nubentes, em convenção antenupcial, no momento da celebração do casamento ou em outro acto, pretendam modificar os efeitos do casamento, ou submetê-lo a condição, a termo ou à preexistência de algum facto.

ARTIGO 1619º – Carácter pessoal do mútuo consenso

A vontade de contrair casamento é estritamente pessoal em relação a cada um dos nubentes.

ARTIGO 1620º – Casamento por procuração

1 – É lícito a um dos nubentes fazer-se representar por procurador na celebração do casamento.

2 – A procuração deve conter poderes especiais para o acto, a designação expressa do outro nubente e a indicação da modalidade do casamento.

ARTIGO 1621º – Revogação e caducidade da procuração

1 – Cessam todos os efeitos da procuração pela sua revogação, pela morte do constituinte ou do procurador ou pelo acompanhamento de qualquer deles, quando a sentença que o haja decretado assim o determine.

2 – O constituinte pode revogar a todo o tempo a procuração, mas é responsável pelo prejuízo que causar se, por culpa sua, o não fizer a tempo de evitar a celebração do casamento.

(Redação dada pela Lei nº 49/2018, de 14-08)

SECÇÃO II – Casamentos urgentes

ARTIGO 1622º – Celebração

1 – Quando haja fundado receio de morte próxima de algum dos nubentes, ou iminência de parto, é permitida a celebração do casamento independentemente do respectivo processo preliminar e sem a intervenção do funcionário do registo civil.

2 – Do casamento urgente é redigida uma acta, nas condições previstas na lei do registo civil.

3 – *(Revogado.)*

(Redação dada pelo Decreto-Lei nº 324/2007, de 28-09)

ARTIGO 1623º – Homologação do casamento

1 – Lavrada a acta, o funcionário competente decide se o casamento deve ser homologado.

2 – Se não tiver já corrido, o processo preliminar de casamento é organizado oficiosamente e a decisão sobre a homologação é proferida no despacho final deste processo.

(Redação dada pelo Decreto-Lei nº 324/2007, de 28-09)

ARTIGO 1624º – Causas justificativas da não homologação

1 – O casamento não pode ser homologado:

a) Se não se verificarem os requisitos exigidos por lei, ou não tiverem sido observadas as formalidades prescritas para a celebração do casamento urgente;

b) Se houver indícios sérios de serem supostos ou falsos esses requisitos ou formalidades;

c) Se existir algum impedimento dirimente;

d) Se o casamento tiver sido considerado como católico pelas autoridades eclesiásticas e, como tal, se encontrar transcrito.

2 – *(Revogado.)*

3 – Do despacho que recusar a homologação podem os cônjuges ou seus herdeiros, bem como o Ministério Público, recorrer para o tribunal, a fim de ser declarada a validade do casamento.

(Redação dada pelo Decreto-Lei nº 324/2007, de 28-09)

CAPÍTULO V – Invalidade do casamento

SECÇÃO I – Casamento católico

ARTIGO 1625º – Competência dos tribunais eclesiásticos

O conhecimento das causas respeitantes à nulidade do casamento católico e à dispensa do casamento rato e não consumado é reservado aos tribunais e às repartições eclesiásticas competentes.

ARTIGO 1626º – Processo

1 – A decisão relativa à nulidade e à dispensa pontifícia do casamento rato e não consumado, tomada pela autoridade eclesiástica competente e verificada pelo órgão eclesiástico de controlo superior, é notificada às partes, produzindo efeitos civis, a requerimento de qualquer uma delas, após revisão e confirmação, nos termos da lei processual, pelo competente tribunal do Estado, que determina o seu averbamento no registo civil.

2 – O requerimento referido no número anterior pode ser apresentado à autoridade eclesiástica onde o processo canónico iniciou os seus termos, a qual, no prazo de 20 dias após o seu recebimento, o remete, por carta registada com aviso de recepção, ao tribunal indicado pela parte requerente, notificando em seguida esta, no prazo máximo de 10 dias, da devolução do aviso de recepção.

3 – Os tribunais eclesiásticos e as repartições eclesiásticas competentes podem requisitar aos tribunais judiciais a citação ou notificação das partes, peritos ou testemunhas, bem como diligências de carácter probatório ou de outra natureza, só podendo o pedido ser recusado caso se verifique algum dos fundamentos que, nos termos da lei processual, legitimam a recusa de cumprimento das cartas rogatórias.

(Redação dada pelo Decreto-Lei nº 100/2009, de 11-05)

SECÇÃO II – Casamento Civil

SUBSECÇÃO I – Disposição geral

ARTIGO 1627º – Regra de validade

É válido o casamento civil relativamente ao qual não se verifique alguma das causas de inexistência jurídica, ou de anulabilidade, especificadas na lei.

SUBSECÇÃO II – Inexistência do casamento

ARTIGO 1628º – Casamentos inexistentes

É jurídicamente inexistente:

a) O casamento celebrado perante quem não tinha competência funcional para o acto, salvo tratando-se de casamento urgente;

b) O casamento urgente que não tenha sido homologado;

c) O casamento em cuja celebração tenha faltado a declaração da vontade de um ou ambos os nubentes, ou do procurador de um deles;

d) O casamento contraído por intermédio de procurador, quando celebrado depois de terem cessado os efeitos da procuração, ou quando esta não tenha sido outorgada por quem nela figura como constituinte, ou quando seja nula por falta de concessão de poderes especiais para o acto ou de designação expressa do outro contraente;

e) *(Revogada.)*

(Redação dada pela Lei nº 9/2010, de 31-05)

ARTIGO 1629º – Funcionários de facto

Não se considera, porém, jurídicamente inexistente o casamento celebrado perante quem, sem ter competência funcional para o acto, exercia publicamente as correspondentes funções, salvo se ambos os nubentes, no momento da celebração, conheciam a falta daquela competência.

ARTIGO 1630º – Regime da inexistência

1 – O casamento juridicamente inexistente não produz qualquer efeito jurídico e nem sequer é havido como putativo.

2 – A inexistência pode ser invocada por qualquer pessoa, a todo o tempo, independentemente de declaração judicial.

SUBSECÇÃO III – Anulabilidade do casamento

DIVISÃO I – Disposições gerais

ARTIGO 1631º – Causas de anulabilidade

É anulável o casamento:

a) Contraído com algum impedimento dirimente;

b) Celebrado, por parte de um ou de ambos os nubentes, com falta de vontade ou com a vontade viciada por erro ou coacção;

c) Celebrado sem a presença das testemunhas, quando exigida por lei.

(Redação dada pelo Decreto-Lei nº 35/97, de 31-01)

ARTIGO 1632º – Necessidade da acção de anulação

A anulabilidade do casamento não é invocável para nenhum efeito, judicial ou extrajudicial, enquanto não for reconhecida por sentença em acção especialmente intentada para esse fim.

ARTIGO 1633º – Validação do casamento

1 – Considera-se sanada a anulabilidade e válido o casamento desde o momento da celebração, se antes de transitar em julgado a sentença de anulação ocorrer algum dos seguintes factos:

a) Ser o casamento de menor não núbil confirmado por este, perante o funcionário do registo civil e de duas testemunhas, depois de atingir a maioridade;

b) Ser o casamento confirmado pela pessoa que se encontrava na situação da alínea b) do artigo 1601º, depois de este fazer verificar judicialmente a cessação das causas do impedimento;

c) Ser declarado nulo ou anulado o primeiro casamento do bígamo;

d) Ser a falta de testemunhas devida a circunstâncias atendíveis, como tais reconhecidas pelo conservador, desde que não haja dúvidas sobre a celebração do acto.

2 – Não é aplicável ao casamento o disposto no nº 2 do artigo 287º

(Redação dada pela Lei nº 49/2018, de 14-08)

DIVISÃO II – Falta ou vícios da vontade

ARTIGO 1634º – Presunção da vontade

A declaração da vontade, no acto da celebração, constitui presunção não só de que os nubentes quiseram contrair o matrimónio, mas de que a sua vontade não está viciada por erro ou coacção.

ARTIGO 1635º – Anulabilidade por falta de vontade

O casamento é anulável por falta de vontade:

a) Quando o nubente, no momento da celebração, não tinha a consciência do acto que praticava, por incapacidade acidental ou outra causa;

b) Quando o nubente estava em erro acerca da identidade física do outro contraente;

c) Quando a declaração da vontade tenha sido extorquida por coacção física;

d) Quando tenha sido simulado.

ARTIGO 1636º – Erro que vicia a vontade

O erro que vicia a vontade só é relevante para efeitos de anulação quando recaia sobre qualidades essenciais da pessoa do outro cônjuge, seja desculpável e se mostre que sem ele, razoavelmente, o casamento não teria sido celebrado.

(Redação dada pelo Decreto-Lei nº 496/77, de 25-11)

ARTIGO 1637º

(Revogado pelo Decreto-Lei nº 496/77, de 25-11)

ARTIGO 1638º – Coacção moral

1 – É anulável o casamento celebrado sob coacção moral, contanto que seja grave o mal com que o nubente é ilicitamente ameaçado, e justificado o receio da sua consumação.

2 – É equiparada à ameaça ilícita o facto de alguém, consciente e ilicitamente, extorquir ao nubente a declaração da vontade mediante a promessa de o libertar de um mal fortuito ou causado por outrem.

DIVISÃO III – Legitimidade

ARTIGO 1639º – Anulação fundada em impedimento dirimente

1 – Têm legitimidade para intentar a acção de anulação fundada em impedimento dirimente, ou para prosseguir nela, os cônjuges, ou qualquer parente deles na linha recta ou até ao quarto grau da linha colateral, bem como os herdeiros e adoptantes dos cônjuges, e o Ministério Público.

2 – Além das pessoas mencionadas no número anterior, podem ainda intentar a ação, ou prosseguir nela, o tutor, o acompanhante com poderes para o efeito e o primeiro cônjuge do infrator, no caso de bigamia.

(Redação dada pela Lei nº 49/2018, de 14-08)

ARTIGO 1640º – Anulação fundada na falta de vontade

1 – A anulação por simulação pode ser requerida pelos próprios cônjuges ou por quaisquer pessoas prejudicadas com o casamento.

2 – Nos restantes casos de falta de vontade, a acção de anulação só pode ser proposta pelo cônjuge cuja vontade faltou; mas podem prosseguir nela os seus parentes, afins na linha recta, herdeiros ou adoptantes, se o autor falecer na pendência da causa.

(Redação dada pelo Decreto-Lei nº 496/77, de 25-11)

ARTIGO 1641º – Anulação fundada em vícios da vontade

A acção de anulação fundada em vícios da vontade só pode ser intentada pelo cônjuge que foi vítima do erro ou da coacção; mas podem prosseguir na acção os seus parentes, afins na linha recta, herdeiros ou adoptantes, se o autor falecer na pendência da causa.

(Redação dada pelo Decreto-Lei nº 496/77, de 25-11)

ARTIGO 1642º – Anulação fundada na falta de testemunhas

A acção de anulação por falta de testemunhas só pode ser proposta pelo Ministério Público.

DIVISÃO IV – Prazos

ARTIGO 1643º – Anulação fundada em impedimento dirimente

1 – A ação de anulação fundada em impedimento dirimente deve ser instaurada:

a) Nos casos de menoridade, de demência notória ou de acompanhamento de maior judicialmente impeditivo, quando proposta pelo próprio incapaz, até seis meses depois de ter atingido a maioridade, de a incapacidade natural ter cessado ou de cessar ou ser revisto, nesse sentido, o acompanhamento; quando proposta por outra pessoa, dentro dos três anos seguintes à celebração do casamento, mas nunca depois da maioridade ou da cessação da incapacidade natural;

b) No caso de condenação por homicídio contra o cônjuge de um dos nubentes, no prazo de três anos a contar da celebração do casamento;

c) Nos outros casos, até seis meses depois da dissolução do casamento.

2 – O Ministério Público só pode propor a acção até à dissolução do casamento.

3 – Sem prejuízo do prazo fixado na alínea *c*) do nº 1, a acção de anulação fundada na existência de casamento anterior não dissolvido não pode ser instaurada, nem prosseguir, enquanto estiver pendente acção de declaração de nulidade ou anulação do primeiro casamento do bígamo.

(Redação dada pela Lei nº 49/2018, de 14-08)

ARTIGO 1644º – Anulação fundada na falta de vontade

A acção de anulação por falta de vontade de um ou ambos os nubentes só pode ser instaurada dentro dos três anos subsequentes à celebração do casamento ou, se este era ignorado do requerente, nos seis meses seguintes ao momento em que dele teve conhecimento.

ARTIGO 1645º – Anulação fundada em vícios da vontade

A acção de anulação fundada em vícios da vontade caduca, se não for instaurada dentro dos seis meses subsequentes à cessação do vício.

ARTIGO 1646º – Anulação fundada na falta de testemunhas

A acção de anulação por falta de testemunhas só pode ser intentada dentro do ano posterior à celebração do casamento.

CAPÍTULO VI – Casamento putativo

ARTIGO 1647º – Efeitos do casamento declarado nulo ou anulado

1 – O casamento civil anulado, quando contraído de boa fé por ambos os cônjuges, produz os seus efeitos em relação a estes e a terceiros até ao trânsito em julgado da respectiva sentença.

2 – Se apenas um dos cônjuges o tiver contraído de boa fé, só esse cônjuge pode arrogar-se os benefícios do estado matrimonial e opô-los a terceiros, desde que, relativamente a estes, se trate de mero reflexo das relações havidas entre os cônjuges.

3 – O casamento católico declarado nulo pelos tribunais e repartições eclesiásticas produz os seus efeitos, nos termos dos números anteriores, até ao averbamento da decisão, desde que esteja transcrito no registo civil.

ARTIGO 1648º – Boa fé

1 – Considera-se de boa fé o cônjuge que tiver contraído o casamento na ignorância desculpável do vício causador da nulidade ou anulabilidade, ou cuja declaração de vontade tenha sido extorquida por coacção física ou moral.

2 – É da exclusiva competência dos tribunais do Estado o conhecimento judicial da boa fé.

3 – A boa fé dos cônjuges presume-se.

CAPÍTULO VII – Sanções especiais

ARTIGO 1649º – Casamento de menores

1 – O menor que casar sem ter obtido a autorização dos pais ou do tutor, ou o respectivo suprimento judicial, continua a ser considerado menor quanto à administração de bens que leve para o casal ou que posteriormente lhe advenham por título gratuito até à maioridade, mas dos rendimentos desses bens ser-lhe-ão arbitrados os alimentos necessários ao seu estado.

2 – Os bens subtraídos à administração do menor são administrados pelos pais, tutor ou administrador legal, não podendo em caso algum ser entregues à administração do outro cônjuge durante a menoridade do seu consorte; além disso, não respondem, nem antes nem depois da dissolução do casamento, por dívidas contraídas por um ou ambos os cônjuges no mesmo período.

(Redação dada pelo Decreto-Lei nº 496/77, de 25-11)

ARTIGO 1650º – Casamento com impedimento impediente

1 – *(Revogado.)*

2 – A infração ao disposto nas alíneas c) e d) do artigo 1604º importa, respetivamente, para o tio ou tia, para o tutor, acompanhante ou administrador, ou seus parentes ou afins na linha reta, irmãos, cunhados ou sobrinhos, e para o adotante, seu cônjuge ou parentes na linha reta, a incapacidade para receberem do seu cônjuge qualquer benefício por doação ou testamento.

(Redação dada pela Lei nº 85/2019, de 03-09)

CAPÍTULO VIII – Registo do casamento

SECÇÃO I – Disposições gerais

ARTIGO 1651º – Casamentos sujeitos a registo

1 – É obrigatório o registo:

a) Dos casamentos celebrados em Portugal por qualquer das formas previstas na lei portuguesa;

b) Dos casamentos de português ou portugueses celebrados no estrangeiro;

c) Dos casamentos dos estrangeiros que, depois de o celebrarem, adquiram a nacionalidade portuguesa.

2 – São admitidos a registo, a requerimento de quem mostre legítimo interesse no assento, quaisquer outros casamentos que não contrariem os princípior fundamentais da ordem pública internacional do Estado português.

ARTIGO 1652º – Forma do registo

O registo do casamento consiste no assento,que é lavrado por inscrição ou transcrição, na conformidade das leis do registo.

ARTIGO 1653º – Prova do casamento para efeitos do registo

1 – No processo destinado a suprir a omissão ou perda de registo de casamento presume-se a existência deste, sempre que as pessoas vivam ou tenham vivido na posse do estado de casado.

2 – Existe posse de estado quando se verifiquem, cumulativamente, as seguintes condições:

a) Viverem as pessoas como casadas;

b) Serem reputadas como tais nas relações sociais, especialmente nas respectivas famílias.

(Cfr. Declaração de Rectificação nº 20-AS/2001, de 30-11)

SECÇÃO II – Registo por transcrição

SUBSECÇÃO I – Disposição geral

ARTIGO 1654º – Casos de transcrição

(Revogado pelo Decreto-Lei nº 324/2007, de 28-09)

SUBSECÇÃO II – Transcrição dos casamentos católicos celebrados em Portugal

ARTIGO 1655º – Remessa do duplicado ou certidão do assento
(Revogado pelo Decreto-Lei nº 324/2007, de 28-09)

ARTIGO 1656º – Dispensa de remessa de duplicado
(Revogado pelo Decreto-Lei nº 324/2007, de 28-09)

ARTIGO 1657º – Recusa da transcrição
(Revogado pelo Decreto-Lei nº 324/2007, de 28-09)

ARTIGO 1658º – Transcrição na falta de processo preliminar
(Revogado pelo Decreto-Lei nº 324/2007, de 28-09)

ARTIGO 1659º – Realização da transcrição
(Revogado pelo Decreto-Lei nº 324/2007, de 28-09)

ARTIGO 1660º – Efectivação da transcrição, depois de recusada
(Revogado pelo Decreto-Lei nº 324/2007, de 28-09)

ARTIGO 1661º – Sanação e convalidação do casamento
(Revogado pelo Decreto-Lei nº 324/2007, de 28-09)

SUBSECÇÃO III – Transcrição dos casamentos civis urgentes

ARTIGO 1662º – Conteúdo do assento
(Revogado pelo Decreto-Lei nº 324/2007, de 28-09)

ARTIGO 1663º – Transcrição
(Revogado pelo Decreto-Lei nº 324/2007, de 28-09)

SUBSECÇÃO IV – Transcrição dos casamentos de portugueses no estrangeiro

ARTIGO 1664º – Registo consular
(Revogado pelo Decreto-Lei nº 324/2007, de 28-09)

ARTIGO 1665º – Forma do registo
(Revogado pelo Decreto-Lei nº 324/2007, de 28-09)

ARTIGO 1666º – Processo preliminar
(Revogado pelo Decreto-Lei nº 324/2007, de 28-09)

ARTIGO 1667º – Recusa da transcrição

(Revogado pelo Decreto-Lei nº 324/2007, de 28-09)

SUBSECÇÃO V – Transcrição dos casamentos admitidos a registo

ARTIGO 1668º – Processo de transcrição

(Revogado pelo Decreto-Lei nº 324/2007, de 28-09)

SECÇÃO III – Efeitos do registo

ARTIGO 1669º – Atendibilidade do casamento

O casamento cujo registo é obrigatório não pode ser invocado, seja pelos cônjuges ou seus herdeiros, seja por terceiro, enquanto não for lavrado o respectivo assento, sem prejuízo das excepções previstas neste código.

ARTIGO 1670º – Efeito retroactivo do registo

1 – Efectuado o registo, e ainda que venha a perder-se, os efeitos civis do casamento retrotraem-se à data da sua celebração.

2 – Ficam, porém, ressalvados os direitos de terceiro que sejam compatíveis com os direitos e deveres de natureza pessoal dos cônjuges e dos filhos, a não ser que, tratando-se de registo por transcrição, esta tenha sido feita dentro dos sete dias subsequentes à celebração.

(Redação dada pela Lei nº 16/2001, de 22-06)

CAPÍTULO IX – Efeitos do casamento quanto às pessoas e aos bens dos cônjuges

SECÇÃO I – Disposições gerais

ARTIGO 1671º – Igualdade dos cônjuges

1 – O casamento baseia-se na igualdade de direitos e deveres dos cônjuges.

2 – A direcção da família pertence a ambos os cônjuges, que devem acordar sobre a orientação da vida em comum tendo em conta o bem da família e os interesses de um e outro.

(Redação dada pelo Decreto-Lei nº 496/77, de 25-11)

ARTIGO 1672º – Deveres dos cônjuges

Os cônjuges estão reciprocamente vinculados pelos deveres de respeito, fidelidade, coabitação, cooperação e assistência.

(Redação dada pelo Decreto-Lei nº 496/77, de 25-11)

ARTIGO 1673º – Residência da família

1 – Os cônjuges devem escolher de comum acordo a residência da família, atendendo, nomeadamente, às exigências da sua vida profissional e aos interesses dos filhos e procurando salvaguardar a unidade da vida familiar.

2 – Salvo motivos ponderosos em contrário, os cônjuges devem adoptar a residência da família.

3 – Na falta de acordo sobre a fixação ou alteração da residência da família, decidirá o tribunal a requerimento de qualquer dos cônjuges.

(Redação dada pelo Decreto-Lei nº 496/77, de 25-11)

ARTIGO 1674º – Dever de cooperação

O dever de cooperação importa para os cônjuges a obrigação de socorro e auxílio mútuos e a de assumirem em conjunto as responsabilidades inerentes à vida da família que fundaram.

(Redação dada pelo Decreto-Lei nº 496/77, de 25-11)

ARTIGO 1675º – Dever de assistência

1 – O dever de assistência compreende a obrigação de prestar alimentos e a de contribuir para os encargos da vida familiar.

2 – O dever de assistência mantém-se durante a separação de facto se esta não for imputável a qualquer dos cônjuges.

3 – Se a separação de facto for imputável a um dos cônjuges, ou a ambos, o dever de assistência só incumbe, em principio, ao único ou principal culpado; o tribunal pode, todavia, exepcionalmente e por motivos de equidade, impor esse dever ao cônjuge inocente ou menos culpado, considerando, em particular, a duração do casamento e a colaboração que o outro cônjuge tenha prestado à economia do casal.

(Redação dada pelo Decreto-Lei nº 496/77, de 25-11)

ARTIGO 1676º – Dever de contribuir para os encargos da vida familiar

1 – O dever de contribuir para os encargos da vida familiar incumbe a ambos os cônjuges, de harmonia com as possibilidades de cada um, e pode ser cumprido, por qualquer deles, pela afectação dos seus recursos àqueles encargos e pelo trabalho despendido no lar ou na manutenção e educação dos filhos.

2 – Se a contribuição de um dos cônjuges para os encargos da vida familiar for consideravelmente superior ao previsto no número anterior, porque renunciou de forma excessiva à satisfação dos seus interesses em favor da vida em comum, designadamente à sua vida profissional, com prejuízos patrimoniais importantes, esse cônjuge tem direito de exigir do outro a correspondente compensação.

3 – O crédito referido no número anterior só é exigível no momento da partilha dos bens do casal, a não ser que vigore o regime da separação.

4 – Não sendo prestada a contribuição devida, qualquer dos cônjuges pode exigir que lhe seja directamente entregue a parte dos rendimentos ou proventos do outro que o tribunal fixar.

(Redação dada pela Lei nº 61/2008, de 31-10)

ARTIGO 1677º – Direito ao nome

1 – Cada um dos cônjuges conserva os seus próprios apelidos, mas pode acrescentar--lhes apelidos do outro até ao máximo de dois.

2 – A faculdade conferida na segunda parte do número anterior não pode ser exercida por aquele que conserve apelidos do cônjuge de anterior casamento.

(Redação dada pelo Decreto-Lei nº 496/77, de 25-11)

ARTIGO 1677º-A – Viuvez e segundas núpcias

O cônjuge que tenha acrescentado ao seu nome apelidos do outro conserva-os em caso de viuvez e, se o declarar até à celebração do novo casamento, mesmo depois das segundas núpcias.

(Aditado pelo Decreto-Lei nº 496/77, de 25-11)

ARTIGO 1677º-B – Divórcio e separação judicial de pessoas e bens

1 – Decretada a separação judicial de pessoas e bens, cada um dos cônjuges conserva os apelidos do outro que tenha adoptado; no caso de divórcio, pode conservá-los se o ex-cônjuge der o seu consentimento ou o tribunal o autorizar, tendo em atenção os motivos invocados.

2 – O consentimento do ex-cônjuge pode ser prestado por documento autêntico ou autenticado, termo lavrado em juízo ou declaração perante o funcionário do registo civil.

3 – O pedido de autorização judicial do uso dos apelidos do ex-cônjuge pode ser deduzido no processo de divórcio ou em processo próprio, mesmo depois de o divórcio ter sido decretado.

(Aditado pelo Decreto-Lei nº 496/77, de 25-11)

ARTIGO 1677º-C – Privação judicial do uso do nome

1 – Falecido um dos cônjuges ou decretada a separação judicial de pessoas e bens ou o divórcio, o cônjuge que conserve apelidos do outro pode ser privado pelo tribunal do direito de os usar quando esse uso lese gravemente os interesses morais do outro cônjuge ou da sua família.

2 – Têm legitimidade para o pedido de privação do uso do nome, no caso de separação judicial de pessoas e bens ou divórcio, o outro cônjuge ou ex-cônjuge, e, no caso de viuvez, os descendentes, ascendentes e irmãos do cônjuge falecido.

(Aditado pelo Decreto-Lei º 496/77, de 25-11)

ARTIGO 1677º-D – Exercício de profissão ou outra actividade

Cada um dos cônjuges pode exercer qualquer profissão ou actividade sem o consentimento do outro.

(Aditado pelo Decreto-Lei nº 496/77, de 25-11)

ARTIGO 1678º – Administração dos bens do casal

1 – Cada um dos cônjuges tem a administração dos seus bens próprios.

2 – Cada um dos cônjuges tem ainda a administração:

a) Dos proventos que receba pelo seu trabalho;

b) Dos seus direitos de autor;

c) Dos bens comuns por ele levados para o casamento ou adquiridos a título gratuito depois do casamento, bem como dos sub-rogados em lugar deles;

d) Dos bens que tenham sido doados ou deixados a ambos os cônjuges com exclusão da administração do outro cônjuge, salvo se se tratar de bens doados ou deixados por conta da legítima desse outro cônjuge;

e) Dos bens móveis, próprios do outro cônjuge ou comuns, por ele exclusivamente utilizados como instrumento de trabalho;

f) Dos bens próprios do outro cônjuge, se este se encontrar impossibilitado de exercer a administração por se achar em lugar remoto ou não sabido ou por qualquer outro motivo, e desde que não tenha sido conferida procuração bastante para administração desses bens;

g) Dos bens próprios do outro cônjuge se este lhe conferir por mandato esse poder.

3 – Fora dos casos previstos no número anterior, cada um dos cônjuges tem legitimidade para a prática de actos de administração ordinária relativamente aos bens comuns do casal; os restantes actos de administração só podem ser praticados com o consentimento de ambos os cônjuges.

(Redação dada pelo Decreto-Lei nº 496/77, de 25-11)

ARTIGO 1679º – Providências administrativas

O cônjuge que não tem a administração dos bens não está inibido de tomar providências a ela respeitantes, se o outro se encontrar, por qualquer causa, impossibilitado de o fazer, e do retardamento das providências puderem resultar prejuízos.

ARTIGO 1680º – Depósitos bancários

Qualquer que seja o regime de bens, pode cada um dos cônjuges fazer depósitos bancários em seu nome exclusivo e movimentá-los livremente.

(Redação dada pelo Decreto-Lei nº 496/77, de 25-11)

ARTIGO 1681º – Exercício da administração

1 – O cônjuge que administrar bens comuns ou próprios do outro cônjuge, ao abrigo do disposto nas alíneas *a*) a *f*) do nº 2 do artigo 1678º, não é obrigado a prestar contas da sua administração, mas responde pelos actos intencionalmente praticados em prejuízo do casal ou do outro cônjuge.

2 – Quando a administração, por um dos cônjuges, dos bens comuns ou próprios do outro se fundar em mandato, são aplicáveis as regras deste contrato, mas, salvo se outra coisa tiver sido estipulada, o cônjuge administrador só tem de prestar contas e entregar o respectivo saldo, se o houver, relativamente a actos praticados durante os últimos cinco anos.

3 – Se um dos cônjuges entrar na administração dos bens próprios do outro ou de bens comuns cuja administração lhe não caiba, sem mandato escrito mas com conhecimento e sem oposição expressa do outro cônjuge, é aplicável o disposto

no número anterior; havendo oposição, o cônjuge administrador responde como possuidor de má fé.

(Redação dada pelo Decreto-Lei nº 496/77, de 25-11)

ARTIGO 1682º - Alienação ou oneração de móveis

1 - A alienação ou oneração de móveis comuns cuja administração caiba aos dois cônjuges carece do consentimento de ambos, salvo se se tratar de acto de administração ordinária.

2 - Cada um dos cônjuges tem legitimidade para alienar ou onerar, por acto entre vivos, os móveis próprios ou comuns de que tenha a administração, nos termos do nº 1 do artigo 1678º e das alíneas *a*) a *f*) do nº 2 do mesmo artigo, ressalvado o disposto nos números seguintes.

3 - Carece do consentimento de ambos os cônjuges a alienação ou oneração:

a) De móveis utilizados conjuntamente por ambos os cônjuges na vida do lar ou como instrumento comum de trabalho;

b) De móveis pertencentes exclusivamente ao cônjuge que os não administra, salvo tratando-se de acto de administração ordinária.

4 - Quando um dos cônjuges, sem consentimento do outro, alienar ou onerar, por negócio gratuito, móveis comuns de que tem a administração, será o valor dos bens alienados ou a diminuição de valor dos onerados levado em conta na sua meação, salvo tratando-se de doação remuneratória ou de donativo conforme aos usos sociais.

(Redação dada pelo Decreto-Lei nº 496/77, de 25-11)

ARTIGO 1682º-A - Alienação ou oneração de imóveis e de estabelecimento comercial

1 - Carece do consentimento de ambos os cônjuges, salvo se entre eles vigorar o regime de separação de bens:

a) A alienação, oneração, arrendamento ou constituição de outros direitos pessoais de gozo sobre imóveis próprios ou comuns;

b) A alienação, oneração ou locação de estabelecimento comercial, próprio ou comum.

2 - A alienação, oneração, arrendamento ou constituição de outros direitos pessoais de gozo sobre a casa de morada da família carece sempre do consentimento de ambos os cônjuges.

(Aditado pelo Decreto-Lei nº 496/77, de 25-11)

ARTIGO 1682º-B - Disposição do direito ao arrendamento

Relativamente à casa de morada de família, carecem do consentimento de ambos os cônjuges:

a) A resolução, a oposição à renovação ou a denúncia do contrato de arrendamento pelo arrendatário;

b) A revogação do arrendamento por mútuo consentimento;

c) A cessão da posição de arrendatário;

d) O subarrendamento ou empréstimo total ou parcial.

(Redação dada pela Lei nº 6/2006, de 27-02)

ARTIGO 1683º – Aceitação de doações e sucessões. Repúdio da herança ou do legado

1 – Os cônjuges não necessitam do consentimento um do outro para aceitar doações, heranças ou legados.

2 – O repúdio da herança ou legado só pode ser feito com o consentimento de ambos os cônjuges, a menos que vigore o regime de separação de bens.

ARTIGO 1684º – Forma do consentimento conjugal e seu suprimento

1 – O consentimento conjugal, nos casos em que é legalmente exigido, deve ser especial para cada um dos actos.

2 – A forma do consentimento é a exigida para a procuração.

3 – O consentimento pode ser judicialmente suprido, havendo injusta recusa, ou impossibilidade, por qualquer causa, de o prestar.

(Redação dada pelo Decreto-Lei nº 496/77, de 25-11)

ARTIGO 1685º – Disposições para depois da morte

1 – Cada um dos cônjuges tem a faculdade de dispor, para depois da morte, dos bens próprios e da sua meação nos bens comuns, sem prejuízo das restrições impostas por lei em favor dos herdeiros legitimários.

2 – A disposição que tenha por objecto coisa certa e determinada do património comum apenas dá ao contemplado o direito de exigir o respectivo valor em dinheiro.

3 – Pode, porém, ser exigida a coisa em espécie:

a) Se esta, por qualquer título, se tiver tornado propriedade exclusiva do disponente à data da sua morte;

b) Se a disposição tiver sido previamente autorizada pelo outro cônjuge por forma autêntica ou no próprio testamento;

c) Se a disposição tiver sido feita por um dos cônjuges em benefício do outro.

ARTIGO 1686º

(Revogado pelo Decreto-Lei nº 496/77, de 25-11)

ARTIGO 1687º – Sanções

1 – Os actos praticados contra o disposto nos nºs 1 e 3 do artigo 1682º, nos artigos 1682º-A e 1682º-B e no nº 2 do artigo 1683º são anuláveis a requerimento do cônjuge que não deu o consentimento ou dos seus herdeiros, ressalvado o disposto nos nºs 3 e 4 deste artigo.

2 – O direito de anulação pode ser exercido nos seis meses subsequentes à data em que o requerente teve conhecimento do acto, mas nunca depois de decorridos três anos sobre a sua celebração.

3 – Em caso de alienação ou oneração de móvel não sujeito a registo feita apenas por um dos cônjuges, quando é exigido o consentimento de ambos, a anulabilidade não poderá ser oposta ao adquirente de boa fé.

4 – À alienação ou oneração de bens próprios do outro cônjuge, feita sem legitimidade, são aplicáveis as regras relativas à alienação de coisa alheia.

(Redação dada pelo Decreto-Lei nº 496/77, de 25-11)

ARTIGO 1688º – Cessação de relações pessoais e patrimoniais entre os cônjuges

As relações pessoais e patrimoniais entre os cônjuges cessam pela dissolução, declaração de nulidade ou anulação do casamento, sem prejuízo das disposições deste Código relativas a alimentos; havendo separação judicial de pessoas e bens, é aplicável o disposto no artigo 1795º-A.

(Redação dada pelo Decreto-Lei nº 496/77, de 25-11)

ARTIGO 1689º – Partilha do casal. Pagamento de dívidas

1 – Cessando as relações patrimoniais entre os cônjuges, estes ou os seus herdeiros recebem os seus bens próprios e a sua meação no património comum, conferindo cada um deles o que dever a este património.

2 – Havendo passivo a liquidar, são pagas em primeiro lugar as dívidas comunicáveis até ao valor do património comum, e só depois as restantes.

3 – Os créditos de cada um dos cônjuges sobre o outro são pagos pela meação do cônjuge devedor no património comum; mas, não existindo bens comuns, ou sendo estes insuficientes, respondem os bens próprios do cônjuge devedor.

SECÇÃO II – Dívidas dos cônjuges

ARTIGO 1690º – Legitimidade para contrair dívidas

1 – Qualquer dos cônjuges tem legitimidade para contraír dívidas sem o consentimento do outro.

2 – Para a determinação da responsabilidade dos cônjuges, as dívidas por eles contraídas têm a data do facto que lhes deu origem.

(Redação dada pela Lei nº 9/2010, de 31-05)

ARTIGO 1691º – Dívidas que responsabilizam ambos os cônjuges

1 – São da responsabilidade de ambos os cônjuges:

a) As dívidas contraídas, antes ou depois da celebração do casamento, pelos dois cônjuges, ou por um deles com o consentimento do outro;

b) As dívidas contraídas por qualquer dos cônjuges, antes ou depois da celebração do casamento, para ocorrer aos encargos normais da vida familiar;

c) As dívidas contraídas na constância do matrimónio pelo cônjuge administrador, em proveito comum do casal e nos limites dos seus poderes de administração;

d) As dívidas contraídas por qualquer dos cônjuges no exercício do comércio, salvo se se provar que não foram contraídas em proveito comum do casal, ou se vigorar entre os cônjuges o regime de separação de bens;

e) As dívidas consideradas comunicáveis nos termos do nº 2 do artigo 1693º

2 – No regime da comunhão geral de bens, são ainda comunicáveis as dívidas contraídas antes do casamento por qualquer dos cônjuges, em proveito comum do casal.

3 – O proveito comum do casal não se presume, excepto nos casos em que a lei o declarar.

(Redação dada pelo Decreto-Lei nº 496/77, de 25-11)

ARTIGO 1692º – Dívidas da responsabilidade de um dos cônjuges

São de exclusiva responsabilidade do cônjuge a que respeitam:

a) As dívidas contraídas, antes ou depois da celebração do casamento, por cada um dos cônjuges sem o consentimento do outro, fora dos casos indicados nas alíneas *b*) e *c*) do nº 1 do artigo anterior;

b) As dívidas provenientes de crimes e as indemnizações, restituições, custas judiciais ou multas devidas por factos imputáveis a cada um dos cônjuges, salvo se esses factos, implicando responsabilidade meramente civil, estiverem abrangidos pelo disposto nos nºs 1 ou 2 do artigo anterior:

c) As dívidas cuja incomunicabilidade resulta do disposto no nº 2 do artigo 1694º *(Redação dada pelo Decreto-Lei nº 496/77, de 25-11)*

ARTIGO 1693º – Dívidas que oneram doações, heranças ou legados

1 – As dívidas que onerem doações, heranças ou legados são da exclusiva responsabilidade do cônjuge aceitante, ainda que a aceitação tenha sido efectuada com o consentimento do outro.

2 – Porém, se por força do regime de bens adoptado, os bens doados, herdados ou legados ingressarem no património comum, a responsabilidade pelas dívidas é comum, sem prejuízo do direito que tem o cônjuge do aceitante de impugnar o seu cumprimento com o fundamento de que o valor dos bens não é suficiente para a satisfação dos encargos.

ARTIGO 1694º – Dívidas que oneram bens certos e determinados

1 – As dívidas que onerem bens comuns são sempre da responsabilidade comum dos cônjuges, quer se tenham vencido antes, quer depois da comunicação dos bens.

2 – As dívidas que onerem bens próprios de um dos cônjuges são da sua exclusiva responsabilidade, salvo se tiverem como causa a percepção dos respectivos rendimentos e estes, por força do regime aplicável, forem considerados comuns.

ARTIGO 1695º – Bens que respondem pelas dívidas da responsabilidade de ambos os cônjuges

1 – Pelas dívidas que são da responsabilidade de ambos os cônjuges respondem os bens comuns do casal, e, na falta ou insuficiência deles, solidariamente, os bens próprios de qualquer dos cônjuges.

2 – No regime da separação de bens, a responsabilidade dos cônjuges não é solidária.

ARTIGO 1696º – Bens que respondem pelas dívidas da exclusiva responsabilidade de um dos cônjuges

1 – Pelas dívidas da exclusiva responsabilidade de um dos cônjuges respondem os bens próprios do cônjuge devedor e, subsidiariamente, a sua meação nos bens comuns.

2 – Respondem, todavia, ao mesmo tempo que os bens próprios do cônjuge devedor:

a) Os bens por ele levados para o casal ou posteriormente adquiridos a título gratuito, bem como os respectivos rendimentos;

b) O produto do trabalho e os direitos de autor do cônjuge devedor;

c) Os bens sub-rogados no lugar dos referidos na alínea *a*).

(Redação dada pelo Decreto-Lei nº 329-A/95, de 12-12)

ARTIGO 1697º – Compensações devidas pelo pagamento de dívidas do casal

1 – Quando por dívidas da responsabilidade de ambos os cônjuges tenham respondido bens de um só deles, este torna-se credor do outro pelo que haja satisfeito além do que lhe competia satisfazer; mas este crédito só é exigível no momento da partilha dos bens do casal, a não ser que vigore o regime da separação.

2 – Sempre que por dívidas da exclusiva responsabilidade de um só dos cônjuges tenham respondido bens comuns, é a respectiva importância levada a crédito do património comum no momento da partilha.

SECÇÃO III – Convenções antenupciais

ARTIGO 1698º – Liberdade de convenção

Os esposos podem fixar livremente, em convenção antenupcial, o regime de bens do casamento, quer escolhendo um dos regimes previstos neste código, quer estipulando o que a esse respeito lhes aprouver, dentro dos limites da lei.

ARTIGO 1699º – Restrições ao princípio da liberdade

1 – Não podem ser objecto de convenção antenupcial:

a) A regulamentação da sucessão hereditária dos cônjuges ou de terceiro, salvo o disposto nos artigos seguintes;

b) A alteração dos direitos ou deveres, quer paternais, quer conjugais;

c) A alteração das regras sobre administração dos bens do casal;

d) A estipulação da comunicabilidade dos bens enumerados no artigo 1733º

2 – Se o casamento for celebrado por quem tenha filhos, ainda que maiores ou emancipados, não poderá ser convencionado o regime da comunhão geral nem estipulada a comunicabilidade dos bens referidos no nº 1 do artigo 1722º

(Redação dada pelo Decreto-Lei nº 496/77, de 25-11)

ARTIGO 1700º – Disposições por morte consideradas lícitas

1 – A convenção antenupcial pode conter:

a) A instituição de herdeiro ou a nomeação de legatário em favor de qualquer dos esposados, feita pelo outro esposado ou por terceiro nos termos prescritos nos lugares respectivos;

b) A instituição de herdeiro ou a nomeação de legatário em favor de terceiro, feita por qualquer dos esposados;

c) A renúncia recíproca à condição de herdeiro legitimário do outro cônjuge.

2 – São também admitidas na convenção antenupcial cláusulas de reversão ou fideicomissárias relativas às liberalidades aí efectuadas, sem prejuízo das limitações a que genericamente estão sujeitas essas cláusulas.

3 – A estipulação referida na alínea *c)* do nº 1 apenas é admitida caso o regime de bens, convencional ou imperativo, seja o da separação.

(Redação dada pela Lei nº 48/2018, de 14-08)

ARTIGO 1701º – Irrevogabilidade dos pactos sucessórios

1 – A instituição contratual de herdeiro e a nomeação de legatário, feitas na convenção antenupcial em favor de qualquer dos esposados, quer pelo outro esposado, quer por terceiro, não podem ser unilateralmente revogadas depois da aceitação, nem é lícito ao doador prejudicar o donatário por actos gratuitos de disposição; mas podem essas liberalidades, quando feitas por terceiro, ser revogadas a todo o tempo por mútuo acordo dos contraentes.

2 – Precedendo, em qualquer dos casos, autorização do donatário, prestada por escrito, ou o respectivo suprimento judicial, pode o doador alienar os bens doados com fundamento em grave necessidade, própria ou dos membros da família a seu cargo.

3 – Sempre que a doação seja afectada nos termos do número anterior, o donatário concorrerá à sucessão do doador como legatário do valor que os bens doados teriam ao tempo da morte deste, devendo ser pago com preferência a todos os demais legatários do doador.

ARTIGO 1702º – Regime da instituição contratual

1 – Quando a instituição contratual em favor de qualquer dos esposados tiver por objecto uma quota de herança, o cálculo dessa quota será feito conferindo-se os bens de que o doador haja disposto gratuitamente depois da doação.

2 – Se a instituição tiver por objecto a totalidade da herança, pode o doador dispor gratuitamente, em vida ou por morte, de uma terça parte dela, calculada nos termos do número anterior.

3 – É lícito ao doador, no acto da doação, renunciar no todo ou em parte ao direito de dispor da terça parte da herança.

ARTIGO 1703º – Caducidade dos pactos sucessórios

1 – A instituição e o legado contratuais em favor de qualquer dos esposados caducam não só nos casos previstos no artigo 1760º, mas ainda no caso de o donatário falecer antes do doador.

2 – Se, porém, a doação por morte for feita por terceiro, não caduca pelo predecesso do donatário, quando ao doador sobrevivam descendentes legítimos daquele, nascidos do casamento, os quais serão chamados a suceder nos bens doados, em lugar do donatário.

ARTIGO 1704º – Disposições de esposados a favor de terceiros, com carácter testamentário

A instituição de herdeiro e a nomeação de legatário feitas por algum dos esposados na convenção antenupcial em favor de pessoas indeterminadas, ou em favor de pessoa certa e determinada que não intervenha no acto como aceitante, têm valor meramente testamentário, e não produzem qualquer efeito se a convenção caducar.

ARTIGO 1705º – Disposições por morte a favor de terceiro, com carácter contratual

1 – À instituição de herdeiro e à nomeação de legatário feitas por qualquer dos esposados em favor de pessoa certa e determinada que intervenha como aceitante na convenção antenupcial é aplicável o disposto nos artigos 1701º e 1702º, sem prejuízo da sua ineficácia se a convenção caducar.

2 – Pode, todavia, a instituição ou nomeação ser livremente revogada, se o disponente a tiver feito com reserva dessa faculdade.

3 – A irrevogabilidade da disposição não a isenta do regime geral de revogação das doações por ingratidão do donatário nem da redução por inoficiosidade.

4 – As liberalidades a que este artigo se refere caducam, se o donatário falecer antes do doador.

ARTIGO 1706º – Correspectividade das disposições por morte a favor de terceiros

1 – Se ambos os esposados instituírem terceiros seus herdeiros, ou fizerem legados em seu benefício, e ficar consignado na convenção antenupcial o carácter correspectivo das duas disposições, a invalidade ou revogação de uma das disposições produz a ineficácia da outra.

2 – Desde que uma das disposições comece a produzir os seus efeitos, a outra já não pode ser revogada ou alterada, excepto se o beneficiário da primeira renúnciar a ela, restituindo quanto por força dela haja recebido.

ARTIGO 1707º – Revogabilidade das cláusulas de reversão ou fideicomissárias

As cláusulas de reversão ou fideicomissárias previstas no nº 2 do artigo 1700º são revogáveis livremente e a todo tempo pelo autor da liberalidade.

ARTIGO 1707º-A – Regime da renúncia à condição de herdeiro

1 – A renúncia pode ser condicionada à sobrevivência ou não de sucessíveis de qualquer classe, bem como de outras pessoas, nos termos do artigo 1713º, não sendo necessário que a condição seja recíproca.

2 – A renúncia apenas afeta a posição sucessória do cônjuge, não prejudicando designadamente o direito a alimentos do cônjuge sobrevivo, previsto no artigo 2018º, nem as prestações sociais por morte.

3 – Sendo a casa de morada de família propriedade do falecido, o cônjuge sobrevivo pode nela permanecer, pelo prazo de cinco anos, como titular de um direito real de habitação e de um direito de uso do recheio.

4 – Excecionalmente, e por motivos de equidade, o tribunal pode prorrogar o prazo previsto no número anterior considerando, designadamente, a especial carência em que o membro sobrevivo se encontre, por qualquer causa.

5 – Os direitos previstos no nº 3 caducam se o interessado não habitar a casa por mais de um ano, salvo se a razão dessa ausência lhe não for imputável.

6 – Os direitos previstos no nº 3 não são conferidos ao cônjuge sobrevivo se este tiver casa própria no concelho da casa de morada da família, ou neste ou nos concelhos limítrofes se esta se situar nos concelhos de Lisboa ou do Porto.

7 – Esgotado o prazo em que beneficiou do direito de habitação, o cônjuge sobrevivo tem o direito de permanecer no imóvel na qualidade de arrendatário, nas condições gerais do mercado, e tem direito a permanecer no local até à celebração do respetivo contrato, salvo se os proprietários satisfizerem os requisitos legalmente estabelecidos para a denúncia do contrato de arrendamento para habitação, pelos senhorios, com as devidas adaptações.

8 – No caso previsto no número anterior, na falta de acordo sobre as condições do contrato, o tribunal pode fixá-las, ouvidos os interessados.

9 – O cônjuge sobrevivo tem direito de preferência em caso de alienação do imóvel, durante o tempo em que o habitar a qualquer título.

10 – Caso o cônjuge sobrevivo tenha completado 65 anos de idade à data da abertura da sucessão, o direito de habitação previsto no nº 3 é vitalício.

(Aditado pela Lei nº 48/2018, de 14-08)

ARTIGO 1708º – Capacidade para celebrar convenções antenupciais

1 – Têm capacidade para celebrar convenções antenupciais aqueles que têm capacidade para contrair casamento.

2 – Aos menores só é permitido celebrar convenções antenupciais com autorização dos respetivos representantes legais.

3 – Aos maiores acompanhados, quando devam ser representados para a realização de atos de disposição entre vivos ou quando os mesmos dependam de autorização, só é permitido celebrar convenções antenupciais com o acordo expresso do acompanhante.

(Redação dada pela Lei nº 49/2018, de 14-08)

ARTIGO 1709º – Anulabilidade por falta de autorização

A anulabilidade da convenção antenupcial por falta de autorização só pode ser invocada pelo incapaz, pelos seus herdeiros, ou por aqueles a quem competir concedê-la, dentro do prazo de um ano a contar da celebração do casamento, considerando-se a anulabilidade sanada se o casamento vier a ser celebrado depois de findar a incapacidade.

ARTIGO 1710º – Forma das convenções antenupciais

As convenções antenupciais são válidas se forem celebradas por declaração prestada perante funcionário do registo civil ou por escritura pública.

(Redação dada pelo Decreto-Lei nº 324/2007, de 28-09)

ARTIGO 1711º – Publicidade das convenções antenupciais

1 – As convenções antenupciais só produzem efeitos em relação a terceiros depois de registadas.

2 – Os herdeiros dos cônjuges e dos demais outorgantes da escritura não são considerados terceiros.

3 – O registo da convenção não dispensa o registo predial relativo aos factos a ele sujeitos.

ARTIGO 1712º – Revogação ou modificação da convenção antenupcial antes da celebração do casamento

1 – A convenção antenupcial é livremente revogável ou modificável até à celebração do casamento, desde que na revogação ou modificação consintam todas as pessoas que nela outorgaram ou os respectivos herdeiros.

2 – O novo acordo está sujeito aos requisitos de forma e publicidade estabelecidos nos artigos antecedentes.

3 – A falta de intervenção de alguma das pessoas que outorgaram na primeira convenção, ou dos respectivos herdeiros, apenas tem como efeito facultar àquelas ou a estes o direito de resolver as cláusulas que lhes digam respeito.

ARTIGO 1713º – Convenções sob condição ou a termo

1 – É válida a convenção sob condição ou a termo.

2 – Em relação a terceiros, o preenchimento da condição não tem efeito retroactivo.

ARTIGO 1714º – Imutabilidade das convenções antenupciais e do regime de bens resultantes da lei

1 – Fora dos casos previstos na lei, não é permitido alterar, depois da celebração do casamento, nem as convenções antenupciais nem os regimes de bens legalmente fixados.

2 – Consideram-se abrangidos pelas proibições do número anterior os contratos de compra e venda e sociedade entre os cônjuges, excepto quando estes se encontrem separados judicialmente de pessoas e bens.

3 – É lícita, contudo, a participação dos dois cônjuges na mesma sociedade de capitais, bem como a dação em cumprimento feita pelo cônjuge devedor ao seu consorte.

ARTIGO 1715º – Excepções ao princípio da imutabilidade

1 – São admitidas alterações ao regime de bens:

a) Pela revogação das disposições mencionadas no artigo 1700º, nos casos e sob a forma em que é permitida pelos artigos 1701º a 1707º;

b) Pela simples separação judicial de bens;

c) Pela separação judicial de pessoas e bens;

d) Em todos os demais casos, previstos na lei, de separação de bens na vigência da sociedade conjugal.

2 – Às alterações da convenção antenupcial ou do regime legal de bens previstas no número anterior é aplicável o disposto no artigo 1711º

(Redação dada pelo Decreto-Lei nº 496/77, de 25-11)

ARTIGO 1716º – Caducidade das convenções antenupciais

A convenção caduca, se o casamento não for celebrado dentro de um ano, ou se, tendo-o sido, vier a ser declarado nulo ou anulado, salvo o disposto em matéria de casamento putativo.

SECÇÃO IV – Regimes de bens

SUBSECÇÃO I – Disposições gerais

ARTIGO 1717º – Regime de bens supletivo

Na falta de convenção antenupcial, ou no caso de caducidade, invalidade ou ineficácia da convenção, o casamento considera-se celebrado sob o regime da comunhão de adquiridos.

ARTIGO 1718º – Remissão genérica para uma lei estrangeira ou revogada, ou para usos e costumes locais

O regime de bens do casamento não pode ser fixado, no todo ou em parte, por simples remissão genérica para uma lei estrangeira, para um preceito revogado, ou para usos e costumes locais.

ARTIGO 1719º – Partilha segundo regimes não convencionados

1 – É permitido aos esposados convencionar, para o caso de dissolução do casamento por morte de um dos cônjuges, quando haja descendentes comuns, que a partilha dos bens se faça segundo o regime da comunhão geral, seja qual for o regime adoptado.

2 – O disposto no número anterior não prejudica os direitos de terceiro na liquidação do passivo.

(Redação dada pelo Decreto-Lei nº 496/77, de 25-11)

ARTIGO 1720º – Regime imperativo da separação de bens

1 – Consideram-se sempre contraídos sob o regime da separação de bens:

a) O casamento celebrado sem precedência do processo preliminar de casamento;

b) O casamento celebrado por quem tenha completado sessenta anos de idade.

2 – O disposto no número anterior não obsta a que os nubentes façam entre si doações.

(Redação dada pelo Decreto-Lei nº 324/2007, de 28-09)

SUBSECÇÃO II – Regime da comunhão de adquiridos

ARTIGO 1721º – Normas aplicáveis

Se o regime de bens adoptado pelos esposados, ou aplicado supletivamente, for o da comunhão de adquiridos, observar-se-á o disposto nos artigos seguintes.

ARTIGO 1722º – Bens próprios

1 – São considerados próprios dos cônjuges:

a) Os bens que cada um deles tiver ao tempo da celebração do casamento;

b) Os bens que lhes advierem depois do casamento por sucessão ou doação;

c) Os bens adquiridos na constância do matrimónio por virtude de direito próprio anterior.

2 – Consideram-se, entre outros, adquiridos por virtude de direito próprio anterior, sem prejuízo da compensação eventualmente devida ao património comum:

a) Os bens adquiridos em consequência de direitos anteriores ao casamento sobre patrimónios ilíquidos partilhados depois dele;

b) Os bens adquiridos por usucapião fundada em posse que tenha o seu início antes do casamento;

c) Os bens comprados antes do casamento com reserva de propriedade;

d) Os bens adquiridos no exercício de direito de preferência fundado em situação já existente à data do casamento.

ARTIGO 1723º – Bens sub-rogados no lugar de bens próprios

Conservam a qualidade de bens próprios:

a) Os bens sub-rogados no lugar de bens próprios de um dos cônjuges por meio de troca directa;

b) O preço dos bens próprios alienados;

c) Os bens adquiridos ou as benfeitorias feitas com dinheiro ou valores próprios de um dos cônjuges, desde que a proveniência do dinheiro ou valores seja devidamente mencionada no documento de aquisição, ou em documento equivalente, com intervenção de ambos os cônjuges.

ARTIGO 1724º – Bens integrados na comunhão

Fazem parte da comunhão:

a) O produto do trabalho dos cônjuges;

b) Os bens adquiridos pelos cônjuges na constância do matrimónio, que não sejam exceptuados por lei.

ARTIGO 1725º – Presunção de comunicabilidade

Quando haja dúvidas sobre a comunicabilidade dos bens móveis, estes consideram-se comuns.

ARTIGO 1726º – Bens adquiridos em parte com dinheiro ou bens próprios e noutra parte com dinheiro ou bens comuns

1 – Os bens adquiridos em parte com dinheiro ou bens próprios de um dos cônjuges e noutra parte com dinheiro ou bens comuns revestem a natureza da mais valiosa das duas prestações.

2 – Fica, porém, sempre salva a compensação devida pelo património comum aos patrimónios próprios dos cônjuges, ou por estes àquele, no momento da dissolução e partilha da comunhão.

ARTIGO 1727º – Aquisição de bens indivisos já pertencentes em parte a um dos cônjuges

A parte adquirida em bens indivisos pelo cônjuge que deles for comproprietário fora da comunhão reverte igualmente para o seu património próprio, sem prejuízo da compensação devida ao património comum pelas somas prestadas para a respectiva aquisição.

ARTIGO 1728º – Bens adquiridos por virtude da titularidade de bens próprios

1 – Consideram-se próprios os bens adquiridos por virtude da titularidade de bens próprios, que não possam considerar-se como frutos destes, sem prejuízo da compensação eventualmente devida ao património comum.

2 – São designadamente considerados bens próprios, por força do disposto no número antecedente:

a) As acessões;

b) Os materiais resultantes da demolição ou destruição de bens;

c) A parte do tesouro adquirida pelo cônjuge na qualidade de proprietário;

d) Os prémios de amortização de títulos de crédito ou de outros valores mobiliários próprios de um dos cônjuges, bem como os títulos ou valores adquiridos por virtude de um direito de subscrição àqueles inerente.

ARTIGO 1729º – Bens doados ou deixados em favor da comunhão

1 – Os bens havidos por um dos cônjuges por meio de doação ou deixa testamentária de terceiro entram na comunhão, se o doador ou testador assim o tiver determinado; entende-se que essa é a vontade do doador ou testador, quando a liberalidade for feita em favor dos dois cônjuges conjuntamente.

2 – O disposto no número anterior não abrange as doações e deixas testamentárias que integrem a legítima do donatário.

ARTIGO 1730º – Participação dos cônjuges no património comum

1 – Os cônjuges participam por metade no activo e no passivo da comunhão, sendo nula qualquer estipulação em sentido diverso.

2 – A regra da metade não impede que cada um dos cônjuges faça em favor de terceiro doações ou deixas por conta da sua meação nos bens comuns, nos termos permitidos por lei.

ARTIGO 1731º – Instrumentos de trabalho

Se os instrumentos de trabalho de cada um dos cônjuges tiverem entrado no património comum por força do regime de bens, o cônjuge que deles necessite para o exercício da sua profissão tem direito a ser neles encabeçado no momento da partilha.

SUBSECÇÃO III – Regime da comunhão geral

ARTIGO 1732º – Estipulação do regime

Se o regime de bens adoptado pelos cônjuges for o da comunhão geral, o património comum é constituido por todos os bens presentes e futuros dos cônjuges, que não sejam exceptuados por lei.

Artigo 1733º – Bens incomunicáveis

1 – São exceptuados da comunhão:

a) Os bens doados ou deixados, ainda que por conta da legítima, com a cláusula de incomunicabilidade;

b) Os bens doados ou deixados com a cláusula de reversão ou fideicomissária, a não ser que a cláusula tenha caducado;

c) O usufruto, o uso ou habitação, e demais direitos estritamente pessoais;

d) As indemnizações devidas por factos verificados contra a pessoa de cada um dos cônjuges ou contra os seus bens próprios;

e) Os seguros vencidos em favor da pessoa de cada um dos cônjuges ou para cobertura de riscos sofridos por bens próprios;

f) Os vestidos, roupas e outros objectos de uso pessoal e exclusivo de cada um dos cônjuges, bem como os seus diplomas e a sua correspondência;

g) As recordações de família de diminuto valor económico;

h) Os animais de companhia que cada um dos cônjuges tiver ao tempo da celebração do casamento.

2 – A incomunicabilidade dos bens não abrange os respectivos frutos nem o valor das benfeitorias úteis.

(Redação dada pela Lei nº 8/2017, de 03-03)

ARTIGO 1734º – Disposições aplicáveis

São aplicáveis à comunhão geral de bens, com as necessárias adaptações, as disposições relativas à comunhão de adquiridos.

SUBSECÇÃO IV – Regime da separação

ARTIGO 1735º – Domínio da separação

Se o regime de bens imposto por lei ou adoptado pelos esposados for o da separação, cada um deles conserva o domínio e fruição de todos os seus bens presentes e futuros, podendo dispor deles livremente.

ARTIGO 1736º – Prova da propriedade dos bens

1 – É lícito aos esposados estipular, na convenção antenupcial, cláusulas de presunção sobre a propriedade dos móveis, com eficácia extensiva a terceiros, mas sem prejuízo de prova em contrário.

2 – Quando haja dúvidas sobre a propriedade exclusiva de um dos cônjuges, os bens móveis ter-se-ão como pertencentes em compropriedade a ambos os cônjuges.

ARTIGO 1737º

(Revogado pelo Decreto-Lei nº 496/77, de 25-11, por a sua matéria ter transitado para o nº 3 do artigo 1681º)

SUBSECÇÃO V – **Regime dotal**

ARTIGOS 1738º A 1752º

(Revogados pelo Decreto-Lei nº 496/77, de 25-11, por se ter entendido o regime dotal incompatível com o princípio da igualdade jurídica entre os cônjuges)

CAPÍTULO X – **Doações para casamento e entre casados**

SECÇÃO I – **Doações para casamento**

ARTIGO 1753º – Noção e normas aplicáveis

1 – Doação para casamento é a doação feita a um dos esposados, ou a ambos, em vista do seu casamento.

2 – Às doações para casamento são aplicáveis as disposições da presente secção e, subsidiariamente, as dos artigos 940º a 979º

ARTIGO 1754º – Espécies

As doações para casamento podem ser feitas por um dos esposados ao outro, pelos dois reciprocamente, ou por terceiro a um ou a ambos os esposados.

ARTIGO 1755º – Regime

1 – As doações entre vivos produzem os seus efeitos a partir da celebração do casamento, salvo estipulação em contrário.

2 – As doações que hajam de produzir os seus efeitos por morte do doador são havidas como pactos sucessórios e, como tais, estão sujeitas ao disposto nos artigos 1701º a 1703º, sem prejuízo do preceituado nos artigos seguintes.

ARTIGO 1756º – Forma

1 – As doações para casamento só podem ser feitas na convenção antenupcial.

2 – A inobservância do disposto no número anterior importa, quanto às doações por morte, a sua nulidade, sem prejuízo do disposto no nº 2 do artigo 946º, e, quanto às doações em vida, a inaplicabilidade do regime especial desta secção.

ARTIGO 1757º – Incomunicabilidade dos bens doados pelos esposados

Salvo estipulação em contrário, os bens doados por um esposado ao outro consideram-se próprios do donatário, seja qual for o regime matrimonial.

ARTIGO 1758º – Revogação

As doações entre esposados não são revogáveis por mútuo consentimento dos contraentes.

(Redação dada pelo Decreto-Lei nº 496/77, de 25-11)

ARTIGO 1759º – Redução por inoficiosidade

As doações para casamento estão sujeitas a redução por inoficiosidade, nos termos gerais.

ARTIGO 1760º – Caducidade

1 – As doações para casamento caducam:

a) Se o casamento não for celebrado dentro de um ano, ou se, tendo-o sido, vier a ser declarado nulo ou anulado, salvo o disposto em matéria de casamento putativo;

b) Se ocorrer divórcio ou separação judicial de pessoas e bens por culpa do donatário, se este for considerado único ou principal culpado.

2 – Se a doação tiver sido feita por terceiro a ambos os esposados ou os bens doados tiverem entrado na comunhão, e um dos cônjuges for declarado único ou principal culpado no divórcio ou separação, a caducidade atinge apenas a parte dele.

(Redação dada pelo Decreto-Lei nº 496/77, de 25-11)

SECÇÃO II – Doações entre casados

ARTIGO 1761º – Disposições aplicáveis

As doações entre casados regem-se pelas disposições desta secção e, subsidiariamente, pelas regras dos artigos 940º a 979º

ARTIGO 1762º – Regime imperativo da separação de bens

É nula a doação entre casados, se vigorar imperativamente entre os cônjuges o regime da separação de bens.

ARTIGO 1763º – Forma

1 – A doação de coisas móveis, ainda que acompanhada da tradição da coisa, deve constar de documento escrito.

2 – Os cônjuges não podem fazer doações recíprocas no mesmo acto.

3 – O disposto no número anterior não é aplicável às reservas de usufruto nem às rendas vitalícias a favor do sobrevivente, estipuladas, umas e outras, em doação dos cônjuges a terceiro.

ARTIGO 1764º – Objecto e incomunicabilidade dos bens doados

1 – Só podem ser doados bens próprios do doador.

2 – Os bens doados não se comunicam, seja qual for o regime matrimonial.

ARTIGO 1765º – Livre revogabilidade

1 – As doações entre casados podem a todo o tempo ser revogadas pelo doador, sem que lhe seja lícito renunciar a este direito.

2 – A faculdade de revogação não se transmite aos herdeiros do doador.

ARTIGO 1766º – Caducidade

1 – A doação entre casados caduca:

a) Falecendo o donatário antes do doador, salvo se este confirmar a doação nos três meses subsequentes à morte daquele;

b) Se o casamento vier a ser declarado nulo ou anulado, sem prejuízo do disposto em matéria de casamento putativo;

c) Ocorrendo divórcio ou separação judicial de pessoas e bens por culpa do donatário, se este for considerado único ou principal culpado.

2 – A confirmação a que se refere a alínea *a*) do número anterior deve revestir a forma exigida para a doação.

(Redação dada pelo Decreto-Lei nº 496/77, de 25-11)

CAPÍTULO XI – Simples separação judicial de bens

ARTIGO 1767º – Fundamento da separação

Qualquer dos cônjuges pode requerer a simples separação judicial de bens quando estiver em perigo de perder o que é seu pela má administração do outro cônjuge.

(Redação dada pelo Decreto-Lei nº 496/77, de 25-11)

ARTIGO 1768º – Carácter litigioso da separação

A separação só pode ser decretada em acção intentada por um dos cônjuges contra o outro.

(Redação dada pelo Decreto-Lei nº 496/77, de 25-11)

ARTIGO 1769º – Legitimidade

1 – Só tem legitimidade para a ação de separação o cônjuge lesado ou o seu acompanhante, quando dotado de poderes de representação e mediante autorização judicial.

2 – Se o acompanhante do cônjuge lesado for o outro cônjuge, a ação só pode ser intentada, em nome daquele, por algum parente na linha reta ou até ao terceiro grau da linha colateral ou pelo Ministério Público.

3 – *(Revogado.)*

(Redação dada pela Lei nº 49/2018, de 14-08)

ARTIGO 1770º – Efeitos

1 – Após o trânsito em julgado da sentença que decretar a separação judicial de bens, o regime matrimonial, sem prejuízo do disposto em matéria de registo, passa a ser o da separação, procedendo-se à partilha do património comum como se o casamento tivesse sido dissolvido.

2 – Havendo acordo dos interessados, a partilha prevista no número anterior pode logo ser feita nos cartórios notariais, e, em qualquer outro caso, por meio de inventário, nos termos previstos em lei especial.

(Redação dada pela Lei nº 23/2013, de 05-03)

ARTIGO 1771º – Irrevogabilidade

A simples separação judicial de bens é irrevogável.

ARTIGO 1772º – Separação de bens com outros fundamentos

O disposto nos dois artigos anteriores é aplicável a todos os casos previstos na lei, de separação de bens na vigência da sociedade conjugal.

CAPÍTULO XII – Divórcio e separação judicial de pessoas e bens

SECÇÃO I – Divórcio

SUBSECÇÃO I – Disposições gerais

ARTIGO 1773º – Modalidades

1 – O divórcio pode ser por mútuo consentimento ou sem consentimento de um dos cônjuges.

2 – O divórcio por mútuo consentimento pode ser requerido por ambos os cônjuges, de comum acordo, na conservatória do registo civil, ou no tribunal se, neste caso, o casal não tiver conseguido acordo sobre algum dos assuntos referidos no nº 1 do artigo 1775º

3 – O divórcio sem consentimento de um dos cônjuges é requerido no tribunal por um dos cônjuges contra o outro, com algum dos fundamentos previstos no artigo 1781º

(Redação dada pela Lei nº 61/2008, de 31-10)

ARTIGO 1774º – Mediação familiar

Antes do início do processo de divórcio, a conservatória do registo civil ou o tribunal devem informar os cônjuges sobre a existência e os objectivos dos serviços de mediação familiar.

(Redação dada pela Lei nº 61/2008, de 31-10)

SUBSECÇÃO II – Divórcio por mútuo consentimento

ARTIGO 1775º – Requerimento e instrução do processo na conservatória do registo civil

1 – O divórcio por mútuo consentimento pode ser instaurado a todo o tempo na conservatória do registo civil, mediante requerimento assinado pelos cônjuges ou seus procuradores, acompanhado pelos documentos seguintes:

a) Relação especificada dos bens comuns, com indicação dos respectivos valores, ou, caso os cônjuges optem por proceder à partilha daqueles bens nos termos dos artigos 272º-A a 272º-C do Decreto-Lei nº 324/2007, de 28 de Setembro, acordo sobre a partilha ou pedido de elaboração do mesmo;

b) Certidão da sentença judicial que tiver regulado o exercício das responsabilidades parentais ou acordo sobre o exercício das responsabilidades parentais quando existam filhos menores e não tenha previamente havido regulação judicial;

c) Acordo sobre a prestação de alimentos ao cônjuge que deles careça;

d) Acordo sobre o destino da casa de morada de família;

e) Certidão da escritura da convenção antenupcial, caso tenha sido celebrada;

f) Acordo sobre o destino dos animais de companhia, caso existam.

2 – Caso outra coisa não resulte dos documentos apresentados, entende-se que os acordos se destinam tanto ao período da pendência do processo como ao período posterior.

(Redação dada pela Lei nº 8/2017, de 03-03)

ARTIGO 1776º – Procedimento e decisão na conservatória do registo civil

1 – Recebido o requerimento, o conservador convoca os cônjuges para uma conferência em que verifica o preenchimento dos pressupostos legais e aprecia os acordos referidos nas alíneas *a*), *c*) e *d*) do nº 1 do artigo anterior, convidando os cônjuges a alterá-los se esses acordos não acautelarem os interesses de algum deles ou dos filhos, podendo determinar para esse efeito a prática de actos e a produção da prova eventualmente necessária, e decreta, em seguida, o divórcio, procedendo-se ao correspondente registo, salvo o disposto no artigo 1776º-A.

2 – É aplicável o disposto no artigo 1420º, no nº 2 do artigo 1422º e no artigo 1424º do Código de Processo Civil, com as necessárias adaptações.

3 – As decisões proferidas pelo conservador do registo civil no divórcio por mútuo consentimento produzem os mesmos efeitos das sentenças judiciais sobre idêntica matéria.

(Redação dada pela Lei nº 61/2008, de 31-10)

ARTIGO 1776º-A – Acordo sobre o exercício das responsabilidades parentais

1 – Quando for apresentado acordo sobre o exercício das responsabilidades parentais relativo a filhos menores, o processo é enviado ao Ministério Público junto do tribunal judicial de 1ª instância competente em razão da matéria no âmbito da circunscrição a que pertença a conservatória, para que este se pronuncie sobre o acordo no prazo de 30 dias.

2 – Caso o Ministério Público considere que o acordo não acautela devidamente os interesses dos menores, podem os requerentes alterar o acordo em conformidade ou apresentar novo acordo, sendo neste último caso dada nova vista ao Ministério Público.

3 – Se o Ministério Público considerar que o acordo acautela devidamente os interesses dos menores ou tendo os cônjuges alterado o acordo nos termos indicados pelo Ministério Público, segue-se o disposto na parte final do nº 1 do artigo anterior.

4 – Nas situações em que os requerentes não se conformem com as alterações indicadas pelo Ministério Público e mantenham o propósito de se divorciar, aplica-se o disposto no artigo 1778º

(Aditado pela Lei nº 61/2008, de 31-10)

ARTIGO 1777º - Segunda conferência

(Revogado pelo Decreto-Lei nº 272/2001, de 13-10)

ARTIGO 1778º - Remessa para o tribunal

Se os acordos apresentados não acautelarem suficientemente os interesses de um dos cônjuges, e ainda no caso previsto no nº 4 do artigo 1776º-A, a homologação deve ser recusada e o processo de divórcio integralmente remetido ao tribunal da comarca a que pertença a conservatória, seguindo-se os termos previstos no artigo 1778º-A, com as necessárias adaptações.

(Redação dada pela Lei nº 61/2008, de 31-10)

ARTIGO 1778º-A - Requerimento, instrução e decisão do processo no tribunal

1 - O requerimento de divórcio é apresentado no tribunal, se os cônjuges não o acompanharem de algum dos acordos previstos no nº 1 do artigo 1775º

2 - Recebido o requerimento, o juiz aprecia os acordos que os cônjuges tiverem apresentado, convidando-os a alterá-los se esses acordos não acautelarem os interesses de algum deles ou dos filhos.

3 - O juiz fixa as consequências do divórcio nas questões referidas no nº 1 do artigo 1775º sobre que os cônjuges não tenham apresentado acordo, como se se tratasse de um divórcio sem consentimento de um dos cônjuges.

4 - Tanto para a apreciação referida no nº 2 como para fixar as consequências do divórcio, o juiz pode determinar a prática de actos e a produção da prova eventualmente necessária.

5 - O divórcio é decretado em seguida, procedendo-se ao correspondente registo.

6 - Na determinação das consequências do divórcio, o juiz deve sempre não só promover mas também tomar em conta o acordo dos cônjuges.

(Redação dada pela Lei nº 61/2008, de 31-10)

SUBSECÇÃO III - Divórcio litigioso

ARTIGO 1779º - Tentativa de conciliação; conversão do divórcio sem consentimento de um dos cônjuges em divórcio por mútuo consentimento

1 - No processo de divórcio sem consentimento de um dos cônjuges haverá sempre uma tentativa de conciliação dos cônjuges.

2 - Se a tentativa de conciliação não resultar, o juiz procurará obter o acordo dos cônjuges para o divórcio por mútuo consentimento; obtido o acordo ou tendo os cônjuges, em qualquer altura do processo, optado por essa modalidade do divórcio, seguir-se-ão os termos do processo de divórcio por mútuo consentimento, com as necessárias adaptações.

(Redação dada pela Lei nº 61/2008, de 31-10)

ARTIGO 1780º - Exclusão do direito de requerer o divórcio

(Revogado pela Lei nº 61/2008, de 31-10)

ARTIGO 1781º – Ruptura do casamento

São fundamento do divórcio sem consentimento de um dos cônjuges:

a) A separação de facto por um ano consecutivo;

b) A alteração das faculdades mentais do outro cônjuge, quando dure há mais de um ano e, pela sua gravidade, comprometa a possibilidade de vida em comum;

c) A ausência, sem que do ausente haja notícias, por tempo não inferior a um ano;

d) Quaisquer outros factos que, independentemente da culpa dos cônjuges, mostrem a ruptura definitiva do casamento.

(Redação dada pela Lei nº 61/2008, de 31-10)

ARTIGO 1782º – Separação de facto

1 – Entende-se que há separação de facto, para os efeitos da alínea *a*) do artigo anterior, quando não existe comunhão de vida entre os cônjuges e há da parte de ambos, ou de um deles, o propósito de não a restabelecer.

2 – *(Revogado.)*

(Redação dada pela Lei nº 61/2008, de 31-10)

ARTIGO 1783º – Ausência

(Revogado pela Lei nº 61/2008, de 31-10)

ARTIGO 1784º – Alteração das faculdades mentais

(Revogado pela Lei nº 47/98, 10-08)

ARTIGO 1785º – Legitimidade

1 – O divórcio pode ser requerido por qualquer dos cônjuges com o fundamento das alíneas *a*) e *d*) do artigo 1781º; com os fundamentos das alíneas *b*) e *c*) do mesmo artigo, só pode ser requerido pelo cônjuge que invoca a alteração das faculdades mentais ou a ausência do outro.

2 – Quando o cônjuge que pode pedir o divórcio for maior acompanhado, a ação pode ser intentada por ele ou, quando tenha poderes de representação, pelo seu acompanhante, obtida autorização judicial; quando o acompanhante seja o outro cônjuge, a ação pode ser intentada em nome do titular do direito de agir por qualquer parente deste na linha reta ou até ao 3º grau da linha colateral ou pelo Ministério Público.

3 – O direito ao divórcio não se transmite por morte, mas a acção pode ser continuada pelos herdeiros do autor para efeitos patrimoniais, se o autor falecer na pendência da causa; para os mesmos efeitos, pode a acção prosseguir contra os herdeiros do réu.

(Redação dada pela Lei nº 49/2018, de 14-08)

ARTIGO 1786º – Caducidade da acção

(Revogado pela Lei nº 61/2008, de 31-10)

ARTIGO 1787º – Declaração do cônjuge culpado

(Revogado pela Lei nº 61/2008, de 31-10)

SUBSECÇÃO IV – Efeitos do divórcio

ARTIGO 1788º – Princípio geral

O divórcio dissolve o casamento e tem juridicamente os mesmos efeitos da dissolução por morte, salvas as exepções consagradas na lei.

(Redação dada pelo Decreto-Lei nº 496/77, de 25-11)

ARTIGO 1789º – Data em que se produzem os efeitos do divórcio

1 – Os efeitos do divórcio produzem-se a partir do trânsito em julgado da respectiva sentença, mas retrotraem-se à data da proposição da acção quanto às relações patrimoniais entre os cônjuges.

2 – Se a separação de facto entre os cônjuges estiver provada no processo, qualquer deles pode requerer que os efeitos do divórcio retroajam à data, que a sentença fixará, em que a separação tenha começado.

3 – Os efeitos patrimoniais do divórcio só podem ser opostos a terceiros a partir da data do registo da sentença.

(Redação dada pela Lei nº 61/2008, de 31-10)

ARTIGO 1790º – Partilha

Em caso de divórcio, nenhum dos cônjuges pode na partilha receber mais do que receberia se o casamento tivesse sido celebrado segundo o regime da comunhão de adquiridos.

(Redação dada pela Lei nº 61/2008, de 31-10)

ARTIGO 1791º – Benefícios que os cônjuges tenham recebido ou hajam de receber

1 – Cada cônjuge perde todos os benefícios recebidos ou que haja de receber do outro cônjuge ou de terceiro, em vista do casamento ou em consideração do estado de casado, quer a estipulação seja anterior quer posterior à celebração do casamento.

2 – O autor da liberalidade pode determinar que o benefício reverta para os filhos do casamento.

(Redação dada pela Lei nº 61/2008, de 31-10)

ARTIGO 1792º – Reparação de danos

1 – O cônjuge lesado tem o direito de pedir a reparação dos danos causados pelo outro cônjuge, nos termos gerais da responsabilidade civil e nos tribunais comuns.

2 – O cônjuge que pediu o divórcio com o fundamento da alínea *b*) do artigo 1781º deve reparar os danos não patrimoniais causados ao outro cônjuge pela dissolução do casamento; este pedido deve ser deduzido na própria acção de divórcio.

(Redação dada pela Lei nº 61/2008, de 31-10)

ARTIGO 1793º – Casa de morada da família

1 – Pode o tribunal dar de arrendamento a qualquer dos cônjuges, a seu pedido, a casa de morada da família, quer essa seja comum quer própria do outro, considerando,

nomeadamente, as necessidades de cada um dos cônjuges e o interesse dos filhos do casal.

2 – O arrendamento previsto no número anterior fica sujeito às regras do arrendamento para habitação, mas o tribunal pode definir as condições do contrato, ouvidos os cônjuges, e fazer caducar o arrendamento, a requerimento do senhorio, quando circunstâncias supervenientes o justifiquem.

3 – O regime fixado, quer por homologação do acordo dos cônjuges, quer por decisão do tribunal, pode ser alterado nos termos gerais da jurisdição voluntária.

(Redação dada pela Lei nº 61/2008, de 31-10)

ARTIGO 1793º-A – Animais de companhia

Os animais de companhia são confiados a um ou a ambos os cônjuges, considerando, nomeadamente, os interesses de cada um dos cônjuges e dos filhos do casal e também o bem-estar do animal.

(Aditado pela Lei nº 8/2017, de 03-03)

SECÇÃO II – Separação judicial de pessoas e bens

ARTIGO 1794º – Remissão

Sem prejuízo dos preceitos desta secção, é aplicável à separação judicial de pessoas e bens, com as necessárias adaptações, o disposto quanto ao divórcio na secção anterior.

(Redação dada pelo Decreto-Lei nº 496/77, de 25-11)

ARTIGO 1795º – Reconvenção

1 – A separação judicial de pessoas e bens pode ser pedida em reconvenção, mesmo que o autor tenha pedido o divórcio; tendo o autor pedido a separação de pessoas e bens, pode igualmente o réu pedir o divórcio em reconvenção.

2 – Nos casos previstos no número anterior, a sentença deve decretar o divórcio se o pedido da acção e o da reconvenção procederem.

(Aditado pelo Decreto-Lei nº 496/77, de 25-11)

ARTIGO 1795º-A – Efeitos

A separação judicial de pessoas e bens não dissolve o vínculo conjugal, mas extingue os deveres de coabitação e assistência, sem prejuízo do direito a alimentos; relativamente aos bens, a separação produz os efeitos que produziria a dissolução do casamento.

(Redação dada pelo Decreto-Lei nº 496/77, de 25-11)

ARTIGO 1795º-B – Termo da separação

A separação judicial de pessoas e bens termina pela reconciliação dos cônjuges ou pela dissolução do casamento.

(Aditado pelo Decreto-Lei nº 496/77, de 25-11)

ARTIGO 1795º-C – Reconciliação

1 – Os cônjuges podem a todo o tempo restabelecer a vida em comum e o exercício pleno dos direitos e deveres conjugais.

2 – A reconciliação pode fazer-se por termo no processo de separação ou por escritura pública, e está sujeita a homologação judicial, devendo a sentença ser oficiosamente registada.

3 – Quando tenha corrido os seus termos na conservatória do registo civil, a reconciliação faz-se por termo no processo de separação e está sujeita a homologação do conservador respectivo, devendo a decisão ser oficiosamente registada.

4 – Os efeitos da reconciliação produzem-se a partir da homologação desta, sem prejuízo da aplicação, com as necessárias adaptações, do disposto nos artigos 1669º e 1670º

(Redação dada pelo Decreto-Lei nº 163/95, de 13-07)

ARTIGO 1795º-D – Conversão da separação em divórcio

1 – Decorrido um ano sobre o trânsito em julgado da sentença que tiver decretado a separação judicial de pessoas e bens sem consentimento do outro cônjuge ou por mútuo consentimento, sem que os cônjuges se tenham reconciliado, qualquer deles pode requerer que a separação seja convertida em divórcio.

2 – Se a conversão for requerida por ambos os cônjuges, não é necessário o decurso do prazo referido no número anterior.

3 – *(Revogado.)*

4 – *(Revogado.)*

(Redação dada pela Lei nº 61/2008, de 31-10)

TÍTULO III – Da filiação

CAPÍTULO I – Estabelecimento da filiação

SECÇÃO I – Disposições gerais

ARTIGO 1796º – Estabelecimento da filiação

1 – Relativamente à mãe, a filiação resulta do facto do nascimento e estabelece-se nos termos dos artigos 1803º a 1825º

2 – A paternidade presume-se em relação ao marido da mãe e, nos casos de filiação fora do casamento, estabelece-se pelo reconhecimento.

(Redação dada pelo Decreto-Lei nº 496/77, de 25-11)

ARTIGO 1797º – Atendibilidade da filiação

1 – Os poderes e deveres emergentes da filiação ou do parentesco nela fundado só são atendíveis se a filiação se encontrar legalmente estabelecida.

2 – O estabelecimento da filiação tem, todavia, eficácia retroactiva.

(Redação dada pelo Decreto-Lei nº 496/77, de 25-11)

ARTIGO 1798º – Concepção

O momento da concepção do filho é fixado, para os efeitos legais, dentro dos primeiros cento e vinte dias dos trezentos que precederem o seu nascimento, salvas as excepções dos artigos seguintes.

(Redação dada pelo Decreto-Lei nº 496/77, de 25-11)

ARTIGO 1799º – Gravidez anterior

1 – Se dentro dos trezentos dias anteriores ao nascimento tiver sido interrompida ou completada outra gravidez, não são considerados para a determinação do momento da concepção os dias que tiverem decorrido até à interrupção da gravidez ou ao parto.

2 – A prova da interrupção de outra gravidez, não havendo registo do facto, só pode ser feita em acção intentada por qualquer interessado ou pelo Ministério Público especialmente para esse fim.

(Redação dada pelo Decreto-Lei nº 496/77, de 25-11)

ARTIGO 1800º – Fixação judicial da concepção

1 – É admitida acção judicial destinada a fixar a data provável da concepção dentro do período referido no artigo 1798º, ou a provar que o período de gestação do filho foi inferior a cento e oitenta dias ou superior a trezentos.

2 – A acção pode ser proposta por qualquer interessado ou pelo Ministério Público; se for julgada precedente, deve o tribunal fixar, em qualquer dos casos referidos no número anterior, a data provável da concepção.

(Redação dada pelo Decreto-Lei nº 496/77, de 25-11)

ARTIGO 1801º – Exames de sangue e outros métodos científicos

Nas acções relativas à filiação são admitidos como meios de prova os exames de sangue e quaisquer outros métodos cientificamente comprovados.

(Redação dada pelo Decreto-Lei nº 496/77, de 25-11)

ARTIGO 1802º – Prova da filiação

Salvo nos casos especificados na lei, a prova da filiação só pode fazer-se pela forma estabelecida nas leis do registo civil.

(Redação dada pelo Decreto-Lei nº 496/77, de 25-11)

SECÇÃO II – Estabelecimento da maternidade

SUBSECÇÃO I – Declaração de maternidade

ARTIGO 1803º – Menção da maternidade

1 – Aquele que declarar o nascimento deve, sempre que possa, identificar a mãe do registando.

2 – A maternidade indicada é mencionada no registo.

(Redação dada pelo Decreto-Lei nº 496/77, de 25-11)

ARTIGO 1804º – Nascimento ocorrido há menos de um ano

1 – No caso de declaração de nascimento ocorrido há menos de um ano, a maternidade indicada considera-se estabelecida.

2 – Lavrado o registo, deve o conteúdo do assento ser comunicado à mãe do registado sempre que possível, mediante notificação pessoal, salvo se a declaração tiver sido feita por ela ou pelo marido.

(Redação dada pelo Decreto-Lei nº 496/77, de 25-11)

ARTIGO 1805º – Nascimento ocorrido há um ano ou mais

1 – No caso de declaração de nascimento ocorrido há um ano ou mais, a maternidade indicada considera-se estabelecida se a mãe for o declarante, estiver presente no acto ou nele se achar representada por procurador com poderes especiais.

2 – Fora dos casos previstos no número anterior, a pessoa indicada como mãe será notificada pessoalmente para, no prazo de quinze dias, vir declarar se confirma a maternidade, sob a cominação de o filho ser havido como seu; o facto da notificação e a confirmação são averbados ao registo do nascimento.

3 – Se a pretensa mãe negar a maternidade ou não puder ser notificada, a menção da maternidade fica sem efeito.

4 – Das certidões extraídas do registo de nascimento não pode constar qualquer referência à menção que tenha ficado sem efeito nem aos averbamentos que lhe respeitem.

(Redação dada pelo Decreto-Lei nº 496/77, de 25-11)

ARTIGO 1806º – Registo omisso quanto à maternidade

1 – A mãe pode fazer a declaração de maternidade se o registo for omisso quanto a esta, salvo se se tratar de filho nascido ou concebido na constância do matrimónio e existir perfilhação por pessoa diferente do marido.

2 – Quando a mãe possa fazer a declaração de maternidade, qualquer das pessoas a quem compete fazer a declaração do nascimento tem a faculdade de identificar a mãe do registado, sendo aplicável o disposto nos artigos 1803º a 1805º

(Redação dada pelo Decreto-Lei nº 496/77, de 25-11)

ARTIGO 1807º – Impugnação da maternidade

Se a maternidade estabelecida nos termos dos artigos anteriores não for a verdadeira, pode a todo o tempo ser impugnada em juízo pela pessoa declarada como mãe, pelo registado, por quem tiver interesse moral ou patrimonial na procedência da acção ou pelo Ministério Público.

(Redação dada pelo Decreto-Lei nº 496/77, de 25-11)

SUBSECÇÃO II – Averiguação oficiosa

ARTIGO 1808º – Averiguação oficiosa da maternidade

1 – Sempre que a maternidade não esteja mencionada no registo do nascimento deve o funcionário remeter ao tribunal certidão integral do registo e

cópia do auto de declarações, se as houver, a fim de se averiguar oficiosamente a maternidade.

2 – O tribunal deve proceder às diligências necessárias para identificar a mãe; se por qualquer modo chegar ao seu conhecimento a identidade da pretensa mãe, deve ouvi-la em declarações, que serão reduzidas a auto.

3 – Se a pretensa mãe confirmar a maternidade, será lavrado termo e remetida certidão para averbamento à repartição competente para o registo.

4 – Se a maternidade não for confirmada mas o tribunal concluir pela existência de provas seguras que abonem a viabilidade da acção de investigação, ordenará a remessa do processo ao agente do Ministério Público junto do tribunal competente, a fim de a acção ser proposta.

(Redação dada pelo Decreto-Lei nº 496/77, de 25-11)

ARTIGO 1809º – Casos em que não é admitida a averiguação oficiosa da maternidade

A acção a que se refere o artigo anterior não pode ser intentada:

a) Se, existindo perfilhação, a pretensa mãe e o perfilhante forem parentes ou afins em linha recta ou parentes no segundo grau da linha colateral;

b) Se tiverem decorrido dois anos sobre a data do nascimento.

(Redação dada pelo Decreto-Lei nº 496/77, de 25-11)

ARTIGO 1810º – Filho nascido ou concebido na constância do matrimónio

Se, em consequência do disposto no artigo 1808º, o tribunal concluir pela existência de provas seguras de que o filho nasceu ou foi concebido na constância do matrimónio da pretensa mãe, ordenará a remessa do processo ao agente do Ministério Público junto do tribunal competente a fim de ser intentada a acção a que se refere o artigo 1822º, neste caso é aplicável o disposto na alínea *b*) do artigo anterior.

(Redação dada pelo Decreto-Lei nº 496/77, de 25-11)

ARTIGO 1811º – Valor probatório das declarações prestadas

Sem prejuízo do disposto no nº 3 do artigo 1808º, as declarações prestadas durante o processo a que se refere o artigo 1808º não implicam presunção de maternidade nem constituem sequer princípio de prova.

(Redação dada pelo Decreto-Lei nº 496/77, de 25-11)

ARTIGO 1812º – Carácter secreto da instrução

A instrução do processo é secreta e será conduzida por forma a evitar ofensa ao pudor ou dignidade das pessoas.

(Redação dada pelo Decreto-Lei nº 496/77, de 25-11)

ARTIGO 1813º – Improcedência da acção oficiosa

A improcedência da acção oficiosa não obsta a que seja intentada nova acção de investigação de maternidade, ainda que fundada nos mesmos factos.

(Redação dada pelo Decreto-Lei nº 496/77, de 25-11)

SUBSECÇÃO III – Reconhecimento judicial

ARTIGO 1814º – Investigação de maternidade

Quando não resulte de declaração, nos termos dos artigos anteriores, a maternidade pode ser reconhecida em acção especialmente intentada pelo filho para esse efeito.

(Redação dada pelo Decreto-Lei nº 496/77, de 25-11)

ARTIGO 1815º – Caso em que não é admitido o reconhecimento

Não é admissível o reconhecimento de maternidade em contrário da que conste do registo do nascimento.

(Redação dada pelo Decreto-Lei nº 496/77, de 25-11)

ARTIGO 1816º – Prova da maternidade

1 – Na acção de investigação de maternidade o filho deve provar que nasceu da pretensa mãe.

2 – A maternidade presume-se:

a) Quando o filho houver sido reputado e tratado como tal pela pretensa mãe e reputado como filho também pelo público;

b) Quando exista carta ou outro escrito no qual a pretensa mãe declare inequivocamente a sua maternidade.

3 – A presunção considera-se ilidida quando existam dúvidas sérias sobre a maternidade.

(Redação dada pelo Decreto-Lei nº 496/77, de 25-11)

ARTIGO 1817º – Prazo para a proposição da acção

1 – A acção de investigação de maternidade só pode ser proposta durante a menoridade do investigante ou nos dez anos posteriores à sua maioridade ou emancipação.

2 – Se não for possível estabelecer a maternidade em consequência do disposto no artigo 1815º, a acção pode ser proposta nos três anos seguintes à rectificação, declaração de nulidade ou cancelamento do registo inibitório.

3 – A acção pode ainda ser proposta nos três anos posteriores à ocorrência de algum dos seguintes factos:

a) Ter sido impugnada por terceiro, com sucesso, a maternidade do investigante;

b) Quando o investigante tenha tido conhecimento, após o decurso do prazo previsto no nº 1, de factos ou circunstâncias que justifiquem a investigação, designadamente quando cesse o tratamento como filho pela pretensa mãe;

c) Em caso de inexistência de maternidade determinada, quando o investigante tenha tido conhecimento superveniente de factos ou circunstâncias que possibilitem e justifiquem a investigação.

4 – No caso referido na alínea *b*) do número anterior, incumbe ao réu a prova da cessação voluntária do tratamento nos três anos anteriores à propositura da acção.

(Redação dada pela Lei nº 14/2009, de 01-04)

ARTIGO 1818º – Prossecução e transmissão da acção

O cônjuge não separado judicialmente de pessoas e bens ou os descendentes do filho podem prosseguir na acção, se este falecer na pendência da causa; mas só podem propô-la se o filho, sem a haver intentado, morrer antes de terminar o prazo em que o podia fazer.

(Redação dada pelo Decreto-Lei nº 496/77, de 25-11)

ARTIGO 1819º – Legitimidade passiva

1 – A acção deve ser proposta contra a pretensa mãe, ou se esta tiver falecido, contra o cônjuge sobrevivo não separado judicialmente de pessoas e bens e também, sucessivamente, contra os descendentes, ascendentes ou irmãos; na falta destas pessoas, será nomeado curador especial.

2 – Quando existam herdeiros ou legatários cujos direitos sejam atingidos pela procedência da acção, esta não produzirá efeitos contra eles se não tiverem sido também demandados.

(Redação dada pelo Decreto-Lei nº 496/77, de 25-11)

ARTIGO 1820º – Coligação de investigantes

Na acção de investigação de maternidade é permitida a coligação de investigantes em relação ao mesmo pretenso progenitor.

(Redação dada pelo Decreto-Lei nº 496/77, de 25-11)

ARTIGO 1821º – Alimentos provisórios

O filho menor e o maior acompanhado têm direito a alimentos provisórios desde a proposição da ação, contanto que o tribunal considere provável o reconhecimento da maternidade.

(Redação dada pela Lei nº 49/2018, de 14-08)

ARTIGO 1822º – Filho nascido ou concebido na constância do matrimónio

1 – Se se tratar de filho nascido ou concebido na constância do matrimónio da pretensa mãe, a acção de investigação deve ser intentada também contra o marido e, se existir perfilhação, ainda contra o perfilhante.

2 – Durante a menoridade do filho a acção pode ser intentada pelo marido da pretensa mãe; neste caso deverá sê-lo contra a pretensa mãe e contra o filho e, se existir perfilhação, também contra o perfilhante.

(Redação dada pelo Decreto-Lei nº 496/77, de 25-11)

ARTIGO 1823º – Impugnação da presunção de paternidade

1 – Na acção a que se refere o artigo anterior pode ser sempre impugnada a presunção de paternidade do marido da mãe.

2 – Se o filho tiver sido perfilhado por pessoa diferente do marido da mãe, a perfilhação só prevalecerá se for afastada, nos termos do número anterior, a presunção de paternidade.

(Redação dada pelo Decreto-Lei nº 496/77, de 25-11)

ARTIGO 1824º – Estabelecimento da maternidade a pedido da mãe

1 – Se se tratar de filho nascido ou concebido na constância do matrimónio e existir perfilhação por pessoa diferente do marido da mãe, pode esta requerer ao tribunal que declare a maternidade.

2 – No caso referido no número anterior é aplicável, com as devidas adaptações, o disposto nos artigos 1822º e 1823º

(Redação dada pelo Decreto-Lei nº 496/77, de 25-11)

ARTIGO 1825º – Legitimidade em caso de falecimento do autor ou réus

Em caso de falecimento do autor ou dos réus nas acções a que se referem os artigos 1822º a 1824º, é aplicável, com as necessárias adaptações, o disposto nos artigos 1818º e 1819º

(Redação dada pelo Decreto-Lei nº 496/77, de 25-11)

SECÇÃO III – Estabelecimento da paternidade

SUBSECÇÃO I – Presunção de paternidade

ARTIGO 1826º – Presunção de paternidade

1 – Presume-se que o filho nascido ou concebido na constância do matrimónio da mãe tem como pai o marido da mãe.

2 – O momento da dissolução do casamento por divórcio ou da sua anulação é o do trânsito em julgado da respectiva sentença; o casamento católico, porém, só se considera nulo ou dissolvido por dispensa a partir do registo da sentença proferida pelas autoridades eclesiásticas.

(Redação dada pelo Decreto-Lei nº 496/77, de 25-11)

ARTIGO 1827º – Casamento putativo

1 – A anulação do casamento civil, ainda que contraído de má fé por ambos os cônjuges, não exclui a presunção de paternidade.

2 – A declaração de nulidade do casamento católico, transcrito no registo civil, também não exclui essa presunção.

(Redação dada pelo Decreto-Lei nº 496/77, de 25-11)

ARTIGO 1828º – Filhos concebidos antes do casamento

Relativamente ao filho nascido dentro dos cento e oitenta dias posteriores à celebração do casamento, cessa a presunção estabelecida no artigo 1826º se a mãe ou o marido declararem no acto do registo do nascimento que o marido não é o pai.

(Redação dada pelo Decreto-Lei nº 496/77, de 25-11)

ARTIGO 1829º – Filhos concebidos depois de finda a coabitação

1 – Cessa a presunção de paternidade se o nascimento do filho ocorrer passados trezentos dias depois de finda a coabitação dos cônjuges, nos termos do número seguinte.

2 – Considera-se finda a coabitação dos cônjuges:

a) Na data da primeira conferência, tratando-se de divórcio ou de separação por mútuo consentimento;

b) Na data da citação do réu para a acção de divórcio ou separação litigiosos, ou na data que a sentença fixar como a da cessação da coabitação;

c) Na data em que deixou de haver notícias do marido, conforme decisão proferida em acção de nomeação de curador provisório, justificação de ausência ou declaração de morte presumida.

(Redação dada pelo Decreto-Lei nº 496/77, de 25-11)

ARTIGO 1830º – Reinício da presunção de paternidade

Para o efeito do disposto no nº 1 do artigo 1826º, são equiparados a novo casamento:

a) A reconciliação dos cônjuges separados judicialmente de pessoas e bens;

b) O regresso do ausente;

c) O trânsito em julgado da sentença que, sem ter decretado o divórcio ou separação judicial de pessoas e bens, pôs termo ao respectivo processo.

(Redação dada pelo Decreto-Lei nº 496/77, de 25-11)

ARTIGO 1831º – Renascimento da presunção de paternidade

1 – Quando o início do período legal da concepção seja anterior ao trânsito em julgado da sentença proferida nas acções a que se referem as alíneas *a*) e *b*) do nº 2 do artigo 1829º, renasce a presunção de paternidade se, em acção intentada por um dos cônjuges ou pelo filho, se provar que no período legal da concepção existiram relações entre os cônjuges que tornam verosímil a paternidade do marido ou que o filho, na ocasião do nascimento, beneficiou de posse de estado relativamente a ambos os cônjuges.

2 – Existe posse de estado relativamente a ambos os cônjuges quando se verifiquem, cumulativamente, os seguintes requisitos:

a) Ser a pessoa reputada e tratada como filho por ambos os cônjuges;

b) Ser reputada como tal nas relações sociais, especialmente nas respectivas famílias.

3 – Se existir perfilhação, na acção a que se refere o nº 1, deve ser igualmente demandado o perfilhante.

(Redação dada pelo Decreto-Lei nº 496/77, de 25-11)

ARTIGO 1832º – Não indicação da paternidade do marido

1 – A mulher casada pode fazer a declaração do nascimento com a indicação de que o filho não é do marido.

2 – A declaração prevista no número anterior faz cessar a presunção de paternidade.

3 – Cessando a presunção de paternidade, no caso previsto no nº 2, pode, desde logo, ser aceite o reconhecimento voluntário da paternidade.

4 – Sem prejuízo do disposto nº 1, não são admissíveis no registo de nascimento menções que contrariem a presunção de paternidade enquanto esta não cessar.

5 – Se a mãe fizer a declaração prevista no nº 1, o poder paternal só caberá ao marido quando for averbada ao registo a menção da sua paternidade.

6 – Quando a presunção de paternidade houver cessado nos termos do nº 2, é aplicável o disposto no artigo 1831º

(Redação dada pelo Decreto-Lei nº 273/2001, de 13-10)

ARTIGO 1833º – Declaração de inexistência de posse de estado

(Revogado pelo Decreto-Lei nº 273/2001, de 13-10)

ARTIGO 1834º – Dupla presunção de paternidade

1 – Se o filho nasceu depois de a mãe ter contraído novo casamento sem que o primeiro se achasse dissolvido ou dentro dos trezentos dias após a sua dissolução, presume-se que o pai é o segundo marido.

2 – Julgada procedente a acção de impugnação de paternidade, renasce a presunção relativa ao anterior marido da mãe.

(Redação dada pelo Decreto-Lei nº 496/77, de 25-11)

ARTIGO 1835º – Menção obrigatória da paternidade

1 – A paternidade presumida nos termos dos artigos anteriores constará obrigatóriamente do registo do nascimento do filho, não sendo admitidas menções que a contrariem, salvo o disposto nos artigos 1828º e 1832º

2 – Se o registo do casamento dos pais só vier a ser efectuado depois do registo do nascimento, e deste não constar a paternidade do marido da mãe, será a paternidade mencionada oficiosamente.

(Redação dada pelo Decreto-Lei nº 496/77, de 25-11)

ARTIGO 1836º – Rectificação do registo

1 – Se contra o disposto na lei não se fizer menção da paternidade do filho nascido de mulher casada, pode a todo o tempo qualquer interessado, o Ministério Público ou o funcionário competente promover a rectificação do registo.

2 – De igual faculdade gozam as mesmas pessoas quando tenha sido registado como filho do marido da mãe quem não beneficie de presunção de pater-nidade.

(Redação dada pelo Decreto-Lei nº 496/77, de 25-11)

ARTIGO 1837º – Rectificação, declaração de nulidade ou cancelamento do registo

Se for rectificado, declarado nulo ou cancelado qualquer registo por falsidade ou qualquer outra causa e, em consequência da rectificação, declaração de nulidade ou cancelamento, o filho deixar de ser havido como filho do marido da mãe ou passar a beneficiar da presunção de paternidade relativamente a este, será lavrado oficiosamente o respectivo averbamento, se não tiver sido ordenado pelo tribunal.

(Redação dada pelo Decreto-Lei nº 496/77, de 25-11)

ARTIGO 1838º – Impugnação da paternidade

A paternidade presumida nos termos do artigo 1826º não pode ser impugnada fora dos casos previstos nos artigos seguintes.

(Redação dada pelo Decreto-Lei nº 496/77, de 25-11)

ARTIGO 1839º – Fundamento e legitimidade

1 – A paternidade do filho pode ser impugnada pelo marido da mãe, por esta, pelo filho ou, nos termos do artigo 1841º, pelo Ministério Público.

2 – Na acção o autor deve provar que, de acordo com as circunstâncias, a paternidade do marido da mãe é manifestamente improvável.

3 – Não é permitida a impugnação de paternidade com fundamento em inseminação artificial ao cônjuge que nela consentiu.

(Redação dada pelo Decreto-Lei nº 496/77, de 25-11)

ARTIGO 1840º – Impugnação da paternidade do filho concebido antes do matrimónio

1 – Independentemente da prova a que se refere o nº 2 do artigo anterior, podem ainda a mãe ou o marido impugnar a paternidade do filho nascido dentro dos cento e oitenta dias posteriores à celebração do casamento, excepto:

a) Se o marido, antes de casar, teve conhecimento da gravidez da mulher;

b) Se, estando, pessoalmente presente ou representado por procurador com poderes especiais, o marido consentiu que o filho fosse declarado seu no registo do nascimento;

c) Se por qualquer outra forma o marido reconheceu o filho como seu.

2 – Cessa o disposto na alínea *a*) do número anterior se o casamento for anulado por falta de vontade, ou por coação moral exercida contra o marido; cessa ainda o disposto nas alíneas *b*) e *c*) quando se prove ter sido o consentimento ou reconhecimento viciado por erro sobre as circunstâncias que tenham contribuído decisivamente para o convencimento da paternidade, ou extorquido por coação.

(Redação dada pelo Decreto-Lei nº 496/77, de 25-11)

ARTIGO 1841º – Acção do Ministério Público

1 – A acção de impugnação de paternidade pode ser proposta pelo Ministério Público a requerimento de quem se declarar pai do filho, se for reconhecida pelo tribunal a viabilidade do pedido.

2 – O requerimento deve ser dirigido ao tribunal no prazo de sessenta dias a contar da data em que a paternidade do marido da mãe conste no registo.

3 – O tribunal procederá às diligências necessárias para averiguar a viabilidade da acção, depois de ouvir, sempre que possível, a mãe e o marido.

4 – Se concluir pela viabilidade da acção, o tribunal ordenará a remessa do processo ao agente do Ministério Público junto do tribunal competente para a acção de impugnação.

(Redação dada pelo Decreto-Lei nº 496/77, de 25-11)

ARTIGO 1842º – Prazos

1 – A acção de impugnação de paternidade pode ser intentada:

a) Pelo marido, no prazo de três anos contados desde que teve conhecimento de circunstâncias de que possa concluir-se a sua não paternidade;

b) Pela mãe, dentro dos três anos posteriores ao nascimento;

c) Pelo filho, até 10 anos depois de haver atingido a maioridade ou de ter sido emancipado, ou posteriormente, dentro de três anos a contar da data em que teve conhecimento de circunstâncias de que possa concluir-se não ser filho do marido da mãe.

2 – Se o registo for omisso quanto à maternidade, os prazos a que se referem as alíneas *a*) e *c*) do número anterior contam-se a partir do estabelecimento da maternidade.

(Redação dada pela Lei nº 14/2009, de 01-04)

ARTIGO 1843º – Impugnação antecipada

1 – Se o registo for omisso quanto à maternidade, a acção de impugnação pode ser intentada pelo marido da pretensa mãe no prazo de seis meses a contar do dia em que soube do nascimento.

2 – O decurso do prazo a que se refere o número anterior não impede o marido de intentar acção de impugnação, nos termos gerais.

(Redação dada pelo Decreto-Lei nº 496/77, de 25-11)

ARTIGO 1844º – Prossecução e transmissão da acção

1 – Se o titular do direito de impugnar a paternidade falecer no decurso da acção, ou sem a haver intentado, mas antes de findar o prazo estabelecido nos artigos 1842º e 1843º, têm legitimidade para nela prosseguir ou para a intentar:

a) No caso de morte do presumido pai, o cônjuge não separado judicialmente de pessoas e bens que não seja a mãe do filho, os descendentes e ascendentes;

b) No caso de morte da mãe, os descendentes e ascendentes;

c) No caso de morte do filho, o cônjuge não separado judicialmente de pessoas e bens e os descendentes.

2 – O direito de impugnação conferido às pessoas mencionadas no número anterior caduca se a acção não for proposta no prazo de noventa dias a contar:

a) Da morte do marido ou da mãe, ou do nascimento de filho póstumo, no caso das alíneas *a*) e *b*);

b) Da morte do filho, no caso da alínea *c*).

(Redação dada pelo Decreto-Lei nº 496/77, de 25-11)

ARTIGO 1845º – Ausência

No caso de ausência justificada do titular do direito de impugnar a paternidade, a acção a que se refere o artigo 1839º pode ser intentada pelas pessoas referidas no artigo anterior, no prazo de cento e oitenta dias a contar do trânsito em julgado da sentença.

(Redação dada pelo Decreto-Lei nº 496/77, de 25-11)

ARTIGO 1846º – Legitimidade passiva

1 – Na acção de impugnação de paternidade devem ser demandados a mãe, o filho e o presumido pai quando nela não figurem como autores.

2 – No caso de morte da mãe, do filho ou do presumido pai, a acção deve ser intentada ou prosseguir contra as pessoas referidas no artigo 1844º, devendo, na falta destas, ser nomeado um curador especial; se, porém, existirem herdeiros ou legatários cujos direitos possam ser atingidos pela procedência do pedido, a acção não produzirá efeitos contra eles se não tiverem sido também demandados.

3 – Quando o filho for menor não emancipado, o tribunal nomear-lhe-á curador especial.

(Redação dada pelo Decreto-Lei nº 496/77, de 25-11)

SUBSECÇÃO II – **Reconhecimento de paternidade**

Divisão I – **Disposições gerais**

ARTIGO 1847º – Formas de reconhecimento

O reconhecimento do filho nascido ou concebido fora do matrimónio efectua-se por perfilhação ou decisão judicial em acção de investigação.

(Redação dada pelo Decreto-Lei nº 496/77, de 25-11)

ARTIGO 1848º – Casos em que não é admitido o reconhecimento

1 – Não é admitido o reconhecimento em contrário da filiação que conste do registo de nascimento enquanto este não for rectificado, declarado nulo ou cancelado.

2 – O disposto no número anterior não invalida a perfilhação feita por algumas das formas mencionadas nas alíneas *b*), *c*) e *d*) do artigo 1853º, embora ela não produza efeitos enquanto não puder ser registada.

(Redação dada pelo Decreto-Lei nº 496/77, de 25-11)

Divisão II – **Perfilhação**

ARTIGO 1849º – Carácter pessoal e livre da perfilhação

A perfilhação é acto pessoal e livre; pode, contudo, ser feita por intermédio de procurador com poderes especiais.

(Redação dada pelo Decreto-Lei nº 496/77, de 25-11)

ARTIGO 1850º – Capacidade

1 – Têm capacidade para perfilhar os indivíduos com mais de 16 anos, se não forem maiores acompanhados com restrições ao exercício de direitos pessoais nem forem afetados por perturbação mental notória no momento da perfilhação.

2 – Os menores não necessitam, para perfilhar, de autorização dos pais ou tutores.

(Redação dada pela Lei nº 49/2018, de 14-08)

ARTIGO 1851º – Maternidade não declarada

Não obsta à perfilhação o facto de a maternidade do perfilhando não se encontrar declarada no registo.

(Redação dada pelo Decreto-Lei nº 496/77, de 25-11)

ARTIGO 1852º – Conteúdo defeso

1 – O acto de perfilhação não comporta cláusulas que limitem ou modifiquem os efeitos que lhe são atribuídos por lei, nem admite condição ou termo.

2 – As cláusulas ou declarações proibidas não invalidam a perfilhação, mas têm-se por não escritas.

(Redação dada pelo Decreto-Lei nº 496/77, de 25-11)

ARTIGO 1853º – Forma

A perfilhação pode fazer-se:

a) Por declaração prestada perante o funcionário do registo civil;

b) Por testamento;

c) Por escritura pública;

d) Por termo lavrado em juízo.

(Redação dada pelo Decreto-Lei nº 496/77, de 25-11)

ARTIGO 1854º – Tempo da perfilhação

A perfilhação pode ser feita a todo o tempo, antes ou depois do nascimento do filho ou depois da morte deste.

(Redação dada pelo Decreto-Lei nº 496/77, de 25-11)

ARTIGO 1855º – Perfilhação de nascituro

A perfilhação de nascituro só é valida se for posterior à concepção e o perfilhante identificar a mãe.

(Redação dada pelo Decreto-Lei nº 496/77, de 25-11)

ARTIGO 1856º – Perfilhação de filho falecido

A perfilhação posterior à morte do filho só produz efeitos em favor dos seus descendentes.

(Redação dada pelo Decreto-Lei nº 496/77, de 25-11)

ARTIGO 1857º – Perfilhação de maiores

1 – A perfilhação de filho maior ou emancipado, ou de filho predefunto de quem vivam descendentes maiores ou emancipados, só produz efeitos se aquele ou estes ou, tratando-se de maiores acompanhados com restrições ao exercício de direitos pessoais, o acompanhante, precedendo autorização judicial, derem o seu assentimento.

2 – O assentimento pode ser dado antes ou depois da perfilhação, ainda que o perfilhante tenha falecido, por alguma das seguintes formas:

a) Por declaração prestada perante o funcionário do registo civil, averbada no assento de nascimento, e no de perfilhação, se existir;

b) Por documento autêntico ou autenticado;

c) Por termo lavrado em juízo no processo em que haja sido feita a perfilhação.

3 – O registo da perfilhação é considerado secreto até ser prestado o assentimento necessário e, sem prejuízo do disposto no número seguinte, só pode ser invocado para instrução do processo preliminar de casamento ou em acção de nulidade ou anulação de casamento.

4 – Qualquer interessado tem o direito de requerer judicialmente a notificação pessoal do perfilhando, dos seus descendentes ou dos seus representantes legais, para declararem, no prazo de trinta dias, se dão o seu assentimento à perfilhação, considerando-se esta aceite no caso de falta de resposta e sendo cancelado o registo no caso de recusa.

(Redação dada pela Lei nº 49/2018, de 14-08)

ARTIGO 1858º – Irrevogabilidade

A perfilhação é irrevogável e, quando feita em testamento, não é prejudicada pela revogação deste.

(Redação dada pelo Decreto-Lei nº 496/77, de 25-11)

ARTIGO 1859º – Impugnação

1 – A perfilhação que não corresponda à verdade é impugnável em juízo mesmo depois da morte do perfilhado.

2 – A acção pode ser intentada a todo o tempo, pelo perfilhante, pelo perfilhado, ainda que haja consentido na perfilhação, por qualquer outra pessoa que tenha interesse moral ou patrimonial na sua procedência ou pelo Ministério Público.

3 – A mãe ou o filho, quando autores, só terão de provar que o perfilhante não é o pai se este demonstrar ser verosímil que coabitou com a mãe do perfilhado no período de concepção.

(Redação dada pelo Decreto-Lei nº 496/77, de 25-11)

ARTIGO 1860º – Anulação por erro ou coacção

1 – A perfilhação é anulável judicialmente a requerimento do perfilhante quando viciada por erro ou coacção moral.

2 – Só é relevante o erro sobre circunstâncias que tenham contribuído decisivamente para o convencimento da paternidade.

3 – A ação de anulação caduca no prazo de um ano a contar do momento em que o perfilhante teve conhecimento do erro ou em que cessou a coação.

4 – Se o perfilhante for menor não emancipado ou maior acompanhado com restrições ao exercício de direitos pessoais, a ação não caduca sem ter decorrido um ano sobre a maioridade, emancipação, cessação ou modificação bastante do acompanhamento.

(Redação dada pela Lei nº 49/2018, de 14-08)

ARTIGO 1861º – Anulação por incapacidade

1 – A perfilhação é anulável por incapacidade do perfilhante a requerimento deste ou de seus pais, tutor ou acompanhante, se assim resultar de medidas de acompanhamento judicialmente decretadas.

2 – A acção pode ser intentada dentro de um ano, contado:

a) Da data da perfilhação, quando intentada pelos pais, tutor ou acompanhante com poderes de representação;

b) Da maioridade ou emancipação, quando intentada pelo que perfilhou antes da idade exigida por lei;

c) Do termo da limitação, quando intentada por quem perfilhou estando em situação de acompanhamento ou se encontre afetado por perturbação mental notória.

(Redação dada pela Lei nº 49/2018, de 14-08)

ARTIGO 1862º – Morte do perfilhante

Se o perfilhante falecer sem haver intentado a acção de anulação ou no decurso dela, têm legitimidade para a intentar no ano seguinte à sua morte, ou nela prosseguir, os descendentes ou ascendentes do perfilhante e todos os que mostrem ter sido prejudicados nos seus direitos sucessórios por efeito da perfilhação.

(Redação dada pelo Decreto-Lei nº 496/77, de 25-11)

ARTIGO 1863º – Perfilhação posterior a investigação judicial

A perfilhação feita depois de intentada em juízo acção de investigação de paternidade contra pessoa diferente do perfilhante fica sem efeito, e o respectivo registo deve ser cancelado, se a acção for julgada procedente.

(Redação dada pelo Decreto-Lei nº 496/77, de 25-11)

DIVISÃO III – Averiguação oficiosa da paternidade

ARTIGO 1864º – Paternidade desconhecida

Sempre que seja lavrado registo de nascimento de menor apenas com a maternidade estabelecida, deve o funcionário remeter ao tribunal certidão integral do registo, a fim de se averiguar oficiosamente a identidade do pai.

(Redação dada pelo Decreto-Lei nº 496/77, de 25-11)

ARTIGO 1865º – Averiguação oficiosa

1 – Sempre que possível, o tribunal ouvirá a mãe acerca da paternidade que atribui ao filho.

2 – Se a mãe indicar quem é o pai ou por outro meio chegar ao conhecimento do tribunal a identidade do pretenso progenitor, será este também ouvido

3 – No caso de o pretenso progenitor confirmar a paternidade, será lavrado termo de perfilhação e remetida certidão para averbamento à repartição competente para o registo.

4 – Se o presumido pai negar ou se recusar a confirmar a paternidade, o tribunal procederá às diligências necessárias para averiguar a viabilidade da acção de investigação de paternidade.

5 – Se o tribunal concluir pela existência de provas seguras da paternidade, ordenará a remessa do processo ao agente do Ministério Público junto do tribunal competente, a fim de ser intentada a acção de investigação.

(Redação dada pelo Decreto-Lei nº 496/77, de 25-11)

ARTIGO 1866º – Casos em que não é admitida a averiguação oficiosa da paternidade

A acção a que se refere o artigo anterior não pode ser intentada:

a) Se a mãe e o pretenso pai forem parentes ou afins em linha recta ou parentes no segundo grau da linha colateral;

b) Se tiverem decorrido dois anos sobre a data do nascimento.

(Redação dada pelo Decreto-Lei nº 496/77, de 25-11)

ARTIGO 1867º – Investigação com base em processo crime

Quando em processo crime se considere provada a cópula em termos de constituir fundamento para a investigação da paternidade e se mostre que a ofendida teve um filho em condições de o período legal da concepção abranger a época do crime, deve o Ministério Público instaurar a correspondente acção de investigação, independentemente do prazo estabelecido na alínea *b*) do artigo 1866º

(Redação dada pelo Decreto-Lei nº 496/77, de 25-11)

ARTIGO 1868º – Remissão

É aplicável à acção oficiosa de investigação de paternidade, com as necessárias adaptações, o disposto nos artigos 1811º, 1812º e 1813º

(Redação dada pelo Decreto-Lei nº 496/77, de 25-11)

DIVISÃO IV – Reconhecimento judicial

ARTIGO 1869º – Investigação da paternidade

A paternidade pode ser reconhecida em acção especialmente intentada pelo filho se a maternidade já se achar estabelecida ou for pedido conjuntamente o reconhecimento de uma e outra.

(Redação dada pelo Decreto-Lei nº 496/77, de 25-11)

ARTIGO 1870º – Legitimidade da mãe menor

A mãe menor tem legitimidade para intentar a acção em representação do filho sem necessidade de autorização dos pais, mas é sempre representada na causa por curador especial nomeado pelo tribunal.

(Redação dada pelo Decreto-Lei nº 496/77, de 25-11)

ARTIGO 1871º – Presunção

1 – A paternidade presume-se:

a) Quando o filho houver sido reputado e tratado como tal pelo pretenso pai e reputado como filho também pelo público;

b) Quando exista carta ou outro escrito no qual o pretenso pai declare inequivocamente a sua paternidade;

c) Quando, durante o período legal da concepção, tenha existido comunhão duradoura de vida em condições análogas às dos cônjuges ou concubinato duradouro entre a mãe e o pretenso pai;

d) Quando o pretenso pai tenha seduzido a mãe, no período legal da concepção, se esta era virgem e menor no momento em que foi seduzida, ou se o consentimento dela foi obtido por meio de promessa de casamento, abuso de confiança ou abuso de autoridade.

e) Quando se prove que o pretenso pai teve relações sexuais com a mãe durante o período legal de concepção.

2 – A presunção considera-se ilidida quando existam dúvidas sérias sobre a paternidade do investigado.

(Redação dada pela Lei nº 21/98, de 12-05)

ARTIGO 1872º – Coligação de investigantes

Na acção de investigação de paternidade é permitida a coligação de investigantes filhos da mesma mãe, em relação ao mesmo pretenso progenitor.

(Redação dada pelo Decreto-Lei nº 496/77, de 25-11)

ARTIGO 1873º – Remissão

É aplicável à acção de investigação de paternidade, com as necessárias adaptações, o disposto nos artigos 1817º a 1819º e 1821º

(Redação dada pelo Decreto-Lei nº 496/77, de 25-11)

CAPÍTULO II – Efeitos da filiação

SECÇÃO I – Disposições gerais

ARTIGO 1874º – Deveres de pais e filhos

1 – Pais e filhos devem-se mutuamente respeito, auxílio e assistência.

2 – O dever de assistência compreende a obrigação de prestar alimentos e a de contribuir, durante a vida em comum, de acordo com os recursos próprios, para os encargos da vida familiar.

(Redação dada pelo Decreto-Lei nº 496/77, de 25-11)

ARTIGO 1875º – Nome do filho

1 – O filho usará apelidos do pai e da mãe ou só de um deles.

2 – A escolha do nome próprio e dos apelidos do filho menor pertence aos pais; na falta de acordo decidirá o juiz, de harmonia com o interesse do filho.

3 – Se a maternidade ou paternidade forem estabelecidas posteriormente ao registo do nascimento, os apelidos do filho poderão ser alterados nos termos dos números anteriores.

(Redação dada pelo Decreto-Lei nº 496/77, de 25-11)

ARTIGO 1876º – Atribuição dos apelidos do marido da mãe

1 – Quando a paternidade se não encontre estabelecida, poderão ser atribuídos ao filho menor apelidos do marido da mãe se esta e o marido declararem, perante o funcionário do registo civil, ser essa a sua vontade.

2 – Nos dois anos posteriores à maioridade ou à emancipação o filho pode requerer que sejam eliminados do seu nome os apelidos do marido da mãe.

(Redação dada pelo Decreto-Lei nº 496/77, de 25-11)

SECÇÃO II – Responsabilidades parentais*

SUBSECÇÃO I – Princípios gerais

ARTIGO 1877º – Duração das responsabilidades parentais

Os filhos estão sujeitos às responsabilidades parentais até à maioridade ou emancipação.

(Redação dada pela Lei nº 496/77, de 25-11)

ARTIGO 1878º – Conteúdo das responsabilidades parentais

1 – Compete aos pais, no interesse dos filhos, velar pela segurança e saúde destes, prover ao seu sustento, dirigir a sua educação, representá-los, ainda que nascituros, e administrar os seus bens.

2 – Os filhos devem obediência aos pais; estes, porém, de acordo com a maturidade dos filhos, devem ter em conta a sua opinião nos assuntos familiares importantes e reconhecer-lhes autonomia na organização da própria vida.

(Redação dada pela Lei nº 496/77, de 25-11)

ARTIGO 1879º – Despesas com o sustento, segurança, saúde e educação dos filhos

Os pais ficam desobrigados de prover ao sustento dos filhos e de assumir as despesas relativas à sua segurança, saúde e educação na medida em que os filhos estejam em condições de suportar, pelo produto do seu trabalho ou outros rendimentos, aqueles encargos.

(Redação dada pelo Decreto-Lei nº 496/77, de 25-11)

ARTIGO 1880º – Despesas com os filhos maiores ou emancipados

Se no momento em que atingir a maioridade ou for emancipado o filho não houver completado a sua formação profissional, manter-se-á a obrigação a que se refere o

* *A epígrafe da secção II resulta da alteração produzida pelo nº 1 do artigo 3º da Lei nº 61/2008, de 31-10.*

número anterior na medida em que seja razoável exigir aos pais o seu cumprimento e pelo tempo normalmente requerido para que aquela formação se complete.

(Redação dada pelo Decreto-Lei nº 496/77, de 25-11)

ARTIGO 1881º – Poder de representação

1 – O poder de representação compreende o exercício de todos os direitos e o cumprimento de todas as obrigações do filho, exceptuados os actos puramente pessoais, aqueles que o menor tem o direito de praticar pessoal e livremente e os actos respeitantes a bens cuja administração não pertença aos pais.

2 – Se houver conflito de interesses cuja resolução dependa de autoridade pública, entre qualquer dos pais e o filho sujeito às responsabilidades parentais, ou entre os filhos, ainda que, neste caso, algum deles seja maior, são os menores representados por um ou mais curadores especiais nomeados pelo tribunal.

(Redação dada pela Lei nº 496/77, de 25-11)

ARTIGO 1882º – Irrenunciabilidade

Os pais não podem renunciar às responsabilidades parentais nem a qualquer dos direitos que ele especialmente lhes confere, sem prejuízo do que neste código se dispõe acerca da adopção.

(Redação dada pela Lei nº 496/77, de 25-11)

ARTIGO 1883º – Filho concebido fora do matrimónio

O pai ou a mãe não pode introduzir no lar conjugal o filho concebido na constância do matrimónio que não seja filho do seu cônjuge, sem consentimento deste.

(Redação dada pelo Decreto-Lei nº 496/77, de 25-11)

ARTIGO 1884º – Alimentos à mãe

1 – O pai não unido pelo matrimónio à mãe do filho é obrigado, desde a data do estabelecimento da paternidade, a prestar-lhe alimentos relativos ao período da gravidez e ao primeiro ano de vida do filho, sem prejuízo das indemnizações a que por lei ela tenha direito.

2 – A mãe pode pedir os alimentos na acção de investigação de paternidade e tem direito a alimentos provisórios se a acção foi proposta antes de decorrido o prazo a que se refere o número anterior, desde que o tribunal considere provável o reconhecimento.

(Redação dada pelo Decreto-Lei nº 496/77, de 25-11)

SUBSECÇÃO II – **Responsabilidades parentais relativamente à pessoa dos filhos***

ARTIGO 1885º – Educação

1 – Cabe aos pais, de acordo com as suas possibilidades, promover o desenvolvimento físico, intelectual e moral dos filhos.

* *A epígrafe da subsecção II resulta da alteração produzida pelo nº 2 do artigo 3º da Lei nº 61/2008, de 31-10.*

2 – Os pais devem proporcionar aos filhos, em especial aos diminuídos física e mentalmente, adequada instrução geral e profissional, correspondente, na medida do possível, às aptidões e inclinações de cada um.

(Redação dada pelo Decreto-Lei nº 496/77, de 25-11)

ARTIGO 1886º – Educação religiosa

Pertence aos pais decidir sobre a educação religiosa dos filhos menores de dezasseis anos.

(Redação dada pelo Decreto-Lei nº 496/77, de 25-11)

ARTIGO 1887º – Abandono do lar

1 – Os menores não podem abandonar a casa paterna ou aquela que os pais lhes destinaram, nem dela ser retirados.

2 – Se a abandonarem ou dela forem retirados, qualquer dos pais e, em caso de urgência, as pessoas a quem eles tenham confiado o filho podem reclamá-lo, recorrendo, se for necessário, ao tribunal ou à autoridade competente.

(Redação dada pelo Decreto-Lei nº 496/77, de 25-11)

ARTIGO 1887º-A – Convívio com irmãos e ascendentes

Os pais não podem injustificadamente privar os filhos do convívio com os irmãos e ascendentes.

(Aditado pela Lei nº 84/95, de 31-08)

SUBSECÇÃO III – Responsabilidades parentais relativamente aos bens dos filhos*

ARTIGO 1888º – Exclusão da administração

1 – Os pais não têm a administração:

a) Dos bens do filho que procedam de sucessão da qual os pais tenham sido excluídos por indignidade ou deserdação;

b) Dos bens que tenham advindo ao filho por doação ou sucessão contra a vontade dos pais;

c) Dos bens deixados ou doados ao filho com exclusão da administração dos pais;

d) Dos bens adquiridos pelo filho maior de dezasseis anos pelo seu trabalho.

2 – A exclusão da administração, nos termos da alínea *c*) do número anterior, é permitida mesmo relativamente a bens que caibam ao filho a título de legítima.

(Redação dada pelo Decreto-Lei nº 496/77, de 25-11)

ARTIGO 1889º – Actos cuja validade depende de autorização do tribunal

1 – Como representantes do filho não podem os pais, sem autorização do tribunal:

* *A epígrafe da subsecção III resulta da alteração produzida pelo nº 2 do artigo 3º da Lei nº 61/2008, de 31-10.*

a) Alienar ou onerar bens, salvo tratando-se de alienação onerosa de coisas susceptíveis de perda ou deterioração;

b) Votar, nas assembleias gerais das sociedades, deliberações que importem a sua dissolução;

c) Adquirir estabelecimento comercial ou industrial ou continuar a exploração do que o filho haja recebido por sucessão ou doação;

d) Entrar em sociedade em nome colectivo ou em comandita simples ou por acções;

e) Contrair obrigações cambiárias ou resultantes de qualquer título transmissível por endosso;

f) Garantir ou assumir dívidas alheias;

g) Contrair empréstimos;

h) Contrair obrigações cujo cumprimento se deva verificar depois da maioridade;

i) Ceder direitos de crédito;

j) Repudiar herança ou legado;

l) Aceitar herança, doação ou legado com encargos, ou convencionar partilha extrajudicial;

m) Locar bens, por prazo superior a seis anos;

n) Convencionar ou requerer em juízo a divisão de coisa comum ou a liquidação e partilha de patrimónios sociais;

o) Negociar transacção ou comprometer-se em árbitros relativamente a actos referidos nas alíneas anteriores, ou negociar concordata com os credores.

2 – Não se considera abrangida na restrição da alínea *a*) do número anterior a aplicação de dinheiro ou capitais do menor na aquisição de bens.

(Redação dada pelo Decreto-Lei nº 227/94, de 08-09)

ARTIGO 1890º – Aceitação e rejeição de liberalidades

1 – Se ao filho for deixada herança ou legado, ou for feita proposta de doação que necessite de ser aceite, devem os pais aceitar a liberalidade, se o puderem fazer legalmente, ou requerer ao tribunal, no prazo de trinta dias, autorização para aceitar ou rejeitar.

2 – Se, decorrido aquele prazo sobre a abertura da sucessão ou sobre a proposta de doação, os pais nada tiverem providenciado, pode o filho ou qualquer dos seus parentes, o Ministério Público, o doador ou algum interessado nos bens deixados requerer ao tribunal a notificação dos pais para darem cumprimento ao disposto no número anterior, dentro do prazo que lhes for assinado.

3 – Se os pais nada declararem dentro do prazo fixado, a liberalidade tem-se por aceite, salvo se o tribunal julgar mais conveniente para o menor a rejeição.

4 – No processo em que os pais requeiram autorização judicial para aceitar a herança, quando dela necessitem, poderão requerer autorização para convencionar a respectiva partilha extrajudicial, bem como a nomeação de curador especial para nela outorgar, em representação do menor, quando com ele concorram à sucessão ou a ela concorram vários incapazes por eles representados.

(Redação dada pelo Decreto-Lei nº 227/94, de 08-09)

ARTIGO 1891º – Nomeação de curador especial

1 – Se o menor não tiver quem legalmente o represente, qualquer das pessoas mencionadas no nº 2 do artigo anterior tem legitimidade para requerer ao tribunal a nomeação de um curador especial para os efeitos do disposto no nº 1 do mesmo artigo.

2 – Quando o tribunal recusar autorização aos pais para rejeitarem a liberalidade, será também nomeado oficiosamente um curador para o efeito da sua aceitação.

(Redação dada pelo Decreto-Lei nº 496/77, de 25-11)

ARTIGO 1892º – Proibição de adquirir bens do filho

1 – Sem autorização do tribunal não podem os pais tomar de arrendamento ou adquirir, directamente ou por interposta pessoa, ainda que em hasta pública, bens ou direitos do filho sujeito às responsabilidades parentais, nem tornar-se cessionários de créditos ou outros direitos contra este, excepto nos casos de sub-rogação legal, de licitação em processo de inventário ou de outorga em partilha judicialmente autorizada.

2 – Entende-se que a aquisição é feita por interposta pessoa nos casos referidos no nº 2 do artigo 579º

(Redação dada pela Lei nº 496/77, de 25-11)

ARTIGO 1893º – Actos anuláveis

1 – Os actos praticados pelos pais em contravenção do disposto nos artigos 1889º e 1892º são anuláveis a requerimento do filho, até um ano depois de atingir a maioridade ou ser emancipado, ou, se ele entretanto falecer, a pedido dos seus herdeiros, excluídos os próprios pais responsáveis, no prazo de um ano a contar da morte do filho.

2 – A anulação pode ser requerida depois de findar o prazo se o filho ou seus herdeiros mostrarem que só tiveram conhecimento do acto impugnado nos seis meses anteriores à proposição da acção.

3 – A acção de anulação pode também ser intentada pelas pessoas com legitimidade para requerer a inibição das responsabilidades parentais, contanto que o façam no ano seguinte à prática dos actos impugnados e antes de o menor atingir a maioridade ou ser emancipado.

(Redação dada pela Lei nº 496/77, de 25-11)

ARTIGO 1894º – Confirmação dos actos pelo tribunal

O tribunal pode confirmar os actos praticados pelos pais sem a necessária autorização.

(Redação dada pelo Decreto-Lei nº 496/77, de 25-11)

ARTIGO 1895º – Bens cuja propriedade pertence aos pais

1 – Pertence aos pais a propriedade dos bens que o filho menor, vivendo em sua companhia, produza por trabalho prestado aos seus progenitores e com meios ou capitais pertencentes a estes.

2 – Os pais devem dar ao filho parte nos bens produzidos ou por outra forma compensá-lo do seu trabalho; o cumprimento deste dever não pode, todavia, ser judicialmente exigido.

(Redação dada pelo Decreto-Lei nº 496/77, de 25-11)

ARTIGO 1896º – Rendimentos dos bens do filho

1 – Os pais podem utilizar os rendimentos dos bens do filho para satisfazerem as despesas com o sustento, segurança, saúde e educação deste, bem como, dentro de justos limites, com outras necessidades da vida familiar.

2 – No caso de só um dos pais exercer as responsabilidades parentais, a ele pertence a utilização dos rendimentos do filho, nos termos do número anterior.

3 – A utilização de rendimentos de bens que caibam ao filho a título de legítima não pode ser excluída pelo doador ou testador.

(Redação dada pela Lei nº 496/77, de 25-11)

ARTIGO 1897º – Exercício da administração

Os pais devem administrar os bens dos filhos com o mesmo cuidado com que administram os seus.

(Redação dada pelo Decreto-Lei nº 496/77, de 25-11)

ARTIGO 1898º – Prestação de caução

1 – Sem prejuízo do disposto no artigo 1920º, os pais não são obrigados a prestar caução como administradores dos bens do filho, excepto quando a este couberem valores móveis e o tribunal, considerando o valor dos bens, o julgue necessário, a pedido das pessoas com legitimidade para a acção de inibição do exercício das responsabilidades parentais.

2 – Se os pais não prestarem a caução que lhes for exigida é aplicável o disposto no artigo 1470º

(Redação dada pela Lei nº 496/77, de 25-11)

ARTIGO 1899º – Dispensa de prestação de contas

Os pais não são obrigados a prestar contas da sua administração, sem prejuízo do disposto no artigo 1920º

(Redação dada pelo Decreto-Lei nº 496/77, de 25-11)

ARTIGO 1900º – Fim da administração

1 – Os pais devem entregar ao filho, logo que este atinja a maioridade ou seja emancipado, todos os bens que lhe pertençam; quando por outro motivo cessem as responsabilidades parentais ou a administração, devem os bens ser entregues ao representante legal do filho.

2 – Os móveis devem ser restituídos no estado em que se encontrarem; não existindo, pagarão os pais o respectivo valor, excepto se houverem sido consumidos em uso comum ao filho ou tiverem perecido por causa não imputável aos progenitores.

(Redação dada pela Lei nº 496/77, de 25-11)

SUBSECÇÃO IV – Exercício das responsabilidades parentais*

ARTIGO 1901º – Responsabilidades parentais na constância do matrimónio

1 – Na constância do matrimónio, o exercício das responsabilidades parentais pertence a ambos os pais.

2 – Os pais exercem as responsabilidades parentais de comum acordo e, se este faltar em questões de particular importância, qualquer deles pode recorrer ao tribunal, que tentará a conciliação.

3 – Se a conciliação referida no número anterior não for possível, o tribunal ouvirá o filho, antes de decidir, salvo quando circunstâncias ponderosas o desaconselhem.

(Redação dada pela Lei nº 61/2008, de 31-10)

ARTIGO 1902º – Actos praticados por um dos pais

1 – Se um dos pais praticar acto que integre o exercício das responsabilidades parentais, presume-se que age de acordo com o outro, salvo quando a lei expressamente exija o consentimento de ambos os progenitores ou se trate de acto de particular importância; a falta de acordo não é oponível a terceiro de boa fé.

2 – O terceiro deve recusar-se a intervir no acto praticado por um dos progenitores quando, nos termos do número anterior, não se presuma o acordo do outro ou quando conheça a oposição deste.

(Redação dada pela Lei nº 61/2008, de 31-10)

ARTIGO 1903º – Impedimento de um ou de ambos os pais

1 – Quando um dos pais não puder exercer as responsabilidades parentais por ausência, incapacidade ou outro impedimento decretado pelo tribunal, caberá esse exercício ao outro progenitor ou, no impedimento deste, por decisão judicial, à seguinte ordem preferencial de pessoas:

a) Ao cônjuge ou unido de facto de qualquer dos pais;

b) A alguém da família de qualquer dos pais.

2 – O disposto no número anterior é igualmente aplicável, com as necessárias adaptações, no caso de a filiação se encontrar estabelecida apenas quanto a um dos pais.

(Redação dada pela Lei nº 137/2015, de 07-09)

ARTIGO 1904º – Morte de um dos progenitores

1 – Por morte de um dos progenitores, o exercício das responsabilidades parentais pertence ao sobrevivo.

2 – É aplicável, em caso de morte de um dos progenitores, o disposto no nº 1 do artigo anterior, sem prejuízo de o tribunal dever ter em conta disposição testamentária do progenitor falecido, caso exista, que designe tutor para a criança.

(Redação dada pela Lei nº 137/2015, de 07-09)

* *A epígrafe da subsecção IV resulta da alteração produzida pelo nº 1 do artigo 3º da Lei nº 61/2008, de 31-10.*

ARTIGO 1904º-A - Exercício conjunto das responsabilidades parentais pelo único progenitor da criança e pelo seu cônjuge ou unido de facto

1 - Quando a filiação se encontre estabelecida apenas quanto a um dos pais, as responsabilidades parentais podem ser também atribuídas, por decisão judicial, ao cônjuge ou unido de facto deste, exercendo -as, neste caso, em conjunto com o progenitor.

2 - O exercício conjunto das responsabilidades parentais, nos termos do número anterior, depende de pedido do progenitor e do seu cônjuge ou unido de facto.

3 - O tribunal deve, sempre que possível, ouvir o menor.

4 - O exercício das responsabilidades parentais, nos termos do presente artigo, inicia-se e extingue-se antes da maioridade ou emancipação apenas por decisão judicial, com fundamento nos artigos 1913º a 1920º-A.

5 - Em caso de divórcio, separação de pessoas e bens, declaração de nulidade ou anulação do casamento, separação de facto ou cessação da coabitação entre os corresponsáveis parentais aplica-se o disposto nos artigos 1905º e 1906º, com as devidas adaptações.

(Aditado pela Lei nº 137/2015, de 07-09)

ARTIGO 1905º - Alimentos devidos ao filho em caso de divórcio, separação judicial de pessoas e bens, declaração de nulidade ou anulação do casamento

1 - Nos casos de divórcio, separação judicial de pessoas e bens, declaração de nulidade ou anulação de casamento, os alimentos devidos ao filho e a forma de os prestar são regulados por acordo dos pais, sujeito a homologação; a homologação é recusada se o acordo não corresponder ao interesse do menor.

2 - Para efeitos do disposto no artigo 1880º, entende-se que se mantém para depois da maioridade, e até que o filho complete 25 anos de idade, a pensão fixada em seu benefício durante a menoridade, salvo se o respetivo processo de educação ou formação profissional estiver concluído antes daquela data, se tiver sido livremente interrompido ou ainda se, em qualquer caso, o obrigado à prestação de alimentos fizer prova da irrazoabilidade da sua exigência.

(Redação dada pela Lei nº 122/2015, de 01-09)

ARTIGO 1906º - Exercício das responsabilidades parentais em caso de divórcio, separação judicial de pessoas e bens, declaração de nulidade ou anulação do casamento

1 - As responsabilidades parentais relativas às questões de particular importância para a vida do filho são exercidas em comum por ambos os progenitores nos termos que vigoravam na constância do matrimónio, salvo nos casos de urgência manifesta, em que qualquer dos progenitores pode agir sozinho, devendo prestar informações ao outro logo que possível.

2 - Quando o exercício em comum das responsabilidades parentais relativas às questões de particular importância para a vida do filho for julgado contrário aos interesses deste, deve o tribunal, através de decisão fundamentada, determinar que essas responsabilidades sejam exercidas por um dos progenitores.

3 – O exercício das responsabilidades parentais relativas aos actos da vida corrente do filho cabe ao progenitor com quem ele reside habitualmente, ou ao progenitor com quem ele se encontra temporariamente; porém, este último, ao exercer as suas responsabilidades, não deve contrariar as orientações educativas mais relevantes, tal como elas são definidas pelo progenitor com quem o filho reside habitualmente.

4 – O progenitor a quem cabe o exercício das responsabilidades parentais relativas aos actos da vida corrente pode exercê-las por si ou delegar o seu exercício.

5 – O tribunal determinará a residência do filho e os direitos de visita de acordo com o interesse deste, tendo em atenção todas as circunstâncias relevantes, designadamente o eventual acordo dos pais e a disponibilidade manifestada por cada um deles para promover relações habituais do filho com o outro.

6 – Ao progenitor que não exerça, no todo ou em parte, as responsabilidades parentais assiste o direito de ser informado sobre o modo do seu exercício, designadamente sobre a educação e as condições de vida do filho.

7 – O tribunal decidirá sempre de harmonia com o interesse do menor, incluindo o de manter uma relação de grande proximidade com os dois progenitores, promovendo e aceitando acordos ou tomando decisões que favoreçam amplas oportunidades de contacto com ambos e de partilha de responsabilidades entre eles.

(Redação dada pela Lei nº 61/2008, de 31-10)

ARTIGO 1906º-A – Regulação das responsabilidades parentais no âmbito de crimes de violência doméstica e de outras formas de violência em contexto familiar

Para efeitos do nº 2 do artigo anterior, considera-se que o exercício em comum das responsabilidades parentais pode ser julgado contrário aos interesses do filho se:

a) For decretada medida de coação ou aplicada pena acessória de proibição de contacto entre progenitores, ou

b) Estiverem em grave risco os direitos e a segurança de vítimas de violência doméstica e de outras formas de violência em contexto familiar, como maus tratos ou abuso sexual de crianças.

(Aditado pela Lei nº 24/2017, de 24-05)

ARTIGO 1907º – Exercício das responsabilidades parentais quando o filho é confiado a terceira pessoa

1 – Por acordo ou decisão judicial, ou quando se verifique alguma das circunstâncias previstas no artigo 1918º, o filho pode ser confiado à guarda de terceira pessoa.

2 – Quando o filho seja confiado a terceira pessoa, cabem a esta os poderes e deveres dos pais que forem exigidos pelo adequado desempenho das suas funções.

3 – O tribunal decide em que termos são exercidas as responsabilidades parentais na parte não prejudicada pelo disposto no número anterior.

(Redação dada pela Lei nº 61/2008, de 31-10)

ARTIGO 1908º – Sobrevivência do progenitor a quem o filho não foi confiado

Quando se verifique alguma das circunstâncias previstas no artigo 1918º, pode o tribunal, ao regular o exercício das responsabilidades parentais, decidir que, se falecer o progenitor a quem o menor for entregue, a guarda não passe para o sobrevivo; o tribunal designará nesse caso a pessoa a quem, provisoriamente, o menor será confiado.

(Redação dada pela Lei nº 61/2008, de 31-10)

ARTIGO 1909º – Separação de facto

1 – As disposições dos artigos 1905º a 1908º são aplicáveis aos cônjuges separados de facto.

2 – Quando os progenitores pretendam regular por mútuo acordo o exercício das responsabilidades parentais de filhos menores ou proceder à alteração de acordo já homologado, podem requerê-lo a todo o tempo junto de qualquer Conservatória do Registo Civil, nos termos previstos nos artigos 274º-A a 274º-C do Código do Registo Civil, aprovado pelo Decreto-Lei nº 131/95, de 6 de junho, ou requerer a homologação judicial de acordo de regulação das responsabilidades parentais, nos termos previstos no Regime Geral do Processo Tutelar Cível, aprovado pela Lei nº 141/2015, de 8 de setembro.

(Redação dada pela Lei nº 5/2017, de 02-03)

ARTIGO 1910º – Filiação estabelecida apenas quanto a um dos progenitores

Se a filiação de menor nascido fora do casamento se encontrar estabelecida apenas quanto a um dos progenitores, a este pertence o exercício das responsabilidades parentais.

(Redação dada pela Lei nº 61/2008, de 31-10)

ARTIGO 1911º – Filiação estabelecida quanto a ambos os progenitores que vivem em condições análogas às dos cônjuges

1 – Quando a filiação se encontre estabelecida relativamente a ambos os progenitores e estes vivam em condições análogas às dos cônjuges, aplica-se ao exercício das responsabilidades parentais o disposto nos artigos 1901º a 1904º

2 – No caso de cessação da convivência entre os progenitores, são aplicáveis as disposições dos artigos 1905º a 1908º, bem como o disposto no nº 2 do artigo 1909º, sempre que os progenitores pretendam regular por mútuo acordo o exercício das responsabilidades parentais.

(Redação dada pela Lei nº 5/2017, de 02-03)

ARTIGO 1912º – Filiação estabelecida quanto a ambos os progenitores que não vivem em condições análogas às dos cônjuges

1 – Quando a filiação se encontre estabelecida relativamente a ambos os progenitores e estes não vivam em condições análogas às dos cônjuges, aplica-se ao exercício das responsabilidades parentais o disposto nos artigos 1904º a 1908º

2 – No âmbito do exercício em comum das responsabilidades parentais, aplicam-se as disposições dos artigos 1901º e 1903º, sendo igualmente aplicável o disposto no

nº 2 do artigo 1909º, sempre que os progenitores pretendam regular por mútuo acordo o exercício das responsabilidades parentais.

(Redação dada pela Lei nº 5/2017, de 02-03)

SUBSECÇÃO V – Inibição e limitações ao exercício das responsabilidades parentais*

ARTIGO 1913º – Inibição de pleno direito

1 – Consideram-se de pleno direito inibidos do exercício das responsabilidades parentais:

a) Os condenados definitivamente por crime a que a lei atribua esse efeito;

b) Os maiores acompanhados, apenas nos casos em que a sentença de acompanhamento assim o declare;

c) Os ausentes, desde a nomeação do curador provisório.

2 – Os menores não emancipados consideram-se de pleno direito inibidos de representar o filho e administrar os seus bens.

3 – As decisões judiciais que importem inibição do exercício das responsabilidades, parentais são comunicadas, logo que transitem em julgado, ao tribunal competente, a fim de serem tomadas as providências que no caso couberem.

(Redação dada pela Lei nº 49/2018, de 14-08)

ARTIGO 1914º – Cessação da inibição

A inibição de pleno direito do exercício das responsabilidades parentais cessa com o termo do acompanhamento ou com a revisão, nesse sentido, da sentença que o tenha decretado.

(Redação dada pela Lei nº 49/2018, de 14 de agosto)

ARTIGO 1915º – Inibição do exercício das responsabilidades parentais

1 – A requerimento do Ministério Público, de qualquer parente do menor ou de pessoa a cuja guarda ele esteja confiado, de facto ou de direito, pode o tribunal decretar a inibição do exercício das responsabilidades parentais quando qualquer dos pais infrinja culposamente os deveres para com os filhos, com grave prejuízo destes, ou quando, por inexperiência, enfermidade, ausência ou outras razões, não se mostre em condições de cumprir aqueles deveres.

2 – A inibição pode ser total ou limitar-se à representação e administração dos bens dos filhos; pode abranger ambos os progenitores ou apenas um deles e referir-se a todos os filhos ou apenas a algum ou alguns.

3 – Salvo decisão em contrário, os efeitos da inibição que abranja todos os filhos estendem-se aos que nascerem depois de decretada.

(Redação dada pela Lei nº 496/77, de 25-11)

* *A epígrafe da subsecção V resulta da alteração produzida pelo nº 2 do artigo 3º da Lei nº 61/2008, de 31-10.*

ARTIGO 1916º – Levantamento da inibição

1 – A inibição do exercício das responsabilidades parentais decretada pelo tribunal será levantada quando cessem as causas que lhe deram origem.

2 – O levantamento pode ser pedido pelo Ministério Público, a todo o tempo, ou por qualquer dos pais, passado um ano sobre o trânsito em julgado da sentença de inibição ou da que houver desatendido outro pedido de levantamento.

(Redação dada pela Lei nº 496/77, de 25-11)

ARTIGO 1917º – Alimentos

A inibição do exercício das responsabilidades parentais em nenhum caso isenta os pais do dever de alimentarem o filho.

(Redação dada pela Lei nº 496/77, de 25-11)

ARTIGO 1918º – Perigo para a segurança, saúde, formação moral e educação do filho

Quando a segurança, a saúde, a formação moral ou a educação de um menor se encontrem em perigo e não seja caso de inibição do exercício das responsabilidades parentais, pode o tribunal, a requerimento do Ministério Público ou de qualquer das pessoas indicadas no nº 1 do artigo 1915º, decretar as providências adequadas, designadamente confiá-lo a terceira pessoa ou a estabelecimento de educação ou assistência.

(Redação dada pela Lei nº 496/77, de 25-11)

ARTIGO 1919º – Exercício das responsabilidades parentais enquanto se mantiver a providência

1 – Quando tiver sido decretada alguma das providências referidas no artigo anterior, os pais conservam o exercício das responsabilidades parentais em tudo o que com ela se não mostre inconciliável.

2 – Se o menor tiver sido confiado a terceira pessoa ou a estabelecimento de educação ou assistência, será estabelecido um regime de visitas aos pais, a menos que, excepcionalmente, o interesse do filho o desaconselhe.

(Redação dada pela Lei nº 496/77, de 25-11)

ARTIGO 1920º – Protecção dos bens do filho

1 – Quando a má administração ponha em perigo o património do filho e não seja caso de inibição do exercício das responsabilidades parentais, pode o tribunal, a requerimento do Ministério Público ou de qualquer parente, decretar as providências que julgue adequadas.

2 – Atendendo em especial ao valor dos bens, pode nomeadamente o tribunal exigir a prestação de contas e de informações sobre a administração e estado do património do filho e, quando estas providências não sejam suficientes, a prestação de caução.

(Redação dada pela Lei nº 496/77, de 25-11)

ARTIGO 1920º-A – Revogação ou alteração de decisões

As decisões que decretem providências ao abrigo do disposto nos artigos 1918º a 1920º podem ser revogadas ou alteradas a todo o tempo pelo tribunal que as proferiu, a requerimento do Ministério Público ou de qualquer dos pais.

(Redação dada pelo Decreto-Lei nº 496/77, de 25-11)

SUBSECÇÃO VI – Registo das decisões relativas às responsabilidades parentais*

ARTIGO 1920º-B – Obrigatoriedade do registo

Serão oficiosamente comunicadas à repartição do registo civil competente a fim de serem registadas:

a) As decisões que regulem o exercício das responsabilidades parentais ou homologuem acordo sobre esse exercício;

b) As decisões que homologuem a reconciliação de cônjuges judicialmente separados de pessoas e bens;

c) As decisões que façam cessar a regulação das responsabilidades parentais em caso de reconciliação de cônjuges separados de facto;

d) As decisões que importem a inibição do exercício das responsabilidades parentais, as suspendam provisoriamente ou estabeleçam providências limitativas dessas responsabilidades.

(Redação dada pela Lei nº 496/77, de 25-11)

ARTIGO 1920º-C – Consequência da falta do registo

As decisões judiciais a que se refere o artigo anterior não podem ser invocadas contra terceiro de boa fé enquanto se não mostre efectuado o registo.

(Redação dada pelo Decreto-Lei nº 496/77, de 25-11)

SECÇÃO III – Meios de suprir o poder paternal

SUBSECÇÃO I – Disposições gerais

ARTIGO 1921º – Menores sujeitos a tutela

1 – O menor está obrigatoriamente sujeito a tutela:

a) Se os pais houverem falecido;

b) Se estiverem inibidos do poder paternal quanto à regência da pessoa do filho;

c) Se estiverem há mais de seis meses impedidos de facto de exercer o poder paternal;

d) Se forem incógnitos.

* *A epígrafe da subsecção VI resulta da alteração produzida pelo nº 2 do artigo 3º da Lei nº 61/2008, de 31-10.*

2 – Havendo impedimento de facto dos pais, deve o Ministério Público tomar as providências necessárias à defesa do menor, independentemente do decurso do prazo referido na alínea *c*) de número anterior, podendo para o efeito promover a nomeação de pessoa que, em nome do menor, celebre os negócios jurídicos que sejam urgentes ou de que resulte manifesto proveito para este.

3 – O disposto no nº 1 não é aplicável quando se constituir o apadrinhamento civil.

(Redação dada pela Lei nº 103/2009, de 11-09)

ARTIGO 1922º – Administração de bens

Será instituído o regime de administração de bens do menor previsto nos artigos 1967º e seguintes:

a) Quando os pais tenham sido apenas excluídos, inibidos ou suspensos da administração de todos os bens do incapaz ou de alguns deles, se por outro título se não encontrar designado o administrador;

b) Quando a entidade competente para designar o tutor confie a outrem, no todo ou em parte, a administração dos bens do menor.

ARTIGO 1923º – Carácter oficioso da tutela e da administração

1 – Sempre que o menor se encontre numa das situações previstas nos artigos anteriores, deve o tribunal de menores promover oficiosamente a instauração da tutela ou da administração de bens.

2 – Qualquer autoridade administrativa ou judicial, bem como os funcionários do registo civil, que no exercício do cargo tenham conhecimento de tais situações devem comunicar o facto ao tribunal competente.

ARTIGO 1924º – Órgãos da tutela e da administração

1 – A tutela é exercida por um tutor e pelo conselho de família.

2 – A administração de bens é exercida por um ou mais administradores e, se estiver instaurada a tutela, pelo conselho de família.

ARTIGO 1925º – Atribuições do tribunal de menores

1 – Tanto a tutela como a administração de bens são exercidas sob a vigilância do tribunal de menores.

2 – Ao tribunal de menores, além de outras atribuições fixadas na lei, compete ainda, conforme os casos, confirmar ou designar os tutores, administradores de bens e vogais do conselho de família.

ARTIGO 1926º – Obrigatoriedade das funções tutelares

Os cargos de tutor, administrador de bens e vogal do conselho de família são obrigatórios, não podendo ninguém ser deles escusado senão nos casos expressos na lei.

SUBSECÇÃO II – **Tutela**

DIVISÃO I – **Designação do tutor**

ARTIGO 1927º – Pessoas a quem compete a tutela

O cargo de tutor recairá sobre a pessoa designada pelos pais ou pelo tribunal de menores.

(Redação dada pelo Decreto-Lei nº 496/77, de 25-11)

ARTIGO 1928º – Tutor designado pelos pais

1 – Os pais podem nomear tutor ao filho menor para o caso de virem a falecer ou se tornarem incapazes; se apenas um dos progenitores exercer o poder paternal, a ele pertencerá esse poder.

2 – Quando, falecido um dos progenitores que houver nomeado tutor ao filho menor, lhe sobreviver o outro, a designação considera-se eficaz se não for revogada por este no exercício do poder paternal.

3 – A designação do tutor e respectiva revogação só têm validade sendo feitas em testamento ou em documento autêntico ou autenticado.

(Redação dada pelo Decreto-Lei nº 496/77, de 25-11)

ARTIGO 1929º – Designação de vários tutores

Quando, nos termos do artigo anterior, tiver sido designado mais de um tutor para o mesmo filho, recairá a tutela em cada um dos designados segundo a ordem da designação, quando a precedência entre eles não for de outro modo especificada.

(Redação dada pelo Decreto-Lei nº 496/77, de 25-11)

ARTIGO 1930º

(Revogado pelo Decreto-Lei nº 496/77, de 25-11)

ARTIGO 1931º – Tutor designado pelo tribunal

1 – Quando os pais não tenham designado tutor ou este não haja sido confirmado, compete ao tribunal de menores, ouvido o conselho de família, nomear o tutor de entre os parentes ou afins do menor ou de entre as pessoas que de facto tenham cuidado ou estejam a cuidar do menor ou tenham por ele demonstrado afeição.

2 – Antes de proceder à nomeação de tutor, deve o tribunal ouvir o menor que tenha completado catorze anos.

(Redação dada pelo Decreto-Lei nº 496/77, de 25-11)

ARTIGO 1932º – Tutela de vários irmãos

A tutela respeitante a dois ou mais irmãos caberá, sempre que possível, a um só tutor.

(Redação dada pelo Decreto-Lei nº 496/77, de 25-11)

ARTIGO 1933º – Quem não pode ser tutor

1 – Não podem ser tutores:

a) Os menores não emancipados;

b) Os afetados por perturbação mental notória, ainda que não estejam em situação de acompanhamento com limitação para o exercício de direitos pessoais;

c) As pessoas de mau procedimento ou que não tenham modo de vida conhecido;

d) Os que tiverem sido inibidos ou se encontrarem total ou parcialmente suspensos do poder paternal;

e) Os que tiverem sido removidos ou se encontrarem suspensos de outra tutela ou do cargo de vogal de conselho de família por falta de cumprimento das respectivas obrigações;

f) Os divorciados e os separados judicialmente de pessoas e bens por sua culpa;

g) Os que tenham demanda pendente com o menor ou com seus pais, ou a tenham tido há menos de cinco anos;

h) Aquele cujos pais, filhos ou cônjuges tenham, ou hajam tido há menos de cinco anos, demanda com o menor ou seus pais;

i) Os que sejam inimigos pessoais do menor ou dos seus pais;

j) Os que tenham sido excluídos pelo pai ou mãe do menor, nos mesmos termos em que qualquer deles pode designar tutor;

l) Os magistrados judiciais ou de Ministério Público que exerçam funções na comarca do domicílio do menor ou na da situação dos seus bens.

2 – Os maiores acompanhados, os insolventes e os inibidos ou suspensos das responsabilidades parentais ou removidos da tutela quanto à administração de bens podem ser nomeados tutores, desde que sejam apenas encarregados da guarda e regência da pessoa do menor ou desde que as medidas de acompanhamento o permitam.

(Redação dada pela Lei nº 49/2018, de 14 de agosto)

ARTIGO 1934º – Escusa da tutela

1 – Podem escusar-se da tutela:

a) O Presidente da República e os membros do governo;

b) Os bispos e sacerdotes que tenham cura de almas, bem como os religiosos que vivam em comunidade;

c) Os militares em serviço activo;

d) Os que residam fora da comarca onde o menor tem a maior parte dos bens, salvo se a tutela compreender apenas a regência da pessoa do menor, ou os bens deste forem de reduzido valor;

e) Os que tiverem mais de três descendentes a seu cargo;

f) Os que exerçam outra tutela ou curatela;

g) Os que tenham mais de sessenta e cinco anos;

h) Os que não sejam parentes ou afins em linha recta do menor, ou seus colaterais até ao quarto grau;

i) Os que, em virtude de doença, ocupações profissionais absorventes ou carência de meios económicos, não possam exercer a tutela sem grave incómodo ou prejuízo.

2 – O que for escusado da tutela pode ser compelido a aceitá-la, desde que cesse o motivo da escusa.

(Redação dada pelo Decreto-Lei nº 496/77, de 25-11)

DIVISÃO II – Direitos e obrigações do tutor

ARTIGO 1935º – Princípios gerais

1 – O tutor tem os mesmos direitos e obrigações dos pais, com as modificações e restrições constantes dos artigos seguintes.

2 – O tutor deve exercer a tutela com a diligência de um bom pai de família.

(Redação dada pelo Decreto-Lei nº 496/77, de 25-11)

ARTIGO 1936º – Rendimentos dos bens do pupilo

O tutor só pode utilizar os rendimentos do pupilo no sustento e educação deste e na administração dos seus bens.

(Redação dada pelo Decreto-Lei nº 496/77, de 25-11)

ARTIGO 1937º – Actos proibidos ao tutor

É vedado ao tutor:

a) Dispor a título gratuito dos bens do menor;

b) Tomar de arrendamento ou adquirir, directamente ou por interposta pessoa, ainda que seja em hasta pública, bens ou direitos do menor, ou tornar-se cessionário de créditos ou outros direitos contra ele, excepto nos casos de sub-rogação legal, de licitação em processo de inventário ou de outorga em partilha judicialmente autorizada;

c) Celebrar em nome do pupilo contratos que o obriguem pessoalmente a praticar certos actos, excepto quando as obrigações contraídas sejam necessárias à sua educação, estabelecimento ou ocupação;

d) Receber do pupilo, directamente ou por interposta pessoa, quaisquer liberalidades, por acto entre vivos ou por morte, se tiverem sido feitas depois da sua designação e antes da aprovação das respectivas contas, sem prejuízo do disposto para as deixas testamentárias no nº 3 do artigo 2192º

(Redação dada pelo Decreto-Lei nº 227/94, de 08-09)

ARTIGO 1938º – Actos dependentes de autorização do tribunal

1 – O tutor, como representante do pupilo, necessita de autorização do tribunal:

a) Para praticar qualquer dos actos mencionados no nº 1 do artigo 1889º;

b) Para adquirir bens, móveis ou imóveis, como aplicação de capitais do menor;

c) Para aceitar herança, doação ou legado, ou convencionar partilha extrajudicial;

d) Para contrair ou solver obrigações, salvo quando respeitem a alimentos do menor ou se mostrem necessárias à administração do seu património;

e) Para intentar acções, salvas as destinadas à cobrança de prestações periódicas e aquelas cuja demora possa causar prejuízo;

f) Para continuar a exploração do estabelecimento comercial ou industrial que o menor haja recebido por sucessão ou doação.

2 – O tribunal não concederá a autorização que lhe seja pedida sem previamente ouvir o conselho de família.

3 – O disposto no nº 1 não prejudica o que é especialmente determinado em relação aos actos praticados em processo de inventário.

(Redação dada pelo Decreto-Lei nº 227/94, de 08-09)

ARTIGO 1939º – Nulidade dos actos praticados pelo tutor

1 – São nulos os actos praticados pelo tutor em contravenção do disposto no artigo 1937º; a nulidade não pode, porém, ser invocada pelo tutor ou seus herdeiros nem pela interposta pessoa de quem ele se tenha servido.

2 – A nulidade é sanável mediante confirmação do pupilo, depois de maior ou emancipado, mas somente enquanto não for declarada por sentença com trânsito em julgado.

ARTIGO 1940º – Outras sanções

1 – Os actos praticados pelo tutor em contravenção do disposto nas alíneas *a*) a *d*) do nº 1 do artigo 1938º podem ser anulados oficiosamente pelo tribunal durante a menoridade do pupilo, ou a requerimento de qualquer vogal do conselho de família ou do próprio pupilo, até cinco anos após a sua maioridade ou emancipação.

2 – Os herdeiros do pupilo podem também requerer a anulação, desde que o façam antes de decorrido igual período sobre o falecimento.

3 – Se o tutor intentar alguma acção em contravenção do disposto na alínea *e*) do nº 1 do artigo 1938º, deve o tribunal ordenar oficiosamente a suspensão da instância, depois da citação, até que seja concedida a autorização necessária.

4 – Se o tutor continuar a explorar, sem autorização, o estabelecimento comercial ou industrial do pupilo, é pessoalmente responsável por todos os danos, ainda que acidentais, resultantes da exploração.

ARTIGO 1941º – Confirmação dos actos pelo tribunal

O tribunal de menores, ouvido o conselho de família, pode confirmar os actos praticados pelo tutor sem a necessária autorização.

ARTIGO 1942º – Remuneração do tutor

1 – O tutor tem direito a ser remunerado.

2 – Se a remuneração não tiver sido fixada pelos pais do menor no acto de designação do tutor, será arbitrada pelo tribunal de menores, ouvido o conselho de família, não podendo, em qualquer caso, exceder a décima parte dos rendimentos líquidos dos bens do menor.

ARTIGO 1943º – Relação dos bens do menor

1 – O tutor é obrigado a apresentar uma relação do activo e do passivo do pupilo dentro do prazo que lhe for fixado pelo tribunal de menores.

2 – Se o tutor for credor do menor, mas não tiver relacionado o respectivo crédito, não lhe é licíto exigir o cumprimento durante a tutela, salvo provando que à data da apresentação da relação ignorava a existência da dívida.

ARTIGO 1944º – Obrigação de prestar contas

1 – O tutor é obrigado a prestar contas ao tribunal de menores quando cessar a sua gerência ou, durante ela, sempre que o tribunal o exigir.

2 – Sendo as contas prestadas no termo da gerência, o tribunal ouvirá o ex-pupilo ou os seus herdeiros, se tiver terminado a tutela; no caso contrário, será ouvido o novo tutor.

(Redação dada pelo Decreto-Lei nº 496/77, de 25-11)

ARTIGO 1945º – Responsabilidade do tutor

1 – O tutor é responsável pelo prejuízo que por dolo ou culpa causar ao pupilo.

2 – Quando à vista das contas o tutor ficar alcançado, a importância do alcance vence os juros legais desde a aprovação daquelas, se os não vencer por outra causa desde data anterior.

ARTIGO 1946º – Direito do tutor a ser indemnizado

1 – Serão abonadas ao tutor as despesas que legalmente haja feito, ainda que delas, sem culpa sua, nenhum proveito tenha provindo ao menor.

2 – O saldo a favor do tutor é satisfeito pelos primeiros rendimentos do menor; ocorrendo, porém, despesas urgentes, de forma que o tutor se não possa inteirar, vence juros o saldo, se não se prover de outro modo ao pronto pagamento da dívida.

ARTIGO 1947º – Contestação das contas aprovadas

A aprovação das contas não impede que elas sejam judicialmente impugnadas pelo pupilo nos dois anos subsequentes à maioridade ou emancipação, ou pelos seus herdeiros dentro do mesmo prazo, a contar do falecimento do pupilo, se este falecer antes de decorrido o prazo que lhe seria concedido se fosse vivo.

DIVISÃO III – Remoção e exoneração do tutor

ARTIGO 1948º – Remoção do tutor

Pode ser removido da tutela:

a) O tutor que falte ao cumprimento dos deveres próprios do cargo ou revele inaptidão para o seu exercício;

b) O tutor que por facto superveniente à investidura no cargo se constitua nalguma das situações que impediriam a sua nomeação.

ARTIGO 1949º – Acção de remoção

A remoção do tutor é decretada pelo tribunal de menores, ouvido o conselho de família, a requerimento do Ministério Público, de qualquer parente do menor, ou da pessoa a cuja guarda este esteja confiado de facto ou de direito.

ARTIGO 1950º – Exoneração do tutor

O tutor pode, a seu pedido, ser exonerado do cargo pelo tribunal de menores:

a) Se sobrevier alguma das causas de escusa;

b) Ao fim de três anos, nos casos em que o tutor se podia ter escusado a aceitar o cargo, se subsistir a causa da escusa.

(Redação dada pelo Decreto-Lei nº 496/77, de 25-11)

DIVISÃO IV – Conselho de família

ARTIGO 1951º – Constituição

O conselho de família é constituído por dois vogais, escolhidos nos termos do artigo seguinte, e pelo agente do Ministério Público, que preside.

ARTIGO 1952º – Escolha dos vogais

1 – Os vogais do conselho de família são escolhidos entre os parentes ou afins do menor, tomando em conta, nomeadamente, a proximidade do grau, as relações de amizade, as aptidões, a idade, o lugar de residência e o interesse manifestado pela pessoa do menor.

2 – Na falta de parentes ou afins que possam ser designados nos termos do número anterior, cabe ao tribunal escolher os vogais de entre os amigos dos pais, vizinhos ou outras pessoas que possam interessar-se pelo menor.

3 – Sempre que possível, um dos vogais do conselho de família pertencerá ou representará a linha paterna e o outro a linha materna do menor.

(Redação dada pelo Decreto-Lei nº 496/77, de 25-11)

ARTIGO 1953º – Incapacidade. Escusa

1 – É aplicável aos vogais do conselho de família o disposto nos artigos 1933º e 1934º

2 – É ainda fundamento de escusa o facto de o vogal designado residir fora do território continental ou da ilha adjacente em que o menor tiver residência habitual.

ARTIGO 1954º – Atribuições

Pertence ao conselho de família vigiar o modo por que são desempenhadas as funções do tutor e exercer as demais atribuições que a lei especialmente lhe confere.

ARTIGO 1955º – Protutor

1 – A fiscalização da acção do tutor é exercida com carácter permanente por um dos vogais do conselho de família, denominado protutor.

2 – O protutor deve, sempre que possível, representar a linha de parentesco diversa da do tutor.

3 – Se o tutor for irmão germano do menor ou cônjuge de irmão germano, ou se ambos os vogais do conselho de família pertencerem à mesma linha de parentesco ou não pertencerem a nenhuma delas, cabe ao tribunal a escolha do protutor.

(Redação dada pelo Decreto-Lei nº 496/77, de 25-11)

ARTIGO 1956º – Outras funções do protutor

Além de fiscalizar a acção do tutor, compete ao protutor:

a) Cooperar com o tutor no exercício das funções tutelares, podendo encarregar-se da administração de certos bens do menor nas condições estabelecidas pelo conselho de família e com o acordo do tutor;

b) Substituir o tutor nas suas faltas e impedimentos, passando, nesse caso, a servir de protutor o outro vogal do conselho de família;

c) Representar o menor em juízo ou fora dele, quando os seus interesses estejam em oposição com os do tutor e o tribunal não haja nomeado curador especial.

ARTIGO 1957º – Convocação do conselho

1 – O conselho de família é convocado por determinação do tribunal ou do Ministério Público, ou a requerimento de um dos vogais, do tutor, do administrador de bens, de qualquer parente do menor, ou do próprio menor, quando tiver mais de dezasseis anos.

2 – A convocação indicará o objecto principal da reunião e será enviada a cada um dos vogais com oito dias de antecedência.

3 – Faltando algum dos vogais, o conselho será convocado para outro dia; se de novo faltar algum dos vogais, as deliberações serão tomadas pelo Ministério Público, ouvido o outro vogal, quando esteja presente.

4 – A falta injustificada às reuniões do conselho de família torna o faltoso responsável pelos danos que o menor venha a sofrer.

(Redação dada pelo Decreto-Lei nº 496/77, de 25-11)

ARTIGO 1958º – Funcionamento

1 – Os vogais do conselho de família são obrigados a comparecer pessoalmente.

2 – O conselho de família pode deliberar que às suas reuniões ou a alguma delas assista o tutor, o administrador de bens, qualquer parente do menor, o próprio menor, ou ainda pessoa estranha à família cujo parecer seja útil; mas, em qualquer caso, só os vogais do conselho têm voto.

3 – De igual faculdade goza o Ministério Público.

ARTIGO 1959º – Gratuidade das funções

O exercício do cargo de vogal do conselho de família é gratuito.

ARTIGO 1960º – Remoção e exoneração

São aplicáveis aos vogais do conselho de família, com as necessárias adaptações, as disposições relativas à remoção e exoneração do tutor.

DIVISÃO V – Termo da tutela

ARTIGO 1961º – Quando termina

A tutela termina:

a) Pela maioridade, salvo o disposto no artigo 131º;

b) Pela emancipação, salvo o disposto no artigo 1649º;

c) Pela adopção;

d) Pelo termo da inibição do poder paternal;

e) Pela cessação do impedimento dos pais;

f) Pelo estabelecimento da maternidade ou paternidade;

g) Pela constituição do apadrinhamento civil.

(Redação dada pela Lei nº 103/2009, de 11-09)

DIVISÃO VI – Tutela de menores confiados a estabelecimentos de educação ou assistência

ARTIGO 1962º – Exercício da tutela

1 – Quando não exista pessoa em condições de exercer a tutela, o menor é confiado à assistência pública, nos termos da respectiva legislação, exercendo as funções de tutor o director do estabelecimento público ou particular onde tenha sido internado.

2 – Neste caso, não existe conselho de família nem é nomeado protutor.

(Redação dada pelo Decreto-Lei nº 496/77, de 25-11)

ARTIGOS 1963º A 1966º

(Revogados pelo Decreto-Lei nº 496/77, de 25-11)

SUBSECÇÃO III – Administração de bens

ARTIGO 1967º – Designação do administrador

Quando haja lugar à instituição da administração de bens do menor nos termos do artigo 1922º, são aplicáveis à designação do administrador as disposições relativas à nomeação do tutor, salvo o preceituado nos artigos seguintes.

ARTIGO 1968º – Designação por terceiro

Ao autor de doação ou deixa em benefício de menor é lícita a designação de administrador, mas só com relação aos bens compreendidos na liberalidade.

ARTIGO 1969º – Pluralidade de administradores

1 – Tendo os pais ou terceiro designado vários administradores e tendo sido determinados os bens cuja administração compete a cada um deles, não é aplicável o critério da preferência pela ordem da designação.

2 – O tribunal de menores pode também designar vários administradores, determinando os bens que a cada um compete administrar.

ARTIGO 1970º – Quem não pode ser administrador

Além das pessoas que a lei impede de serem tutores, não podem ser administradores:

a) Os insolventes e, bem assim, os inibidos ou suspensos das responsabilidades parentais ou removidos da tutela, quanto à administração de bens;

b) Os condenados como autores ou cúmplices dos crimes de furto, roubo, burla, abuso de confiança, falência ou insolvência fraudulenta e, em geral, de crimes dolosos contra a propriedade.

(Redação dada pela Lei n.º 49/2018, de 14 de agosto)

ARTIGO 1971º – Direitos e deveres do administrador

1 – No âmbito da sua administração, o administrador tem os direitos e deveres do tutor.

2 – O administrador é o representante legal do menor nos actos relativos aos bens cuja administração lhe pertença.

3 – O administrador deve abonar aos pais ou tutor, por força dos rendimentos dos bens, as importâncias necessárias aos alimentos do menor.

4 – As divergências entre o administrador e os pais ou tutor são decididas pelo tribunal de menores, ouvido o conselho de família, se o houver.

ARTIGO 1972º – Remoção e exoneração. Termo da administração

São aplicáveis ao administrador, com as necessárias adaptações, as disposições relativas à remoção e exoneração do tutor e ao termo da tutela.

TÍTULO IV – Da adoção

CAPÍTULO I – Disposições gerais

ARTIGO 1973º – Constituição

1 – O vínculo da adoção constitui-se por sentença judicial.

2 – O processo de adoção é regulado em diploma próprio.

(Redação dada pela Lei nº 143/2015, de 08-09)

ARTIGO 1974º – Requisitos gerais

1 – A adopção visa realizar o superior interesse da criança e será decretada quando apresente reais vantagens para o adoptando, se funde em motivos legítimos, não envolva sacrifício injusto para os outros filhos do adoptante e seja razoável supor que entre o adoptante e o adoptando se estabelecerá um vínculo semelhante ao da filiação.

2 – O adoptando deverá ter estado ao cuidado do adoptante durante prazo suficiente para se poder avaliar da conveniência da constituição do vínculo.

(Redação dada pela Lei nº 31/2003, de 22-08)

ARTIGO 1975º – Proibição de adoções simultâneas e sucessivas

1 – Enquanto subsistir uma adoção, não pode constituir-se outra quanto ao mesmo adotado, exceto se os adotantes forem casados um com o outro.

2 – O disposto no número anterior não impede a constituição de novo vínculo adotivo, caso se verifiquem algumas das situações a que se reportam as alíneas *a*), *c*), *d*) e *e*) do nº 1 do artigo 1978º

(Redação dada pela Lei nº 143/2015, de 08-09)

ARTIGO 1976º – Adoção pelo tutor ou administrador legal de bens

O tutor ou administrador legal de bens só pode adotar a criança depois de aprovadas as contas da tutela ou administração de bens e saldada a sua responsabilidade.

(Redação dada pela Lei nº 143/2015, de 08-09)

ARTIGO 1977º – Espécies de adoção

(Revogado pela Lei nº 143/2015, de 08-09)

ARTIGO 1978º – Confiança com vista a futura adopção

1 – O tribunal, no âmbito de um processo de promoção e proteção, pode confiar a criança com vista a futura adoção quando não existam ou se encontrem seriamente comprometidos os vínculos afetivos próprios da filiação, pela verificação objetiva de qualquer das seguintes situações:

a) Se a criança for filha de pais incógnitos ou falecidos;

b) Se tiver havido consentimento prévio para a adoção;

c) Se os pais tiverem abandonado a criança;

d) Se os pais, por ação ou omissão, mesmo que por manifesta incapacidade devida a razões de doença mental, puserem em perigo grave a segurança, a saúde, a formação, a educação ou o desenvolvimento da criança;

e) Se os pais da criança acolhida por um particular, por uma instituição ou por família de acolhimento tiverem revelado manifesto desinteresse pelo filho, em termos de comprometer seriamente a qualidade e a continuidade daqueles vínculos, durante, pelo menos, os três meses que precederam o pedido de confiança.

2 – Na verificação das situações previstas no número anterior, o tribunal deve atender prioritariamente aos direitos e interesses da criança.

3 – Considera-se que a criança se encontra em perigo quando se verificar alguma das situações assim qualificadas pela legislação relativa à proteção e à promoção dos direitos das crianças.

4 – A confiança com fundamento nas situações previstas nas alíneas *a*), *c*), *d*) e *e*) do nº 1 não pode ser decidida se a criança se encontrar a viver com ascendente, colateral até ao 3º grau ou tutor e a seu cargo, salvo se aqueles familiares ou o tutor

puserem em perigo, de forma grave, a segurança, a saúde, a formação, a educação ou o desenvolvimento da criança ou se o tribunal concluir que a situação não é adequada a assegurar suficientemente o interesse daquela.

(Redação dada pela Lei nº 143/2015, de 08-09)

ARTIGO 1978º-A – Efeitos da medida de promoção e proteção de confiança com vista a futura adoção

Decretada a medida de promoção e proteção de confiança com vista a futura adoção, ficam os pais inibidos do exercício das responsabilidades parentais.

(Redação dada pela Lei nº 143/2015, de 08-09)

CAPÍTULO II – Adoção plena

ARTIGO 1979º – Quem pode adotar

1 – Podem adotar duas pessoas casadas há mais de quatro anos e não separadas judicialmente de pessoas e bens ou de facto, se ambas tiverem mais de 25 anos.

2 – Pode ainda adotar quem tiver mais de 30 anos ou, se o adotando for filho do cônjuge do adotante, mais de 25 anos.

3 – Só pode adotar quem não tiver mais de 60 anos à data em que a criança lhe tenha sido confiada, mediante confiança administrativa ou medida de promoção e proteção de confiança com vista a futura adoção, sendo que a partir dos 50 anos a diferença de idades entre o adotante e o adotando não pode ser superior a 50 anos.

4 – Pode, no entanto, a diferença de idades ser superior a 50 anos quando, a título excecional, motivos ponderosos e atento o superior interesse do adotando o justifiquem, nomeadamente por se tratar de uma fratria em que relativamente apenas a algum ou alguns dos irmãos se verifique uma diferença de idades superior àquela.

5 – O disposto no nº 3 não se aplica quando o adotando for filho do cônjuge do adotante.

6 – Releva para efeito da contagem do prazo do nº 1 o tempo de vivência em união de facto imediatamente anterior à celebração do casamento.

(Redação dada pela Lei nº 143/2015, de 08-09)

ARTIGO 1980º – Quem pode ser adotado

1 – Podem ser adotadas as crianças:

a) Que tenham sido confiadas ao adotante mediante confiança administrativa ou medida de promoção e proteção de confiança com vista a futura adoção;

b) Filhas do cônjuge do adotante.

2 – O adotando deve ter menos de 15 anos à data do requerimento de adoção.

3 – Pode, no entanto, ser adotado quem, à data do requerimento, tenha menos de 18 anos e não se encontre emancipado quando, desde idade não superior a 15 anos, tenha sido confiado aos adotantes ou a um deles ou quando for filho do cônjuge do adotante.

(Redação dada pela Lei nº 143/2015, de 08-09)

ARTIGO 1981º – Consentimento para a adoção

1 – Para a adoção é necessário o consentimento:

a) Do adotando maior de doze anos;

b) Do cônjuge do adotante não separado judicialmente de pessoas e bens;

c) Dos pais do adotando, ainda que menores e mesmo que não exerçam as responsabilidades parentais, desde que não tenha havido medida de promoção e proteção de confiança com vista a futura adoção;

d) Do ascendente, do colateral até ao 3º grau ou do tutor, quando, tendo falecido os pais do adotando, tenha este a seu cargo e com ele viva;

e) Dos adotantes.

2 – Nos casos previstos nas alíneas *c*), *d*) e *e*) do nº 1 do artigo 1978º, sempre que a criança se encontre a viver com ascendente colateral até ao 3º grau ou tutor e a seu cargo, não é exigido o consentimento dos pais, sendo porém exigido o consentimento dessas pessoas.

3 – O tribunal pode dispensar o consentimento:

a) Das pessoas que o deveriam prestar nos termos dos números anteriores, se estiverem privadas do uso das faculdades mentais ou se, por qualquer outra razão, houver grave dificuldade em as ouvir;

b) (*Revogada.*)

c) Dos pais do adotando inibidos do exercício das responsabilidades parentais, quando, passados 18 ou 6 meses, respetivamente, sobre o trânsito em julgado da sentença de inibição ou da que houver desatendido outro pedido, o Ministério Público ou aqueles não tenham solicitado o levantamento da inibição decretada pelo tribunal, nos termos do disposto no nº 2 do artigo 1916º

(Redação dada pela Lei nº 143/2015, de 08-09)

ARTIGO 1982º – Forma e tempo do consentimento

1 – O consentimento é inequívoco e prestado perante o juiz, que deve esclarecer o declarante sobre o significado e os efeitos do ato.

2 – O consentimento pode ser prestado independentemente da instauração do processo de adoção.

3 – A mãe não pode dar o seu consentimento antes de decorridas seis semanas após o parto.

(Redação dada pela Lei nº 143/2015, de 08-09)

ARTIGO 1983º – Irreversibilidade do consentimento

1 – O consentimento é irrevogável e não está sujeito a caducidade.

2 – Se, no prazo de três anos após a prestação do consentimento, a criança não tiver sido adotada, nem decidida a sua confiança administrativa, nem tiver sido aplicada medida de promoção e proteção de confiança com vista a futura adoção, o Ministério Público promove as iniciativas processuais cíveis ou de proteção adequadas ao caso.

(Redação dada pela Lei nº 143/2015, de 08-09)

ARTIGO 1984º – Audição obrigatória

O juíz deverá ouvir:

a) Os filhos do adoptante maiores de 12 anos;

b) Os ascendentes ou, na sua falta, os irmãos maiores do progenitor falecido, se o adoptando for filho do cônjuge do adoptante e o seu consentimento não for necessário, salvo se estiverem privados das faculdades mentais ou se, por qualquer outra razão, houver grave dificuldade em os ouvir.

(Redação dada pelo Decreto-Lei nº 120/98, de 08-05)

ARTIGO 1985º – Segredo da identidade

1 – A identidade do adoptante não pode ser revelada aos pais naturais do adoptado, salvo se aquele declarar expressamente que não se opõe a essa revelação.

2 – Os pais naturais do adoptado podem opor-se, mediante declaração expressa, a que a sua identidade seja revelada ao adoptante.

(Redação dada pelo Decreto-Lei nº 185/93, de 22-05)

ARTIGO 1986º – Efeitos

1 – Pela adoção, o adotado adquire a situação de filho do adotante e integra-se com os seus descendentes na família deste, extinguindo-se as relações familiares entre o adotado e os seus ascendentes e colaterais naturais, sem prejuízo do disposto quanto a impedimentos matrimoniais nos artigos 1602º a 1604º

2 – Se um dos cônjuges adota o filho do outro mantêm-se as relações entre o adotado e o cônjuge do adotante e os respetivos parentes.

3 – Excecionalmente, ponderada a idade do adotado, a sua situação familiar ou qualquer outra circunstância atendível, pode ser estabelecida a manutenção de alguma forma de contacto pessoal entre aquele e algum elemento da família biológica ou, sendo caso disso, entre aquele e a respetiva família adotiva e algum elemento da família biológica, favorecendo-se especialmente o relacionamento entre irmãos, desde que, em qualquer caso, os pais adotivos consintam na referida manutenção e tal corresponda ao superior interesse do adotado.

(Redação dada pela Lei nº 143/2015, de 08-09)

ARTIGO 1987º – Estabelecimento e prova da filiação natural

Depois de decretada a adoção, não é possível estabelecer a filiação natural do adotado nem fazer a prova dessa filiação fora do processo preliminar de casamento.

(Redação dada pela Lei nº 143/2015, de 08-09)

ARTIGO 1988º – Nome próprio e apelidos do adotado

1 – O adotado perde os seus apelidos de origem, sendo o seu novo nome constituído, com as necessárias adaptações, nos termos do artigo 1875º

2 – A pedido do adotante, pode o tribunal, excecionalmente, modificar o nome próprio da criança, se a modificação salvaguardar o seu interesse, nomeadamente o direito à identidade pessoal, e favorecer a integração na família.

(Redação dada pela Lei nº 143/2015, de 08-09)

ARTIGO 1989º – Irrevogabilidade da adoção

A adoção não é revogável.

(Redação dada pela Lei nº 143/2015, de 08-09)

ARTIGO 1990º – Revisão da sentença

1 – Sem prejuízo da impugnação da sentença através de recurso extraordinário de revisão previsto na lei processual civil, a sentença que tiver decretado a adoção só é suscetível de revisão:

a) Se tiver faltado o consentimento do adotante ou dos pais do adotado, quando necessário e não dispensado;

b) Se o consentimento dos pais do adotado tiver sido indevidamente dispensado, por não se verificarem as condições do nº 3 do artigo 1981º;

c) Se o consentimento do adotante tiver sido viciado por erro desculpável e essencial sobre a pessoa do adotado;

d) Se o consentimento do adotante ou dos pais do adotado tiver sido determinado por coação moral, contanto que seja grave o mal com que eles foram ilicitamente ameaçados e justificado o receio da sua consumação;

e) Se tiver faltado o consentimento do adotado, quando necessário.

2 – O erro só se considera essencial quando for de presumir que o conhecimento da realidade excluiria razoavelmente a vontade de adotar.

3 – A revisão não será, contudo, concedida quando os interesses do adotado possam ser consideravelmente afetados, salvo se razões invocadas pelo adotante imperiosamente o exigirem.

(Redação dada pela Lei nº 143/2015, de 08-09)

ARTIGO 1990º-A – Acesso ao conhecimento das origens

Às pessoas adotadas é garantido o direito ao conhecimento das suas origens, nos termos e com os limites definidos no diploma que regula o processo de adoção.

(Aditado pela Lei nº 143/2015, de 08-09)

ARTIGO 1991º – Legitimidade e prazo para a revisão

1 – A revisão nos termos do nº 1 do artigo anterior pode ser pedida:

a) No caso das alíneas *a*) e *b*), pelas pessoas cujo consentimento faltou, no prazo de seis meses a contar da data em que tiveram conhecimento da adopção;

b) No caso das alíneas *c*) e *d*), pelas pessoas cujo consentimento foi viciado, dentro dos seis meses subsequentes à cessação do vício;

c) No caso da alínea *e*), pelo adoptado, até seis meses a contar da data em que ele atingiu a maioridade ou foi emancipado.

2 – No caso das alíneas *a*) e *b*) do número anterior, o pedido de revisão não poderá ser deduzido decorridos três anos sobre a data do trânsito em julgado da sentença que tiver decretado a adopção.

(Redação dada pelo Decreto-Lei nº 496/77, de 25-11)

CAPÍTULO III – Adoção restrita

ARTIGOS 1992º a 2002º-D

(Revogados pela Lei nº 143/2015, de 08-09)

TÍTULO V – Dos alimentos

CAPÍTULO I – Disposições gerais

ARTIGO 2003º – Noção

1 – Por alimentos entende-se tudo o que é indispensável ao sustento, habitação e vestuário.

2 – Os alimentos compreendem também a instrução e educação do alimentado no caso de este ser menor.

ARTIGO 2004º – Medida dos alimentos

1 – Os alimentos serão proporcionados aos meios daquele que houver de prestá-los e à necessidade daquele que houver de recebê-los.

2 – Na fixação dos alimentos atender-se-á, outrossim, à possibilidade de o alimentando prover à sua subsistência.

ARTIGO 2005º – Modo de os prestar

1 – Os alimentos devem ser fixados em prestações pecuniárias mensais, salvo se houver acordo ou disposição legal em contrário ou se ocorrerem motivos que justifiquem medidas de excepção.

2 – Se, porém, aquele que for obrigado aos alimentos mostrar que os não pode prestar como pensão, mas tão-somente em sua casa e companhia, assim poderão ser decretados.

ARTIGO 2006º – Desde quando são devidos

Os alimentos são devidos desde a proposição da acção ou, estando já fixados pelo tribunal ou por acordo, desde o momento em que o devedor se constituiu em mora, sem prejuízo no disposto no artigo 2273º

ARTIGO 2007º – Alimentos provisórios

1 – Enquanto se não fixarem definitivamente os alimentos, pode o tribunal, a requerimento do alimentando, ou oficiosamente se este for menor, conceder alimentos provisórios, que serão taxados segundo o seu prudente arbítrio.

2 – Não há lugar, em caso algum, à restituição dos alimentos provisórios recebidos.

ARTIGO 2008º – Indisponibilidade e impenhorabilidade

1 – O direito a alimentos não pode ser renunciado ou cedido, bem que estes possam deixar de ser pedidos e possam renunciar-se as prestações vencidas.

2 – O crédito de alimentos não é penhorável, e o obrigado não pode livrar-se por meio de compensação, ainda que se trate de prestações já vencidas.

ARTIGO 2009º – Pessoas obrigadas a alimentos

1 – Estão vinculados à prestação de alimentos, pela ordem indicada:

a) O cônjuge ou o ex-cônjuge;

b) Os descendentes;

c) Os ascendentes;

d) Os irmãos;

e) Os tios, durante a menoridade do alimentando;

f) O padrasto e a madrasta, relativamente a enteados menores que estejam, ou estivessem no momento da morte do cônjuge, a cargo deste.

2 – Entre as pessoas designadas nas alíneas *b*) e *c*) do número anterior, a obrigação defere-se segundo a ordem da sucessão legítima.

3 – Se algum dos vinculados não puder prestar os alimentos ou não puder saldar integralmente a sua responsabilidade, o encargo recai sobre os onerados subsequentes.

(Redação dada pelo Decreto-Lei nº 496/77, de 25-11)

ARTIGO 2010º – Pluralidade de vinculados

1 – Sendo várias as pessoas vinculadas à prestação de alimentos, respondem todas na proporção das suas quotas como herdeiros legítimos do alimentando.

2 – Se alguma das pessoas assim oneradas não puder satisfazer a parte que lhe cabe, o encargo recai sobre as restantes.

ARTIGO 2011º – Doações

1 – Se o alimentando tiver disposto de bens por doação, as pessoas designadas nos artigos anteriores não são obrigadas à prestação de alimentos, na medida em que os bens doados pudessem assegurar ao doador meios de subsistência.

2 – Neste caso, a obrigação alimentar recai, no todo ou em parte, sobre o donatário ou donatários, segundo a proporção do valor dos bens doados; esta obrigação transmite-se aos herdeiros do donatário.

ARTIGO 2012º – Alteração dos alimentos fixados

Se, depois de fixados os alimentos pelo tribunal ou por acordo dos interessados, as circunstâncias determinantes da sua fixação se modificarem, podem os alimentos taxados ser reduzidos ou aumentados, conforme os casos, ou podem outras pessoas serem obrigadas a prestá-los.

ARTIGO 2013º – Cessação da obrigação alimentar

1 – A obrigação de prestar alimentos cessa:

a) Pela morte do obrigado ou alimentado;

b) Quando aquele que os presta não possa continuar a prestá-los ou aquele que os recebe deixe de precisar deles;

c) Quando o credor viole gravemente os seus deveres para com o obrigado.

2 – A morte do obrigado ou a impossibilidade de este continuar a prestar alimentos não priva o alimentado de exercer o seu direito em relação a outros, igual ou sucessivamente onerados.

(Redação dada pelo Decreto-Lei nº 496/77, de 25-11)

ARTIGO 2014º – Outras obrigações alimentares

1 – À obrigação alimentar que tenha por fonte um negócio jurídico são aplicáveis, com as necessárias correcções, as disposições deste capítulo, desde que não estejam em oposição com a vontade manifestada ou com disposições especiais da lei.

2 – As disposições deste capítulo são ainda aplicáveis a todos os outros casos de obrigação alimentar imposta por lei, na medida em que possam ajustar-se aos respectivos preceitos.

CAPÍTULO II – Disposições especiais

ARTIGO 2015º – Obrigação alimentar relativamente a cônjuges

Na vigência da sociedade conjugal, os cônjuges são reciprocamente obrigados à prestação de alimentos, nos termos do artigo 1675º

(Redação dada pelo Decreto-Lei nº 496/77, de 25-11)

ARTIGO 2016º – Divórcio e separação judicial de pessoas e bens

1 – Cada cônjuge deve prover à sua subsistência, depois do divórcio.

2 – Qualquer dos cônjuges tem direito a alimentos, independentemente do tipo de divórcio.

3 – Por razões manifestas de equidade, o direito a alimentos pode ser negado.

4 – O disposto nos números anteriores é aplicável ao caso de ter sido decretada a separação judicial de pessoas e bens.

(Redação dada pela Lei nº 61/2008, de 31-10)

ARTIGO 2016º-A – Montante dos alimentos

1 – Na fixação do montante dos alimentos deve o tribunal tomar em conta a duração do casamento, a colaboração prestada à economia do casal, a idade e estado de saúde dos cônjuges, as suas qualificações profissionais e possibilidades de emprego, o tempo que terão de dedicar, eventualmente, à criação de filhos comuns, os seus rendimentos e proventos, um novo casamento ou união de facto e, de modo geral, todas as circunstâncias que influam sobre as necessidades do cônjuge que recebe os alimentos e as possibilidades do que os presta.

2 – O tribunal deve dar prevalência a qualquer obrigação de alimentos relativamente a um filho do cônjuge devedor sobre a obrigação emergente do divórcio em favor do ex-cônjuge.

3 – O cônjuge credor não tem o direito de exigir a manutenção do padrão de vida de que beneficiou na constância do matrimónio.

4 – O disposto nos números anteriores é aplicável ao caso de ter sido decretada a separação judicial de pessoas e bens.
(Aditado pela Lei nº 61/2008, de 31-10)

ARTIGO 2017º – Casamento declarado nulo ou anulado

Tendo sido declarado nulo ou anulado o casamento, o cônjuge de boa fé conserva o direito a alimentos após o trânsito em julgado ou o averbamento da decisão respectiva.

ARTIGO 2018º – Apanágio do cônjuge sobrevivo

1 – Falecendo um dos cônjuges, o viúvo tem direito a ser alimentado pelos rendimentos dos bens deixados pelo falecido.

2 – São obrigados, neste caso, à prestação dos alimentos os herdeiros ou legatários a quem tenham sido transmitidos os bens, segundo a proporção do respectivo valor.

3 – O apanágio deve ser registado, quando onere coisas imóveis, ou coisas móveis sujeitas a registo.

ARTIGO 2019º – Cessação da obrigação alimentar

Em todos os casos referidos nos artigos anteriores, cessa o direito a alimentos se o alimentado contrair novo casamento, iniciar união de facto ou se tornar indigno do benefício pelo seu comportamento moral.
(Redação dada pela Lei nº 23/2010, de 30-08)

ARTIGO 2020º – União de facto

1 – O membro sobrevivo da união de facto tem o direito de exigir alimentos da herança do falecido.

2 – O direito a que se refere o número precedente caduca se não for exercido nos dois anos subsequentes à data da morte do autor da sucessão.

3 – É aplicável ao caso previsto neste artigo, com as necessárias adaptações, o disposto no artigo anterior.
(Redação dada pela Lei nº 23/2010, de 30-08)

ARTIGOS 2021º A 2023º

(Revogados pelo Decreto-Lei nº 496/77, de 25-11)

LIVRO V
DIREITO DAS SUCESSÕES

TÍTULO I – Das sucessões em geral

CAPÍTULO I – Disposições gerais

ARTIGO 2024º – Noção

Diz-se sucessão o chamamento de uma ou mais pessoas à titularidade das relações jurídicas patrimoniais de uma pessoa falecida e a consequente devolução dos bens que a esta pertenciam.

ARTIGO 2025º – Objecto da sucessão

1 – Não constituem objecto de sucessão as relações jurídicas que devam extinguir-se por morte do respectivo titular, em razão da sua natureza ou por força da lei.

2 – Podem também extinguir-se à morte do titular, por vontade deste, os direitos renunciáveis.

ARTIGO 2026º – Títulos de vocação sucessória

A sucessão é deferida por lei, testamento ou contrato.

ARTIGO 2027º – Espécies de sucessão legal

A sucessão legal é legítima ou legitimária, conforme possa ou não ser afastada pela vontade do seu autor.

ARTIGO 2028º – Sucessão contratual

1 – Há sucessão contratual quando, por contrato, alguém renúncia à sucessão de pessoa viva, ou dispõe da sua própria sucessão ou da sucessão de terceiro ainda não aberta.

2 – Os contratos sucessórios apenas são admitidos nos casos previstos na lei, sendo nulos todos os demais, sem prejuízo no disposto no nº 2 do artigo 946º

ARTIGO 2029º – Partilha em vida

1 – Não é havido por sucessório o contrato pelo qual alguém faz doação entre vivos, com ou sem reserva de usufruto, de todos os seus bens ou parte deles a algum ou alguns dos presumidos herdeiros legitimários, com o consentimento dos outros, e os donatários pagam ou se obrigam a pagar a estes o valor das partes que proporcionalmente lhes tocariam nos bens doados.

2 – Se sobrevier ou se tornar conhecido outro presumido herdeiro legitimário, pode este exigir que lhe seja composta em dinheiro a parte correspondente.

3 – As tornas em dinheiro, quando não sejam logo efectuados os pagamentos, estão sujeitas a actualização nos termos gerais.

(Redação dada pelo Decreto-Lei nº 496/77, de 25-11)

ARTIGO 2030º – Espécie de sucessores

1 – Os sucessores são herdeiros ou legatários.

2 – Diz-se herdeiro o que sucede na totalidade ou numa quota do património do falecido e legatário o que sucede em bens ou valores determinados.

3 – É havido como herdeiro o que sucede no remanescente dos bens do falecido, não havendo especificação destes.

4 – O usufrutuário, ainda que o seu direito incida sobre a totalidade do património, é havido como legatário.

5 – A qualificação dada pelo testador aos seus sucessores não lhes confere o título de herdeiro ou legatário em contravenção do disposto nos números anteriores.

CAPÍTULO II – Abertura da sucessão e chamamento dos herdeiros e legatários

SECÇÃO I – Abertura da sucessão

ARTIGO 2031º – Momento e lugar

A sucessão abre-se no momento da morte do seu autor e no lugar do último domicílio dele.

ARTIGO 2032º – Chamamento de herdeiros e legatários

1 – Aberta a sucessão, serão chamados à titularidade das relações jurídicas do falecido aqueles que gozam de prioridade na hierarquia dos sucessíveis, desde que tenham a necessária capacidade.

2 – Se os primeiros sucessíveis não quiserem ou não puderem aceitar, serão chamados os subsequentes, e assim sucessivamente; a devolução a favor dos últimos retrotrai-se ao momento da abertura da sucessão.

SECÇÃO II – Capacidade sucessória

ARTIGO 2033º – Princípios gerais

1 – Têm capacidade sucessória, além do Estado, todas as pessoas nascidas ou concebidas ao tempo da abertura da sucessão, não exceptuadas por lei.

2 – Na sucessão testamentária ou contratual têm ainda capacidade:

a) Os nascituros não concebidos, que sejam filhos de pessoa determinada, viva ao tempo da abertura da sucessão;

b) As pessoas colectivas e as sociedades.

ARTIGO 2034º – Incapacidade por indignidade

Carecem de capacidade sucessória, por motivo de indignidade:

a) O condenado como autor ou cúmplice de homicídio doloso, ainda que não consumado, contra o autor da sucessão ou contra o seu cônjuge, descendente, ascendente, adoptante ou adoptado;

b) O condenado por denúncia caluniosa ou falso testemunho contra as mesmas pessoas, relativamente a crime a que corresponda pena de prisão superior a dois anos, qualquer que seja a sua natureza;

c) O que por meio de dolo ou coacção induziu o autor da sucessão a fazer, revogar ou modificar o testamento, ou disso o impediu;

d) O que dolosamente subtraíu, ocultou, inutilizou, falsificou ou suprimiu o testamento, antes ou depois da morte do autor da sucessão, ou se aproveitou de algum desses factos.

ARTIGO 2035º – Momento da condenação e do crime

1 – A condenação a que se referem as alíneas *a*) e *b*) do artigo anterior pode ser posterior à abertura da sucessão, mas só o crime anterior releva para o efeito.

2 – Estando dependente de condição suspensiva a instituição de herdeiro ou a nomeação de legatário, é relevante o crime cometido até à verificação da condição.

ARTIGO 2036º – Declaração de indignidade

1 – A acção destinada a obter a declaração de indignidade pode ser intentada dentro do prazo de dois anos a contar da abertura da sucessão ou dentro de um ano a contar, quer da condenação pelos crimes que a determinam, quer do conhecimento das causas de indignidade previstas nas alíneas *c*) e *d*) do artigo 2034º

2 – Caso o único herdeiro seja o sucessor afetado pela indignidade, incumbe ao Ministério Público intentar a ação prevista no número anterior.

3 – Caso a indignidade sucessória não tenha sido declarada na sentença penal, a condenação a que se refere a alínea *a*) do artigo 2034º é obrigatoriamente comunicada ao Ministério Público para efeitos do disposto no número anterior.

(Redação dada pela Lei nº 82/2014, de 30-12)

ARTIGO 2037º – Efeitos da indignidade

1 – Declarada a indignidade, a devolução da sucessão ao indigno é havida como inexistente, sendo ele considerado, para todos os efeitos, possuidor de má fé dos respectivos bens.

2 – Na sucessão legal, a incapacidade do indigno não prejudica o direito de representação dos seus descendentes.

ARTIGO 2038º – Reabilitação do indigno

1 – O que tiver incorrido em indignidade, mesmo que esta já tenha sido judicialmente declarada, readquire a capacidade sucessória, se o autor da sucessão expressamente o reabilitar em testamento ou escritura pública.

2 – Não havendo reabilitação expressa, mas sendo o indigno contemplado em testamento quando o testador já conhecia a causa da indignidade, pode ele suceder dentro dos limites da disposição testamentária.

SECÇÃO III – Direito de representação

ARTIGO 2039º – Noção

Dá-se a representação sucessória, quando a lei chama os descendentes de um herdeiro ou legatário a ocupar a posição daquele que não pôde ou não quis aceitar a herança ou o legado.

ARTIGO 2040º – Âmbito da representação

A representação tanto se dá na sucessão legal como na testamentária, mas com as restrições constantes dos artigos seguintes.

ARTIGO 2041º – Representação na sucessão testamentária

1 – Gozam do direito de representação na sucessão testamentária os descendentes do que faleceu antes do testador ou do que repudiou a herança ou o legado, se não houver outra causa de caducidade da vocação sucessória.

2 – A representação não se verifica:

a) Se tiver sido designado substituto ao herdeiro ou legatário;

b) Em relação ao fideicomissário, nos termos do nº 2 do artigo 2293º;

c) No legado de usufruto ou de outro direito pessoal.

(Redação dada pelo Decreto-Lei nº 496/77, de 25-11)

ARTIGO 2042º – Representação na sucessão legal

Na sucessão legal, a representação tem sempre lugar, na linha recta, em benefício dos descendentes de filho do autor da sucessão e, na linha colateral, em benefício dos descendentes de irmão do falecido, qualquer que seja, num caso ou noutro, o grau de parentesco.

(Redação dada pelo Decreto-Lei nº 496/77, de 25-11)

ARTIGO 2043º – Representação nos casos de repúdio e incapacidade

Os descendentes representam o seu ascendente, mesmo que tenham repudiado a sucessão deste ou sejam incapazes em relação e ele.

ARTIGO 2044º – Partilha

1 – Havendo representação, cabe a cada estirpe aquilo em que sucederia o ascendente respectivo.

2 – Do mesmo modo se procederá para o efeito da subdivisão, quando a estirpe compreenda vários ramos.

(Redação dada pelo Decreto-Lei nº 496/77, de 25-11)

ARTIGO 2045º – Extensão da representação

A representação tem lugar, ainda que todos os membros das várias estirpes estejam, relativamente ao autor da sucessão, no mesmo grau de parentesco, ou exista uma só estirpe.

CAPÍTULO III – Herança jacente

ARTIGO 2046º – Noção

Diz-se jacente a herança aberta, mas ainda não aceita nem declarada vaga para o Estado.

ARTIGO 2047º – Administração

1 – O sucessível chamado à herança, se ainda não tiver aceitado nem repudiado, não está inibido de providenciar acerca da administração dos bens, se do retardamento das providências puderem resultar prejuízos.

2 – Sendo vários os herdeiros, é lícito a qualquer deles praticar os actos urgentes de administração; mas, se houver oposição de algum, prevalece a vontade do maior número.

3 – O disposto neste artigo não prejudica a possibilidade de nomeação de curador à herança.

ARTIGO 2048º – Curador da herança jacente

1 – Quando se torne necessário, para evitar a perda ou deterioração dos bens, por não haver quem legalmente os administre, o tribunal nomeará curador à herança jacente, a requerimento do Ministério Público ou de qualquer interessado.

2 – À curadoria da herança é aplicável, com as necessárias adaptações, o disposto sobre a curadoria provisória dos bens do ausente.

3 – A curadoria termina logo que cessem as razões que a determinaram.

ARTIGO 2049º – Notificação dos herdeiros

1 – Se o sucessível chamado à herança, sendo conhecido, a não aceitar nem a repudiar dentro dos quinze dias seguintes, pode o tribunal, a requerimento do Ministério

Público ou de qualquer interessado, mandá-lo notificar para, no prazo que lhe for fixado, declarar se a aceita ou repudia.

2 – Na falta de declaração de aceitação, ou não sendo apresentado documento legal de repúdio dentro do prazo fixado, a herança tem-se por aceite.

3 – Se o notificado repudiar a herança, serão notificados, sem prejuízo do disposto no artigo 2067º, os herdeiros imediatos, e assim sucessivamente até não haver quem prefira a sucessão do Estado.

CAPÍTULO IV – Aceitação da herança

ARTIGO 2050º – Efeitos

1 – O domínio e posse dos bens da herança adquirem-se pela aceitação, independentemente da sua apreensão material.

2 – Os efeitos da aceitação retrotraem-se ao momento da abertura da sucessão.

ARTIGO 2051º – Pluralidade de sucessíveis

Sendo vários os sucessíveis, pode a herança ser aceita por algum ou alguns deles e repudiada pelos restantes.

ARTIGO 2052º – Espécies de aceitação

1 – A herança pode ser aceita pura e simplesmente ou a benefício de inventário.

2 – Têm-se como não escritas as cláusulas testamentárias que, directa ou indirectamente, imponham uma ou outra espécie de aceitação.

ARTIGO 2053º – Aceitação a benefício de inventário

A aceitação a benefício de inventário faz-se requerendo inventário, nos termos previstos em lei especial, ou intervindo em inventário pendente.

(Redação dada pela Lei nº 23/2013, de 05-03)

ARTIGO 2054º – Aceitação sob condição, a termo ou parcial

1 – A herança não pode ser aceita sob condição nem a termo.

2 – A herança também não pode ser aceita só em parte, salvo o disposto no artigo seguinte.

ARTIGO 2055º – Devolução testamentária e legal

1 – Se alguém é chamado à herança, simultânea ou sucessivamente, por testamento e por lei, e a aceita ou repudia por um dos títulos, entende-se que a aceita ou repudia igualmente pelo outro; mas pode aceitá-la ou repudiá-la pelo primeiro, não obstante a ter repudiado ou aceitado pelo segundo, se ao tempo ignorava a existência do testamento.

2 – O sucessível legitimário que também é chamado à herança por testamento pode repudiá-la quanto à quota disponível e aceitá-la quanto à legítima.

ARTIGO 2056º – Formas de aceitação

1 – A aceitação pode ser expressa ou tácita.

2 – A aceitação é havida como expressa quando nalgum documento escrito o sucessível chamado à herança declara aceitá-la ou assume o título de herdeiro com a intenção de a adquirir.

3 – Os actos de administração praticados pelo sucessível não implicam aceitação tácita da herança.

ARTIGO 2057º – Caso de aceitação tácita

1 – Não importa aceitação a alienação da herança, quando feita gratuitamente em benefício de todos aqueles a quem ela caberia se o alienante a repudiasse.

2 – Entende-se, porém, que aceita a herança e a aliena aquele que declara renunciar a ela, se o faz a favor apenas de algum ou alguns dos sucessíveis que seriam chamados na sua falta.

ARTIGO 2058º – Transmissão

1 – Se o sucessível chamado à herança falecer sem a haver aceitado ou repudiado, transmite-se aos seus herdeiros o direito de a aceitar ou repudiar.

2 – A transmissão só se verifica se os herdeiros aceitarem a herança do falecido, o que os não impede de repudiar, querendo, a herança a que este fora chamado.

ARTIGO 2059º – Caducidade

1 – O direito de aceitar a herança caduca ao fim de dez anos, contados desde que o sucessível tem conhecimento de haver sido a ela chamado.

2 – No caso de instituição sob condição suspensiva, o prazo conta-se a partir do conhecimento da verificação da condição; no caso de substituição fideicomissária, a partir do conhecimento da morte do fiduciário ou da extinção da pessoa colectiva.

ARTIGO 2060º – Anulação por dolo ou coacção

A aceitação da herança é anulável por dolo ou coacção, mas não com fundamento em simples erro.

ARTIGO 2061º – Irrevogabilidade

A aceitação é irrevogável.

CAPÍTULO V – Repúdio da herança

ARTIGO 2062º – Efeitos do repúdio

Os efeitos do repúdio da herança retrotraem-se ao momento da abertura da sucessão, considerando-se como não chamado o sucessível que a repudia, salvo para efeitos de representação.

ARTIGO 2063º – Forma

O repúdio está sujeito à forma exigida para a alienação da herança.

ARTIGO 2064º – Repúdio sob condição, a termo ou parcial

1 – A herança não pode ser repudiada sob condição nem a termo.

2 – A herança também não pode ser repudiada só em parte salvo o disposto no artigo 2055º

ARTIGO 2065º – Anulação por dolo ou coacção

O repúdio da herança é anulável por dolo ou coacção, mas não com fundamento em simples erro.

ARTIGO 2066º – Irrevogabilidade

O repúdio é irrevogável.

ARTIGO 2067º – Sub-rogação dos credores

1 – Os credores do repudiante podem aceitar a herança em nome dele, nos termos dos artigos 606º e seguintes.

2 – A aceitação deve efectuar-se no prazo de seis meses, a contar do conhecimento do repúdio.

3 – Pagos os credores do repudiante, o remanescente da herança não aproveita a este, mas aos herdeiros imediatos.

CAPÍTULO VI – Encargos da herança

ARTIGO 2068º – Responsabilidade da herança

A herança responde pelas despesas com o funeral e sufrágios do seu autor, pelos encargos com a testamentaria, administração e liquidação do património hereditário, pelo pagamento das dívidas do falecido e pelo cumprimento dos legados.

ARTIGO 2069º – Âmbito da herança

Fazem parte da herança:

a) Os bens sub-rogados no lugar de bens da herança por meio de troca directa;

b) O preço dos alienados;

c) Os bens adquiridos com dinheiro ou valores da herança, desde que a proveniência do dinheiro ou valores seja devidamente mencionada no documento de aquisição;

d) Os frutos percebidos até à partilha.

ARTIGO 2070º – Preferências

1 – Os credores da herança e os legatários gozam de preferência sobre os credores pessoais do herdeiro, e os primeiros sobre os segundos.

2 – Os encargos da herança são satisfeitos segundo a ordem por que vêm indicados no artigo 2068º

3 – As preferências mantêm-se nos cinco anos subsequentes à abertura da sucessão ou à constituição da dívida, se esta é posterior, ainda que a herança tenha sido partilhada; e prevalecem mesmo quando algum credor preterido tenha adquirido garantia real sobre os bens hereditários.

ARTIGO 2071º – Responsabilidade do herdeiro

1 – Sendo a herança aceita a benefício de inventário, só respondem pelos encargos respectivos os bens inventariados, salvo se os credores ou legatários provarem a existência de outros bens.

2 – Sendo a herança aceita pura e simplesmente, a responsabilidade pelos encargos também não excede o valor dos bens herdados, mas incumbe, neste caso, ao herdeiro provar que na herança não existem valores suficientes para cumprimento dos encargos.

ARTIGO 2072º – Responsabilidade do usufrutuário

1 – O usufrutuário da totalidade ou de uma quota do património do falecido pode adiantar as somas necessárias, conforme os bens que usufruir, para cumprimento dos encargos da herança, ficando com o direito de exigir dos herdeiros, findo o usufruto, a restituição sem juros das quantias que despendeu.

2 – Se o usufrutuário não fizer o adiantamento das somas necessárias, podem os herdeiros exigir que dos bens usufruídos se vendam os necessários para cumprimento dos encargos, ou pagá-los com dinheiro seu, ficando neste último caso, com o direito de haver do usufrutuário os juros correspondentes.

ARTIGO 2073º – Legado de alimentos ou pensão vitalícia

1 – O usufrutuário da totalidade do património do falecido é obrigado a cumprir por inteiro o legado de alimentos ou pensão vitalícia.

2 – Incidindo o usufruto sobre uma quota-parte do património, o usufrutuário só em proporção dessa quota é obrigado a contribuir para o cumprimento do legado de alimentos ou pensão vitalícia.

3 – O usufrutuário de coisas determinadas não é obrigado a contribuir para os sobreditos alimentos ou pensão, se o encargo lhe não tiver sido imposto expressamente.

ARTIGO 2074º – Direitos e obrigações do herdeiro em relação à herança

1 – O herdeiro conserva, em relação à herança, até à sua integral liquidação e partilha, todos os direitos e obrigações que tinha para com o falecido, à excepção dos que se extinguem por efeito da morte deste.

2 – São imputadas na quota do herdeiro as quantias em dinheiro de que ele é devedor à herança.

3 – Se houver necessidade de fazer valer em juízo os direitos e obrigações do herdeiro, e este for o cabeça-de-casal, será nomeado à herança, para esse fim, um curador especial.

CAPÍTULO VII – Petição da herança

ARTIGO 2075º – Acção de petição

1 – O herdeiro pode pedir judicialmente o reconhecimento da sua qualidade sucessória, e a consequente restituição de todos os bens da herança ou de parte deles, contra quem os possua como herdeiro, ou por outro título, ou mesmo sem título.

2 – A acção pode ser intentada a todo o tempo, sem prejuízo da aplicação das regras da usucapião relativamente a cada uma das coisas possuídas, e do disposto no artigo 2059º

ARTIGO 2076º – Alienação a favor de terceiro

1 – Se o possuidor de bens da herança tiver disposto deles, no todo ou em parte, a favor de terceiro, a acção de petição pode ser também proposta contra o adquirente, sem prejuízo da responsabilidade do disponente pelo valor dos bens alienados.

2 – A acção não procede, porém, contra terceiro que haja adquirido do herdeiro aparente, por título oneroso e de boa fé, bens determinados ou quaisquer direitos sobre eles; neste caso, estando também de boa fé, o alienante é apenas responsável segundo as regras do enriquecimento sem causa.

3 – Diz-se herdeiro aparente aquele que é reputado herdeiro por força de erro comum ou geral.

ARTIGO 2077º – Cumprimento de legados

1 – Se o testamento for declarado nulo ou anulado depois do cumprimento de legados feito em boa fé, fica o suposto herdeiro quite para com o verdadeiro herdeiro entregando-lhe o remanescente da herança, sem prejuízo do direito deste último contra o legatário.

2 – A precedente disposição é extensiva aos legados com encargos.

ARTIGO 2078º – Exercício da acção por um só herdeiro

1 – Sendo vários os herdeiros, qualquer deles tem legitimidade para pedir separadamente a totalidade dos bens em poder do demandado, sem que este possa opor-lhe que tais bens lhe não pertencem por inteiro.

2 – O disposto no número anterior não prejudica o direito que assiste ao cabeça-de-casal de pedir a entrega dos bens que deva administrar, nos termos do capítulo seguinte.

CAPÍTULO VIII – Administração da herança

ARTIGO 2079º – Cabeça-de-casal

A administração da herança, até à sua liquidação e partilha, pertence ao cabeça-de-casal.

ARTIGO 2080º – A quem incumbe o cargo

1 – O cargo de cabeça-de-casal defere-se pela ordem seguinte:

a) Ao cônjuge sobrevivo, não separado judicialmente de pessoas e bens, se for herdeiro ou tiver meação nos bens do casal;

b) Ao testamenteiro, salvo declaração do testador em contrário;

c) Aos parentes que sejam herdeiros legais;

d) Aos herdeiros testamentários.

2 – De entre os parentes que sejam herdeiros legais, preferem os mais próximos em grau.

3 – De entre os herdeiros legais do mesmo grau de parentesco, ou de entre os herdeiros testamentários, preferem os que viviam com o falecido há pelo menos um ano à data da morte.

4 – Em igualdade de circunstâncias, prefere o herdeiro mais velho.

(Redação dada pelo Decreto-Lei nº 496/77, de 25-11)

ARTIGO 2081º – Herança distribuída em legados

Tendo sido distribuído em legados todo o património hereditário, servirá de cabeça-de-casal, em substituição dos herdeiros, o legatário mais beneficiado; em igualdade de circunstâncias, preferirá o mais velho.

(Redação dada pelo Decreto-Lei nº 496/77, de 25-11)

ARTIGO 2082º – Incapacidade da pessoa designada

1 – Se o cônjuge, o herdeiro ou legatário que tiver preferência for incapaz, exercerá as funções de cabeça-de-casal o seu representante legal.

2 – O acompanhante é tido como representante do acompanhado para o efeito do número anterior, quando assim resulte da sentença de acompanhamento ou de decisão judicial ulterior.

(Redação dada pela Lei nº 49/2018, de 14 de agosto)

ARTIGO 2083º – Designação pelo tribunal

Se todas as pessoas referidas nos artigos anteriores se escusarem ou forem removidas, é o cabeça de casal designado pelo tribunal, oficiosamente ou a requerimento de qualquer interessado.

(Redação dada pela Lei nº 23/2013, de 05-03)

ARTIGO 2084º – Designação por acordo

Por acordo de todos os interessados pode entregar-se a administração da herança e o exercício das funções de cabeça de casal a qualquer outra pessoa.

(Redação dada pela Lei nº 23/2013, de 05-03)

ARTIGO 2085º – Escusa

1 – O cabeça-de-casal pode a todo o tempo escusar-se do cargo:

a) Se tiver mais de setenta anos de idade;

b) Se estiver impossibilitado, por doença, de exercer convenientemente as funções;

c) *(Revogada.)*

d) Se o exercício das funções de cabeça-de-casal for incompatível com o desempenho de cargo público que exerça.

2 – O disposto neste artigo não prejudica a liberdade de aceitação da testamentaria e consequente exercício das funções de cabeça-de-casal.

(Redação dada pela Lei nº 23/2013, de 05-03)

ARTIGO 2086º – Remoção do cabeça-de-casal

1 – O cabeça-de-casal pode ser removido, sem prejuízo das demais sanções que no caso couberem:

a) Se dolosamente ocultou a existência de bens pertencentes à herança ou de doações feitas pelo falecido, ou se, também dolosamente, denunciou doações ou encargos inexistentes;

b) Se não administrar o património hereditário com prudência e zelo;

c) Se não cumpriu no inventário os deveres que a lei lhe impuser;

d) Se revelar incompetência para o exercício do cargo.

2 – Tem legitimidade para pedir a remoção qualquer interessado.

(Redação dada pela Lei nº 23/2013, de 05-03)

ARTIGO 2087º – Bens sujeitos à administração do cabeça-de-casal

1 – O cabeça-de-casal administra os bens próprios do falecido e, tendo este sido casado em regime de comunhão, os bens comuns do casal.

2 – Os bens doados em vida pelo autor da sucessão não se consideram hereditários e continuam a ser administrados pelo donatário.

(Redação dada pelo Decreto-Lei nº 496/77, de 25-11)

ARTIGO 2088º – Entrega de bens

1 – O cabeça-de-casal pode pedir aos herdeiros ou a terceiro a entrega dos bens que deva administrar e que estes tenham em seu poder, e usar contra eles de acções possessórias a fim de ser mantido na posse das coisas sujeitas à sua gestão ou a ela restituído.

2 – O exercício das acções possessórias cabe igualmente aos herdeiros ou a terceiro contra o cabeça-de-casal.

ARTIGO 2089º – Cobrança de dívidas

O cabeça-de-casal pode cobrar as dívidas activas da herança, quando a cobrança possa perigar com a demora ou o pagamento seja feito espontaneamente.

ARTIGO 2090º – Venda de bens e satisfação de encargos

1 – O cabeça-de-casal deve vender os frutos ou outros bens deterioráveis, podendo aplicar o produto na satisfação das despesas do funeral e sufrágios, bem como no cumprimento dos encargos da administração.

2 – Para satisfazer as despesas do funeral e sufrágios, bem como os encargos da administração, pode o cabeça-de-casal vender os frutos não deterioráveis, na medida do que for necessário.

ARTIGO 2091º – Exercício de outros direitos

1 – Fora dos casos declarados nos artigos anteriores, e sem prejuízo do disposto no artigo 2078º, os direitos relativos à herança só podem ser exercidos conjuntamente por todos os herdeiros ou contra todos os herdeiros.

2 – O disposto no número anterior não prejudica os direitos que tenham sido atribuídos pelo testador ao testamenteiro nos termos dos artigos 2327º e 2328º, sendo o testamenteiro cabeça-de-casal.

ARTIGO 2092º – Entrega de rendimentos

Qualquer dos herdeiros ou o cônjuge meeiro tem o direito de exigir que o cabeça-de-casal distribua por todos até metade dos rendimentos que lhes caibam, salvo se forem necessários, mesmo nessa parte, para satisfação de encargos da administração.

ARTIGO 2093º – Prestação de contas

1 – O cabeça-de-casal deve prestar contas anualmente.

2 – Nas contas entram como despesas os rendimentos entregues pelo cabeça-de-casal aos herdeiros ou ao cônjuge meeiro nos termos do artigo anterior, e bem assim o juro do que haja gasto à sua custa na satisfação de encargos da administração.

3 – Havendo saldo positivo, é distribuído pelos interessados, segundo o seu direito, depois de deduzida a quantia necessária para os encargos do novo ano.

ARTIGO 2094º – Gratuidade do cargo

O cargo de cabeça-de-casal é gratuito, sem prejuízo do disposto no artigo 2333º, se for exercido pelo testamenteiro.

ARTIGO 2095º – Intransmissibilidade

O cargo de cabeça-de-casal não é transmissível em vida nem por morte.

ARTIGO 2096º – Sonegação de bens

1 – O herdeiro que sonegar bens de herança, ocultando dolosamente a sua existência, seja ou não cabeça-de-casal, perde em benefício dos co-herdeiros o direito que possa ter a qualquer parte dos bens sonegados, além de incorrer nas mais sanções que forem aplicáveis.

2 – O que sonegar bens de herança é considerado mero detentor desses bens.

CAPÍTULO IX – Liquidação da herança

ARTIGO 2097º – Responsabilidade da herança indivisa

Os bens da herança indivisa respondem colectivamente pela satisfação dos respectivos encargos.

ARTIGO 2098º – Pagamento dos encargos após a partilha

1 – Efectuada a partilha, cada herdeiro só responde pelos encargos em proporção da quota que lhe tenha cabido na herança.

2 – Podem, todavia, os herdeiros deliberar que o pagamento se faça à custa de dinheiro ou outros bens separados para esse efeito, ou que fique a cargo de algum ou alguns deles.

3 – A deliberação obriga os credores e os legatários; mas, se uns ou outros não puderem ser pagos integralmente nos sobreditos termos, têm recurso contra os outros bens ou contra os outros herdeiros, nos termos gerais.

ARTIGO 2099º – Remição de direitos de terceiro

Se existirem direitos de terceiro, de natureza remível, sobre determinados bens da herança, e houver nesta dinheiro suficiente, pode qualquer dos co-herdeiros ou o cônjuge meeiro exigir que esses direitos sejam remidos antes de efectuada a partilha.

ARTIGO 2100º – Pagamento dos direitos de terceiro

1 – Entrando os bens na partilha com os direitos referidos no artigo anterior, descontar-se-á neles o valor desses direitos, que serão suportados exclusivamente pelo interessado a quem os bens couberem.

2 – Se não se fizer tal desconto, o interessado que pagar a remição tem regresso contra os outros pela parte que a cada um tocar, em proporção do seu quinhão; mas, em caso de insolvência de algum deles, é a sua parte repartida entre todos proporcionalmente.

CAPÍTULO X – Partilha da herança

SECÇÃO I – Disposições gerais

ARTIGO 2101º – Direito de exigir partilha

1 – Qualquer co-herdeiro ou o cônjuge meeiro tem o direito de exigir partilha quando lhe aprouver.

2 – Não pode renunciar-se ao direito de partilhar, mas pode convencionar-se que o património se conserve indiviso por certo prazo, que não exceda cinco anos; é lícito renovar este prazo, uma ou mais vezes, por nova convenção.

ARTIGO 2102º – Forma

1 – Havendo acordo dos interessados, a partilha é realizada nas conservatórias ou por via notarial, e, em qualquer outro caso, por meio de inventário, nos termos previstos em lei especial.

2 – Procede-se à partilha por inventário:

a) Quando não houver acordo de todos os interessados na partilha;

b) Quando o Ministério Público entenda que o interesse do incapaz a quem a herança é deferida implica aceitação beneficiária;

c) Nos casos em que algum dos herdeiros não possa, por motivo de ausência em parte incerta ou de incapacidade de facto permanente, intervir em partilha realizada por acordo.

(Redação dada pela Lei nº 23/2013, de 05-03)

ARTIGO 2103º – Interessado único

Havendo um único interessado, o inventário a que haja de proceder-se nos termos do nº 2 do artigo anterior tem apenas por fim relacionar os bens e, eventualmente, servir de base à liquidação da herança.

SECÇÃO II – Atribuições preferenciais

ARTIGO 2103º-A – Direito de habitação da casa de morada da família e direito de uso do recheio

1 – O cônjuge sobrevivo tem direito a ser encabeçado, no momento da partilha, no direito de habitação da casa de morada da família e no direito de uso do respectivo recheio, devendo tornas aos co-herdeiros se o valor recebido exceder o da sua parte sucessória e meação, se a houver.

2 – Salvo nos casos previstos no nº 2 do artigo 1093º, caducam os direitos atribuídos no número anterior se o cônjuge não habitar a casa por prazo superior a um ano.

3 – A pedido dos proprietários, pode o tribunal, quando o considere justificado, impor ao cônjuge a obrigação de prestar caução.

(Aditado pelo Decreto-Lei nº 496/77, de 25-11)

ARTIGO 2103º-B – Direitos sobre o recheio

Se a casa de morada da família não fizer parte da herança, observar-se-á, com as necessárias adaptações, o disposto no artigo anterior relativamente ao recheio.

(Aditado pelo Decreto-Lei nº 496/77, de 25-11)

ARTIGO 2103º-C – Noção de recheio

Para os efeitos do disposto nos artigos anteriores, considera-se recheio o mobiliário e demais objectos ou utensílios destinados ao cómodo, serviço e ornamentação da casa.

(Aditado pelo Decreto-Lei nº 496/77, de 25-11)

SECÇÃO III – Colação

ARTIGO 2104º – Noção

1 – Os descendentes que pretendem entrar na sucessão do ascendente devem restituir à massa da herança, para igualação da partilha, os bens ou valores que lhes foram doados por este: esta restituição tem o nome de colação.

2 – São havidas como doação, para efeitos de colação, as despesas referidas no artigo 2110º

ARTIGO 2105º – Descendentes sujeitos à colação

Só estão sujeitos à colação os descendentes que eram à data da doação presuntivos herdeiros legitimários do doador.

ARTIGO 2106º – Sobre quem recai a obrigação

A obrigação de conferir recai sobre o donatário, se vier a suceder ao doador, ou sobre os seus representantes, ainda que estes não hajam tirado benefício da liberalidade.

ARTIGO 2107º – Doações feitas a cônjuges

1 – Não estão sujeitos a colação os bens ou valores doados ao cônjuge do presuntivo herdeiro legitimário.

2 – Se a doação tiver sido feita a ambos os cônjuges, fica sujeita a colação apenas a parte do que for presuntivo herdeiro.

3 – A doação não se considera feita a ambos os cônjuges só porque entre eles vigora o regime da comunhão geral.

ARTIGO 2108º – Como se efectua a conferência

1 – A colação faz-se pela imputação do valor da doação ou da importância das despesas na quota hereditária, ou pela restituição dos próprios bens doados, se houver acordo de todos os herdeiros.

2 – Se não houver na herança bens suficientes para igualar todos os herdeiros, nem por isso são reduzidas as doações, salvo se houver inoficiosidade.

ARTIGO 2109º – Valor dos bens doados

1 – O valor dos bens doados é o que eles tiveram à data da abertura da sucessão.

2 – Se tiverem sido doados bens que o donatário consumiu, alienou ou onerou, ou que pereceram por sua culpa, atende-se ao valor que esses bens teriam na data da abertura da sucessão, se não fossem consumidos, alienados ou onerados, ou não tivessem perecido.

3 – A doação em dinheiro, bem como os encargos em dinheiro que a oneraram e foram cumpridos pelo donatário, são actualizados nos termos do artigo 551º

ARTIGO 2110º – Despesas sujeitas e não sujeitas a colação

1 – Está sujeito a colação tudo quanto o falecido tiver despendido gratuitamente em proveito dos descendentes.

2 – Exceptuam-se as despesas com o casamento, alimentos, estabelecimento e colocação dos descendentes, na medida em que se harmonizem com os usos e com a condição social e económica do falecido.

ARTIGO 2111º – Frutos

Os frutos da coisa doada sujeita a colação, percebidos desde a abertura da sucessão, devem ser conferidos.

ARTIGO 2112º – Perda da coisa doada

Não é objecto de colação a coisa doada que tiver perecido em vida do autor da sucessão por facto não imputável ao donatário.

ARTIGO 2113º – Dispensa da colação

1 – A colação pode ser dispensada pelo doador no acto da doação ou posteriormente.

2 – Se a doação tiver sido acompanhada de alguma formalidade externa, só pela mesma forma, ou por testamento, pode ser dispensada a colação.

3 – A colação presume-se sempre dispensada nas doações manuais e nas doações remuneratórias.

ARTIGO 2114º – Imputação na quota disponível

1 – Não havendo lugar à colação, a doação é imputada na quota disponível.

2 – Se, porém, não houver lugar à colação pelo facto de o donatário repudiar a herança sem ter descendentes que o representem, a doação é imputada na quota indisponível.

ARTIGO 2115º – Benfeitorias nos bens doados

O donatário é equiparado, quanto a benfeitorias, ao possuidor de boa fé, sendo-lhe aplicável, com as necessárias adaptações, o disposto nos artigos 1273º e seguintes.

ARTIGO 2116º – Deteriorações

O donatário responde pelas deteriorações que culposamente tenha causado nos bens doados.

ARTIGO 2117º – Doação de bens comuns

1 – Sendo a doação de bens comuns feita por ambos os cônjuges, conferir-se-á metade por morte de cada um deles.

2 – O valor de cada uma das metades é o que ela tiver ao tempo da abertura da sucessão respectiva.

ARTIGO 2118º – Ónus real

1 – A eventual redução das doações sujeitas a colação constitui um ónus real.

2 – Não pode fazer-se o registo de doação de bens imóveis sujeita a colação sem se efectuar, simultaneamente, o registo do ónus.

SECÇÃO IV – Efeitos da partilha

ARTIGO 2119º – Retroactividade da partilha

Feita a partilha, cada um dos herdeiros é considerado, desde a abertura da herança, sucessor único dos bens que lhe foram atribuídos, sem prejuízo do disposto quanto a frutos.

ARTIGO 2120º – Entrega de documentos

1 – Finda a partilha, são entregues a cada um dos co-herdeiros os documentos relativos aos bens que lhe couberem.

2 – Os documentos relativos aos bens atribuídos a dois ou mais herdeiros são entregues ao que neles tiver maior parte, com obrigação de os apresentar aos outros interessados, nos termos gerais.

3 – Os documentos relativos a toda a herança ficam em poder do co-herdeiro que os interessados escolherem, ou que o tribunal nomear na falta de acordo, com igual obrigação de os apresentar aos outros interessados.

SECÇÃO V – Impugnação da partilha

ARTIGO 2121º – Fundamento da impugnação

A partilha extrajudicial só é impugnável nos casos em que o sejam os contratos.

ARTIGO 2122º – Partilha adicional

A omissão de bens da herança não determina a nulidade da partilha, mas apenas a partilha adicional dos bens omitidos.

ARTIGO 2123º – Partilha de bens não pertencentes à herança

1 – Se tiver recaído sobre bens não pertencentes à herança, a partilha é nula nessa parte, sendo-lhe aplicável, com as necessárias adaptações e sem prejuízo do disposto no número seguinte, o preceituado acerca da venda de bens alheios.

2 – Aquele a quem sejam atribuídos os bens alheios é indemnizado pelos co-herdeiros na proporção dos respectivos quinhões hereditários; se, porém, algum dos co-herdeiros estiver insolvente, respondem os demais pela sua parte, na mesma proporção.

CAPÍTULO XI – Alienação de herança

ARTIGO 2124º – Disposições aplicáveis

A alienação de herança ou de quinhão hereditário está sujeita às disposições reguladoras do negócio jurídico que lhe der causa, salvo o preceituado nos artigos seguintes.

ARTIGO 2125º – Objecto

1 – Todo o benefício resultante da caducidade de um legado, encargo ou fideicomisso se presume transmitido com a herança ou quota hereditária.

2 – A parte hereditária devolvida ao alienante, depois da alienação, em consequência de fideicomisso ou do direito de acrescer, presume-se excluída da disposição.

3 – Presumem-se igualmente excluídos da alienação os diplomas e a correspondência do falecido, bem como as recordações de família de diminuto valor económico.

ARTIGO 2126º – Forma

1 – Sem prejuízo do disposto em lei especial, a alienação de herança ou de quinhão hereditário é feita por escritura pública ou por documento particular autenticado se existirem bens cuja alienação deva ser feita por uma dessas formas.

2 – Fora dos casos previstos no número anterior, a alienação deve constar de documento particular.

(Redação dada pelo Decreto-Lei nº 116/2008, de 04-07)

ARTIGO 2127º – Alienação de coisa alheia

O que aliena uma herança ou quinhão hereditário sem especificação de bens só responde pela alienação de coisa alheia se não vier a ser reconhecido como herdeiro.

ARTIGO 2128º – Sucessão nos encargos

O adquirente de herança ou de quinhão hereditário sucede nos encargos respectivos; mas o alienante responde solidariamente por esses encargos, salvo o direito de haver do adquirente o reembolso total do que assim houver despendido.

ARTIGO 2129º – Indemnizações

1 – O alienante por título oneroso que tiver disposto de bens da herança é obrigado a entregar o respectivo valor ao adquirente.

2 – O adquirente a título oneroso ou gratuito é obrigado a reembolsar o alienante do que este tiver despendido na satisfação dos encargos da herança e a pagar-lhe o que a herança lhe dever.

3 – As disposições dos números anteriores são supletivas.

ARTIGO 2130º – Direito de preferência

1 – Quando seja vendido ou dado em cumprimento a estranhos um quinhão hereditário, os co-herdeiros gozam do direito de preferência nos termos em que este direito assiste aos comproprietários.

2 – O prazo, porém, para o exercício do direito, havendo comunicação para a preferência, é de dois meses.

TÍTULO II – Da sucessão legítima

CAPÍTULO I – Disposições gerais

ARTIGO 2131º – Abertura da sucessão legítima

Se o falecido não tiver disposto válida e eficazmente, no todo ou em parte, dos bens de que podia dispor para depois da morte, são chamados à sucessão desses bens os seus herdeiros legítimos.

ARTIGO 2132º – Categorias de herdeiros legítimos

São herdeiros legítimos o cônjuge, os parentes e o Estado, pela ordem e segundo as regras constantes do presente título.

(Redação dada pelo Decreto-Lei nº 496/77, de 25-11)

ARTIGO 2133º – Classes de sucessíveis

1 – A ordem por que são chamados os herdeiros, sem prejuízo do disposto no título da adopção, é a seguinte:

a) Cônjuge e descendentes;
b) Cônjuge e ascendentes;
c) Irmãos e seus descendentes;
d) Outros colaterais até ao quarto grau;
e) Estado.

2 – O cônjuge sobrevivo integra a primeira classe de sucessíveis, salvo se o autor da sucessão falecer sem descendentes e deixar ascendentes, caso em que integra a segunda classe.

3 – O cônjuge não é chamado à herança se à data da morte do autor da sucessão se encontrar divorciado ou separado judicialmente de pessoas e bens, por sentença que já tenha transitado ou venha a transitar em julgado, ou ainda se a sentença de divórcio ou separação vier a ser proferida posteriormente àquela data, nos termos do nº 3 do artigo 1785º

(Redação dada pelo Decreto-Lei nº 496/77, de 25-11)

ARTIGO 2134º – Preferência de classes

Os herdeiros de cada uma das classes de sucessíveis preferem aos das classes imediatas.

ARTIGO 2135º – Preferência de graus de parentesco

Dentro de cada classe os parentes de grau mais próximo preferem aos de grau mais afastado.

ARTIGO 2136º – Sucessão por cabeça

Os parentes de cada classe sucedem por cabeça ou em partes iguais, salvas as excepções previstas neste código.

ARTIGO 2137º – Ineficácia do chamamento

1 – Se os sucessíveis da mesma classe chamados simultaneamente à herança não puderem ou não quiserem aceitar, são chamados os imediatos sucessores.

2 – Se, porém, apenas algum ou alguns dos sucessíveis não puderem ou não quiserem aceitar, a sua parte acrescerá à dos outros sucessíveis da mesma classe que com eles concorram à herança, sem prejuízo do disposto no artigo 2143º

(Redação dada pelo Decreto-Lei nº 496/77, de 25-11)

ARTIGO 2138º – Direito de representação

O disposto nos três artigos anteriores não prejudica o direito de representação, nos casos em que este tem lugar.

CAPÍTULO II – Sucessão do cônjuge e dos descendentes*

ARTIGO 2139º – Regras gerais

1 – A partilha entre o cônjuge e os filhos faz-se por cabeça, dividindo-se a herança em tantas partes quantos forem os herdeiros; a quota do cônjuge, porém, não pode ser inferior a uma quarta parte da herança.

2 – Se o autor da sucessão não deixar cônjuge sobrevivo, a herança divide-se pelos filhos em partes iguais.

(Redação dada pelo Decreto-Lei nº 496/77, de 25-11)

ARTIGO 2140º – Descendentes do segundo grau e seguintes

Os descendentes dos filhos que não puderem ou não quiserem aceitar a herança são chamados à sucessão nos termos do artigo 2042º

(Redação dada pelo Decreto-Lei nº 496/77, de 25-11)

ARTIGO 2141º – Sucessão do cônjuge, na falta de descendentes

Na falta de descendentes sucede o cônjuge, sem prejuízo do disposto no capítulo seguinte.

(Redação dada pelo Decreto-Lei nº 496/77, de 25-11)

CAPÍTULO III – Sucessão do cônjuge e dos ascendentes

ARTIGO 2142º – Regras gerais

1 – Se não houver descendentes e o autor da sucessão deixar cônjuge e ascendentes, ao cônjuge pertencerão duas terças partes e aos ascendentes uma terça parte da herança.

2 – Na falta de cônjuge, os ascendentes são chamados à totalidade da herança.

3 – A partilha entre os ascendentes, nos casos previstos nos números anteriores, faz-se segundo as regras dos artigos 2135º e 2136º

(Redação dada pelo Decreto-Lei nº 496/77, de 25-11)

ARTIGO 2143º – Acrescer

Se algum ou alguns dos ascendentes não puderem ou não quiserem aceitar, no caso previsto no nº 1 do artigo anterior, a sua parte acresce à dos outros ascendentes que concorram à sucessão; se estes não existirem, acrescerá à do cônjuge sobrevivo.

(Redação dada pelo Decreto-Lei nº 496/77, de 25-11)

* *Epígrafe introduzida pelo Decreto-Lei nº 496/77, de 25-11.*

ARTIGO 2144º - Sucessão do cônjuge, na falta de descendentes e ascendentes

Na falta de descendentes e ascendentes, o cônjuge é chamado à totalidade da herança.

(Redação dada pelo Decreto-Lei nº 496/77, de 25-11)

CAPÍTULO IV - Sucessão dos irmãos e seus descendentes

ARTIGO 2145º - Regra geral

Na falta de cônjuge, descendentes e ascendentes, são chamados à sucessão os irmãos e, representativamente, os descendentes destes.

(Redação dada pelo Decreto-Lei nº 496/77, de 25-11)

ARTIGO 2146º - Irmãos germanos e unilaterais

Concorrendo à sucessão irmãos germanos e irmãos consanguíneos ou uterinos, o quinhão de cada um dos irmãos germanos, ou dos descendentes que os representem, é igual ao dobro do quinhão de cada um dos outros.

(Redação dada pelo Decreto-Lei nº 496/77, de 25-11)

CAPÍTULO V - Sucessão dos outros colaterais

ARTIGO 2147º - Outros colaterais até ao quarto grau

Na falta de herdeiros das classes anteriores, são chamados à sucessão os restantes colaterais até ao quarto grau, preferindo sempre os mais próximos.

(Redação dada pelo Decreto-Lei nº 496/77, de 25-11)

ARTIGO 2148º - Duplo parentesco

A partilha faz-se por cabeça, mesmo que algum dos chamados à sucessão seja duplamente parente do falecido.

(Redação dada pelo Decreto-Lei nº 496/77, de 25-11)

ARTIGOS 2149º A 2151º

Revogados pelo Decreto-Lei nº 496/77, de 25-11, em consequência de se ter deixado de distinguir entre sucessíveis legítimos e ilegítimos.

CAPÍTULO VI - Sucessão do Estado

ARTIGO 2152º - Chamamento do Estado

Na falta de cônjuge e de todos os parentes sucessíveis, é chamado à herança o Estado.

(Redação dada pelo Decreto-Lei nº 496/77, de 25-11)

ARTIGO 2153º – Direitos e obrigações do Estado

O Estado tem, relativamente à herança, os mesmos direitos e obrigações de qualquer outro herdeiro.

ARTIGO 2154º – Desnecessidade de aceitação e impossibilidade de repúdio

A aquisição da herança pelo Estado, como sucessor legítimo, opera-se de direito, sem necessidade de aceitação, não podendo o Estado repudiá-la.

ARTIGO 2155º – Declaração de herança vaga

Reconhecida judicialmente a inexistência de outros sucessíveis legítimos, a herança é declarada vaga para o Estado nos termos das leis de processo.

TÍTULO III – Da sucessão legitimária

CAPÍTULO I – Disposições gerais

ARTIGO 2156º – Legítima

Entende-se por legítima a porção de bens de que o testador não pode dispor, por ser legalmente destinada aos herdeiros legitimários.

ARTIGO 2157º – Herdeiros legitimários

São herdeiros legitimários o cônjuge, os descendentes e os ascendentes, pela ordem e segundo as regras estabelecidas para a sucessão legítima.

(Redação dada pelo Decreto-Lei nº 496/77, de 25-11)

ARTIGO 2158º – Legítima do cônjuge

A legítima do cônjuge, se não concorrer com descendentes nem ascendentes, é de metade da herança.

(Redação dada pelo Decreto-Lei nº 496/77, de 25-11)

ARTIGO 2159º – Legítima do cônjuge e dos filhos

1 – A legítima do cônjuge e dos filhos, em caso de concurso, é de dois terços da herança.

2 – Não havendo cônjuge sobrevivo, a legítima dos filhos é de metade ou dois terços da herança, conforme exista um só filho ou existam dois ou mais.

(Redação dada pelo Decreto-Lei nº 496/77, de 25-11)

ARTIGO 2160º – Legítima dos descendentes do segundo grau e seguintes

Os descendentes do segundo grau e seguintes têm direito à legítima que caberia ao seu ascendente, sendo a parte de cada um fixada nos termos prescritos para a sucessão legítima.

(Redação dada pelo Decreto-Lei nº 496/77, de 25-11)

ARTIGO 2161º - Legítima do cônjuge e dos ascendentes

1 - A legítima do cônjuge e dos ascendentes, em caso de concurso, é de dois terços da herança.

2 - Se o autor da sucessão não deixar descendentes nem cônjuge sobrevivo, a legítima dos ascendentes é de metade ou de um terço da herança, conforme forem chamados os pais ou os ascendentes do segundo grau e seguintes.

(Redação dada pelo Decreto-Lei nº 496/77, de 25-11)

ARTIGO 2162º - Cálculo da legítima

1 - Para o cálculo da legítima, deve atender-se ao valor dos bens existentes no património do autor da sucessão à data da sua morte, ao valor dos bens doados, às despesas sujeitas a colação e às dívidas da herança.

2 - Não é atendido para o cálculo da legítima o valor dos bens que, nos termos do artigo 2112º, não são objecto de colação.

ARTIGO 2163º - Proibição de encargos

O testador não pode impor encargos sobre a legítima, nem designar os bens que a devem preencher, contra a vontade do herdeiro.

ARTIGO 2164º - Cautela sociniana

Se, porém, o testador deixar usufruto ou constituir pensão vitalícia que atinja a legítima, podem os herdeiros legitimários cumprir o legado ou entregar ao legatário tão-somente a quota disponível.

ARTIGO 2165º - Legado em substituição da legítima

1 - Pode o autor da sucessão deixar um legado ao herdeiro legitimário em substituição da legítima.

2 - A aceitação do legado implica a perda do direito à legítima, assim como a aceitação da legítima envolve a perda do direito ao legado.

3 - Se o herdeiro, notificado nos termos do nº 1 do artigo 2049º, nada declarar, ter-se-á por aceito o legado.

4 - O legado deixado em substituição da legítima é imputado na quota indisponível do autor da sucessão; mas, se exceder o valor da legítima do herdeiro, é imputado pelo excesso, na quota disponível.

ARTIGO 2166º - Deserdação

1 - O autor da sucessão pode em testamento, com expressa declaração da causa, deserdar o herdeiro legitimário, privando-o da legítima, quando se verifique alguma das seguintes ocorrências:

a) Ter sido o sucessível condenado por algum crime doloso cometido contra a pessoa, bens ou honra do autor da sucessão, ou do seu cônjuge, ou algum descendente, ascendente, adoptante ou adoptado, desde que ao crime corresponda pena superior a seis meses de prisão;

b) Ter sido o sucessível condenado por denúncia caluniosa ou falso testemunho contra as mesmas pessoas;

c) Ter o sucessível, sem justa causa, recusado ao autor da sucessão ou ao seu cônjuge os devidos alimentos.

2 – O deserdado é equiparado ao indigno para todos os efeitos legais.

ARTIGO 2167º – Impugnação da deserdação

A acção de impugnação da deserdação, com fundamento na inexistência da causa invocada, caduca ao fim de dois anos a contar da abertura do testamento.

CAPÍTULO II – Redução de liberalidades

ARTIGO 2168º – Liberalidades inoficiosas

1 – Dizem-se inoficiosas as liberalidades, entre vivos ou por morte, que ofendam a legítima dos herdeiros legitimários.

2 – Não são inoficiosas as liberalidades a favor do cônjuge sobrevivo que tenha renunciado à herança nos termos da alínea *c*) do nº 1 do artigo 1700º, até à parte da herança correspondente à legítima do cônjuge caso a renúncia não existisse.

(Redação dada pela Lei nº 48/2018, de 14-08)

ARTIGO 2169º – Redução

As liberalidades inoficiosas são redutíveis, a requerimento dos herdeiros legitimários ou dos seus sucessores, em tanto quanto for necessário para que a legítima seja preenchida.

ARTIGO 2170º – Proibição da renúncia

Não é permitida em vida do autor da sucessão a renúncia ao direito de reduzir as liberalidades.

ARTIGO 2171º – Ordem da redução

A redução abrange em primeiro lugar as disposições testamentárias a título de herança, em segundo lugar os legados, e por último as liberalidades que hajam sido feitas em vida do autor da sucessão.

ARTIGO 2172º – Redução das disposições testamentárias

1 – Se bastar a redução das disposições testamentárias, será feita proporcionalmente, tanto no caso de deixas a título de herança como a título de legado.

2 – No caso, porém, de o testador ter declarado que determinadas disposições devem produzir efeito de preferência a outras, as primeiras só serão reduzidas se o valor integral das restantes não for suficiente para o preenchimento da legítima.

3 – Gozam de igual preferência as deixas remuneratórias.

ARTIGO 2173º – Redução de liberalidades feitas em vida

1 – Se for necessário recorrer às liberalidades feitas em vida, começar-se-á pela última, no todo ou em parte; se isso não bastar, passar-se-á à imediata; e assim sucessivamente.

2 – Havendo diversas liberalidades feitas no mesmo acto ou na mesma data, a redução será feita entre elas rateadamente, salvo se alguma delas for remuneratória, porque a essa é aplicável o disposto no nº 3 do artigo anterior.

ARTIGO 2174º – Termos em que se efectua a redução

1 – Quando os bens legados ou doados são divisíveis, a redução faz-se separando deles a parte necessária para preencher a legítima.

2 – Sendo os bens indivisíveis, se a importância da redução exceder metade do valor dos bens, estes pertencem integralmente ao herdeiro legitimário, e o legatário ou donatário haverá o resto em dinheiro; no caso contrário, os bens pertencem integralmente ao legatário ou donatário, tendo este de pagar em dinheiro ao herdeiro legitimário a importância da redução.

3 – A reposição de aquilo que se despendeu gratuitamente a favor dos herdeiros legitimários, em consequência da redução, é feita igualmente em dinheiro.

ARTIGO 2175º – Perecimento ou alienação dos bens doados

Se os bens doados tiverem perecido por qualquer causa ou tiverem sido alienados ou onerados, o donatário ou os seus sucessores são responsáveis pelo preenchimento da legítima em dinheiro, até ao valor desses bens.

ARTIGO 2176º – Insolvência do responsável

Nos casos previstos no artigo anterior e no nº 3 do artigo 2174º, a insolvência daqueles que, segundo a ordem estabelecida, devem suportar o encargo da redução não determina a responsabilidade dos outros.

ARTIGO 2177º – Frutos e benfeitorias

O donatário é considerado, quanto a frutos e benfeitorias, possuidor de boa fé até à data do pedido de redução.

ARTIGO 2178º – Prazo para a redução

A acção de redução de liberalidades inoficiosas caduca dentro de dois anos, a contar da aceitação da herança pelo herdeiro legitimário.

TÍTULO IV – Da sucessão testamentária

CAPÍTULO I – Disposições gerais

ARTIGO 2179º – Noção de testamento

1 – Diz-se testamento o acto unilateral e revogável pelo qual uma pessoa dispõe, para depois da morte, de todos os seus bens ou de parte deles.

2 – As disposições de carácter não patrimonial que a lei permite inserir no testamento são válidas se fizerem parte de um acto revestido de forma testamentária, ainda que nele não figurem disposições de carácter patrimonial.

ARTIGO 2180º – Expressão da vontade do testador

É nulo o testamento em que o testador não tenha exprimido cumprida e claramente a sua vontade, mas apenas por sinais ou monossílabos, em resposta a perguntas que lhe fossem feitas.

ARTIGO 2181º – Testamento de mão comum

Não podem testar no mesmo acto duas ou mais pessoas, quer em proveito recíproco, quer em favor de terceiro.

ARTIGO 2182º – Carácter pessoal do testamento

1 – O testamento é acto pessoal, insusceptível de ser feito por meio de representante ou de ficar dependente do arbítrio de outrem, quer pelo que toca à instituição de herdeiros ou nomeação de legatários, quer pelo que respeita ao objecto da herança ou do legado, quer pelo que pertence ao cumprimento ou não cumprimento das suas disposições.

2 – O testador pode, todavia, cometer a terceiro:

a) A repartição da herança ou do legado, quando institua ou nomeie uma generalidade de pessoas;

b) A nomeação do legatário de entre pessoas por aquele determinadas.

3 – Nos casos previstos no número antecedente, qualquer interessado tem a faculdade de requerer ao tribunal a fixação de um prazo para a repartição da herança ou do legado ou nomeação do legatário, sob a cominação, no primeiro caso, de a repartição pertencer à pessoa designada para o efeito pelo tribunal e, no segundo, de a distribuição do legado ser feita por igual pelas pessoas que o testador tenha determinado.

ARTIGO 2183º – Escolha do legado pelo onerado, pelo legatário ou por terceiro

1 – O testador pode deixar a escolha da coisa legada à justa apreciação do onerado, do legatário ou de terceiro, desde que indique o fim do legado e o género ou espécie em que ele se contém.

2 – É aplicável a este caso, com as necessárias adaptações, o disposto no nº 3 do artigo anterior.

ARTIGO 2184º – Testamento "per relationem"

É nula a disposição que dependa de instruções ou recomendações feitas a outrem secretamente, ou se reporte a documentos não autênticos, ou não escritos e assinados pelo testador com data anterior à data do testamento ou contemporânea desta.

ARTIGO 2185º – Disposições a favor de pessoas incertas

É igualmente nula a disposição feita a favor de pessoa incerta que por algum modo se não possa tornar certa.

ARTIGO 2186º – Fim contrário à lei ou à ordem pública, ou ofensivo dos bons costumes

É nula a disposição testamentária, quando da interpretação do testamento resulte que foi essencialmente determinada por um fim contrário à lei ou à ordem pública, ou ofensivo dos bons costumes.

ARTIGO 2187º – Interpretação dos testamentos

1 – Na interpretação das disposições testamentárias observar-se-á o que parecer mais ajustado com a vontade do testador, conforme o contexto do testamento.

2 – É admitida prova complementar, mas não surtirá qualquer efeito a vontade do testador que não tenha no contexto um mínimo de correspondência, ainda que imperfeitamente expressa.

CAPÍTULO II – Capacidade testamentária

ARTIGO 2188º – Princípio geral

Podem testar todos os indivíduos que a lei não declare incapazes de o fazer.

ARTIGO 2189º – Incapacidade

São incapazes de testar:

a) Os menores não emancipados;

b) Os maiores acompanhados, apenas nos casos em que a sentença de acompanhamento assim o determine.

(Redação dada pela Lei nº 49/2018, de 14 de agosto)

ARTIGO 2190º – Sanção

O testamento feito por incapazes é nulo.

ARTIGO 2191º – Momento da determinação da capacidade

A capacidade do testador determina-se pela data do testamento.

CAPÍTULO III – Casos de indisponibilidade relativa

ARTIGO 2192º – Acompanhante e administrador legal de bens

1 – É nula a disposição feita por maior acompanhado a favor de acompanhante ou administrador legal de bens do disponente, ainda que estejam aprovadas as respetivas contas.

2 – É, porém, válida a disposição a favor das mesmas pessoas, quando se trate de descendentes, ascendentes, colaterais até ao terceiro grau, cônjuge do testador ou pessoa com quem este viva em união de facto.

3 – *(Revogado.)*

(Redação dada pela Lei nº 49/2018, de 14 de agosto)

ARTIGO 2193º

(Revogado pelo Decreto-Lei nº 496/77, de 25-11)

ARTIGO 2194º – Médicos, enfermeiros e sacerdotes

É nula a disposição a favor do médico ou enfermeiro que tratar do testador, ou do sacerdote que lhe prestar assistência espiritual, se o testamento for feito durante a doença e o seu autor vier a falecer dela.

ARTIGO 2195º – Excepções

A nulidade estabelecida no artigo anterior não abrange:

a) Os legados remuneratórios de serviços recebidos pelo doente;

b) As disposições a favor das pessoas designadas no nº 2 do artigo 2192º

(Redação dada pela Lei nº 49/2018, de 14 de agosto)

ARTIGO 2196º – Cúmplice do testador adúltero

1 – É nula a disposição a favor da pessoa com quem o testador casado cometeu adultério.

2 – Não se aplica o preceito do número anterior:

a) Se o casamento já estava dissolvido, ou os cônjuges estavam separados judicialmente de pessoas e bens ou separados de facto há mais de seis anos, à data da abertura da sucessão;

b) Se a disposição se limitar a assegurar alimentos ao beneficiário.

(Redação dada pelo Decreto-Lei nº 496/77, de 25-11)

ARTIGO 2197º – Intervenientes no testamento

É nula a disposição a favor do notário ou entidade com funções notariais que lavrou o testamento público ou aprovou o testamento cerrado, ou a favor da pessoa que escreveu este, ou das testemunhas, abonadores ou intérpretes que intervierem no testamento ou na sua aprovação.

ARTIGO 2198º – Interpostas pessoas

1 – São nulas as disposições referidas nos artigos anteriores, quando feitas por meio de interposta pessoa.

2 – Consideram-se interpostas pessoas as designadas no nº 2 do artigo 579º

CAPÍTULO IV – Falta e vícios da vontade

ARTIGO 2199º – Incapacidade acidental

É anulável o testamento feito por quem se encontrava incapacitado de entender o sentido da sua declaração ou não tinha o livre exercício da sua vontade por qualquer causa, ainda que transitória.

ARTIGO 2200º – Simulação

É anulável a disposição feita aparentemente a favor de pessoa designada no testamento, mas que, na realidade, e por acordo com essa pessoa, vise a beneficiar outra.

ARTIGO 2201º – Erro, dolo e coacção

É também anulável a disposição testamentária determinada por erro, dolo ou coacção.

ARTIGO 2202º – Erro sobre os motivos

O erro, de facto ou de direito, que recaia sobre o motivo da disposição testamentária só é causa de anulação quando resultar do próprio testamento que o testador não teria feito a disposição se conhecesse a falsidade do motivo.

ARTIGO 2203º – Erro na indicação da pessoa ou dos bens

Se o testador tiver indicado erroneamente a pessoa do herdeiro ou do legatário, ou dos bens que são objecto da disposição, mas da interpretação do testamento for possível concluir a que pessoa ou bens ele pretendia referir-se, a disposição vale relativamente a esta pessoa ou a estes bens.

CAPÍTULO V – Forma do testamento

SECÇÃO I – Formas comuns

ARTIGO 2204º – Indicação

As formas comuns do testamento são o testamento público e o testamento cerrado.

ARTIGO 2205º – Testamento público

É público o testamento escrito por notário no seu livro de notas.

ARTIGO 2206º – Testamento cerrado

1 – O testamento diz-se cerrado, quando é escrito e assinado pelo testador ou por outra pessoa a seu rogo, ou escrito por outra pessoa a rogo do testador e por este assinado.

2 – O testador só pode deixar de assinar o testamento cerrado quando não saiba ou não possa fazê-lo, ficando consignada no instrumento de aprovação a razão por que o não assina.

3 – A pessoa que assina o testamento deve rubricar as folhas que não contenham a sua assinatura.

4 – O testamento cerrado deve ser aprovado por notário, nos termos da lei do notariado.

5 – A violação do disposto nos números anteriores importa nulidade do testamento.

ARTIGO 2207º – Data do testamento cerrado

A data da aprovação do testamento cerrado é havida como data do testamento para todos os efeitos legais.

ARTIGO 2208º – Inabilidade para fazer testamento cerrado

Os que não sabem ou não podem ler são inábeis para dispor em testamento cerrado.

ARTIGO 2209º – Conservação e apresentação do testamento cerrado

1 – O testador pode conservar o testamento cerrado em seu poder, cometê-lo à guarda de terceiro ou depositá-lo em qualquer repartição notarial.

2 – A pessoa que tiver em seu poder o testamento é obrigada a apresentá-lo ao notário em cuja área o documento se encontre, dentro de três dias contados desde o conhecimento do falecimento do testador; se o não fizer, incorre em responsabilidade pelos danos a que der causa, sem prejuízo da sanção especial da alínea *d*) do artigo 2034º

SECÇÃO II – Formas especiais

ARTIGO 2210º – Testamento de militares e pessoas equiparadas

Os militares, bem como os civis ao serviço das forças armadas, podem testar pela forma declarada nos artigos seguintes, quando se encontrem em campanha ou aquartelados fora do País, ou ainda dentro do País mas em lugares com os quais estejam interrompidas as comunicações e onde não exista notário, e também quando se encontrem prisioneiros do inimigo.

ARTIGO 2211º – Testamento militar público

1 – O militar, ou o civil a ele equiparado, declarará a sua vontade na presença do comandante da respectiva unidade independente ou força isolada e de duas testemunhas.

2 – Se o comandante quiser fazer testamento, tomará o seu lugar quem deva substituí-lo.

3 – O testamento, depois de escrito, datado e lido em voz alta pelo comandante, será assinado pelo testador, pelas testemunhas, e pelo mesmo comandante; se o testador ou as testemunhas não puderem assinar, declarar-se-á o motivo porque o não fazem.

ARTIGO 2212º – Testamento militar cerrado

1 – Se o militar, ou o civil a ele equiparado, souber e puder escrever, pode fazer o testamento por seu próprio punho.

2 – Escrito e assinado o testamento pelo testador, este apresentá-lo-á ao comandante, na presença de duas testemunhas, declarando que exprime a sua última vontade; o comandante, sem o ler, escreverá no testamento a declaração datada de que ele lhe foi apresentado, sendo essa declaração assinada tanto pelas testemunhas como pelo comandante.

3 – Se o testador o solicitar, o comandante, ainda na presença das testemunhas, coserá e lacrará o testamento, exarando na face exterior da folha que servir de invólucro uma nota com a designação da pessoa a quem pertencer o testamento ali contido.

4 – É aplicável a esta espécie de testamento o que fica disposto no nº 2 do artigo antecedente.

ARTIGO 2213º – Formalidades complementares

1 – O testamento feito na conformidade dos artigos anteriores será depositado pelas autoridades militares na repartição ou em alguma das repartições notariais do lugar do domicílio ou da última residência do testador.

2 – Falecendo o testador antes de findar a causa que o impedia de testar nas formas comuns, será a sua morte anunciada no jornal oficial, com designação da repartição notarial onde o testamento se encontra depositado.

ARTIGO 2214º – Testamento feito a bordo de navio

Qualquer pessoa pode fazer testamento a bordo de navio de guerra ou de navio mercante, em viagem por mar, nos termos declarados nos artigos seguintes.

ARTIGO 2215º – Formalidades do testamento marítimo

O testamento feito a bordo de navio deve obedecer ao preceituado nos artigos 2211º ou 2212º, competindo ao comandante do navio a função que neles é atribuida ao comandante da unidade independente ou força isolada.

ARTIGO 2216º – Duplicado, registo e guarda do testamento

O testamento marítimo é feito em duplicado, registado no diário de navegação e guardado entre os documentos de bordo.

ARTIGO 2217º – Entrega do testamento

1 – Se o navio entrar em algum porto estrangeiro onde exista autoridade consular portuguesa, deve o comandante entregar a essa autoridade um dos exemplares do testamento e cópia do registo feito no diário de navegação.

2 – Aportando o navio a território português, entregará o comandante à autoridade marítima do lugar o outro exemplar do testamento, ou fará entrega de ambos, se nenhum foi depositado nos termos do número anterior, além de cópia do registo.

3 – Em qualquer dos casos declarados no presente artigo, o comandante cobrará recibo da entrega e averbá-lo-á no diário de navegação, à margem do registo do testamento.

ARTIGO 2218º – Termo de entrega e depósito do testamento

1 – A autoridade consular ou militar lavrará termo de entrega do testamento, logo que esta lhe seja feita, e fá-lo-á depositar na repartição ou em alguma das repartições notariais do lugar do domicílio ou da última residência do testador.

2 – É aplicável a este caso o disposto no nº 2 do artigo 2213º

ARTIGO 2219º – Testamento feito a bordo de aeronave

O disposto nos artigos 2214º a 2218º é aplicável, com as necessárias adaptações, ao testamento feito em viagem a bordo de aeronave.

ARTIGO 2220º – Testamento feito em caso de calamidade pública

1 – Se qualquer pessoa estiver inibida de socorrer-se das formas comuns de testamento, por se encontrar em lugar onde grasse epidemia ou por outro motivo

de calamidade pública, pode testar perante algum notário, juiz ou sacerdote, com observância das formalidades prescritas nos artigos 2211º ou 2212º

2 – O testamento será depositado, logo que seja possível, na repartição notarial ou em alguma das repartições notariais do lugar onde foi feito.

ARTIGO 2221º – Idoneidade das testemunhas, abonadores ou intérpretes; incapacidades

1 – Não pode ser testemunha, abonador ou intérprete em qualquer dos testamentos regulados na presente secção quem está impedido de o ser nos documentos autênticos extra-oficiais.

2 – É extensivo aos mesmos testamentos, com as necessárias adaptações,o disposto no artigo 2197º

ARTIGO 2222º – Prazo de eficácia

1 – O testamento celebrado por alguma das formas especiais previstas na presente secção fica sem efeito decorridos dois meses sobre a cessação da causa que impedia o testador de testar segundo as formas comuns.

2 – Se no decurso deste prazo o testador for colocado de novo em circunstâncias impeditivas, o prazo é interrompido devendo começar a contar-se por inteiro a partir da cessação das novas circunstâncias.

3 – A entidade perante quem for feito o testamento deve esclarecer o testador acerca do disposto no nº 1, fazendo menção do facto no próprio testamento; a falta de cumprimento deste preceito não determina a nulidade do acto.

ARTIGO 2223º – Testamento feito por português em país estrangeiro

O testamento feito por cidadão português em país estrangeiro com observância da lei estrangeira competente só produz efeitos em Portugal se tiver sido observada uma forma solene na sua feitura ou aprovação.

CAPÍTULO VI – Conteúdo do testamento

SECÇÃO I – Disposições gerais

ARTIGO 2224º – Disposições a favor da alma

1 – É válida a disposição a favor da alma, quando o testador designe os bens que devem ser utilizados para esse fim ou quando seja possível determinar a quantia necessária para tal efeito.

2 – A disposição a favor da alma constitui encargo que recai sobre o herdeiro ou legatário.

ARTIGO 2225º – Disposição a favor de uma generalidade de pessoas

A disposição a favor de uma generalidade de pessoas, sem qualquer outra indicação, considera-se feita a favor das existentes no lugar em que o testador tinha o seu domicílio à data da morte.

ARTIGO 2226º – Disposições a favor de parentes ou herdeiros legítimos

1 – A diposição a favor dos parentes do testador ou de terceiro, sem designação de quais sejam, considera-se feita a favor dos que seriam chamados por lei à sucessão, na data da morte do testador, sendo a herança ou legado distribuído segundo as regras da sucessão legítima.

2 – De igual forma se procederá, se forem designados como sucessores ou herdeiros legítimos do testador ou de terceiro, ou certa categoria de parentes.

ARTIGO 2227º – Designação individual e colectiva dos sucessores

Se o testador designar certos sucessores individualmente e outros colectivamente, são estes havidos por individualmente designados.

ARTIGO 2228º – Designação de certa pessoa e seus filhos

Se o testador chamar à sucessão certa pessoa e seus filhos, entende-se que são todos designados simultaneamente, nos termos do artigo anterior, e não sucessivamente.

SECÇÃO II – Disposições condicionais, a termo e modais

ARTIGO 2229º – Diposições condicionais

O testador pode sujeitar a instituição de herdeiro ou a nomeação de legatário a condição suspensiva ou resolutiva, com as limitações dos artigos seguintes.

ARTIGO 2230º – Condições impossíveis, contrárias à lei ou à ordem pública ou ofensivas dos bons costumes

1 – A condição física ou legalmente impossível considera-se não escrita e não prejudica o herdeiro ou legatário, salvo declaração do testador em contrário.

2 – A condição contrária à lei ou à ordem pública, ou ofensiva dos bons costumes, tem-se igualmente por não escrita, ainda que o testador haja declarado o contrário, salvo o disposto no artigo 2186º

ARTIGO 2231º – Condição captatória

É nula a disposição feita sob condição de que o herdeiro ou legatário faça igualmente em seu testamento alguma disposição a favor do testador ou de outrem.

ARTIGO 2232º – Condições contrárias à lei

Consideram-se contrárias à lei a condição de residir ou não residir em certo prédio ou local, de conviver ou não conviver com certa pessoa, de não fazer testamento, de não transmitir a determinada pessoa os bens deixados ou de os não partilhar ou dividir, de não requerer inventário, de tomar ou deixar de tomar o estado eclesiástico ou determinada profissão e as cláusulas semelhantes.

ARTIGO 2233º – Condição de casar ou não casar

1 – É também contrária à lei a condição de que o herdeiro ou legatário celebre ou deixe de celebrar casamento.

2 – É, todavia, válida a deixa de usufruto, uso, habitação, pensão ou outra prestação contínua ou periódica para produzir efeito enquanto durar o estado de solteiro ou viúvo do legatário.

(Redação dada pelo Decreto-Lei nº 496/77, de 25-11)

ARTIGO 2234º – Condição de não dar ou não fazer

Se a herança ou legado for deixado sob condição de o herdeiro ou legatário não dar certa coisa ou não praticar certo acto por tempo indeterminado, a disposição considera-se feita sob condição resolutiva, a não ser que o contrário resulte do testamento.

ARTIGO 2235º – Obrigação de preferência

O testador pode impor ao legatário a obrigação de dar preferência a certa pessoa na venda da coisa legada ou na realização de outro contrato, nos termos prescritos para os pactos de preferência.

ARTIGO 2236º – Prestação de caução

1 – Em caso de disposição testamentária sujeita a condição resolutiva, o tribunal pode impor ao herdeiro ou legatário a obrigação de prestar caução no interesse daqueles a favor de quem a herança ou legado será deferido no caso de a condição se verificar.

2 – Do mesmo modo, em caso de legado dependente de condição suspensiva ou termo inicial, o tribunal pode impor àquele que deva satisfazer o legado a obrigação de prestar caução no interesse do legatário.

3 – O testador pode dispensar a prestação de caução em qualquer dos casos previstos nos números anteriores.

ARTIGO 2237º – Administração da herança ou legado

1 – Se o herdeiro for instituído sob condição suspensiva, é posta a herança em administração, até que a condição se cumpra ou haja a certeza de que não pode cumprir-se.

2 – Também é posta em administração a herança ou legado durante a pendência da condição ou do termo, se não prestar caução aquele a quem for exigida nos termos do artigo anterior.

ARTIGO 2238º – A quem pertence a administração

1 – No caso de herança sob condição suspensiva, a administração pertence ao próprio herdeiro condicional e, se ele a não aceitar, ao seu substituto; se não existir substituto ou este também a não aceitar, a administração pertence ao co-herdeiro ou co-herdeiros incondicionais, quando entre eles e o co-herdeiro condicional houver direito de acrescer, e, na sua falta, ao herdeiro legítimo presumido.

2 – Não sendo prestada a caução prevista no artigo 2236º, a administração da herança ou legado compete àquele em cujo interesse a caução devia ser prestada.

3 – Contudo, em qualquer dos casos previstos no presente artigo, o tribunal pode providenciar de outro modo, se ocorrer justo motivo.

ARTIGO 2239º – Regime da administração

Sem prejuízo do disposto nos artigos anteriores, os administradores da herança ou legado estão sujeitos às regras aplicáveis ao curador provisório dos bens do ausente, com as necessárias adaptações.

ARTIGO 2240º – Administração da herança ou legado a favor de nascituro

1 – O disposto nos artigos 2237º a 2239º é aplicável à herança deixada a nascituro não concebido, filho de pessoa viva; mas a esta pessoa ou, se ela for incapaz, ao seu representante legal pertence a representação do nascituro em tudo o que não seja inerente à administração da herança ou do legado.

2 – Se o herdeiro ou legatário estiver concebido, a administração da herança ou do legado compete a quem administraria os seus bens se ele já tivesse nascido.

(Redação dada pelo Decreto-Lei nº 496/77, de 25-11)

ARTIGO 2241º – Administração do cabeça-de-casal

As disposições dos artigos antecedentes não prejudicam os poderes de administração do cabeça-de-casal.

ARTIGO 2242º – Retroactividade da condição

1 – Os efeitos do preenchimento da condição retrotraem-se à data da morte do testador, considerando-se não escritas as declarações testamentárias em contrário.

2 – É aplicável quanto ao regime da retroactividade o disposto nos nºs 2 e 3 do artigo 277º

ARTIGO 2243º – Termo inicial ou final

1 – O testador pode sujeitar a nomeação do legatário a termo inicial; mas este apenas suspende a execução da disposição, não impedindo que o nomeado adquira direito ao legado.

2 – A declaração de termo inicial na instituição de herdeiro, e bem assim a declaração de termo final tanto na instituição de herdeiro como na nomeação de legatário, têm-se por não escritas, excepto, quanto a esta nomeação, se a disposição versar sobre direito temporário.

ARTIGO 2244º – Encargos

Tanto a instituição de herdeiro como a nomeação de legatário podem ser sujeitas a encargos.

ARTIGO 2245º – Encargos impossíveis, contrários à lei ou à ordem pública, ou ofensivos dos bons costumes

É aplicável aos encargos impossíveis, contrários à lei ou à ordem pública, ou ofensivos dos bons costumes, o disposto no artigo 2230º

ARTIGO 2246º – Prestação de caução

O tribunal, quando o considere justificado e o testador não tenha disposto coisa diversa, pode impor ao herdeiro ou legatário onerado pelos encargos a obrigação de prestar caução.

ARTIGO 2247º – Cumprimento dos encargos

No caso de o herdeiro ou legatário não satisfazer os encargos, a qualquer interessado é lícito exigir o seu cumprimento.

ARTIGO 2248º – Resolução da disposição testamentária

1 – Qualquer interessado pode também pedir a resolução da disposição testamentária pelo não cumprimento do encargo, se o testador assim houver determinado, ou se for lícito concluir do testamento que a disposição não teria sido mantida sem o cumprimento do encargo.

2 – Sendo resolvida a disposição, o encargo deve ser cumprido, nas mesmas condições, pelo beneficiário da resolução, salvo se outra coisa resultar do testamento ou da natureza da disposição.

3 – O direito de resolução caduca passados cinco anos sobre a mora no cumprimento do encargo e, em qualquer caso, decorridos vinte anos sobre a abertura da sucessão.

SECÇÃO III – Legados

ARTIGO 2249º – Aceitação e repúdio do legado

É extensivo aos legados, no que lhes for aplicável, e com as necessárias adaptações, o disposto sobre a aceitação e repúdio da herança.

ARTIGO 2250º – Indivisibilidade da vocação

1 – O legatário não pode aceitar um legado em parte e repudiá-lo noutra parte; mas pode aceitar um legado e repudiar outro, contanto que este último não seja onerado por encargos impostos pelo testador.

2 – O herdeiro que seja ao mesmo tempo legatário tem a faculdade de aceitar a herança e repudiar o legado ou de aceitar o legado e repudiar a herança, mas também só no caso de a deixa repudiada não estar sujeita a encargos.

ARTIGO 2251º – Legado de coisa pertencente ao onerado ou a terceiro

1 – É nulo o legado de coisa pertencente ao sucessor onerado com o encargo ou a terceiro, salvo se do testamento se depreender que o testador sabia que não lhe pertencia a coisa legada.

2 – Neste último caso, o sucessor que tenha aceitado a disposição feita em seu benefício é obrigado a adquirir a coisa e a transmiti-la ao legatário ou a proporcionar-lhe por outro modo a sua aquisição, ou, não sendo isso possível, a pagar-lhe o valor dela; e é igualmente obrigado a transmitir-lhe a coisa, se ela lhe pertencer.

3 – Se a coisa legada, que não pertencia ao testador no momento da feitura do testamento, se tiver depois tornado sua por qualquer título, tem efeito a disposição relativa a ela, como se ao tempo do testamento pertencesse ao testador.

4 – Se o legado recair sobre coisa de algum dos co-herdeiros, são os outros obrigados a satisfazer-lhe, em dinheiro ou em bens da herança, a parte que lhes toca no valor dela, proporcionalmente aos seus quinhões hereditários, salvo diversa declaração do testador.

ARTIGO 2252º – Legado de coisa pertencente só em parte ao testador

1 – Se o testador legar uma coisa que não lhe pertença por inteiro, o legado vale apenas em relação à parte que lhe pertencer, salvo se o testamento resultar que o testador sabia não lhe pertencer a totalidade da coisa, pois, nesse caso, observar-se-á, quanto ao restante, o preceituado no artigo anterior.

2 – As regras do número anterior não prejudicam o disposto no artigo 1685º quanto à deixa de coisa certa e determinada do património comum dos cônjuges.

ARTIGO 2253º – Legado de coisa genérica

É válido o legado de coisa indeterminada de certo género, ainda que nenhuma coisa deste género se encontrasse no património do testador à data do testamento e nenhuma aí se encontre à data da sua morte, salvo se o testador fizer a declaração prevista no artigo seguinte.

ARTIGO 2254º – Legado de coisa não existente no espólio do testador

1 – Se o testador legar coisa determinada, ou coisa indeterminada de certo género, com a declaração de que aquela coisa ou este género existe no seu património, mas assim não suceder ao tempo da sua morte, é nulo o legado.

2 – Se a coisa ou género mencionado na disposição se encontrar no património do testador ao tempo da sua morte, mas não na quantidade legada, haverá o legatário o que existir.

ARTIGO 2255º – Legado de coisa existente em lugar determinado

O legado de coisa existente em lugar determinado só pode ter efeito até onde chegue a quantidade que aí se achar à data da abertura da sucessão, excepto se a coisa, habitualmente guardada nesse lugar, tiver sido de lá removida, no todo ou em parte, a título transitório.

ARTIGO 2256º – Legado de coisa pertencente ao próprio legatário

1 – É nulo o legado de coisa que à data do testamento pertencia ao próprio legatário, se também lhe pertencer à data da abertura da sucessão.

2 – O legado, é porém, válido se à data da abertura da sucessão a coisa pertencia ao testador; e também o é, se a esse tempo pertencia ao sucessor onerado com o legado ou a terceiro e do testamento resultar que a deixa foi feita na previsão deste facto.

3 – É aplicável, neste último caso, o disposto nos nº 2 e 4 do artigo 2251º

ARTIGO 2257º – Legado de coisa adquirida pelo legatário

1 – Se depois da feitura do testamento o legatário adquirir do testador, por título oneroso ou gratuito, a coisa que tiver sido objecto do legado, este não produz efeito.

2 – O legado também não produz efeito se, após o testamento, o legatário adquirir a coisa, por título gratuito, do sucessor onerado ou de terceiro; se a adquirir por título oneroso, pode pedir o que houver desembolsado, quando do testamento resulte que o testador sabia não lhe pertencer a coisa legada.

ARTIGO 2258º – Legado de usufruto

A deixa de usufruto, na falta de indicação em contrário, considera-se feita vitaliciamente; se o beneficiário for uma pessoa colectiva, terá a duração de trinta anos.

ARTIGO 2259º – Legado para pagamento de dívida

1 – Se o testador legar certa coisa ou certa soma como por ele devida ao legatário, é valido o legado, ainda que a soma ou coisa não fosse realmente devida, salvo sendo o legatário incapaz de a haver por sucessão.

2 – O legado fica, todavia, sem efeito, se o testador, sendo devedor ao tempo da feitura do testamento, cumprir a obrigação posteriormente.

ARTIGO 2260º – Legado a favor do credor

O legado feito a favor de um credor, mas sem que o testador refira a sua dívida, não se considera destinado a satisfazer essa dívida.

ARTIGO 2261º – Legado de crédito

1 – O legado de um crédito só produz efeito em relação à parte que subsista ao tempo da morte do testador.

2 – O herdeiro satisfará a disposição entregando ao legatário os títulos respeitantes ao crédito.

ARTIGO 2262º – Legado da totalidade dos créditos

Se o testador legar a totalidade dos seus créditos, deve entender-se, em caso de dúvida, que o legado só compreende os créditos em dinheiro, excluídos os depósitos bancários e os títulos ao portador ou nominativos.

ARTIGO 2263º – Legado do recheio de uma casa

Sendo legado o recheio de uma casa ou o dinheiro nela existente, não se entende, no silêncio do testador, que são também legados os créditos, ainda que na casa se encontrem os documentos respectivos.

ARTIGO 2264º – Pré-legado

O legado a favor de um dos co-herdeiros, e a cargo de toda a herança, vale por inteiro.

ARTIGO 2265º – Obrigação de prestação do legado

1 – Na falta de disposição em contrário, o cumprimento do legado incumbe aos herdeiros.

2 – O testador pode, todavia, impor o cumprimento só a algum ou alguns dos herdeiros, ou a algum ou alguns dos legatários.

3 – Os herdeiros ou legatários sobre quem recaia o encargo ficam a ele sujeitos em proporção dos respectivos quinhões hereditários ou dos respectivos legados, se o testador não tiver estabelecido proporção diversa.

ARTIGO 2266º – Cumprimento do legado de coisa genérica

1 – Quando o legado for de coisa indeterminada pertencente a certo género, cabe a escolha dela a quem deva prestá-la, excepto se o testador tiver atribuído a escolha ao próprio legatário ou a terceiro.

2 – No silêncio do testador, a escolha recairá sobre coisas existentes na herança, salvo se não encontrar nenhuma do género considerado e o legado for válido nos termos do artigo 2253º; o legatário pode escolher a coisa melhor, a não ser que a escolha verse sobre coisas não existentes na herança.

3 – As regras dos artigos 400º e 542º são aplicáveis, com as necessárias adaptações, ao legado de coisa genérica, quando não estejam em oposição com o disposto nos números antecedentes.

ARTIGO 2267º – Cumprimento dos legados alternativos

Os legados alternativos estão sujeitos ao regime, devidamente adaptado, das obrigações alternativas.

ARTIGO 2268º – Transmissão do direito de escolha

Tanto no legado de coisa genérica como no legado alternativo, se a escolha pertencer ao sucessor onerado ou ao legatário, e um ou outro falecer sem a ter efectuado, transmite-se esse direito aos seus herdeiros.

ARTIGO 2269º – Extensão do legado

1 – Na falta de declaração do testador sobre a extensão do legado, entende-se que ele abrange as benfeitorias e partes integrantes.

2 – O legado de prédio rústico ou urbano, ou do conjunto de prédios rústicos ou urbanos que constituam uma unidade económica, abrange, no silêncio do testador, as construções nele feitas, anteriores ou posteriores ao testamento, e bem assim as aquisições posteriores que se tenham integrado na mesma unidade, sem prejuízo do disposto no nº 2 do artigo 2316º

ARTIGO 2270º – Entrega do legado

Na falta de declaração do testador sobre a entrega do legado, esta deve ser feita no lugar em que a coisa legada se encontrava ao tempo da morte do testador e no prazo de um ano a contar dessa data, salvo se por facto não imputável ao onerado se tornar impossível o cumprimento dentro desse prazo; se, porém, o legado consistir em dinheiro ou em coisa genérica que não exista na herança, a entrega deve ser feita no lugar onde se abrir a sucessão, dentro do mesmo prazo.

ARTIGO 2271º – Frutos

Não havendo declaração do testador sobre os frutos da coisa legada, o legatário tem direito aos frutos desde a morte do testador, com exepção dos percebidos adiantadamente pelo autor da sucessão; se, todavia, o legado consistir em dinheiro ou em coisa não pertencente à herança, os frutos só são devidos a partir da mora de quem deva satisfazê-lo.

ARTIGO 2272º – Legado de coisa onerada

1 – Se a coisa legada estiver onerada com alguma servidão ou outro encargo que lhe seja inerente, passa com o mesmo encargo ao legatário.

2 – Havendo foros ou outras prestações atrasadas, serão pagas por conta da herança; e por conta dela serão pagas ainda as dívidas asseguradas por hipotecas ou outra garantia real constituída sobre coisa legada.

ARTIGO 2273º – Legado de prestação periódica

1 – Se o testador legar qualquer prestação periódica, o primeiro período corre desde a sua morte, tendo o legatário o direito a toda a prestação respeitante a cada período, ainda que faleça no seu decurso.

2 – O disposto no número anterior é aplicável ao legado de alimentos, mesmo que estes só venham a ser fixados depois da morte do testador.

3 – O legado só é exigível no termo do período correspondente, salvo se for a título de alimentos, pois, nesse caso, é devido a partir do início de cada período.

ARTIGO 2274º – Legado deixado a um menor

O legado deixado a um menor para quando atingir a maioridade não pode ser por ele exigido antes desse tempo, ainda que seja emancipado.

ARTIGO 2275º – Despesas com o cumprimento do legado

As despesas feitas com o cumprimento do legado ficam a cargo de quem deva satisfazê-lo.

ARTIGO 2276º – Encargos impostos ao legatário

1 – O legatário responde pelo cumprimento dos legados e dos outros encargos que lhe sejam impostos, mas só dentro dos limites do valor da coisa legada.

2 – Se o legatário com encargo não receber todo o legado, é o encargo reduzido proporcionalmente e, se a coisa legada for reivindicada por terceiro, pode o legatário reaver o que houver pago.

ARTIGO 2277º – Pagamento dos encargos da herança pelos legatários

Se a herança for toda distribuída em legado, são os encargos dela suportados por todos os legatários em proporção dos seus legados, excepto se o testador houver disposto outra coisa.

ARTIGO 2278º – Herança insuficiente para pagamento dos legados

Se os bens da herança não chegarem para cobrir os legados, são estes pagos rateadamente; exceptuam-se os legados remuneratórios, os quais são considerados como dívida da herança.

ARTIGO 2279º – Reivindicação da coisa legada

O legatário pode reivindicar de terceiro a coisa legada, contanto que esta seja certa e determinada.

ARTIGO 2280º – Legados pios

Os legados pios são regulados por legislação especial.

SECÇÃO IV – Substituições

SUBSECÇÃO I – Substituição directa

ARTIGO 2281º – Noção

1 – O testador pode substituir outra pessoa ao herdeiro instituído para o caso de este não poder ou não querer aceitar a herança: é o que se chama substituição directa.

2 – Se o testador previr só um destes casos, entende-se ter querido abranger o outro, salvo declaração em contrário.

ARTIGO 2282º – Substituição plural

Podem substituir-se várias pessoas a uma só, ou uma só a várias.

ARTIGO 2283º – Substituição recíproca

1 – O testador pode determinar que os co-herdeiros se substituam reciprocamente.

2 – Em tais casos se os co-herdeiros tiverem sido instituídos em partes desiguais, respeitar-se-á, no silêncio do testador, a mesma proporção na substituição.

3 – Mas, se à substituição não forem chamados todos os restantes instituídos, ou o for outra pessoa além deles, e nada se declarar sobre a proporção respectiva, o quinhão vago será repartido em partes iguais pelos substitutos.

ARTIGO 2284º – Direitos e obrigações dos substitutos

Os substitutos sucedem nos direitos e obrigações em que sucederiam os substituídos, excepto se outra for a vontade do testador.

ARTIGO 2285º – Substituição directa nos legados

1 – O disposto na presente subsecção é aplicável aos legados.

2 – Quanto aos legatários nomeados em relação ao mesmo objecto, seja ou não conjunta a nomeação, a substituição recíproca considera-se feita, no silêncio do testador, na mesma proporção em que foi feita a nomeação.

SUBSECÇÃO II – Substituição fideicomissária

ARTIGO 2286º – Noção

Diz-se substituição fideicomissária, ou fideicomisso, a disposição pela qual o testador impõe ao herdeiro instituído o encargo de conservar a herança, para que ela reverta, por sua morte, a favor de outrem; o herdeiro gravado com o encargo chama-se fiduciário, e fideicomissário o beneficiário da substituição.

ARTIGO 2287º – Substituição plural

Pode haver um só ou vários fiduciários, assim como um ou vários fideicomissários.

ARTIGO 2288º – Limite de validade

São nulas as substituições fideicomissárias em mais de um grau, ainda que a reversão da herança para o fideicomissário esteja subordinada a um acontecimento futuro e incerto.

ARTIGO 2289º – Nulidade da substituição

A nulidade da substituição fideicomissária não envolve a nulidade da instituição ou da substituição anterior; apenas se tem por não escrita a cláusula fideicomissária, salvo se o contrário resultar do testamento.

ARTIGO 2290º – Direitos e obrigações do fiduciário

1 – O fiduciário tem o gozo e a administração dos bens sujeitos ao fideicomisso.

2 – São extensivas ao fiduciário, no que não for incompatível com a natureza do fideicomisso, as disposições legais relativas ao usufruto.

3 – O caso julgado constituído em acção relativa aos bens sujeitos ao fideicomisso não é oponível ao fideicomissário se ele não interveio nela.

ARTIGO 2291º – Alienação ou oneração de bens

1 – Em caso de evidente necessidade ou utilidade para os bens da substituição, pode o tribunal autorizar, com as devidas cautelas, a alienação ou oneração dos bens sujeitos ao fideicomisso.

2 – Nas mesmas condições, pode o tribunal autorizar a alienação ou oneração em caso de evidente necessidade ou utilidade para o fiduciário, contanto que os interesses do fideicomissário não sejam afectados.

ARTIGO 2292º – Direitos dos credores pessoais do fiduciário

Os credores pessoais do fiduciário não têm o direito de se pagar pelos bens sujeitos ao fideicomisso, mas tão-somente pelos seus frutos.

ARTIGO 2293º – Devolução da herança ao fideicomissário

1 – A herança devolve-se ao fideicomissário no momento da morte do fiduciário.

2 – Se o fideicomissário não puder ou não quiser aceitar a herança, fica sem efeito a substituição, e a titularidade dos bens hereditários considera-se adquirida definitivamente pelo fiduciário desde a morte do testador.

3 – Não podendo ou não querendo o fiduciário aceitar a herança, a substituição, no silêncio do testamento, converte-se de fideicomissária em directa, dando-se a devolução da herança a favor do fideicomissário, com efeito desde o óbito do testador.

ARTIGO 2294º – Actos de disposição do fideicomissário

O fideicomissário não pode aceitar ou repudiar a herança, nem dispor dos bens respectivos, mesmo por título oneroso, antes de ela lhe ser devolvida.

ARTIGO 2295º – Fideicomissos irregulares

1 – São havidas como fideicomissárias:

a) As disposições pelas quais o testador proíba o herdeiro de dispor dos bens hereditários, seja por acto entre vivos, seja por acto de última vontade;

b) As disposições pelas quais o testador chame alguém ao que restar da herança por morte do herdeiro;

c) As disposições pelas quais o testador chame alguém aos bens deixados a uma pessoa colectiva, para o caso de esta se extinguir.

2 – No caso previsto na alínea *a*) do número anterior, são havidos como fideicomissários os herdeiros legítimos do fiduciário.

3 – Aos fideicomissos previstos neste artigo são aplicáveis as disposições dos artigos antecedentes; mas, nos casos das alíneas *b*) e *c*) do nº 1, o fiduciário pode dispor dos bens por acto entre vivos, independentemente de autorização judicial, se obtiver o consentimento do fideicomissário.

ARTIGO 2296º – Substituição fideicomissária nos legados

O disposto na presente subsecção é aplicável aos legados.

SUBSECÇÃO III – Substituições pupilar e quase-pupilar

ARTIGO 2297º – Substituição pupilar

1 – O progenitor que não estiver inibido total ou parcialmente do poder paternal tem a faculdade de substituir aos filhos os herdeiros ou legatários que bem lhe aprouver, para o caso de os mesmos filhos falecerem antes de perfazer os dezoito anos de idade: é o que se chama substituição pupilar.

2 – A substituição fica sem efeito logo que o substituído perfaça os dezoito anos, ou se falecer deixando descendentes ou ascendentes.

ARTIGO 2298º – Substituição quase-pupilar

1 – A disposição do artigo anterior é aplicável, sem distinção de idade, ao caso de o filho ser incapaz de testar em consequência de uma sentença de acompanhamento: é o que se chama substituição quase-pupilar.

2 – A substituição quase-pupilar fica sem efeito logo que cesse a limitação referida ou se o substituído falecer deixando descendentes ou ascendentes.

(Redação dada pela Lei nº 49/2018, de 14 de agosto)

ARTIGO 2299º – Transformação da substituição pupilar em quase-pupilar

A substituição pupilar é havida para todos os efeitos como quase-pupilar, se o menor for declarado interdito por anomalia psíquica.

ARTIGO 2300º – Bens que podem ser abrangidos

As substituições pupilar e quase-pupilar só podem abranger os bens que o substituído haja adquirido por via do testador, embora a título de legítima.

SECÇÃO V – Direito de acrescer

ARTIGO 2301º – Direito de acrescer entre herdeiros

1 – Se dois ou mais herdeiros forem instituídos em partes iguais na totalidade ou numa quota dos bens, seja ou não conjunta a instituição, e algum deles não puder ou não quiser aceitar a herança, acrescerá a sua parte à dos outros herdeiros instituídos na totalidade ou na quota.

2 – Se forem desiguais as quotas dos herdeiros, a parte do que não pôde ou não quis aceitar é dividida pelos outros, respeitando-se a proporção entre eles.

ARTIGO 2302º – Direito de acrescer entre legatários

1 – Há direito de acrescer entre os legatários que tenham sido nomeados em relação ao mesmo objecto, seja ou não conjunta a nomeação.

2 – É aplicável, neste caso, com as necessárias adaptações, o disposto no artigo anterior.

ARTIGO 2303º – Desoneração do encargo do cumprimento do legado

Não havendo direito de acrescer entre os legatários, o objecto do legado é atribuído ao herdeiro ou legatário onerado com o encargo do seu cumprimento, salvo se esse objecto estiver genericamente compreendido noutro legado.

ARTIGO 2304º – Casos em que o direito de acrescer não tem lugar

Não há lugar ao direito de acrescer, se o testador tiver disposto outra coisa, se o legado tiver natureza puramente pessoal ou se houver direito de representação.

ARTIGO 2305º – Direito de acrescer entre usufrutuários

É aplicável ao direito de acrescer entre usufrutuários o disposto nos artigos 1442º e 2302º

ARTIGO 2306º – Aquisição da parte acrescida

A aquisição da parte acrescida dá-se por força da lei, sem necessidade de aceitação do beneficiário, que não pode repudiar separadamente essa parte, excepto quando sobre ela recaiam encargos especiais impostos pelo testador; neste caso, sendo objecto de repúdio, a porção acrescida reverte para a pessoa ou pessoas a favor de quem os encargos hajam sido constituídos.

ARTIGO 2307º – Efeitos do direito de acrescer

Os herdeiros ou legatários que houverem o acrescido sucedem nos mesmos direitos e obrigações, de natureza não puramente pessoal, que caberiam àquele que não pôde ou não quis receber a deixa.

CAPÍTULO VII – Nulidade, anulabilidade, revogação e caducidade dos testamentos e disposições testamentárias

SECÇÃO I – Nulidade e anulabilidade

ARTIGO 2308º – Caducidade da acção

1 – A acção de nulidade do testamento ou de disposição testamentária caduca ao fim de dez anos, a contar da data em que o interessado teve conhecimento do testamento e da causa da nulidade.

2 – Sendo anulável o testamento ou a disposição, a acção caduca ao fim de dois anos a contar da data em que o interessado teve conhecimento do testamento e da causa da anulabilidade.

3 – São aplicáveis, nestes casos, as regras da suspensão e interrupção da prescrição.

ARTIGO 2309º – Confirmação do testamento

Não pode prevalecer-se da nulidade ou anulabilidade do testamento ou da disposição testamentária aquele que a tiver confirmado.

ARTIGO 2310º – Inadmissibilidade da proibição de impugnar o testamento

O testador não pode proibir que seja impugnado o seu testamento nos casos em que haja nulidade ou anulabilidade.

SECÇÃO II – Revogação e caducidade

ARTIGO 2311º – Faculdade de revogação

1 – O testador não pode renunciar à faculdade de revogar, no todo ou em parte, o seu testamento.

2 – Tem-se por não escrita qualquer cláusula que contrarie a faculdade de revogação.

ARTIGO 2312º – Revogação expressa

A revogação expressa do testamento só pode fazer-se declarando o testador, noutro testamento ou em escritura pública, que revoga no todo ou em parte o testamento anterior.

ARTIGO 2313º – Revogação tácita

1 – O testamento posterior que não revogue expressamente o anterior revogá-lo-á apenas na parte em que for com ele incompatível.

2 – Se aparecerem dois testamentos da mesma data, sem que seja possível determinar qual foi o posterior, e implicarem contradição, haver-se-ão por não escritas em ambos as disposições contraditórias.

ARTIGO 2314º – Revogação do testamento revogatório

1 – A revogação expressa ou tácita produz o seu efeito, ainda que o testamento revogatório seja por sua vez revogado.

2 – O testamento anterior recobra, todavia, a sua força, se o testador, revogando o posterior, declarar ser sua vontade que revivam as disposições do primeiro.

ARTIGO 2315º – Inutilização do testamento cerrado

1 – Se o testamento cerrado aparecer dilacerado ou feito em pedaços, considerar-se-á revogado, excepto quando se prove que o facto foi praticado por pessoa diversa do testador, ou que este não teve intenção de o revogar ou se encontrava privado do uso da razão.

2 – Presume-se que o facto foi praticado por pessoa diversa do testador, se o testamento não se encontrava no espólio deste à data da sua morte.

3 – A simples obliteração ou cancelamento do testamento, no todo ou em parte, ainda que com ressalva e assinatura, não é havida como revogação, desde que possa ler-se a primitiva disposição.

ARTIGO 2316º – Alienação ou transformação da coisa legada

1 – A alienação total ou parcial da coisa legada implica revogação correlativa do legado; a revogação surte o seu efeito, ainda que a alienação seja anulada por fundamento diverso da falta ou vícios da vontade do alheador, ou ainda que este readquira por outro modo a propriedade da coisa.

2 – Implica, outrossim, revogação do legado a transformação da coisa em outra, com diferente forma e denominação ou diversa natureza, quando a transformação seja feita pelo testador.

3 – É, porém, admissível a prova de que o testador, ao alienar ou transformar a coisa, não quis revogar o legado.

ARTIGO 2317º – Casos de caducidade

As disposições testamentarias, quer se trate da instituição de herdeiro, quer da nomeação de legatário, caducam, além de outros casos:

a) Se o instituído ou nomeado falecer antes do testador, salvo havendo representação sucessória;

b) Se a instituição ou nomeação estiver dependente de condição suspensiva e o sucessor falecer antes de a condição se verificar;

c) Se o instituído ou nomeado se tornar incapaz de adquirir a herança ou o legado;

d) Se o chamado à sucessão era cônjuge do testador e à data da morte deste se encontravam divorciados ou separados judicialmente de pessoas e bens ou o casamento tenha sido declarado nulo ou anulado, por sentença já transitada ou que venha a transitar em julgado, ou se vier a ser proferida, posteriormente àquela data, sentença de divórcio, separação judicial de pessoas e bens, declaração de nulidade ou anulação do casamento;

e) Se o chamado à sucessão repudiar a herança ou o legado, salvo havendo representação sucessória.

(Redação dada pelo Decreto-Lei nº 496/77, de 25-11)

ARTIGOS 2318º e 2319º

(Revogados pelo Decreto-Lei nº 496/77, de 25-11)

CAPÍTULO VIII – Testamentaria

ARTIGO 2320º – Noção

O testador pode nomear uma ou mais pessoas que fiquem encarregadas de vigiar o cumprimento do seu testamento ou de o executar, no todo ou em parte: é o que se chama testamentaria.

ARTIGO 2321º – Quem pode ser nomeado testamenteiro

1 – Só pode ser nomeado testamenteiro o que tiver plena capacidade jurídica.

2 – A nomeação pode recair sobre um herdeiro ou legatário.

ARTIGO 2322º – Aceitação ou recusa

O nomeado pode aceitar ou recusar a testamentaria.

ARTIGO 2323º – Aceitação

1 – A aceitação da testamentaria pode ser expressa ou tácita.

2 – A testamentaria não pode ser aceita sob condição, nem a termo, nem só em parte.

ARTIGO 2324º – Recusa

A recusa da testamentaria faz-se por meio de declaração perante notário.

ARTIGO 2325º – Atribuições do testamenteiro

O testamenteiro tem as atribuições que o testador lhe conferir, dentro dos limites da lei.

ARTIGO 2326º – Disposição supletiva

Se o testador não especificar as atribuições do testamenteiro, competirá a este:

a) Cuidar do funeral do testador e pagar as despesas e sufrágios respectivos, conforme o que for estabelecido no testamento ou, se nada se estabelecer, consoante os usos da terra;

b) Vigiar a execução das disposições testamentárias e sustentar, se for necessário, a sua validade em juízo;

c) Exercer as funções de cabeça-de-casal, nos termos da alínea *b*) do nº 1 do artigo 2080º

ARTIGO 2327º – Cumprimento de legados e outros encargos

O testador pode encarregar o testamenteiro do cumprimento dos legados e dos demais encargos da herança, quando este seja cabeça-de-casal e não haja lugar a inventário obrigatório.

ARTIGO 2328º – Venda de bens

Para efeitos do disposto no artigo anterior, pode o testamenteiro ser autorizado pelo testador a vender quaisquer bens da herança, móveis ou imóveis, ou os que forem designados no testamento.

ARTIGO 2329º – Pluralidade de testamenteiros

1 – Sendo vários os testamenteiros, consideram-se todos nomeados conjuntamente, salvo se outra coisa tiver sido disposta pelo testador.

2 – Caducando por qualquer causa a testamentaria em relação a algum dos nomeados, continuam os restantes no exercício das respectivas funções.

3 – Sendo os testamenteiros nomeados sucessivamente, cada um deles só é chamado a aceitar ou recusar o cargo na falta do anterior.

ARTIGO 2330º – Escusa do testamenteiro

O nomeado que aceitou a testamentaria só pode ser dela escusado nos casos previstos no nº 1 do artigo 2085º

ARTIGO 2331º – Remoção do testamenteiro e caducidade da testamentaria plural

1 – O testamenteiro pode ser judicialmente removido, a requerimento de qualquer interessado, se não cumprir com prudência e zelo os deveres do seu cargo ou mostrar incompetência no seu desempenho.

2 – Se forem vários os testamenteiros nomeados conjuntamente e não houver acordo entre eles sobre o exercício da testamentaria, podem ser removidos todos, ou apenas algum ou alguns deles.

ARTIGO 2332º – Prestação de contas

1 – O testamenteiro é obrigado a prestar contas anualmente.

2 – Em caso de culpa, responde o testamenteiro perante os herdeiros e legatários pelos danos a que der causa.

ARTIGO 2333º – Remuneração

1 – O cargo de testamenteiro é gratuito, excepto se lhe for assinada pelo testador alguma retribuição.

2 – O testamenteiro não tem direito à retribuição assinada, ainda que atribuída sob a forma de legado, se não aceitar a testamentaria ou for dela removido; se a

testamentaria caducar por qualquer outra causa, cabe-lhe apenas uma parte da retribuição proporcional ao tempo em que exerceu as funções.

ARTIGO 2334º – Intransmissibilidade

A testamentaria não é transmissível, em vida ou por morte, nem é delegável, bem que possa o testamenteiro servir-se de auxiliares na execução do cargo, nos mesmos termos em que o procurador o pode fazer.

Legislação Complementar

Casamento Civil entre Pessoas do mesmo Sexo

Lei nº 9/2010, de 31 de maio

A Assembleia da República decreta, nos termos da alínea *c*) do artigo 161º da Constituição, o seguinte:

ARTIGO 1º – Objecto

A presente lei permite o casamento civil entre pessoas do mesmo sexo.

ARTIGO 2º – Alterações ao regime do casamento

Os artigos 1577º, 1591º e 1690º do Código Civil passam a ter a seguinte redacção:
(Alterações introduzidas no local próprio.)

ARTIGO 3º – Adoção

1 – O regime introduzido pela presente lei implica a admissibilidade legal de adoção, em qualquer das suas modalidades, por pessoas casadas com cônjuge do mesmo sexo.

2 – Nenhuma disposição legal ou regulamentar em matéria de adoção pode ser interpretada em sentido contrário ao disposto no número anterior.

(Redação dada pela Lei nº 2/2016, de 29-02)

ARTIGO 4º – Norma revogatória

É revogada a alínea *e*) do artigo 1628º do Código Civil.

ARTIGO 5º – Disposição final

Todas as disposições legais relativas ao casamento, adoção, apadrinhamento civil e outras relações jurídicas familiares devem ser interpretadas à luz da presente lei, independentemente do sexo dos cônjuges.

(Redação dada pela Lei nº 2/2016, de 29-02)

Aprovada em 11 de Fevereiro de 2010.

O Presidente da Assembleia da República, *Jaime Gama.*

Promulgada em 17 de Maio de 2010.

Publique-se.

O Presidente da República, Aníbal Cavaco Silva.

Referendada em 18 de Maio de 2010.

O Primeiro-Ministro, *José Sócrates Carvalho Pinto de Sousa.*

Medidas de Proteção das Pessoas que Vivam em Economia Comum

Lei nº 6/2001, de 11 de maio

Adopta medidas de protecção das pessoas que vivam em economia comum

A Assembleia da República decreta, nos termos da alínea *c*) do artigo 161º da Constituição, para valer como lei geral da República, o seguinte:

ARTIGO 1º – Âmbito de aplicação

1 – A presente lei estabelece o regime de protecção das pessoas que vivam em economia comum há mais de dois anos.

2 – O disposto na presente lei não prejudica a aplicação de qualquer disposição legal ou regulamentar em vigor tendente à protecção jurídica de situações de união de facto, nem de qualquer outra legislação especial aplicável.

3 – Não constitui facto impeditivo da aplicação da presente lei a coabitação em união de facto.

ARTIGO 2º – Economia comum

1 – Entende-se por economia comum a situação de pessoas que vivam em comunhão de mesa e habitação há mais de dois anos e tenham estabelecido uma vivência em comum de entreajuda ou partilha de recursos.

2 – O disposto na presente lei é aplicável a agregados constituídos por duas ou mais pessoas, desde que pelo menos uma delas seja maior de idade.

ARTIGO 3º – Excepções

São impeditivos da produção dos efeitos jurídicos decorrentes da aplicação da presente lei:

a) A existência entre as pessoas de vínculo contratual, designadamente sublocação e hospedagem, que implique a mesma residência ou habitação comum;

b) A obrigação de convivência por prestação de actividade laboral para com uma das pessoas com quem viva em economia comum;

c) As situações em que a economia comum esteja relacionada com a prossecução de finalidades transitórias;

d) Encontrar-se alguma das pessoas submetida a situação de coacção física ou psicológica ou atentatória da autodeterminação individual.

ARTIGO 4º – Direitos aplicáveis

1 – Às pessoas em situação de economia comum são atribuídos os seguintes direitos:

a) Benefício do regime jurídico de férias, faltas e licenças e preferência na colocação dos funcionários da Administração Pública equiparado ao dos cônjuges, nos termos da lei;

b) Benefício do regime jurídico das férias, feriados e faltas, aplicável por efeito de contrato individual de trabalho, equiparado ao dos cônjuges, nos termos da lei;

c) Aplicação do regime do imposto de rendimento das pessoas singulares nas mesmas condições dos sujeitos passivos casados e não separados judicialmente de pessoas e bens, nos termos do disposto no artigo 7º;

d) Protecção da casa de morada comum, nos termos da presente lei;

e) Transmissão do arrendamento por morte.

2 – Quando a economia comum integrar mais de duas pessoas, os direitos consagrados nas alíneas *a*) e *b*) do número anterior apenas podem ser exercidos, em cada ocorrência, por uma delas.

ARTIGO 5º – Casa de morada comum

1 – Em caso de morte da pessoa proprietária da casa de morada comum, as pessoas que com ela tenham vivido em economia comum há mais de dois anos nas condições previstas na presente lei têm direito real de habitação sobre a mesma, pelo prazo de cinco anos, e, no mesmo prazo, direito de preferência na sua venda.

2 – O disposto no número anterior não se aplica caso ao falecido sobrevivam descendentes ou ascendentes que com ele vivessem há pelo menos um ano e pretendam continuar a habitar a casa, ou no caso de disposição testamentária em contrário.

3 – Não se aplica ainda o disposto no nº 1 no caso de sobrevivência de descendentes menores que não coabitando com o falecido demonstrem ter absoluta carência de casa para habitação própria.

ARTIGO 6º – Transmissão do arrendamento por morte

Ao nº 1 do artigo 85º do Regime do Arrendamento Urbano, aprovado pelo Decreto-Lei nº 321-B/90, de 15 de Outubro, é aditada uma alínea *f*), com a seguinte redacção:

(Alteração introduzida no local próprio)

ARTIGO 7º – Regime fiscal

(Revogado pela Lei nº 82-E/2014, de 31-12)

ARTIGO 8º – Regulamentação

O Governo publicará no prazo de 90 dias os diplomas regulamentares das normas da presente lei que de tal careçam.

ARTIGO 9º – Entrada em vigor

Os preceitos da presente lei que tenham repercussão orçamental produzem efeitos com a lei do Orçamento do Estado posterior à sua entrada em vigor.

Aprovada em 15 de Março de 2001.

O Presidente da Assembleia da República, *António de Almeida Santos.*

Promulgada em 20 de Abril de 2001.

Publique-se.

O Presidente da República, JORGE SAMPAIO.

Referendada em 26 de Abril de 2001.

O Primeiro-Ministro, em exercício, *Jaime José Matos da Gama.*

Medidas de Proteção das Uniões de Facto

Lei nº 7/2001, de 11 de maio*

Adopta medidas de protecção das uniões de facto

A Assembleia da República decreta, nos termos da alínea *c*) do artigo 161º da Constituição, para valer como lei geral da República, o seguinte:

ARTIGO 1º – Objecto

1 – A presente lei adopta medidas de protecção das uniões de facto.

2 – A união de facto é a situação jurídica de duas pessoas que, independentemente do sexo, vivam em condições análogas às dos cônjuges há mais de dois anos.

ARTIGO 2º – Excepções

Impedem a atribuição de direitos ou benefícios, em vida ou por morte, fundados na união de facto:

a) Idade inferior a 18 anos à data do reconhecimento da união de facto;

b) Demência notória, mesmo com intervalos lúcidos e situação de acompanhamento de maior, se assim se estabelecer na sentença que a haja decretado, salvo se posteriores ao início da união;

c) Casamento não dissolvido, salvo se tiver sido decretada a separação de pessoas e bens;

d) Parentesco na linha recta ou no 2º grau da linha colateral ou afinidade na linha recta;

e) Condenação anterior de uma das pessoas como autor ou cúmplice por homicídio doloso ainda que não consumado contra o cônjuge do outro.

(Redação dada pela Lei nº 49/2018, de 14-08)

* Texto de acordo com a republicação da Lei nº 23/2010, de 30 de agosto.

ARTIGO 2º-A – Prova da união de facto

1 – Na falta de disposição legal ou regulamentar que exija prova documental específica, a união de facto prova-se por qualquer meio legalmente admissível.

2 – No caso de se provar a união de facto por declaração emitida pela junta de freguesia competente, o documento deve ser acompanhado de declaração de ambos os membros da união de facto, sob compromisso de honra, de que vivem em união de facto há mais de dois anos, e de certidões de cópia integral do registo de nascimento de cada um deles.

3 – Caso a união de facto se tenha dissolvido por vontade de um ou de ambos os membros, aplica-se o disposto no número anterior, com as necessárias adaptações, devendo a declaração sob compromisso de honra mencionar quando cessou a união de facto; se um dos membros da união dissolvida não se dispuser a subscrever a declaração conjunta da existência pretérita da união de facto, o interessado deve apresentar declaração singular.

4 – No caso de morte de um dos membros da união de facto, a declaração emitida pela junta de freguesia atesta que o interessado residia há mais de dois anos com o falecido, à data do falecimento, e deve ser acompanhada de declaração do interessado, sob compromisso de honra, de que vivia em união de facto com o falecido há mais de dois anos, à mesma data, de certidão de cópia integral do registo de nascimento do interessado e de certidão do óbito do falecido.

5 – As falsas declarações são punidas nos termos da lei penal.

ARTIGO 3º – Efeitos

As pessoas que vivem em união de facto nas condições previstas na presente lei têm direito a:

a) Protecção da casa de morada de família, nos termos da presente lei;

b) Beneficiar do regime jurídico aplicável a pessoas casadas em matéria de férias, feriados, faltas, licenças e de preferência na colocação dos trabalhadores da Administração Pública;

c) Beneficiar de regime jurídico equiparado ao aplicável a pessoas casadas vinculadas por contrato de trabalho, em matéria de férias, feriados, faltas e licenças;

d) Aplicação do regime do imposto sobre o rendimento das pessoas singulares nas mesmas condições aplicáveis aos sujeitos passivos casados e não separados de pessoas e bens;

e) Protecção social na eventualidade de morte do beneficiário, por aplicação do regime geral ou de regimes especiais de segurança social e da presente lei;

f) Prestações por morte resultante de acidente de trabalho ou doença profissional, por aplicação dos regimes jurídicos respectivos e da presente lei;

g) Pensão de preço de sangue e por serviços excepcionais e relevantes prestados ao País, por aplicação dos regimes jurídicos respectivos e da presente lei.

2 – Nenhuma norma da presente lei prejudica a aplicação de qualquer outra disposição legal ou regulamentar em vigor tendente à protecção jurídica de uniões de facto ou de situações de economia comum.

3 – Ressalvado o disposto no artigo 7º da presente lei, e no nº 1 do artigo 6º da Lei nº 32/2006, de 26 de Julho, qualquer disposição em vigor tendente à atribuição de direitos ou benefícios fundados na união de facto é aplicável independentemente do sexo dos seus membros.

ARTIGO 4º – Protecção da casa de morada da família em caso de ruptura

O disposto nos artigos 1105º e 1793º do Código Civil é aplicável, com as necessárias adaptações, em caso de ruptura da união de facto.

ARTIGO 5º – Protecção da casa de morada da família em caso de morte

1 – Em caso de morte do membro da união de facto proprietário da casa de morada da família e do respectivo recheio, o membro sobrevivo pode permanecer na casa, pelo prazo de cinco anos, como titular de um direito real de habitação e de um direito de uso do recheio.

2 – No caso de a união de facto ter começado há mais de cinco anos antes da morte, os direitos previstos no número anterior são conferidos por tempo igual ao da duração da união.

3 – Se os membros da união de facto eram comproprietários da casa de morada da família e do respectivo recheio, o sobrevivo tem os direitos previstos nos números anteriores, em exclusivo.

4 – Excepcionalmente, e por motivos de equidade, o tribunal pode prorrogar os prazos previstos nos números anteriores considerando, designadamente, cuidados dispensados pelo membro sobrevivo à pessoa do falecido ou a familiares deste, e a especial carência em que o membro sobrevivo se encontre, por qualquer causa.

5 – Os direitos previstos nos números anteriores caducam se o interessado não habitar a casa por mais de um ano, salvo se a falta de habitação for devida a motivo de força maior.

6 – O direito real de habitação previsto no nº 1 não é conferido ao membro sobrevivo se este tiver casa própria na área do respectivo concelho da casa de morada da família; no caso das áreas dos concelhos de Lisboa ou do Porto incluem-se os concelhos limítrofes.

7 – Esgotado o prazo em que beneficiou do direito de habitação, o membro sobrevivo tem o direito de permanecer no imóvel na qualidade de arrendatário, nas condições gerais do mercado, e tem direito a permanecer no local até à celebração do respectivo contrato, salvo se os proprietários satisfizerem os requisitos legalmente estabelecidos para a denúncia do contrato de arrendamento para habitação, pelos senhorios, com as devidas adaptações.

8 – No caso previsto no número anterior, na falta de acordo sobre as condições do contrato, o tribunal pode fixá-las, ouvidos os interessados.

9 – O membro sobrevivo tem direito de preferência em caso de alienação do imóvel, durante o tempo em que o habitar a qualquer título.

10 – Em caso de morte do membro da união de facto arrendatário da casa de morada da família, o membro sobrevivo beneficia da protecção prevista no artigo 1106º do Código Civil.

ARTIGO 6º – Regime de acesso às prestações por morte

1 – O membro sobrevivo da união de facto beneficia dos direitos previstos nas alíneas *e*), *f*) e *g*) do artigo 3º, independentemente da necessidade de alimentos.

2 – A entidade responsável pelo pagamento das prestações, quando entenda que existem fundadas dúvidas sobre a existência da união de facto, pode solicitar meios de prova complementares, designadamente declaração emitida pela Autoridade Tributária e Aduaneira ou pelo Instituto dos Registos e do Notariado, I.P., onde se ateste que à data da morte os membros da união de facto tinham domicílio fiscal comum há mais de dois anos.

3 – Quando, na sequência das diligências previstas no número anterior, subsistam dúvidas, a entidade responsável pelo pagamento das prestações deve promover a competente ação judicial com vista à sua comprovação.

(Redação dada pela Lei nº 71/2018, de 31-12)

ARTIGO 7º – Adoção

Nos termos do atual regime de adoção, constante do livro IV, título IV, do Código Civil, é reconhecido a todas as pessoas que vivam em união de facto nos termos da presente lei o direito de adoção em condições análogas às previstas no artigo 1979º do Código Civil, sem prejuízo das disposições legais respeitantes à adoção por pessoas não casadas.

(Redação dada pela Lei nº 2/2016, de 29-02)

ARTIGO 8º – Dissolução da união de facto

1 – A união de facto dissolve-se:

a) Com o falecimento de um dos membros;

b) Por vontade de um dos seus membros;

c) Com o casamento de um dos membros.

2 – A dissolução prevista na alínea *b*) do número anterior apenas tem de ser judicialmente declarada quando se pretendam fazer valer direitos que dependam dela.

3 – A declaração judicial de dissolução da união de facto deve ser proferida na acção mediante a qual o interessado pretende exercer direitos dependentes da dissolução da união de facto, ou em acção que siga o regime processual das acções de estado.

ARTIGO 9º – Regulamentação

(Caducado.)

ARTIGO 10º – Revogação

É revogada a Lei nº 135/99, de 28 de Agosto.

ARTIGO 11º – Entrada em vigor

Os preceitos da presente lei com repercussão orçamental produzem efeitos com a lei do Orçamento do Estado posterior à sua entrada em vigor.

Testamento Vital

Lei nº 25/2012, de 16 de julho

Regula as diretivas antecipadas de vontade, designadamente sob a forma de testamento vital, e a nomeação de procurador de cuidados de saúde e cria o Registo Nacional do Testamento Vital (RENTEV).

A Assembleia da República decreta, nos termos da alínea *c*) do artigo 161º da Constituição, o seguinte:

CAPÍTULO I – Disposições gerais

ARTIGO 1º – Objeto

A presente lei estabelece o regime das diretivas antecipadas de vontade (DAV) em matéria de cuidados de saúde, designadamente sob a forma de testamento vital (TV), regula a nomeação de procurador de cuidados de saúde e cria o Registo Nacional do Testamento Vital (RENTEV).

CAPÍTULO II – Diretivas antecipadas de vontade

ARTIGO 2º – Definição e conteúdo do documento

1 – As diretivas antecipadas de vontade, designadamente sob a forma de testamento vital, são o documento unilateral e livremente revogável a qualquer momento pelo próprio, no qual uma pessoa maior de idade e capaz, que não se encontre interdita ou inabilitada por anomalia psíquica, manifesta antecipadamente a sua vontade consciente, livre e esclarecida, no que concerne aos cuidados de saúde que deseja receber, ou não deseja receber, no caso de, por qualquer razão, se encontrar incapaz de expressar a sua vontade pessoal e autonomamente.

2 – Podem constar do documento de diretivas antecipadas de vontade as disposições que expressem a vontade clara e inequívoca do outorgante, nomeadamente:

a) Não ser submetido a tratamento de suporte artificial das funções vitais;

b) Não ser submetido a tratamento fútil, inútil ou desproporcionado no seu quadro clínico e de acordo com as boas práticas profissionais, nomeadamente no que concerne às medidas de suporte básico de vida e às medidas de alimentação e hidratação artificiais que apenas visem retardar o processo natural de morte;

c) Receber os cuidados paliativos adequados ao respeito pelo seu direito a uma intervenção global no sofrimento determinado por doença grave ou irreversível, em fase avançada, incluindo uma terapêutica sintomática apropriada;

d) Não ser submetido a tratamentos que se encontrem em fase experimental;

e) Autorizar ou recusar a participação em programas de investigação científica ou ensaios clínicos.

ARTIGO 3º – Forma do documento

1 – As diretivas antecipadas de vontade são formalizadas através de documento escrito, assinado presencialmente perante funcionário devidamente habilitado do Registo Nacional do Testamento Vital ou notário, do qual conste:

a) A identificação completa do outorgante;

b) O lugar, a data e a hora da sua assinatura;

c) As situações clínicas em que as diretivas antecipadas de vontade produzem efeitos;

d) As opções e instruções relativas a cuidados de saúde que o outorgante deseja ou não receber, no caso de se encontrar em alguma das situações referidas na alínea anterior;

e) As declarações de renovação, alteração ou revogação das diretivas antecipadas de vontade, caso existam.

2 – No caso de o outorgante recorrer à colaboração de um médico para a elaboração das diretivas antecipadas de vontade, a identificação e a assinatura do médico podem constar no documento, se for essa a opção do outorgante e do médico.

3 – O ministério com a tutela da área da saúde aprova, mediante pareceres prévios do Conselho Nacional de Ética para as Ciências da Vida (CNECV) e da Comissão Nacional de Proteção de Dados, um modelo de diretivas antecipadas de vontade, de utilização facultativa pelo outorgante.

ARTIGO 4º – Requisitos de capacidade

Podem outorgar um documento de diretivas antecipadas de vontade as pessoas que, cumulativamente:

a) Sejam maiores de idade;

b) Não estejam em situação de acompanhamento, caso a sentença que a haja decretado vede o exercício do direito pessoal de testar;

c) Se encontrem capazes de dar o seu consentimento consciente, livre e esclarecido. *(Redação dada pela Lei nº 49/2018, de 14-08)*

ARTIGO 5º – Limites das diretivas antecipadas de vontade

São juridicamente inexistentes, não produzindo qualquer efeito, as diretivas antecipadas de vontade:

a) Que sejam contrárias à lei, à ordem pública ou determinem uma atuação contrária às boas práticas;

b) Cujo cumprimento possa provocar deliberadamente a morte não natural e evitável, tal como prevista nos artigos 134º e 135º do Código Penal;

c) Em que o outorgante não tenha expressado, clara e inequivocamente, a sua vontade.

ARTIGO 6º – Eficácia do documento

1 – Se constar do RENTEV um documento de diretivas antecipadas de vontade, ou se este for entregue à equipa responsável pela prestação de cuidados de saúde pelo outorgante ou pelo procurador de cuidados de saúde, esta deve respeitar o seu conteúdo, sem prejuízo do disposto na presente lei.

2 – As diretivas antecipadas de vontade não devem ser respeitadas quando:

a) Se comprove que o outorgante não desejaria mantê-las;

b) Se verifique evidente desatualização da vontade do outorgante face ao progresso dos meios terapêuticos, entretanto verificado;

c) Não correspondam às circunstâncias de facto que o outorgante previu no momento da sua assinatura.

3 – O responsável pelos cuidados de saúde regista no processo clínico qualquer dos factos previstos nos números anteriores, dando conhecimento dos mesmos ao procurador de cuidados de saúde, quando exista, bem como ao RENTEV.

4 – Em caso de urgência ou de perigo imediato para a vida do paciente, a equipa responsável pela prestação de cuidados de saúde não tem o dever de ter em consideração as diretivas antecipadas de vontade, no caso de o acesso às mesmas poder implicar uma demora que agrave, previsivelmente, os riscos para a vida ou a saúde do outorgante.

5 – A decisão fundada no documento de diretivas antecipadas de vontade de iniciar, não iniciar ou de interromper a prestação de um cuidado de saúde, deve ser inscrita no processo clínico do outorgante.

ARTIGO 7º – Prazo de eficácia do documento

1 – O documento de diretivas antecipadas de vontade é eficaz por um prazo de cinco anos a contar da sua assinatura.

2 – O prazo referido no número anterior é sucessivamente renovável mediante declaração de confirmação do disposto no documento de diretivas antecipadas de vontade, de acordo com o disposto no nº 1 do artigo 3º

3 – O documento de diretivas antecipadas de vontade mantém-se em vigor quando ocorra a incapacidade do outorgante no decurso do prazo referido no nº 1.

4 – Os serviços de RENTEV devem informar por escrito o outorgante de DAV, e, caso exista, o seu procurador, da data de caducidade do documento, até 60 dias antes de concluído o prazo referido no nº 1.

ARTIGO 8º – Modificação ou revogação do documento

1 – O documento de diretivas antecipadas de vontade é revogável ou modificável, no todo ou em parte, em qualquer momento, pelo seu autor.

2 – Sem prejuízo do disposto no nº 4, a modificação do documento de diretivas antecipadas de vontade está sujeita à forma prevista no artigo 3º

3 – O prazo de eficácia do documento de diretivas antecipadas de vontade é renovado sempre que nele seja introduzida uma modificação.

4 – O outorgante pode, a qualquer momento e através de simples declaração oral ao responsável pela prestação de cuidados de saúde, modificar ou revogar o seu documento de diretivas antecipadas de vontade, devendo esse facto ser inscrito no processo clínico, no RENTEV, quando aí esteja registado, e comunicado ao procurador de cuidados de saúde, quando exista.

ARTIGO 9º – Direito à objeção de consciência

1 – É assegurado aos profissionais de saúde que prestam cuidados de saúde ao outorgante o direito à objeção de consciência quando solicitados para o cumprimento do disposto no documento de diretivas antecipadas de vontade.

2 – O profissional de saúde que recorrer ao direito de objeção de consciência deve indicar a que disposição ou disposições das diretivas antecipadas de vontade se refere.

3 – Os estabelecimentos de saúde em que a existência de objetores de consciência impossibilite o cumprimento do disposto no documento de diretivas antecipadas de vontade devem providenciar pela garantia do cumprimento do mesmo, adotando as formas adequadas de cooperação com outros estabelecimentos de saúde ou com profissionais de saúde legalmente habilitados.

ARTIGO 10º – Não discriminação

Ninguém pode ser discriminado no acesso a cuidados de saúde ou na subscrição de um contrato de seguro, em virtude de ter ou não outorgado um documento de diretivas antecipadas de vontade.

CAPÍTULO III – Procurador e procuração de cuidados de saúde

ARTIGO 11º – Procurador de cuidados de saúde

1 – Qualquer pessoa pode nomear um procurador de cuidados de saúde, atribuindo-lhe poderes representativos para decidir sobre os cuidados de saúde a receber, ou a não receber, pelo outorgante, quando este se encontre incapaz de expressar a sua vontade pessoal e autonomamente.

2 – Só podem nomear e ser nomeadas procurador de cuidados de saúde as pessoas que preencham os requisitos do artigo 4º, com exceção dos casos previstos no número seguinte.

3 – Não podem ser nomeados procurador de cuidados de saúde:

a) Os funcionários do Registo previsto no artigo 1º e os do cartório notarial que intervenham nos atos regulados pela presente lei;

b) Os proprietários e os gestores de entidades que administram ou prestam cuidados de saúde.

4 – Excetuam-se da alínea *b)* do número anterior as pessoas que tenham uma relação familiar com o outorgante.

5 – O outorgante pode nomear um segundo procurador de cuidados de saúde, para o caso de impedimento do indicado.

ARTIGO 12º – Procuração de cuidados de saúde

1 – A procuração de cuidados de saúde é o documento pelo qual se atribui a uma pessoa, voluntariamente e de forma gratuita, poderes representativos em matéria de cuidados de saúde, para que aquela os exerça no caso de o outorgante se encontrar incapaz de expressar de forma pessoal e autónoma a sua vontade.

2 – É aplicável, com as necessárias adaptações, o disposto nos artigos 262º, 264º e nos nºs 1 e 2 do artigo 265º do Código Civil.

ARTIGO 13º – Efeitos da representação

1 – As decisões tomadas pelo procurador de cuidados de saúde, dentro dos limites dos poderes representativos que lhe competem, devem ser respeitadas pelos profissionais que prestam cuidados de saúde ao outorgante, nos termos da presente lei.

2 – Em caso de conflito entre as disposições formuladas no documento de diretivas antecipadas de vontade e a vontade do procurador de cuidados de saúde, prevalece a vontade do outorgante expressa naquele documento.

ARTIGO 14º – Extinção da procuração

1 – A procuração de cuidados de saúde é livremente revogável pelo seu outorgante.

2 – A procuração de cuidados de saúde extingue-se por renúncia do procurador, que deve informar, por escrito, o outorgante.

3 – A procuração pode ser revogada por decisão do tribunal que instaure o acompanhamento de maior.

(Redação dada pela Lei nº 49/2018, de 14-08)

CAPÍTULO IV – Registo Nacional de Testamento Vital (RENTEV)

ARTIGO 15º – Criação do Registo Nacional de Testamento Vital

1 – É criado no ministério com a tutela da área da saúde o Registo Nacional do Testamento Vital (RENTEV), com a finalidade de rececionar, registar, organizar e manter atualizada, quanto aos cidadãos nacionais, estrangeiros e apátridas residentes em Portugal, a informação e documentação relativas ao documento de diretivas antecipadas de vontade e à procuração de cuidados de saúde.

2 – O tratamento dos dados pessoais contidos no RENTEV processa-se de acordo com o disposto na legislação que regula a proteção de dados pessoais.

3 – A organização e funcionamento do RENTEV são regulamentados pelo Governo.

4 – Compete ao Governo atribuir ao RENTEV os recursos humanos, técnicos e financeiros necessários ao seu funcionamento.

ARTIGO 16º – Registo de testamento vital/procuração no RENTEV

1 – O registo no RENTEV tem valor meramente declarativo, sendo as diretivas antecipadas de vontade ou procuração de cuidados de saúde nele não inscritas igualmente eficazes, desde que tenham sido formalizadas de acordo com o disposto na presente lei, designadamente no que concerne à expressão clara e inequívoca da vontade do outorgante.

2 – Para proceder ao registo das diretivas antecipadas de vontade e ou procuração dos cuidados de saúde, o outorgante pode apresentar presencialmente o respetivo documento no RENTEV, ou enviá-lo por correio registado, devendo, neste caso, a assinatura do outorgante ser reconhecida.

3 – O RENTEV informa por escrito o outorgante e, caso exista, o seu procurador, da conclusão do processo de registo do documento de diretivas antecipadas de vontade e ou procuração, enviando a cópia respetiva.

ARTIGO 17º – Consulta do RENTEV

1 – O médico responsável pela prestação de cuidados de saúde a pessoa incapaz de expressar de forma livre e autónoma a sua vontade, assegura da existência de documento de diretivas antecipadas de vontade e ou procuração de cuidados de saúde registados no RENTEV.

2 – Caso se verifique a sua existência, o documento de diretivas antecipadas de vontade, e ou procuração de cuidados de saúde, são anexados ao processo clínico do outorgante.

3 – O outorgante do documento de diretivas antecipadas de vontade e ou procuração de cuidados de saúde, ou o seu procurador, podem solicitar ao RENTEV, a qualquer momento, a consulta ou a entrega de cópia da DAV do outorgante.

ARTIGO 18º – Confidencialidade

1 – Todos aqueles que no exercício das suas funções tomem conhecimento de dados pessoais constantes do documento de diretivas antecipadas de vontade e ou procuração de cuidados de saúde ficam obrigados a observar sigilo profissional, mesmo após o termo das respetivas funções.

2 – A violação do dever a que se refere o número anterior constitui ilícito disciplinar, civil e penal, nos termos da lei.

CAPÍTULO V – **Disposições finais**

ARTIGO 19º – Regulamentação

O Governo regulamenta a presente lei no prazo de 180 dias a partir da entrada em vigor.

ARTIGO 20º – Entrada em vigor

A presente lei entra em vigor 30 dias após a sua publicação.

Aprovada em 1 de junho de 2012.

A Presidente da Assembleia da República, *Maria da Assunção A. Esteves.*

Promulgada em 5 de julho de 2012.

Publique-se.

O Presidente da República, ANÍBAL CAVACO SILVA.

Referendada em 6 de julho de 2012.

O Primeiro-Ministro, *Pedro Passos Coelho.*

Lei da Liberdade Religiosa

Lei nº 16/2001, de 22 de junho

A Assembleia da República decreta, nos termos da alínea *c*) do artigo 161º da Constituição, para valer como lei geral da República, o seguinte:

CAPÍTULO I – Princípios

ARTIGO 1º – Liberdade de consciência, de religião e de culto

A liberdade de consciência, de religião e de culto é inviolável e garantida a todos em conformidade com a Constituição, a Declaração Universal dos Direitos do Homem, o direito internacional aplicável e a presente lei.

ARTIGO 2º – Princípio da igualdade

1 – Ninguém pode ser privilegiado, beneficiado, prejudicado, perseguido, privado de qualquer direito ou isento de qualquer dever por causa das suas convicções ou prática religiosa.

2 – O Estado não discriminará nenhuma igreja ou comunidade religiosa relativamente às outras.

ARTIGO 3º – Princípio da separação

As igrejas e demais comunidades religiosas estão separadas do Estado e são livres na sua organização e no exercício das suas funções e do culto.

ARTIGO 4º – Princípio da não confessionalidade do Estado

1 – O Estado não adopta qualquer religião nem se pronuncia sobre questões religiosas.

2 – Nos actos oficiais e no protocolo de Estado será respeitado o princípio da não confessionalidade.

3 – O Estado não pode programar a educação e a cultura segundo quaisquer directrizes religiosas.

4 – O ensino público não será confessional.

ARTIGO 5º – Princípio da cooperação

O Estado cooperará com as igrejas e comunidades religiosas radicadas em Portugal, tendo em consideração a sua representatividade, com vista designadamente à promoção dos direitos humanos, do desenvolvimento integral de cada pessoa e dos valores da paz, da liberdade, da solidariedade e da tolerância.

ARTIGO 6º – Força jurídica

1 – A liberdade de consciência, de religião e de culto só admite as restrições necessárias para salvaguardar direitos ou interesses constitucionalmente protegidos.

2 – A liberdade de consciência, de religião e de culto não autoriza a prática de crimes.

3 – Os limites do direito à objecção de consciência demarcam para o objector o comportamento permitido.

4 – A lei pode regular, sempre que necessário, o exercício da liberdade de consciência, de religião e de culto, sem prejuízo da existência de tal liberdade.

5 – A declaração do estado de sítio ou do estado de emergência em nenhum caso pode afectar a liberdade de consciência e de religião.

ARTIGO 7º – Princípio da tolerância

Os conflitos entre a liberdade de consciência, de religião e de culto de uma pessoa e a de outra ou outras resolver-se-ão com tolerância, de modo a respeitar quanto possível a liberdade de cada uma.

CAPÍTULO II – Direitos individuais de liberdade religiosa

ARTIGO 8º – Conteúdo da liberdade de consciência, de religião e de culto

A liberdade de consciência, de religião e de culto compreende o direito de:

a) Ter, não ter e deixar de ter religião;

b) Escolher livremente, mudar ou abandonar a própria crença religiosa;

c) Praticar ou não praticar os actos do culto, particular ou público, próprios da religião professada;

d) Professar a própria crença religiosa, procurar para ela novos crentes, exprimir e divulgar livremente, pela palavra, pela imagem ou por qualquer outro meio, o seu pensamento em matéria religiosa;

e) Informar e se informar sobre religião, aprender e ensinar religião;

f) Reunir-se, manifestar-se e associar-se com outros de acordo com as próprias convicções em matéria religiosa, sem outros limites além dos previstos nos artigos 45º e 46º da Constituição;

g) Agir ou não agir em conformidade com as normas da religião professada, no respeito pelos direitos humanos e pela lei;

h) Escolher para os filhos os nomes próprios da onomástica religiosa da religião professada;

i) Produzir obras científicas, literárias e artísticas em matéria de religião.

ARTIGO 9º – Conteúdo negativo da liberdade religiosa

1 – Ninguém pode:

a) Ser obrigado a professar uma crença religiosa, a praticar ou a assistir a actos de culto, a receber assistência religiosa ou propaganda em matéria religiosa;

b) Ser coagido a fazer parte, a permanecer ou a sair de associação religiosa, igreja ou comunidade religiosa, sem prejuízo das respectivas normas sobre a filiação e a exclusão de membros;

c) Ser perguntado por qualquer autoridade acerca das suas convicções ou prática religiosa, salvo para recolha de dados estatísticos não individualmente identificáveis, nem ser prejudicado por se recusar a responder;

d) Ser obrigado a prestar juramento religioso.

2 – A informática não pode ser utilizada para tratamento de dados referentes a convicções pessoais ou fé religiosa, salvo mediante consentimento expresso do titular ou para processamento de dados estatísticos não individualmente identificáveis.

ARTIGO 10º – Direitos de participação religiosa

A liberdade de religião e de culto compreende o direito de, de acordo com os respectivos ministros do culto e segundo as normas da igreja ou comunidade religiosa escolhida:

a) Aderir à igreja ou comunidade religiosa que escolher, participar na vida interna e nos ritos religiosos praticados em comum e receber a assistência religiosa que pedir;

b) Celebrar casamento e ser sepultado com os ritos da própria religião;

c) Comemorar publicamente as festividades religiosas da própria religião.

ARTIGO 11º – Educação religiosa dos menores

1 – Os pais têm o direito de educação dos filhos em coerência com as próprias convicções em matéria religiosa, no respeito da integridade moral e física dos filhos e sem prejuízo da saúde destes.

2 – Os menores, a partir dos 16 anos de idade, têm o direito de realizar por si as escolhas relativas a liberdade de consciência, de religião e de culto.

ARTIGO 12º – Objecção de consciência

1 – A liberdade de consciência compreende o direito de objectar ao cumprimento de leis que contrariem os ditames impreteríveis da própria consciência, dentro dos limites dos direitos e deveres impostos pela Constituição e nos termos da lei que eventualmente regular o exercício da objecção de consciência.

2 – Consideram-se impreteríveis aqueles ditames da consciência cuja violação implica uma ofensa grave à integridade moral que torne inexigível outro comportamento.

3 – Os objectores de consciência ao serviço militar, sem exceptuar os que invocam também objecção de consciência ao serviço cívico, têm direito a um regime do serviço cívico que respeite, na medida em que isso for compatível com o princípio da igualdade, os ditames da sua consciência.

ARTIGO 13º – Assistência religiosa em situações especiais

1 – A qualidade de membro das Forças Armadas, das forças de segurança ou de polícia, a prestação de serviço militar ou de serviço cívico, o internamento em hospitais, asilos, colégios, institutos ou estabelecimentos de saúde, de assistência, de educação ou similares, a detenção em estabelecimento prisional ou outro lugar de detenção não impedem o exercício da liberdade religiosa e, nomeadamente, do direito à assistência religiosa e à prática dos actos de culto.

2 – As restrições imprescindíveis por razões funcionais ou de segurança só podem ser impostas mediante audiência prévia, sempre que possível, do ministro do culto respectivo.

3 – O Estado, com respeito pelo princípio da separação e de acordo com o princípio da cooperação, deverá criar as condições adequadas ao exercício da assistência religiosa nas instituições públicas referidas no nº 1.

ARTIGO 14º – Dispensa do trabalho, de aulas e de provas por motivo religioso

1 – Os funcionários e agentes do Estado e demais entidades públicas, bem como os trabalhadores em regime de contrato de trabalho, têm o direito de, a seu pedido, suspender o trabalho no dia de descanso semanal, nos dias das festividades e nos períodos horários que lhes sejam prescritos pela confissão que professam, nas seguintes condições:

a) Trabalharem em regime de flexibilidade de horário;

b) Serem membros de igreja ou comunidade religiosa inscrita que enviou no ano anterior ao membro do Governo competente em razão da matéria a indicação dos referidos dias e períodos horários no ano em curso;

c) Haver compensação integral do respectivo período de trabalho.

2 – Nas condições previstas na alínea *b*) do número anterior, são dispensados da frequência das aulas nos dias de semana consagrados ao repouso e culto pelas respectivas confissões religiosas os alunos do ensino público ou privado que as professam, ressalvadas as condições de normal aproveitamento escolar.

3 – Se a data de prestação de provas de avaliação dos alunos coincidir com o dia dedicado ao repouso ou ao culto pelas respectivas confissões religiosas, poderão essas provas ser prestadas em segunda chamada, ou em nova chamada, em dia em que se não levante a mesma objecção.

ARTIGO 15º – Ministros do culto

1 – Ministros do culto são as pessoas como tais consideradas segundo as normas da respectiva igreja ou comunidade religiosa.

2 – A qualidade de ministro do culto é certificada pelos órgãos competentes da respectiva igreja ou comunidade religiosa, que igualmente credenciam os respectivos ministros para a prática de actos determinados.

3 – A autenticação dos certificados e das credenciais referidos no número anterior compete ao registo das pessoas colectivas religiosas.

ARTIGO 16º – Direitos dos ministros do culto

1 – Os ministros do culto têm a liberdade de exercer o seu ministério.

2 – Os ministros do culto não podem ser perguntados pelos magistrados ou outras autoridades sobre factos e coisas de que tenham tido conhecimento por motivo do seu ministério.

3 – O exercício do ministério é considerado actividade profissional do ministro do culto quando lhe proporciona meios de sustento, bastando como prova destes para efeito da autorização de residência a ministros do culto estrangeiros a sua garantia pela respectiva igreja ou comunidade religiosa.

4 – Os ministros do culto das igrejas e demais comunidades religiosas inscritas têm direito às prestações do sistema de segurança social nos termos da lei, sendo obrigatoriamente inscritos pela igreja ou comunidade religiosa a que pertençam, salvo se exercerem por forma secundária a actividade religiosa e o exercício da actividade principal não religiosa determinar a inscrição obrigatória num regime de segurança social.

5 – Para os efeitos dos dois números anteriores, equiparam-se aos ministros do culto os membros de institutos de vida consagrada e outras pessoas que exercem profissionalmente actividades religiosas e que, como tais, sejam certificadas pela igreja ou comunidade religiosa a que pertençam.

ARTIGO 17º – Serviço militar dos ministros do culto

1 – As obrigações militares dos alunos dos estabelecimentos de formação de ministros do culto, dos membros dos institutos de vida consagrada, bem como dos ministros do culto das igrejas e demais comunidades religiosas inscritas são cumpridas nos serviços de assistência religiosa, de saúde e de acção social das Forças Armadas, a não ser que manifestem o desejo de prestarem serviço efectivo.

2 – Constitui motivo de dispensa das provas de classificação e selecção para o serviço militar, bem como de adiamento da incorporação, a frequência de cursos de formação de ministros do culto de igreja ou comunidade religiosa inscrita.

3 – Fica ressalvado o direito a objecção de consciência ao serviço militar, nos termos gerais.

ARTIGO 18º – Escusa de intervenção como jurado

Os ministros do culto, os membros dos institutos de vida consagrada e outras pessoas que exerçam profissionalmente actividades religiosas de igrejas ou de outras comunidades religiosas inscritas podem pedir escusa de intervenção como jurados.

ARTIGO 19º – Casamento por forma religiosa

1 – São reconhecidos efeitos civis ao casamento celebrado por forma religiosa perante o ministro do culto de uma igreja ou comunidade religiosa radicada no País. O ministro do culto deverá ter a nacionalidade portuguesa ou, sendo estrangeiro,

não nacional de Estado membro da União Europeia, ter autorização de residência temporária ou permanente em Portugal.

2 – Aqueles que pretendam contrair casamento por forma religiosa deverão declará-lo, pessoalmente ou por intermédio de procurador, no requerimento de instauração do respectivo processo de publicações na conservatória do registo civil competente, indicando o ministro do culto credenciado para o acto. A declaração para casamento pode ainda ser prestada pelo ministro do culto, mediante requerimento por si assinado.

3 – Autorizada a realização do casamento, o conservador passa o certificado para casamento, nos termos dos artigos 146º e 147º do Código do Registo Civil, com as necessárias adaptações. O certificado não é passado sem que o conservador se tenha assegurado de que os nubentes têm conhecimento dos artigos 1577º, 1600º, 1671º e 1672º do Código Civil. O certificado deve conter menção deste facto, bem como do nome e da credenciação do ministro do culto. O certificado é remetido oficiosamente ao ministro do culto, a quem são igualmente comunicados os impedimentos de conhecimento superveniente.

4 – É indispensável para a celebração do casamento a presença:

a) Dos contraentes, ou de um deles e do procurador do outro;

b) Do ministro do culto, devidamente credenciado;

c) De duas testemunhas.

5 – Logo após a celebração do casamento, o ministro do culto lavra assento em duplicado no livro de registo da igreja ou da comunidade religiosa e envia à conservatória competente, dentro do prazo de três dias, o duplicado do assento, a fim de ser transcrito no livro de assentos de casamento.

6 – O conservador deve efectuar a transcrição do duplicado dentro do prazo de dois dias e comunicá-la ao ministro do culto até ao termo do dia imediato àquele em que foi feita.

CAPÍTULO III – **Direitos colectivos de liberdade religiosa**

ARTIGO 20º – Igrejas e comunidades religiosas

As igrejas e as comunidades religiosas são comunidades sociais organizadas e duradouras em que os crentes podem realizar todos os fins religiosos que lhes são propostos pela respectiva confissão.

ARTIGO 21º – Fins religiosos

1 – Independentemente de serem propostos como religiosos pela confissão, consideram-se, para efeitos da determinação do regime jurídico:

a) Fins religiosos, os de exercício do culto e dos ritos, de assistência religiosa, de formação dos ministros do culto, de missionação e difusão da confissão professada e de ensino da religião;

b) Fins diversos dos religiosos, entre outros, os de assistência e de beneficência, de educação e de cultura, além dos comerciais e de lucro.

2 – As actividades com fins não religiosos das igrejas e comunidades religiosas estão sujeitas ao regime jurídico e, em especial, ao regime fiscal desse género de actividades.

ARTIGO 22º – Liberdade de organização das igrejas e comunidades religiosas

1 – As igrejas e demais comunidades religiosas são livres na sua organização, podendo dispor com autonomia sobre:

a) A formação, a composição, a competência e o funcionamento dos seus órgãos;

b) A designação, funções e poderes dos seus representantes, ministros, missionários e auxiliares religiosos;

c) Os direitos e deveres religiosos dos crentes, sem prejuízo da liberdade religiosa destes;

d) A adesão ou a participação na fundação de federações ou associações interconfessionais, com sede no País ou no estrangeiro.

2 – São permitidas cláusulas de salvaguarda da identidade religiosa e do carácter próprio da confissão professada.

3 – As igrejas e demais comunidades religiosas inscritas podem com autonomia fundar ou reconhecer igrejas ou comunidades religiosas de âmbito regional ou local, institutos de vida consagrada e outros institutos, com a natureza de associações ou de fundações, para o exercício ou para a manutenção das suas funções religiosas.

ARTIGO 23º – Liberdade de exercício das funções religiosas e do culto

As igrejas e demais comunidades religiosas são livres no exercício das suas funções e do culto, podendo, nomeadamente, sem interferência do Estado ou de terceiros:

a) Exercer os actos de culto, privado ou público, sem prejuízo das exigências de polícia e trânsito;

b) Estabelecer lugares de culto ou de reunião para fins religiosos;

c) Ensinar na forma e pelas pessoas por si autorizadas a doutrina da confissão professada;

d) Difundir a confissão professada e procurar para ela novos crentes;

e) Assistir religiosamente os próprios membros;

f) Comunicar e publicar actos em matéria religiosa e de culto;

g) Relacionar-se e comunicar com as organizações da mesma ou de outras confissões no território nacional ou no estrangeiro;

h) Designar e formar os seus ministros;

i) Fundar seminários ou quaisquer outros estabelecimentos de formação ou cultura religiosa.

ARTIGO 24º – Ensino religioso nas escolas públicas

1 – As igrejas e demais comunidades religiosas ou, em sua vez, as organizações representativas dos crentes residentes em território nacional, desde que inscritas, por si, ou conjuntamente, quando para o efeito professem uma única confissão ou acordem num programa comum, podem requerer ao membro do Governo competente em razão da matéria que lhes seja permitido ministrar ensino religioso nas escolas públicas do ensino básico e do ensino secundário que indicarem.

2 – A educação moral e religiosa é opcional e não alternativa relativamente a qualquer área ou disciplina curricular.

3 – O funcionamento das aulas de ensino religioso de certa confissão ou programa depende da existência de um número mínimo de alunos, que tenham, pelo encarregado de educação ou por si, sendo maiores de 16 anos, manifestado, expressa e positivamente, o desejo de frequentar a disciplina.

4 – Os professores a quem incumbe ministrar o ensino religioso não leccionarão cumulativamente aos mesmos alunos outras áreas disciplinares ou de formação, salvo situações devidamente reconhecidas de manifesta dificuldade na aplicação do princípio, e serão nomeados ou contratados, transferidos e excluídos do exercício da docência da disciplina pelo Estado, de acordo com os representantes das igrejas, comunidades ou organizações representativas. Em nenhum caso o ensino será ministrado por quem não seja considerado idóneo pelos respectivos representantes.

5 – Compete às igrejas e demais comunidades religiosas formar os professores, elaborar os programas e aprovar o material didáctico, em harmonia com as orientações gerais do sistema do ensino.

ARTIGO 25º – Tempos de emissão religiosa

1 – Nos serviços públicos de televisão e de radiodifusão é garantido às igrejas e demais comunidades religiosas inscritas, por si, através da respectiva organização representativa, ou conjuntamente, quando preferirem participar como se fossem uma única confissão, um tempo de emissão, fixado globalmente para todas, para prossecução dos seus fins religiosos.

2 – A atribuição e distribuição do tempo de emissão referido no número anterior é feita tendo em conta a representatividade das respectivas confissões e o princípio da tolerância, por meio de acordos entre a Comissão do Tempo de Emissão das Confissões Religiosas e as empresas titulares dos serviços públicos de televisão e de radiodifusão.

3 – A Comissão do Tempo de Emissão das Confissões Religiosas é constituída por representantes da Igreja Católica e das igrejas e comunidades religiosas radicadas no País ou das federações em que as mesmas se integrem, designados por três anos por despacho conjunto dos membros do Governo responsáveis pelas áreas da justiça e da comunicação social, depois de ouvida a Comissão da Liberdade Religiosa.

ARTIGO 26º – Abate religioso de animais

O abate religioso de animais deve respeitar as disposições legais aplicáveis em matéria de protecção dos animais.

ARTIGO 27º – Actividades com fins não religiosos das igrejas e demais comunidades religiosas

As igrejas e outras comunidades religiosas podem ainda exercer actividades com fins não religiosos que sejam instrumentais, consequenciais ou complementares das suas funções religiosas, nomeadamente:

a) Criar escolas particulares e cooperativas;

b) Praticar beneficência dos crentes, ou de quaisquer pessoas;

c) Promover as próprias expressões culturais ou a educação e a cultura em geral;

d) Utilizar meios de comunicação social próprios para o prosseguimento das suas actividades.

ARTIGO 28º – Direito de audiência sobre instrumentos de planeamento territorial

1 – As igrejas e demais comunidades religiosas inscritas têm o direito de serem ouvidas quanto às decisões relativas à afectação de espaço a fins religiosos em instrumentos de planeamento territorial daquelas áreas em que tenham presença social organizada.

2 – Os planos municipais de ordenamento do território e demais instrumentos de planeamento territorial devem prever a afectação de espaços a fins religiosos.

ARTIGO 29º – Utilização para fins religiosos de prédios destinados a outros fins

1 – Havendo acordo do proprietário, ou da maioria dos condóminos no caso de edifício em propriedade horizontal, a utilização para fins religiosos do prédio ou da fracção destinados a outros fins não pode ser fundamento de objecção, nem da aplicação de sanções, pelas autoridades administrativas ou autárquicas, enquanto não existir uma alternativa adequada à realização dos mesmos fins.

2 – O disposto no nº 1 não prejudica os direitos dos condóminos recorrerem a juízo nos termos gerais.

ARTIGO 30º – Bens religiosos

1 – Nenhum templo, edifício, dependência ou objecto do culto pode ser demolido ou destinado a outro fim, a não ser por acordo prévio com a respectiva igreja ou comunidade religiosa, por expropriação por utilidade pública ou por requisição, em caso de urgente necessidade pública, salvo quando a demolição se torne necessária por a construção ameaçar ruína ou oferecer perigo para a saúde pública.

2 – Nos casos de expropriação, de requisição e de demolição referidos no número anterior, é ouvida, sempre que possível, a respectiva igreja ou comunidade religiosa. Esta tem igualmente direito de audição prévia na determinação da execução de obras necessárias para corrigir más condições de salubridade, solidez ou segurança contra o risco de incêndio e na classificação de bens religiosos como de valor cultural.

3 – Em qualquer caso, não será praticado acto algum de apropriação ou de utilização não religiosa sem que previamente os bens tenham sido privados da sua natureza religiosa pela respectiva igreja ou comunidade religiosa.

ARTIGO 31º – Prestações livres de imposto

1 – As igrejas e demais comunidades religiosas podem livremente, sem estarem sujeitas a qualquer imposto:

a) Receber prestações dos crentes para o exercício do culto e ritos, bem como donativos para a realização dos seus fins religiosos, com carácter regular ou eventual;

b) Fazer colectas públicas, designadamente dentro ou à porta dos lugares de culto, assim como dos edifícios ou lugares que lhes pertençam;

c) Distribuir gratuitamente publicações com declarações, avisos ou instruções em matéria religiosa e afixá-las nos lugares de culto.

2 – Não está abrangido pelo disposto no número anterior o preço de prestações de formação, terapia ou aconselhamento espiritual, oferecidas empresarialmente.

ARTIGO 32º – Benefícios fiscais

1 – As pessoas colectivas religiosas inscritas estão isentas de qualquer imposto ou contribuição geral, regional ou local, sobre:

a) Os lugares de culto ou outros prédios ou partes deles directamente destinados à realização de fins religiosos;

b) As instalações de apoio directo e exclusivo às actividades com fins religiosos;

c) Os seminários ou quaisquer estabelecimentos efectivamente destinados à formação dos ministros do culto ou ao ensino da religião;

d) As dependências ou anexos dos prédios descritos nas alíneas *a*) a *c*) a uso de instituições particulares de solidariedade social;

e) Os jardins e logradouros dos prédios descritos nas alíneas *a*) a *d*) desde que não estejam destinados a fins lucrativos.

2 – As pessoas colectivas religiosas inscritas estão igualmente isentas do imposto municipal de sisa e sobre as sucessões e doações ou quaisquer outros com incidência patrimonial substitutivos destes, quanto:

a) Às aquisições de bens para fins religiosos;

b) Aos actos de instituição de fundações, uma vez inscritas como pessoas colectivas religiosas.

3 – Os donativos atribuídos pelas pessoas singulares às pessoas colectivas religiosas inscritas para efeitos de imposto sobre o rendimento das pessoas singulares são dedutíveis à colecta, nos termos e limites fixados nas alíneas *b*) e *c*) do nº 1 do artigo 63º do Estatuto dos Benefícios Fiscais, sendo a sua importância considerada em 130% do seu quantitativo.

4 – Uma quota equivalente a 0,5% do imposto sobre o rendimento das pessoas singulares, liquidado com base nas declarações anuais, pode ser destinada pelo contribuinte, para fins religiosos ou de beneficência, a uma igreja ou comunidade religiosa radicada no País, que indicará na declaração de rendimentos, desde que essa igreja ou comunidade religiosa tenha requerido o benefício fiscal.

5 – As verbas destinadas, nos termos do número anterior, às igrejas e comunidades religiosas são entregues pelo Tesouro às mesmas ou às suas organizações representativas, que apresentarão na Direcção-Geral dos Impostos relatório anual do destino dado aos montantes recebidos.

6 – O contribuinte que não use a faculdade prevista no nº 4 pode fazer uma consignação fiscal equivalente a favor de uma pessoa colectiva de utilidade pública de fins de beneficência ou de assistência ou humanitários ou de uma instituição particular de solidariedade social, que indicará na sua declaração de rendimentos.

7 – As verbas a entregar às entidades referidas nos nºs 4 e 6 devem ser inscritas em rubrica própria no Orçamento do Estado.

8 – A administração fiscal publica, na página das declarações electrónicas, até ao 1º dia do prazo de entrega das declarações, previsto no artigo 60º, todas as entidades que se encontram em condições de beneficiar das consignações fiscais previstas nos nºs 4 e 6.

9 – Da nota demonstrativa da liquidação de IRS deve constar a identificação da entidade beneficiada, bem como o montante consignado nos termos dos nºs 4 e 6.

10 – As verbas referidas nos nºs 4 e 6, respeitantes a imposto sobre o rendimento das pessoas singulares liquidado com base nas declarações de rendimentos entregues dentro do prazo legal, devem ser transferidas para as entidades beneficiárias até 31 de março do ano seguinte à da entrega da referida declaração.

(Redação dada pela Lei nº 66-B/2012, de 31-12)

CAPÍTULO IV – Estatuto das igrejas e comunidades religiosas

ARTIGO 33º – Personalidade jurídica das pessoas colectivas religiosas

Podem adquirir personalidade jurídica pela inscrição no registo das pessoas colectivas religiosas, que é criado no departamento governamental competente:

a) As igrejas e demais comunidades religiosas de âmbito nacional ou, em sua vez, as organizações representativas dos crentes residentes em território nacional;

b) As igrejas e demais comunidades religiosas de âmbito regional ou local;

c) Os institutos de vida consagrada e outros institutos, com a natureza de associações ou de fundações, fundados ou reconhecidos pelas pessoas colectivas referidas nas alíneas *a)* e *b)* para a prossecução dos seus fins religiosos;

d) As federações ou as associações de pessoas colectivas referidas nas alíneas anteriores.

ARTIGO 34º – Requisitos da inscrição no registo

O pedido de inscrição é dirigido ao departamento governamental competente e instruído com os estatutos e outros documentos que permitam inscrever:

a) O nome, que deverá permitir distingui-lo de qualquer outra pessoa colectiva religiosa existente em Portugal;

b) A constituição, instituição ou estabelecimento em Portugal da organização correspondente à igreja ou comunidade religiosa ou o acto de constituição ou fundação e, eventualmente, também o de reconhecimento da pessoa colectiva religiosa;

c) A sede em Portugal;

d) Os fins religiosos;

e) Os bens ou serviços que integram ou deverão integrar o património;

f) As disposições sobre formação, composição, competência e funcionamento dos seus órgãos;

g) As disposições sobre a extinção da pessoa colectiva;

h) O modo de designação e os poderes dos seus representantes;

i) A identificação dos titulares dos órgãos em efectividade de funções e dos representantes e especificação da competência destes últimos.

ARTIGO 35º – Inscrição de igrejas ou comunidades religiosas

A inscrição das igrejas ou comunidades religiosas de âmbito nacional, ou de âmbito regional ou local, quando não sejam criadas ou reconhecidas pelas anteriores, é ainda instruída com prova documental:

a) Dos princípios gerais da doutrina e da descrição geral de prática religiosa e dos actos do culto e, em especial, dos direitos e deveres dos crentes relativamente à igreja ou comunidade religiosa, devendo ser ainda apresentado um sumário de todos estes elementos;

b) Da sua existência em Portugal, com especial incidência sobre os factos que atestam a presença social organizada, a prática religiosa e a duração em Portugal.

ARTIGO 36º – Inscrição de organização representativa dos crentes residentes em território nacional

1 – As igrejas e comunidades religiosas que tenham âmbito supranacional podem instituir uma organização representativa dos crentes residentes no território nacional, que requererá a sua própria inscrição no registo, em vez da inscrição da parte da igreja ou comunidade religiosa existente no território nacional.

2 – A inscrição está sujeita às mesmas condições da inscrição de igrejas ou comunidades religiosas de âmbito nacional.

ARTIGO 37º – Igrejas e comunidades religiosas radicadas no País

1 – Consideram-se radicadas no País as igrejas e comunidades religiosas inscritas com garantia de duração, sendo a qualificação atestada pelo membro do Governo competente em razão da matéria, em vista do número de crentes e da história da sua existência em Portugal, depois de ouvir a Comissão da Liberdade Religiosa.

2 – O atestado não poderá ser requerido antes de 30 anos de presença social organizada no País, salvo se se tratar de igreja ou comunidade religiosa fundada no estrangeiro há mais de 60 anos. O atestado é averbado no registo.

3 – O requerimento do atestado será instruído com a prova dos factos que o fundamentam, aplicando-se o disposto no artigo 38º

ARTIGO 38º – Diligências instrutórias complementares

1 – Se o requerimento de inscrição ou atestado estiver insuficientemente instruído, será o requerente convidado a suprir as faltas no prazo de 60 dias.

2 – Com vista à prestação de esclarecimentos ou de provas adicionais, o requerente poderá igualmente ser convidado para uma audiência da Comissão da Liberdade Religiosa, especificando-se a matéria e a ordem de trabalhos.

3 – Qualquer dos convites deverá ser feito no prazo de 90 dias da entrada do requerimento de inscrição.

ARTIGO 39º – Recusa da inscrição

A inscrição só pode ser recusada por:

a) Falta dos requisitos legais;

b) Falsificação de documento;

c) Violação dos limites constitucionais da liberdade religiosa.

ARTIGO 40º – Inscrição obrigatória

1 – Torna-se obrigatória a inscrição, passado um ano sobre a entrega do requerimento de inscrição, se entretanto não for enviada notificação da recusa de inscrição por carta registada ao requerente.

2 – O prazo referido no número anterior, no caso da inscrição de igrejas ou comunidades religiosas ou da respectiva organização representativa, é suspenso pelo prazo do suprimento das faltas ou da audiência referido no artigo 38º

ARTIGO 41º – Modificação dos elementos ou circunstâncias do assento

As modificações dos elementos do assento da pessoa colectiva religiosa, ou das circunstâncias em que ele se baseou, devem ser comunicadas ao registo.

ARTIGO 42º – Extinção das pessoas colectivas religiosas

1 – As pessoas colectivas religiosas extinguem-se:

a) Por deliberação dos seus órgãos representativos;

b) Pelo decurso do prazo, se tiverem sido constituídas temporariamente;

c) Pela verificação de qualquer outra causa extintiva prevista no acto da constituição ou nas suas normas internas;

d) Por decisão judicial, pelas causas de extinção judicial das associações civis.

2 – A extinção da pessoa colectiva religiosa implica o cancelamento do assento no respectivo registo.

ARTIGO 43º – Capacidade das pessoas colectivas religiosas

A capacidade das pessoas colectivas religiosas abrange todos os direitos e obrigações necessários ou convenientes à prossecução dos seus fins.

ARTIGO 44º – Pessoas colectivas privadas com fins religiosos

As associações e fundações com fins religiosos podem ainda adquirir personalidade jurídica nos termos previstos no Código Civil para as pessoas colectivas privadas, ficando então sujeitas às respectivas normas, excepto quanto à sua actividade com fins religiosos.

CAPÍTULO V – Acordos entre pessoas colectivas religiosas e o Estado

ARTIGO 45º – Acordos entre igrejas ou comunidades religiosas e o Estado

As igrejas ou comunidades religiosas radicadas no País ou as federações em que as mesmas se integram podem propor a celebração de acordos com o Estado sobre matérias de interesse comum.

ARTIGO 46º – Processo de celebração dos acordos

1 – A proposta de acordo é apresentada em requerimento de abertura de negociações dirigido ao membro do Governo responsável pela área da justiça, acompanhado de documentação comprovativa da verificação da conformidade referida na alínea *a*) do artigo 47º

2 – Depois de ouvir sobre a proposta de acordo a Comissão da Liberdade Religiosa, o membro do Governo responsável pela área da justiça pode:

a) Recusar justificadamente a negociação do acordo;

b) Nomear uma comissão negociadora, composta por representantes dos ministérios interessados e por igual número de cidadãos portugueses designados pela igreja ou comunidade religiosa, com o encargo de elaborar um projecto de acordo ou um relato das razões da sua impraticabilidade. O presidente da Comissão é designado pelo Ministro.

ARTIGO 47º – Fundamentos de recusa da negociação do acordo

São fundamentos de recusa da negociação do acordo:

a) Não estar assegurado que as normas internas ou a prática religiosa da igreja ou comunidade religiosa se conformem com as normas da ordem jurídica portuguesa;

b) Não terem decorrido cinco anos sobre a recusa de proposta anterior;

c) Não ser necessária a aprovação de uma nova lei para alcançar os objectivos práticos da proposta;

d) Não merecer aprovação o conteúdo essencial da proposta.

ARTIGO 48º – Celebração do acordo

1 – Uma vez aprovado em Conselho de Ministros, o acordo é assinado pelo Primeiro-Ministro e pelos ministros competentes em razão da matéria, do lado do Governo, e pelos representantes da igreja ou da comunidade religiosa ou da federação.

2 – O acordo só entrará em vigor depois da sua aprovação por lei da Assembleia da República.

ARTIGO 49º – Proposta de lei de aprovação do acordo

O acordo é apresentado à Assembleia da República com a proposta da lei que o aprova.

ARTIGO 50º – Alterações do acordo

Até à deliberação da Assembleia da República que aprovar o acordo, este pode ser alterado por acordo das partes, devendo qualquer alteração ser imediatamente comunicada à Assembleia da República.

ARTIGO 51º – Outros acordos

As pessoas colectivas religiosas podem celebrar outros acordos com o Estado, as Regiões Autónomas e as autarquias locais para a realização dos seus fins, que não envolvam a aprovação de uma lei.

CAPÍTULO VI – Comissão da Liberdade Religiosa

ARTIGO 52º – Comissão da Liberdade Religiosa

É criada a Comissão da Liberdade Religiosa, órgão independente de consulta da Assembleia da República e do Governo.

ARTIGO 53º – Funções

1 – A Comissão tem funções de estudo, informação, parecer e proposta em todas as matérias relacionadas com a aplicação da Lei de Liberdade Religiosa, com o desenvolvimento, melhoria e eventual revisão da mesma lei e, em geral, com o direito das religiões em Portugal.

2 – A Comissão tem igualmente funções de investigação científica das igrejas, comunidades e movimentos religiosos em Portugal.

ARTIGO 54º – Competência

1 – No exercício das suas funções compete, nomeadamente, à Comissão:

a) Emitir parecer sobre os projectos de acordos entre igrejas ou comunidades religiosas e o Estado;

b) Emitir parecer sobre a radicação no País de igrejas ou comunidades religiosas;

c) Emitir parecer sobre a composição da Comissão do Tempo de Emissão das Confissões Religiosas;

d) Emitir os pareceres sobre a inscrição de igrejas ou comunidades religiosas que forem requeridos pelo serviço do registo das pessoas colectivas religiosas;

e) Estudar a evolução dos movimentos religiosos em Portugal e, em especial, reunir e manter actualizada a informação sobre novos movimentos religiosos, fornecer a informação científica e estatística necessária aos serviços, instituições e pessoas interessadas e publicar um relatório anual sobre a matéria;

f) Elaborar estudos, informações, pareceres e propostas que lhe forem cometidos por lei, pela Assembleia da República, pelo Governo ou por própria iniciativa.

2 – A Comissão elabora o seu próprio regulamento interno.

ARTIGO 55º – Coadjuvação de serviços e entidades públicas

No exercício das suas funções a Comissão tem direito a coadjuvação dos serviços e outras entidades públicas.

ARTIGO 56º – Composição e funcionamento

1 – A Comissão é constituída pelas pessoas agrupadas nas duas alíneas seguintes:

a) O presidente, dois membros designados pela Conferência Episcopal Portuguesa e três membros designados pelo membro do Governo competente na área da justiça de entre as pessoas indicadas pelas igrejas ou comunidades religiosas não católicas radicadas no País e pelas federações em que as mesmas se integrem, tendo em consideração a representatividade de cada uma e o princípio da tolerância;

b) Cinco pessoas de reconhecida competência científica nas áreas relativas às funções da Comissão designadas pelo membro do Governo competente na área da justiça, de modo a assegurar o pluralismo e a neutralidade do Estado em matéria religiosa.

2 – Terão assento na Comissão, sempre que esta o entender necessário ou conveniente, representantes governamentais nas áreas da justiça, das finanças, da administração interna e do trabalho e solidariedade designados a título permanente, que não terão direito a voto.

3 – Quando a questão sob apreciação diga respeito a ministério diferente dos indicados no nº 2, pode participar nas sessões correspondentes um representante do ministério em causa.

4 – O mandato dos membros da Comissão é trienal e poderá ser renovado.

5 – Os membros da Comissão têm o direito de fazer lavrar voto de vencido nos pareceres referidos nas alíneas *a*), *b*), *c*) e *d*) do artigo 54º, quando tenham participado na deliberação que os aprovou.

6 – A Comissão pode funcionar em plenário ou em comissão permanente.

ARTIGO 57º – Presidente e regime de funcionamento

1 – O presidente da Comissão é designado pelo Conselho de Ministros por períodos de três anos, renováveis, de entre juristas de reconhecido mérito.

2 – As funções de presidente são consideradas de investigação científica de natureza jurídica e podem ser exercidas em regime de acumulação com a docência em regime de dedicação exclusiva.

3 – O regime de funcionamento da Comissão e dos seus serviços de apoio e o estatuto jurídico do respectivo pessoal são objecto de diploma do Governo.

CAPÍTULO VII – Igreja Católica

ARTIGO 58º – Legislação aplicável à Igreja Católica

Fica ressalvada a Concordata entre a Santa Sé e a República Portuguesa de 7 de Maio de 1940, o Protocolo Adicional à mesma de 15 de Fevereiro de 1975, bem como a legislação aplicável à Igreja Católica, não lhe sendo aplicáveis as disposições desta lei relativas às igrejas ou comunidades religiosas inscritas ou radicadas no País, sem prejuízo da adopção de quaisquer disposições por acordo entre o Estado e a Igreja Católica ou por remissão da lei.

CAPÍTULO VIII – Disposições complementares e transitórias

ARTIGO 59º – Alteração do artigo 1615º do Código Civil

O artigo 1615º do Código Civil passa a ter a seguinte redacção:
(Alteração introduzida no local próprio)

ARTIGO 60º – Alteração da alínea b) do artigo 1654º do Código Civil

A alínea *b*) do artigo 1654º do Código Civil passa a ter a seguinte redacção:
(Alteração introduzida no local próprio)

ARTIGO 61º – Alteração do nº 2 do artigo 1670º do Código Civil

O nº 2 do artigo 1670º do Código Civil passa a ter a seguinte redacção:
(Alteração introduzida no local próprio)

ARTIGO 62º – Legislação expressamente revogada

Ficam expressamente revogados a Lei nº 4/71, de 21 de Agosto, e o Decreto nº 216/72, de 27 de Junho.

ARTIGO 63º – Confissões religiosas e associações religiosas não católicas actualmente inscritas

1 – As confissões religiosas e as associações religiosas não católicas inscritas no correspondente registo do departamento governamental competente conservam a sua personalidade jurídica e a sua capacidade, passando a estar sujeitas à presente lei quanto às suas actividades religiosas, nos termos do artigo 44º

2 – As mesmas confissões e associações podem requerer a sua conversão em uma pessoa colectiva religiosa, nos termos dos artigos 34º a 40º, mediante o preenchimento dos respectivos requisitos, no prazo de três anos desde a entrada em vigor da presente lei.

3 – Se o não fizerem, passarão a estar inscritas apenas no Registo Nacional das Pessoas Colectivas, para onde serão remetidos os processos e os documentos que serviram de base aos respectivos registos.

4 – Passado o prazo referido no nº 2, é extinto o actual registo de confissões religiosas e associações religiosas não católicas do Ministério da Justiça.

ARTIGO 64º – Segurança social

Aos ministros que vêm beneficiando do regime de segurança social instituído pelo Decreto Regulamentar nº 5/83, de 31 de Janeiro, e que pertençam a confissões religiosas ou associações religiosas referidas no artigo anterior, que não se convertam em pessoas colectivas religiosas, continua aplicável o respectivo regime.

ARTIGO 65º – Isenção do imposto sobre o valor acrescentado

1 – As igrejas e comunidades religiosas radicadas no País, os institutos de vida consagrada e outros institutos com a natureza de associações ou fundações por aquelas fundados ou reconhecidos, e ainda as federações e as associações em que as mesmas se integrem, podem optar pelo regime previsto no nº 1 do artigo 1º do Decreto-Lei nº 20/90, de 13 de Janeiro, alterado pela Lei nº 52-C/96, de 27 de Dezembro, pelo Decreto-Lei nº 323/98, de 30 de Outubro, pela Lei nº 30-C/2000, de 29 de Dezembro, e pelo Decreto-Lei nº 238/2006, de 20 de Dezembro, enquanto vigorar, não se lhes aplicando, nesse caso, o nº 4 do artigo 32º da presente lei.

2 – *(Revogado.)*

(Redação dada pela Lei nº 55-A/2010, de 31-12)

ARTIGO 66º – Entrada em vigor dos benefícios fiscais

Os artigos 32º e 65º entram em vigor na data do início do ano económico seguinte ao da entrada em vigor da presente lei.

ARTIGO 67º – Radicação no País

O tempo de presença social organizada no País necessário para as igrejas e comunidades religiosas inscritas requererem o atestado de que estão radicadas no País a que se refere a regra da primeira parte do nº 2 do artigo 37º é de 26 anos em 2001, de 27 anos em 2002, de 28 anos em 2003 e de 29 anos em 2004.

ARTIGO 68º – Códigos e leis fiscais

O Governo fica autorizado a introduzir nos códigos e leis fiscais respectivos o regime fiscal decorrente da presente lei.

ARTIGO 69º – Legislação complementar

O Governo deve tomar as medidas necessárias para assegurar o cumprimento da presente lei e publicar, no prazo de 60 dias, a legislação sobre o registo das pessoas colectivas religiosas e sobre a Comissão da Liberdade Religiosa.

Aprovada em 26 de Abril de 2001.

O Presidente da Assembleia da República, *António de Almeida Santos.*

Promulgada em 6 de Junho de 2001.

Publique-se.

O Presidente da República, JORGE SAMPAIO.

Referendada em 8 de Junho de 2001.

O Primeiro-Ministro, *António Manuel de Oliveira Guterres.*

Novo Regime do Arrendamento Urbano

Lei nº 6/2006, de 27 de fevereiro

Aprova o Novo Regime do Arrendamento Urbano (NRAU), que estabelece um regime especial de actualização das rendas antigas, e altera o Código Civil, o Código de Processo Civil, o Decreto-Lei nº 287/2003, de 12 de Novembro, o Código do Imposto Municipal sobre Imóveis e o Código do Registo Predial

A Assembleia da República decreta, nos termos da alínea *c*) do artigo 161º da Constituição, o seguinte:

TÍTULO I – Novo Regime do Arrendamento Urbano

ARTIGO 1º – Objecto

A presente lei aprova o Novo Regime do Arrendamento Urbano (NRAU).

CAPÍTULO I – Alterações legislativas

ARTIGO 2º – Alteração ao Código Civil

1 – São revogados os artigos 655º e 1029º do Código Civil.

2 – Os artigos 1024º, 1042º, 1047º, 1048º, 1051º, 1053º a 1055º, 1417º e 1682º-B do Código Civil, aprovado pelo Decreto-Lei nº 47344, de 25 de Novembro de 1966, passam a ter a seguinte redacção:

(Alterações introduzidas nos locais próprios)

ARTIGO 3º – Aditamento ao Código Civil

Os artigos 1064º a 1113º do Código Civil, incluindo as correspondentes secções e subsecções, são repostos com a seguinte redacção:

(Aditamento introduzido no local próprio)

ARTIGO 4º – Alteração ao Código de Processo Civil

Os artigos 678º, 930º e 930º-A do Código de Processo Civil, aprovado pelo Decreto-Lei nº 44129, de 28 de Dezembro de 1961, passam a ter a seguinte redacção:

(As alterações não se transcrevem por não se enquadrarem no âmbito da presente publicação)

ARTIGO 5º – Aditamento ao Código de Processo Civil

São aditados ao Código de Processo Civil os artigos 930º-B a 930º-E, com a seguinte redacção:

(Os aditamentos não se transcrevem por não se enquadrarem no âmbito da presente publicação)

ARTIGO 6º – Alteração ao Decreto-Lei nº 287/2003, de 12 de Novembro

1 – É revogado o artigo 18º do Decreto-Lei nº 287/2003, de 12 de Novembro, que aprova o Código do Imposto Municipal sobre Imóveis e o Código do Imposto Municipal sobre as Transmissões Onerosas de Imóveis, altera o Código do Imposto do Selo, altera o Estatuto dos Benefícios Fiscais e os Códigos do IRS e do IRC e revoga o Código da Contribuição Predial e do Imposto sobre a Indústria Agrícola, o Código da Contribuição Autárquica e o Código do Imposto Municipal de Sisa e do Imposto sobre as Sucessões e Doações.

2 – Os artigos 15º a 17º do diploma referido no número anterior passam a ter a seguinte redacção:

(As alterações não se transcrevem por não se enquadrarem no âmbito da presente publicação)

ARTIGO 7º – Alteração ao Código do Imposto Municipal sobre Imóveis

Os artigos 61º e 112º do Código do Imposto Municipal sobre Imóveis passam a ter a seguinte redacção:

(As alterações não se transcrevem por não se enquadrarem no âmbito da presente publicação)

ARTIGO 8º – Alteração ao Código do Registo Predial

O artigo 5º do Código do Registo Predial, aprovado pelo Decreto-Lei nº 224/84, de 6 de Julho, passa a ter a seguinte redacção:

(A alteração não se transcreve por não se enquadrar no âmbito da presente publicação)

CAPÍTULO II – Disposições gerais*

SECÇÃO I – Comunicações

ARTIGO 9º – Forma da comunicação

1 – Salvo disposição da lei em contrário, as comunicações legalmente exigíveis entre as partes relativas a cessação do contrato de arrendamento, atualização da

* Do presente capítulo em diante, apresenta-se o texto do diploma na redação da republicação da Lei nº 79/2014, de 19-12.

renda e obras são realizadas mediante escrito assinado pelo declarante e remetido por carta registada com aviso de receção.

2 – As cartas dirigidas ao arrendatário, na falta de indicação por escrito deste em contrário, devem ser remetidas para o local arrendado.

3 – As cartas dirigidas ao senhorio devem ser remetidas para o endereço constante do contrato de arrendamento ou da sua comunicação imediatamente anterior.

4 – Não existindo contrato escrito nem comunicação anterior do senhorio, as cartas dirigidas a este devem ser remetidas para o seu domicílio ou sede.

5 – Qualquer comunicação deve conter o endereço completo da parte que a subscreve, devendo as partes comunicar mutuamente a alteração daquele.

6 – O escrito assinado pelo declarante pode, ainda, ser entregue em mão, devendo o destinatário apor em cópia a sua assinatura, com nota de receção.

7 – A comunicação pelo senhorio destinada à cessação do contrato por resolução, nos termos do nº 2 do artigo 1084º do Código Civil, é efetuada mediante:

a) Notificação avulsa;

b) Contacto pessoal de advogado, solicitador ou agente de execução, comprovadamente mandatado para o efeito, sendo feita na pessoa do notificando, com entrega de duplicado da comunicação e cópia dos documentos que a acompanhem, devendo o notificando assinar o original;

c) Escrito assinado e remetido pelo senhorio nos termos do nº 1, nos contratos celebrados por escrito em que tenha sido convencionado o domicílio, caso em que é inoponível ao senhorio qualquer alteração do local, salvo se este tiver autorizado a modificação.

(Redação dada pela Lei nº 43/2017, de 14-06)

ARTIGO 10º – Vicissitudes

1 – A comunicação prevista no nº 1 do artigo anterior considera-se realizada ainda que:

a) A carta seja devolvida por o destinatário se ter recusado a recebê-la;

b) O aviso de receção tenha sido assinado por pessoa diferente do destinatário.

2 – O disposto no número anterior não se aplica às cartas que:

a) Constituam iniciativa do senhorio para a transição para o NRAU e atualização da renda, nos termos dos artigos 30º e 50º;

b) Integrem título para pagamento de rendas, encargos ou despesas ou que possam servir de base ao procedimento especial de despejo, nos termos dos artigos 14º-A e 15º, respetivamente, salvo nos casos de domicílio convencionado nos termos da alínea *c*) do nº 7 do artigo anterior;

c) Sejam devolvidas por não terem sido levantadas no prazo previsto no regulamento dos serviços postais.

3 – Nas situações previstas no número anterior, o remetente deve enviar nova carta registada com aviso de receção, decorridos que sejam 30 a 60 dias sobre a data do envio da primeira carta.

4 – Se a nova carta voltar a ser devolvida, nos termos da alínea *a*) do nº 1 e da alínea *c*) do nº 2, considera-se a comunicação recebida no 10º dia posterior ao do seu envio.

5 – Nos casos previstos nas alíneas *a*) e *b*) do nº 7 do artigo anterior, se:

a) O destinatário da comunicação recusar a assinatura do original ou a receção do duplicado da comunicação e cópia dos documentos que a acompanhem, o advogado, solicitador ou agente de execução lavra nota do incidente e a comunicação considera-se efetuada no próprio dia face à certificação da ocorrência;

b) Não for possível localizar o destinatário da comunicação, o senhorio remete carta registada com aviso de receção para o local arrendado, decorridos 30 a 60 dias sobre a data em que o destinatário não foi localizado, e considera-se a comunicação recebida no 10º dia posterior ao do seu envio.

(Redação dada pela Lei nº 13/2019, de 12-02)

ARTIGO 11º – Pluralidade de senhorios ou de arrendatários

1 – Havendo pluralidade de senhorios, as comunicações devem, sob pena de ineficácia, ser subscritas por todos, ou por quem a todos represente, devendo o arrendatário dirigir as suas comunicações ao representante, ou a quem em comunicação anterior tenha sido designado para as receber.

2 – Na falta da designação prevista no número anterior, o arrendatário dirige as suas comunicações ao primeiro signatário e envia a carta para o endereço do remetente.

3 – Havendo pluralidade de arrendatários, a comunicação do senhorio é dirigida ao que figurar em primeiro lugar no contrato, salvo indicação daqueles em contrário.

4 – A comunicação prevista no número anterior é, contudo, dirigida a todos os arrendatários nos casos previstos no nº 2 do artigo anterior.

5 – Se a posição do destinatário estiver integrada em herança indivisa, a comunicação é dirigida ao cabeça de casal, salvo indicação de outro representante.

6 – Nas situações previstas nos números anteriores, a pluralidade de comunicações de conteúdo diverso por parte dos titulares das posições de senhorio ou de arrendatário equivale ao silêncio.

ARTIGO 12º – Casa de morada de família

1 – Se o local arrendado constituir casa de morada de família, as comunicações previstas no nº 2 do artigo 10º devem ser dirigidas a cada um dos cônjuges, sob pena de ineficácia.

2 – As comunicações do arrendatário podem ser subscritas por ambos ou por um só dos cônjuges.

3 – Devem, no entanto, ser subscritas por ambos os cônjuges as comunicações que tenham por efeito algum dos previstos no artigo 1682º-B do Código Civil.

(Redação dada pela Lei nº 43/2017, de 14-06)

SECÇÃO II – Associações

ARTIGO 13º – Legitimidade

1 – As associações representativas das partes, quando expressamente autorizadas pelos interessados, gozam de legitimidade para assegurar a defesa judicial dos seus membros em questões relativas ao arrendamento.

2 – Gozam do direito referido no número anterior as associações que, cumulativamente:

a) Tenham personalidade jurídica;

b) Não tenham fins lucrativos;

c) Tenham como objetivo principal proteger os direitos e interesses dos seus associados, na qualidade de senhorios, inquilinos ou comerciantes;

d) Tenham, pelo menos, 3000, 500 ou 100 associados, consoante a área a que circunscrevam a sua ação seja de âmbito nacional, regional ou local, respetivamente.

SECÇÃO III – Assédio no arrendamento

ARTIGO 13º-A – Proibição de assédio

É proibido o assédio no arrendamento ou no subarrendamento, entendendo-se como tal qualquer comportamento ilegítimo do senhorio, de quem o represente ou de terceiro interessado na aquisição ou na comercialização do locado, que, com o objetivo de provocar a desocupação do mesmo, perturbe, constranja ou afete a dignidade do arrendatário, subarrendatário ou das pessoas que com estes residam legitimamente no locado, os sujeite a um ambiente intimidativo, hostil, degradante, perigoso, humilhante, desestabilizador ou ofensivo, ou impeça ou prejudique gravemente o acesso e a fruição do locado.

(Aditado pela Lei nº 12/2019, de 12-02)

ARTIGO 13º-B – Intimação para tomar providências

1 – Sem prejuízo da responsabilidade civil, criminal ou contraordenacional decorrente dos atos e omissões em que se consubstancie o comportamento previsto no artigo anterior, o arrendatário pode intimar o senhorio a tomar providências ao seu alcance no sentido de:

a) Cessar a produção de ruído fora dos limites legalmente estabelecidos ou de outros atos, praticados por si ou por interposta pessoa, suscetíveis de causar prejuízo para a sua saúde e a das pessoas que com ele residam legitimamente no locado;

b) Corrigir deficiências do locado ou das partes comuns do respetivo edifício que constituam risco grave para a saúde ou segurança de pessoas e bens;

c) Corrigir outras situações que impeçam a fruição do locado, o acesso ao mesmo ou a serviços essenciais como as ligações às redes de água, eletricidade, gás ou esgotos.

2 – A intimação prevista no número anterior é feita nos termos do artigo 9º e deve conter a exposição dos factos em que se fundamenta.

3 – Independentemente da apresentação da intimação prevista no nº 1, o arrendatário pode requerer à câmara municipal competente a realização de uma vistoria ao locado para verificação das situações previstas no nº 1, a qual possui natureza urgente e deve ser realizada no prazo máximo de 20 dias, devendo o respetivo auto ser emitido até 10 dias após a sua realização.

4 – No prazo de 30 dias a contar da receção da intimação prevista nos nºs 1 e 2, o senhorio deve, mediante comunicação a enviar ao arrendatário nos mesmos termos,

demonstrar a adoção das medidas necessárias para corrigir a situação visada ou expor as razões que justifiquem a não adoção do comportamento pretendido pelo arrendatário.

5 – Em caso de falta de resposta nos termos previstos no número anterior, ou caso a situação se mantenha injustificadamente por corrigir, sem prejuízo da responsabilidade civil ou criminal que possa resultar dos mesmos factos e da possibilidade de recurso aos demais meios judiciais ou extrajudiciais ao seu dispor, o arrendatário pode:

a) Requerer uma injunção contra o senhorio, destinada a corrigir a situação exposta na intimação; e

b) Exigir ao senhorio o pagamento de sanção pecuniária no valor de 20 € por cada dia a partir do final do prazo previsto no número anterior, até que o senhorio lhe demonstre o cumprimento da intimação nos termos do artigo 9º ou, em caso de incumprimento, até que seja decretada a injunção prevista na alínea anterior.

6 – A sanção pecuniária prevista na alínea *b*) do número anterior é elevada em 50% quando o arrendatário tenha idade igual ou superior a 65 anos ou grau comprovado de deficiência igual ou superior a 60%.

7 – A intimação prevista nos nºs 2 e 3 caduca, extinguindo-se a respetiva sanção pecuniária, se a injunção prevista na alínea *a*) do nº 5 não for requerida no prazo de 30 dias a contar do termo do prazo previsto no nº 4, ou se for indeferida.

(Aditado pela Lei nº 12/2019, de 12-02, cfr. Declaração de Retificação nº 7/2019, de 07-03)

SECÇÃO IV – **Resolução de litígios**

SUBSECÇÃO I – **Ações judiciais**

ARTIGO 14º – Ação de despejo

1 – A ação de despejo destina-se a fazer cessar a situação jurídica do arrendamento sempre que a lei imponha o recurso à via judicial para promover tal cessação e segue a forma de processo comum declarativo.

2 – Quando o pedido de despejo tiver por fundamento a falta de residência permanente do arrendatário e quando este tenha na área dos concelhos de Lisboa ou do Porto e seus limítrofes ou no respetivo concelho quanto ao resto do País outra residência ou a propriedade de imóvel para habitação adquirido após o início da relação de arrendamento, com exceção dos casos de sucessão *mortis causa*, pode o senhorio, simultaneamente, pedir uma indemnização igual ao valor da renda determinada de acordo com os critérios previstos nas alíneas *a*) e *b*) do nº 2 do artigo 35º desde o termo do prazo para contestar até à entrega efetiva da habitação.

3 – Na pendência da ação de despejo, as rendas que se forem vencendo devem ser pagas ou depositadas, nos termos gerais.

4 – Se as rendas, encargos ou despesas, vencidos por um período igual ou superior a dois meses, não forem pagos ou depositados, o arrendatário é notificado para, em 10 dias, proceder ao seu pagamento ou depósito e ainda da importância da indemnização devida, juntando prova aos autos, sendo, no entanto, condenado nas custas do incidente e nas despesas de levantamento do depósito, que são contadas a final.

5 – Em caso de incumprimento pelo arrendatário do disposto no número anterior, o senhorio pode requerer o despejo imediato, aplicando-se, em caso de deferimento do requerimento, com as necessárias adaptações, o disposto no nº 7 do artigo 15º e nos artigos 15º-J, 15º-K e 15º-M a 15º-O.

ARTIGO 14º-A – Título para pagamento de rendas, encargos ou despesas

1 – O contrato de arrendamento, quando acompanhado do comprovativo de comunicação ao arrendatário do montante em dívida, é título executivo para a execução para pagamento de quantia certa correspondente às rendas, aos encargos ou às despesas que corram por conta do arrendatário.

2 – O contrato de arrendamento, quando acompanhado da comunicação ao senhorio do valor em dívida, prevista no nº 3 do artigo 22º-C do regime jurídico das obras em prédios arrendados, aprovado pelo Decreto-Lei nº 157/2006, de 8 de agosto, é título executivo para a execução para pagamento de quantia certa correspondente à compensação pela execução de obras pelo arrendatário em substituição do senhorio. *(Redação dada pela Lei nº 13/2019, de 12-02)*

SUBSECÇÃO II – Procedimento especial de despejo

ARTIGO 15º – Procedimento especial de despejo

1 – O procedimento especial de despejo é um meio processual que se destina a efetivar a cessação do arrendamento, independentemente do fim a que este se destina, quando o arrendatário não desocupe o locado na data prevista na lei ou na data fixada por convenção entre as partes.

2 – Apenas podem servir de base ao procedimento especial de despejo independentemente do fim a que se destina o arrendamento:

a) Em caso de revogação, o contrato de arrendamento, acompanhado do acordo previsto no nº 2 do artigo 1082º do Código Civil;

b) Em caso de caducidade pelo decurso do prazo, não sendo o contrato renovável, o contrato escrito do qual conste a fixação desse prazo;

c) Em caso de cessação por oposição à renovação, o contrato de arrendamento acompanhado do comprovativo da comunicação prevista no nº 1 do artigo 1097º ou no nº 1 do artigo 1098º do Código Civil;

d) Em caso de denúncia por comunicação pelo senhorio, o contrato de arrendamento, acompanhado do comprovativo da comunicação prevista na alínea *c*) do artigo 1101º ou no nº 1 do artigo 1103º do Código Civil ou da comunicação a que se refere a alínea *a*) do nº 5 do artigo 33º da presente lei;

e) Em caso de resolução por comunicação, o contrato de arrendamento, acompanhado do comprovativo da comunicação prevista no nº 2 do artigo 1084º do Código Civil, bem como, quando aplicável, do comprovativo, emitido pela autoridade competente, da oposição à realização da obra;

f) Em caso de denúncia pelo arrendatário, nos termos dos nºs 3 e 4 do artigo 1098º do Código Civil e dos artigos 34º e 53º da presente lei, o comprovativo da comunicação da iniciativa do senhorio e o documento de resposta do arrendatário.

3 – Para efeitos do disposto na alínea *d*) do número anterior, o comprovativo da comunicação prevista no nº 1 do artigo 1103º do Código Civil é acompanhado dos documentos referidos nos nºs 2 e 3 do mesmo artigo ou, sendo caso disso, de cópia da certidão a que se refere o nº 7 do artigo 8º do Decreto-Lei nº 157/2006, de 8 de agosto, que aprova o regime jurídico das obras em prédios arrendados.

4 – O procedimento especial de despejo previsto na presente subsecção apenas pode ser utilizado relativamente a contratos de arrendamento cujo imposto do selo tenha sido liquidado ou cujas rendas tenham sido declaradas para efeitos de IRS ou IRC.

5 – Quando haja lugar a procedimento especial de despejo, o pedido de pagamento de rendas, encargos ou despesas que corram por conta do arrendatário pode ser deduzido cumulativamente com o pedido de despejo no âmbito do referido procedimento desde que tenha sido comunicado ao arrendatário o montante em dívida, salvo se previamente tiver sido intentada ação executiva para os efeitos previstos no artigo anterior.

6 – No caso de desistência do pedido de pagamento de rendas, encargos ou despesas, o procedimento especial de despejo segue os demais trâmites legalmente previstos quanto ao pedido de desocupação do locado.

7 – Sempre que os autos sejam distribuídos, o juiz deve pronunciar-se sobre todas as questões suscitadas e, independentemente de ter sido requerida, sobre a autorização de entrada no domicílio.

8 – As rendas que se forem vencendo na pendência do procedimento especial de despejo devem ser pagas ou depositadas, nos termos gerais.

ARTIGO 15º-A – Balcão Nacional do Arrendamento

1 – É criado, junto da Direção-Geral da Administração da Justiça, o Balcão Nacional do Arrendamento (BNA), destinado a assegurar a tramitação do procedimento especial de despejo.

2 – O BNA tem competência em todo o território nacional para a tramitação do procedimento especial de despejo.

ARTIGO 15º-B – Apresentação, forma e conteúdo do requerimento de despejo

1 – O requerimento de despejo é apresentado, em modelo próprio, no BNA.

2 – No requerimento deve o requerente:

a) Identificar as partes, indicando os seus nomes e domicílios, bem como os respetivos números de identificação civil;

b) Indicar o seu endereço de correio eletrónico se pretender receber comunicações por meios eletrónicos;

c) Indicar o tribunal competente para apreciação dos autos se forem apresentados à distribuição;

d) Indicar o lugar onde deve ser feita a notificação, o qual, na falta de domicílio convencionado por escrito, deve ser o local arrendado;

e) Indicar o fundamento do despejo e juntar os documentos previstos no nº 2 do artigo 15º;

f) Indicar o valor da renda;

g) Formular o pedido e, no caso de pedido para pagamento de rendas, encargos ou despesas, discriminar o valor do capital, juros vencidos e outras quantias devidas;

h) Juntar comprovativo do pagamento do imposto do selo ou comprovativo da liquidação do IRS ou do IRC relativo aos últimos quatro anos e do qual constem as rendas relativas ao locado, salvo se o contrato for mais recente;

i) Indicar que pretende proceder ao pagamento da taxa devida ou, sendo o caso, indicar a modalidade de apoio judiciário concedido, bem como juntar documento comprovativo da respetiva concessão, sem prejuízo do disposto no nº 7;

j) Designar o agente de execução ou o notário competente para proceder à desocupação do locado;

k) Designar agente de execução para proceder à execução para pagamento das rendas, encargos ou despesas em atraso, nos casos em que seja designado notário para proceder à desocupação do locado ou este venha a ser competente;

l) Assinar o requerimento.

3 – Havendo pluralidade de arrendatários ou constituindo o local arrendado casa de morada de família, o requerente deve ainda identificar os nomes e domicílios de todos os arrendatários e de ambos os cônjuges, consoante o caso.

4 – Sem prejuízo do disposto no nº 6 do artigo 15º, durante o procedimento especial de despejo não é permitida a alteração dos elementos constantes do requerimento, designadamente do pedido formulado.

5 – A entrega do requerimento de despejo por advogado ou solicitador é efetuada apenas por via eletrónica, com menção da existência do mandato e do domicílio profissional do mandatário.

6 – O requerente que, sendo representado por advogado ou solicitador, não cumprir o disposto no número anterior fica sujeito ao pagamento imediato de uma multa no valor de 2 unidades de conta processuais.

7 – Faltando, à data da apresentação do requerimento, menos de 30 dias para o termo do prazo de prescrição ou de caducidade, ou ocorrendo outra causa de urgência, deve o requerente apresentar documento comprovativo do pedido de apoio judiciário requerido, mas ainda não concedido.

8 – O procedimento considera-se iniciado na data do pagamento da taxa devida ou na data da junção do documento comprovativo do pedido ou da concessão de apoio judiciário, na modalidade de dispensa ou pagamento faseado da taxa de justiça e dos demais encargos com o processo.

ARTIGO 15º-C – Recusa do requerimento

1 – O requerimento só pode ser recusado se:

a) Não estiver endereçado ao BNA;

b) Não indicar o fundamento do despejo ou não for acompanhado dos documentos previstos no nº 2 do artigo 15º;

c) Não estiver indicado o valor da renda;

d) Não estiver indicada a modalidade de apoio judiciário requerida ou concedida, bem como se não estiver junto o documento comprovativo do pedido ou da concessão do benefício do apoio judiciário;

e) Omitir a identificação das partes, o domicílio do requerente, os números de identificação civil ou o lugar da notificação do requerido;

f) Não estiver assinado;

g) Não constar do modelo a que se refere o nº 1 do artigo anterior;

h) Não se mostrar paga a taxa;

i) Não se mostrar pago o imposto do selo ou liquidado o IRS ou IRC pelas rendas relativas ao locado, nos últimos quatro anos, salvo se o contrato for mais recente;

j) O pedido não se ajustar à finalidade do procedimento.

2 – Nos casos em que haja recusa, o requerente pode apresentar outro requerimento no prazo de 10 dias subsequentes à notificação daquela, considerando-se o procedimento iniciado na data em que teve lugar o pagamento da taxa devida pela apresentação do primeiro requerimento ou a junção do documento comprovativo do pedido ou da concessão do benefício do apoio judiciário na modalidade de dispensa ou de pagamento faseado da taxa de justiça e dos demais encargos com o processo.

ARTIGO 15º-D – Finalidade, conteúdo e efeito da notificação

1 – O BNA expede imediatamente notificação para o requerido, por carta registada com aviso de receção, para, em 15 dias, este:

a) Desocupar o locado e, sendo caso disso, pagar ao requerente a quantia pedida, acrescida da taxa por ele liquidada;

b) Deduzir oposição à pretensão e ou requerer o diferimento da desocupação do locado, nos termos do disposto nos artigos 15º-N e 15º-O.

2 – Havendo vários requeridos, a notificação é expedida para todos eles, nos termos e para os efeitos previstos no número anterior.

3 – A notificação é expedida para o local indicado no requerimento de despejo, aplicando-se, com as necessárias adaptações, o disposto no artigo 228º, nos nºs 3 a 5 do artigo 229º e no nº 2 do artigo 230º do Código de Processo Civil, não havendo lugar à advertência prevista no artigo 233º do mesmo Código.

4 – O ato de notificação deve conter:

a) Os elementos referidos nas alíneas *a*) a *h*) do nº 2 do artigo 15º-B e, se for caso disso, no nº 3 do mesmo artigo;

b) A indicação do prazo para a oposição e a respetiva forma de contagem;

c) A indicação de que, na falta de desocupação do locado, de oposição dentro do prazo legal ou do pagamento ou depósito das rendas que se venceram na pendência do procedimento especial de despejo, será constituído título para desocupação do locado com a faculdade de o requerente a efetivar imediatamente;

d) Nos casos de pedido de pagamento das rendas, encargos ou despesas em atraso, a indicação de que, na falta de pagamento da quantia pedida e da taxa liquidada pelo requerente, são ainda devidos juros de mora desde a data da apresentação do requerimento;

e) A indicação de que a dedução de oposição cuja falta de fundamento o requerido não deva ignorar o responsabiliza pelos danos que causar ao requerente e determina a condenação em multa de valor não inferior a 10 vezes a taxa devida.

5 – A notificação efetuada nos termos do presente artigo interrompe a prescrição, nos termos do disposto no artigo 323º do Código Civil.

ARTIGO 15º-E – Constituição de título para desocupação do locado

1 – O BNA converte o requerimento de despejo em título para desocupação do locado se:

a) Depois de notificado, o requerido não deduzir oposição no respetivo prazo;

b) A oposição se tiver por não deduzida nos termos do disposto no nº 4 do artigo seguinte;

c) Na pendência do procedimento especial de despejo, o requerido não proceder ao pagamento ou depósito das rendas que se forem vencendo, nos termos previstos no nº 8 do artigo 15º

2 – O título de desocupação do locado é autenticado com recurso a assinatura eletrónica.

3 – Constituído o título de desocupação do locado, o BNA disponibiliza o requerimento de despejo no qual tenha sido colocada a fórmula de título para desocupação do locado ao requerente e ao agente de execução, notário ou oficial de justiça designado, consoante os casos, nos termos definidos por portaria do membro do Governo responsável pela área da justiça.

ARTIGO 15º-F – Oposição

1 – O requerido pode opor-se à pretensão no prazo de 15 dias a contar da sua notificação.

2 – A oposição não carece de forma articulada, devendo ser apresentada no BNA apenas por via eletrónica, com menção da existência do mandato e do domicílio profissional do mandatário, sob pena de pagamento imediato de uma multa no valor de 2 unidades de conta processuais.

3 – Com a oposição, deve o requerido proceder à junção do documento comprovativo do pagamento da taxa de justiça devida e, nos casos previstos nos nºs 3 e 4 do artigo 1083º do Código Civil, ao pagamento de uma caução no valor das rendas, encargos ou despesas em atraso, até ao valor máximo correspondente a seis rendas, salvo nos casos de apoio judiciário, em que está isento, nos termos a definir por portaria do membro do Governo responsável pela área da justiça.

4 – Não se mostrando paga a taxa ou a caução previstas no número anterior, a oposição tem-se por não deduzida.

5 – A oposição tem-se igualmente por não deduzida quando o requerido não efetue o pagamento da taxa devida no prazo de cinco dias a contar da data da notificação da decisão definitiva de indeferimento do pedido de apoio judiciário, na modalidade de dispensa ou de pagamento faseado da taxa e dos demais encargos com o processo.

ARTIGO 15º-G – Extinção do procedimento

1 – O procedimento especial de despejo extingue-se pela desocupação do locado, por desistência e por morte do requerente ou do requerido.

2 – O requerente pode desistir do procedimento especial de despejo até à dedução da oposição ou, na sua falta, até ao termo do prazo de oposição.

3 – Nos casos previstos nos números anteriores, o BNA devolve a pedido do requerente o expediente respeitante ao procedimento especial de despejo e notifica o requerido daquele facto se este já tiver sido notificado do requerimento de despejo.

ARTIGO 15º-H – Distribuição e termos posteriores

1 – Deduzida oposição, o BNA apresenta os autos à distribuição e remete ao requerente cópia da oposição.

2 – Recebidos os autos, o juiz pode convidar as partes para, no prazo de 5 dias, aperfeiçoarem as peças processuais, ou, no prazo de 10 dias, apresentarem novo articulado sempre que seja necessário garantir o contraditório.

3 – Não julgando logo procedente alguma exceção dilatória ou nulidade que lhe cumpra conhecer ou não decidindo logo do mérito da causa, o juiz ordena a notificação das partes da data da audiência de julgamento.

4 – Os autos são igualmente apresentados à distribuição sempre que se suscite questão sujeita a decisão judicial.

ARTIGO 15º-I – Audiência de julgamento e sentença

1 – A audiência de julgamento realiza-se no prazo de 20 dias a contar da distribuição.

2 – Não é motivo de adiamento da audiência a falta de qualquer das partes ou dos seus mandatários, salvo nos casos de justo impedimento.

3 – Se as partes estiverem presentes ou representadas na audiência, o juiz procura conciliá-las.

4 – Frustrando-se a conciliação, produzem-se as provas que ao caso couber.

5 – Qualquer das partes pode requerer a gravação da audiência.

6 – As provas são oferecidas na audiência, podendo cada parte apresentar até três testemunhas.

7 – A prova pericial é sempre realizada por um único perito.

8 – Se considerar indispensável para a boa decisão da causa que se proceda a alguma diligência de prova, o juiz pode suspender a audiência no momento que reputar mais conveniente e marcar logo dia para a sua continuação, devendo o julgamento concluir-se no prazo de 10 dias.

9 – Finda a produção de prova, pode cada um dos mandatários fazer uma breve alegação oral.

10 – A sentença, sucintamente fundamentada, é logo ditada para a ata.

ARTIGO 15º-J – Desocupação do locado e pagamento das rendas em atraso

1 – Havendo título ou decisão judicial para desocupação do locado, o agente de execução, o notário ou, na falta destes ou sempre que lei lhe atribua essa competência, o oficial de justiça desloca-se imediatamente ao locado para tomar a posse do imóvel, lavrando auto da diligência.

2 – O senhorio e o arrendatário podem acordar num prazo para a desocupação do locado com remoção de todos os bens móveis, sendo lavrado auto pelo agente de execução, notário ou oficial de justiça.

3 – O agente de execução, o notário ou o oficial de justiça podem solicitar diretamente o auxílio das autoridades policiais sempre que seja necessário o arrombamento da porta e a substituição da fechadura para efetivar a posse do imóvel, aplicando-se, com as necessárias adaptações, o disposto no nº 6 do artigo 757º do Código de Processo Civil.

4 – Quando a desocupação do locado deva efetuar-se em domicílio, a mesma só pode realizar-se entre as 7 e as 21 horas, devendo o agente de execução, o notário ou o oficial de justiça entregar cópia do título ou decisão judicial a quem tiver a disponibilidade do lugar em que a diligência se realiza, o qual pode assistir à diligência e fazer-se acompanhar ou substituir por pessoa da sua confiança que, sem delonga, se apresente no local.

5 – O título para desocupação do locado, quando tenha sido efetuado o pedido de pagamento das rendas, encargos ou despesas em atraso, e a decisão judicial que condene o requerido no pagamento daqueles constituem título executivo para pagamento de quantia certa, aplicando-se, com as necessárias adaptações, os termos previstos no Código de Processo Civil para a execução para pagamento de quantia certa baseada em injunção.

6 – Nos casos previstos no número anterior não há lugar a oposição à execução.

ARTIGO 15º-K – Destino dos bens

1 – O agente de execução, o notário ou o oficial de justiça procede ao arrolamento dos bens encontrados no locado.

2 – O arrendatário deve, no prazo de 30 dias após a tomada da posse do imóvel, remover todos os seus bens móveis, sob pena de estes serem considerados abandonados.

ARTIGO 15º-L – Autorização judicial para entrada imediata no domicílio

1 – Caso o arrendatário não desocupe o domicílio de livre vontade ou incumpra o acordo previsto no nº 2 do artigo 15º-J e o procedimento especial de despejo não tenha sido distribuído a juiz, o agente de execução, o notário ou o oficial de justiça apresenta requerimento no tribunal judicial da situação do locado para, no prazo de cinco dias, ser autorizada a entrada imediata no domicílio.

2 – O requerimento previsto no número anterior assume caráter de urgência e deve ser instruído com:

a) O título para desocupação do locado;

b) O documento comprovativo do pagamento da taxa de justiça devida.

3 – Se a considerar necessária, o juiz procede à audição do arrendatário.

4 – São motivos de recusa do requerimento de autorização para entrada no domicílio, designadamente:

a) Não ter sido utilizado o modelo de requerimento ou este não estar devidamente preenchido;

b) O requerimento não estar instruído com os documentos referidos no nº 2;

c) A violação do disposto nos artigos 9º, 10º e 15º-D.

5 – Conferida autorização judicial para entrada no domicílio, o agente de execução, o notário ou o oficial de justiça desloca-se imediatamente ao locado para tomar a posse do imóvel, aplicando-se o disposto nos nºs 2 a 4 do artigo 15º-J e no artigo anterior.

6 – O disposto nos números anteriores é aplicável, com as necessárias adaptações, aos casos em que a entrada no locado dependa de autorização judicial nos termos da lei.

ARTIGO 15º-M – Suspensão da desocupação do locado

1 – O agente de execução, o notário ou o oficial de justiça suspende as diligências para desocupação do locado sempre que o detentor da coisa, ao qual não tenha sido dada a oportunidade de intervir no procedimento especial de despejo, exibir algum dos seguintes títulos, com data anterior ao início daquele procedimento:

a) Título de arrendamento ou de outro gozo legítimo do prédio, emanado do senhorio;

b) Título de subarrendamento ou de cessão da posição contratual, emanado do arrendatário, e documento comprovativo de haver sido requerida no prazo de 15 dias a respetiva notificação ao senhorio ou de este ter especialmente autorizado o subarrendamento ou a cessão ou, ainda, de ter reconhecido o subarrendatário ou cessionário como tal.

2 – Tratando-se de arrendamento para habitação, o agente de execução, o notário ou o oficial de justiça suspende as diligências executórias quando se mostre, por atestado médico que indique fundamentadamente o prazo durante o qual se deve suspender a execução, que a diligência põe em risco de vida a pessoa que se encontra no local, por razões de doença aguda.

3 – Nos casos referidos nos números anteriores, o agente de execução, o notário ou o oficial de justiça lavra certidão das ocorrências, junta os documentos exibidos e adverte o detentor, ou a pessoa que se encontra no local, de que as diligências para a desocupação do locado prosseguem, salvo se, no prazo de 10 dias, requerer ao juiz do tribunal judicial da situação do locado a confirmação da suspensão, juntando ao requerimento os documentos disponíveis, dando do facto imediato conhecimento ao senhorio ou ao seu representante.

4 – Ouvido o senhorio, o juiz do tribunal judicial da situação do locado, no prazo de cinco dias, decide manter suspensas as diligências para a desocupação ou ordena o levantamento da suspensão e a imediata prossecução daquelas.

ARTIGO 15º-N – Diferimento da desocupação de imóvel arrendado para habitação

1 – No caso de imóvel arrendado para habitação, dentro do prazo para a oposição ao procedimento especial de despejo, o arrendatário pode requerer ao juiz do tribunal judicial da situação do locado o diferimento da desocupação, por razões sociais imperiosas, devendo logo oferecer as provas disponíveis e indicar as testemunhas a apresentar, até ao limite de três.

2 – O diferimento de desocupação do locado para habitação é decidido de acordo com o prudente arbítrio do tribunal, devendo o juiz ter em consideração as exigências da boa-fé, a circunstância de o arrendatário não dispor imediatamente de outra habitação, o número de pessoas que habitam com o arrendatário, a sua idade, o seu estado de saúde e, em geral, a situação económica e social das pessoas envolvidas, só podendo ser concedido desde que se verifique algum dos seguintes fundamentos:

a) Que, tratando-se de resolução por não pagamento de rendas, a falta do mesmo se deve a carência de meios do arrendatário, o que se presume relativamente ao beneficiário de subsídio de desemprego, de valor igual ou inferior à retribuição mínima mensal garantida, ou de rendimento social de inserção;

b) Que o arrendatário tem deficiência com grau comprovado de incapacidade igual ou superior a 60%.

3 – No caso de diferimento decidido com base na alínea *a*) do número anterior, cabe ao Fundo de Socorro Social do Instituto de Gestão Financeira da Segurança Social pagar ao senhorio as rendas correspondentes ao período de diferimento, ficando aquele sub-rogado nos direitos deste.

ARTIGO 15º-O – Termos do diferimento da desocupação

1 – O requerimento de diferimento da desocupação assume carácter de urgência e é indeferido liminarmente quando:

a) Tiver sido apresentado fora do prazo;

b) O fundamento não se ajustar a algum dos referidos no artigo anterior;

c) For manifestamente improcedente.

2 – Se o requerimento for recebido, o senhorio é notificado para contestar, dentro do prazo de 10 dias, devendo logo oferecer as provas disponíveis e indicar as testemunhas a apresentar, até ao limite de três.

3 – O juiz deve decidir o pedido de diferimento da desocupação por razões sociais no prazo máximo de 20 dias a contar da sua apresentação, sendo, no caso previsto na alínea *a*) do nº 2 do artigo anterior, a decisão oficiosamente comunicada, com a sua fundamentação, ao Fundo de Socorro Social do Instituto de Gestão Financeira da Segurança Social.

4 – O diferimento não pode exceder o prazo de cinco meses a contar da data do trânsito em julgado da decisão que o conceder.

ARTIGO 15º-P – Impugnação do título para desocupação do locado

1 – O arrendatário só pode impugnar o título para desocupação do locado com fundamento na violação do disposto nos artigos 9º, 10º e 15º-D.

2 – A impugnação prevista no número anterior é apresentada ao juiz do tribunal judicial da situação do locado, no prazo de 10 dias a contar da deslocação do agente de execução, do notário ou do oficial de justiça ao imóvel para a sua desocupação, ou do momento em que o arrendatário teve conhecimento de ter sido efetuada a sua desocupação, podendo ser acompanhada de cópia do título para desocupação do locado.

3 – A impugnação observa as seguintes regras:

a) A prova é oferecida com o requerimento;

b) A parte requerida é notificada para, em 10 dias, se opor à impugnação e oferecer prova;

c) A impugnação tem sempre efeito meramente devolutivo, seguindo, com as necessárias adaptações, a tramitação do recurso de apelação, nos termos do Código de Processo Civil.

ARTIGO 15º-Q – Recurso da decisão judicial para desocupação do locado

Independentemente do valor da causa e da sucumbência, da decisão judicial para desocupação do locado cabe sempre recurso de apelação, nos termos do Código de Processo Civil, o qual tem sempre efeito meramente devolutivo.

ARTIGO 15º-R – Uso indevido ou abusivo do procedimento

1 – Aquele que fizer uso indevido do procedimento especial de despejo do locado incorre em responsabilidade nos termos da lei.

2 – Se o senhorio ou o arrendatário usarem meios cuja falta de fundamento não devessem ignorar ou fizerem uso manifestamente reprovável do procedimento especial de despejo, respondem pelos danos que culposamente causarem à outra parte e incorrem em multa de valor não inferior a 10 vezes a taxa de justiça devida.

3 – O disposto no número anterior é ainda aplicável ao detentor do locado ou a qualquer outro interveniente no procedimento especial de despejo que, injustificadamente, obste à efetivação da desocupação do locado.

4 – Incorre na prática do crime de desobediência qualificada quem infrinja a decisão judicial de desocupação do locado.

ARTIGO 15º-S – Disposições finais

1 – Ao procedimento especial de despejo aplica-se o regime de acesso ao direito e aos tribunais, com as necessárias adaptações e as seguintes especificidades:

a) O prazo previsto no nº 1 do artigo 33º da Lei nº 34/2004, de 29 de julho, é reduzido para 10 dias;

b) Não se aplica o disposto no nº 2 do artigo 33º da Lei nº 34/2004, de 29 de julho;

c) Sendo requerido apoio judiciário para dispensa de pagamento ou pagamento faseado das taxas e demais encargos, equivale ao pagamento da taxa a que alude o nº 7 do artigo 15º-B a junção do documento comprovativo da apresentação do respetivo pedido.

2 – Em caso de indeferimento do pedido de apoio judiciário na modalidade de dispensa ou de pagamento faseado de taxa e demais encargos com o processo, o requerente deve efetuar o pagamento da taxa devida no prazo de cinco dias a contar da data da notificação da decisão definitiva de indeferimento, sob pena de extinção do procedimento ou, caso já tenha sido constituído título para desocupação do locado, de pagamento do valor igual a 10 vezes o valor da taxa devida.

3 – No procedimento especial de despejo, é obrigatória a constituição de advogado para a dedução de oposição ao requerimento de despejo.

4 – As partes têm de se fazer representar por advogado nos atos processuais subsequentes à distribuição no procedimento especial de despejo.

5 – Aos prazos do procedimento especial de despejo aplicam-se as regras previstas no Código de Processo Civil, não havendo lugar à sua suspensão durante as férias judiciais nem a qualquer dilação.

6 – Estão sujeitos a distribuição a autorização judicial para entrada imediata no domicílio, a suspensão da desocupação do locado e o diferimento da desocupação de imóvel arrendado para habitação, previstos nos artigos 15º-L a 15º-O, bem como os demais atos que careçam de despacho judicial.

7 – O tribunal competente para todas as questões suscitadas no âmbito do procedimento especial de despejo é o da situação do locado.

8 – Os atos a praticar pelo juiz no âmbito do procedimento especial de despejo assumem carácter urgente.

9 – Compete ao membro do Governo responsável pela área da justiça regulamentar o procedimento especial de despejo, nomeadamente, nas seguintes matérias:

a) Aprovação do modelo de requerimento de despejo;

b) Forma de apresentação dos requerimentos de despejo, oposição, autorização judicial para entrada imediata no domicílio, suspensão da desocupação do locado e diferimento da desocupação de imóvel arrendado para habitação;

c) Forma de apresentação da impugnação do título para desocupação do locado e da oposição à mesma;

d) Forma de pagamento da caução devida pela dedução de oposição à desocupação do locado;

e) Forma de apresentação da contestação do pedido de diferimento da desocupação;

f) Modo de designação, substituição e destituição do agente de execução, notário ou oficial de justiça;

g) Forma de disponibilização do título de desocupação do locado;

h) Comunicações e notificações;

i) Fixação de taxas e forma de pagamento;

j) Remuneração do agente de execução ou notário ou pagamento de taxa no caso de intervenção de oficial de justiça.

SUBSECÇÃO III – Injunção

ARTIGO 15º-T – Injunção em matéria de arrendamento

1 – A injunção em matéria de arrendamento (IMA) é um meio processual que se destina a efetivar os seguintes direitos do arrendatário:

a) Pagamento de quantia certa do valor da compensação em dívida por execução de obras em substituição do senhorio, em caso de execução de intimação emitida ao abrigo do nº 2 do artigo 89º do regime jurídico da urbanização e da edificação, aprovado pelo Decreto-Lei nº 555/99, de 16 de dezembro, ou do nº 1 do artigo 55º do regime jurídico da reabilitação urbana, aprovado pelo Decreto-Lei nº 307/2009, de 23 de outubro, quando a injunção seja titulada pelo contrato de arrendamento, acompanhado da comunicação prevista no nº 3 do artigo 22º-C do regime jurídico das obras em prédios arrendados, aprovado pelo Decreto-Lei nº 157/2006, de 8 de agosto, e de cópia da intimação a que se reporta;

b) Pagamento de quantia certa do valor da compensação em dívida por execução de obras em substituição do senhorio, nos casos de reparações previstas nos nºs 1 ou 2 do artigo 1036º do Código Civil, quando a injunção seja titulada pelo contrato de arrendamento, acompanhado da comunicação prevista no nº 3 do artigo 22º-C do regime jurídico das obras em prédios arrendados, aprovado pelo Decreto-Lei nº 157/2006, de 8 de agosto;

c) Cessação de atividades causadoras de risco para a saúde do arrendatário, quando a injunção seja titulada pela intimação dirigida pelo arrendatário nos termos da alínea *a*) do nº 1 do artigo 13º-B acompanhada por auto emitido pela autoridade policial ou equiparada ou pela câmara municipal competente;

d) Correção de deficiências do locado causadoras de risco grave para a saúde ou para a segurança de pessoas ou bens, quando a injunção seja titulada pela intimação dirigida pelo arrendatário nos termos da alínea *b*) do nº 1 do artigo 13º-B acompanhada por auto emitido pela câmara municipal competente;

e) Correção de impedimento da fruição do locado, quando a injunção seja titulada pela intimação dirigida pelo arrendatário nos termos da alínea *c*) do nº 1 do artigo 13º-B acompanhada por auto emitido pela autoridade policial ou equiparada ou pela câmara municipal competente;

2 – Caso seja demonstrada a apresentação de requerimento da vistoria prevista no nº 3 do artigo 13º-B, dentro do prazo estabelecido no nº 7 do mesmo artigo, a câmara municipal é notificada para envio do referido auto no prazo de 20 dias, suspendendo-se o processo até receção do referido auto, sem prejuízo do disposto no número seguinte.

3 – Com o decretamento das injunções previstas nas alíneas *c*) a *e*) do nº 1, a sanção pecuniária prevista na alínea *b*) no nº 5 do artigo 13º-B, passa a ser, por cada dia de incumprimento a partir dessa data, no valor de 50 euros, podendo ser deduzida pelo arrendatário do pagamento das rendas mensais vincendas a partir dessa data, até

que o cumprimento da injunção seja demonstrado pelo senhorio ao arrendatário nos termos do artigo 9º

4 – À sanção pecuniária prevista no número anterior aplica-se o disposto no nº 6 do artigo 13º-B.

5 – O processo de injunção em matéria de arrendamento é objeto de diploma próprio.

(Aditado pela Lei nº 13/2019, de 12-02, cfr. Declaração de Retificação nº 11/2019, de 04-04)

ARTIGO 15º-U – Serviço de Injunção em Matéria de Arrendamento

1 – É criado, junto da Direção-Geral da Administração da Justiça, o Serviço de Injunção em Matéria de Arrendamento (SIMA), destinado a assegurar a tramitação da injunção em matéria de arrendamento prevista no artigo anterior.

2 – O SIMA tem competência em todo o território nacional.

(Aditado pela Lei nº 13/2019, de 12-02)

SECÇÃO V – **Justo impedimento**

ARTIGO 16º – Invocação de justo impedimento

1 – Considera-se «justo impedimento» o evento não imputável à parte em contrato de arrendamento urbano que obste à prática atempada de um ato previsto nesta lei ou à receção das comunicações que lhe sejam dirigidas.

2 – O justo impedimento deve ser invocado logo após a sua cessação, por comunicação dirigida à outra parte.

3 – Compete à parte que o invocar a demonstração dos factos em que se funda.

4 – Em caso de desacordo entre as partes, a invocação do justo impedimento só se torna eficaz após decisão judicial.

SECÇÃO VI – **Consignação em depósito**

ARTIGO 17º – Depósito das rendas

1 – O arrendatário pode proceder ao depósito da renda quando ocorram os pressupostos da consignação em depósito, quando lhe seja permitido fazer cessar a mora e ainda quando esteja pendente ação de despejo.

2 – O previsto na presente secção é aplicável, com as necessárias adaptações, ao depósito do valor correspondente a encargos e despesas a cargo do arrendatário.

ARTIGO 18º – Termos do depósito

1 – O depósito é feito em qualquer agência de instituição de crédito, perante um documento em dois exemplares, assinado pelo arrendatário, ou por outrem em seu nome, e do qual constem:

a) A identidade do senhorio e do arrendatário;

b) A identificação do locado;

c) O quantitativo da renda, encargo ou despesa;

d) O período de tempo a que ela respeita;

e) O motivo por que se pede o depósito.

2 – Um dos exemplares do documento referido no número anterior fica em poder da instituição de crédito, cabendo o outro ao depositante, com o lançamento de ter sido efetuado o depósito.

3 – O depósito fica à ordem do tribunal da situação do prédio ou, quando efetuado na pendência de processo judicial, do respetivo tribunal.

ARTIGO 19º – Notificação do senhorio

1 – O arrendatário deve comunicar ao senhorio o depósito da renda.

2 – A junção do duplicado ou duplicados das guias de depósito à contestação, ou figura processual a ela equivalente, de ação baseada na falta de pagamento produz os efeitos da comunicação.

ARTIGO 20º – Depósitos posteriores

1 – Enquanto subsistir a causa do depósito, o arrendatário pode depositar as rendas posteriores, sem necessidade de nova oferta de pagamento nem de comunicação dos depósitos sucessivos.

2 – Os depósitos posteriores são considerados dependência e consequência do depósito inicial, valendo quanto a eles o que for decidido em relação a este.

ARTIGO 21º – Impugnação do depósito

1 – A impugnação do depósito deve ocorrer no prazo de 20 dias contados da comunicação, seguindo-se, depois, o disposto na lei de processo sobre a impugnação da consignação em depósito.

2 – (*Revogado*.)

3 – O processo de depósito é apensado ao da ação de despejo, em cujo despacho saneador se deve conhecer da subsistência do depósito e dos seus efeitos, salvo se a decisão depender da prova ainda não produzida.

ARTIGO 22º – Levantamento do depósito pelo senhorio

1 – O senhorio pode levantar o depósito mediante escrito em que declare que não o impugnou nem pretende impugnar.

2 – O escrito referido no número anterior é assinado pelo senhorio ou pelo seu representante, devendo a assinatura ser reconhecida por notário quando não se apresente o bilhete de identidade respetivo.

3 – O depósito impugnado pelo senhorio só pode ser levantado após decisão judicial e de harmonia com ela.

ARTIGO 23º – Falsidade da declaração

Quando a declaração referida no artigo anterior seja falsa, a impugnação fica sem efeito e o declarante incorre em multa equivalente ao dobro da quantia depositada, sem prejuízo da responsabilidade penal correspondente ao crime de falsas declarações.

SECÇÃO VII – Determinação da renda

ARTIGO 24º – Coeficiente de atualização

1 – O coeficiente de atualização anual de renda dos diversos tipos de arrendamento é o resultante da totalidade da variação do índice de preços no consumidor, sem habitação, correspondente aos últimos 12 meses e para os quais existam valores disponíveis à data de 31 de agosto, apurado pelo Instituto Nacional de Estatística.

2 – O aviso com o coeficiente referido no número anterior é publicado no Diário da República até 30 de outubro de cada ano.

ARTIGO 25º – Arredondamento

1 – A renda resultante da atualização referida no artigo anterior é arredondada para a unidade de cêntimo imediatamente superior.

2 – O mesmo arredondamento aplica-se nos demais casos de determinação da renda com recurso a fórmulas aritméticas.

TÍTULO II – Normas transitórias

CAPÍTULO I – Contratos habitacionais celebrados na vigência do Regime do Arrendamento Urbano e contratos não habitacionais celebrados depois do Decreto-Lei nº 257/95, de 30 de setembro

ARTIGO 26º – Regime

1 – Os contratos para fins habitacionais celebrados na vigência do Regime do Arrendamento Urbano (RAU), aprovado pelo Decreto-Lei nº 321-B/90, de 15 de outubro, bem como os contratos para fins não habitacionais celebrados na vigência do Decreto-Lei nº 257/95, de 30 de setembro, passam a estar submetidos ao NRAU, com as especificidades dos números seguintes.

2 – À transmissão por morte aplica-se o disposto nos artigos 57º e 58º

3 – Quando não sejam denunciados por qualquer das partes, os contratos de duração limitada renovam-se automaticamente no fim do prazo pelo qual foram celebrados, pelo período de dois anos ou, quando se trate de arrendamento não habitacional, pelo período de três anos, e, em ambos os casos, se outro prazo superior não tiver sido previsto.

4 – Os contratos sem duração limitada regem-se pelas regras aplicáveis aos contratos de duração indeterminada, com as seguintes especificidades:

a) Continua a aplicar-se o disposto na alínea *a*) do nº 1 do artigo 107º do RAU;

b) Para efeitos das indemnizações previstas no nº 1 do artigo 1102º e na alínea *a*) do nº 6 e no nº 9 do artigo 1103º do Código Civil, a renda é calculada de acordo com os critérios previstos nas alíneas *a*) e *b*) do nº 2 do artigo 35º da presente lei;

c) O disposto na alínea *c*) do artigo 1101º do Código Civil não se aplica se o arrendatário tiver idade igual ou superior a 65 anos ou deficiência com grau comprovado de incapacidade igual ou superior a 60%.

5 – Em relação aos arrendamentos para habitação, cessa o disposto na alínea *a*) do número anterior após transmissão por morte para filho ou enteado ocorrida depois da entrada em vigor da presente lei.

6 – (*Revogado.*)

7 – Os direitos conferidos nos números anteriores ao arrendatário podem ser invocados pelo subarrendatário quando se trate de subarrendamento autorizado ou ratificado nos termos da lei.

CAPÍTULO II – Contratos habitacionais celebrados antes da vigência do RAU e contratos não habitacionais celebrados antes do Decreto-Lei nº 257/95, de 30 de setembro

SECÇÃO I – Disposições gerais

ARTIGO 27º – Âmbito

As normas do presente capítulo aplicam-se aos contratos de arrendamento para habitação celebrados antes da entrada em vigor do RAU, aprovado pelo Decreto-Lei nº 321-B/90, de 15 de outubro, bem como aos contratos para fins não habitacionais celebrados antes da entrada em vigor do Decreto-Lei nº 257/95, de 30 de setembro.

ARTIGO 28º – Regime

1 – Aos contratos a que se refere o artigo anterior aplica-se, com as necessárias adaptações, o disposto no artigo 26º, com as especificidades constantes dos números seguintes e dos artigos 30º a 37º e 50º a 54º

2 – Aos contratos referidos no número anterior não se aplica o disposto na alínea *c*) do artigo 1101º do Código Civil.

3 – (*Revogado.*)

4 – (*Revogado.*)

5 – (*Revogado.*)

6 – Os direitos conferidos nos números anteriores ao arrendatário podem ser invocados pelo subarrendatário quando se trate de subarrendamento autorizado ou ratificado nos termos da lei.

(Redação dada pela Lei nº 13/2019, de 12-02)

ARTIGO 29º – Benfeitorias

1 – Salvo estipulação em contrário, a cessação do contrato dá ao arrendatário direito a compensação pelas obras licitamente feitas, nos termos aplicáveis às benfeitorias realizadas por possuidor de boa-fé.

2 – A denúncia do contrato de arrendamento nos termos da alínea *d*) do nº 3 do artigo 31º e da alínea *d*) do nº 3 do artigo 51º confere ao arrendatário o direito a compensação pelas obras licitamente feitas, nos termos aplicáveis às benfeitorias realizadas por possuidor de boa-fé, independentemente do estipulado no contrato de arrendamento e ainda que as obras não tenham sido autorizadas pelo senhorio.

3 – A cessação do contrato de arrendamento para fins não habitacionais por iniciativa do senhorio, nos termos da alínea *b*) do artigo 1101º do Código Civil e da alínea *a*) do nº 5 do artigo 33º, aplicável por força do artigo 52º, confere ao arrendatário o direito a compensação pelas obras licitamente feitas, nos termos aplicáveis às benfeitorias realizadas por possuidor de boa-fé, independentemente do estipulado no contrato de arrendamento e ainda que as obras não tenham sido autorizadas pelo senhorio.

SECÇÃO II – Arrendamento para habitação

ARTIGO 30º – Iniciativa do senhorio

A transição para o NRAU e a atualização da renda dependem de iniciativa do senhorio, que deve comunicar a sua intenção ao arrendatário, indicando, sob pena de ineficácia da sua comunicação:

a) O valor da renda, o tipo e a duração do contrato propostos;

b) O valor do locado, avaliado nos termos dos artigos 38º e seguintes do Código do Imposto Municipal sobre Imóveis (CIMI), constante da caderneta predial urbana;

c) Cópia da caderneta predial urbana;

d) Que o prazo de resposta é de 30 dias;

e) O conteúdo que pode apresentar a resposta, nos termos do nº 3 do artigo seguinte;

f) As circunstâncias que o arrendatário pode invocar, isolada ou conjuntamente com a resposta prevista na alínea anterior, e no mesmo prazo, conforme previsto no nº 4 do artigo seguinte, e a necessidade de serem apresentados os respetivos documentos comprovativos, nos termos do disposto no artigo 32º;

g) As consequências da falta de resposta, bem como da não invocação de qualquer das circunstâncias previstas no nº 4 do artigo seguinte.

ARTIGO 31º – Resposta do arrendatário

1 – O prazo para a resposta do arrendatário é de 30 dias a contar da receção da comunicação prevista no artigo anterior.

2 – Quando termine em dias diferentes o prazo de vários sujeitos, a resposta pode ser oferecida até ao termo do prazo que começou a correr em último lugar.

3 – O arrendatário, na sua resposta, pode:

a) Aceitar o valor da renda proposto pelo senhorio;

b) Opor-se ao valor da renda proposto pelo senhorio, propondo um novo valor, nos termos e para os efeitos previstos no artigo 33º;

c) Em qualquer dos casos previstos nas alíneas anteriores, pronunciar-se quanto ao tipo e à duração do contrato propostos pelo senhorio;

d) Denunciar o contrato de arrendamento, nos termos e para os efeitos previstos no artigo 34º

4 – Se for caso disso, o arrendatário deve ainda, na sua resposta, invocar, isolada ou cumulativamente, as seguintes circunstâncias:

a) Rendimento anual bruto corrigido (RABC) do seu agregado familiar inferior a cinco retribuições mínimas nacionais anuais (RMNA), nos termos e para os efeitos previstos nos artigos 35º e 36º;

b) Idade igual ou superior a 65 anos ou deficiência com grau comprovado de incapacidade igual ou superior a 60%, nos termos e para os efeitos previstos no artigo 36º

5 – As circunstâncias previstas nas alíneas do número anterior só podem ser invocadas quando o arrendatário tenha no locado a sua residência permanente ou quando a falta de residência permanente for devida a caso de força maior ou doença.

6 – O arrendatário pode, no prazo previsto no nº 1, reclamar de qualquer incorreção na inscrição matricial do locado, nos termos do disposto no artigo 130º do CIMI, junto do serviço de finanças competente.

7 – A reclamação referida no número anterior não suspende a atualização da renda, mas, quando determine uma diminuição do valor da mesma, há lugar à recuperação pelo arrendatário da diminuição desse valor desde a data em que foi devida a renda atualizada.

8 – O montante a deduzir a título de recuperação da diminuição do valor da renda, calculado nos termos do número anterior, não pode ultrapassar, em cada mês, metade da renda devida, salvo quando exista acordo entre as partes ou se verifique a cessação do contrato.

9 – A falta de resposta do arrendatário vale como aceitação da renda, bem como do tipo e da duração do contrato propostos pelo senhorio, ficando o contrato submetido ao NRAU a partir do 1º dia do 2º mês seguinte ao do termo do prazo previsto nos nºs 1 e 2.

10 – Caso o arrendatário aceite o valor da renda proposto pelo senhorio, o contrato fica submetido ao NRAU a partir do 1º dia do 2º mês seguinte ao da receção da resposta:

a) De acordo com o tipo e a duração acordados;

b) No silêncio ou na falta de acordo das partes acerca do tipo ou da duração do contrato, este considera-se celebrado com prazo certo, pelo período de cinco anos.

11 – O RABC é definido em diploma próprio.

ARTIGO 32º – Comprovação da alegação

1 – O arrendatário que invoque a circunstância prevista na alínea *a*) do nº 4 do artigo anterior faz acompanhar a sua resposta de documento comprovativo emitido pelo serviço de finanças competente, do qual conste o valor do RABC do seu agregado familiar.

2 – O arrendatário que não disponha, à data da sua resposta, do documento referido no número anterior faz acompanhar a resposta do comprovativo de ter o mesmo sido já requerido, devendo juntá-lo no prazo de 15 dias após a sua obtenção.

3 – O RABC refere-se ao ano civil anterior ao da comunicação.

4 – O arrendatário que invoque as circunstâncias previstas na alínea *b*) do nº 4 do artigo anterior faz acompanhar a sua resposta, conforme os casos, de documento comprovativo de ter completado 65 anos ou de documento comprovativo da deficiência alegada, sob pena de não poder prevalecer-se das referidas circunstâncias.

ARTIGO 33º – Oposição pelo arrendatário e denúncia pelo senhorio

1 – Sem prejuízo do disposto nos artigos 35º e 36º, caso o arrendatário se oponha ao valor da renda, ao tipo ou à duração do contrato propostos pelo senhorio, propondo outros, o senhorio, no prazo de 30 dias contados da receção da resposta daquele, deve comunicar ao arrendatário se aceita ou não a proposta.

2 – A oposição do arrendatário ao valor da renda proposto pelo senhorio não acompanhada de proposta de um novo valor vale como proposta de manutenção do valor da renda em vigor à data da comunicação do senhorio.

3 – A falta de resposta do senhorio vale como aceitação da renda, bem como do tipo e da duração do contrato propostos pelo arrendatário.

4 – Se o senhorio aceitar o valor da renda proposto pelo arrendatário ou verificando-se o disposto no número anterior, o contrato fica submetido ao NRAU a partir do 1º dia do 2º mês seguinte ao da receção, pelo arrendatário, da comunicação prevista no nº 1 ou do termo do prazo aí previsto:

a) De acordo com o tipo e a duração acordados;

b) No silêncio ou na falta de acordo das partes acerca do tipo ou da duração do contrato, este considera-se celebrado com prazo certo, pelo período de cinco anos.

5 – Se o senhorio não aceitar o valor de renda proposto pelo arrendatário, pode, na comunicação a que se refere o nº 1:

a) Denunciar o contrato de arrendamento, pagando ao arrendatário uma indemnização equivalente a cinco anos de renda resultante do valor médio das propostas formuladas pelo senhorio e pelo arrendatário;

b) Atualizar a renda de acordo com os critérios previstos nas alíneas *a*) e *b*) do nº 2 do artigo 35º, considerando-se o contrato celebrado com prazo certo, pelo período de cinco anos a contar da referida comunicação.

6 – A indemnização a que se refere a alínea *a*) do número anterior é agravada para o dobro ou em 50% se a renda oferecida pelo arrendatário não for inferior à proposta pelo senhorio em mais de 10% ou de 20%, respetivamente.

7 – Sem prejuízo do disposto no número seguinte, a denúncia prevista na alínea *a*) do nº 5 produz efeitos no prazo de seis meses a contar da receção da correspondente comunicação, devendo então o arrendatário desocupar o locado e entregá-lo ao senhorio no prazo de 30 dias.

8 – No caso de arrendatário que tenha a seu cargo filho ou enteado menor de idade ou que, tendo idade inferior a 26 anos, frequente o 11º ou o 12º ano de escolaridade ou cursos de ensino pós-secundário não superior ou de ensino superior, a denúncia prevista na alínea *a*) do nº 5 produz efeitos no prazo de um ano, devendo então o arrendatário desocupar o locado e entregá-lo ao senhorio no prazo de 30 dias.

9 – A indemnização prevista na alínea *a*) do nº 5 e no nº 6 é paga no momento da entrega do locado ao senhorio.

10 – No período compreendido entre a receção da comunicação pela qual o senhorio denuncia o contrato e a produção de efeitos da denúncia, nos termos dos nºs 7 e 8, vigora a renda antiga ou a renda proposta pelo arrendatário, consoante a que for mais elevada.

ARTIGO 34º – Denúncia pelo arrendatário

1 – Caso o arrendatário denuncie o contrato, a denúncia produz efeitos no prazo de dois meses a contar da receção pelo senhorio da resposta prevista na alínea *d*) do nº 3 do artigo 31º, devendo então o arrendatário desocupar o locado e entregá-lo ao senhorio no prazo de 30 dias.

2 – No caso previsto no número anterior não há lugar a atualização da renda.

ARTIGO 35º – Arrendatário com RABC inferior a cinco RMNA

1 – Caso o arrendatário invoque e comprove que o RABC do seu agregado familiar é inferior a cinco RMNA, o contrato só fica submetido ao NRAU mediante acordo entre as partes ou, na falta deste, no prazo de oito anos a contar da receção, pelo senhorio, da resposta do arrendatário nos termos da alínea *a*) do nº 4 do artigo 31º

2 – No período de oito anos referido no número anterior, a renda pode ser atualizada nos seguintes termos:

a) O valor atualizado da renda tem como limite máximo o valor anual correspondente a 1/15 do valor do locado;

b) O valor do locado corresponde ao valor da avaliação realizada nos termos dos artigos 38º e seguintes do CIMI;

c) O valor atualizado da renda corresponde, até à aprovação dos mecanismos de proteção e compensação social:

- *i*) A um máximo de 25% do RABC do agregado familiar do arrendatário, com o limite previsto na alínea *a*);
- *ii*) A um máximo de 17% do RABC do agregado familiar do arrendatário, com o limite previsto na alínea *a*), no caso de o rendimento do agregado familiar ser inferior a € 1500 mensais;
- *iii*) A um máximo de 15% do RABC do agregado familiar do arrendatário, com o limite previsto na alínea *a*), no caso de o rendimento do agregado familiar ser inferior a €1000 mensais;
- *iv*) A um máximo de 13% do RABC do agregado familiar do arrendatário, com o limite previsto na alínea *a*), no caso de o rendimento do agregado familiar ser inferior a €750 mensais;
- *v*) A um máximo de 10% do RABC do agregado familiar do arrendatário, com o limite previsto na alínea *a*), no caso de o rendimento do agregado familiar ser inferior a €500 mensais.

d) O arrendatário pode requerer a reavaliação do locado, nos termos do Código do IMI.

3 – Quando for atualizada, a renda é devida no 1º dia do 2º mês seguinte ao da receção, pelo arrendatário, da comunicação com o respetivo valor.

4 – Sem prejuízo do disposto no número seguinte, o valor atualizado da renda, no período de oito anos referido no nº 1, corresponde ao valor da primeira renda devida.

5 – Nos anos seguintes ao da invocação da circunstância regulada no presente artigo, o inquilino faz prova dessa circunstância, pela mesma forma e até ao dia 30 de setembro, quando essa prova seja exigida pelo senhorio até ao dia 1 de setembro do respetivo ano, sob pena de não poder prevalecer-se daquela circunstância.

6 – Findo o prazo de oito anos referido no nº 1, o senhorio pode promover a transição do contrato para o NRAU, aplicando-se, com as necessárias adaptações, o disposto nos artigos 30º e seguintes, com as seguintes especificidades:

a) O arrendatário não pode invocar as circunstâncias previstas nas alíneas do nº 4 do artigo 31º;

b) No silêncio ou na falta de acordo das partes acerca do tipo ou da duração do contrato, este considera-se celebrado com prazo certo, pelo período de cinco anos.

(Redação dada pela Lei nº 13/2019, de 12-02)

ARTIGO 36º – Arrendatário com idade igual ou superior a 65 anos ou com deficiência com grau de incapacidade igual ou superior a 60%

1 – A transição do contrato para o NRAU fica sujeita a acordo entre as partes, aplicando-se, no que respeita ao valor da renda, o disposto nos números seguintes, caso o arrendatário invoque e comprove que:

a) Possui idade igual ou superior a 65 anos ou deficiência com grau comprovado de incapacidade igual ou superior a 60%; ou que

b) Reside há mais de cinco anos no locado cônjuge, unido de facto ou parente do arrendatário no primeiro grau da linha reta, que se encontre numa das condições previstas na alínea anterior, sendo o RABC do agregado familiar inferior a 5 RMNA.

2 – Se o arrendatário aceitar o valor da renda proposto pelo senhorio, a nova renda é devida no 1º dia do 2º mês seguinte ao da receção, pelo senhorio, da resposta.

3 – Se o arrendatário se opuser ao valor da renda proposto pelo senhorio, propondo um novo valor, o senhorio, no prazo de 30 dias contados da receção da resposta do arrendatário, deve comunicar-lhe se aceita ou não a renda proposta.

4 – A falta de resposta do senhorio vale como aceitação da renda proposta pelo arrendatário.

5 – Se o senhorio aceitar o valor da renda proposto pelo arrendatário, ou verificando-se o disposto no número anterior, a nova renda é devida no 1º dia do 2º mês seguinte ao da receção, pelo senhorio, da resposta ou do termo do prazo para esta, consoante os casos.

6 – Se o senhorio não aceitar o valor da renda proposto pelo arrendatário, o contrato mantém-se em vigor sem alteração do regime que lhe é aplicável, sendo o valor da renda apurado nos termos das alíneas *a*) e *b*) do nº 2 do artigo anterior, sem prejuízo do disposto no número seguinte.

7 – Se o arrendatário invocar e comprovar que o RABC do seu agregado familiar é inferior a cinco RMNA:

a) O valor da renda é apurado nos termos dos nºs 2 e 3 do artigo anterior;

b) O valor da renda vigora por um período de 10 anos, correspondente ao valor da primeira renda devida;

c) É aplicável o disposto no nº 5 do artigo anterior.

8 – Quando for atualizada, a renda é devida no 1º dia do 2º mês seguinte ao da receção, pelo arrendatário, da comunicação com o respetivo valor.

9 – Findo o período de 10 anos a que se refere a alínea *b*) do nº 7:

a) O valor da renda pode ser atualizado por iniciativa do senhorio, aplicando-se, com as necessárias adaptações, o disposto nos artigos 30º e seguintes, não podendo o arrendatário invocar a circunstância prevista na alínea *a*) do nº 4 do artigo 31º;

b) O contrato só fica submetido ao NRAU mediante acordo entre as partes.

10 – Em caso de transição de contrato para o NRAU nos termos do artigo 30º e seguintes, sem que tenha sido exercido o direito à aplicação do disposto nos nºs 1 ou 7 do presente artigo, se o arrendatário residir há mais de 15 anos no locado e o demonstrar mediante atestado emitido pela junta de freguesia da sua área de residência, e tiver, à data da transição do contrato, idade igual ou superior a 65 anos de idade ou grau comprovado de deficiência igual ou superior a 60%, o senhorio apenas pode opor-se à renovação do contrato com o fundamento previsto na alínea *b*) do artigo 1101º do Código Civil, aplicando-se com as devidas adaptações os requisitos estabelecidos no artigo 1102º do mesmo código.

11 – Na renovação do contrato prevista no número anterior, o senhorio pode proceder à atualização extraordinária da renda até ao limite estabelecido nas alíneas *a*) e *b*) do nº 2 do artigo 35º do NRAU, aplicando-se para o efeito o disposto nos artigos 30º e seguintes daquele regime jurídico, mantendo-se o valor da referida renda quando este seja igual ou superior àquele limite.

12 – A atualização extraordinária da renda prevista no número anterior não pode ultrapassar anualmente 20% do valor da diferença entre 1/15 do Valor Patrimonial Tributário do locado e da renda anterior à atualização extraordinária ali prevista.

13 – No caso previsto no nº 9 e no caso de atualização extraordinária de renda previsto no número anterior, o arrendatário tem direito a subsídio de renda, nos termos de diploma próprio, sem prejuízo do acesso às demais modalidades de apoio habitacional aplicáveis.

(Redação dada pela Lei nº 13/2019, de 12-02)

ARTIGO 37º – Valor da renda

Se o valor da renda apurado nos termos da alínea *b*) do nº 5 do artigo 33º, do nº 2 do artigo 35º ou dos nºs 6 e 7 do artigo 36º for inferior ao valor que resultaria da atualização anual prevista no nº 1 do artigo 24º, é este o aplicável.

ARTIGOS 38º a 49º

(Revogados.)

SECÇÃO III – Arrendamento para fim não habitacional

ARTIGO 50º – Iniciativa do senhorio

A transição para o NRAU e a atualização da renda dependem de iniciativa do senhorio, que deve comunicar a sua intenção ao arrendatário, indicando:

a) O valor da renda, o tipo e a duração do contrato propostos;

b) O valor do locado, avaliado nos termos dos artigos 38º e seguintes do CIMI, constante da caderneta predial urbana;

c) Cópia da caderneta predial urbana;

d) Que o prazo de resposta é de 30 dias;

e) O conteúdo que pode apresentar a resposta, nos termos do nº 3 do artigo seguinte;

f) As circunstâncias que o arrendatário pode invocar, isolada ou conjuntamente com a resposta prevista na alínea anterior, e no mesmo prazo, conforme previsto no nº 4 do artigo seguinte, e a necessidade de serem apresentados os respetivos documentos comprovativos, nos termos do disposto no nº 6 do mesmo artigo;

g) As consequências da falta de resposta, bem como da não invocação de qualquer das circunstâncias previstas no nº 4 do artigo seguinte.

ARTIGO 51º – Resposta do arrendatário

1 – O prazo para a resposta do arrendatário é de 30 dias a contar da receção da comunicação prevista no artigo anterior.

2 – Quando termine em dias diferentes o prazo de vários sujeitos, a resposta pode ser oferecida até ao termo do prazo que começou a correr em último lugar.

3 – O arrendatário, na sua resposta, pode:

a) Aceitar o valor da renda proposto pelo senhorio;

b) Opor-se ao valor da renda proposto pelo senhorio, propondo um novo valor, nos termos e para os efeitos previstos no artigo 52º;

c) Em qualquer dos casos previstos nas alíneas anteriores, pronunciar-se quanto ao tipo ou à duração do contrato propostos pelo senhorio;

d) Denunciar o contrato de arrendamento, nos termos e para os efeitos previstos no artigo 53º

4 – Se for caso disso, o arrendatário deve ainda, na sua resposta, nos termos e para os efeitos previstos no artigo 54º, invocar uma das seguintes circunstâncias:

a) Que existe no locado um estabelecimento comercial aberto ao público e que é uma microempresa;

b) Que no locado funciona uma pessoa coletiva de direito privado sem fins lucrativos, regularmente constituída, que se dedica à atividade cultural, recreativa, de solidariedade social ou desportiva não profissional, e declarada de interesse público ou de interesse nacional ou municipal, ou uma pessoa coletiva de direito privado que prossiga uma atividade declarada de interesse nacional;

c) Que o locado funciona como casa fruída por república de estudantes, nos termos previstos na Lei nº 2/82, de 15 de janeiro, alterada pela Lei nº 12/85, de 20 de junho;

d) Que existe no locado um estabelecimento ou uma entidade de interesse histórico e cultural ou social local reconhecidos pelo município, nos termos do respetivo regime jurídico.

5 – Para efeitos da presente lei, «microempresa» é a empresa que, independentemente da sua forma jurídica, não ultrapasse, à data do balanço, dois dos três limites seguintes:

a) Total do balanço: € 2 000 000;

b) Volume de negócios líquido: € 2 000 000;

c) Número médio de empregados durante o exercício: 10.

6 – O arrendatário que invoque uma das circunstâncias previstas no nº 4 faz acompanhar a sua resposta de documento comprovativo da mesma, sob pena de não poder prevalecer-se da referida circunstância.

7 – É aplicável, com as necessárias adaptações, o disposto nos nºs 6 a 10 do artigo 31º

(Redação dada pela Lei nº 42/2017, de 14-06)

ARTIGO 52º – Oposição pelo arrendatário e denúncia pelo senhorio

Sem prejuízo do disposto no artigo 54º, é aplicável à oposição pelo arrendatário e à denúncia pelo senhorio, com as necessárias adaptações, o disposto no artigo 33º, com exceção do nº 8.

ARTIGO 53º – Denúncia pelo arrendatário

À denúncia pelo arrendatário é aplicável, com as necessárias adaptações, o disposto no artigo 34º

ARTIGO 54º – Invocação de circunstâncias pelo arrendatário

1 – Caso o arrendatário invoque e comprove uma das circunstâncias previstas no nº 4 do artigo 51º, o contrato só fica submetido ao NRAU mediante acordo entre as partes ou, na falta deste, no prazo de 10 anos a contar da receção, pelo senhorio, da resposta do arrendatário nos termos do nº 4 do artigo 51º

2 – No período de 10 anos referido no número anterior, o valor atualizado da renda é determinado de acordo com os critérios previstos nas alíneas *a)* e *b)* do nº 2 do artigo 35º

3 – Se o valor da renda apurado nos termos do número anterior for inferior ao valor que resultaria da atualização anual prevista no nº 1 do artigo 24º, é este o aplicável.

4 – Quando for atualizada, a renda é devida no 1º dia do 2º mês seguinte ao da receção, pelo arrendatário, da comunicação com o respetivo valor.

5 – Nos anos seguintes ao da invocação da circunstância regulada no presente artigo, o inquilino faz prova dessa circunstância, pela mesma forma e até ao dia 30 de setembro, quando essa prova seja exigida pelo senhorio até ao dia 1 de setembro do respetivo ano, sob pena de não poder prevalecer-se daquela circunstância.

6 – Findo o período de 10 anos referido no nº 1, o senhorio pode promover a transição do contrato para o NRAU, aplicando-se, com as necessárias adaptações, o disposto nos artigos 50º e seguintes, com as seguintes especificidades:

a) O arrendatário não pode invocar novamente qualquer das circunstâncias previstas no nº 4 do artigo 51º;

b) No silêncio ou na falta de acordo das partes acerca do tipo ou da duração do contrato, este considera-se celebrado com prazo certo, pelo período de cinco anos;

c) Durante o prazo de cinco anos previsto na alínea anterior e na falta de acordo das partes acerca do valor da renda, o senhorio pode atualizar a renda, de acordo com os critérios previstos nas alíneas *a)* e *b)* do nº 2 do artigo 35º, com aplicação dos coeficientes de atualização anual respetivos, definidos nos termos do artigo 24º.

(Redação dada pela Lei nº 43/2017, de 14-06)

ARTIGOS 55º e 56º

(Revogados.)

SECÇÃO IV – Transmissão

ARTIGO 57º – Transmissão por morte

1 – O arrendamento para habitação não caduca por morte do primitivo arrendatário quando lhe sobreviva:

a) Cônjuge com residência no locado;

b) Pessoa que com ele vivesse em união de facto há mais de dois anos, com residência no locado há mais de um ano;

c) Ascendente em 1º grau que com ele convivesse há mais de um ano;

d) Filho ou enteado com menos de 1 ano de idade ou que com ele convivesse há mais de 1 ano e seja menor de idade ou, tendo idade inferior a 26 anos, frequente o 11º ou o 12º ano de escolaridade ou estabelecimento de ensino médio ou superior;

e) Filho ou enteado, que com ele convivesse há mais de um ano, com deficiência com grau comprovado de incapacidade igual ou superior a 60%;

f) Filho ou enteado que com ele convivesse há mais de cinco anos, com idade igual ou superior a 65 anos, desde que o RABC do agregado seja inferior a 5 RMNA.

2 – Nos casos do número anterior, a posição do arrendatário transmite-se, pela ordem das respetivas alíneas, às pessoas nele referidas, preferindo, em igualdade de condições, sucessivamente, o ascendente, filho ou enteado mais velho.

3 – O direito à transmissão previsto nos números anteriores não se verifica se, à data da morte do arrendatário, o titular desse direito tiver outra casa, própria ou arrendada, na área dos concelhos de Lisboa ou do Porto e seus limítrofes ou no respetivo concelho quanto ao resto do País.

4 – Sem prejuízo do disposto no número seguinte, quando ao arrendatário sobreviva mais de um ascendente, há transmissão por morte entre eles.

5 – Quando a posição do arrendatário se transmita para ascendente com idade inferior a 65 anos à data da morte do arrendatário, o contrato fica submetido ao NRAU, aplicando-se, na falta de acordo entre as partes, o disposto para os contratos com prazo certo, pelo período de 2 anos.

6 – Salvo no caso previsto na alínea *e*) do nº 1, quando a posição do arrendatário se transmita para filho ou enteado nos termos da alínea *d*) do mesmo número, o contrato fica submetido ao NRAU na data em que aquele adquirir a maioridade ou, caso frequente o 11º ou o 12º ano de escolaridade ou cursos de ensino pós-secundário não superior ou de ensino superior, na data em que perfizer 26 anos, aplicando-se, na falta de acordo entre as partes, o disposto para os contratos com prazo certo, pelo período de 2 anos.

(Redação dada pela Lei nº 13/2019, de 12-02)

ARTIGO 57º-A – Transmissão por morte no realojamento para habitação por obras ou demolição

No caso de morte do arrendatário realojado por efeitos da alínea *b*) do artigo 1101º do Código Civil por iniciativa do senhorio, o arrendamento não caduca por morte do primitivo arrendatário, aplicando-se-lhe o regime previsto no artigo anterior.

(Aditado pela Lei nº 43/2017, de 14-06)

ARTIGO 58º – Transmissão por morte no arrendamento para fins não habitacionais

1 – O arrendamento para fins não habitacionais termina com a morte do primitivo arrendatário, salvo existindo sucessor que há mais de três anos exerça profissão liberal ou explore estabelecimento comercial, no locado, em comum com o arrendatário primitivo.

2 – O sucessor com direito à transmissão comunica ao senhorio, nos três meses posteriores ao decesso, a vontade de continuar a exploração.

TÍTULO III – Normas finais

ARTIGO 59º – Aplicação no tempo

1 – O NRAU aplica-se aos contratos celebrados após a sua entrada em vigor, bem como às relações contratuais constituídas que subsistam nessa data, sem prejuízo do previsto nas normas transitórias.

2 – A aplicação da alínea *a*) do nº 1 do artigo 1091º do Código Civil não determina a perda do direito de preferência por parte de arrendatário que dele seja titular aquando da entrada em vigor da presente lei.

3 – As normas supletivas contidas no NRAU só se aplicam aos contratos celebrados antes da entrada em vigor da presente lei quando não sejam em sentido oposto ao de norma supletiva vigente aquando da celebração, caso em que é essa a norma aplicável.

ARTIGO 60º – Norma revogatória

1 – É revogado o RAU, aprovado pelo Decreto-Lei nº 321-B/90, de 15 de outubro, com todas as alterações subsequentes, salvo nas matérias a que se referem os artigos 26º e 28º da presente lei.

2 – As remissões legais ou contratuais para o RAU consideram-se feitas para os lugares equivalentes do NRAU, com as adaptações necessárias.

ARTIGO 61º – Manutenção de regimes

Até à publicação de novos regimes, mantêm-se em vigor os regimes da renda condicionada e da renda apoiada, previstos nos artigos 77º e seguintes do RAU.

ARTIGO 62º – Republicação

O capítulo IV do título II do livro II do Código Civil, composto pelos artigos 1022º a 1113º, é republicado em anexo à presente lei.

ARTIGO 63º – Autorização legislativa

1 – Fica o Governo autorizado a aprovar no prazo de 120 dias os diplomas relativos às seguintes matérias:

a) Regime jurídico das obras coercivas;

b) Definição do conceito fiscal de prédio devoluto.

2 – Em relação ao regime jurídico das obras coercivas, a autorização tem os seguintes sentido e extensão:

a) O diploma a aprovar tem como sentido permitir a intervenção em edifícios em mau estado de conservação, assegurando a reabilitação urbana nos casos em que o proprietário não queira ou não possa realizar as obras necessárias;

b) A extensão da autorização compreende a consagração, no diploma a aprovar, das seguintes medidas:

- *i*) Possibilidade de o arrendatário se substituir ao senhorio na realização das obras, com efeitos na renda;
- *ii*) Possibilidade de as obras serem efetuadas pela câmara municipal, ou por outra entidade pública ou do sector público empresarial, com compensação em termos de participação na fruição do prédio;

iii) Possibilidade de o arrendatário adquirir o prédio, ficando obrigado à sua reabilitação, sob pena de reversão;

iv) Limitações à transmissão do prédio adquirido nos termos da subalínea anterior;

v) Possibilidade de o proprietário de fração autónoma adquirir outras frações do prédio para realização de obras indispensáveis de reabilitação.

3 – Em relação à definição do conceito fiscal de prédio devoluto, a autorização tem os seguintes sentido e extensão:

a) O diploma a aprovar tem como sentido permitir a definição dos casos em que um prédio é considerado devoluto, para efeitos de aplicação da taxa do imposto municipal sobre imóveis;

b) A extensão da autorização compreende a consagração, no diploma a aprovar, dos seguintes critérios:

i) Considerar devolutos os prédios urbanos ou as suas frações autónomas que, durante um ano, se encontrem desocupados;

ii) Ser indício de desocupação a inexistência de contratos em vigor com prestadores de serviços públicos essenciais, ou de faturação relativa a consumos de água, eletricidade, gás e telecomunicações;

iii) Não se considerarem devolutos, entre outros, os prédios urbanos ou frações autónomas dos mesmos que forem destinados a habitação por curtos períodos em praias, campo, termas e quaisquer outros lugares de vilegiatura, para arrendamento temporário ou para uso próprio;

c) A extensão da autorização compreende ainda a definição, no diploma a aprovar, dos meios de deteção da situação de devoluto, bem como a indicação da entidade que a ela procede e do procedimento aplicável.

ARTIGO 64º – Legislação complementar

1 – O Governo deve aprovar, no prazo de 120 dias, decretos-leis relativos às seguintes matérias:

a) Regime de determinação do rendimento anual bruto corrigido;

b) Regime de determinação e verificação do coeficiente de conservação;

c) Regime de atribuição do subsídio de renda.

2 – O Governo deve aprovar, no prazo de 180 dias, iniciativas legislativas relativas às seguintes matérias:

a) Regime do património urbano do Estado e dos arrendamentos por entidades públicas, bem como do regime das rendas aplicável;

b) Regime de intervenção dos fundos de investimento imobiliário e dos fundos de pensões em programas de renovação e requalificação urbana;

c) Criação do observatório da habitação e da reabilitação urbana, bem como da base de dados da habitação;

d) Regime jurídico da utilização de espaços em centros comerciais.

ARTIGO 65º – Entrada em vigor

1 – Os artigos 63º e 64º entram em vigor no dia seguinte ao da publicação da presente lei.

2 – As restantes disposições entram em vigor 120 dias após a sua publicação.

Balcão Nacional do Arrendamento e Procedimento Especial de Despejo

Decreto-Lei nº 1/2013, de 7 de janeiro

A Lei nº 31/2012, de 14 de agosto, retificada pela Declaração de Retificação nº 59-A/2012, de 12 de outubro, procedeu à revisão do regime jurídico do arrendamento urbano, alterando o Código Civil, o Código de Processo Civil e a Lei nº 6/2006, de 27 de fevereiro.

Com efeito, a Lei nº 31/2012, de 14 de agosto, aprovou medidas destinadas a dinamizar o mercado de arrendamento urbano, alterando, nomeadamente, o regime substantivo da locação e o regime transitório dos contratos de arrendamento celebrados antes da Lei nº 6/2006, de 27 de fevereiro, e criando um procedimento especial de despejo do local arrendado que permita a célere recolocação daquele no mercado de arrendamento.

Para tornar o arrendamento um contrato mais seguro e com mecanismos que permitam reagir com eficácia ao incumprimento, foi criado um procedimento especial que permite que a desocupação do imóvel seja realizada de forma célere e eficaz no caso de incumprimento do contrato por parte do arrendatário.

Promove-se, por esta via, a confiança do senhorio no funcionamento ágil do mercado de arrendamento e o investimento neste sector da economia.

O procedimento especial de despejo aplica-se à cessação do contrato por revogação, por caducidade pelo decurso do prazo, por oposição à renovação, por denúncia livre pelo senhorio, por denúncia para habitação do senhorio ou filhos ou para obras profundas, por denúncia pelo arrendatário, bem como à resolução do contrato de arrendamento por não pagamento de renda por mais de dois meses ou por oposição pelo arrendatário à realização de obras coercivas.

O procedimento especial de despejo é o meio adequado para efetivar a cessação do arrendamento, independentemente do fim a que se destina, quando o arrendatário não desocupe o locado na data prevista na lei ou na data prevista por convenção entre as partes.

Neste sentido, foi criado, junto da Direção-Geral da Administração da Justiça (DGAJ), o Balcão Nacional do Arrendamento (BNA), enquanto secretaria judicial com competência exclusiva para a tramitação do procedimento especial de despejo em todo o território nacional.

Cumpre agora preceder à instalação e à definição das regras do funcionamento do BNA e do procedimento especial de despejo.

Nos casos em que o local arrendado constitua casa de morada de família, o requerente do procedimento especial de despejo deve indicar também como requerido, no requerimento de despejo, o cônjuge do arrendatário que não seja parte do contrato de arrendamento, devendo a sua notificação ser efetuada para o local arrendado.

Quando seja deduzido pedido de pagamento de rendas, encargos ou despesas, este apenas pode ser deduzido contra os arrendatários e, tendo o arrendamento por objeto casa de morada de família, pode ainda ser deduzido contra os respetivos cônjuges. Não é, por isso, possível deduzir, no BNA, um pedido de pagamento de rendas, encargos ou despesas, contra devedores subsidiários da obrigação do arrendatário.

Tendo ainda em consideração a celeridade e segurança da desocupação do locado, define-se que cada processo que corre no BNA apenas tem como objeto a desocupação de um imóvel, podendo haver lugar, no entanto, à desocupação de um conjunto de bens imóveis se os mesmos se encontrarem no mesmo concelho, se entre eles existir uma dependência funcional, como por exemplo tratando-se de imóvel para habitação e de garagem ou arrecadação descritos em frações autónomas distintas, e se as partes contratuais forem as mesmas.

A conversão do requerimento de despejo em título para desocupação do locado é efetuada por meios eletrónicos, com recurso a assinatura electrónica que respeite os requisitos previstos para a assinatura electrónica das notificações.

O BNA disponibiliza o título ao agente de execução, notário ou oficial de justiça designado, e notifica o requerente da constituição do título.

Convertido o requerimento de despejo em título para desocupação do locado ou tendo havido decisão judicial para desocupação do locado, e tendo sido formulado o pedido de pagamento de rendas, encargos ou despesas, o requerente é notificado para, em 10 dias, juntar ao processo o comprovativo de pagamento da taxa de justiça respeitante à execução para pagamento de quantia certa.

No que à desocupação do locado diz respeito, constituindo o imóvel arrendado domicílio e caso o arrendatário não o desocupe de livre vontade ou incumpra o prazo acordado com o senhorio para a desocupação, é necessário prévia autorização judicial para a entrada. No entanto, nos casos de arrendamento para fins habitacionais em que não se encontrem pessoas e existam indícios de que o imóvel arrendado se encontra abandonado, por exemplo, nas situações em que o fornecimento de água ou de eletricidade estiver interrompido há mais de dois meses, o receptáculo postal se encontre cheio ou pessoa residente na área do locado e com conhecimento direto confirme que o imóvel se encontra devoluto, a entrada no locado não carece de prévia autorização judicial. Nessas situações, previamente à entrada no imóvel arrendado, o agente de execução, notário ou oficial de justiça afixa no local aviso com dia e hora para entrada no imóvel, com antecedência não inferior a 20 dias, e confirma a existência de indícios de abandono, lavrando sempre auto de ambas as diligências.

O agente de execução, o notário ou o oficial de justiça podem solicitar diretamente o auxílio das autoridades policiais sempre que seja necessário proceder ao arrombamento da porta e à substituição da fechadura ou sempre que seja oposta ou haja receio justificado de ser oposta alguma resistência.

Posteriormente, o agente de execução, o notário ou o oficial de justiça, investe o senhorio na posse do imóvel, entregando-lhe os documentos e as chaves.

Só podem participar os agentes de execução e notários que tenham manifestado essa vontade junto da Câmara dos Solicitadores ou da Ordem dos Notários, respetivamente.

Prevê-se, também, o pagamento de taxa de justiça, nos termos do Regulamento das Custas Processuais, nos casos de apresentação do requerimento de despejo, de oposição, de pedido de autorização judicial para entrada imediata no domicílio, de pedido de suspensão da desocupação do locado apresentado pelo detentor, de pedido de diferimento da desocupação de imóvel arrendado para habitação e respetiva contestação, bem como de apresentação da impugnação do título para desocupação do locado.

Por fim, remete-se para portaria do membro do Governo responsável pela área da justiça as matérias relativas à forma e ao modelo de apresentação do requerimento de despejo, o momento em que se considera o requerimento apresentado, o regime da oposição e da prestação da respetiva caução e das demais peças processuais, o regime da lista de agentes de execução e notários participantes no procedimento especial de despejo, da designação, substituição e destituição do agente de execução ou notário e o regime de honorários e reembolso de despesas, as formas e o modo de pagamento da taxa de justiça, bem como o regime das notificações, comunicações e da tramitação eletrónica do procedimento.

Foram ouvidos o Conselho Superior da Magistratura, o Conselho Superior do Ministério Público, a Ordem dos Advogados, a Ordem dos Notários, a Câmara dos Solicitadores e o Sindicato dos Oficiais de Justiça.

Foi promovida a audição do Conselho Superior dos Tribunais Administrativos e Fiscais, da Associação Sindical dos Juízes Portugueses, do Sindicato dos Magistrados do Ministério Público e do Sindicato dos Funcionários Judiciais.

Assim:

Nos termos da alínea *a*) do nº 1 do artigo 198º da Constituição, o Governo decreta o seguinte:

CAPÍTULO I – **Disposição geral**

ARTIGO 1º – Objeto

O presente decreto-lei procede à instalação e à definição das regras do funcionamento do Balcão Nacional do Arrendamento, adiante designado por BNA, e do procedimento especial de despejo, previstos nos artigos 15º a 15º-S da Lei nº 6/2006, de 27 de fevereiro, na redação que lhe foi conferida pela Lei nº 31/2012, de 14 de agosto, retificada pela Declaração de Retificação nº 59-A/2012, de 12 de outubro.

CAPÍTULO II – Balcão Nacional do Arrendamento

ARTIGO 2º – Balcão Nacional do Arrendamento

Declara-se instalado o BNA, criado pelo artigo 15º-A da Lei nº 6/2006, de 27 de fevereiro, como secretaria judicial com competência exclusiva para a tramitação do procedimento especial de despejo em todo o território nacional.

ARTIGO 3º – Mapa de pessoal

O mapa de pessoal do BNA é definido por portaria dos membros do Governo responsáveis pelas áreas das finanças e da justiça.

ARTIGO 4º – Receitas

Cabe ao Instituto de Gestão Financeira e Equipamentos da Justiça, I.P. (IGFEJ, I.P.), arrecadar e administrar as verbas provenientes das taxas de justiça e multas, bem como de outro tipo de receita, respeitantes ao BNA.

CAPÍTULO III – Procedimento especial de despejo

SECÇÃO I – Requerimento de despejo

ARTIGO 5º – Apresentação do requerimento de despejo

1 – As formas de apresentação do requerimento de despejo pelo requerente e pelo seu mandatário, o modelo do requerimento de despejo na sua versão em papel e o momento em que se considera o requerimento apresentado são definidos por portaria do membro do Governo responsável pela área da justiça.

2 – O requerimento deve ser acompanhado dos documentos previstos nos nºs 2 e 3 do artigo 15º da Lei nº 6/2006, de 27 de fevereiro, bem como da comunicação prevista no nº 5 do mesmo artigo, sob pena de recusa.

ARTIGO 6º – Cônjuge do arrendatário

1 – Nos termos do nº 3 do artigo 15º-B da Lei nº 6/2006, de 27 de fevereiro, e nos casos em que o local arrendado constitua casa de morada de família, o requerente deve indicar também como requerido, no requerimento de despejo, o cônjuge do arrendatário que não seja parte do contrato de arrendamento.

2 – A notificação ao cônjuge do arrendatário é efetuada para o local arrendado nos termos do nº 3 do artigo 15º-D da Lei nº 6/2006, de 27 de fevereiro.

ARTIGO 7º – Pedido de pagamento de rendas, encargos ou despesas em atraso

O pedido de pagamento de rendas, encargos ou despesas em atraso só pode ser deduzido contra os arrendatários e, tendo o arrendamento por objeto casa de morada de família, deve ser também deduzido contra os respetivos cônjuges.

ARTIGO 8º – Objeto do procedimento especial de despejo e recusa do requerimento

1 – Sem prejuízo do disposto no número seguinte, em cada procedimento especial de despejo apenas pode ser requerida a desocupação de um imóvel.

2 – Pode ser requerida a desocupação de um conjunto de bens imóveis se estes se encontrarem no mesmo concelho, se existir uma dependência funcional entre eles, designadamente quando se trate de imóvel para habitação e de garagem ou arrecadação descritos em frações autónomas distintas, e se as partes contratuais forem as mesmas.

3 – Nos casos previstos no número anterior:

a) O requerente deve identificar no seu requerimento de despejo apenas o bem principal, constando a informação relativa aos restantes bens dos contratos de arrendamento, os quais devem ser juntos ao referido requerimento; e

b) A renda indicada no requerimento de despejo deve corresponder à soma das rendas dos diversos imóveis.

4 – A omissão do número de identificação civil do requerido, quando este seja pessoa singular, não constitui motivo de recusa do requerimento sempre que o requerente declare que desconhece aquele número.

SECÇÃO II – Oposição e outras peças processuais

ARTIGO 9º – Oposição e caução

1 – As formas de apresentação da oposição, bem como o modo de pagamento da caução devida com a apresentação da oposição nos termos do nº 3 do artigo 15º-F da Lei nº 6/2006, de 27 de fevereiro, são definidos por portaria do membro do Governo responsável pela área da justiça.

2 – Compete exclusivamente ao tribunal, para o qual o BNA remete o processo após a apresentação da oposição, a análise dos requisitos da oposição, nomeadamente os previstos no nº 4 do artigo 15º-F da Lei nº 6/2006, de 27 de fevereiro.

ARTIGO 10º – Outras peças processuais

1 – São definidas por portaria do membro do Governo responsável pela área da justiça as formas de apresentação das seguintes peças processuais, as quais devem ser apresentadas exclusivamente junto do BNA:

a) Requerimento de autorização judicial para entrada imediata no domicílio, previsto no artigo 15º-L da Lei nº 6/2006, de 27 de fevereiro;

b) Requerimento de suspensão da desocupação do locado, previsto no nº 3 do artigo 15º-M da Lei nº 6/2006, de 27 de fevereiro;

c) Pedido de diferimento da desocupação de imóvel arrendado para habitação, previsto no artigo 15º-N da Lei nº 6/2006, de 27 de fevereiro;

d) Impugnação do título para desocupação do locado, previsto no artigo 15º-P da Lei nº 6/2006, de 27 de fevereiro;

e) Desistência do pedido, nos termos do nº 2 do artigo 15º-G da Lei nº 6/2006, de 27 de fevereiro;

f) Outro requerimento ou ato processual que deva ser apresentado quando o procedimento esteja a correr junto do BNA.

2 – É da responsabilidade do BNA a remessa para tribunal, quando for caso disso, das peças processuais referidas no número anterior, devendo tal remessa, nos casos das alíneas *a*) a *d*) do número anterior, ser efetuada por via eletrónica e de forma automatizada.

SECÇÃO III – Título para desocupação do locado e pedido de pagamento de rendas, encargos ou despesas

ARTIGO 11º – Conversão nos casos de pedido de diferimento da desocupação de imóvel arrendado para habitação

1 – Nos casos em que o requerido tenha apresentado, nos termos do artigo 15º-N da Lei nº 6/2006, de 27 de fevereiro, pedido de diferimento da desocupação de imóvel arrendado para habitação, o BNA só pode converter o requerimento de despejo em título de desocupação do locado após ser notificado da decisão judicial referente ao pedido de diferimento.

2 – Feita a conversão, o BNA disponibiliza a decisão judicial referida no número anterior ao agente de execução, notário ou oficial de justiça designado juntamente com o título de desocupação.

ARTIGO 12º – Execução para pagamento de rendas, encargos ou despesas

1 – Tendo o requerente, no requerimento de despejo, formulado pedido de pagamento de rendas, encargos ou despesas, o BNA, feita a conversão do requerimento de despejo em título para desocupação do locado ou proferida decisão judicial para desocupação do locado, deve:

a) Disponibilizar o título ou a decisão judicial nos termos do nº 3 do artigo 15º-E da Lei nº 6/2006, de 27 de fevereiro;

b) Notificar o requerente para em 10 dias:

i) Juntar ao processo o comprovativo de pagamento da taxa de justiça respeitante à execução para pagamento de quantia certa;

ii) Indicar, caso ainda não o tenha feito e o pretenda fazer, ou caso o mandatário ainda não se tenha associado ao processo através do sistema informático CITIUS, mandatário que o represente na execução para pagamento de quantia certa, juntando a respetiva procuração.

2 – A não apresentação, no prazo de 10 dias, do documento previsto na subalínea *i*) da alínea *b*) do número anterior, é havida como desistência do pedido de pagamento

de rendas, encargos ou despesas, não prosseguindo o BNA com os trâmites necessários à execução para pagamento de quantia certa.

3 – Recebidos os elementos previstos na alínea *b*) do nº 1, o BNA remete, por via eletrónica, o requerimento de despejo para o tribunal nele indicado, juntamente com o título ou a decisão judicial para desocupação do locado, o documento comprovativo do pagamento da taxa de justiça ou da concessão de apoio judiciário e, se for caso disso, a procuração referida na subalínea *ii*) da alínea *b*) do nº 1, valendo o conjunto destes documentos como requerimento executivo idóneo a iniciar a execução para pagamento de quantia certa.

4 – Efetuado o envio do requerimento executivo para o tribunal, o BNA remete ao requerente o comprovativo desse envio, juntamente com as referências necessárias para efetuar o pagamento dos honorários devidos ao agente de execução designado, nos termos da regulamentação relativa à remuneração do agente de execução nas execuções cíveis.

5 – Caso a designação do agente de execução tenha sido efetuada pelo BNA, são remetidos ao requerente, juntamente com elementos referidos no número anterior, os elementos de identificação e de contato do agente de execução.

6 – Nos casos em que o requerente tenha constituído mandatário no âmbito do procedimento especial de despejo, presume-se que o mesmo mantém o mandato para a execução para pagamento de quantia certa.

ARTIGO 13º – Designação do agente de execução responsável pela execução para pagamento de rendas, encargos ou despesas

1 – Compete ao requerente, no requerimento de despejo, indicar o agente de execução responsável pela execução de quantia certa respeitante a rendas, encargos ou despesas em atraso.

2 – O BNA procede à designação eletrónica e automática do agente de execução quando:

a) O requerente não tenha designado, no requerimento de despejo, agente de execução para o efeito;

b) A designação efetuada pelo requerente não seja válida.

3 – A análise da validade da designação prevista na alínea *b*) do número anterior é efetuada no momento prévio à remessa para tribunal dos documentos previstos no nº 3 do artigo anterior.

4 – A designação prevista no nº 2 é efetuada no momento previsto no número anterior, de acordo com as regras para a designação do agente de execução ou notário nos casos de cumulação de pedidos de despejo e de pagamento de rendas, encargos ou despesas definidas em portaria do membro do Governo responsável pela área da justiça, garantindo-se a aleatoriedade no resultado e a igualdade na distribuição do serviço, nos termos previstos no Código de Processo Civil.

SECÇÃO IV – Efetivação da desocupação e entrega do imóvel

ARTIGO 14º – Desocupação do locado e autorização para entrada imediata no domicílio

1 – Carece de prévia autorização judicial a entrada imediata no imóvel arrendado para tomar posse sempre que o mesmo constitua domicílio e o requerido não o desocupe de livre vontade ou incumpra o acordo previsto no nº 2 do artigo 15º-J da Lei nº 6/2006, de 27 de fevereiro.

2 – Nos casos de arrendamento para fins habitacionais em que o agente de execução, notário ou oficial de justiça verifique que no imóvel arrendado não se encontram pessoas e que existem indícios de que o mesmo se encontra abandonado, a entrada no imóvel não carece de prévia autorização judicial.

3 – Nos casos previstos no número anterior, previamente à entrada no imóvel arrendado o agente de execução, notário ou oficial de justiça afixa no local aviso com dia e hora para entrada no imóvel, com antecedência não inferior a 20 dias, e confirma a existência de indícios de abandono, lavrando sempre auto de ambas as diligências.

4 – Para efeitos do disposto no número anterior, considera-se existir indícios de abandono quando se verifiquem, pelo menos, duas das seguintes circunstâncias:

a) O fornecimento de água ou de eletricidade encontrar-se interrompido há mais de dois meses;

b) O receptáculo postal encontrar-se cheio;

c) O imóvel encontrar-se devoluto, sendo tal situação confirmada por pessoa residente na área do locado e com conhecimento direto.

5 – Para além das situações previstas no nº 3 do artigo 15º-J da Lei nº 6/2006, de 27 de fevereiro, o agente de execução, o notário ou o oficial de justiça podem solicitar diretamente o auxílio das autoridades policiais sempre que seja oposta alguma resistência ou haja justificado receio de oposição de resistência, aplicando-se, com as necessárias adaptações, o disposto no nº 5 do artigo 840º do Código de Processo Civil.

ARTIGO 15º – Entrega do imóvel

1 – O agente de execução, o notário ou o oficial de justiça investe o requerente na posse, entregando-lhe os documentos e as chaves, se os houver, e notifica os requeridos e quaisquer detentores para que respeitem e reconheçam o direito do requerente.

2 – Pertencendo a coisa em compropriedade a outros interessados, o requerente é investido na posse da sua quota-parte.

3 – Tratando-se da casa de habitação principal do requerido, sempre que se suscitem sérias dificuldades no realojamento do despejado, o agente de execução, notário ou oficial de justiça comunica antecipadamente o facto à câmara municipal e às entidades assistenciais competentes.

ARTIGO 16º – Notificação para remoção dos bens

Nas situações previstas no nº 1 do artigo 15º-K da Lei nº 6/2006, de 27 de fevereiro, em que não tenha sido possível proceder à notificação do requerido para, no prazo de 30 dias, proceder à remoção dos seus bens móveis, o agente de execução, o notário ou o oficial de justiça afixa, na data em que procede ao arrolamento dos bens encontrados, a notificação na porta do imóvel, considerando-se o requerido notificado para efeitos do disposto no nº 2 do mesmo artigo.

SECÇÃO V – Tramitação, comunicações, notificações e consulta do procedimento

ARTIGO 17º – Tramitação, comunicações e notificações

1 – A tramitação do procedimento especial de despejo é efetuada eletronicamente nos termos definidos por portaria do membro do Governo responsável pela área da justiça.

2 – São ainda efetuadas por via eletrónica, nos termos definidos por portaria do membro do Governo responsável pela área da justiça, as notificações realizada pelo BNA e as comunicações entre o BNA, os tribunais, os mandatários e os agentes de execução, notários ou oficiais de justiça.

ARTIGO 18º – Consulta do processo e disponibilização do título para desocupação do locado

A forma de consulta do processo e o modo de disponibilização do título para desocupação do locado são definidos por portaria do membro do Governo responsável pela área da justiça.

SECÇÃO VI – Agentes de execução e notários

ARTIGO 19º – Intervenção de agentes de execução e notários no procedimento especial de despejo

Só podem intervir no procedimento especial de despejo os agentes de execução e os notários que tenham manifestado essa vontade junto da Câmara dos Solicitadores ou da Ordem dos Notários, respetivamente.

ARTIGO 20º – Regime dos agentes de execução e notários

São definidas por portaria do membro do Governo responsável pela área da justiça as seguintes matérias respeitantes ao regime da intervenção dos agentes de execução e notários no procedimento especial de despejo:

a) Designação do agente de execução ou notário pelo requerente;

b) Designação do agente de execução ou notário pelo BNA;

c) Regime da lista de agentes de execução e de notários participantes no procedimento especial de despejo;

d) Regime de substituição do agente de execução ou notário;

e) Regime de honorários e reembolso de despesas;

f) Mecanismo de revisão da nota de honorários e despesas.

CAPÍTULO IV – Disposições complementares e finais

ARTIGO 21º – Regime das custas processuais

Ao procedimento especial de despejo, quer quando esteja a correr no BNA, quer quando esteja a correr no tribunal, aplica-se o Regulamento das Custas Processuais, aprovado pelo Decreto-Lei nº 34/2008, de 26 de fevereiro, com as especificidades previstas nos artigos seguintes.

ARTIGO 22º – Taxas de justiça devidas

1 – A taxa de justiça devida pela apresentação do requerimento de despejo corresponde à taxa de justiça prevista na tabela II do Regulamento das Custas Processuais para as execuções em que as diligências de execução não sejam realizadas por oficial de justiça.

2 – A taxa de justiça devida pela apresentação da oposição ao requerimento de despejo, bem como pela resposta a este, corresponde à taxa de justiça prevista na tabela II do Regulamento das Custas Processuais para a oposição à execução ou à penhora.

3 – Pela apresentação do pedido de autorização judicial para entrada imediata no domicílio, nos termos do artigo 15º-L da Lei nº 6/2006, de 27 de fevereiro, é devido o pagamento, pelo requerente, de taxa de justiça no valor de 0,2 UC.

4 – É calculada nos termos previstos na tabela II do Regulamento das Custas Processuais para os «outros incidentes» a taxa de justiça devida nos seguintes casos:

a) Apresentação do pedido de suspensão da desocupação do locado apresentado pelo detentor, nos termos do artigo 15º-M da Lei nº 6/2006, de 27 de fevereiro, e respetiva resposta;

b) Apresentação do pedido de diferimento da desocupação de imóvel arrendado para habitação, nos termos do artigo 15º-N da Lei nº 6/2006, de 27 de fevereiro e respetiva contestação;

c) Apresentação da impugnação do título para desocupação do locado, nos termos do artigo 15º-P da Lei nº 6/2006, de 27 de fevereiro, e respetiva oposição.

ARTIGO 23º – Pagamento da taxa de justiça devida pela apresentação do requerimento de despejo

As formas de pagamento da taxa de justiça devida pela apresentação do requerimento de despejo são definidas por portaria do membro do Governo responsável pela área da justiça.

ARTIGO 24º – Pagamento da taxa de justiça noutras situações

1 – Nos casos não previstos no artigo anterior, o pagamento da taxa de justiça devida é efetuada através da emissão de documento único de cobrança (DUC) e do respetivo pagamento, nos termos do Regulamento das Custas Processuais e da respetiva regulamentação.

2 – O pagamento efetuado nos termos do número anterior é comprovado pela junção do respetivo documento comprovativo à peça processual a que respeita.

ARTIGO 25º – Taxa de justiça no caso de despejo efetuado por oficial de justiça

1 – Nos casos em que seja designado oficial de justiça para proceder à desocupação do locado, além do pagamento da taxa de justiça prevista no nº 1 do artigo 22º, é devido o pagamento de taxa de justiça no seguinte valor:

a) 1,75 UC, quando o procedimento tenha valor inferior a €30000;

b) 3,5 UC, quando o procedimento tenha valor igual ou superior a €30000.

2 – A taxa de justiça prevista no número anterior passa a ser devida logo que o requerente seja notificado para o seu pagamento ou com a notificação do BNA a informar o requerente de ter remetido para o oficial de justiça a decisão judicial que, nos termos do artigo 15º-I da Lei nº 6/2006, de 27 de fevereiro, determina a desocupação do locado.

3 – O pagamento da taxa de justiça prevista no nº 1 é comprovado por junção ao processo do respetivo documento comprovativo e, enquanto tal não suceder, o oficial de justiça não prossegue com os atos necessários à efetivação da desocupação.

ARTIGO 26º – Valor do procedimento

O valor do procedimento especial de despejo corresponde ao valor da renda de dois anos e meio, acrescido do valor das rendas em dívida.

ARTIGO 27º – Entrada em vigor

O presente decreto-lei entra em vigor no dia seguinte ao da sua publicação.

Visto e aprovado em Conselho de Ministros de 8 de novembro de 2012. – *Pedro Passos Coelho – Vítor Louçã Rabaça Gaspar – Paula Maria von Hafe Teixeira da Cruz – Maria de Assunção Oliveira Cristas Machado da Graça.*

Promulgado em 28 de dezembro de 2012.

Publique-se.

O Presidente da República, Aníbal Cavaco Silva.

Referendado em 28 de dezembro de 2012.

O Primeiro-Ministro, *Pedro Passos Coelho.*

Regulamentação do Procedimento Especial de Despejo

Portaria nº 9/2013, de 10 de janeiro

A Lei nº 31/2012, de 14 de agosto, retificada pela Declaração de Retificação nº 59-A/2012, de 12 de outubro, procedeu à revisão do regime jurídico do arrendamento urbano, alterando o Código Civil, o Código de Processo Civil e a Lei nº 6/2006, de 27 de fevereiro.

Com efeito, a Lei nº 31/2012, de 14 de agosto, aprovou medidas destinadas a dinamizar o mercado de arrendamento urbano, alterando, nomeadamente, o regime substantive da locação e o regime transitório dos contratos de arrendamento celebrados antes da Lei nº 6/2006, de 27 de fevereiro, e criando um procedimento especial de despejo do local arrendado que permita a célere recolocação daquele no mercado de arrendamento.

O procedimento especial de despejo aplica-se à cessação do contrato por revogação, por caducidade pelo decurso do prazo, por oposição à renovação, por denúncia livre pelo senhorio, por denúncia para habitação do senhorio ou filhos ou para obras profundas, por denúncia pelo arrendatário, bem como à resolução do contrato de arrendamento por não pagamento de renda por dois meses ou mais, por oposição pelo arrendatário à realização de obras coercivas ou por mais de quatro casos de mora superior a 8 dias no pagamento da renda.

O procedimento especial de despejo é o meio adequado para efetivar a cessação do arrendamento, independentemente do fim a que se destina, quando o arrendatário não desocupe o locado na data prevista na lei ou na data prevista por convenção entre as partes.

Neste sentido, foi criado, junto da Direção-Geral da Administração da Justiça (DGAJ), o Balcão Nacional do Arrendamento (BNA), enquanto secretaria judicial com competência exclusiva para a tramitação do procedimento especial de despejo em todo o território nacional.

Por via do Decreto-Lei nº 1/2013, de 7 de janeiro, procedeu-se à instalação e à definição das regras do funcionamento do BNA e do procedimento especial de despejo.

Cumpre agora regulamentar as matérias relativas à forma e ao modelo de apresentação do requerimento de despejo, o momento em que se considera o requerimento apresentado, o regime da oposição e da prestação da respetiva caução e das demais peças processuais, o regime da lista de agentes de execução e notários participantes no procedimento especial de despejo, da designação, substituição e destituição do agente de execução ou notário e o regime de honorários e reembolso de despesas, as formas e o modo de pagamento da taxa de justiça, bem como o regime das notificações, comunicações e da tramitação eletrónica do procedimento.

Procede-se ainda à regulamentação de alguns aspetos da ação de despejo que, nos termos previstos no nº 5 do artigo 14º da Lei nº 6/2006, de 27 de fevereiro, corre nos tribunais, nomeadamente do regime de designação e de intervenção de agente de execução, notário ou official de justiça.

Assim:

Manda o Governo, pela Ministra da Justiça, ao abrigo do disposto no nº 3 do artigo 15º-E, no nº 3 do artigo 15º-F e no nº 9 do artigo 15º-S da Lei nº 6/2006, de 27 de fevereiro, e no nº 1 do artigo 5º, no nº 1 do artigo 9º, no nº 1 do artigo 10º, e nos artigos 17º, 18º, 20º e 23º do Decreto-Lei nº 1/2013, de 7 de janeiro, e no nº 1 do artigo 138º-A do Código de Processo Civil, o seguinte:

CAPÍTULO I – Disposições gerais

ARTIGO 1º – Objeto

1 – A presente portaria regulamenta os seguintes aspetos do procedimento especial de despejo, previsto nos artigos 15º a 15º-S da Lei nº 6/2006, de 27 de fevereiro, e no Decreto-Lei nº 1/2013, de 7 de janeiro:

a) Modelo, formas de apresentação do requerimento de despejo, formas de pagamento da taxa de justiça devida pela sua apresentação e momento em que se considera o requerimento apresentado;

b) Formas de apresentação da oposição, e modo de pagamento da caução devida com a oposição;

c) Formas de apresentação das restantes peças processuais;

d) Modelo e tramitação do requerimento de autorização judicial para entrada em domicílio,

e) Notificações, comunicações e tramitação electronica do processo;

f) Consulta eletrónica do processo;

g) Disponibilização do título para desocupação do locado;

h) Designação, substituição e destituição do agente de execução ou notário;

i) Regime de honorários e reembolso de despesas do agente de execução ou notário;

j) Mecanismo de revisão da nota de honorários e despesas;

k) Regime da lista de agentes de execução e notaries participantes no procedimento especial de despejo.

2 – A presente portaria procede ainda à regulamentação do regime de designação e de intervenção de agente de execução, notário ou oficial de justiça no despejo que, nos termos previstos no nº 5 do artigo 14º da Lei nº 6/2006, de 27 de fevereiro, ocorre durante a ação de despejo que é tramitada exclusivamente no tribunal.

CAPÍTULO II – Procedimento especial de despejo

SECÇÃO I – Requerimento de despejo

ARTIGO 2º – Modelo

1 – O modelo de requerimento de despejo, na sua versão em papel, consta do anexo a esta portaria, da qual faz parte integrante.

2 – O modelo referido no número anterior é divulgado na Área de Serviços Digitais dos Tribunais, acessível no endereço eletrónico https://tribunais.org.pt.
(Redação dada pela Portaria nº 267/2018, de 20-09)

ARTIGO 3º – Formas de apresentação do requerimento de despejo

O requerimento de despejo é apresentado no Balcão Nacional do Arrendamento, adiante designado por BNA, por mandatário ou pelo requerente, através das formas previstas nos artigos seguintes.
(Redação dada pela Portaria nº 267/2018, de 20-09)

ARTIGO 4º – Apresentação do requerimento por mandatário

1 – O requerimento de despejo é apresentado por advogado ou solicitador através do preenchimento e envoi de formulário eletrónico disponível no sistema informático CITIUS, acessível através do endereço eletrónico http://citius.tribunaisnet.mj.pt, juntamente com versão eletrónica dos documentos necessários, de acordo com os procedimentos e instruções aí constantes, aplicando-se com as necessárias adaptações o disposto no Capítulo II da Portaria nº 114/2008, de 6 de fevereiro.

2 – A apresentação do requerimento de despejo por mandatário ou por requerente representado por advogado ou por solicitador por outra forma que não a referida no número anterior, nomeadamente através das formas previstas na alínea *b*) e *c*) do nº 1 do artigo seguinte, determina o pagamento imediato de uma multa no valor de 2 unidades de conta processuais, nos termos do nº 6 do artigo 15º-B da Lei nº 6/2006, de 27 de fevereiro.

3 – A multa referida no número anterior é paga juntamente com a taxa de justiça devida, nos termos do artigo 8º.

ARTIGO 5º – Apresentação do requerimento pelo requerente

1 – O requerimento de despejo pode ser apresentado pelo próprio requerente através das seguintes formas:

a) Com recurso à assinatura digital constante do cartão de cidadão, através do preenchimento e envio de formulário eletrónico do requerimento de despejo disponível na Área de Serviços Digitais dos Tribunais, acessível no endereço eletrónico https://tribunais.org.pt, juntamente com os documentos que pretende juntar em suporte eletrónico e procedendo à assinatura digital do requerimento no final, de acordo com os procedimentos e instruções aí constantes;

b) Procedendo ao preenchimento do formulário eletrónico do requerimento de despejo disponível na Área de Serviços Digitais dos Tribunais, acessível no endereço eletrónico https://tribunais.org.pt, de acordo com os procedimentos e instruções aí constantes, sendo-lhe atribuído no final do preenchimento um número de referência do requerimento, com o qual se deve dirigir, no prazo de 10 dias, a uma secretaria judicial competente para rececionar o requerimento de modo a concluir a apresentação do mesmo, fazendo-se acompanhar da versão em papel dos documentos que devem ser apresentados com o requerimento;

c) Procedendo à entrega do requerimento, em papel, devidamente preenchido e assinado, juntamente com a versão em papel de todos os documentos que o devem acompanhar, numa das secretarias judiciais competentes para rececionar o requerimento.

2 – Nos casos previstos na alínea *b*) do número anterior, a secretaria judicial, com base na referência do requerimento disponibilizado pelo requerente, acede à versão eletrónica do requerimento constante da aplicação informática do BNA, procede à junção dos documentos em suporte eletrónico, e, após comprovar a identidade do apresentante e confirmar que corresponde ao requerente identificado no requerimento, procede à remessa deste, por via eletrónica, para o BNA.

3 – Remetido o requerimento ao BNA nos termos do número anterior, a secretaria judicial, após o requerente ter assinado declaração de concordância com o requerimento enviado, entrega-lhe comprovativo do envio do requerimento, juntamente com os dados necessários para proceder ao pagamento da taxa de justiça nos termos do artigo 8º.

4 – Nos casos previstos na subalínea *c*) do nº 1, a secretaria judicial preenche o formulário do requerimento de despejo constante da aplicação informática do BNA com a informação constante da versão em papel do requerimento apresentado pelo requerente, procede à junção dos documentos que devem acompanhar o requerimento em suporte eletrónico, e, após comprovar a identidade do apresentante e confirmar que corresponde ao requerente identificado no requerimento, procede à remessa do requerimento, por via eletrónica, para o BNA.

5 – Remetido o requerimento ao BNA nos termos do número anterior, a secretaria judicial, entrega ao requerente o comprovativo do envio do requerimento, juntamente com os dados necessários para proceder ao pagamento da taxa de justiça nos termos do artigo 8º.

6 – Nos casos previstos na alínea *b*) e *c*) do nº 1, o requerimento remetido pela secretaria judicial ao BNA não necessita de ser assinado pelo requerente, sendo remetido apenas com a identificação do funcionário judicial que procedeu ao envio, considerando-se verificado o requisite previsto na alínea *l*) do nº 2 do artigo 15º-B da Lei 6/2006, de 27 de fevereiro, com a assinatura da declaração de concordância prevista no nº 3 ou da versão em papel do requerimento.

7 – Compete à secretaria judicial que procedeu à receção do requerimento de despejo arquivar a declaração de concordância assinada pelo requerente prevista no nº 3 ou a versão em papel do requerimento de despejo assinada pelo requerente.

8 – São competentes para receber o requerimento de despejo nos casos previstos nas alíneas *b*) e *c*) do nº 1 as secretarias judiciais definidas por despacho do diretor-geral da Direção-Geral da Administração da Justiça (DGAJ), disponibilizado na Área de Serviços Digitais dos Tribunais, acessível no endereço eletrónico https://tribunais.org.pt.

(Redação dada pela Portaria nº 267/2018, de 20-09)

ARTIGO 6º – Formato e dimensão dos documentos apresentados com o requerimento

Nos casos previstos no artigo anterior, os documentos que acompanham o requerimento devem ter o formato portable document format (.pdf) e não podem exceder, no seu conjunto, a dimensão de 5 Mb.

ARTIGO 7º – Data de apresentação do requerimento

Independentemente da forma de apresentação do requerimento, o mesmo só se considera apresentado na data em que for efetuado o pagamento da taxa de justiça devida, nos termos do artigo seguinte, ou em que foi entregue o documento comprovativo do pedido ou da concessão de apoio judiciário, na modalidade de dispensa ou pagamento faseado da taxa de justiça e dos demais encargos do processo.

ARTIGO 8º – Pagamento da taxa de justiça devida pela apresentação do requerimento de despejo

1 – O pagamento da taxa de justiça devida pela apresentação do requerimento de despejo pode ser efetuado através dos meios eletrónicos disponíveis, Multibanco e Homebanking ou junto das entidades bancárias indicadas pela Agência da Gestão da Tesouraria e da Dívida Pública – IGCP, E.P.E., constantes da informação a divulgar por circular conjunta da DGAJ e do Instituto de Gestão Financeira e Equipamentos da Justiça, I.P. (IGFEJ), publicada na Área de Serviços Digitais dos Tribunais, acessível no endereço eletrónico https://tribunais.org.pt.

2 – Após preenchimento e envio para o BNA do requerimento de despejo, nos termos dos artigos 3º a 5º, é disponibilizado ao requerente, pela aplicação informática do BNA, a referência necessária para efetuar o pagamento da taxa de justiça, de acordo com as instruções transmitidas pela aplicação.

3 – O prazo para realização do pagamento por sistema eletrónico de pagamento nos termos dos números anteriores é de 10 dias.

(Redação dada pela Portaria nº 267/2018, de 20-09)

SECÇÃO II – Oposição

ARTIGO 9º – Apresentação da oposição

1 – Na oposição o requerido pode opor-se à pretensão de despejo e ao pedido de pagamento de rendas, encargos ou despesas, sendo apresentada no BNA através das seguintes formas:

a) Quando apresentada por mandatário, através do preenchimento e envio de formulário eletrónico disponível no sistema informático CITIUS, acessível através do endereço eletrónico http://citius.tribunaisnet.mj.pt, juntamente com os documentos necessários em suporte eletrónico, de acordo com os procedimentos e instruções aí constantes, aplicando-se com as necessárias adaptações o disposto no Capítulo II da Portaria nº 114/2008, de 6 de fevereiro, valendo como data da prática do ato processual a da respetiva expedição;

b) Entregue em suporte de papel no BNA, juntamente com a versão em papel de todos os documentos que a devam acompanhar, valendo como data da prática do ato processual a da respetiva entrega;

c) Remessa pelo correio, sob registo, para o BNA, juntamente com a versão em papel de todos os documentos que a devam acompanhar, valendo como data da prática do ato processual a da efetivação do respetivo registo postal.

2 – A entrega da oposição pelas formas previstas nas alíneas *b*) e *c*) do número anterior deve ser acompanhada, de acordo com o previsto no nº 2 do artigo 15º-F da Lei nº 6/2006, de 27 de fevereiro, de comprovativo de pagamento de multa no valor de 2 unidades de conta.

3 – Recebida a oposição, o BNA procede, caso seja necessário, à sua digitalização e introdução no sistema informático, remete o processo por via eletrónica ao tribunal designado pelo requerente para efeitos de apresentação à distribuição e remete ao requerente cópia da oposição, com a indicação de que o processo foi enviado para tribunal.

4 – Correndo o procedimento especial de despejo contra mais do que um requerido, o BNA só remete o processo para tribunal após recebida a última oposição ou após o termo do prazo para a sua dedução.

ARTIGO 10º – Caução

1 – O pagamento da caução devida com a apresentação da oposição, nos termos do nº 3 do artigo 15º-F da Lei nº 6/2006, de 27 de fevereiro, é efetuado através dos meios eletrónicos de pagamento previstos no artigo 17º da Portaria nº 419-A/2009, de 17 de abril, após a emissão do respetivo documento único de cobrança.

2 – O documento comprovativo do pagamento referido no número anterior deve ser apresentado juntamente com a oposição, independentemente de ter sido concedido apoio judiciário ao arrendatário.

SECÇÃO III – Outras peças processuais

ARTIGO 11º – Apresentação de outras peças processuais

1 – São ainda apresentadas exclusivamente junto do BNA, através das formas previstas no nº 1 do artigo 9º, as seguintes peças processuais:

a) Requerimento de autorização judicial para entrada imediata no domicílio, previsto no artigo 15º-L da Lei nº 6/2006, de 27 de fevereiro;

b) Requerimento de suspensão da desocupação do locado, previsto no nº 3 do artigo 15º-M da Lei nº 6/2006, de 27 de fevereiro;

c) Pedido de diferimento da desocupação de imóvel arrendado para habitação, previsto no artigo 15º-N da Lei nº 6/2006, de 27 de fevereiro;

d) Impugnação do título para desocupação do locado, previsto no artigo 15º-P da Lei nº 6/2006, de 27 de fevereiro;

e) Desistência do pedido, nos termos do nº 2 do artigo 15º-G da Lei nº 6/2006, de 27 de fevereiro;

f) Outro requerimento ou ato processual que deva ser apresentado quando o procedimento esteja a correr junto do BNA.

2 – O requerente detentor de cartão do cidadão pode ainda apresentar os requerimentos ou outras peças processuais através do preenchimento e envio de formulários próprios constantes na Área de Serviços Digitais dos Tribunais, acessível no endereço eletrónico https://tribunais.org.pt, de acordo com os procedimentos e instruções aí constantes.

3 – À oposição à impugnação do título para desocupação do locado e à contestação do pedido de diferimento da desocupação, bem como às demais peças processuais que devem ser apresentadas no tribunal onde corra o respetivo processo, aplica-se o disposto no Código de Processo Civil e na respetiva legislação complementar quanto à apresentação das peças processuais.

4 – Os autos são apresentados à distribuição sempre que se suscite questão sujeita a decisão judicial, correndo, no entanto, nos próprios autos e perante o mesmo juiz as questões sujeitas a decisão judicial relativas a procedimento especial de despejo anteriormente distribuído.

5 – O processo corre em tribunal quando seja requerida ou decorra da lei a prática de ato da competência do juiz e até à prática do mesmo.

(Redação dada pela Portaria nº 267/2018, de 20-09)

SECÇÃO IV – Requerimento de autorização judicial para entrada imediata em domicílio

ARTIGO 12º – Modelo de requerimento

O modelo do requerimento de autorização judicial para entrada imediata em domicílio consta da Área de Serviços Digitais dos Tribunais, acessível no endereço eletrónico https://tribunais.org.pt.

(Redação dada pela Portaria nº 267/2018, de 20-09)

ARTIGO 13º – Taxa de justiça devida pelo requerimento

O agente de execução, notário ou oficial de justiça apenas deve apresentar o requerimento para ser autorizada a entrada imediata no domicílio, nos termos do nº 1 do artigo 15º-L da Lei nº 6/2006, de 27 de fevereiro, após ter recebido do requerente o documento comprovativo do pagamento da taxa de justiça devida, sendo esse documento junto ao requerimento nos termos da alínea *b*) do nº 2 do artigo 15º-L da mesma lei.

ARTIGO 14º – Documentos a juntar ao requerimento de autorização judicial para entrada imediata em domicílio

1 – Para efeitos de análise pelo tribunal do disposto na alínea *c*) do nº 4 do artigo 15º-L da Lei nº 6/2006, de 27 de fevereiro, o agente de execução, notário ou oficial de justiça deve juntar ao requerimento de autorização judicial para entrada imediata em domicílio os documentos previstos nos artigos 9º, 10º e 15º-D da mesma lei.

2 – A junção referida no número anterior deve ser efetuada por recurso à versão eletrónica dos documentos que já constem do processo.

SECÇÃO V – Notificações, comunicações e tramitação eletrónica

ARTIGO 15º – Notificações

1 – As notificações a realizar pelo BNA são elaboradas através de sistema informático, com aposição de assinatura eletrónica.

2 – Para os efeitos previstos no número anterior, bem como para efeitos da assinatura eletrónica do título para desocupação de locado, apenas podem ser utilizados os seguintes meios de assinatura eletrónica:

a) Certificados de assinatura eletrónica qualificada emitidos no âmbito do Sistema de Certificação Eletrónica do Estado;

b) Certificados de assinatura eletrónica avançada especialmente emitidos para o efeito pelo Instituto de Gestão Financeira e Equipamentos da Justiça, I.P.

3 – Quando a notificação seja elaborada e assinada nos termos definidos nos números anteriores, a versão em suporte de papel contém a indicação de ter sido assinada naqueles termos, bem como dos dados necessários para o notificado consultar a versão eletrónica da notificação na Área de Serviços Digitais dos Tribunais, acessível no endereço eletrónico https://tribunais.org.pt.

(Redação dada pela Portaria nº 267/2018, de 20-09)

ARTIGO 16º – Comunicações e tramitação

1 – São efetuadas por via eletrónica:

a) As comunicações entre o BNA e os tribunais, através da aplicação informática do BNA e do sistema informático Citius;

b) As comunicações entre o BNA e o agente de execução, o notário ou o oficial de justiça, através da aplicação informática do BNA, do sistema informático de suporte à atividade dos agentes de execução, do sistema informático de suporte à atividade dos notários e do sistema informático Citius;

c) As notificações do BNA ou do agente de execução, notário ou oficial de justiça aos mandatários que tenham enviado qualquer peça ou documento através do sistema informático Citius ou que tenham manifestado a vontade de ser por essa via notificados.

2 – É igualmente efetuada por via eletrónica a tramitação do procedimento, através da aplicação informática do BNA, do sistema informático de suporte à atividade dos agentes de execução, do sistema informático de suporte à atividade dos notários e do sistema informático Citius.

3 – O agente de execução, notário ou oficial de justiça designado para proceder à desocupação do locado deve proceder ao registo da prática de todos os atos no processo no sistema informático de suporte à respetiva atividade, de modo que permita identificar o ato, cópia dos documentos respeitantes à efetivação do mesmo, e sendo caso disso, cópia dos documentos que o acompanham.

4 – O registo da prática do ato efetuado nos termos do número anterior dispensa a junção aos autos dos documentos comprovativos da efetivação dos mesmos, sem

prejuízo do dever de exibição dos originais dos documentos comprovativos de qualquer ato sempre que tal seja solicitado pelo BNA ou por juiz.

ARTIGO 17º – Disponibilização da decisão judicial

1 – Todas as decisões judiciais suscetíveis de pôr termo ao respetivo processo, ainda que recorríveis, são comunicadas pelo tribunal ao BNA.

2 – A disponibilização das decisões judiciais referidas no número anterior, nomeadamente quando as mesmas determinam a efetivação do despejo, ao agente de execução, notário ou oficial de justiça, é efetuada pelo BNA, nos termos previstos no nº 3 do artigo 15º-E da Lei nº 6/2006, de 27 de fevereiro.

3 – O tribunal deve ainda comunicar ao BNA a interposição dos recursos das decisões judiciais referidas no nº 1 bem como das decisões que ponham termo a esses recursos.

SECÇÃO VI – Consulta eletrónica do processo e disponibilização do título para desocupação do locado

ARTIGO 18º – Consulta eletrónica do processo

O processo pode ser consultado por via eletrónica:

a) Pelo requerente detentor de cartão do cidadão, na Área de Serviços Digitais dos Tribunais, acessível no endereço eletrónico https://tribunais.org.pt, nos termos dos procedimentos e instruções aí constantes;

b) Pelo mandatário, através do sistema informático Citius, nos termos do capítulo VI da Portaria nº 114/2008, de 6 de fevereiro.

(Redação dada pela Portaria nº 267/2018, de 20-09)

ARTIGO 19º – Disponibilização por meios informáticos do título para desocupação do locado

1 – O título para desocupação do locado é disponibilizado pelo BNA ao requerente na Área de Serviços Digitais dos Tribunais, acessível no endereço eletrónico https://tribunais.org.pt.

2 – De modo a aceder ao título de desocupação, o requerente é informado, com a notificação de constituição do título para desocupação do locado, dos dados necessários para aceder ao título, nomeadamente a referência única necessária para aceder ao título para desocupação do locado.

3 – Sem prejuízo do disposto nos números anteriores, no caso de o requerente ter indicado endereço de correio eletrónico, nos termos da alínea *b)* do nº 2 do artigo 15º-B da Lei nº 6/2006, de 27 de fevereiro, recebe por esse meio o título para desocupação do locado em formato eletrónico.

(Redação dada pela Portaria nº 267/2018, de 20-09)

ARTIGO 20º – Consulta do título para desocupação do locado por terceiros

1 – A disponibilização pelo requerente da referência única prevista no nº 2 do artigo anterior a qualquer entidade, pública ou privada, substitui para todos os efeitos, a entrega do título para desocupação do locado.

2 – As entidades referidas no número anterior podem consultar o título para desocupação do locado na Área de Serviços Digitais dos Tribunais, acessível no endereço eletrónico https://tribunais.org.pt, utilizando para tal os dados referidos no número anterior.

(Redação dada pela Portaria nº 267/2018, de 20-09)

ARTIGO 21º – Disponibilização do título para desocupação do locado em suporte de papel

A disponibilização, pelo BNA, do título para desocupação do locado em suporte de papel está sujeita ao pagamento, pelo requerente, da taxa de justiça no valor de 1/3 de UC.

SECÇÃO VII – Agente de execução e notário

SUBSECÇÃO I – Designação, substituição e destituição

ARTIGO 22º – Designação do agente de execução ou notário competente para proceder à desocupação do locado

1 – O requerente deve, nos termos do disposto na alínea *j*) do nº 2 do artigo 15º-B da Lei 6/2006, de 27 de fevereiro, designar, no requerimento de despejo, o agente de execução ou o notário competente para proceder à desocupação do locado.

2 – A designação referida no número anterior só pode ser efetuada de entre os agentes de execução ou notários que tenham manifestado vontade de participar no procedimento especial de despejo e que:

a) No caso dos notários, tenham domicílio profissional no concelho do imóvel a desocupar, ou que possam exercer a sua competência nesse concelho, em virtude de autorização concedida nos termos do nº 3 do artigo 7º do Decreto-Lei nº 26/2004, de 4 de fevereiro; ou

b) No caso dos agentes de execução, tenham domicílio profissional no concelho do imóvel a desocupar ou nos concelhos confinantes.

3 – Caso o requerente não designe agente de execução ou notário competente para proceder à desocupação do locado no requerimento de despejo, deve solicitar que a designação seja realizada de modo automático pelo BNA, nos termos do nº 5.

4 – A validade da designação referida nos nºs 1 e 2 é confirmada pelo BNA no momento prévio à disponibilização ao agente de execução ou ao notário do título ou da decisão judicial para desocupação do locado.

5 – Caso o requerente solicite que a designação de agente de execução ou notário competente para proceder à desocupação do locado seja realizada de modo automático pelo BNA ou caso a designação efetuada pelo requerente não seja válida, nomeadamente em virtude de impossibilidade superveniente do agente de execução ou do notário de ser designado, a designação é efetuada pelo BNA no momento prévio à disponibilização ao agente de execução ou ao notário do título ou da decisão judicial para desocupação do locado, por meios eletrónicos, de acordo com as regras previstas no artigo 24º.

6 – A designação realizada nos termos do número anterior é notificada ao requerente pelo BNA, devendo a notificação conter, relativamente ao designado:

a) O nome profissional;

b) O número de cédula ou de licença;

c) O endereço de correio eletrónico;

d) O número de telefone;

e) O número de fax;

f) A morada profissional;

g) As referências necessárias para efetuar o pagamento da primeira prestação da quantia devida a título de honorários.

ARTIGO 23º – Designação do agente de execução ou notário nos casos de cumulação de pedidos de despejo e de pagamento de rendas, encargos ou despesas

1 – Tendo o requerente deduzido, no requerimento de despejo, pedido de pagamento de rendas, encargos ou despesas cumulativamente com o pedido de despejo, a designação do agente de execução ou notário competente está sujeita às seguintes regras:

a) Tendo sido designado notário para proceder à desocupação do locado, deve ser designado agente de execução para proceder à execução para pagamento das rendas, encargos ou despesas;

b) Tendo sido designado agente de execução para proceder à desocupação do locado, esse agente de execução é também designado para proceder à execução para pagamento das rendas, encargos ou despesas;

c) Tendo o requerente solicitado que a designação de agente de execução ou notário competente para proceder à desocupação do locado seja realizada de modo automático pelo BNA, não pode designar agente de execução para proceder à execução para pagamento das rendas, encargos ou despesas.

2 – Nos casos previstos na alínea *c*) do número anterior em que o BNA designe, de acordo com as regras do artigo seguinte, notário para proceder à desocupação do locado, a designação de agente de execução para proceder à execução para pagamento das rendas, encargos ou despesas é feita, pela BNA, de entre todos os agentes de execução, nos termos previstos no Código de Processo Civil e respetiva regulamentação.

ARTIGO 24º – Regras de designação de agente de execução e notário pelo BNA

1 – A designação de agente de execução ou notário pelo BNA é efetuada de modo que garanta a aleatoriedade no resultado e igualdade na distribuição, de entre os agentes de execução e notários que tenham manifestado vontade de participar no procedimento especial de despejo, nos termos do artigo 19º do Decreto-Lei nº 1/2013, de 7 de janeiro.

2 – A designação de agente de execução ou notário é efetuada de entre agentes de execução ou notários com domicílio profissional no concelho do imóvel a desocupar, sendo dada preferência a quem tenha um menor número de processos especiais de despejo atribuídos.

3 – Não sendo possível proceder à designação nos termos previstos no número anterior, a designação é efetuada de entre os agentes de execução com domicílio profissional nos concelhos confinantes ao do imóvel a desocupar e dos notários que, não tendo domicílio profissional no concelho do imóvel a desocupar, tenham sido autorizados a exercer aí a sua competência, nos termos do nº 3 do artigo 7º do

decreto-lei nº 26/2004, de 4 de fevereiro, sendo igualmente dada preferência a quem tenha um menor número de processos especiais de despejo atribuídos.

4 – A Câmara dos Solicitadores e a Ordem dos Notários disponibilizam ao Ministério da Justiça, por via eletrónica, os dados necessários à designação pelo BNA do agente de execução ou notário competente para o despejo.

5 – Não sendo possível proceder à designação nos termos dos números anteriores, nomeadamente por não existir notário que possa exercer as suas competências no concelho do imóvel a desocupar ou agente de execução com domicílio profissional no concelho do imóvel ou nos concelhos confinantes ao do imóvel, o BNA designa, para proceder à desocupação, oficial de justiça do tribunal da situação do locado.

6 – A designação prevista no número anterior é notificada pelo BNA ao requerente, no momento em que o título de desocupação ou a decisão judicial sejam disponibilizados ao oficial de justiça designado, juntamente com a informação sobre o modo de pagamento e comprovação da taxa de justiça devida por essa designação.

ARTIGO 25º – Lista de agentes de execução e de notários

1 – Para efeitos de publicitação, a Câmara dos Solicitadores e a Ordem dos Notários disponibilizam uma lista informática que contém a informação relativa aos agentes de execução e notários que tenham manifestado vontade de participar no procedimento especial de despejo, pesquisável por concelho.

2 – A lista referida no número anterior é disponibilizada em página informática de acesso público, nos sítios oficiais da Ordem dos Solicitadores e dos Agentes de Execução e da Ordem dos Notários, e na Área de Serviços Digitais dos Tribunais, acessível no endereço eletrónico https://tribunais.org.pt.

(Redação dada pela Portaria nº 267/2018, de 20-09)

ARTIGO 26º – Livre substituição do agente de execução ou do notário pelo requerente

1 – O agente de execução ou notário designado pode ser substituído pelo requerente, até à efetivação do despejo, devendo este expor o motivo da substituição.

2 – A substituição produz efeitos na data da comunicação ao agente de execução ou ao notário, devendo ser apresentada nos termos do artigo 11º.

3 – O agente de execução ou o notário substituído é notificado da substituição promovida pelo requerente através do sistema informático de suporte à atividade dos agentes de execução ou do sistema informático de suporte à atividade dos notários.

4 – A substituição do agente de execução ou do notário pelo requerente implica necessariamente a designação de agente de execução ou de notário substituto, de entre os constantes na lista prevista no artigo anterior e nos termos dos artigos 22º.

5 – O agente de execução ou notário substituto é notificado da substituição através do sistema informático de suporte à atividade dos agentes de execução ou do sistema informático de suporte à atividade dos notários.

ARTIGO 27º – Substituição ou destituição do agente de execução ou notário por outros motivos

1 – A Câmara dos Solicitadores ou a Ordem dos Notários, consoante o caso, notifica o requerente, preferencialmente por via eletrónica, e comunica ao BNA, por via

eletrónica, sempre que tiver conhecimento da morte, da incapacidade definitiva ou da cessação das funções do agente de execução ou do notário.

2 – Os órgãos com poderes disciplinares sobre os agentes de execução e notários, notificam o requerente, preferencialmente por via eletrónica, e comunicam ao BNA, por via eletrónica, sempre que aplicarem pena de suspensão por período superior a 10 dias, de destituição ou de expulsão ao agente de execução ou ao notário.

3 – Nos casos previstos nos números anteriores se o requerente não proceder à designação no prazo de 20 dias a contar da receção da notificação pelo BNA, a designação do agente de execução ou notário substituto é efetuada pelo BNA nos termos do artigo 24º.

4 – O agente de execução ou notário substituto é notificado da substituição através dos sistemas informáticos de suporte à atividade dos agentes de execução ou de suporte à atividade dos notários.

5 – A destituição do agente de execução ou notário, pelo respetivo órgão com competência disciplinar, com fundamento em atuação processual dolosa ou negligente ou em violação grave de dever que lhe seja imposto, efetua-se de acordo com o previsto no artigo 7º da Portaria nº 2/2012, de 2 de janeiro, com as necessárias adaptações.

SUBSECÇÃO II – Remuneração

ARTIGO 28º – Honorários e despesas

1 – É devido ao agente de execução e ao notário o pagamento de honorários pelos serviços prestados no âmbito do procedimento especial de despejo bem como das despesas realizadas no mesmo, desde que devidamente comprovadas.

2 – O montante devido a título de honorários devidos ao agente de execução ou notário corresponde ao previsto na Portaria nº 331-B/2009, de 30 de março, para as execuções de entrega de coisa certa.

3 – Para efeito do procedimento especial de despejo, apenas são consideradas como despesas os custos decorrentes da entrada no local nomeadamente com arrombamento da porta e a substituição da fechadura, ou com o auxílio das autoridades policiais, considerando-se os demais custos incluídos nos serviços a que respeitam os honorários.

4 – As despesas previstas no número anterior só podem ser realizadas na sequência de prévia autorização ou a solicitação do requerente e após pagamento das mesmas por este.

5 – Podem ainda ser cobradas despesas de deslocação, tendo por base os critérios de cálculo da distância estabelecidos no número seguinte, se o agente de execução ou notário designado pelo requerente praticar atos a mais de 50 km do seu domicílio profissional e, cumulativamente, se:

a) O requerente for previamente informado, preferencialmente por via eletrónica:

i) Do custo provável da deslocação;

ii) De que as despesas de deslocação são da sua exclusiva responsabilidade, não podendo ser exigido ao requerido o seu reembolso;

b) O requerente aceitar expressamente a cobrança da deslocação.

6 – O agente de execução tem direito a uma compensação pelas deslocações, paga pela caixa de compensações, sempre que se verifique que o agente de execução tenha sido designado pelo BNA, e a prática do ato envolva uma deslocação para concelho distinto do do seu domicílio profissional e superior a 50 km, calculadas as distâncias das viagens de ida e regresso pelo percurso mais curto entre o domicílio profissional e o imóvel a desocupar.

7 – O valor da compensação (C) devida pela caixa de compensações é calculado com base na seguinte fórmula:

$$C = [(D \times 2) - 50] \times V$$

onde D corresponde à distância mais curta entre o domicílio profissional do agente de execução e o local onde deva ser praticado o ato e V corresponde ao valor devido por quilómetro.

8 – O valor devido por quilómetro é fixado pelo conselho geral da Câmara dos Solicitadores.

9 – O agente de execução só tem direito à compensação de uma deslocação por cada diligência.

10 – A compensação referida nos nºs 6 a 9 pode igualmente ser devida aos notários, pela caixa de compensação da Câmara dos Solicitadores, nos termos definidos por protocolo entra a Câmara dos Solicitadores e a Ordem dos Notários, que determina igualmente o regime das contribuições dos notários para a caixa de compensação.

ARTIGO 29º – Honorários

(Revogado pela Portaria nº 225/2013, de 10-07)

ARTIGO 30º – Pagamento de honorários

1 – O pagamento dos honorários do agente de execução ou do notário é efetuado em duas prestações, de igual montante, nos seguintes termos:

a) A primeira prestação é devida após o requerente ser notificado pelo BNA do envio para o agente de execução ou notário do título de desocupação do locado ou da decisão judicial para desocupação do locado, devendo o agente de execução ou notário iniciar as diligências necessárias à efetivação da desocupação apenas após o seu pagamento;

b) A segunda prestação é devida após a efetivação do despejo e imediatamente antes da entrega do imóvel ao requerente, prevista no artigo 15º do Decreto-Lei nº 1/2013, de 7 de janeiro.

2 – Nos casos em que a desocupação do locado não é efetivada por facto não imputável ao agente de execução ou ao notário, nomeadamente por existir decisão judicial que confirme a suspensão da desocupação, nos termos do artigo 15º-M da Lei 6/2006, de 27 de fevereiro, apenas é devida metade da segunda prestação.

3 – Nos restantes casos em que não é efetivada a desocupação do locado não há lugar ao pagamento da segunda prestação.

4 – Nos casos de substituição do agente de execução ou notário, nos termos do artigo 26º e do nº 1 do artigo 27º, que ocorra após o pagamento da primeira prestação,

o agente de execução ou notário substituído tem direito apenas a metade do montante pago a título de primeira prestação dos honorários, devendo entregar o remanescente ao agente de execução ou notário que o substituiu.

5 – Nos casos previstos no número anterior, o agente de execução ou notário substituto tem ainda direito ao pagamento, pelo requerente, da segunda prestação, nos termos da alínea *b*) do nº 1.

6 – Nos casos previstos no nº 2 do artigo 27º, compete ao órgão disciplinar determinar se o agente de execução ou notário substituído tem direito ao montante previsto no nº 4 ou se deverá entregar a totalidade dos montantes recebidos ao agente de execução ou notário que o substitua.

ARTIGO 31º – Dever de registo e de informação

1 – O agente de execução e o notário devem registar no processo de despejo, através dos respetivos sistemas informáticos de suporte à atividade, todas as verbas recebidas a título de honorários e de despesas, bem como todas as verbas pagas por si a título de despesas.

2 – Sempre que o agente de execução ou o notário receba qualquer verba deve emitir recibo do qual constem as quantias recebidas e os atos a que as mesmas dizem respeito.

3 – O requerente, o Ministério da Justiça, a Ordem dos Notários, a Câmara dos Solicitadores, outras entidades responsáveis pela fiscalização e pela disciplina dos agentes de execução ou dos notários, o BNA, o tribunal e qualquer terceiro que tenha um interesse legítimo no processo têm direito a ser informados, preferencialmente por via eletrónica, sobre todos os movimentos de verbas referidos no nº 1.

ARTIGO 32º – Reclamação da nota de honorários e despesas

1 – Qualquer parte pode, no termo do processo, reclamar para o agente de execução ou notário da nota de honorários e despesas, com fundamento na desconformidade com o disposto na presente portaria.

2 – O agente de execução ou notário que não proceda à revisão da nota de honorários e despesas nos exatos termos requeridos deve enviar para o tribunal da situação do locado e no prazo de 10 dias a contar da receção do requerimento, a reclamação e a resposta à mesma.

3 – Caso o agente de execução ou notário não proceda à revisão da nota de honorários e despesas nos exatos termos requeridos, nem envie no prazo previsto no número anterior a reclamação para o tribunal competente, considera-se deferida a reclamação.

4 – O juiz, apreciadas as circunstâncias do caso concreto, pode condenar em multa, nos termos gerais, o reclamante, quando a reclamação seja julgada improcedente, ou o agente de execução ou notário, quando a reclamação seja julgada procedente.

5 – A reclamação referida no nº 1 é apresentado no BNA, nos termos do artigo 11º, não havendo lugar ao pagamento da taxa de justiça caso a mesma seja remetida a tribunal pelo agente de execução ou notário.

CAPÍTULO III – Ação de despejo

ARTIGO 33º – Designação de agente de execução ou notário nas ações de despejo

1 – Na ação de despejo que é tramitada exclusivamente no tribunal, o senhorio que, nos termos do nº 5 do artigo 14º da Lei nº 6/2006, de 27 de fevereiro, requer o despejo deve, no mesmo requerimento, designar o agente de execução ou notário competente para proceder ao despejo.

2 – A designação referida no número anterior é efetuada de acordo com as regras previstas no nº 2 do artigo 22º.

3 – A validade da designação referida nos números anteriores é confirmada pela secretaria judicial no momento prévio à remessa ao agente de execução ou ao notário da decisão judicial de despejo.

4 – Caso o senhorio não tenha designado agente de execução ou notário para proceder ao despejo, caso tenha solicitado que a designação do agente de execução ou notário seja realizada de modo automático pela secretaria judicial ou caso a designação efetuada pelo senhorio não seja válida, nomeadamente em virtude de impossibilidade superveniente do agente de execução ou do notário de ser designado, a designação é efetuada pela secretaria judicial no momento prévio à remessa ao agente de execução ou ao notário da decisão judicial de despejo.

5 – A designação efetuada pela secretaria judicial é efetuada de acordo com as regras previstas no artigo 24º e é notificada ao senhorio juntamente com as informações previstas no nº 6 do artigo 22º.

6 – Não sendo possível proceder à designação nos termos dos números anteriores, nomeadamente por não existir notário que possa exercer as suas competências no concelho do imóvel a desocupar ou agente de execução com domicílio profissional no concelho do imóvel ou nos concelhos confinantes ao do imóvel, a secretaria judicial designa oficial de justiça para proceder à desocupação.

7 – A designação prevista no número anterior é notificada pela secretaria judicial ao senhorio, no momento em que a decisão judicial é disponibilizada ao oficial de justiça designado, juntamente com a informação sobre o modo de pagamento e comprovação da taxa de justiça devida por essa designação nos termos das alíneas *a*) e *b*) do nº 1 do artigo 25º do Decreto-Lei nº 1/2013, de 7 de janeiro.

ARTIGO 34º – Desocupação do locado e autorização para entrada imediata no domicílio

À desocupação do locado e à autorização para entrada imediata no domicílio que ocorram durante à ação de despejo aplica-se, com as necessárias adaptações, o disposto no artigo 14º do Decreto-Lei nº 1/2013, de 7 de janeiro.

ARTIGO 35º – Regime aplicável aos agentes de execução e notários nas ações de despejo

1 – Podem realizar o despejo nas ações de despejo os agentes de execução e notários que, nos termos do artigo 19º do Decreto-Lei nº 1/2013, de 7 de janeiro, tenham manifestado a vontade de intervir no procedimento especial de despejo.

2 – É ainda aplicável aos agentes de execução e notários que realizem o despejo, com as necessárias adaptações, o previsto nos artigos 26º a 32º.

ARTIGO 36º – Comunicações e registo de atos

1 – As comunicações entre o tribunal, e o agente de execução, o notário ou o oficial de justiça, são efetuadas por via eletrónica, através do sistema informático Citius, do sistema informático de suporte à atividade dos agentes de execução e do sistema informático de suporte à atividade dos notários.

2 – São igualmente efetuadas por via eletrónica as notificações do agente de execução, notário ou oficial de justiça aos mandatários que tenham enviado qualquer peça ou documento através do sistema informático Citius ou que tenham manifestado a vontade de ser por essa via notificados.

3 – O agente de execução, notário ou oficial de justiça designado para proceder ao despejo deve proceder ao registo da prática de todos os atos no processo no sistema informático de suporte à respetiva atividade, de modo que permita identificar o ato, cópia dos documentos respeitantes à efetivação do mesmo, e sendo caso disso, cópia dos documentos que o acompanham.

4 – O registo da prática do ato efetuado nos termos do número anterior dispensa a junção aos autos dos documentos comprovativos da efetivação dos mesmos, sem prejuízo do dever de exibição dos originais dos documentos comprovativos de qualquer ato sempre que tal seja solicitado pelo juiz.

CAPÍTULO IV – Disposições finais

ARTIGO 37º – Acesso à informação e prática de atos

1 – O acesso das entidades previstas no artigo 27º à informação disponível nos sistemas de informação de suporte à atividade do BNA e dos tribunais, bem como nos sistemas de informação de suporte à atividade dos agentes de execução e dos notários, é efetuado para efeitos exclusivamente do exercício das suas competências e com as adaptações que se revelem necessárias nos termos previstos para as entidades com competências semelhantes no regime do processo executivo, nomeadamente no Código de Processo Civil, na Portaria nº 331-B/2009, de 30 de março, e na Portaria nº 12/2012, de 2 de janeiro.

2 – O disposto no número anterior é igualmente aplicável à prática de atos nos sistemas informação aí referidos pelas entidades previstas no artigo 27º.

ARTIGO 38º – Entrada em vigor

A presente portaria entra em vigor no dia seguinte ao da sua publicação.

A Ministra da Justiça, *Paula Maria von Hafe Teixeira da Cruz*, em 8 de janeiro de 2013.

ANEXO
(A que se refere o nº 1 do artigo 2º)
Requerimento de Despejo

(Deverá entregar este requerimento numa das secretarias judiciais competentes para o efeito.
Poderá consultar quais são, juntamente com mais informações sobre o Balcão Nacional do Arrendamento, em https://www.bna.mj.pt)

Morada do Imóvel [1]

Morada

Distrito Concelho

Localidade

Código Postal

Casa de morada de família [2] ☐

Dados do Requerimento

Tribunal Competente para apreciação dos autos em caso de distribuição [3]

Fundamento do despejo: [4]
- ○ Revogação [5]
- ○ Caducidade
- ○ Cessação por oposição à renovação pelo senhorio [6]
- ○ Cessação por oposição à renovação pelo arrendatário [7]
- ○ Denúncia pelo senhorio [8]
- ○ Denúncia pelo arrendatário [9]
- ○ Resolução pelo senhorio (Nos termos do nº3 do art.º 1083 do Código Civil[10]
- ○ Resolução pelo senhorio (Nos termos do nº4 do art.º 1083 do Código Civil[10]
- ○ Resolução pelo arrendatário [11]

Finalidade do Contrato:
- ○ Prédio Urbano - Fins Habitacionais
- ○ Prédio Urbano - Fins não Habitacionais
- ○ Prédio Rústico

Duração de Contrato: ○ Prazo Certo ○ Duração Indeterminada

Data de Contrato Valor mensal da renda [12] €

Pede igualmente o pagamento de rendas, encargos ou despesas em atraso? ☐ [13]

Junta[14]:
- Comprovativo de pagamento do Imposto de Selo ☐
- Documentos respeitantes ao IRS, relativos aos últimos quatro anos, salvo se o contrato for mais recente:
  - Declaração da qual conste a renda do locado ☐
  - Nota de liquidação ☐
  - Comprovativo do pagamento, caso haja lugar ☐
- Documentos respeitantes ao IRC, relativos aos últimos quatro anos, salvo se o contrato for mais recente:
  - Declaração da qual conste a renda do locado ☐
  - Nota de liquidação ☐
  - Comprovativo do pagamento, caso haja lugar ☐

Isento de Pagamento de Imposto do Selo ☐

Base Legal: [15]

Agentes de Execução e Notários para efetuar a desocupação do locado

Designação automática: ○ Não [16] ○ Sim [17] Nº de Cédula/Licença:

Nome | Morada

Telefone | Fax | Endereço de Correio eletrónico

O senhorio/exequente está sujeito a retenção: [18] ○ Sem retenção ○ 17,5% ○ 21,5%

Senhorio/Requerente [19]

Declaro que sou o apresentante ☐

○ Pessoa Singular

Nome

Nacionalidade

Tipo de documento

Nº Id. Civil

NIF[20]

Endereço de correio eletrónico [21]

Morada

País de morada

Localidade

Código Postal

Beneficia de Apoio Judiciário? ☐

Modalidade de apoio judiciário concedida:[22]

☐ Dispensa de taxa de justiça e demais encargos com o processo
☐ Nomeação e pagamento da compensação de patrono
☐ Pagamento faseado de taxa de justiça e demais encargos com o processo
☐ Nomeação e pagamento faseado da compensação de patrono
☐ Atribuição de agente de execução

Apresentou pedido de apoio judiciário mas ainda não foi concedido? ☐ [23]

Justificação da urgência - art.º 15.º-B, n.º 7 da Lei n.º 6/2006:

Isento de Pagamento de Taxa de Justiça? ☐

Base Legal: [24]

Senhorio/Requerente [19]

○ Pessoa Coletiva

NIPC [20]

Denominação

Endereço de correio eletrónico[21]

Morada

País de morada

Localidade

Código Postal

Beneficia de apoio judiciário? ☐

Modalidade de apoio judiciário concedida: [22]

- ☐ Dispensa de taxa de justiça e demais encargos com o processo
- ☐ Nomeação e pagamento da compensação de patrono
- ☐ Pagamento faseado de taxa de justiça e demais encargos com o processo
- ☐ Nomeação e pagamento faseado da compensação de patrono
- ☐ Atribuição de agente de execução

Apresentou pedido de apoio judiciário mas ainda não foi concedido ☐ [23]

Justificação da urgência - art.º 15.º-B, n.º 7 da Lei n.º 6/2006:

Isento de Pagamento de Taxa de Justiça? ☐

Base Legal: [24]

Mandatário [25]

Número de Cédula:

Nome

Endereço de correio eletrónico

Morada

País de morada

Localidade

Código Postal

Representante de:

Arrendatário/Requerido [26]

○ Pessoa Singular

Nome

☐ Este requerido é cônjuge do arrendatário:[27]

Nacionalidade

Número de identificação civil desconhecido? ☐

Tipo de documento | Nº Id. Civil

NIF [28]

Morada de notificação: ○ Morada do imóvel

○ Outra morada convencionada [29]

Morada

País de morada

Localidade

Código Postal

Arrendatário/Requerido [26]

○ Pessoa Coletiva

NIPC[28]

Denominação

Morada de notificação: ○ Morada do imóvel

○ Outra morada convencionada [29]

Morada

País de morada

Localidade

Código Postal

Pedido de pagamento de rendas, encargos e despesas

Caracterização

Tribunal competente para execução do pedido

Objeto da Execução: ○ Pagamento de Quantia Certa - Dívida Civil
○ Pagamento de Quantia Certa - Dívida Comercial

Exposição sucinta do pedido

Agente de Execução

Indicar agente de execução se para a desocupação do locado foi indicado um notário

Modo de designação do Agente de Execução: ○ Indicação[17] ○ Automático[18]

Nº de cédula profissional do Agente de Execução: Valor da fase 1: €

Nome Morada

Telefone Fax Endereço de correio eletrónico

Liquidação da Obrigação

Rendas em atraso	Outros encargos ou despesas resultantes do contrato de arrendamento	Outras despesas	Juros Vencidos	Total

Justificação dos valores apresentados

Comunicabilidade da dívida ao Cônjuge

Exposição dos motivos

Lista de cônjuges

Lista de outros intervenientes

Pedido de pagamento de rendas, encargos e despesas [30]

Outros Intervenientes

○ Pessoa Singular

Nome

Nacionalidade

Tipo de documento N.º Id. Civil

NIF

Endereço de correio eletrónico

Morada

País de morada

Localidade

Código Postal

Dependentes:[31]

Pedido de pagamento de rendas, encargos e despesas [30]

Outros Intervenientes

○ Pessoa Coletiva

NIPC

Denominação

Endereço de correio eletrónico

Morada

País de morada

Localidade

Código Postal

Dependentes:[31]

Pedido de pagamento de rendas, encargos e despesas [32]

Listagem de Bens

Tipo de Bem

Descrição:

Dependentes: [33]

Data: ____________________

____
Assinatura

Referências

1 É essencial que preencha os campos de domicílio/morada com a máxima precisão, desde logo porque estes elementos têm que corresponder aos constantes do contrato de arrendamento. A correta identificação da morada e contactos do requerido permitem uma maior celeridade na condução do procedimento. Preencha estes elementos da forma mais completa possível. Dados como o código postal podem ser obtidos em www.ctt.pt.

2 Neste caso, e se o arrendatário for casado, deve ser indicado no local próprio, como requerido, o cônjuge do arrendatário que não seja parte do contrato de arrendamento.

3 Tribunal competente para todas as questões suscitadas no âmbito do Procedimento Especial de Despejo é o da situação do locado (n.º 7 do art.º 15.º-S da Lei n.º 6/2006, de 27 de fevereiro).

4 Art.º 15.º-B, n.º 2, al. e). Face ao fundamento invocado devem ser apresentados os documentos relativos a cada situação sendo imprescindível para qualquer deles o contrato de arrendamento.

5 Juntar o acordo de revogação celebrado por escrito - Art.º 15.º, n.º 2, al. a) da Lei n.º 6/2006, de 27 de fevereiro.

6 Juntar comprovativo da comunicação do senhorio prevista no n.º 1 do Art.º 1097.º do Código Civil.

7 Juntar comprovativo da comunicação do arrendatário prevista no n.º 1 do Art.º 1098.º do Código Civil.

8 Juntar comprovativo da comunicação prevista na al. c) do Art.º 1101.º do Código Civil ou da comunicação prevista no n.º 1 do Art.º 1103.º do Código Civil juntamente com os documentos previstos no n.º 2 do mesmo artigo ou, sendo caso disso, de cópia da certidão a que se refere o n.º 7 do artigo 8.º do Decreto-Lei n.º 157/2006, de 8 de agosto.

9 Juntar comprovativos das comunicações da iniciativa do senhorio e o documento de resposta do arrendatário previstas nos n.ºs 3 e 4 do Art.º 1098.º do Código Civil.

10 Juntar comprovativo da comunicação prevista no n.º 2 do Art.º 1084.º do Código Civil bem como, quando aplicável, do comprovativo, emitido pela autoridade competente, da oposição à realização da obra.

11 Juntar comprovativo da comunicações previstas no n.º 2 do artigo 1084.º do Código Civil.

12 Valor correspondente à renda atual. No caso de desocupação de um conjunto de imóveis o valor a indicar deverá corresponder à soma das rendas dos mesmos.

13 Em caso afirmativo deverá juntar a comunicação ao arrendatário do montante da dívida.

14 Deve ser apresentado o respetivo documento.

15 Deve invocar com todo o rigor a disposição legal em que assenta a isenção e, se necessário, juntar documento que comprove a situação de isenção.

16 A designação será efetuada no momento da conversão do requerimento em título para desocupação do locado ou, caso tenha sido apresentada oposição, quando for comunicado ao BNA a respetiva decisão judicial favorável ao requerente.

17 A validade desta designação será confirmada aquando da conversão em título para desocupação do locado ou, caso tenha sido apresentada oposição, quando for comunicado ao BNA a respetiva decisão judicial. Se nesse momento a designação não for válida, o BNA designará, para proceder à desocupação, agente de execução ou notário, ou, caso tal não seja possível, oficial de justiça.

18 Indique se a entidade pagadora dos honorários do agente de execução ou do notário está sujeita a retenção.

19 Indique sempre o nome completo do requerente/senhorio. No caso de este ser pessoa coletiva, indique-o tal como consta do cartão de identificação de pessoa coletiva. Sendo pessoa individual, indique-o como consta do Bilhete de Identidade/Cartão do Cidadão. Estes campos são de preenchimento obrigatório. No entanto, caso não seja constituído mandatário é essencial que indique os seus contactos telefónicos e de correio eletrónico para que se torne mais facilitado o contacto com o agente de execução. Deve preencher um exemplar desta secção do requerimento por cada requerente/senhorio.

20 É essencial a correta indicação do número fiscal. Verifique o número introduzido por confronto com o cartão de identificação fiscal.

21 Deverá indicar o seu endereço de correio eletrónico se pretender receber comunicações por esta via sobre o processo.

22 Deve apresentar documento comprovativo.

23 Deve apresentar documento comprovativo. Dispõe do prazo de 5 dias, a contar da notificação da decisão definitiva da Segurança Social que lhe indeferiu o pedido de apoio judiciário, para efetuar o pagamento da taxa de justiça devida sob pena de extinção do PED ou, caso já tenha sido constituído título para desocupação do locado, de pagamento de valor igual a 10 vezes o da taxa devida.

24 Deve invocar com todo o rigor a disposição legal em que assenta a isenção e, se necessário, juntar documento que comprove a situação de isenção.

25 Deve ser junta a respetiva procuração.

26 Indique sempre o nome completo do arrendatário/requerido. No caso de este ser pessoa coletiva, indique-o tal como consta do cartão de identificação de pessoa coletiva. Sendo pessoa individual, indique-o como consta do Bilhete de Identidade/Cartão do Cidadão. Estes campos são de preenchimento obrigatório. É conveniente que indique todos os elementos disponíveis para que se torne mais facilitado o contacto com o agente de execução/notário. Deve preencher um exemplar desta secção do requerimento por cada arrendatário/requerido.

27 Deverá preencher este campo caso esteja a indicar cônjuge do arrendatário que, não sendo parte do contrato de arrendamento, deva também intervir como requerido.

28 Se possível é importante a correta indicação do número fiscal.

29 Deve ser entregue o documento comprovativo da convenção de morada, caso esta não resulte do contrato de arrendamento. É essencial que preencha os campos de morada com a máxima precisão, para que todas as comunicações possam fazer-se sem dificuldades.

30 Deve preencher um exemplar desta secção do requerimento por cada outro interveniente.

31 Para as dependências entre outros intervenientes pode escolher um dos tipos: Testemunha, Entidade Patronal, Legal Representante, Interveniente Acidental, Fiador, Patrono ou Patrocínio/Representação.

32 Para cada bem indicado, nos tipos de bens, deve escolher um dos tipos: Imóvel, Veículo, Bem Móvel, Quota em Sociedade, Salário, Depósito Bancário, Título não depositado, Crédito, Outro direito, Aeronave, Navio ou Embarcação, Renda, Abono, Valor Mobiliário Depositado ou Estabelecimento Comercial. Deve preencher um exemplar desta secção do requerimento por cada bem.

33 Para a relação de dependentes entre bens e intervenientes, pode escolher um dos tipos: Credor, Administrador, Devedor do Crédito, Titular, Possuidor do Bem, Locatário, Entidade Pagadora ou Detentor do Título.

(Redação dada pela Portaria nº 30/2015, de 12-04)

Regime de Determinação do Nível de Conservação dos Prédios Urbanos ou Frações Autónomas

Decreto-Lei nº 266-B/2012, de 31 de dezembro

A Lei nº 31/2012, de 14 de agosto, retificada pela Declaração de Retificação nº 59-A/2012, de 12 de outubro, procedeu à revisão do regime jurídico do arrendamento urbano, alterando o Código Civil, o Código de Processo Civil e a Lei nº 6/2006, de 27 de fevereiro.

Com efeito, a Lei nº 31/2012, de 14 de agosto, aprovou medidas destinadas a dinamizar o mercado de arrendamento urbano, alterando, nomeadamente, o regime da denúncia pelo senhorio do contrato de duração indeterminada para demolição ou realização de obra de remodelação ou restauro profundos que obriguem à desocupação do locado.

A disciplina da mencionada denúncia é desenvolvida no Decreto-Lei nº 157/2006, de 8 de agosto, que aprova o regime jurídico das obras em prédios arrendados, que foi, por sua vez, objeto de alteração pela Lei nº 30/2012, de 14 de agosto, retificada pela Declaração de Retificação nº 59-B/2012, de 12 de outubro.

No contexto abrangente dos objetivos da referida revisão, o mercado de arrendamento, bem como a reabilitação urbana, constituem domínios estratégicos e essenciais, cuja estreita conexão se afigura indiscutível e que, por isso, reclamaram um tratamento integrado. Nesta medida, a Lei nº 32/2012, de 14 de agosto, procedeu à alteração do Decreto-Lei nº 307/2009, de 23 de outubro, que estabelece o regime jurídico da reabilitação urbana, aprovando medidas destinadas a agilizar e a dinamizar a reabilitação urbana.

Embora o mecanismo de atualização das rendas dos contratos de arrendamento para fim habitacional celebrados antes da vigência do Regime do Arrendamento Urbano, aprovado pelo Decreto-Lei nº 321-B/90, de 15 de outubro, consagrado pela revisão do regime jurídico do arrendamento urbano operada pela Lei nº 31/2012, de

14 de agosto, deixe de ter como pressuposto a existência de um nível de conservação do locado igual ou superior a 3, subsiste a necessidade de determinação do nível de conservação dos prédios urbanos ou frações autónomas, arrendados ou não, para outras finalidades no âmbito do arrendamento urbano, da reabilitação urbana e da conservação do edificado.

Atento o quadro normativo traçado, opta-se por estabelecer um novo regime de determinação do nível de conservação, transversal ao arrendamento urbano, à reabilitação urbana e à conservação do edificado, abandonando-se o paradigma, exclusivamente focado na matéria do arrendamento urbano, que enformou quer o Decreto-Lei nº 156/2006, de 8 de agosto, que aprovou o regime de determinação e verificação do coeficiente de conservação, quer o Decreto-Lei nº 161/2006, de 8 de agosto, que aprovou e regulou as comissões arbitrais municipais (CAM).

Assim, e em primeiro lugar, o presente regime de determinação do nível de conservação confere um papel central à câmara municipal competente ou à empresa do sector empresarial local – ou, em determinadas circunstâncias, à sociedade de reabilitação urbana criada ao abrigo do Decreto-Lei nº 104/2004, de 7 de maio – que, no âmbito do regime jurídico da reabilitação urbana, assuma a qualidade de entidade gestora e na qual tenham sido delegados – ou investidos – poderes para cujo exercício releve a determinação do nível de conservação.

Em segundo lugar, o presente regime estabelece que a determinação do nível de conservação é realizada por arquiteto, engenheiro ou engenheiro técnico inscrito na respectiva ordem profissional, sendo os referidos profissionais designados pela câmara municipal ou pela empresa do sector empresarial local competentes, de entre trabalhadores que exerçam funções públicas no município ou na mencionada empresa, consoante os casos, ou pessoas que constem de lista fornecida pelas respetivas ordens profissionais.

Esta opção legislativa vem alargar o universo dos profissionais que podem realizar a determinação do nível de conservação e habilitar os municípios ou as empresas do sector empresarial local a tomar as decisões de gestão dos recursos humanos e financeiros que se lhes afigurem mais eficientes e adequadas à sua realidade.

Em terceiro lugar, mantém-se o escalonamento dos níveis de conservação constante do Decreto-Lei nº 156/2006, de 8 de agosto, e prevê-se que o nível de conservação determinado pode ser invocado, para os efeitos previstos na lei, durante um período de três anos.

Em quarto lugar, prevê-se a possibilidade de as CAM que, na data da entrada em vigor do presente diploma, se encontrem constituídas ao abrigo do Decreto-Lei nº 161/2006, de 8 de agosto, exercerem as competências atribuídas pelo presente diploma às câmaras municipais ou às empresas do sector empresarial local competentes, mediante decisão do município e pelo período máximo de cinco anos. Com efeito, embora no presente quadro normativo se constate a erosão da razão de ser das CAM, justifica-se cometer aos municípios a decisão quanto à continuação, a título transitório, das CAM que tiverem constituído.

Procede-se, ainda, à alteração do regime jurídico da urbanização e edificação, estabelecido pelo Decreto-Lei nº 555/99, de 16 de dezembro, e alterado pelo Decreto-Lei nº 177/2001, de 4 de junho, pelas Leis n.os 15/2002, de 22 de fevereiro, e 4-A/2003, de 19 de fevereiro, pelo Decreto-Lei nº 157/2006, de 8 de agosto, pela Lei nº 60/2007, de 4 de setembro, pelos Decretos-Leis n.os 18/2008, de 29 de janeiro, 116/2008, de 4 de julho, e 26/2010, de 30 de março, e pela Lei nº 28/2010, de 2 de setembro, nele incorporando a determinação do nível de conservação e articulando-o com o regime estabelecido no presente diploma.

Finalmente, e ainda em sintonia com a mencionada natureza transversal do regime de determinação do nível de conservação e com a alteração ao Decreto-Lei nº 555/99, de 16 de dezembro, procede-se à revogação das normas, de carácter eminentemente instrumental, constantes do artigo 6º da Lei nº 32/2012, de 14 de agosto.

Foram ouvidos os órgãos de governo próprio da Região Autónoma da Madeira e a Comissão Nacional de Proteção de Dados.

Foi promovida a audição dos órgãos de governo próprio da Região Autónoma dos Açores e da Associação Nacional de Municípios Portugueses.

Assim:

Nos termos da alínea *a*) do nº 1 do artigo 198º da Constituição, o Governo decreta o seguinte:

ARTIGO 1º – Objeto e âmbito de aplicação

1 – O presente diploma estabelece o regime de determinação do nível de conservação dos prédios urbanos ou frações autónomas, arrendados ou não, para os efeitos previstos em matéria de arrendamento urbano, de reabilitação urbana e de conservação do edificado.

2 – O regime estabelecido no presente diploma aplica-se, designadamente, para os efeitos previstos:

a) No Decreto-Lei nº 157/2006, de 8 de agosto, que aprova o regime jurídico das obras em prédios arrendados, alterado pelo Decreto-Lei nº 306/2009, de 23 de outubro, e pela Lei nº 30/2012, de 14 de agosto;

b) No Decreto-Lei nº 307/2009, de 23 de outubro, alterado pela Lei nº 32/2012, de 14 de agosto.

ARTIGO 2º – Iniciativa e competência

1 – A determinação do nível de conservação de um prédio urbano ou de uma fração autónoma é ordenada pela câmara municipal, oficiosamente ou a requerimento:

a) Do proprietário, usufrutuário ou superficiário;

b) Do senhorio ou do arrendatário, designadamente nos termos e para os efeitos previstos no nº 4 do artigo 6º, no nº 1 do artigo 25º, no nº 1 do artigo 30º e no nº 4 do artigo 31º do Decreto-Lei nº 157/2006, de 8 de agosto, alterado pelo Decreto-Lei nº 306/2009, de 23 de outubro, e pela Lei nº 30/2012, de 14 de agosto;

c) De outras pessoas previstas na lei.

2 – Nos casos de delegação de poderes pelo município numa empresa do sector empresarial local ou de investidura nos poderes nos termos do artigo 79º do Decreto-Lei nº 307/2009, de 23 de outubro, alterado pela Lei nº 32/2012, de 14 de agosto, a determinação do nível de conservação de um prédio urbano ou de uma fração autónoma

pode ser ordenada pela entidade delegada ou investida, designadamente nos termos e para os efeitos previstos no nº 1 do artigo 55º e no artigo 65º do referido decreto-lei.

ARTIGO 3º – Determinação do nível de conservação

1 – A determinação do nível de conservação, ordenada nos termos do artigo anterior, é realizada por arquiteto, engenheiro ou engenheiro técnico inscrito na respectiva ordem profissional.

2 – Os profissionais a que se refere o número anterior são designados pela câmara municipal ou pela entidade a que se refere o nº 2 do artigo anterior, consoante os casos, de entre:

a) Trabalhadores que exerçam funções públicas, em qualquer modalidade de relação jurídica de emprego público, nos respetivos município ou entidade;

b) Arquitetos, engenheiros ou engenheiros técnicos que, não se encontrando na situação prevista na alínea anterior, constem de lista, fornecida pelas ordens profissionais às respetivas câmara municipal ou entidade e publicada no sítio na Internet do município, com a indicação dos profissionais habilitados e disponíveis.

3 – Nos casos previstos na alínea *b*) do número anterior, a designação do técnico responsável por cada processo é feita por sorteio.

ARTIGO 4º – Garantias de imparcialidade

1 – Aos técnicos a que se refere a alínea *a*) do nº 2 do artigo anterior aplica-se o disposto nos artigos 44º a 51º do Código do Procedimento Administrativo.

2 – Os técnicos a que se refere a alínea *b*) do nº 2 do artigo anterior estão impedidos de intervir em relação a prédios próprios ou em que seja interessada, a qualquer título, entidade de que sejam administradores ou colaboradores, ou a prédios em que sejam interessados seus ascendentes, descendentes ou parentes e afins até ao 4º grau da linha colateral, devendo repetir-se o sorteio quando tal se verifique.

3 – Os atos realizados em violação do disposto no número anterior são anulados pela câmara municipal ou pela entidade a que se refere o nº 2 do artigo 2º, consoante os casos, oficiosamente ou a requerimento dos interessados.

ARTIGO 5º – Níveis de conservação

1 – Os níveis de conservação refletem o estado de conservação de um prédio urbano ou de uma fração autónoma e a existência, nesse prédio ou nessa fração, de infraestruturas básicas.

2 – Os níveis de conservação constam do seguinte quadro:

Nível	Estado de conservação
5	Excelente.
4	Bom.
3	Médio.
2	Mau.
1	Péssimo.

3 – A determinação do nível de conservação é válida pelo período de três anos.

ARTIGO 6º – Definição das obras necessárias para a obtenção de nível de conservação superior

1 – Quando da determinação resulte um nível de conservação mau ou péssimo, o proprietário, o usufrutuário, o superficiário ou o arrendatário podem requerer à câmara municipal ou à entidade a que se refere o nº 2 do artigo 2º, consoante os casos, a descrição das obras a efetuar para se atingir o nível médio.

2 – Quando for atribuído ao prédio nível médio ou bom, o proprietário ou o usufrutuário pode ainda requerer a descrição das obras necessárias para se atingir nível superior.

ARTIGO 7º – Taxas

1 – São devidas taxas pela determinação do nível de conservação e pela definição das obras necessárias para a obtenção de nível de conservação superior.

2 – As taxas previstas no número anterior constituem receita municipal.

3 – Salvo se a assembleia municipal fixar valores distintos, as taxas previstas no nº 1 têm os seguintes valores:

a) 1 unidade de conta processual (UC), calculada nos termos do nº 2 do artigo 5º do Regulamento das Custas Processuais, pela determinação do nível de conservação;

b) 0,5 UC pela definição das obras necessárias para a obtenção de nível de conservação superior.

4 – As taxas previstas no número anterior são reduzidas a um quarto quando se trate de várias unidades de um mesmo edifício, para cada unidade adicional à primeira.

5 – O pagamento das taxas é efetuado simultaneamente com a apresentação do requerimento a que respeitem.

ARTIGO 8º – Regulamentação

1 – Os elementos do imóvel a avaliar para efeito do disposto no presente diploma, os critérios dessa avaliação e a forma de cálculo do nível de conservação, bem como os procedimentos necessários à execução do presente diploma, são estabelecidos por portaria dos membros do Governo responsáveis pelas áreas das autarquias locais, das obras públicas e da habitação.

2 – A Portaria nº 1192-B/2006, de 3 de novembro, mantém-se em vigor até à entrada em vigor da portaria prevista no número anterior, em tudo o que não for incompatível com o disposto no presente diploma e com as necessárias adaptações.

ARTIGO 9º – Alteração ao Decreto-Lei nº 555/99, de 16 de dezembro

O artigo 90º do Decreto-Lei nº 555/99, de 16 de dezembro, que estabelece o regime jurídico da urbanização e edificação, alterado pelo Decreto-Lei nº 177/2001, de 4 de junho, pelas Leis nºs 15/2002, de 22 de fevereiro, e 4-A/2003, de 19 de fevereiro, pelo Decreto-Lei nº 157/2006, de 8 de agosto, pela Lei nº 60/2007, de 4 de setembro, pelos Decretos-Leis nºs 18/2008, de 29 de janeiro, 116/2008, de 4 de julho, e 26/2010, de 30 de março, e pela Lei nº 28/2010, de 2 de setembro, passa a ter a seguinte redação:

«Artigo 90º – [...]
1 – [...].
2 – [...].
3 – [...].
4 – [...].

5 – A descrição do estado do imóvel, a que se refere o número anterior, inclui a identificação do seu estado de conservação, apurado através da determinação do nível de conservação do imóvel de acordo com o disposto no artigo 5º do Decreto-Lei nº 266 -B/2012, de 31 de Dezembro, e na respectiva regulamentação.

6 – O auto referido no nº 4 é assinado por todos os técnicos e pelo perito que hajam participado na vistoria e, se algum deles não quiser ou não puder assiná-lo, faz-se menção desse facto.

7 – Quando o proprietário não indique perito até à data referida no nº 3, a vistoria é realizada sem a presença deste, sem prejuízo de, em eventual impugnação administrativa ou contenciosa da deliberação em causa, o proprietário poder alegar factos não constantes do auto de vistoria, quando prove que não foi regularmente notificado nos termos do nº 2.

8 – [*Anterior nº 7*].»

ARTIGO 10º – Disposições transitórias

1 – As comissões arbitrais municipais (CAM) que, na data da entrada em vigor do presente diploma, se encontrem constituídas ao abrigo do Decreto-Lei nº 161/2006, de 8 de agosto, podem exercer as competências atribuídas pelo presente diploma às câmaras municipais ou às entidades a que se refere o nº 2 do artigo 2º, nos termos dos números seguintes.

2 – O exercício, pelas CAM, das competências previstas no presente diploma depende de deliberação da câmara municipal competente, a tomar no prazo máximo de 180 dias, e vigora por um período máximo de cinco anos, findo o qual as CAM se extinguem automaticamente.

3 – Os prazos a que se refere o número anterior contam-se desde a data da entrada em vigor do presente diploma.

4 – Ao exercício, pelas CAM, das competências previstas no presente diploma é aplicável, subsidiariamente e em tudo o que não contrarie o presente diploma, o disposto nos artigos 2º a 12º do Decreto-Lei nº 161/2006, de 8 de agosto.

5 – Os processos que, na data da entrada em vigor do presente diploma, se encontrem pendentes nas CAM e se enquadrem nas competências naquele previstas:

a) Continuam a correr os seus termos, até final, perante as CAM, no caso de a câmara municipal competente tomar a deliberação a que se refere o nº 2;

b) São remetidos às câmaras municipais ou às entidades a que se refere o nº 2 do artigo 2º, nos restantes casos.

6 – A partir da entrada em vigor do presente diploma, não podem ser constituídas novas CAM.

ARTIGO 11º – Norma revogatória

Sem prejuízo do disposto no artigo anterior, são revogados:

a) O Decreto-Lei nº 156/2006, de 8 de agosto;

b) O Decreto-Lei nº 161/2006, de 8 de agosto;

c) O artigo 6º da Lei nº 32/2012, de 14 de agosto.

ARTIGO 12º – Entrada em vigor

O presente diploma entra em vigor no dia seguinte ao da sua publicação.

Visto e aprovado em Conselho de Ministros de 8 de novembro de 2012. – *Pedro Passos Coelho – Vítor Louçã Rabaça Gaspar – Miguel Fernando Cassola de Miranda Relvas – Maria de Assunção Oliveira Cristas Machado da Graça.*

Promulgado em 28 de dezembro de 2012.

Publique-se.

O Presidente da República, ANÍBAL CAVACO SILVA.

Referendado em 28 de dezembro de 2012.

O Primeiro-Ministro, *Pedro Passos Coelho.*

Regime Jurídico das Obras em Prédios Arrendados

Decreto-Lei nº 157/2006, de 8 de agosto*

A Lei nº 6/2006, de 27 de Fevereiro, aprovou o Novo Regime do Arrendamento Urbano (NRAU), dando resposta à necessidade, por todos sentida, de reformar profundamente esta área do ordenamento jurídico.

O NRAU, para sua completa aplicação, carece de um conjunto de legislação complementar, alguma da qual objecto de autorização legislativa da Assembleia da República. Entre esses diplomas complementares encontra-se o diploma relativo ao regime das obras em prédios arrendados, que ora se publica, matéria fulcral tanto na regulação dos novos contratos como na resolução dos problemas de degradação urbanística já existentes.

O presente diploma estrutura-se em duas grandes partes. A primeira aplica-se aos contratos que se vierem a celebrar após a sua entrada em vigor e, ainda, em tudo o que não é excepcionado na segunda parte, aos contratos já existentes. A segunda parte contém um regime especial transitório, aplicável aos contratos de arrendamento para habitação celebrados antes do RAU e aos contratos de arrendamento para fins não habitacionais celebrados antes da entrada em vigor do Decreto-Lei nº 257/95, de 30 de Setembro.

O presente decreto-lei regula as obras efectuadas por iniciativa do senhorio, prevendo a possibilidade de suspensão do contrato ou a sua denúncia. Nos contratos habitacionais anteriores a 1990, a denúncia terá sempre como contrapartida o realojamento. Revoga, pois, a Lei nº 2088, de 3 de Julho de 1957, a qual, além de ser de difícil aplicação, visava promover a construção nova, objectivo que já não corresponde às necessidades actuais. O diploma regula ainda as obras coercivas realizadas pelos municípios em prédios arrendados, substituindo o que a este respeito se dispunha no RAU.

Finalmente, em relação aos contratos antigos, o decreto-lei regula os direitos de intervenção dos arrendatários. Se, em relação aos contratos novos, não é de prever que o problema da degradação urbana se venha a colocar significativamente, fruto da

* Texto de acordo com a republicação da Lei nº 43/2017, de 14 de junho.

adequação dos valores das rendas e da maior mobilidade, o problema da degradação dos prédios objecto de arrendamentos antigos é sobejamente conhecido. Aqui, não basta enunciar o dever de conservação, é necessário criar os instrumentos legais que possibilitem a efectiva reabilitação. Tal passa por apoiar a reabilitação por parte dos proprietários, o que é tratado em legislação própria, mas exige ainda que seja possível intervir quando o proprietário não possa ou não queira reabilitar o seu património.

Assim, possibilita-se ao arrendatário a realização de obras de reabilitação, com posterior compensação no valor da renda. Possibilita-se ainda ao arrendatário, mediante acção judicial, a aquisição da propriedade do prédio ou fracção, quando esta seja a última solução viável. Este será o caso quando o proprietário não efectue as obras necessárias e o município, a tal instado, também o não faça. Este direito de aquisição pelo arrendatário acarreta a obrigação para o adquirente – e para quem o substitua nos 20 anos seguintes – de reabilitação e de manutenção do prédio. A degradação urbana é um problema que não afecta apenas os habitantes dos prédios degradados, ela afecta toda a comunidade, sendo um obstáculo à sã vivência das cidades e ao próprio desenvolvimento económico, nomeadamente com reflexos negativos no turismo.

Possibilitar a recuperação dos centros históricos, reabilitando em lugar de construir de novo, é objectivo a prosseguir com empenho, devendo o direito de aquisição do locado que este decreto-lei regula ser visto a esta luz, e não somente como um modo de composição do conflito entre as partes.

Foram ouvidos os órgãos de governo próprio das Regiões Autónomas, a Associação Nacional dos Municípios Portugueses, a Ordem dos Advogados, a Ordem dos Engenheiros e a Ordem dos Arquitectos.

Foram, ainda, ouvidas as várias associações com interesses no sector, designadamente a Associação Lisbonense de Proprietários, a Associação dos Inquilinos Lisbonense, a Associação dos Inquilinos do Norte, a Confederação do Comércio e Serviços de Portugal, a Confederação do Turismo Português, a Federação da Restauração, Cafés, Pastelarias e Similares de Portugal, a Federação Portuguesa da Indústria de Construção e Obras Públicas, a Federação Nacional de Comércio, a Associação Portuguesa para a Defesa do Consumidor, e ainda várias entidades representativas das empresas de consultoria e avaliação imobiliária, de mediação mobiliária, de fundos de investimento e de fundos de pensões.

Assim:

No uso da autorização legislativa concedida pela alínea *a*) do nº 1 e pelo nº 2 do artigo 63º da Lei nº 6/2006, de 27 de Fevereiro, e nos termos da alínea *b*) do nº 1 do artigo 198º da Constituição, o Governo decreta o seguinte:

SECÇÃO I – **Disposições comuns**

ARTIGO 1º – Âmbito

1 – O presente decreto-lei aprova o regime jurídico aplicável:

a) À denúncia do contrato para demolição ou para realização de obra de remodelação ou restauro profundos, nos termos do nº 11 do artigo 1103º do Código Civil;

b) À realização de obras coercivas;

c) À edificação em prédio rústico arrendado e não sujeito a regime especial;

d) (Revogada.)

e) À desocupação do locado para realização de obras de conservação;

f) À suspensão do contrato de arrendamento para realização de obras de remodelação ou restauro profundos.

2 – O presente decreto-lei estabelece ainda o regime aplicável nos contratos de arrendamento para fim habitacional celebrados antes da vigência do Regime do Arrendamento Urbano (RAU), aprovado pelo Decreto-Lei nº 321-B/90, de 15 de outubro:

a) À denúncia ou suspensão do contrato de arrendamento para demolição ou realização de obras de remodelação ou restauro profundos, quando o arrendatário tiver idade igual ou superior a 65 anos ou deficiência com grau comprovado de incapacidade igual ou superior a 60%;

b) À realização de obras pelo arrendatário.

(Redação dada pela Lei nº 13/2019, de 12-02)

ARTIGO 2º – Regra geral

1 – Cabe ao senhorio efetuar as obras necessárias à manutenção do estado de conservação do prédio arrendado, nos termos dos artigos 1074º e 1111º do Código Civil, bem como da legislação urbanística aplicável, nomeadamente do regime jurídico da urbanização e da edificação e do regime jurídico da reabilitação urbana.

2 – No caso de o senhorio não efetuar as obras a que está obrigado, o município ou a entidade gestora da operação de reabilitação urbana podem intimá-lo à sua realização, bem como proceder à sua realização coerciva.

ARTIGO 3º – Obras de conservação

1 – Quando seja indispensável para realização das obras referidas no nº 1 do artigo anterior, o senhorio tem o direito a solicitar ao arrendatário, com uma antecedência mínima de três meses, que desocupe o locado pelo prazo necessário à execução das obras, o qual não pode ser superior a 60 dias.

2 – Na situação prevista no número anterior, o senhorio está obrigado ao realojamento do arrendatário, em condições análogas às que este detinha no locado, nos termos previstos nos nºs 3 a 5 do artigo 6º e a suportar as despesas inerentes a essa desocupação.

3 – Para efeitos do exercício da faculdade prevista no nº 1, o senhorio envia uma comunicação ao arrendatário, informando-o do prazo necessário à realização das obras, das condições do realojamento fornecido, assim como da data para a entrega das respetivas chaves e da data para desocupação do locado.

4 – O arrendatário tem direito a ser indemnizado pelos danos que possam advir do não cumprimento do prazo máximo da desocupação.

5 – O senhorio só pode comunicar a necessidade de desocupação do locado para realização de obras de conservação, nos termos do nº 3, se não tiver usado da mesma faculdade nos oito anos anteriores e se o contrato já tiver, pelo menos, dois anos de duração efetiva.

SECÇÃO II – Regime geral

SUBSECÇÃO I – Iniciativa do senhorio

ARTIGO 4º – Remodelação ou restauro profundos

1 – Para efeitos do presente decreto-lei, são obras de remodelação ou restauro profundos:

a) As obras de reconstrução, definidas na alínea *c*) do artigo 2º do regime jurídico da urbanização e da edificação, aprovado pelo Decreto-Lei nº 555/99, de 16 de dezembro; ou

b) As obras de alteração ou ampliação, definidas respetivamente nas alíneas *d*) e *e*) do artigo 2º do regime jurídico da urbanização e da edificação, aprovado pelo Decreto-Lei nº 555/99, de 16 de dezembro, em que:

i) Destas resulte um nível bom ou superior no estado de conservação do locado, de acordo com a tabela referida no nº 3 do artigo 6º da Portaria nº 1192-B/2006, de 3 de novembro; e

ii) O custo da obra a realizar no locado, incluindo imposto sobre valor acrescentado, corresponda, pelo menos, a 25% do valor aplicável ao locado em função da sua localização e área bruta de construção, de acordo com o valor mediano das vendas por m^2 de alojamentos familiares (€), por concelho, divulgado pelo Instituto Nacional de Estatística, I. P., para o trimestre anterior.

2 – *(Revogado.)*

3 – *(Revogado.)*

4 – As obras referidas no nº 1 podem decorrer de intervenções urbanísticas realizadas em área de reabilitação urbana.

5 – Além dos demais elementos previstos na lei, o requerimento de controlo prévio urbanístico respeitante às operações referidas no nº 1 deve ser acompanhado dos seguintes elementos:

a) Indicação da situação de arrendamento existente, se aplicável; e

b) Nos casos da alínea *b*) do nº 1:

i) Orçamento total da operação a realizar, incluindo estimativa do custo total da operação urbanística;

ii) Caderneta predial, que inclui área bruta de construção correspondente ao locado.

6 – Ao arrendatário não pode, em qualquer caso, ser negada a consulta ou a emissão de reprodução ou certidão do processo respeitante ao controlo prévio urbanístico relativo ao locado, dispondo os órgãos competentes do prazo improrrogável de 10 dias para assegurar a garantia de acesso, sem prejuízo dos demais direitos previstos na Lei nº 26/2016, de 22 de agosto, que aprova o regime de acesso à informação administrativa e ambiental e de reutilização dos documentos administrativos.

(Redação dada pela Lei nº 13/2019, de 12-02)

ARTIGO 5º – Vicissitudes contratuais em caso de remodelação, restauro ou demolição do locado

(Revogado.)

ARTIGO 5º-A – Vicissitudes contratuais em caso de demolição ou obras de remodelação ou restauro profundos

1 – Quando o senhorio pretenda realizar obras de remodelação ou restauro profundos, há lugar à suspensão da execução do contrato de arrendamento pelo período de decurso daquelas, sem prejuízo do disposto no número seguinte.

2 – Em caso de demolição ou de obras de remodelação ou restauro profundos que não resulte local com características equivalentes às do locado, onde seja possível a manutenção do arrendamento, o senhorio pode denunciar o contrato de arrendamento, nos termos da alínea *b*) do artigo 1101º do Código Civil.

(Aditado pela Lei nº 13/2019, de 12-02)

ARTIGO 6º – Denúncia para remodelação ou restauro

1 – A denúncia do contrato de duração indeterminada para realização de obra de remodelação ou restauro profundos, nos termos da alínea *b*) do artigo 1101º do Código Civil, obriga o senhorio, mediante acordo e em alternativa:

a) Ao pagamento de uma indemnização no valor mínimo correspondente a dois anos de renda, não podendo este ser inferior a duas vezes o montante de 1/15 do valor patrimonial tributário do locado;

b) A garantir o realojamento do arrendatário por período não inferior a três anos.

2 – Caso as partes não cheguem a acordo no prazo de 60 dias a contar da receção da comunicação prevista no nº 1 do artigo 1103º do Código Civil, aplica-se o disposto na alínea *b*) do número anterior, sem prejuízo do disposto no nº 9.

3 – O realojamento do arrendatário previsto na alínea *b*) do nº 1 é feito em condições análogas às que aquele já detinha, quer quanto ao local, quer quanto ao valor da renda e encargos.

4 – Para efeitos do disposto no número anterior, considera-se realojamento em condição análogas quanto ao local o realojamento do arrendatário na área da mesma freguesia ou de freguesia limítrofe, em fogo em estado de conservação igual ou superior ao do locado primitivo e adequado às necessidades do agregado familiar do arrendatário.

5 – Para efeitos do disposto nos nºs 3 e 4, presume-se adequado às necessidades do agregado familiar do arrendatário o fogo cujo tipo se situe entre o mínimo e o máximo previstos no quadro seguinte, de modo que não se verifique sobreocupação:

Composição do agregado familiar (número de pessoas)	Tipos de fogo ([1])	
	Mínimo	Máximo
1	T0	T1/2
2	T1/2	T2/4
3	T2/3	T3/6
4	T2/4	T3/6
5	T3/5	T4/8
6	T3/6	T4/8
7	T4/7	T5/9
8	T4/8	T5/9
9 ou mais	T5/9	T6

([1]) O tipo de cada fogo é definido pelo número de quartos de dormir e pela sua capacidade de alojamento (exemplo: T2/3 — dois quartos, três pessoas).

6 – Tratando-se de obra realizada no âmbito do regime da reabilitação urbana aplica-se o disposto no artigo 73º daquele regime.

7 – O regime previsto no presente artigo não é aplicável nos casos em que um estabelecimento ou uma entidade situados no locado tenham sido reconhecidos pelo município como de interesse histórico e cultural ou social local, nos termos do respetivo regime jurídico, casos em que o estabelecimento ou entidade se mantém no locado.

8 – Em caso de remodelação ou restauro profundos de imóvel em que esteja situado estabelecimento ou entidade reconhecidos como de interesse histórico e cultural ou social local, cabe aos municípios salvaguardar a manutenção da atividade e património material existentes no locado, designadamente impondo para o efeito as condicionantes necessárias, no âmbito da respetiva competência de controlo prévio urbanístico e demais competências em matéria urbanística.

9 – Caso o arrendatário não aceite proposta de realojamento conforme com o disposto nos nºs 3 a 5 ou caso, tratando-se de arrendamento não habitacional, não seja possível o realojamento, é aplicável o disposto na alínea *a*) do nº 1.

(Redação dada pela Lei nº 13/2019, de 12-02)

ARTIGO 7º – Denúncia para demolição

1 – A denúncia do contrato pelo senhorio, nos termos da alínea *b*) do artigo 1101º do Código Civil, pode ocorrer quando a demolição:

a) Seja ordenada nos termos do nº 3 do artigo 89º do regime jurídico da urbanização e da edificação ou do artigo 57º do regime jurídico da reabilitação urbana;

b) Seja necessária por força da degradação do prédio, a atestar pelo município;

c) Resulte de plano de ordenamento do território aplicável, nomeadamente de plano de pormenor de reabilitação urbana.

2 – Nas situações previstas no número anterior, aplica-se, com as devidas adaptações, o disposto no artigo anterior, sem prejuízo do disposto nos números seguintes.

3 – No caso previsto na alínea *c*) do nº 1, o proprietário pode pedir à entidade responsável pela execução do plano o ressarcimento dos custos suportados com o realojamento ou indemnização dos arrendatários.

4 – À denúncia para demolição de imóveis onde se encontrem instalados estabelecimentos ou entidades de interesse histórico e cultural ou social local é aplicável o disposto nos números anteriores e no artigo seguinte.

(Redação dada pela Lei nº 13/2019, de 12-02)

ARTIGO 7º-A – Denúncia para demolição em caso de estabelecimento ou entidade de interesse histórico e cultural ou social local

1 – Caso um estabelecimento ou uma entidade situados no locado tenham sido reconhecidos pelo município como de interesse histórico e cultural ou social local, estando verificado um dos pressupostos previstos no nº 1 do artigo anterior, a demolição do imóvel em causa só pode ser permitida pelos órgãos municipais competentes:

a) Nos casos de situação de ruína ou de verificação em concreto da primazia de um bem jurídico superior ao que está presente na tutela dos bens em causa, desde que, em qualquer dos casos, se não mostre viável nem razoável, por qualquer outra forma, a salvaguarda ou o deslocamento do estabelecimento; e *b*) Quando a situação de ruína não seja causada pelo incumprimento do dever de conservação exigível ao proprietário.

2 – O disposto no número anterior não prejudica a possibilidade de decretamento das medidas adequadas à manutenção de todos os elementos que se possam salvaguardar, autorizando-se apenas as demolições estritamente necessárias.

3 – Quando a situação de ruína seja causada pelo incumprimento do dever de conservação, consagrado no artigo 89º do regime jurídico da urbanização e da edificação, aprovado pelo Decreto-Lei nº 555/99, de 16 de dezembro, ou do dever de reabilitação de edifícios, consagrado no artigo 6º do regime jurídico da reabilitação urbana, aprovado pelo Decreto-Lei nº 307/2009, de 23 de outubro, o valor da indemnização previsto na alínea *a*) do nº 1 do artigo 6º é duplicado.

4 – Caso a situação de ruína resulte de ação ou omissão culposa por parte do proprietário, o valor da indemnização é de dez anos de renda, determinada de acordo com os critérios previstos nas alíneas *a*) e *b*) do nº 2 do artigo 35º da Lei nº 6/2006, de 27 de fevereiro, que aprova o Novo Regime do Arrendamento Urbano (NRAU).

ARTIGO 8º – Efetivação da denúncia

1 – A denúncia do contrato é feita mediante comunicação ao arrendatário com antecedência não inferior a seis meses sobre a data pretendida para a desocupação e da qual conste, de forma expressa e sob pena de ineficácia, o fundamento da denúncia.

2 – A comunicação referida no número anterior é acompanhada, sob pena de ineficácia da denúncia:

a) De comprovativo de que foi iniciado, junto da entidade competente, procedimento de controlo prévio da operação urbanística a efetuar no locado;

b) De termo de responsabilidade do técnico autor do projeto legalmente habilitado que ateste que a operação urbanística a realizar constitui uma obra de remodelação ou restauro profundos ou uma obra de demolição, nos termos previstos no nº 1 do artigo 4º e do nº 2 do artigo 5º-A ou no nº 1 do artigo anterior;

c) Nos casos em que estejam em causa obras de alteração ou ampliação, nos termos da alínea *b*) do nº 1 do artigo 4º, de cópia dos elementos entregues juntamente com o requerimento de controlo prévio, referidos na alínea *b*) do nº 5 do mesmo artigo 4º, bem como de documento emitido pelo município que ateste a entrega pelo senhorio destes elementos, no pedido de controlo prévio da operação urbanística.

3 – A denúncia a que se referem os números anteriores é confirmada, sob pena de ineficácia, mediante comunicação ao arrendatário, acompanhada de:

a) Comprovativo de deferimento do correspondente pedido, no caso de operação urbanística sujeita a licença administrativa, ou

b) Comprovativo de que a pretensão não foi rejeitada, no caso de operação urbanística sujeita a comunicação prévia.

4 – No caso previsto no número anterior, a desocupação tem lugar no prazo de 60 dias contados da receção da confirmação, salvo se não se encontrar decorrido o prazo previsto no nº 1, caso em que a desocupação tem lugar até ao termo do último prazo.

5 – Metade da indemnização deve ser paga após a confirmação da denúncia e o restante no ato da entrega do locado, sob pena de ineficácia.

6 – *(Revogado.)*
7 – *(Revogado.)*
(Redação dada pela Lei nº 13/2019, de 12-02)

ARTIGO 9º – Suspensão
(Revogado.)

ARTIGO 9º-A – Direito de preferência em caso de novo arrendamento

1 – O arrendatário no contrato objeto de denúncia nos termos dos artigos anteriores tem direito a exercer direito de preferência no âmbito de novo arrendamento celebrado pelo senhorio.

2 – O direito previsto no presente artigo é oponível ao senhorio que promoveu a denúncia do contrato durante o prazo de dois anos contados a partir da data de cessação do mesmo.

3 – É aplicável, com as devidas adaptações, o regime constante dos artigos 414º e seguintes do Código Civil, sendo, porém, o prazo para o exercício do direito de preferência de 15 dias.

ARTIGO 9º-B – Suspensão

1 – Quando haja lugar à suspensão da execução do contrato para remodelação ou restauro profundos, pelo período de decurso das obras, nos termos do artigo 5º-A, o senhorio fica obrigado a assegurar o realojamento do arrendatário durante esse período.

2 – O realojamento temporário previsto no número anterior deve ser feito no mesmo concelho, em fogo em estado de conservação igual ou superior ao do locado primitivo e adequado às necessidades do agregado familiar do arrendatário, nos termos do nº 5 do artigo 6º, sem prejuízo do disposto no artigo 73º do regime jurídico da reabilitação urbana, aprovado pelo Decreto-Lei nº 307/2009, de 23 de outubro, quando se trate da execução de operação de reabilitação urbana.

3 – No realojamento temporário, mantém-se o valor da renda e encargos do contrato.

4 – Sem prejuízo da manutenção da obrigação de pagamento da renda, o contrato de arrendamento suspende-se no momento da desocupação do locado pelo arrendatário.

(Aditado pela Lei nº 13/2019, de 12-02)

ARTIGO 10º – Efetivação da suspensão
(Revogado.)

ARTIGO 10º-A – Efetivação da suspensão

1 – A suspensão da execução do contrato para remodelação ou restauro profundos é feita mediante comunicação do senhorio ao arrendatário:

a) Da intenção de proceder a obras que obrigam à desocupação do locado por colocarem em causa as condições de habitabilidade;

b) Do local e das condições do realojamento fornecido;

c) Da data de início e duração previsível das obras.

2 – O arrendatário, após a comunicação prevista no número anterior, pode, em alternativa à suspensão, denunciar o contrato.

3 – No caso previsto no número anterior, cabe ao arrendatário indicar o momento de produção de efeitos da denúncia, que deve ocorrer antes da data de início das obras.

4 – A denúncia do contrato de arrendamento é comunicada ao senhorio no prazo de 30 dias a contar da comunicação referida no nº 1.

5 – Sem prejuízo da manutenção da obrigação de pagamento da renda, o contrato de arrendamento suspende-se no momento da desocupação do locado pelo arrendatário.

6 – O senhorio comunica ao arrendatário a conclusão das obras, devendo o arrendatário reocupar o locado no prazo de três meses, salvo justo impedimento, sob pena de caducidade do contrato de arrendamento.

(Aditado pela Lei nº 13/2019, de 12-02)

ARTIGO 11º – Edificação em prédio rústico

O disposto na presente subsecção é aplicável, com as necessárias adaptações, à denúncia de arrendamento de prédio rústico quando o senhorio pretenda aí construir um edifício.

SUBSECÇÃO II – Iniciativa do município ou da entidade gestora da operação de reabilitação urbana

ARTIGO 12º – Âmbito

O disposto na presente subsecção aplica-se às obras coercivas executadas em prédios total ou parcialmente arrendados:

a) Pelo município, nos termos do regime jurídico da urbanização e da edificação;

b) Pelo município ou pela entidade gestora da operação de reabilitação urbana, nos termos do regime jurídico da reabilitação urbana.

ARTIGO 13º – Poderes do município e da entidade gestora da operação de reabilitação urbana

Para os efeitos previstos no artigo anterior, a entidade promotora das obras coercivas pode proceder ao despejo administrativo e ocupar o prédio ou fogos, total ou parcialmente, até ao período de um ano após a data da conclusão das obras, após o qual tal ocupação cessa automaticamente.

ARTIGO 14º – Orçamento

1 – O início das obras é precedido da elaboração de um orçamento do respetivo custo, a comunicar ao senhorio, por escrito.

2 – O valor a suportar é acrescido do custo dos trabalhos a mais, decorrentes de circunstâncias imprevisíveis à data da elaboração do orçamento, que se mostrem indispensáveis para a conclusão da obra, com o limite estabelecido no nº 3 do artigo 370º do Código dos Contratos Públicos, aprovado pelo Decreto-Lei nº 18/2008, de 29 de janeiro, na redação que lhe foi dada pelo Decreto-Lei nº 278/2009, de 2 de outubro.

ARTIGO 15º – Realojamento ou indemnização

1 – A entidade promotora das obras coercivas não pode proceder ao despejo

administrativo sem assegurar simultaneamente o realojamento temporário dos arrendatários existentes, sendo aplicável o disposto no artigo 9º-B.

2 – Durante o realojamento mantém-se a obrigação de pagamento da renda, havendo lugar ao seu depósito, nos termos do artigo 19º

3 – No caso de arrendamento não habitacional, não sendo possível o realojamento ou não concordando o arrendatário com as condições oferecidas, a entidade promotora das obras coercivas indemniza o arrendatário nos termos da alínea *a*) do nº 1 do artigo 6º, tendo o direito de arrendar o local após as obras, nos termos do artigo 20º, para se ressarcir do valor da indemnização paga.

4 – Nos casos previstos nas alíneas *a*) e *b*) do nº 1 do artigo 7º, aplica-se, com as devidas adaptações, o disposto no artigo 6º, cabendo ao proprietário ressarcir a entidade promotora das obras coercivas dos custos suportados com o realojamento ou indemnização dos arrendatários.

(Redação dada pela Lei nº 13/2019, de 12-02)

ARTIGO 16º – Comunicação ao arrendatário

Com antecedência não inferior a 30 dias, o arrendatário é notificado, por carta registada ou por afixação de edital na porta da respetiva casa e na sede da junta de freguesia:

a) Da data do despejo administrativo;
b) Do local de realojamento que lhe foi destinado;
c) Da obrigação de retirar todos os bens do local despejando;
d) Da duração previsível das obras;
e) Da obrigação de depositar as rendas, nos termos do artigo 19º

ARTIGO 17º – Reocupação pelo arrendatário

A entidade promotora das obras coercivas comunica ao arrendatário o fim das obras, devendo o arrendatário reocupar o locado no prazo de três meses, salvo justo impedimento, sob pena de caducidade do contrato de arrendamento.

ARTIGO 18º – Compensação

1 – O ressarcimento do custo das obras coercivas, nos termos do artigo 14º, e, sendo caso disso, do realojamento temporário dos arrendatários existentes, é feito através do recebimento das rendas.

2 – Quando o senhorio o requeira, demonstrando que as rendas são indispensáveis para o sustento do seu agregado familiar ou para a sustentabilidade económica da pessoa coletiva, a entidade promotora das obras coercivas pode autorizar o levantamento de 50% do valor dos depósitos da renda vigente aquando do início das obras, acrescida das atualizações ordinárias anuais, revertendo o restante para a entidade promotora das obras coercivas.

3 – A autorização referida no número anterior é emitida no prazo de 10 dias após a apresentação do requerimento, acompanhado dos elementos de prova necessários.

ARTIGO 19º – Depósito das rendas

1 – O arrendatário deposita a renda, nos termos dos artigos 17º e seguintes do NRAU, enquanto a entidade promotora das obras coercivas não se encontrar totalmente ressarcida.

2 – No prazo de 10 dias após o ressarcimento integral, a entidade promotora das obras coercivas notifica os arrendatários da cessação do dever de depositar a renda.

ARTIGO 20º – Arrendamento pela entidade promotora das obras coercivas

(Revogado pelo Decreto-Lei nº 66/2019, de 21-05)

ARTIGO 21º – Arrolamento de bens

1 – Se, no momento da ocupação, forem encontrados bens no local a ocupar, proceder-se-á ao seu arrolamento.

2 – Para efeitos do arrolamento referido no número anterior, procede-se da seguinte forma:

a) É lavrado auto em que se descrevem os bens, em verbas numeradas, e se mencionam quaisquer ocorrências relevantes;

b) O auto é assinado pelo funcionário que o lavrar e pelo possuidor dos bens, se existir, devendo intervir duas testemunhas quando não for assinado por este último;

c) Ao ato de arrolamento assiste o possuidor ou detentor dos bens, sempre que queira e esteja no local ou seja possível chamá-lo, podendo fazer-se representar por mandatário judicial;

d) Os bens arrolados ficam depositados à guarda da entidade promotora das obras coercivas e são entregues ao respetivo dono, a requerimento deste, sem prejuízo de só poderem ser repostos no fogo despejando após a conclusão das respetivas obras;

e) São aplicáveis ao arrolamento as disposições relativas à penhora, com as devidas adaptações, em tudo que não contrarie o estabelecido neste artigo.

3 – O arrendatário é responsável pelas despesas resultantes do despejo.

4 – O dono dos bens é responsável pelas despesas resultantes do depósito e arrolamento daqueles.

ARTIGO 22º – Obras por iniciativa de outras entidades

O disposto na presente subsecção é aplicável, com as devidas adaptações, à realização de obras em prédios arrendados por entidade à qual a lei confira esse direito, nomeadamente sociedades de reabilitação urbana, fundos de investimento imobiliário e fundos de pensões.

SUBSECÇÃO III – Execução de obras pelo arrendatário

ARTIGO 22º-A – Âmbito

1 – O disposto na presente subsecção aplica-se à execução das seguintes obras pelo arrendatário, em substituição do senhorio:

a) Obras objeto de intimação prevista no nº 2 do artigo 89º do regime jurídico da urbanização e da edificação, aprovado pelo Decreto-Lei nº 555/99, de 16 de dezembro, ou no nº 1 do artigo 55º do regime jurídico da reabilitação urbana, aprovado pelo Decreto-Lei nº 307/2009, de 23 de outubro nos termos do artigo seguinte;

b) Reparações previstas no nº 1 artigo 1036º do Código Civil.

2 – O disposto nos números 3 e 4 do artigo 22º-C e no artigo 22º-D aplica-se, ainda, às obras previstas no nº 2 artigo 1036º do Código Civil.

3 – As obras previstas nos números anteriores incluem a execução de obras nas partes comuns previstas no artigo 1427º do Código Civil ou determinadas pela assembleia de condóminos.

4 – A execução das obras previstas nos números anteriores confere ao arrendatário direito a compensação, nos termos dos artigos seguintes.

5 – O comprovativo da qualidade de arrendatário constitui título habilitante para a promoção dos procedimentos de controlo prévio de operações urbanísticas e demais autorizações que se mostrem devidos para a execução das obras previstas nos números anteriores.

(Aditado pela Lei nº 13/2019, de 12-02)

ARTIGO 22º-B – Execução de intimação

1 – Caso o senhorio não cumpra os prazos de início ou de conclusão das obras previstas na alínea *a*) do nº 1 do artigo anterior, tem o arrendatário a possibilidade de fazê-las extrajudicialmente.

2 – Cessa o disposto no número anterior quando o senhorio não der início à obra por motivo imputável à Administração Pública, nomeadamente por demora no licenciamento da obra ou na decisão sobre a atribuição de apoio à reabilitação do prédio.

3 – No caso previsto no nº 1, a obra deve limitar-se ao objeto da intimação a que se reporta, em cujo procedimento o arrendatário é interessado.

(Aditado pela Lei nº 13/2019, de 12-02)

ARTIGO 22º-C – Comunicações ao senhorio

1 – Nos casos previstos no nº 1 do artigo 22º-A, o arrendatário que pretenda exercer o direito à execução das obras comunica essa intenção ao senhorio com antecedência mínima de 15 dias em relação à data prevista para início da execução, expondo os fatos que lhe conferem o direito de as efetuar e juntando o respetivo orçamento, mapa de quantidades, data prevista para o início e conclusão das obras e indicação da necessidade de realojamento temporário de arrendatários que se mostre indispensável para o efeito.

2 – Ao orçamento das obras, aplica-se, com as devidas adaptações, o disposto no artigo 14º

3 – A conclusão das obras é comunicada pelo arrendatário ao senhorio no prazo máximo de 30 dias, junto com a apresentação dos comprovativos das despesas realizadas e indicando:

a) O valor da compensação devida nos termos do nº 1 do artigo seguinte;

b) O valor já deduzido por conta da compensação, previsto no nº 2 do artigo seguinte;

c) O valor da compensação em dívida pelo senhorio, nos termos do nº 3 do artigo seguinte;

d) A modalidade de pagamento da compensação em dívida, nos termos do nº 4 do artigo seguinte, e as respetivas condições de pagamento.

4 – As comunicações previstas no presente artigo são feitas nos termos do artigo 9º do NRAU.

(Aditado pela Lei nº 13/2019, de 12-02)

ARTIGO 22º-D – Compensação

1 – O valor a ter em conta para efeitos de compensação é o correspondente às despesas das obras efetuadas e orçamentadas e respetivos juros, acrescidas de 5% destinados a despesas de administração, e aos custos suportados com o realojamento temporário dos arrendatários.

2 – O arrendatário pode, por conta da compensação devida nos termos do presente artigo, deduzir o valor despendido com as obras no valor das rendas mensais vincendas a partir do início da execução.

3 – Concluída a execução das obras, o valor da compensação em dívida corresponde ao valor da compensação devida nos termos do nº 2, subtraído do valor deduzido nos termos do número anterior.

4 – Para pagamento do valor da compensação em dívida, o arrendatário pode optar por uma das seguintes modalidades:

a) Pagamento direto pelo senhorio, em prazo não inferior a 60 dias;

b) Dedução no valor das rendas mensais vincendas a partir da data da receção da comunicação prevista no nº 3 do artigo anterior.

5 – Cessando, por qualquer causa, o contrato de arrendamento antes do ressarcimento completo do arrendatário, este tem o direito de receber o valor em falta.

(Aditado pela Lei nº 13/2019, de 12-02)

SECÇÃO III – Regime especial transitório

SUBSECÇÃO I – Disposições gerais

ARTIGO 23º – Âmbito de aplicação

1 – O disposto na presente secção aplica-se apenas aos contratos de arrendamento para habitação celebrados antes da entrada em vigor do RAU, aprovado pelo Decreto-Lei nº 321-B/90, de 15 de outubro.

2 – Em tudo o não previsto na presente secção aplica-se o disposto na secção anterior.

SUBSECÇÃO II – Iniciativa do senhorio

ARTIGO 24º – Denúncia para demolição

1 – A faculdade de denúncia para demolição rege-se pelo disposto no artigo 7º, sem prejuízo do disposto no artigo seguinte.

2 – *(Revogado.)*

ARTIGO 25º – Denúncia do contrato com arrendatário com idade igual ou superior a 65 anos ou com deficiência com grau de incapacidade igual ou superior a 60%

1 – À denúncia do contrato de duração indeterminada para demolição ou realização de obra de remodelação ou restauro profundos, nos termos da alínea *b*) do artigo 1101º do Código Civil, quando o arrendatário tiver idade igual ou superior a 65 anos ou deficiência com grau comprovado de incapacidade igual ou superior a 60%, aplica-se o disposto no artigo 6º, sem prejuízo do disposto no número seguinte.

2 – O realojamento previsto na alínea *b*) do nº 1 do artigo 6º dá lugar à celebração de novo contrato por duração indeterminada, não sendo aplicável o disposto na alínea *c*) do artigo 1101º do Código Civil.

3 – À renda a pagar pelo novo contrato de arrendamento é aplicável, com as necessárias adaptações, o disposto nas alíneas *a*) e *b*) do nº 2 do artigo 35º do NRAU, sem prejuízo do disposto no número seguinte.

4 – Se o arrendatário invocar e comprovar que o RABC do seu agregado familiar é inferior a cinco RMNA, aplica-se para efeitos do valor da renda a que se refere o número anterior o disposto no nº 7, na alínea *a*) do nº 9 e no nº 10 do artigo 36º do NRAU.

5 – *(Revogado.)*

6 – *(Revogado.)*

7 – *(Revogado.)*

8 – *(Revogado.)*

9 – *(Revogado.)*

10 – *(Revogado.)*

11 – *(Revogado.)*

12 – *(Revogado.)*

(Redação dada pela Lei nº 13/2019, de 12-02)

ARTIGO 26º – Suspensão do contrato para remodelação ou restauro

(Revogado pela Lei nº 13/2019, de 12-02)

ARTIGO 26º-A – Suspensão da execução do contrato para remodelação ou restauro profundos

1 – Em caso de suspensão da execução do contrato para remodelação ou restauro profundos, pelo período de decurso das obras, nos termos do artigo 5º-A, quando o arrendatário tiver idade igual ou superior a 65 anos ou deficiência com grau comprovado de incapacidade igual ou superior a 60%, aplica-se o disposto nos artigos 9º-B e 10º-A, sem prejuízo do disposto nos números seguintes.

2 – Caso opte pela denúncia do contrato nos termos do nº 2 do artigo 10º-A, o arrendatário tem direito à indemnização prevista na alínea *a*) do nº 1 do artigo 6º

3 – Ao realojamento temporário do arrendatário é aplicável o disposto nos nºs 3 a 5 do artigo 6º

(Aditado pela Lei nº 13/2019, de 12-02)

ARTIGO 27º – Atualização da renda

(Revogado.)

SUBSECÇÃO III – Iniciativa do município

ARTIGO 28º – Atualização da renda

(Revogado.)

SUBSECÇÃO IV – Iniciativa do arrendatário

DIVISÃO I – Âmbito de aplicação

ARTIGO 29º – Responsabilidade pelas obras ou pelos danos

(Revogado pela Lei nº 13/2019, de 12-02)

DIVISÃO II – Manutenção do arrendamento

ARTIGO 30º – Atuação do arrendatário

(Revogado pela Lei nº 13/2019, de 12-02)

ARTIGO 31º – Legitimidade

(Revogado pela Lei nº 13/2019, de 12-02)

ARTIGO 32º – Procedimento

(Revogado pela Lei nº 13/2019, de 12-02)

ARTIGO 33º – Compensação

(Revogado pela Lei nº 13/2019, de 12-02)

ARTIGO 34º – Compensação e valor da renda

(Revogado.)

DIVISÃO III – **Aquisição do locado pelo arrendatário**

ARTIGO 35º - Legitimidade

(Revogado.)

ARTIGO 36º - Ação de aquisição

(Revogado.)

ARTIGO 37º - Legitimidade passiva

(Revogado.)

ARTIGO 38º - Valor da aquisição

(Revogado.)

ARTIGO 39º - Obrigação de reabilitação e manutenção

(Revogado.)

ARTIGO 40º - Reversão

(Revogado.)

ARTIGO 41º - Registo predial

(Revogado.)

ARTIGO 42º - Prédios constituídos em propriedade horizontal

(Revogado.)

ARTIGO 43º - Prédios não constituídos em propriedade horizontal

(Revogado.)

ARTIGO 44º - Aquisição de outras frações

(Revogado.)

SECÇÃO IV – **Disposições sancionatórias**

ARTIGO 45º - Responsabilidade contraordenacional

1 – Sem prejuízo da responsabilidade civil, criminal ou disciplinar, são puníveis como contraordenação as falsas declarações dos técnicos autores de projetos no termo de responsabilidade previsto na alínea *b*) do nº 2 do artigo 8º

2 – A contraordenação prevista no número anterior é punível com coima de €3000 a €200000.

3 – A negligência é punível, sendo os limites mínimos e máximos das coimas reduzidos para metade.

4 – A tentativa é punível com a coima aplicável à contraordenação consumada, especialmente atenuada.

5 – Consoante a gravidade da contraordenação e a culpa do agente, pode ser aplicada, simultaneamente com a coima, a sanção acessória de interdição do exercício, até ao máximo de quatro anos, da profissão ou atividade conexas com a infração praticada.

6 – As sanções previstas nos números anteriores são comunicadas à ordem ou associação profissional respetiva, quando exista.

7 – Sem prejuízo das competências atribuídas por lei a outras autoridades policiais e fiscalizadoras, a competência para determinar a instauração dos processos de contraordenação, para designar o instrutor e para aplicar as coimas e as sanções acessórias pertence ao presidente da câmara municipal ou, se houver delegação de competências, aos vereadores.

8 – O produto da aplicação das coimas reverte a favor do município, inclusive quando as mesmas sejam cobradas em juízo.

ARTIGO 46º – Responsabilidade criminal

1 – As falsas declarações ou informações prestadas no termo de responsabilidade previsto na alínea *b*) do nº 2 do artigo 8º pelos técnicos autores de projetos são puníveis nos termos do artigo 256º do Código Penal.

2 – O disposto no número anterior não prejudica a aplicação do artigo 277º do Código Penal.

SECÇÃO V – Disposições finais e transitórias

ARTIGO 47º – Comunicações

Às comunicações entre senhorio e arrendatário previstas no presente decreto-lei aplica-se o disposto nos artigos 9º a 12º do NRAU.

ARTIGO 48º – Alteração ao Decreto-Lei nº 555/99, de 16 de dezembro

1 – O artigo 92º do Decreto-Lei nº 555/99, de 16 de dezembro, passa a ter a seguinte redação:

> **«ARTIGO 92º – Despejo administrativo**
>
> 1 – ....
>
> 2 – ....
>
> 3 – ....
>
> 4 – ....
>
> 5 – Ao despejo de ocupante titular de contrato de arrendamento aplica-se o disposto no Decreto-Lei nº 157/2006, de 8 de agosto.»
>
> 2 – O prazo previsto no nº 2 do artigo 71º do Decreto-Lei nº 555/99, de 16 de dezembro, para requerer a emissão do alvará não corre na pendência das ações de aquisição ou denúncia previstas neste decreto-lei.

ARTIGO 49º - Norma revogatória

É revogada a Lei nº 2088, de 3 de junho de 1957.

ARTIGO 50º - Entrada em vigor

O presente decreto-lei entra em vigor no 30º dia seguinte ao da sua publicação.

Regimes de Determinação do Rendimento Anual Bruto Corrigido e do Subsídio de Renda a Atribuir aos Arrendatários com Contratos de Arrendamento para Habitação

Decreto-Lei nº 156/2015, de 10 de agosto

No âmbito da reforma do arrendamento promovida em 2012, com a alteração do Novo Regime do Arrendamento Urbano, foi estabelecido o regime aplicável à atribuição de subsídio de renda aos arrendatários, com contratos de arrendamentos para fim habitacional anteriores a 18 de novembro de 1990, e que se encontrassem, àquela data, em processo de atualização faseada de renda, ao abrigo do Novo Regime do Arrendamento Urbano (NRAU), aprovado pela Lei nº 6/2006, de 27 de fevereiro.

O referido regime de subsídio de renda foi regulamentado pelo Decreto-Lei nº 158/2006, de 8 de agosto, alterado pelo Decreto-Lei nº 266-C/2012, de 31 de dezembro, o qual previu, desde logo, que seriam definidos em diploma próprio os termos e as condições da resposta social a atribuir pelo Estado aos arrendatários habitacionais que entrassem em processo de atualização da renda nos termos da reforma do arrendamento de 2012, após o período transitório de cinco anos conforme já resultava, também, do nº 10 do artigo 36º do NRAU, aprovado pela Lei nº 6/2006, de 27 de fevereiro, alterado pela Lei nº 31/2012, de 14 de agosto.

Foi estabelecido, ainda, que essa resposta social, no caso de arrendatários com idade igual ou superior a 65 anos ou deficiência com grau comprovado de incapacidade igual ou superior a 60%, seria efetivada, preferencialmente através da atribuição de subsídio de renda correspondente à diferença entre o valor da renda que for devida em função do RABC do agregado familiar e o valor da renda atualizada após o final do período transitório.

O presente decreto-lei vem estabelecer a resposta social que se encontrava legalmente assumida, definindo o regime de subsídio de renda que passa a ser aplicável a todos os arrendatários habitacionais, com contratos anteriores a 18 de novembro de 1990, após o período transitório de cinco anos definido atualmente no NRAU ou após o período de faseamento de renda de 10 anos, estabelecido na versão originária do NRAU, e que invocaram, perante o senhorio, no âmbito do processo de atualização da renda, rendimentos do respetivo agregado familiar inferiores a cinco retribuições mínimas nacionais garantidas.

Com efeito, de acordo com os artigos 35º e 36º do NRAU, aprovado pela Lei nº 6/2006, de 27 de fevereiro, alterado pelas Leis nºs 31/2012, de 14 de agosto, e 79/2014, de 19 de dezembro, os arrendatários podem invocar circunstâncias perante o senhorio, no processo de atualização da renda, concretamente uma idade igual ou superior a 65 anos, uma deficiência com grau de incapacidade igual ou superior a 60% ou uma situação de debilidade económica, correspondente a um rendimento anual inferior a cinco retribuições mínimas nacionais garantidas.

Nos casos de debilidade económica, a lei já previa que, durante um período transitório de cinco anos, as rendas seriam limitadas em função dos rendimentos dos arrendatários que invocassem uma situação de debilidade económica, fixando-se, agora, pelo presente decreto-lei, o apoio social de que estes arrendatários podem beneficiar, no final do referido período transitório.

Assim, promove-se uma resposta social para todos os arrendatários cujo período transitório está a decorrer, mas também para aqueles que ainda podem iniciar este período, na sequência de um processo de transição para o regime do NRAU que seja despoletado pelo senhorio. Em qualquer caso, o novo regime só tem aplicação no final do período transitório, o que não ocorrerá antes de 2017.

O regime contempla um subsídio de renda que pode assumir duas modalidades, podendo traduzir-se num subsídio para arrendamento em vigor, o qual permite aos arrendatários manter o contrato de arrendamento e a sua residência atual, ou em alternativa optar, se assim o desejarem, por um subsídio para um novo contrato de arrendamento.

O apoio, na modalidade de subsídio para arrendamento em vigor, corresponde ao diferencial entre a renda fixada para o período transitório, atualizada em face dos rendimentos que o agregado familiar aufere no final deste período, e o valor da renda atualizada, que pode ascender, na falta de acordo das partes, a um máximo de 1/15 do valor patrimonial tributário do locado. Com efeito, o presente decreto-lei estabelece o subsídio corresponde, em todas as situações, à totalidade do valor da renda que ultrapasse o valor que o agregado pode suportar em função do seu RABC.

O direito ao subsídio não é reconhecido aos arrendatários que sejam proprietários de outra habitação no mesmo concelho da situação do locado ou em concelho limítrofe ou, ainda, na mesma área metropolitana do locado, desde que o imóvel seja adequado a satisfazer o fim habitacional do agregado e não constitua residência permanente de terceiros com direitos legais ou contratuais sobre o mesmo.

Por outro lado, a faculdade que é atribuída ao arrendatário, de mudar de residência e utilizar o subsídio num novo contrato de arrendamento, permite-lhe escolher a habitação que melhor se adapta às necessidades do seu agregado familiar e que melhores condições de habitabilidade apresenta, contribuindo, assim, para a dinamização do mercado de arrendamento e para incentivar a reabilitação dos imóveis que estiveram sujeitos a rendas antigas, em particular nos centros urbanos.

O arrendatário pode, ainda, a qualquer momento, optar por mudar entre uma das modalidades de subsídio de renda e pode, inclusivamente, solicitar a atribuição de uma habitação em regime de arrendamento apoiado, no município do locado ou noutro município para onde pretenda mudar a sua residência.

O regime e a diversificação das modalidades do subsídio de renda procura responder às especificidades das famílias abrangidas. Contudo, tendo em atenção as especiais dificuldades que se colocam à população mais idosa ou com deficiência, nomeadamente perante uma eventual mudança do local onde residem, a resposta social é no sentido de permitir a manutenção da atual residência sempre que essa seja a opção dos arrendatários.

Foram ouvidos os órgãos de governo próprios das regiões autónomas, a Associação Nacional de Municípios Portugueses e a Comissão Nacional de Proteção de Dados.

Assim:

Nos termos da alínea *a*) do nº 1 do artigo 198º da Constituição, o Governo decreta o seguinte:

ARTIGO 1º – Objeto e âmbito

1 – O presente decreto-lei estabelece o regime do subsídio de renda a atribuir aos arrendatários com contratos de arrendamento para habitação, celebrados antes de 18 de novembro de 1990 e que se encontrem em processo de atualização de renda, bem como aos contratos objeto de atualização extraordinária de renda a que se refere o nº 11 do artigo 36º do Novo Regime do Arrendamento Urbano.

2 – O presente decreto-lei estabelece, ainda, o regime de determinação do rendimento anual bruto corrigido (RABC), para efeitos de aplicação do disposto nos artigos 30º a 37º da Lei nº 6/2006, de 27 de fevereiro, alterada pela Leis nºs 31/2012, de 14 de agosto, e 79/2014, de 19 de dezembro, e de comprovação das condições de acesso ou de manutenção do subsídio de renda.

(Redação dada pela Lei nº 13/2019, de 12-02)

ARTIGO 2º – Definições

1 – Para efeitos do presente decreto-lei, considera-se:

a) «Retribuição mínima nacional anual» ou «RMNA», o valor da retribuição mínima mensal garantida (RMMG) referida no nº 1 do artigo 273º do Código do Trabalho, multiplicado por 14 meses;

b) «Agregado familiar», o conjunto de pessoas constituído pelo arrendatário e pelos seguintes indivíduos que tenham residência no locado:

i) Cônjuge, ainda que separado judicialmente de pessoas e bens;

ii) Ex-cônjuge, em situações de nulidade, anulação ou dissolução do casamento, ou pessoa que viva com o arrendatário em união de facto nos termos estabelecidos na Lei nº 7/2001 de 11 de maio, alterada pela Lei nº 23/2010, de 30 de agosto;

iii) Dependentes ou ascendentes do arrendatário, do seu cônjuge ou do seu ex-cônjuge ou da pessoa que com ele viva em união de facto;

iv) Outras pessoas que vivam em comunhão de habitação com o arrendatário há mais de um ano;

c) «Dependentes», as pessoas que sejam:

i) Filhos, adotados e enteados menores não emancipados, bem como os menores sob tutela;

ii) Filhos, adotados e enteados maiores, bem como aqueles que até à maioridade estiveram sujeitos à tutela de qualquer dos sujeitos do agregado familiar que, não tendo mais de 25 anos e não auferindo anualmente rendimentos superiores à retribuição mínima mensal garantida, frequentem estabelecimento de ensino; e

iii) Filhos, adotados, enteados e os sujeitos a tutela, maiores, inaptos para o trabalho e para angariar meios de subsistência, quando não aufiram rendimentos superiores à retribuição mínima mensal garantida;

iv) Os ascendentes cujo rendimento mensal seja inferior a uma retribuição mínima mensal garantida;

d) «Renda», o valor mensal da retribuição devida pelo arrendatário ao senhorio pelo gozo da habitação;

e) «Nova renda», a renda devida após:

i) O fim dos períodos transitórios de 10 e 8 anos previstos nos artigos 35º e 36º da Lei nº 6/2006, de 27 de fevereiro, com a redação dada pela presente lei.

ii) O período de 10 anos estabelecido no nº 3 do artigo 38º da Lei nº 6/2006, de 27 de fevereiro, na sua redação originária;

iii) A atualização extraordinária de renda aplicada nos termos do nº 11 do artigo 36º da Lei nº 6/2006, de 27 de fevereiro, com a redação dada pela presente lei.

2 – Para efeitos da alínea *b*) do número anterior, quando o arrendatário não resida no locado, temporária ou permanentemente, por motivos de doença ou internamento em estabelecimentos de apoio social ou equiparados, considera-se agregado familiar do arrendatário o conjunto de pessoas referidas nos números anteriores que residam em permanência no local arrendado.

3 – O agregado familiar, a RMNA e os demais elementos relevantes para efeitos de determinação do RABC, são relativos ao ano civil anterior ao ato a cuja instrução a declaração de RABC se destina, sem prejuízo de, no caso de esta ser necessária para fazer prova do RABC em momento anterior, a informação se possa reportar a ano civil diferente.

(Redação dada pela Lei nº 13/2019, de 12-02)

CAPÍTULO I – **Rendimento anual bruto corrigido**

ARTIGO 3º – Rendimento anual bruto

1 – Considera-se rendimento anual bruto (RAB) o quantitativo que resulta da soma dos rendimentos anuais ilíquidos, nos termos do Código do Imposto sobre o Rendimento das Pessoas Singulares (CIRS), auferidos por todos os elementos do agregado familiar do arrendatário.

2 – Tratando-se de rendimentos da categoria B do CIRS enquadrados no regime simplificado, considera-se rendimento bruto o resultante da aplicação dos coeficientes previstos no nº 2 do artigo 31º do CIRS.

3 – O disposto no número anterior não prejudica a aplicação das restantes regras de determinação do rendimento da categoria B previstas no CIRS, no âmbito do regime simplificado.

4 – Tratando-se de rendimentos de categoria B, nos termos do CIRS, enquadrados no regime de contabilidade organizada, considera-se rendimento bruto o resultante do lucro apurado.

ARTIGO 4º – Rendimento anual bruto corrigido

1 – O RABC é o quantitativo que resulta da soma dos rendimentos anuais ilíquidos auferidos por todos os elementos do agregado familiar do arrendatário, corrigido pelos seguintes fatores:

a) Total dos rendimentos anuais ilíquidos, nos termos do artigo anterior, auferidos pelas pessoas que vivam em comunhão de habitação com o arrendatário há mais de um ano;

b) Número de dependentes do agregado familiar do arrendatário e das pessoas que vivam em comunhão de habitação com o arrendatário há mais de um ano;

c) Número de pessoas do agregado familiar portadoras de deficiência com grau comprovado de incapacidade igual ou superior a 60%.

2 – O RAB do agregado familiar do arrendatário é corrigido através da soma dos rendimentos anuais ilíquidos, nos termos previstos no artigo anterior, auferidos pelas pessoas que vivam em comunhão de habitação com o arrendatário há mais de um ano.

3 – A correção do RAB do agregado familiar do arrendatário em função do número de dependentes é feita através da dedução ao RAB do agregado familiar do arrendatário corrigido nos termos do número anterior do valor correspondente a 0,5 da RMNA, por cada dependente.

4 – Se no agregado familiar existir pessoa portadora de deficiência com grau comprovado de incapacidade igual ou superior a 60%, é deduzido ao RAB corrigido nos termos do nº 2 o valor correspondente a 0,5 da RMNA, cumulável com a correção prevista no número anterior, por cada indivíduo nestas condições.

5 – Sem prejuízo do disposto no nº 7, a declaração da qual conste o valor do RABC do agregado familiar do arrendatário é emitida pelo serviço de finanças competente, a pedido do arrendatário, para os efeitos previstos nos artigos 30º a 37º da Lei nº 6/2006, de 27 de fevereiro, alterada pela Leis nºs 31/2012, de 14 de agosto, e 79/2014, de 19 de dezembro.

6 – A emissão da declaração prevista no número anterior depende da apresentação, pelo requerente, de autorização dos membros do agregado familiar e das pessoas a que se refere a alínea *a*) do nº 1.

7 – Nas situações em curso de atualização faseada de renda, previstas nos artigos 30º a 49º da Lei nº 6/2006, de 27 de fevereiro, na sua redação originária, o serviço de finanças competente emite, a pedido do senhorio ou do arrendatário, declaração de que o RABC do agregado familiar do arrendatário é ou não superior a 3, 5 ou 15 RMNA.

8 – Sem prejuízo do disposto nos nºs 5 e 7, as declarações aí previstas não podem, em caso algum, revelar dados relativos à situação tributária protegidos pelo dever de confidencialidade estabelecido na Lei Geral Tributária, designadamente através da discriminação dos rendimentos pelos respetivos titulares.

9 – *(Revogado).*

(Redação dada pela Lei nº 13/2019, de 12-02)

CAPÍTULO II – Subsídio de renda

SECÇÃO I – Disposições gerais

ARTIGO 5º – Condições de acesso

1 – Têm direito à atribuição de subsídio de renda, ao abrigo do presente decreto-lei, os arrendatários com contratos de arrendamento para habitação celebrados antes de 18 de novembro de 1990, objeto de atualização de renda nos termos dos artigos 35º e 36º da Lei nº 6/2006, de 27 de fevereiro, na sua redação atual, ou em processo de atualização faseada do valor da renda previsto no artigo 41º da Lei nº 6/2006, de 27 de fevereiro, e no artigo 11º da Lei nº 31/2012, de 14 de agosto, bem como os contratos de arrendamento objeto da atualização extraordinária de renda prevista no nº 11 do artigo 36º da Lei nº 6/2006, de 27 de fevereiro, com a redação dada pela presente lei, relativamente aos quais se verifiquem os seguintes requisitos:

a) Em resposta à comunicação efetuada pelo senhorio, para efeito de atualização da renda no âmbito da Lei nº 6/2006, alterada pela Leis nºs 31/2012, de 14 de agosto, e 79/2014, de 19 de dezembro, tenham invocado um RABC do respetivo agregado familiar inferior a cinco RMNA; e

b) Tenha decorrido o período transitório previsto nos artigos 35º e 36º da Lei nº 6/ /2006, de 27 de fevereiro, de 27 de fevereiro, na sua redação atual, ou tenha decorrido o prazo de 10 anos estabelecido no nº 3 do artigo 38º da Lei nº 6/2006, de 27 de fevereiro; ou

c) Tenha havido lugar à atualização extraordinária de renda prevista no nº 11 do artigo 36º da Lei nº 6/2006, de 27 de fevereiro, com a redação dada pela presente lei;

d) Desde que, em qualquer dos casos previstos nas alíneas anteriores, invoquem e comprovem, para efeitos de pedido de atribuição de subsídio, um RABC do respetivo agregado familiar inferior a cinco RMNA, através de declaração emitida há menos de um ano pelos serviços de finanças.

2 – O presente decreto-lei não é aplicável nos casos de atualização de renda efetuada nos termos do artigo 45º da Lei nº 6/2006, de 27 de fevereiro, na sua redação originária.

(Redação dada pela Lei nº 13/2019, de 12-02)

ARTIGO 6º – Exclusões

1 – Sem prejuízo de outras causas de exclusão específicas das modalidades do subsídio de renda previstas no presente decreto-lei, não tem direito a aceder à atribuição de subsídio de renda o arrendatário que se encontre numa das seguintes situações:

a) Os elementos do agregado familiar, cujos rendimentos são relevantes para o cálculo do respetivo RABC, não concedam a autorização necessária para acesso aos seus dados fiscais ou relativos ao processamento de pensões;

b) Não tenha no locado a sua residência permanente, sem prejuízo do disposto no nº 2 do artigo 2º;

c) Subarrende ou ceda o locado a qualquer outro título oneroso, total ou parcialmente, ainda que tenha autorização do senhorio para o efeito;

d) O próprio arrendatário ou algum dos elementos do respetivo agregado familiar referidos nas subalíneas *i*), *ii*) e *iii*) da alínea *b*) do nº 1 do artigo 2º seja proprietário, usufrutuário ou arrendatário de imóvel destinado a habitação, no mesmo concelho da situação do locado ou em concelho limítrofe ou na mesma área metropolitana do locado, desde que o imóvel seja adequado a satisfazer o fim habitacional do agregado e não constitua residência permanente de terceiros com direitos legais ou contratuais sobre o mesmo;

e) Aufira qualquer outro apoio para fins habitacionais.

2 – No caso da alínea *d*) do número anterior, o arrendatário deve demonstrar que o imóvel não é adequado a satisfazer o fim habitacional do agregado familiar ou não está em condições mínimas de habitabilidade, preferencialmente através de documento emitido pelos serviços públicos competentes em função do território e da matéria, nomeadamente os serviços municipais.

ARTIGO 7º – Requerimento e procedimento de atribuição do subsídio

1 – Cabe ao arrendatário requerer junto dos serviços de segurança social da área do locado ou através da Internet, a atribuição do subsídio de renda de acordo com a modalidade pretendida, devendo o requerimento ser devidamente instruído com os documentos obrigatórios e necessários à respetiva avaliação.

2 – O modelo dos requerimentos, a sua forma de entrega, os documentos instrutórios necessários e os procedimentos relativos à receção, análise e avaliação dos pedidos são estabelecidos por portaria dos membros do Governo responsáveis pelas áreas da habitação e da segurança social.

*3 – O pedido do subsídio de renda pode ser apresentado:**

a) Nos seis meses que antecedem o termo dos prazos previstos no nº 1 do artigo 35º e na alínea *b*) do nº 7 do artigo 36º da Lei nº 6/2006, de 27 de fevereiro, na sua redação atual;

* Nota do editor:
Certamente por lapso, a alteração efetuada pela Lei nº 13/2019, de 12 de fevereiro, manteve o texto do número 3, acrescentando-lhe as alíneas, repetindo, assim, conteúdo. Desta forma, optámos por deixar a redação que nos parece que irá resultar de uma futura declaração de retificação.
A alteração efetivamente realizada pelo legislador daria ao nº 3 a seguinte redação:
"3 – O pedido do subsídio de renda pode ser apresentado nos seis meses que antecedem o termo do prazo de cinco anos previsto nos artigos 35º e 36º da Lei nº 6/2006, de 27 de fevereiro, alterada pelas Leis nºs 31/2012, de 14 de agosto, e 79/2014, de 19 de dezembro, ou que antecedem o termo do prazo de 10 anos estabelecido no nº 3 do artigo 38º da Lei nº 6/2006, na sua redação originária, ou decorridos estes prazos:
a) Nos seis meses que antecedem o termo dos prazos previstos no nº 1 do artigo 35º e na alínea *b*) do nº 7 do artigo 36º da Lei nº 6/2006, de 27 de fevereiro, na sua redação atual;
b) Nos seis meses que antecedem o termo do prazo estabelecido no nº 3 do artigo 38º da Lei nº 6/2006, de 27 de fevereiro, na sua redação originária; ou
c) Nos seis meses que antecedem a renovação do contrato, nos casos previstos no nº 11 do artigo 36º da Lei nº 6/2006, de 27 de fevereiro, com a redação introduzida pela presente lei."

b) Nos seis meses que antecedem o termo do prazo estabelecido no nº 3 do artigo 38º da Lei nº 6/2006, de 27 de fevereiro, na sua redação originária; ou

c) Nos seis meses que antecedem a renovação do contrato, nos casos previstos no nº 11 do artigo 36º da Lei nº 6/2006, de 27 de fevereiro, com a redação introduzida pela presente lei.

4 – Os serviços de segurança social criam o processo correspondente a cada requerimento de atribuição do subsídio de renda e, no prazo de 15 dias a contar da data da apresentação do mesmo ou, se não estiver devidamente instruído, da data de entrega do último dos elementos necessários à respetiva instrução, enviam ao Instituto da Habitação e da Reabilitação Urbana, I. P. (IHRU, I. P.), a informação relevante para a tomada de decisão final do pedido.

5 – O IHRU, I. P., decide o pedido de subsídio de renda no prazo de 15 dias a contar da data do envio do requerimento pelos serviços de segurança social.

6 – A decisão do pedido de subsídio de renda é notificada, pelo IHRU, I. P., ao requerente e ao senhorio.

(Redação dada pela Lei nº 13/2019, de 12-02)

ARTIGO 8º – Decisão do pedido

1 – Sem prejuízo de outros factos que determinem o indeferimento nos termos legais, há lugar ao indeferimento do pedido de subsídio de renda, nas seguintes situações:

a) Não seja comprovada alguma das condições de acesso a que se refere o artigo 5º;

b) Exista uma causa de exclusão nos termos do artigo 6º

2 – O pedido é deferido de acordo com os limites do subsídio a atribuir, definidos nos artigos 12º e 21º

3 – O deferimento do pedido de subsídio de renda produz efeitos desde o primeiro dia do mês subsequente ao termo do prazo para decisão do pedido de subsídio de renda, se a renda atualizada a essa data já for devida, ou no primeiro dia do mês em que o seja.

4 – Nas situações de subsídio para novo arrendamento, o deferimento do pedido de subsídio só produz efeitos com a celebração do novo contrato de arrendamento.

ARTIGO 9º – Efeitos da apresentação do pedido

1 – O arrendatário deve comunicar ao senhorio, por escrito, que apresentou um pedido de subsídio de renda, com indicação da modalidade adotada, e enviar, ainda, o comprovativo da apresentação do pedido de subsídio.

2 – A atualização da renda pelo senhorio, nos casos previstos no nº 1 do artigo 5º, fica suspensa a partir do primeiro dia do mês seguinte à notificação a que se refere o número anterior ou, quando a atualização da renda ainda não seja exigível, a partir da data em que for devida.

3 – A notificação da decisão do pedido de subsídio de renda ao arrendatário determina o fim da suspensão da atualização da renda prevista no número anterior.

(Redação dada pela Lei nº 13/2019, de 12-02)

ARTIGO 10º – Modalidades do subsídio de renda

1 – Qualquer dos arrendatários com direito a subsídio de renda pode requerer a sua atribuição numa das seguintes modalidades:

a) Subsídio para arrendamento em vigor;

b) Subsídio para novo arrendamento.

2 – A opção pela modalidade de subsídio para arrendamento em vigor não impede a alteração para a opção de subsídio para novo arrendamento.

3 – Além das modalidades de subsídio de renda identificadas no nº 1, os arrendatários que reúnam as condições legais para atribuição daquele subsídio podem optar pela atribuição de habitação em regime de arrendamento apoiado.

SECÇÃO II – Subsídio para arrendamento em vigor

ARTIGO 11º – Subsídio para arrendamento em vigor

O subsídio para arrendamento em vigor é um apoio financeiro, concedido ao arrendatário sob a forma de uma subvenção mensal não reembolsável, relativo ao montante da nova renda e destinada a apoiá-lo a manter a sua residência permanente no locado.

ARTIGO 12º – Montante do subsídio para arrendamento em vigor

1 – O montante do subsídio para arrendamento em vigor é igual à diferença entre o valor da nova renda e o valor de renda que pode ser suportada pelo arrendatário de acordo com o nº 2 do artigo 35º da Lei nº 6/2006, de 27 de fevereiro, na sua redação atual, com base no RABC do agregado familiar do arrendatário, sem prejuízo do disposto no nº 4.

2 – Para efeitos do número anterior, é considerado o RABC do agregado familiar do arrendatário relativo ao ano civil anterior ao pedido de subsídio para arrendamento em vigor.

3 – Se à data da apresentação do pedido de subsídio para arrendamento em vigor ainda não estiverem apurados os rendimentos a que se referem os artigos 3º e 4º, é considerado o RABC do agregado familiar relativo ao segundo ano civil que antecede o pedido de subsídio.

4 – No caso previsto no nº 11 do artigo 36º do NRAU, o montante máximo do subsídio é igual à diferença entre a nova renda e a renda anterior à atualização extraordinária ali prevista.

(Redação dada pela Lei nº 13/2019, de 12-02)

ARTIGO 13º – Valor mínimo do subsídio para arrendamento em vigor

O subsídio para arrendamento em vigor é atribuído no valor correspondente a 5% de um indexante de apoios sociais (IAS), instituído pela Lei nº 53-B/2006, de 29 de dezembro, sempre que o respetivo cálculo determinar um valor inferior.

ARTIGO 14º – Duração do subsídio para arrendamento em vigor

1 – O subsídio para arrendamento em vigor é atribuído por um período de 24 meses, renovável por períodos iguais e sucessivos, desde que, antes do termo desse período, o arrendatário faça prova, através da entrega do comprovativo do RABC do seu agregado familiar, de que se mantêm os pressupostos da atribuição do subsídio e desde que não tenha ocorrido qualquer causa determinante da sua extinção.

2 – A primeira prestação do subsídio para arrendamento em vigor é devida a partir da data em que a decisão do pedido produz efeitos, nos termos dos nºs 3 e 4

do artigo 8º ou, em caso de renovação, a partir do primeiro dia do mês subsequente ao termo do período anterior.

3 – Nas situações em que as prestações sejam pagas após as datas referidas no número anterior, o arrendatário tem direito à recuperação dos montantes de subsídio atribuído, que entretanto não tiverem sido pagos.

ARTIGO 15º – Alteração do montante do subsídio para arrendamento em vigor

1 – O montante do subsídio para arrendamento em vigor pode ser atualizado, em cada momento, em função da alteração dos pressupostos da respetiva atribuição, designadamente nos seguintes casos:

a) Variação do RABC do agregado familiar do arrendatário igual ou superior a 5%;

b) Variação do RABC em virtude de alteração da composição do agregado familiar e ou da situação determinante da aplicação de um ou mais dos fatores de correção previstos no artigo 4º

2 – No caso do número anterior, cabe ao titular do direito ao subsídio de renda comunicar aos serviços da segurança social as alterações verificadas, no prazo máximo de 15 dias a contar da data da respetiva ocorrência, devendo a comunicação ser instruída com a informação e os documentos que se revelem necessários à verificação dos factos.

3 – Os serviços da segurança social registam a comunicação de alteração de circunstâncias no correspondente processo e enviam-na ao IHRU, I. P., com as informações e os elementos relevantes para a respetiva apreciação, no prazo máximo de 15 dias a contar da data da sua receção.

4 – O IHRU, I. P., decide a alteração do subsídio, no prazo de 15 dias a contar da data do envio da comunicação referida no número anterior.

5 – A decisão a que se refere o número anterior produz efeitos a partir do mês seguinte ao da data da respetiva notificação ao titular do subsídio.

ARTIGO 16º – Manutenção do direito ao subsídio para arrendamento em vigor

1 – A morte do arrendatário ao qual foi atribuído o subsídio para arrendamento em vigor não prejudica a manutenção do direito a esse subsídio por parte da pessoa a quem o arrendamento se transmita nos termos dos artigos 57º e 58º da Lei nº 6/2006, de 27 de fevereiro, alterada pelas Leis nºs 31/2012, de 14 de agosto, e 79/2014, de 19 de dezembro, desde que o transmissário reúna os pressupostos para a manutenção do subsídio.

2 – Para efeito do disposto no número anterior, o transmissário deve comunicar a ocorrência e requerer a manutenção do subsídio de renda aos serviços de segurança social da área da habitação arrendada, no prazo máximo de 60 dias a contar da data do óbito do arrendatário, sob pena de caducidade do direito ao subsídio.

3 – A decisão sobre o pedido de manutenção do subsídio produz efeitos a partir do mês seguinte ao da data do óbito do arrendatário.

ARTIGO 17º – Cessação do subsídio para arrendamento em vigor

O subsídio para arrendamento em vigor cessa antes do termo de qualquer dos períodos de duração indicados no artigo 14º sempre que:

a) O contrato de arrendamento cuja renda é objeto de subsídio cesse a sua vigência pela verificação de qualquer causa determinante da sua extinção;

b) Se verifique a caducidade do direito ao subsídio por morte do arrendatário sem que lhe suceda pessoa com direito à manutenção do subsídio, nos termos do artigo anterior, ou o decurso dos prazos estabelecidos no presente decreto-lei para a realização de comunicações obrigatórias;

c) Cessem os pressupostos da atribuição do subsídio, nomeadamente quando o RABC do agregado familiar do arrendatário seja igual ou superior a cinco RMNA.

SECÇÃO III – Subsídio para novo arrendamento

ARTIGO 18º – Subsídio para novo arrendamento

O subsídio para novo arrendamento é um apoio financeiro, concedido ao arrendatário, sob a forma de uma subvenção mensal não reembolsável, relativo ao montante da renda devida nos termos de um novo contrato de arrendamento e destinado a apoiá-lo a mudar a sua residência permanente para outra habitação adequada ao agregado familiar.

ARTIGO 19º – Pressupostos da opção

1 – A opção pela modalidade de subsídio para novo arrendamento implica a denúncia do contrato de arrendamento pelo arrendatário, após a notificação do deferimento do pedido.

2 – No caso de deferimento do pedido de subsídio para novo arrendamento, o valor mensal das rendas que forem devidas pelo arrendatário até à desocupação e entrega do locado é igual ao da última renda praticada antes da atualização para a nova renda, devendo o arrendatário desocupar o locado no prazo máximo de 90 dias.

ARTIGO 20º – Condições do subsídio para novo arrendamento

1 – São aplicáveis ao subsídio para novo arrendamento as normas relativas ao subsídio para arrendamento em vigor, com as adaptações necessárias.

2 – O fogo objeto do novo arrendamento deve corresponder à tipologia adequada à dimensão do agregado familiar do arrendatário, conforme consta do anexo ao presente decreto-lei, que dele faz parte integrante.

ARTIGO 21º – Valor do subsídio

O valor do subsídio de renda para novo arrendamento não pode ser superior ao valor do subsídio a que o arrendatário teria direito se não denunciasse o contrato de arrendamento abrangido pelo artigo 5º

SECÇÃO IV – Regime de arrendamento apoiado

ARTIGO 22º – Condições do pedido de arrendamento apoiado

1 – O arrendatário que reúna as condições para atribuição de subsídio de renda pode optar pela mudança da sua residência permanente do atual locado para uma habitação de propriedade pública, atribuída em regime de arrendamento apoiado, nos termos da Lei nº 81/2014, de 19 de dezembro.

2 – A nova habitação deve situar-se no município da localização da habitação arrendada, salvo se o arrendatário requerer a atribuição de habitação localizada noutro município.

ARTIGO 23º - Requerimento

1 – Cabe ao IHRU, I. P., no prazo máximo de 30 dias, a contar da data do requerimento do subsídio na modalidade referida no artigo anterior, obter das entidades públicas proprietárias de habitações destinadas a atribuição em regime de arrendamento apoiado, a informação sobre a existência de uma habitação disponível e adequada à composição do agregado familiar do arrendatário.

2 – Ao requerimento para atribuição de habitação em arrendamento apoiado aplica-se o disposto nos nºs 1 e 2 do artigo 7º e no artigo 9º, com as necessárias adaptações.

ARTIGO 24º - Contrato de arrendamento apoiado

1 – A atribuição ao arrendatário de uma habitação em regime de arrendamento apoiado é efetuada mediante a celebração de um contrato de arrendamento com a entidade proprietária da habitação, sujeito ao regime do arrendamento apoiado, aprovado pela Lei nº 81/2014, de 19 de dezembro.

2 – A celebração do contrato referido no número anterior deve coincidir com a data da produção de efeitos da denúncia, pelo arrendatário, do anterior contrato de arrendamento.

SECÇÃO V – Incumprimento e fiscalização

ARTIGO 25º - Incumprimento

O não cumprimento por parte do beneficiário do subsídio de renda de quaisquer obrigações relativas ao acesso e manutenção do subsídio, nomeadamente a não entrega de elementos probatórios legalmente exigíveis, solicitados pelos serviços de segurança social ou pelo IHRU, I. P., no prazo que lhe for fixado para o efeito, ou o incumprimento do contrato subjacente à concessão do subsídio, determina a imediata cessação do pagamento do subsídio e a obrigação de restituição dos montantes indevidamente recebidos, sem prejuízo de outras sanções legais ou contratuais aplicáveis ao caso.

ARTIGO 26º - Responsabilidade penal

A prestação de falsas declarações, as omissões ou outros atos praticados por parte do beneficiário do subsídio de renda, com a intenção de obter ou manter ilicitamente o subsídio de renda, determinam a cessação imediata do respetivo pagamento e a obrigação de restituição das prestações do subsídio indevidamente recebidas, sem prejuízo de outras sanções aplicáveis, designadamente de natureza criminal.

ARTIGO 27º - Fiscalização e reavaliação oficiosa

1 – Compete ao IHRU, I. P., a fiscalização do cumprimento do disposto no presente decreto-lei pelos beneficiários do subsídio.

2 – O IHRU, I. P., procede à reavaliação, de dois em dois anos, dos pressupostos de manutenção do subsídio de renda.

ARTIGO 28º – Gestão e cooperação entre entidades públicas

1 – Compete ao IHRU, I. P., a gestão da atribuição dos subsídios de renda, incluindo a análise e decisão sobre os pedidos de atribuição e renovação do subsídio ou de alteração da respetiva modalidade, sendo as comunicações com os outros serviços públicos nesse âmbito efetuadas preferencialmente através de comunicação eletrónica.

2 – No âmbito e para efeito do disposto no número anterior, o IHRU, I. P., promove a articulação com as entidades e serviços públicos competentes para comprovar as condições de que depende a atribuição, a manutenção ou a alteração do subsídio de renda, podendo aceder à informação da administração fiscal e das entidades processadoras de pensões relevante para o efeito, designadamente para verificar se o RABC do agregado familiar do arrendatário é superior a cinco RMNA.

3 – O acesso e a troca de informações, nomeadamente a confirmação e a informação sobre os dados referidos no número anterior, são efetuados através do recurso aos meios informáticos, assegurando-se sempre a proteção dos dados em causa.

CAPÍTULO III – Disposições finais e transitórias

ARTIGO 29º – Encargos

1 – Cabe ao Estado, através do IHRU, I. P., assegurar a gestão e a concessão dos apoios financeiros previstos no presente decreto-lei, mediante dotação orçamental a inscrever anualmente no capítulo 60 do orçamento do Ministério das Finanças sobre proposta do IHRU, I. P.

2 – As verbas necessárias ao pagamento mensal dos apoios financeiros previstos no presente decreto-lei são transferidas, mensalmente, pela Direção-Geral do Tesouro e Finanças para a conta a indicar pelo IRHU, I. P., mediante previsão desta entidade, que efetua as transferências das verbas correspondentes ao referido apoio financeiro para a conta bancária identificada pelos beneficiários, até ao dia 8 do mês a que respeita.

ARTIGO 30º – Acesso aos dados

A atribuição, a renovação e a manutenção do subsídio de renda depende da autorização do requerente e dos membros do agregado familiar, para o acesso por parte do IHRU, I. P., à informação da administração fiscal e das entidades processadoras de pensões que seja relevante para efeitos de atribuição do subsídio.

ARTIGO 31º – Norma revogatória

É revogado o Decreto-Lei nº 158/2006, de 8 de agosto, alterado pelo Decreto-Lei nº 266-C/2012, de 31 de dezembro, sem prejuízo do disposto no nº 2 do artigo seguinte.

ARTIGO 32º – Produção de efeitos

1 – O disposto no presente decreto-lei aplica-se aos pedidos de subsídio apresentados após a data da sua entrada em vigor.

2 – Os subsídios de renda já atribuídos ao abrigo do Decreto-Lei nº 158/2006, de 8 de agosto, alterado pelo Decreto-Lei nº 266-C/2012, de 31 de dezembro, mantêm-se

e podem ser renovados nos termos do mesmo decreto-lei, até ao termo do período de atualização faseada de renda, cabendo à Direção-Geral do Tesouro e Finanças transferir, mensalmente, para a conta a indicar pelo IHRU, I. P., as verbas necessárias ao pagamento mensal desses apoios financeiros para que este efetue as necessárias transferências para as contas bancárias identificadas pelos beneficiários, até ao dia 8 de cada mês, exceto se os arrendatários optarem por requerer o subsídio de renda nos termos do presente decreto-lei.

(Redação dada pela Lei nº 13/2019, de 12-02)

Visto e aprovado em Conselho de Ministros de 25 de junho de 2015. – *Pedro Passos Coelho – Maria Luís Casanova Morgado Dias de Albuquerque – Pedro Alexandre Vicente de Araújo Lomba – Jorge Manuel Lopes Moreira da Silva – Luís Pedro Russo da Mota Soares.*

Promulgado em 4 de agosto de 2015.

Publique-se.

O Presidente da República, Aníbal Cavaco Silva.

Referendado em 6 de agosto de 2015.

O Primeiro-Ministro, *Pedro Passos Coelho.*

ANEXO
(a que se refere o nº 2 do artigo 20º)

QUADRO
Adequação da tipologia à dimensão do agregado familiar

Composição do agregado familiar (número de pessoas)	Tipologia da habitação (1)	
	Mínima	Máxima
1	T0	T1/2
2	T1/2	T2/4
3	T2/3	T3/6
4	T2/4	T3/6
5	T3/5	T4/8
6	T3/6	T4/8
7	T4/7	T5/9
8	T4/8	T5/9
9 ou mais	T5/9	T6

(1) A tipologia da habitação é definida pelo número de quartos de dormir e pela sua capacidade de alojamento (exemplo: T 2/3 — dois quartos, três pessoas).

Definição do Conceito Fiscal de Prédio Devoluto

Decreto-Lei nº 159/2006, de 8 de agosto*

A dinamização do mercado do arrendamento urbano e a reabilitação e a renovação urbanas almejadas no Novo Regime do Arrendamento Urbano (NRAU), aprovado pela Lei nº 6/2006, de 27 de Fevereiro, só podem ser alcançadas se resultarem de uma estratégia concertada de um conjunto de iniciativas legislativas, entre elas a que permite responsabilizar os proprietários que não asseguram qualquer função social ao seu património, permitindo a sua degradação, através da penalização em sede fiscal dos proprietários que mantêm os prédios devolutos.

Para tanto, o Governo foi autorizado pela Assembleia da República, nos termos da alínea *b*) do nº 1 e do nº 3 do artigo 63º da referida Lei nº 6/2006, de 27 de Fevereiro, a proceder à definição de prédio ou fracção autónoma devoluta para efeitos de aplicação da taxa do imposto municipal sobre imóveis (IMI), ao abrigo do disposto no artigo 112º do Código do Imposto Municipal sobre Imóveis (CIMI), na redacção que lhe foi dada pela mesma Lei nº 6/2006, de 27 de Fevereiro.

Assim, para efeitos do presente decreto-lei, considera-se devoluto o prédio urbano ou a fracção autónoma que durante um ano se encontre desocupada, sendo indícios de desocupação a inexistência de contratos em vigor com empresas de telecomunicações, de fornecimento de água, gás e electricidade e a inexistência de facturação relativa a consumos de água, gás, electricidade e telecomunicações.

Paralelamente, enunciam-se os casos em que, mesmo que exista a desocupação durante um ano, o prédio ou fracção autónoma não se considera devoluta para efeitos do presente decreto-lei, como, por exemplo: no caso de se destinar a habitação por curtos períodos em praias, campo, termas e quaisquer outros lugares de vilegiatura, para arrendamento temporário ou para uso próprio; durante o período em que decorrem

* Texto de acordo com a republicação do Decreto-Lei nº 67/2019, de 21 de maio.

obras de reabilitação, desde que certificadas pelos municípios; após a conclusão de construção ou emissão de licença de utilização que ocorreram há menos de um ano; tratar-se da residência em território nacional de emigrante português, tal como definido no artigo 3º do Decreto-Lei nº 323/95, de 29 de Novembro, considerando-se como tal a sua residência fiscal, na falta de outra indicação; ou que seja a residência em território nacional de cidadão português que desempenhe no estrangeiro funções ou comissões de carácter público ao serviço do Estado Português, de organizações internacionais, ou funções de reconhecido interesse público, e os respectivos acompanhantes autorizados, entre outras situações previstas neste decreto-lei.

Do ponto de vista procedimental, os municípios procedem à identificação dos prédios urbanos ou fracções autónomas que se encontrem devolutos e notificam o sujeito passivo do imposto municipal sobre imóveis, para o domicílio fiscal, do projecto de declaração de prédio devoluto, para este exercer o direito de audição prévia e da decisão, nos termos e prazos previstos no Código do Procedimento Administrativo. A decisão de declaração de prédio ou fracção autónoma devoluta é sempre susceptível de impugnação judicial, nos termos gerais previstos no Código de Processo nos Tribunais Administrativos.

Por último, prevê-se um dever geral de cooperação de todas as entidades com os municípios, designadamente através do envio de informação solicitada tendo em vista apurar se determinado prédio urbano ou fracção autónoma se encontra devoluta. Em especial, as empresas de telecomunicações e de fornecimento de água, gás e electricidade devem prestar aos municípios, mediante solicitação escrita, a informação necessária à identificação da existência de contratos de fornecimentos, ou de consumo, por cada prédio urbano ou fracção autónoma, preferencialmente através de comunicação electrónica ou outro suporte informático.

Foram ouvidos os órgãos de governo próprio das Regiões Autónomas, a Associação Nacional dos Municípios Portugueses, a Ordem dos Advogados, a Ordem dos Engenheiros e a Ordem dos Arquitectos.

Foram, ainda, ouvidas as várias associações com interesses no sector, designadamente a Associação Lisbonense de Proprietários, a Associação dos Inquilinos Lisbonense e a Associação dos Inquilinos do Norte, a Confederação do Comércio e Serviços de Portugal e a Confederação do Turismo Português, a Federação da Restauração, Cafés, Pastelarias e Similares de Portugal, a Federação Portuguesa da Indústria de Construção e Obras Públicas e a Federação Nacional de Comércio, a Associação Portuguesa para a Defesa do Consumidor, e ainda várias entidades representativas das empresas de consultoria e avaliação imobiliária, de mediação mobiliária, de fundos de investimento e de fundos de pensões.

Foram promovidas as diligências necessárias à audição da Comissão Nacional de Protecção de Dados.

Assim:

No uso da autorização legislativa concedida pela alínea *b*) do nº 1 e do nº 3 do artigo 63º da Lei nº 6/2006, de 27 de Fevereiro, e nos termos da alínea *b*) do nº 1 do artigo 198º da Constituição, o Governo decreta o seguinte:

ARTIGO 1º – Objeto

O presente decreto-lei regula a classificação de prédios urbanos ou frações autónomas como devolutos, para efeitos da aplicação da taxa do imposto municipal sobre imóveis (IMI), bem como para as demais finalidades previstas por lei, relacionadas com políticas de habitação, urbanismo e reabilitação urbana.

ARTIGO 2º – Noção

1 – O prédio urbano ou a fração autónoma que durante um ano se encontre desocupado é classificado como devoluto, nos termos previstos no presente decreto-lei.

2 – São indícios de desocupação:

a) A inexistência de contratos em vigor com empresas de telecomunicações e de fornecimento de água, gás e eletricidade;

b) A inexistência de faturação relativa a consumos de água, gás, eletricidade e telecomunicações;

c) A existência cumulativa de consumos baixos de água e eletricidade, considerando-se como tal os consumos cuja faturação relativa não exceda, em cada ano, consumos superiores a 7 m^3, para a água, e de 35 kWh, para a eletricidade;

d) A situação de desocupação do imóvel, atestada por vistoria realizada ao abrigo do artigo 90º do Decreto-Lei nº 555/99, de 16 de dezembro, na sua redação atual.

3 – A existência de consumos superiores aos previstos na alínea *c*) do número anterior não afasta a possibilidade de o imóvel ser classificado como devoluto, designadamente através da vistoria referida na alínea *d*) do número anterior.

ARTIGO 2º-A – Zona de pressão urbanística

1 – Considera-se «zona de pressão urbanística» aquela em que se verifique dificuldade significativa de acesso à habitação, por haver escassez ou desadequação da oferta habitacional face às necessidades existentes ou por essa oferta ser a valores superiores aos suportáveis pela generalidade dos agregados familiares sem que estes entrem em sobrecarga de gastos habitacionais face aos seus rendimentos.

2 – A delimitação em concreto de uma zona de pressão urbanística fundamenta-se na análise conjugada de séries temporais de indicadores relativos aos preços do mercado habitacional, aos rendimentos das famílias ou às carências habitacionais, incluindo a caracterização do parque, a selecionar de entre os constantes em anexo ao presente decreto-lei, do qual faz parte integrante, com base nas dinâmicas sociais, demográficas, habitacionais e de mercado em presença no território específico.

3 – A delimitação geográfica da zona de pressão urbanística é da competência da assembleia municipal respetiva, sob proposta da câmara municipal, e é publicada através de aviso na 2ª série do Diário da República e divulgada no sítio na Internet do município, bem como no respetivo boletim municipal, quando este exista.

4 – Quando a fundamentação para a delimitação de uma área de reabilitação urbana ou para a aprovação de uma operação de reabilitação urbana previstas no Regime Jurídico da Reabilitação Urbana estabeleça como objetivo o aumento da oferta habitacional, o aumento da população residente ou reconheça a escassez habitacional

nesses territórios, a delimitação da zona de pressão urbanística pode fundamentar-se diretamente no previsto naqueles documentos.

5 – A delimitação da zona de pressão urbanística tem a duração de cinco anos, podendo ser alterada ou objeto de prorrogação, com redução ou ampliação da área delimitada, nos termos previstos nos números anteriores.

ARTIGO 3º – Exceções

Não se considera devoluto o prédio urbano ou fração autónoma:

a) Destinado a habitação por curtos períodos em praias, campo, termas e quaisquer outros lugares de vilegiatura, para arrendamento temporário ou para uso próprio;

b) Durante o período em que decorrem obras de reabilitação, desde que certificadas pelos municípios;

c) Cuja conclusão de construção ou emissão de licença de utilização ocorreram há menos de um ano;

d) Adquirido para revenda por pessoas singulares ou coletivas, nas mesmas condições do artigo 7º do Código do Imposto Municipal sobre as Transmissões Onerosas de Imóveis, aprovado pelo Decreto-Lei nº 287/2003, de 12 de novembro, bem como adquirido pelas entidades e nas condições referidas no artigo 8º do mesmo Código, desde que, em qualquer dos casos, tenham beneficiado ou venham a beneficiar da isenção do imposto municipal sobre as transmissões onerosas de imóveis e durante o período de três anos a contar da data da aquisição;

e) Que seja a residência em território nacional de emigrante português, tal como definido no artigo 3º do Decreto-Lei nº 323/95, de 29 de novembro, considerando-se como tal a sua residência fiscal, na falta de outra indicação;

f) Que seja a residência em território nacional de cidadão português que desempenhe no estrangeiro funções ou comissões de caráter público ao serviço do Estado Português, de organizações internacionais, ou funções de reconhecido interesse público, bem como dos seus respetivos acompanhantes autorizados;

g) Integrado em empreendimento turístico ou inscrito como estabelecimento de alojamento local;

h) Cujos consumos previstos na alínea *c*) do nº 2 do artigo 2º não sejam atingidos devido a impedimento objetivo de utilização do imóvel, designadamente em virtude de disputa judicial quanto à respetiva posse, devido à verificação de qualquer dos fundamentos previstos no nº 2 do artigo 1072º do Código Civil ou por motivos de formação, saúde, prestação de cuidados permanentes enquanto cuidador informal ou permanência em equipamento social, desde que devidamente comprovados.

ARTIGO 4º – Procedimento

1 – A identificação dos prédios urbanos ou frações autónomas que se encontrem devolutos compete aos municípios, os quais devem averiguar a ocorrência dos indícios previstos no artigo 2º e considerar as exceções previstas no artigo anterior.

2 – Os municípios notificam o sujeito passivo do IMI, para o domicílio fiscal, do projeto de declaração de prédio devoluto, para este exercer o direito de audição prévia, e da decisão, nos termos e prazos previstos no Código do Procedimento Administrativo.

3 – Estando o prédio ou fração autónoma omisso da respetiva matriz predial, o município comunica à Autoridade Tributária e Aduaneira, para efeitos de inscrição oficiosa na matriz, o prédio omisso, identificando, para tanto, o sujeito passivo do IMI e juntando os documentos previstos no artigo 37º do Código do Imposto Municipal sobre Imóveis (CIMI).

4 – A identificação dos prédios ou frações autónomas como devolutos é comunicada pelos municípios à Autoridade Tributária e Aduaneira, por transmissão eletrónica de dados, no prazo previsto no artigo 112º do CIMI para a comunicação da respetiva taxa anual.

5 – A decisão de declaração de prédio ou fração autónoma devoluta é suscetível de impugnação judicial, nos termos gerais previstos no Código de Processo nos Tribunais Administrativos.

ARTIGO 5º – Dever de cooperação

1 – Todas as entidades têm o dever de cooperar com os municípios, designadamente através do envio de informação solicitada tendo em vista apurar se determinado prédio urbano ou fração autónoma se encontra devoluta.

2 – As empresas de telecomunicações, gás, eletricidade e água enviam obrigatoriamente aos municípios, até ao dia 1 de outubro de cada ano, uma lista atualizada da ausência de contratos de fornecimento ou de consumos baixos, por cada prédio urbano ou fração autónoma, através de comunicação eletrónica ou outro suporte informático.

ARTIGO 6º – Entrada em vigor

1 – O presente decreto-lei entra em vigor no 30º dia seguinte ao da sua publicação.

2 – Os efeitos fiscais previstos no presente decreto-lei reportam-se ao ano de 2007 e seguintes.

ANEXO
(a que se refere o artigo 2º-A)

1 – A delimitação em concreto de uma zona de pressão urbanística fundamenta-se na análise conjugada de séries temporais de indicadores relativos aos temas constantes no quadro seguinte, resultantes de informação estatística oficial com a desagregação territorial publicada pelo Instituto Nacional de Estatística, I. P., e o padrão de disponibilização em vigor, bem como do aproveitamento de fontes administrativas dos municípios.

2 – Caso sejam criados, por organismos oficiais, novos indicadores que possam ser inseridos nos temas referidos, podem os mesmos contribuir para a fundamentação de uma zona de pressão urbanística, em complemento aos indicadores elencados.

Temas	Indicadores
Carências habitacionais . . .	Famílias que vivem em condições habitacionais indignas, nos termos do conceito usado no Decreto-Lei n.º 37/2018, de 4 de junho (n.º), fontes administrativas dos municípios. Pedidos de habitação recenseados (n.º), fontes administrativas dos municípios. Tempo de espera na lista de pedidos de habitação (n.º meses), fontes administrativas dos municípios. Famílias elegíveis em concursos promovidos pelo município para atribuição de apoios ao acesso à habitação e que não obtiveram apoio (n.º), fontes administrativas dos municípios. Alojamentos familiares não clássicos (n.º), Instituto Nacional de Estatística, I. P. (INE, I. P.), recenseamento da população e habitação — Censos 2011. Famílias clássicas residentes em hotéis e similares e em convivências (n.º), INE, I. P., recenseamento da população e habitação — Censos 2011. Famílias clássicas nos alojamentos familiares clássicos por tipo de ocupação (n.º), INE, I. P., recenseamento da população e habitação — Censos 2011. Alojamentos familiares clássicos, ocupados como residência habitual, sobrelotados (n.º), INE, I. P., recenseamento da população e habitação — Censos 2011. Alojamentos familiares clássicos, ocupados como residência habitual, integrados em edifícios muito degradados ou com necessidades de reparação muito grandes ao nível da cobertura, da estrutura e das paredes e caixilharias do edifício (n.º), INE, I. P., recenseamento da população e habitação — Censos 2011. Alojamentos familiares clássicos, ocupados como residência habitual, sem pelo menos uma das três infraestruturas básicas (instalações sanitárias, água canalizada e instalações de banho ou duche) (n.º), INE, I. P., recenseamento da população e habitação — Censos 2011.
Mercado habitacional.	Valor mediano das vendas por m² de alojamentos familiares (€), INE, I. P., estatísticas de preços da habitação ao nível local. Valor mediano das rendas por m² de novos contratos de arrendamento de alojamentos familiares (€), INE, I. P., estatísticas de rendas da habitação ao nível local. Novos contratos de arrendamento de alojamentos familiares (n.º), INE, I. P., estatísticas de rendas da habitação ao nível local. Transações de alojamentos familiares por categoria do alojamento familiar (n.º), INE, I. P., índice de preços da habitação. Transações de alojamentos familiares por categoria do alojamento familiar (€), INE, I. P., índice de preços da habitação.
Rendimentos dos agregados familiares.	Rendimento bruto declarado por agregado fiscal (€), Autoridade Tributária e Aduaneira. Rendimento bruto declarado do agregado fiscal (€) por quintis de rendimento, Autoridade Tributária e Aduaneira. Agregados fiscais por escalões de rendimento bruto declarado (n.º), Autoridade Tributária e Aduaneira. Ganho médio mensal (€), Gabinete de Estratégia e Planeamento. Ministério do Trabalho, Solidariedade e Segurança Social, quadros de pessoal.
Parque habitacional	Edifícios por época de construção e estado de conservação (n.º), INE, I. P., recenseamento da população e habitação — Censos 2011. Edifícios construídos estruturalmente para possuir três ou mais alojamentos, segundo o número de pisos, por acessibilidade a pessoas com mobilidade condicionada e existência de elevador (n.º), INE, I. P., recenseamento da população e habitação — Censos 2011. Alojamentos, famílias, pessoas residentes e pessoas presentes, por tipo de alojamento (n.º), INE, I. P., recenseamento da população e habitação — Censos 2011. Alojamentos familiares clássicos por forma de ocupação (n.º), INE, I. P., recenseamento da população e habitação — Censos 2011. Alojamentos familiares clássicos, ocupados como residência habitual, segundo as instalações existentes (N.º), INE, I. P., Recenseamento da população e habitação — Censos 2011. Índice de lotação dos alojamentos familiares clássicos, ocupados como residência habitual (n.º), INE, I. P., recenseamento da população e habitação — Censos 2011. Alojamentos familiares clássicos, ocupados como residência habitual, situados em edifícios com acessibilidade através de cadeira de rodas até ao alojamento (n.º), INE, I. P., recenseamento da população e habitação — Censos 2011. População residente com 15 e mais anos de idade com pelo menos uma dificuldade a viver em edifícios construídos estruturalmente para possuir três ou mais alojamentos familiares (n.º), INE, I. P., recenseamento da população e habitação — Censos 2011. Alojamentos familiares clássicos, ocupados como residência habitual, segundo o regime de propriedade e forma de arrendamento (n.º), INE, I. P., recenseamento da população e habitação — Censos 2011. Alojamentos familiares clássicos (n.º), INE, I. P., estatísticas das obras concluídas. Fogos concluídos em construções novas para habitação familiar (n.º), INE, I. P., estatísticas das obras concluídas. Divisões por fogo concluído em construções novas para habitação familiar (n.º), anual — INE, I. P., estatísticas das obras concluídas. Edifícios licenciados por tipo de obra e destino da obra (n.º), INE, I. P., inquérito aos projetos de obras de edificação e de demolição de edifícios. Fogos licenciados em construções novas para habitação familiar (n.º), INE, I. P., inquérito aos projetos de obras de edificação e de demolição de edifícios. Divisões por fogo licenciado em construções novas para habitação familiar (n.º), INE, I. P., inquérito aos projetos de obras de edificação e de demolição de edifícios. Alojamentos familiares com consumos baixos de água e eletricidade (n.º), lista atualizada a que se refere o n.º 2 do artigo 5.º do Decreto-Lei n.º 159/2006, de 8 de agosto. Alojamentos locais por modalidade (n.º), Turismo de Portugal, Registo Nacional de Alojamento Local.
População e demografia . . .	Famílias clássicas, segundo a sua dimensão e pessoas nas famílias, por tipo de família (n.º), INE, I. P., recenseamento da população e habitação — Censos 2011. População residente por sexo e grupo etário (n.º), INE, I. P., estimativas anuais da população residente e recenseamento da população e habitação — Censos 2011. Saldo natural (n.º), INE, I. P., indicadores demográficos. Saldo migratório (n.º), INE, I. P., indicadores demográficos. Taxa de crescimento efetivo (%), INE, I. P., indicadores demográficos. Taxa de crescimento natural (%), INE, I. P., indicadores demográficos.

Regime da Celebração do Contrato de Arrendamento Urbano

Decreto-Lei nº 160/2006, de 8 de agosto*

Tendo sido aprovado o Novo Regime do Arrendamento Urbano (NRAU), pela Lei nº 6/2006, de 27 de Fevereiro, importa publicar os diplomas necessários à sua completa aplicação. Entre esses encontra-se o decreto-lei que regula os elementos do contrato de arrendamento e os requisitos a que obedece a sua celebração, previsto no nº 2 do artigo 1070º do Código Civil, na redacção que lhe foi dada pelo NRAU, o qual agora se publica.

A matéria do presente decreto-lei corresponde à que era tratada nos artigos 8º e 9º do RAU, sendo objecto de diploma autónomo em virtude da revogação daquele. Trata-se de matéria procedimental que não deve integrar o texto do Código Civil, o qual não se dedica a semelhante pormenorização a propósito de qualquer outro tipo contratual.

O presente decreto-lei estabelece que às partes é dada ampla liberdade na conformação do contrato de arrendamento, sendo poucos os elementos que dele necessariamente devem constar. Assim, são elementos suficientes para a celebração de um contrato de arrendamento – necessariamente reduzido a escrito quando de duração superior a seis meses – os seguintes: a identidade das partes, a identificação do local arrendado, a existência da licença de utilização, o valor da renda e a data da celebração. Com apenas estes elementos é possível a celebração de um contrato perfeito, pois o Código Civil estabelece um conjunto adequado de disposições supletivas, regulando os aspectos não contemplados expressamente pelas partes. Em casos particulares, devem ser inseridas outras cláusulas contratuais, por exemplo, a referência ao regulamento de condomínio, quando existente.

* Texto de acordo com a republicação do Decreto-Lei nº 266-C/2012, de 31 de dezembro.

Continua a exigir-se a licença de utilização para se poder dar de arrendamento um prédio urbano ou uma fracção autónoma, explicitando-se que compete às câmaras municipais a aplicação das coimas resultantes da falta dessa licença. Por forma a garantir a harmonia do sistema jurídico, explicita-se que esta exigência só se coloca em relação aos edifícios de construção posterior a 1951, data em que foram criadas as licenças de utilização. Para os edifícios anteriores, só a alteração da sua utilização ou o arrendamento para fim não habitacional são sujeitos a autorização.

Foram ouvidos os órgãos de governo próprio das Regiões Autónomas, a Associação Nacional dos Municípios Portugueses, a Ordem dos Advogados, a Ordem dos Engenheiros e a Ordem dos Arquitectos.

Foram, ainda, ouvidas as várias associações com interesses no sector, designadamente a Associação Lisbonense de Proprietários, a Associação dos Inquilinos Lisbonense, a Associação dos Inquilinos do Norte, a Confederação do Comércio e Serviços de Portugal, a Confederação do Turismo Português, a Federação da Restauração, Cafés, Pastelarias e Similares de Portugal, a Federação Portuguesa da Indústria de Construção e Obras Públicas, a Federação Nacional de Comércio, a Associação Portuguesa para a Defesa do Consumidor, e ainda várias entidades representativas das empresas de consultoria e avaliação imobiliária, de mediação mobiliária, de fundos de investimento e de fundos de pensões.

Assim:

Nos termos da alínea *a*) do nº 1 do artigo 198º da Constituição, o Governo decreta o seguinte:

ARTIGO 1º – Objeto

O presente decreto-lei regula os elementos do contrato de arrendamento urbano e os requisitos a que obedece a sua celebração, conforme previsto no nº 2 do artigo 1070º do Código Civil.

ARTIGO 2º – Conteúdo necessário

Do contrato de arrendamento urbano deve constar:

a) A identificação das partes, indicando os seus nomes, números de identificação civil e de identificação fiscal e, quando aplicável, naturalidade, data de nascimento e estado civil;

b) O domicílio ou a sede do senhorio;

c) A identificação e localização do arrendado, ou da sua parte;

d) O fim habitacional ou não habitacional do contrato, indicando, quando para habitação não permanente, o motivo da transitoriedade;

e) A existência da licença de utilização, o seu número, a data e a entidade emitente, ou a referência a não ser aquela exigível, nos termos do artigo 5º;

f) O quantitativo da renda;

g) A data da celebração.

ARTIGO 3º – Conteúdo eventual

1 – O contrato de arrendamento urbano deve mencionar, quando aplicável:

a) A identificação dos locais de uso privativo do arrendatário, dos de uso comum a que ele tenha acesso e dos anexos que sejam arrendados com o objeto principal do contrato;

b) A natureza do direito do locador, sempre que o contrato seja celebrado com base num direito temporário ou em poderes de administração de bens alheios;

c) O número de inscrição na matriz predial ou a declaração de o prédio se encontrar omisso;

d) O regime da renda, ou da sua atualização;

e) O prazo;

f) A existência de regulamento da propriedade horizontal;

g) O domicílio convencionado;

h) Quaisquer outras cláusulas permitidas por lei e pretendidas pelas partes, diretamente ou por remissão para regulamento anexo.

2 – Devem ser anexados ao contrato e assinados pelas partes os regulamentos a que se referem as alíneas *f*) e *h*) do número anterior e um documento onde se descreva o estado de conservação do local e suas dependências, bem como do prédio, aplicando-se, na sua falta ou em caso de omissão ou dúvida, o disposto no nº 2 do artigo 1043º do Código Civil.

3 – Para o efeito do disposto na alínea *g*) do nº 1, o domicílio convencionado do arrendatário, ainda que não coincida com o endereço do imóvel arrendado, constitui o local para o qual lhe devem ser remetidas as comunicações e notificações relativas ao contrato de arrendamento.

ARTIGO 4º – Omissão de elementos

A falta de algum ou alguns dos elementos referidos nos artigos 2º e 3º não determina a invalidade ou a ineficácia do contrato, quando possam ser supridas nos termos gerais e desde que os motivos determinantes da forma se mostrem satisfeitos.

ARTIGO 5º – Licença de utilização

1 – Só podem ser objeto de arrendamento urbano os edifícios ou suas frações cuja aptidão para o fim pretendido pelo contrato seja atestada pela licença de utilização.

2 – O disposto no número anterior não se aplica quando a construção do edifício seja anterior à entrada em vigor do Regulamento Geral das Edificações Urbanas, aprovado pelo Decreto-Lei nº 38 382, de 7 de agosto de 1951, caso em que deve ser anexado ao contrato documento autêntico que demonstre a data de construção.

3 – Quando as partes aleguem urgência na celebração do contrato, a licença referida no nº 1 pode ser substituída por documento comprovativo de a mesma ter sido requerida com a antecedência mínima prevista na lei.

4 – A mudança de finalidade e o arrendamento para fim não habitacional de prédios ou frações não licenciados devem ser sempre previamente autorizados pela câmara municipal.

5 – A inobservância do disposto nos nºs 1 a 4 por causa imputável ao senhorio determina a sujeição do mesmo a uma coima não inferior a um ano de renda, observados

os limites legais estabelecidos pelo Decreto-Lei nº 433/82, de 27 de outubro, salvo quando a falta de licença se fique a dever a atraso que não lhe seja imputável.

6 – A coima prevista no número anterior constitui receita do município, competindo a sua aplicação ao presidente da câmara municipal, com a faculdade de delegação em qualquer dos vereadores.

7 – Na situação prevista no nº 5, o arrendatário pode resolver o contrato, com direito a indemnização nos termos gerais.

8 – O arrendamento para fim diverso do licenciado é nulo, sem prejuízo, sendo esse o caso, da aplicação da sanção prevista no nº 5 e do direito do arrendatário à indemnização.

9 – Não se aplica o disposto nos números anteriores aos arrendamentos que tenham por objeto espaços não habitáveis nem utilizáveis para comércio, indústria ou serviços, nomeadamente para afixação de publicidade ou outro fim limitado.

ARTIGO 6º - Entrada em vigor

O presente decreto-lei entra em vigor no dia seguinte ao da sua publicação.

Visto e aprovado em Conselho de Ministros de 8 de Junho de 2006. – *José Sócrates Carvalho Pinto de Sousa – António Luís Santos Costa – Fernando Teixeira dos Santos – Alberto Bernardes Costa – Francisco Carlos da Graça Nunes Correia.*

Promulgado em 26 de Julho de 2006.

Publique-se.

O Presidente da República, ANÍBAL CAVACO SILVA.

Referendado em 27 de Julho de 2006.

O Primeiro-Ministro, *José Sócrates Carvalho Pinto de Sousa.*

Ficha de Avaliação para a Determinação do Nível de Conservação de Imóveis Locados

Portaria nº 1192-B/2006, de 3 de novembro

O Decreto-Lei nº 156/2006, de 8 de Agosto, integra a regulamentação da Lei nº 6/2006, de 27 de Fevereiro, a qual aprovou o Novo Regime do Arrendamento Urbano (NRAU), e estabelece o modo de fixação do nível de conservação dos imóveis locados. O nº 2 do artigo 1º do referido decreto-lei prevê a posterior regulamentação dos elementos do locado a avaliar para determinar o nível de conservação, os critérios dessa avaliação e a respectiva forma de cálculo, determinados de acordo com o método de avaliação do estado de conservação dos edifícios (MAEC), e ainda os procedimentos necessários à execução do legalmente previsto, objecto essencial da presente portaria.

No quadro da elaboração do NRAU, o Laboratório Nacional de Engenharia Civil (LNEC) concebeu o método de avaliação do estado da conservação de edifícios (MAEC) que visa determinar com rigor, objectividade e transparência o estado de conservação de edifícios e a existência de infra-estruturas básicas.

Com efeito, neste método o rigor revela-se nos procedimentos que permitem avaliar com pormenor as condições do edifício observadas durante a vistoria, enquanto a objectividade é a orientadora das regras claras e predefinidas, sendo os resultados tão independentes quanto possível do técnico que as aplica. E o facto de o processo e o resultado poderem ser facilmente compreendidos por todos os intervenientes envolvidos assegura a transparência.

De salientar que o estado de conservação é avaliado relativamente às condições que o edifício proporcionava quando foi construído ou quando sofreu a última intervenção profunda, não sendo exigível uma avaliação do nível de qualidade proporcionado pelo edifício face às actuais exigências, como sejam as relativas à segurança estrutural face a acção de um sismo ou ao isolamento térmico proporcionado pela envolvente, entre outros critérios.

Assim, a presente portaria aprova a ficha de avaliação que integra os elementos do locado relevantes para a determinação do nível de conservação, observados durante a vistoria que o técnico efectua presencialmente.

O nível de conservação é solicitado pelo senhorio ou arrendatário às comissões arbitrais municipais (CAM), através do preenchimento e da entrega do modelo único simplificado aprovado pela Portaria nº 1192-A/2006, de 3 de Novembro, tendo em vista assegurar que as diligências relativas à marcação e realização da vistoria, preenchimento da ficha de avaliação e determinação do nível de conservação pelo técnico, e a definição do coeficiente de conservação pela CAM, sejam efectuadas de acordo com o Programa SIMPLEX, através da desmaterialização dos procedimentos, da comunicação em rede entre os serviços da Administração Pública envolvidos, contribuindo para o desenvolvimento do Plano Tecnológico e para a redução dos custos de contexto.

A presente portaria regula ainda a remuneração devida aos árbitros das CAM.

No prazo de 30 dias a contar da entrada em vigor da presente portaria, os procedimentos serão totalmente desmaterializados, através da disponibilização no endereço na Internet www.portaldahabitacao.pt/nrau de todas as funcionalidades necessárias aos senhorios, aos arrendatários, aos engenheiros, aos arquitectos, aos engenheiros técnicos e aos serviços da Administração Pública, no âmbito do NRAU. Com efeito, os procedimentos relativos à execução do NRAU serão efectuados através de uma plataforma de integração online, gerida pelo Instituto Nacional de Habitação (INH), pela qual se assegurará a disponibilização das fichas de avaliação, para download pelos técnicos designados, a imediata recepção de pedidos e comunicações, o seu célere tratamento pelas várias entidades participantes, a comunicação interna pelos serviços da Administração Pública, entre estes e os cidadãos e empresas, e entre as CAM, os municípios e os técnicos designados para proceder às avaliações previstas na presente portaria.

A desmaterialização dos procedimentos permitida pela plataforma de integração online é essencial à avaliação da execução do NRAU e legislação complementar, a realizar no futuro Observatório da Habitação e da Reabilitação Urbana.

Foram ouvidas a Associação Nacional dos Municípios Portugueses, a Ordem dos Engenheiros, a Ordem dos Arquitectos e a Associação Nacional dos Engenheiros Técnicos.

Assim:

Manda o Governo, pelos Ministros de Estado e da Administração Interna, de Estado e das Finanças, do Ambiente, do Ordenamento do Território e do Desenvolvimento Regional e das Obras Públicas, Transportes e Comunicações, ao abrigo do disposto na Lei nº 6/2006, de 27 de Fevereiro, que aprova o NRAU, e dos Decretos-Leis nºs 156/2006, 157/2006 e 161/2006, todos de 8 de Agosto, o seguinte:

SECÇÃO I – **Disposições gerais**

ARTIGO 1º – Objecto

1 – A presente portaria aprova a ficha de avaliação, publicada em anexo, a qual integra os elementos do locado relevantes para a determinação do nível de conservação,

nos termos do nº 2 do artigo 33º da Lei nº 6/2006, de 27 de Fevereiro, que aprovou o Novo Regime do Arrendamento Urbano (NRAU), determinados de acordo com o método de avaliação do estado de conservação dos edifícios (MAEC).

2 – São ainda regulados na presente portaria os critérios de avaliação e as regras necessárias à determinação do nível de conservação, ao abrigo do disposto no nº 2 do artigo 1º do Decreto-Lei nº 156/2006, de 8 de Agosto, e do coeficiente de conservação previsto na alínea *c*) do nº 1 do artigo 49º do NRAU e no artigo 15º do Decreto-Lei nº 161/2006, de 8 de Agosto.

3 – A presente portaria regula ainda a remuneração devida aos árbitros das comissões arbitrais municipais.

SECÇÃO II – **Determinação do nível de conservação**

ARTIGO 2º – Ficha de avaliação

1 – A ficha de avaliação integra os elementos do locado a avaliar tendo em vista a determinação do nível de conservação, nos termos da tabela constante do nº 2 do artigo 5º do Decreto-Lei nº 156/2006, de 8 de Agosto, que reflecte o estado de conservação do locado e a existência de infra-estruturas básicas.

2 – O preenchimento da ficha de avaliação é feito através de vistoria a realizar pelo técnico designado, em obediência às instruções de aplicação do MAEC, publicadas no endereço disponível na Internet www.portaldahabitacao.pt/nrau.

3 – O nível de conservação é determinado com base na inspecção das anomalias visíveis à data da vistoria, segundo os critérios e as regras de avaliação constantes dos artigos seguintes.

ARTIGO 3º – Critérios gerais de avaliação

1 – A avaliação do nível de anomalia que afecta cada elemento funcional é realizada através da conjugação dos quatro critérios seguintes:

a) Consequência da anomalia na satisfação das exigências funcionais;

b) Tipo e extensão do trabalho necessário para a correcção da anomalia;

c) Relevância dos locais afectados pela anomalia;

d) Existência de alternativa para o espaço ou equipamento afectado.

2 – A pontuação obtida por cada elemento funcional é calculada pelo produto entre o número de pontos associado a cada nível de anomalia e a ponderação atribuída ao elemento funcional.

3 – Apenas são avaliados os níveis de anomalias dos elementos funcionais cujo uso beneficie directamente o locado, cujas anomalias possam afectar o locado e que sejam da responsabilidade do proprietário.

4 – Tratando-se de avaliação da totalidade do prédio, nos termos do artigo 10º, não se aplica o disposto no número anterior quanto à relação entre o elemento funcional e o locado.

ARTIGO 4º – Níveis de anomalia

Os critérios previstos nas alíneas *a*) e *b*) do nº 1 do artigo anterior referem-se à gravidade da anomalia, cuja aplicação corresponde aos seguintes níveis de anomalia:

a) Anomalias muito ligeiras: ausência de anomalias, ou anomalias sem significado;

b) Anomalias ligeiras: anomalias que prejudicam o aspecto e que requerem trabalhos de limpeza, substituição ou reparação de fácil execução;

c) Anomalias médias:

- *i*) Anomalias que prejudicam o aspecto e que requerem trabalhos de correcção de difícil execução;
- *ii*) Anomalias que prejudicam o uso e conforto e que requerem trabalhos de correcção de fácil execução;

d) Anomalias graves:

- *i*) Anomalias que prejudicam o uso e conforto e que requerem trabalhos de correcção de difícil execução;
- *ii*) anomalias que colocam em risco a saúde e a segurança, podendo motivar acidentes sem grande gravidade, e que requerem trabalhos de correcção de fácil execução;

e) Anomalias muito graves:

- *i*) Anomalias que colocam em risco a saúde e a segurança, podendo motivar acidentes sem grande gravidade, e que requerem trabalhos de correcção de difícil execução;
- *ii*) Anomalias que colocam em risco a saúde e a segurança, podendo motivar acidentes graves ou muito graves;
- *iii*) Ausência ou inoperacionalidade de infra-estrutura básica.

ARTIGO 5º – Locais afectados pela anomalia e existência de alternativas

1 – Os critérios previstos nas alíneas *c*) e *d*) do nº 1 do artigo 3º referem-se aos locais afectados pela anomalia e são aplicados do seguinte modo:

a) Se as anomalias mais graves afectarem a parte principal do locado, prevalece esse nível de anomalia;

b) Se as anomalias mais graves afectarem a parte secundária do locado, é calculada uma média entre o nível de anomalia da parte principal e da parte secundária, atribuindo uma importância menor às partes secundárias;

c) Se as anomalias estiverem situadas nas partes comuns, são avaliadas na medida em que afectem o locado em apreciação;

d) Se a anomalia afectar um equipamento ou instalação para o qual exista uma alternativa com condições equivalentes de utilização, é calculada a média do nível de anomalia desses equipamentos ou instalações.

2 – Para efeitos de aplicação dos critérios referidos no número anterior, considera-se como parte principal o conjunto de espaços onde se desenvolvem as funções dominantes do locado e como parte secundária o conjunto de espaços onde se desenvolvem as funções acessórias do locado.

ARTIGO 6º – Fórmula de cálculo

1 – O índice de anomalias é obtido pelo quociente entre o total das pontuações e o total das ponderações atribuídas aos elementos funcionais aplicáveis, sendo o valor obtido aproximado com duas casas decimais.

2 – O estado de conservação do locado é determinado através da aplicação das regras enunciadas nos números seguintes.

3 – O índice de anomalias do locado é classificado segundo a escala constante da seguinte tabela:

Nível de anomalia	Muito ligeiras	Ligeiras	Médias	Graves	Muito graves
Índice de anomalias	5,00 ≥ IA ≥ 4,50	4,50 > IA ≥ 3,50	3,50 > IA ≥ 2,50	2,50 > IA ≥ 1,50	1,50 > IA ≥ 1,00
Estado de conservação	Excelente	Bom	Médio	Mau	Péssimo
Nível de conservação	5	4	3	2	1

4 – Não devem existir elementos funcionais de ponderação três, quatro, cinco ou seis cujo estado de conservação, determinado aplicando o respectivo nível de anomalia à escala utilizada na regra prevista no nº 3, seja inferior em mais de uma unidade ao estado de conservação do locado.

5 – Se a condição prevista no número anterior não for satisfeita, o estado de conservação do locado deve ser reduzido para o nível imediatamente superior ao estado de conservação do elemento funcional de ponderação três, quatro, cinco ou seis em pior estado.

6 – Não devem existir elementos funcionais de ponderação um ou dois cujo estado de conservação, determinado aplicando o respectivo nível de anomalia à escala utilizada na regra prevista no nº 3, seja inferior em mais de duas unidades ao estado de conservação do locado.

7 – Se a condição prevista no número anterior não for satisfeita, o estado de conservação do locado deve ser reduzido para o nível superior em duas unidades ao estado de conservação do elemento funcional de ponderação um ou dois em pior estado.

ARTIGO 7º – Vistoria

1 – A CAM indica o local a vistoriar ao técnico sorteado para a realização da vistoria, ao abrigo do disposto no nº 1 do artigo 4º do Decreto-Lei nº 156/2006, de 8 de Agosto.

2 – Nos três dias subsequentes à informação prevista no número anterior, o técnico sorteado indica à CAM, em alternativa:

a) A data e a hora da realização da vistoria, a qual deve realizar-se dentro dos 40 dias subsequentes;

b) O motivo do seu impedimento, nos termos do nº 2 do artigo 4º do Decreto-Lei nº 156/2006, de 8 de Agosto, caso em que é sorteado outro técnico.

3 – No caso referido na alínea *a*) do número anterior, a CAM comunica, por via postal registada, a data e a hora da realização da vistoria ao arrendatário e ao senhorio, e informa este último dos documentos necessários à realização daquela.

4 – Se a carta dirigida ao arrendatário vier devolvida, é enviada nova carta decorridos 30 dias e, se esta voltar a ser devolvida, considera-se a comunicação recebida no 10º dia posterior ao do seu envio.

5 – Se o arrendatário, por si ou através de terceiro, não puder facultar o acesso ao locado para efeitos de realização da vistoria, indica à CAM uma data alternativa que não pode distar mais de 30 dias da data inicial, nos termos do nº 2 do artigo 36º do NRAU, sendo comunicada pela CAM ao técnico.

6 – Podem assistir à vistoria, fazer-se representar ou ser acompanhadas por indivíduo cuja presença seja permitida pelo arrendatário, as seguintes pessoas:

a) O arrendatário;

b) O senhorio;

c) Os titulares de direitos reais sobre o locado;

d) O administrador do condomínio, mas apenas em relação às partes comuns do edifício.

7 – No caso de não ser facultado o acesso ao locado, ou a uma parte dele, o técnico preenche a ficha de avaliação da forma seguinte:

a) Em relação aos elementos funcionais que puder avaliar, aplica as regras constantes dos artigos 3º a 5º;

b) Em relação aos elementos funcionais que não puder avaliar, assinala a existência do nível de anomalia «anomalias ligeiras»;

c) Indica os elementos que não pôde avaliar.

8 – Pode ser apresentada justificação para a falta de acesso, no prazo de cinco dias a contar da vistoria ou da cessação do impedimento invocado e acompanhada dos meios de prova existentes, que será considerada aceite desde que a CAM a não rejeite no prazo de cinco dias a contar do seu recebimento.

9 – No caso previsto no número anterior, e sendo aceite a justificação, o técnico marca nova data para a vistoria dos elementos funcionais não avaliados anteriormente.

10 – A ficha de avaliação é entregue pelo técnico à CAM nos três dias subsequentes à realização da vistoria ou do esgotamento do prazo previsto no nº 3 do artigo seguinte, considerando-se recebida na data em que seja submetida, sem anomalias informáticas, no endereço disponível na Internet www.portaldahabitacao.pt/nrau.

ARTIGO 8º – Documentos a apresentar pelo senhorio

1 – Recebida a comunicação prevista no nº 3 do artigo anterior, o senhorio apresenta os certificados de inspecção de instalações de gás, ou de electricidade, se obrigatório, em alternativa:

a) Junto da CAM, com antecedência não inferior a cinco dias relativamente à data da vistoria;

b) Ao técnico, na data e hora de realização da vistoria.

2 – Se o senhorio não puder apresentar os documentos, por estes se encontrarem em poder da administração do condomínio, solicita à CAM a notificação desta administração para proceder à sua apresentação no momento da vistoria.

3 – A falta de apresentação dos documentos referidos neste preceito equivale à inexistência dos mesmos, salvo se o senhorio, no momento da vistoria, protestar juntá-los e os enviar à CAM nos oito dias subsequentes.

ARTIGO 9º – Afirmações das partes

1 – O arrendatário que entenda que o estado de conservação do edifício se deve a obras efectuadas por si, para os efeitos previstos nas alíneas *a*) e *c*) do nº 2 do artigo 15º do Decreto-Lei nº 161/2006, de 8 de Agosto, comunica esse facto ao técnico, o qual anota quais as obras que o arrendatário se arroga.

2 – O procedimento previsto no número anterior aplica-se igualmente quando o senhorio entenda que o estado de degradação do edifício se deve a actuação ilícita do arrendatário, ou a falta de manutenção por este quando o dever de manutenção lhe assistisse, para os efeitos previstos na alínea *b*) do nº 2 do artigo 15º do Decreto-Lei nº 161/2006, de 8 de Agosto.

3 – Estando presente a outra parte, esta deve pronunciar-se sobre a veracidade do afirmado, o que é igualmente anotado, sendo havidas como verdadeiras as afirmações que não forem contestadas.

4 – Havendo contestação, as partes apresentam à CAM as provas documentais de que dispuserem, no prazo de cinco dias.

ARTIGO 10º – Avaliação da totalidade do prédio

1 – Se o edifício onde se situa o locado for constituído por duas ou mais unidades e o senhorio pretender invocar a circunstância de o prédio ter sofrido obras de reabilitação nos três anos antes de proceder à actualização da renda, ao abrigo do artigo 27º do Decreto-Lei nº 157/2006, de 8 de Agosto, a avaliação do nível de conservação deve ainda considerar e calcular, autonomamente, o nível de conservação aplicável aos elementos funcionais 1 a 17 da ficha de avaliação.

2 – O cálculo da avaliação destes elementos funcionais faz-se após a avaliação global e segue as mesmas regras.

3 – Considera-se que a totalidade do prédio onde se situa o locado tem nível de conservação bom ou excelente desde que, cumulativamente:

a) A ficha de avaliação do locado tenha como resultado nível Bom ou Excelente;

b) O nível de conservação aplicável aos elementos funcionais 1 a 17 de cada ficha de avaliação seja Bom ou Excelente.

4 – Se o arrendamento for para fim não habitacional e a conservação do locado couber, contratualmente, ao arrendatário, não se aplica a alínea *a*) do número anterior.

5 – Se o prédio estiver em regime de propriedade horizontal, valem como obras realizadas pelo senhorio as que tiverem sido feitas pelo condomínio.

6 – Se o prédio não estiver em regime de propriedade horizontal, o senhorio só pode pedir a avaliação da totalidade do prédio quando peça simultaneamente a avaliação do estado de conservação de todas as unidades do edifício com contratos de arrendamento anteriores à entrada em vigor do Decreto-Lei nº 321-B/90, de 15 de Outubro.

7 – No caso previsto no número anterior, a faculdade prevista no artigo 27º do Decreto-Lei nº 157/2006, de 8 de Agosto, só pode ser exercida em relação à totalidade das unidades aí referidas.

8 – A avaliação da totalidade do prédio não vale como avaliação do locado no caso de o resultado não permitir o recurso à faculdade prevista no artigo 27º do Decreto-Lei nº 157/2006, de 8 de Agosto, devendo o senhorio solicitar nova vistoria quando pretenda proceder à actualização da renda ao abrigo do regime geral.

ARTIGO 11º – Vistoria única para duas avaliações

Se relativamente ao mesmo local forem simultaneamente requeridas a avaliação fiscal e a determinação do nível de conservação, a CAM pode deliberar, mediante voto favorável do representante do serviço local de finanças, que ambas as vistorias na mesma data sejam efectuadas pelo perito local referido no artigo 63º do Código do Imposto Municipal sobre Imóveis, desde que pelo sistema informático da aplicação de gestão das avaliações da Direcção-Geral dos Impostos lhe seja atribuída a ficha para avaliação fiscal do locado, o referido perito integre a lista dos técnicos da CAM e não se coloque em causa o carácter aleatório da designação do técnico.

SECÇÃO III – Técnicos

ARTIGO 12º – Qualificações dos técnicos

1 – A vistoria para a determinação do nível de conservação dos edifícios é realizada por arquitecto ou engenheiro inscrito na respectiva ordem profissional, ou por engenheiro técnico inscrito na Associação Nacional dos Engenheiros Técnicos (ANET).

2 – Quando as CAM entendam que o número de arquitectos e engenheiros inscritos não é suficiente, a determinação do nível de conservação pode ser feita por engenheiro técnico.

3 – No caso referido no número anterior, a CAM solicita à ANET o fornecimento de uma lista de técnicos.

4 – Os técnicos a que se referem os números anteriores devem estar devidamente habilitados com formação acreditada na aplicação do MAEC.

5 – O técnico que pretenda deixar de integrar a lista da CAM ou ser reintegrado, pode fazê-lo, a qualquer momento, através de mera comunicação à CAM.

ARTIGO 13º – Remuneração dos técnicos

1 – A remuneração dos técnicos é efectuada em função do número de vistorias realizadas e constitui encargo municipal.

2 – Se a assembleia municipal não fixar outro montante, a remuneração prevista no número anterior é fixada em três quartos da unidade de conta (UC), tal como definida no nº 2 do artigo 5º do Decreto-Lei nº 212/89, de 30 de Junho, por cada vistoria realizada para determinação do nível de conservação, sendo reduzida a um quarto de UC quando se trate da avaliação de várias unidades de um mesmo edifício, para cada unidade adicional à primeira.

SECÇÃO IV – Determinação do coeficiente de conservação

ARTIGO 14º – Determinação do coeficiente de conservação pela CAM

1 – Não constando da ficha de avaliação qualquer afirmação das partes, nos termos previstos no artigo 9º, a CAM atribui ao locado, no prazo de oito dias a contar da recepção da ficha, o coeficiente de conservação correspondente ao nível de conservação, nos termos do nº 1 do artigo 33º do NRAU.

2 – Constando da ficha de avaliação afirmação de alguma parte, nos termos previstos no artigo 9º, a CAM atribui ao locado, no prazo de 30 dias a contar da recepção da ficha e com base nas provas de que dispuser, o coeficiente de conservação determinado de acordo com o previsto no nº 2 do artigo 15º do Decreto-Lei nº 161/2006, de 8 de Agosto.

3 – Inscrito o coeficiente de conservação na ficha de avaliação, a CAM procede ao seu envio ao senhorio e ao arrendatário, no prazo máximo de três dias.

ARTIGO 15º – Reclamação do coeficiente de conservação

1 – Recebido o resultado da avaliação, o arrendatário e o senhorio podem, no prazo de oito dias, com base na alínea *a*) do nº 1 do artigo 17º do Decreto-Lei nº 161/2006, de 8 de Agosto, reclamar da determinação do coeficiente de conservação, com os seguintes fundamentos:

a) Discordância do nível de conservação que lhe serviu de base; e ou

b) Errada aplicação do disposto no nº 2 do artigo 15º do Decreto-Lei nº 161/2006, de 8 de Agosto.

2 – No caso previsto na alínea *a*) do número anterior é efectuada nova vistoria por dois técnicos em conjunto, não se repetindo o procedimento previsto no artigo 9º

3 – Em caso de desacordo entre os dois técnicos, vale o nível de conservação que corresponder ao obtido na vistoria inicial, se for coincidente com um dos novos resultados, ou o estado intermédio entre os três resultados, se o não for.

4 – No caso previsto na alínea *b*) do nº 1 segue-se o procedimento previsto no artigo 18º do Decreto-Lei nº 161/2006, de 8 de Agosto.

5 – Decorrido o prazo previsto no nº 1 a avaliação do nível de conservação e a determinação do coeficiente de conservação tornam-se definitivas.

6 – No caso de indeferimento da reclamação do arrendatário, este é obrigado a pagar ao senhorio, em conjunto com o pagamento da primeira renda actualizada, o montante correspondente à diferença entre a renda entretanto paga e a renda actualizada que seria devida durante o tempo que distou entre a reclamação e a decisão final.

SECÇÃO V – Árbitros

ARTIGO 16º – Remuneração dos árbitros das CAM

1 – A remuneração dos árbitros é efectuada em função do número de processos que têm de decidir, ao abrigo do disposto nos artigos 17º e 18º do Decreto-Lei nº 161/2006, de 8 de Agosto, e constitui encargo municipal.

2 – Se a assembleia municipal não fixar outro montante, a remuneração prevista no número anterior é fixada em três quartos da UC.

SECÇÃO VI – Disposições finais e transitórias

ARTIGO 17º – Comunicações electrónicas e tratamento de dados

1 – As comunicações e procedimentos previstos na presente portaria efectuados pelos arrendatários e senhorios podem ser realizados através do endereço disponível na Internet www.portaldahabitacao.pt/nrau, disponível no prazo de 30 dias a contar da data de publicação da presente portaria.

2 – Qualquer comunicação entre os serviços de finanças, os serviços de segurança social, as CAM, os municípios e os técnicos que avaliam o nível de conservação dos edifícios é realizada através da plataforma de integração online, gerida pelo INH, disponível no endereço da Internet www.portaldahabitacao.pt/nrau.

3 – Podem ser celebrados protocolos entre o INH e as várias entidades com participação na plataforma de integração online tendo em vista a aplicação do NRAU, da respectiva legislação complementar e ainda a definição dos procedimentos administrativos de comunicação de dados.

4 – O tratamento dos dados resultante do disposto na presente portaria obedece ao disposto na legislação vigente aplicável.

ARTIGO 18º – Requerimento

1 – A determinação do nível de conservação é requerida mediante o preenchimento e a entrega do modelo único simplificado aprovado pela Portaria nº 1192-A/2006, de 3 de Novembro.

2 – O requerimento de nova determinação do nível de conservação durante o prazo de validade de determinação anterior, previsto no nº 4 do artigo 15º do Decreto-Lei nº 161/2006, de 8 de Agosto, só é admissível quando se tenham realizado obras no edifício desde a última avaliação.

3 – Só é admissível a desistência de um pedido de determinação do nível e do coeficiente de conservação quando esse pedido não tenha sido satisfeito no prazo de seis meses a contar da data de entrega do requerimento e o senhorio recorra à faculdade prevista no artigo 7º do Decreto-Lei nº 156/2006, de 8 de Agosto.

ARTIGO 19º – Norma transitória

Durante o primeiro ano de vigência desta portaria, podem realizar vistorias técnicos sem a formação acreditada na aplicação do MAEC exigida no artigo 12º, desde que inscritos nas respectivas ordens ou associações profissionais, e com experiência profissional não inferior a cinco anos, incluindo o tempo de estágio.

ARTIGO 20º – Entrada em vigor

A presente portaria entra em vigor no dia seguinte ao da sua publicação.

NRAU – NOVO REGIME DE ARRENDAMENTO URBANO
Ficha de avaliação do nível de conservação de edifícios
(Portaria n.º 1192-B/2006, de 3 de Novembro)

______ | ______
código do técnico | número da ficha

A. IDENTIFICAÇÃO

Rua/Av./Pc.: ....

Número: .... Andar: .... Localidade: .... Código postal: ....-...

Distrito: .... Concelho: .... Freguesia: ....

Artigo matricial: .... Fracção: .... Código SIG (facultativo): ....

B. CARACTERIZAÇÃO

N.º de pisos do edifício	N.º de unidades do edifício	Época de construção	Tipologia estrutural	N.º de divisões da unidade	Uso da unidade
|__|__|	|__|__|	______	______	|__|__|	______

C. ANOMALIAS DE ELEMENTOS FUNCIONAIS

	Anomalias					Não se aplica	Ponderação	Pontuação
	Muito ligeiras (5)	Ligeiras (4)	Médias (3)	Graves (2)	Muito graves (1)			
Edifício								
1. Estrutura	☐	☐	☐	☐	☐		x 6 =	____
2. Cobertura	☐	☐	☐	☐	☐		x 5 =	____
3. Elementos salientes	☐	☐	☐	☐	☐	☐	x 3 =	____
Outras partes comuns								
4. Paredes	☐	☐	☐	☐	☐	☐	x 3 =	____
5. Revestimentos de pavimentos	☐	☐	☐	☐	☐	☐	x 2 =	____
6. Tectos	☐	☐	☐	☐	☐	☐	x 2 =	____
7. Escadas	☐	☐	☐	☐	☐	☐	x 3 =	____
8. Caixilharia e portas	☐	☐	☐	☐	☐	☐	x 2 =	____
9. Dispositivos de protecção contra queda	☐	☐	☐	☐	☐	☐	x 3 =	____
10. Instalação de distribuição de água	☐	☐	☐	☐	☐	☐	x 1 =	____
11. Instalação de drenagem de águas residuais	☐	☐	☐	☐	☐	☐	x 1 =	____
12. Instalação de gás	☐	☐	☐	☐	☐	☐	x 1 =	____
13. Instalação eléctrica e de iluminação	☐	☐	☐	☐	☐	☐	x 1 =	____
14. Instalações de telecomunicações e contra a intrusão	☐	☐	☐	☐	☐	☐	x 1 =	____
15. Instalação de ascensores	☐	☐	☐	☐	☐	☐	x 3 =	____
16. Instalação de segurança contra incêndio	☐	☐	☐	☐	☐	☐	x 1 =	____
17. Instalação de evacuação de lixo	☐	☐	☐	☐	☐	☐	x 1 =	____
Unidade								
18. Paredes exteriores	☐	☐	☐	☐	☐		x 5 =	____
19. Paredes interiores	☐	☐	☐	☐	☐	☐	x 3 =	____
20. Revestimentos de pavimentos exteriores	☐	☐	☐	☐	☐	☐	x 2 =	____
21. Revestimentos de pavimentos interiores	☐	☐	☐	☐	☐	☐	x 4 =	____
22. Tectos	☐	☐	☐	☐	☐	☐	x 4 =	____
23. Escadas	☐	☐	☐	☐	☐	☐	x 4 =	____
24. Caixilharia e portas exteriores	☐	☐	☐	☐	☐		x 5 =	____
25. Caixilharia e portas interiores	☐	☐	☐	☐	☐	☐	x 3 =	____
26. Dispositivos de protecção de vãos	☐	☐	☐	☐	☐	☐	x 2 =	____
27. Dispositivos de protecção contra queda	☐	☐	☐	☐	☐	☐	x 4 =	____
28. Equipamento sanitário	☐	☐	☐	☐	☐	☐	x 3 =	____
29. Equipamento de cozinha	☐	☐	☐	☐	☐	☐	x 3 =	____
30. Instalação de distribuição de água	☐	☐	☐	☐	☐	☐	x 3 =	____
31. Instalação de drenagem de águas residuais	☐	☐	☐	☐	☐	☐	x 3 =	____
32. Instalação de gás	☐	☐	☐	☐	☐	☐	x 3 =	____
33. Instalação eléctrica	☐	☐	☐	☐	☐	☐	x 3 =	____
34. Instalações de telecomunicações e contra a intrusão	☐	☐	☐	☐	☐	☐	x 1 =	____
35. Instalação de ventilação	☐	☐	☐	☐	☐	☐	x 2 =	____
36. Instalação de climatização	☐	☐	☐	☐	☐	☐	x 2 =	____
37. Instalação de segurança contra incêndio	☐	☐	☐	☐	☐	☐	x 2 =	____

D. DETERMINAÇÃO DO ÍNDICE DE ANOMALIAS

Total das pontuações	(a)	☐
Total das ponderações atribuídas aos elementos funcionais aplicáveis	(b)	☐
Índice de anomalias	(a/b)	☐

E. DESCRIÇÃO DE SINTOMAS QUE MOTIVAM A ATRIBUIÇÃO DE NÍVEIS DE ANOMALIAS "GRAVES" E/OU "MUITO GRAVES"

Número do elemento funcional	Relato síntese da anomalia	Identificação das fotografias ilustrativas
______		______
______		______
______		______
______		______
______		______

F. AVALIAÇÃO

Com base na observação das condições presentes e visíveis no momento da vistoria e nos termos do artigo 6.º da Portaria n.º 1192-B/2006, de 3 de Novembro, declaro que:

- O estado de conservação do locado é:
  Excelente ☐ Bom ☐ Médio ☐ Mau ☐ Péssimo ☐
- O estado de conservação dos elementos funcionais 1 a 17 é ____________ (a preencher apenas quando tenha sido pedida a avaliação da totalidade do prédio)
- Existem situações que constituem grave risco para a segurança e saúde públicas e/ou dos residentes: Sim ☐ Não ☐

G. OBSERVAÇÕES

H. TÉCNICO

Nome do técnico: .... Data de vistoria: _____/_____/______

I. COEFICIENTE DE CONSERVAÇÃO (preenchimento pela CAM)

Nos termos do disposto na alínea c), do n.º 1, do artigo 49.º da Lei n.º 6/2006, de 27 de Fevereiro, e no artigo 15.º do Decreto-Lei n.º 161/2006, de 8 de Agosto, declara-se que o locado acima identificado possui o seguinte Coeficiente de Conservação: _____,_____

Data de emissão: _____/_____/______ (Validade: 3 anos)

(O preenchimento da ficha deve ser realizado de acordo as instruções de aplicação disponibilizadas no endereço electrónico www.portaldahabitacao.pt/nrau)

Regime Jurídico da Reabilitação Urbana

Decreto-Lei nº 307/2009, de 23 de outubro*

A reabilitação urbana assume-se hoje como uma componente indispensável da política das cidades e da política de habitação, na medida em que nela convergem os objectivos de requalificação e revitalização das cidades, em particular das suas áreas mais degradadas, e de qualificação do parque habitacional, procurando-se um funcionamento globalmente mais harmonioso e sustentável das cidades e a garantia, para todos, de uma habitação condigna.

O Programa do XVII Governo Constitucional confere à reabilitação urbana elevada prioridade, tendo, neste domínio, sido já adoptadas medidas que procuram, de forma articulada, concretizar os objectivos ali traçados, designadamente ao nível fiscal e financeiro, cumprindo destacar o regime de incentivos fiscais à reabilitação urbana, por via das alterações introduzidas pelo Orçamento do Estado para 2009, aprovado pela Lei nº 64-A/2008, de 31 de Dezembro, no Estatuto dos Benefícios Fiscais, aprovado pelo Decreto-Lei nº 215/89, de 1 de Julho, e a exclusão da reabilitação urbana dos limites do endividamento municipal.

O regime jurídico da reabilitação urbana que agora se consagra surge da necessidade de encontrar soluções para cinco grandes desafios que se colocam à reabilitação urbana. São eles:

a) Articular o dever de reabilitação dos edifícios que incumbe aos privados com a responsabilidade pública de qualificar e modernizar o espaço, os equipamentos e as infra-estruturas das áreas urbanas a reabilitar;

b) Garantir a complementaridade e coordenação entre os diversos actores, concentrando recursos em operações integradas de reabilitação nas «áreas de reabilitação urbana», cuja delimitação incumbe aos municípios e nas quais se intensificam os apoios fiscais e financeiros;

* Texto de acordo com a republicação da Lei nº 32/2012, de 14 de agosto.

c) Diversificar os modelos de gestão das intervenções de reabilitação urbana, abrindo novas possibilidades de intervenção dos proprietários e outros parceiros privados;

d) Criar mecanismos que permitam agilizar os procedimentos de controlo prévio das operações urbanísticas de reabilitação;

e) Desenvolver novos instrumentos que permitam equilibrar os direitos dos proprietários com a necessidade de remover os obstáculos à reabilitação associados à estrutura de propriedade nestas áreas.

O actual quadro legislativo da reabilitação urbana apresenta um carácter disperso e assistemático, correspondendo-lhe, sobretudo, a disciplina das áreas de intervenção das sociedades de reabilitação urbana (SRU) contida no Decreto-Lei nº 104/2004, de 7 de Maio, e a figura das áreas críticas de recuperação e reconversão urbanística (ACRRU), prevista e regulada no capítulo XI da Lei dos Solos, aprovada pelo Decreto-Lei nº 794/76, de 5 de Novembro.

Assim, considera-se como objectivo central do presente decreto-lei substituir um regime que regula essencialmente um modelo de gestão das intervenções de reabilitação urbana, centrado na constituição, funcionamento, atribuições e poderes das sociedades de reabilitação urbana, por um outro regime que proceda ao enquadramento normativo da reabilitação urbana ao nível programático, procedimental e de execução. Complementarmente, e não menos importante, associa-se à delimitação das áreas de intervenção (as «áreas de reabilitação urbana») a definição, pelo município, dos objectivos da reabilitação urbana da área delimitada e dos meios adequados para a sua prossecução.

Parte-se de um conceito amplo de reabilitação urbana e confere-se especial relevo não apenas à vertente imobiliária ou patrimonial da reabilitação mas à integração e coordenação da intervenção, salientando-se a necessidade de atingir soluções coerentes entre os aspectos funcionais, económicos, sociais, culturais e ambientais das áreas a reabilitar. Deste modo, começa-se por definir os objectivos essenciais a alcançar através da reabilitação urbana, e determinar os princípios a que esta deve obedecer.

O presente regime jurídico da reabilitação urbana estrutura as intervenções de reabilitação com base em dois conceitos fundamentais: o conceito de «área de reabilitação urbana», cuja delimitação pelo município tem como efeito determinar a parcela territorial que justifica uma intervenção integrada no âmbito deste diploma, e o conceito de «operação de reabilitação urbana», correspondente à estruturação concreta das intervenções a efectuar no interior da respectiva área de reabilitação urbana.

Procurou-se, desde logo, regular de forma mais clara os procedimentos a que deve obedecer a definição de áreas a submeter a reabilitação urbana, bem como a programação e o planeamento das intervenções a realizar nessas mesmas áreas.

A delimitação de área de reabilitação urbana, pelos municípios, pode ser feita através de instrumento próprio, precedida de parecer do Instituto da Habitação e da Reabilitação Urbana, I. P., ou por via da aprovação de um plano de pormenor de reabilitação urbana, correspondendo à respectiva área de intervenção. A esta delimitação é associada a exigência da determinação dos objectivos e da estratégia da intervenção, sendo este também o momento da definição do tipo de operação de reabilitação urbana a realizar e da escolha da entidade gestora.

Com efeito, numa lógica de flexibilidade e com vista a possibilitar uma mais adequada resposta em face dos diversos casos concretos verificados, opta-se por permitir a realização de dois tipos distintos de operação de reabilitação urbana.

No primeiro caso, designado por «operação de reabilitação urbana simples», trata-se de uma intervenção essencialmente dirigida à reabilitação do edificado, tendo como objectivo a reabilitação urbana de uma área.

No segundo caso, designado por «operação de reabilitação urbana sistemática», é acentuada a vertente integrada da intervenção, dirigindo-se à reabilitação do edificado e à qualificação das infra-estruturas, dos equipamentos e dos espaços verdes e urbanos de utilização colectiva, com os objectivos de requalificar e revitalizar o tecido urbano.

Num caso como noutro, à delimitação da área de reabilitação urbana atribui-se um conjunto significativo de efeitos. Entre estes, destaca-se, desde logo, a emergência de uma obrigação de definição dos benefícios fiscais associados aos impostos municipais sobre o património.

Decorre também daquele acto a atribuição aos proprietários do acesso aos apoios e incentivos fiscais e financeiros à reabilitação urbana. O acto de delimitação da área de reabilitação urbana, sempre que se opte por uma operação de reabilitação urbana sistemática, tem ainda como imediata consequência a declaração de utilidade pública da expropriação ou da venda forçada dos imóveis existentes ou, bem assim, da constituição de servidões.

As entidades gestoras das operações de reabilitação urbana podem corresponder ao próprio município ou a entidades do sector empresarial local existentes ou a criar. Se estas entidades gestoras de tipo empresarial tiverem por objecto social exclusivo a gestão de operações de reabilitação urbana, revestem a qualidade de sociedades de reabilitação urbana, admitindo-se, em casos excepcionais, a participação de capitais do Estado nestas empresas municipais. Em qualquer caso, cabe ao município, sempre que não promova directamente a gestão da operação de reabilitação urbana, determinar os poderes da entidade gestora, por via do instituto da delegação de poderes, sendo certo que se presume, caso a entidade gestora revista a qualidade de sociedade de reabilitação urbana e o município nada estabeleça em contrário, a delegação de determinados poderes na gestora.

O papel dos intervenientes públicos na promoção e condução das medidas necessárias à reabilitação urbana surge mais bem delineado, não deixando, no entanto, de se destacar o dever de reabilitação dos edifícios ou fracções a cargo dos respectivos proprietários.

No que concerne a estes últimos, e aos demais interessados na operação de reabilitação urbana, são reforçadas as garantias de participação, quer ao nível das consultas promovidas aquando da delimitação das áreas de reabilitação urbana e da elaboração dos instrumentos de estratégia e programação das intervenções a realizar quer no âmbito da respectiva execução.

A este respeito, é devidamente enquadrado o papel dos diversos actores públicos e privados na prossecução das tarefas de reabilitação urbana. De modo a promover a participação de particulares neste domínio, permite-se às entidades gestoras o recurso a parcerias com entidades privadas, as quais podem ser estruturadas de várias formas, desde a concessão da reabilitação urbana à administração conjunta entre entidade gestora e proprietários.

Especialmente relevante no presente decreto-lei é a regulação dos planos de pormenor de reabilitação urbana, já previstos no regime jurídico dos instrumentos de gestão territorial, aprovado pelo Decreto-Lei nº 380/99, de 22 de Setembro, como modalidade específica de planos de pormenor, quer no que respeita ao seu conteúdo material e documental quer no que diz respeito às regras procedimentais de elaboração e acompanhamento. Procura-se ainda a devida articulação com os planos de pormenor de salvaguarda do património cultural.

O objectivo visado é, sobretudo, o de permitir uma melhor integração entre as políticas de planeamento urbanístico municipal e as políticas de reabilitação respectivas, sendo, em qualquer caso, de elaboração facultativa. Importantíssimo efeito associado à aprovação dos planos de pormenor de reabilitação urbana é o de habilitar a dispensa de audição das entidades públicas a consultar no âmbito dos procedimentos de controlo prévio das operações urbanísticas na área de intervenção do plano sempre que aquelas entidades hajam dado parecer favorável ao mesmo. Trata-se de uma significativa simplificação dos procedimentos de licenciamento e comunicação prévia das operações urbanísticas.

Também o controlo de operações urbanísticas realizadas em área de reabilitação urbana é objecto de um conjunto de regras especiais consagradas no presente regime jurídico.

Destaca-se, neste aspecto, a possibilidade de delegação daqueles poderes por parte dos municípios nas entidades gestoras, expressa ou tacitamente, o que se faz também acompanhar de um conjunto de regras procedimentais destinadas a agilizar os procedimentos de licenciamento quando promovidos por entidades gestoras.

No que respeita aos instrumentos de política urbanística, procuraram reunir-se as diversas figuras que se encontravam dispersas na legislação em vigor, agrupando-se os mecanismos essenciais à materialização das escolhas públicas em matéria de reabilitação.

Especialmente inovador no actual quadro jurídico nacional, embora recuperando um instituto com tradições antigas na legislação urbanística portuguesa, é o mecanismo da venda forçada de imóveis, que obriga os proprietários que não realizem as obras e trabalhos ordenados à sua alienação em hasta pública, permitindo assim a sua substituição por outros que, sem prejuízo da sua utilidade particular, estejam na disponibilidade de realizar a função social da propriedade. O procedimento de venda forçada é construí do de forma próxima ao da expropriação, consagrando-se as garantias equivalentes às previstas no Código das Expropriações e garantindo-se o pagamento ao proprietário de um valor nunca inferior ao de uma justa indemnização.

Para além de instrumentos jurídicos tradicionalmente utilizados no domínio do direito do urbanismo (por exemplo a expropriação, a constituição de servidões ou a reestruturação da propriedade), permite-se ainda aos municípios a criação de um regime especial de taxas, visando-se assim criar um incentivo à realização de operações urbanísticas.

Considerando a especial sensibilidade da matéria em questão, consagra-se um capítulo à participação de interessados e à concertação de interesses, tratando-se especificamente dos direitos dos ocupantes de edifícios ou fracções.

Finalmente, dedica-se o último capítulo à matéria do financiamento, aspecto fulcral na reabilitação urbana.

Embora esta matéria não seja objecto de regulamentação exaustiva, não deixa de ser relevante o facto de se prever aqui a possibilidade de concessão de apoios financeiros por parte do Estado e dos municípios às entidades gestoras, abrindo-se ainda a porta à constituição de fundos de investimento imobiliário dedicados à reabilitação urbana.

Foram ouvidos os órgãos de governo próprio das Regiões Autónomas e a Associação Nacional de Municípios Portugueses.

Assim:

No uso da autorização legislativa concedida pela Lei nº 95-A/2009, de 2 de Setembro, e nos termos das alíneas *a*) e *b*) do nº 1 do artigo 198º da Constituição, o Governo decreta o seguinte:

PARTE I
DISPOSIÇÕES GERAIS

ARTIGO 1º – Objeto

O presente decreto-lei estabelece o regime jurídico da reabilitação urbana.

ARTIGO 2º – Definições

Para efeitos de aplicação do presente decreto-lei, entende-se por:

a) «Acessibilidade» o conjunto das condições de acesso e circulação em edifícios, bem como em espaços públicos, permitindo a movimentação livre, autónoma e independente a qualquer pessoa, em especial às pessoas com mobilidade condicionada;

b) «Área de reabilitação urbana» a área territorialmente delimitada que, em virtude da insuficiência, degradação ou obsolescência dos edifícios, das infraestruturas, dos equipamentos de utilização coletiva e dos espaços urbanos e verdes de utilização coletiva, designadamente no que se refere às suas condições de uso, solidez, segurança, estética ou salubridade, justifique uma intervenção integrada, através de uma operação de reabilitação urbana aprovada em instrumento próprio ou em plano de pormenor de reabilitação urbana;

c) «Edifício» a construção permanente, dotada de acesso independente, coberta, limitada por paredes exteriores ou paredes meeiras que vão das fundações à cobertura, destinada a utilização humana ou a outros fins;

d) «Imóvel devoluto» o edifício ou a fração que assim for considerado nos termos dos artigos 2º e 3º do Decreto-Lei nº 159/2006, de 8 de agosto;

e) «Entidade gestora» a entidade responsável pela gestão e coordenação da operação de reabilitação urbana relativa a uma área de reabilitação urbana;

f) «Fração» a parte autónoma de um edifício que reúna os requisitos estabelecidos no artigo 1415º do Código Civil, esteja ou não o mesmo constituído em regime de propriedade horizontal;

g) «Habitação» a unidade na qual se processa a vida de um agregado residente no edifício, a qual compreende o fogo e as suas dependências;

h) «Operação de reabilitação urbana» o conjunto articulado de intervenções visando, de forma integrada, a reabilitação urbana de uma determinada área;

i) «Reabilitação de edifícios» a forma de intervenção destinada a conferir adequadas características de desempenho e de segurança funcional, estrutural e construtiva a um ou a vários edifícios, às construções funcionalmente adjacentes incorporadas no seu logradouro, bem como às frações eventualmente integradas nesse edifício, ou a conceder-lhes novas aptidões funcionais, determinadas em função das opções de reabilitação urbana prosseguidas, com vista a permitir novos usos ou o mesmo uso com padrões de desempenho mais elevados, podendo compreender uma ou mais operações urbanísticas;

j) «Reabilitação urbana» a forma de intervenção integrada sobre o tecido urbano existente, em que o património urbanístico e imobiliário é mantido, no todo ou em parte substancial, e modernizado através da realização de obras de remodelação ou beneficiação dos sistemas de infraestruturas urbanas, dos equipamentos e dos espaços urbanos ou verdes de utilização coletiva e de obras de construção, reconstrução, ampliação, alteração, conservação ou demolição dos edifícios;

k) «Unidade de intervenção» a área geograficamente delimitada a sujeitar a uma intervenção específica de reabilitação urbana, no âmbito de uma operação de reabilitação urbana sistemática aprovada através de instrumento próprio, com identificação de todos os prédios abrangidos, podendo corresponder à totalidade ou a parte da área abrangida por aquela operação ou, em casos de particular interesse público, a um edifício.

ARTIGO 3º – Objetivos

A reabilitação urbana deve contribuir, de forma articulada, para a prossecução dos seguintes objetivos:

a) Assegurar a reabilitação dos edifícios que se encontram degradados ou funcionalmente inadequados;

b) Reabilitar tecidos urbanos degradados ou em degradação;

c) Melhorar as condições de habitabilidade e de funcionalidade do parque imobiliário urbano e dos espaços não edificados;

d) Garantir a proteção e promover a valorização do património cultural;

e) Afirmar os valores patrimoniais, materiais e simbólicos como fatores de identidade, diferenciação e competitividade urbana;

f) Modernizar as infra-estruturas urbanas;

g) Promover a sustentabilidade ambiental, cultural, social e económica dos espaços urbanos;

h) Fomentar a revitalização urbana, orientada por objetivos estratégicos de desenvolvimento urbano, em que as ações de natureza material são concebidas de forma integrada e ativamente combinadas na sua execução com intervenções de natureza social e económica;

i) Assegurar a integração funcional e a diversidade económica e sócio-cultural nos tecidos urbanos existentes;

j) Requalificar os espaços verdes, os espaços urbanos e os equipamentos de utilização coletiva;

k) Qualificar e integrar as áreas urbanas especialmente vulneráveis, promovendo a inclusão social e a coesão territorial;

l) Assegurar a igualdade de oportunidades dos cidadãos no acesso às infraestruturas, equipamentos, serviços e funções urbanas;

m) Desenvolver novas soluções de acesso a uma habitação condigna;

n) Recuperar espaços urbanos funcionalmente obsoletos, promovendo o seu potencial para atrair funções urbanas inovadoras e competitivas;

o) Promover a melhoria geral da mobilidade, nomeadamente através de uma melhor gestão da via pública e dos demais espaços de circulação;

p) Promover a criação e a melhoria das acessibilidades para cidadãos com mobilidade condicionada;

q) Fomentar a adoção de critérios de eficiência energética em edifícios públicos e privados.

ARTIGO 4º – Princípios gerais

A política de reabilitação urbana obedece aos seguintes princípios:

a) Princípio da responsabilização dos proprietários e titulares de outros direitos, ónus e encargos sobre os edifícios, conferindo-se à sua iniciativa um papel preponderante na reabilitação do edificado e sendo-lhes, nessa medida, imputados os custos inerentes a esta atividade;

b) Princípio da subsidiariedade da ação pública, garantindo que as ações de reabilitação urbana relativas a espaços privados são diretamente promovidas por entidades públicas apenas na medida em que os particulares, quer isoladamente quer em cooperação com aquelas, não as assegurem ou não possam assegurá-las;

c) Princípio da solidariedade intergeracional, assegurando a transmissão às gerações futuras de espaços urbanos corretamente ordenados e conservados;

d) Princípio da sustentabilidade, garantindo que a intervenção assente num modelo financeiramente sustentado e equilibrado e contribuindo para valorizar as áreas urbanas e os edifícios intervencionados através de soluções inovadoras e sustentáveis do ponto de vista sócio-cultural e ambiental;

e) Princípio da integração, preferindo a intervenção em áreas cuja delimitação permita uma resposta adequada e articulada às componentes morfológica, económica, social, cultural e ambiental do desenvolvimento urbano;

f) Princípio da coordenação, promovendo a convergência, a articulação, a compatibilização e a complementaridade entre as várias ações de iniciativa pública, entre si, e entre estas e as ações de iniciativa privada;

g) Princípio da contratualização, incentivando modelos de execução e promoção de operações de reabilitação urbana e de operações urbanísticas tendentes à reabilitação urbana baseados na concertação entre a iniciativa pública e a iniciativa privada;

h) Princípio da proteção do existente, permitindo a realização de intervenções no edificado que, embora não cumpram o disposto em todas as disposições legais e regulamentares aplicáveis à data da intervenção, não agravam a desconformidade dos edifícios relativamente a estas disposições ou têm como resultado a melhoria das condições de segurança e salubridade da edificação ou delas resulta uma melhoria das condições de desempenho e segurança funcional, estrutural e construtiva da edificação e o sacrifício decorrente do cumprimento daquelas disposições seja desproporcionado em face da desconformidade criada ou agravada pela realização da intervenção;

i) Princípio da justa ponderação, promovendo uma adequada ponderação de todos os interesses relevantes em face das operações de reabilitação urbana, designadamente os interesses dos proprietários ou de outros titulares de direitos sobre edifícios objeto de operações de reabilitação;

j) Princípio da equidade, assegurando a justa repartição dos encargos e benefícios decorrentes da execução das operações de reabilitação urbana.

ARTIGO 5º – Dever de promoção da reabilitação urbana

Incumbe ao Estado, às Regiões Autónomas e às autarquias locais assegurar, no quadro do presente decreto-lei e dos demais regimes jurídicos aplicáveis, a promoção das medidas necessárias à reabilitação de áreas urbanas que dela careçam.

ARTIGO 6º – Dever de reabilitação de edifícios

1 – Os proprietários de edifícios ou frações têm o dever de assegurar a sua reabilitação, nomeadamente realizando todas as obras necessárias à manutenção ou reposição da sua segurança, salubridade e arranjo estético, nos termos previstos no presente decreto-lei.

2 – Os proprietários e os titulares de outros direitos, ónus e encargos sobre edifício ou frações não podem, dolosa ou negligentemente, provocar ou agravar uma situação de falta de segurança ou de salubridade, provocar a sua deterioração ou prejudicar o seu arranjo estético.

PARTE II
REGIME DA REABILITAÇÃO URBANA EM ÁREAS DE REABILITAÇÃO URBANA

CAPÍTULO I – Disposições gerais

ARTIGO 7º – Áreas de reabilitação urbana

1 – A reabilitação urbana em áreas de reabilitação urbana é promovida pelos municípios, resultando da aprovação:

a) Da delimitação de áreas de reabilitação urbana; e

b) Da operação de reabilitação urbana a desenvolver nas áreas delimitadas de acordo com a alínea anterior, através de instrumento próprio ou de um plano de pormenor de reabilitação urbana.

2 – A aprovação da delimitação de áreas de reabilitação urbana e da operação de reabilitação urbana pode ter lugar em simultâneo.

3 – A aprovação da delimitação de áreas de reabilitação urbana pode ter lugar em momento anterior à aprovação da operação de reabilitação urbana a desenvolver nessas áreas.

4 – A cada área de reabilitação urbana corresponde uma operação de reabilitação urbana.

ARTIGO 8º – Operações de reabilitação urbana

1 – Os municípios podem optar pela realização de uma operação de reabilitação urbana:

a) Simples; ou

b) Sistemática.

2 – A operação de reabilitação urbana simples consiste numa intervenção integrada de reabilitação urbana de uma área, dirigindo-se primacialmente à reabilitação do edificado, num quadro articulado de coordenação e apoio da respetiva execução.

3 – A operação de reabilitação urbana sistemática consiste numa intervenção integrada de reabilitação urbana de uma área, dirigida à reabilitação do edificado e à qualificação das infraestruturas, dos equipamentos e dos espaços verdes e urbanos de utilização coletiva, visando a requalificação e revitalização do tecido urbano, associada a um programa de investimento público.

4 – As operações de reabilitação urbana simples e sistemática são enquadradas por instrumentos de programação, designados, respetivamente, de estratégia de reabilitação urbana ou de programa estratégico de reabilitação urbana.

5 – O dever de reabilitação que impende sobre os proprietários e titulares de outros direitos, ónus e encargos sobre edifícios ou frações compreendidos numa área de reabilitação urbana é densificado em função dos objetivos definidos na estratégia de reabilitação urbana ou no programa estratégico de reabilitação urbana.

ARTIGO 9º – Entidade gestora

As operações de reabilitação urbana são coordenadas e geridas por uma entidade gestora.

ARTIGO 10º – Tipos de entidade gestora

1 – Podem revestir a qualidade de entidade gestora:

a) O município;

b) Uma empresa do setor empresarial local.

2 – Quando a empresa referida na alínea *b*) do número anterior tenha por objeto social exclusivo a gestão de operações de reabilitação urbana, adota a designação de sociedade de reabilitação urbana.

3 – O tipo de entidade gestora é adotado, de entre os referidos no nº 1, na estratégia de reabilitação urbana ou no programa estratégico de reabilitação urbana.

ARTIGO 11º – Modelos de execução das operações de reabilitação urbana

1 – Para efeitos do presente regime, podem ser adotados os seguintes modelos de execução das operações de reabilitação urbana:

a) Por iniciativa dos particulares;

b) Por iniciativa das entidades gestoras.

2 – Nos casos referidos na alínea *a*) do número anterior, a execução das operações de reabilitação urbana pode desenvolver-se através da modalidade de execução pelos particulares com o apoio da entidade gestora ou através da modalidade de administração conjunta.

3 – Nos casos referidos na alínea *b*) do nº 1, a execução das operações de reabilitação urbana pode desenvolver-se através das seguintes modalidades:

a) Execução direta pela entidade gestora;

b) Execução através de administração conjunta;

c) Execução através de parcerias com entidades privadas.

4 – As parcerias com entidades privadas referidas na alínea *c*) do número anterior concretizam-se através de:

a) Concessão da reabilitação;

b) Contrato de reabilitação urbana.

5 – As parcerias com entidades privadas só podem ser adotadas no âmbito de operações de reabilitação urbana sistemática, no âmbito de unidade de intervenção ou de execução.

CAPÍTULO II – Regime das áreas de reabilitação urbana

SECÇÃO I – Disposição geral

ARTIGO 12º – Objeto das áreas de reabilitação urbana

1 – As áreas de reabilitação urbana incidem sobre espaços urbanos que, em virtude da insuficiência, degradação ou obsolescência dos edifícios, das infraestruturas urbanas, dos equipamentos ou dos espaços urbanos e verdes de utilização coletiva, justifiquem uma intervenção integrada.

2 – As áreas de reabilitação urbana podem abranger, designadamente, áreas e centros históricos, património cultural imóvel classificado ou em vias de classificação e respetivas zonas de proteção, áreas urbanas degradadas ou zonas urbanas consolidadas.

SECÇÃO II – Delimitação de áreas de reabilitação urbana

ARTIGO 13º – Aprovação e alteração

1 – A delimitação das áreas de reabilitação urbana é da competência da assembleia municipal, sob proposta da câmara municipal.

2 – A proposta de delimitação de uma área de reabilitação urbana é devidamente fundamentada e contém:

a) A memória descritiva e justificativa, que inclui os critérios subjacentes à delimitação da área abrangida e os objetivos estratégicos a prosseguir;

b) A planta com a delimitação da área abrangida;

c) O quadro dos benefícios fiscais associados aos impostos municipais, nos termos da alínea *a*) do artigo 14º

3 – Para os efeitos previstos no número anterior, pode a câmara municipal encarregar uma entidade de entre as mencionadas na alínea *b*) do nº 1 do artigo 10º da preparação do projeto de delimitação das áreas de reabilitação urbana, estabelecendo previamente os respetivos objetivos.

4 – O ato de aprovação da delimitação da área de reabilitação urbana integra os elementos referidos no nº 2 e é publicado através de aviso na 2ª série do Diário da República e divulgado na página eletrónica do município.

5 – Simultaneamente com o envio para publicação do aviso referido no número anterior, a câmara municipal remete ao Instituto da Habitação e da Reabilitação Urbana, I. P., por meios eletrónicos, o ato de aprovação da delimitação da área de reabilitação urbana.

6 – O disposto no presente artigo é aplicável à alteração da delimitação de uma área de reabilitação urbana.

ARTIGO 14º – Efeitos

A delimitação de uma área de reabilitação urbana:

a) Obriga à definição, pelo município, dos benefícios fiscais associados aos impostos municipais sobre o património, designadamente o imposto municipal sobre imóveis (IMI) e o imposto municipal sobre as transmissões onerosas de imóveis (IMT), nos termos da legislação aplicável;

b) Confere aos proprietários e titulares de outros direitos, ónus e encargos sobre os edifícios ou frações nela compreendidos o direito de acesso aos apoios e incentivos fiscais e financeiros à reabilitação urbana, nos termos estabelecidos na legislação aplicável, sem prejuízo de outros benefícios e incentivos relativos ao património cultural.

ARTIGO 15º – Âmbito temporal

No caso da aprovação da delimitação de uma área de reabilitação urbana não ter lugar em simultâneo com a aprovação da operação de reabilitação urbana a desenvolver nessa área, aquela delimitação caduca se, no prazo de três anos, não for aprovada a correspondente operação de reabilitação.

SECÇÃO III – Operações de reabilitação urbana

ARTIGO 16º – Aprovação das operações de reabilitação urbana

As operações de reabilitação urbana são aprovadas através de instrumento próprio ou de plano de pormenor de reabilitação urbana, que contêm:

a) A definição do tipo de operação de reabilitação urbana; e

b) A estratégia de reabilitação urbana ou o programa estratégico de reabilitação urbana, consoante a operação de reabilitação urbana seja simples ou sistemática.

ARTIGO 17º – Aprovação de operações de reabilitação urbana através de instrumento próprio

1 – A aprovação de operações de reabilitação urbana através de instrumento próprio é da competência da assembleia municipal, sob proposta da câmara municipal.

2 – A câmara municipal pode encarregar uma entidade de entre as mencionadas na alínea *b*) do nº 1 do artigo 10º da preparação do projeto de operação de reabilitação urbana, estabelecendo previamente os respetivos objetivos e os prazos para a conclusão dos trabalhos.

3 – O projeto de operação de reabilitação urbana é remetido ao Instituto da Habitação e da Reabilitação Urbana, I. P., por meios eletrónicos, para emissão de parecer não vinculativo no prazo de 15 dias.

4 – Simultaneamente com a remessa a que se refere o número anterior, o projeto de operação de reabilitação urbana é submetido a discussão pública, a promover nos termos previstos no regime jurídico dos instrumentos de gestão territorial (RJIGT), aprovado pelo Decreto-Lei nº 380/99, de 22 de setembro, alterado pelos Decretos-Leis nºs 53/2000, de 7 de abril, e 310/2003, de 10 de dezembro, pelas Leis nºs 58/2005, de 29 de dezembro, e 56/2007, de 31 de agosto, pelos Decretos-Leis nºs 316/2007, de 19 de setembro, 46/2009, de 20 de fevereiro, 181/2009, de 7 de agosto, e 2/2011, de 6 de janeiro, para a discussão pública dos planos de pormenor.

5 – O ato de aprovação de operação de reabilitação urbana integra os elementos previstos no artigo anterior e é publicado através de aviso na 2ª série do Diário da República e divulgado na página eletrónica do município.

6 – O procedimento previsto no presente artigo pode ocorrer simultaneamente com a elaboração, alteração ou revisão de instrumentos de gestão territorial de âmbito municipal, sendo, nessas circunstâncias, submetido ao respetivo processo de acompanhamento, participação e aprovação pela assembleia municipal.

ARTIGO 18º – Aprovação de operações de reabilitação urbana através de plano de pormenor de reabilitação urbana

A aprovação de operações de reabilitação urbana pode ter lugar através de um plano de pormenor de reabilitação urbana, nos termos regulados na secção seguinte.

ARTIGO 19º – Efeito

A aprovação de uma operação de reabilitação urbana obriga a respetiva entidade gestora a promovê-la, no quadro do presente decreto-lei.

ARTIGO 20º – Âmbito temporal

1 – A operação de reabilitação urbana aprovada através de instrumento próprio vigora pelo prazo fixado na estratégia de reabilitação urbana ou no programa estratégico de reabilitação urbana, com possibilidade de prorrogação, não podendo, em qualquer caso, vigorar por prazo superior a 15 anos a contar da data da referida aprovação.

2 – A prorrogação prevista no número anterior é aprovada pela assembleia municipal, sob proposta da câmara municipal.

3 – A operação de reabilitação urbana aprovada através de plano de pormenor de reabilitação urbana vigora pelo prazo de execução do mesmo, não podendo, em qualquer caso, vigorar por prazo superior a 15 anos a contar da data da referida aprovação.

4 – O disposto nos números anteriores não obsta a que, findos aqueles prazos, possa ser aprovada nova operação de reabilitação urbana que abranja a mesma área.

ARTIGO 20º-A – Acompanhamento e avaliação da operação de reabilitação urbana

1 – A entidade gestora elabora anualmente um relatório de monitorização de operação de reabilitação em curso, o qual deve ser submetido à apreciação da assembleia municipal.

2 – A cada cinco anos de vigência da operação de reabilitação urbana, a câmara municipal deve submeter à apreciação da assembleia municipal um relatório de avaliação da execução dessa operação, acompanhado, se for caso disso, de uma proposta de alteração do respetivo instrumento de programação.

3 – Os relatórios referidos nos números anteriores e os termos da sua apreciação pela assembleia municipal são obrigatoriamente objeto de divulgação na página eletrónica do município.

ARTIGO 20º-B – Alteração do tipo de operação de reabilitação urbana e dos instrumentos de programação

1 – À alteração do tipo de operação de reabilitação urbana aprovada através de instrumento próprio é aplicável o disposto no artigo 17º, não havendo lugar a discussão pública se se tratar de alteração de operação de sistemática para simples.

2 – Os instrumentos de programação podem ser alterados a todo o tempo.

3 – A alteração dos instrumentos de programação é da competência da assembleia municipal, sob proposta da câmara municipal.

4 – O ato de aprovação da alteração dos instrumentos de programação é publicado através de aviso na 2ª série do Diário da República e divulgado na página eletrónica do município.

SECÇÃO IV – Planos de pormenor de reabilitação urbana

ARTIGO 21º – Regime jurídico aplicável aos planos de pormenor de reabilitação urbana

1 – O plano de pormenor de reabilitação urbana obedece ao disposto no RJIGT, com as especificidades introduzidas pelo presente decreto-lei.

2 – Sempre que a área de intervenção do plano de pormenor de reabilitação urbana contenha ou coincida com património cultural imóvel classificado ou em vias de classificação, e respetivas zonas de proteção, que determine, nos termos da Lei nº 107/2001, de 8 de setembro, a elaboração de um plano de pormenor de salvaguarda do património cultural, cabe ao plano de pormenor de reabilitação urbana a prossecução dos seus objetivos e fins de proteção, dispensando a elaboração daquele.

3 – Nos casos previstos no número anterior e na parte que respeita ao património cultural imóvel classificado ou em vias de classificação e respetivas zonas de proteção, o plano de pormenor de reabilitação urbana obedece ainda ao disposto nos nºs 1 e 3 do artigo 53º da Lei nº 107/2001, de 8 de setembro.

ARTIGO 22º – Objeto dos planos de pormenor de reabilitação urbana

O plano de pormenor de reabilitação urbana estabelece a estratégia integrada de atuação e as regras de uso e ocupação do solo e dos edifícios necessárias para promover e orientar a valorização e modernização do tecido urbano e a revitalização económica, social e cultural na sua área de intervenção.

ARTIGO 23º – Âmbito territorial dos planos de pormenor de reabilitação urbana

1 – O plano de pormenor de reabilitação urbana incide sobre uma área do território municipal que, em virtude da insuficiência, degradação ou obsolescência dos edifícios, das infraestruturas, dos equipamentos de utilização coletiva e dos espaços urbanos e verdes de utilização coletiva, designadamente no que se refere às suas condições de uso, solidez, segurança, estética ou salubridade, justifique uma intervenção integrada.

2 – Caso a área de intervenção do plano de pormenor de reabilitação urbana contenha ou coincida, ainda que parcialmente, com área previamente delimitada como área de reabilitação urbana em instrumento próprio, esta considera-se redelimitada de acordo com a área de intervenção do plano.

3 – No caso previsto no número anterior, quando a área de intervenção do plano de pormenor não abranger integralmente a área previamente delimitada como área de reabilitação urbana em instrumento próprio, deve proceder-se à redelimitação ou revogação da área não abrangida pela área de intervenção do plano em simultâneo com o ato de aprovação deste instrumento de gestão territorial.

ARTIGO 24º – Conteúdo material dos planos de pormenor de reabilitação urbana

1 – Além do conteúdo material próprio dos planos de pormenor nos termos do artigo 91º do RJIGT, o plano de pormenor de reabilitação urbana deve adotar um conteúdo material específico adaptado à finalidade de promoção da reabilitação urbana na sua área de intervenção, estabelecendo nomeadamente:

a) A delimitação das unidades de execução, para efeitos de programação da execução do plano;

b) A identificação e articulação, numa perspetiva integrada e sequenciada, dos principais projetos e ações a desenvolver em cada unidade de execução;

c) Os princípios e as regras de uso do solo e dos edifícios, com vista à:

i) Valorização e proteção dos bens patrimoniais, culturais, naturais e paisagísticos existentes na sua área de intervenção;

ii) Sua adequação à estratégia de revitalização económica, social e cultural da sua área de intervenção, em articulação com as demais políticas urbanas do município;

d) A identificação e classificação sistemática dos edifícios, das infraestruturas urbanas, dos equipamentos e dos espaços urbanos e verdes de utilização coletiva de cada unidade de execução, estabelecendo as suas necessidades e finalidades de reabilitação e modernização ou prevendo a sua demolição, quando aplicável.

2 – Sem prejuízo do disposto na alínea *a*) do número anterior, a delimitação ou a redelimitação das unidades de execução, mesmo que constantes do plano de pormenor de reabilitação urbana, pode ser feita na fase de execução do plano, por iniciativa da entidade gestora ou dos proprietários.

3 – Os planos de pormenor de reabilitação urbana cuja área de intervenção contenha ou coincida com património cultural imóvel classificado ou em vias de classificação, e respetivas zonas de proteção, prosseguem os objetivos e fins dos planos de pormenor de salvaguarda de património cultural, tendo também para aquelas áreas o conteúdo deste plano, consagrando as regras e os princípios de salvaguarda e valorização do património classificado ou em vias de classificação e respetivas zonas de proteção estabelecidos na Lei nº 107/2001, de 8 de setembro, e respetiva legislação de desenvolvimento.

ARTIGO 25º – Conteúdo documental dos planos de pormenor de reabilitação urbana

1 – Para além do disposto no artigo 92º do RJIGT, o plano de pormenor de reabilitação urbana é acompanhado pelos instrumentos de programação da operação de reabilitação urbana a que se refere o nº 4 do artigo 8º

2 – Às alterações do tipo de operação de reabilitação urbana é aplicável o disposto no nº 1 do artigo 20º-B.

3 – As alterações à estratégia de reabilitação urbana ou ao programa estratégico de reabilitação urbana que não impliquem alteração do plano de pormenor de reabilitação urbana seguem o procedimento regulado nos nºs 2, 3 e 4 do artigo 20º-B.

ARTIGO 26º – Elaboração dos planos de pormenor de reabilitação urbana

1 – A elaboração do plano de pormenor de reabilitação urbana compete à câmara municipal, por iniciativa própria ou mediante proposta apresentada pelos interessados, sendo determinada por deliberação, a publicar e divulgar nos termos do nº 1 do artigo 74º do RJIGT.

2 – Na deliberação referida no número anterior, a câmara municipal define os termos de referência do plano de pormenor, os quais integram, sempre que a prevista área de intervenção do plano abranja uma área de reabilitação urbana já delimitada em instrumento próprio, a estratégia de reabilitação urbana ou o programa estratégico de reabilitação urbana em causa.

3 – A câmara municipal pode, na deliberação referida no nº 1, encarregar uma entidade de entre as mencionadas na alínea *b*) do nº 1 do artigo 10º da preparação do projeto do plano de pormenor e dos elementos que o acompanham.

4 – Nas situações em que já exista estratégia de reabilitação urbana ou programa estratégico de reabilitação urbana em vigor, que abranjam a totalidade da área de intervenção do plano, e se mantenham os objetivos e ações neles definidos, não há lugar a participação pública preventiva prevista no nº 2 do artigo 77º do RJIGT.

ARTIGO 27º - Acompanhamento da elaboração dos planos de pormenor de reabilitação urbana

1 – Ao acompanhamento dos planos de pormenor de reabilitação urbana aplica-se o disposto no artigo 75º-C do RJIGT.

2 – Na conferência de serviços, as entidades da administração central, direta e indireta, que devam pronunciar-se sobre o plano de pormenor de reabilitação urbana em razão da localização ou da tutela de servidões administrativas e de restrições de utilidade pública devem indicar expressamente, sempre que se pronunciem desfavoravelmente, as razões da sua discordância e quais as alterações necessárias para viabilização das soluções do plano.

3 – A pronúncia favorável das entidades referidas no número anterior ou o acolhimento das suas propostas de alteração determinam a dispensa de consulta dessas entidades em sede de controlo prévio das operações urbanísticas conformes com o previsto no plano.

ARTIGO 28º - Regime dos planos de pormenor de reabilitação urbana em áreas que contêm ou coincidem com património cultural imóvel classificado ou em vias de classificação e respetivas zonas de proteção.

1 – No caso previsto no nº 2 do artigo 21º, a administração do património cultural competente colabora, em parceria, com o município na elaboração do plano de pormenor de reabilitação urbana, nos termos do nº 1 do artigo 53º da Lei nº 107/2001, de 8 de setembro, devendo ser ouvida na definição dos termos de referência do plano no que diz respeito ao património cultural imóvel classificado ou em vias de classificação, e respetivas zonas de proteção, e devendo prestar o apoio técnico necessário nos trabalhos de preparação e conceção do projeto do plano para as mesmas áreas.

2 – Os termos da colaboração da administração do património cultural podem ser objeto de um protocolo de parceria a celebrar com a câmara municipal competente, sem prejuízo do acompanhamento obrigatório do plano de pormenor de reabilitação urbana.

3 – A pronúncia da administração do património cultural no que diz respeito ao património cultural imóvel classificado ou em vias de classificação, e respetivas zonas de proteção, é obrigatória e vinculativa, devendo, em caso de pronúncia desfavorável, ser indicadas expressamente as razões da sua discordância e, sempre que possível, quais as alterações necessárias para viabilização das soluções do plano de pormenor de reabilitação urbana.

4 – A vigência do plano de pormenor de reabilitação urbana determina a dispensa de consulta da administração do património cultural em sede de controlo prévio das operações urbanísticas conformes com o previsto no plano, nos termos do nº 2 do artigo 54º da Lei nº 107/2001, de 8 de setembro.

5 – *(Revogado.)*

6 – Em qualquer caso, não pode ser efetuada a demolição total ou parcial de património cultural imóvel classificado ou em vias de classificação sem prévia e expressa autorização da administração do património cultural competente,

aplicando-se as regras constantes do artigo 49º da Lei nº 107/2001, de 8 de setembro, salvo quando esteja em causa património cultural imóvel cuja demolição total ou parcial tenha sido objeto de pronúncia favorável por parte da referida administração em sede de elaboração do correspondente plano de pormenor de reabilitação urbana.

CAPÍTULO III – **Planeamento das operações de reabilitação urbana**

SECÇÃO I – **Operações de reabilitação urbana simples**

ARTIGO 29º – Execução das operações de reabilitação urbana simples

Sem prejuízo dos deveres de gestão cometidos à entidade gestora, nos termos do presente decreto-lei, as ações de reabilitação de edifícios tendentes à execução de uma operação de reabilitação urbana simples devem ser realizadas preferencialmente pelos respetivos proprietários e titulares de outros direitos, ónus e encargos.

ARTIGO 30º – Estratégia de reabilitação urbana

1 – As operações de reabilitação urbana simples são orientadas por uma estratégia de reabilitação urbana.

2 – A estratégia de reabilitação urbana deve, sem prejuízo do tratamento de outras matérias que sejam tidas como relevantes:

a) Apresentar as opções estratégicas de reabilitação da área de reabilitação urbana, compatíveis com as opções de desenvolvimento do município;

b) Estabelecer o prazo de execução da operação de reabilitação urbana;

c) Definir as prioridades e especificar os objetivos a prosseguir na execução da operação de reabilitação urbana;

d) Determinar o modelo de gestão da área de reabilitação urbana e de execução da respetiva operação de reabilitação urbana;

e) Apresentar um quadro de apoios e incentivos às ações de reabilitação executadas pelos proprietários e demais titulares de direitos e propor soluções de financiamento das ações de reabilitação;

f) Explicitar as condições de aplicação dos instrumentos de execução de reabilitação urbana previstos no presente decreto-lei;

g) Identificar, caso o município não assuma diretamente as funções de entidade gestora da área de reabilitação urbana, quais os poderes delegados na entidade gestora, juntando cópia do ato de delegação praticado pelo respetivo órgão delegante, bem como, quando as funções de entidade gestora sejam assumidas por uma sociedade de reabilitação urbana, quais os poderes que não se presumem delegados;

h) Mencionar, se for o caso, a necessidade de elaboração, revisão ou alteração de plano de pormenor de reabilitação urbana e definir os objetivos específicos a prosseguir através do mesmo.

SECÇÃO II – Operações de reabilitação urbana sistemática

SUBSECÇÃO I – Disposições gerais

ARTIGO 31º - Execução das operações de reabilitação urbana sistemática

Sem prejuízo dos deveres de reabilitação de edifícios que impendem sobre os particulares e da iniciativa particular na promoção da reabilitação urbana, nos termos do presente decreto-lei, as intervenções tendentes à execução de uma operação de reabilitação urbana sistemática devem ser ativamente promovidas pelas respetivas entidades gestoras.

ARTIGO 32º - Aprovação de operação de reabilitação urbana como causa de utilidade pública

A aprovação de uma operação de reabilitação urbana sistemática constitui causa de utilidade pública para efeitos da expropriação ou da venda forçada dos imóveis existentes na área abrangida, bem como da constituição sobre os mesmos das servidões, necessárias à execução da operação de reabilitação urbana.

SUBSECÇÃO II – Planeamento e programação

ARTIGO 33º - Programa estratégico de reabilitação urbana

1 – As operações de reabilitação urbana sistemáticas são orientadas por um programa estratégico de reabilitação urbana.

2 – O programa estratégico de reabilitação urbana deve, sem prejuízo do tratamento de outras matérias que sejam tidas como relevantes:

a) Apresentar as opções estratégicas de reabilitação e de revitalização da área de reabilitação urbana, compatíveis com as opções de desenvolvimento do município;

b) Estabelecer o prazo de execução da operação de reabilitação urbana;

c) Definir as prioridades e especificar os objetivos a prosseguir na execução da operação de reabilitação urbana;

d) Estabelecer o programa da operação de reabilitação urbana, identificando as ações estruturantes de reabilitação urbana a adotar, distinguindo, nomeadamente, as que têm por objeto os edifícios, as infraestruturas urbanas, os equipamentos, os espaços urbanos e verdes de utilização coletiva, e as atividades económicas;

e) Determinar o modelo de gestão da área de reabilitação urbana e de execução da respetiva operação de reabilitação urbana;

f) Apresentar um quadro de apoios e incentivos às ações de reabilitação executadas pelos proprietários e demais titulares de direitos e propor soluções de financiamento das ações de reabilitação;

g) Descrever um programa de investimento público onde se discriminem as ações de iniciativa pública necessárias ao desenvolvimento da operação;

h) Definir o programa de financiamento da operação de reabilitação urbana, o qual deve incluir uma estimativa dos custos totais da execução da operação e a identificação das fontes de financiamento;

i) Identificar, caso não seja o município a assumir diretamente as funções de entidade gestora da área de reabilitação urbana, quais os poderes que são delegados na entidade gestora, juntando cópia do ato de delegação praticado pelo respetivo órgão delegante, bem como, quando as funções de entidade gestora sejam assumidas por uma sociedade de reabilitação urbana, quais os poderes que não se presumem delegados;

j) Mencionar, se for o caso, a necessidade de elaboração, revisão ou alteração de plano de pormenor de reabilitação urbana e definir os objetivos específicos a prosseguir através do mesmo.

3 – O programa estratégico de reabilitação urbana pode prever unidades de execução ou intervenção da operação de reabilitação urbana e definir os objetivos específicos a prosseguir no âmbito de cada uma delas.

ARTIGO 34º – Unidades de execução ou de intervenção

1 – No âmbito das operações de reabilitação urbana sistemática em áreas de reabilitação urbana que correspondem à área de intervenção de plano de pormenor de reabilitação urbana podem ser delimitadas unidades de execução, nos termos previstos no RJIGT, com as especificidades introduzidas pelo presente decreto-lei.

2 – No âmbito das operações de reabilitação urbana sistemática aprovadas através de instrumento próprio, podem ser delimitadas unidades de intervenção, que consistem na fixação em planta cadastral dos limites físicos do espaço urbano a sujeitar a intervenção, com identificação de todos os prédios abrangidos, podendo corresponder à totalidade ou a parte da área abrangida por aquela operação ou, em casos de particular interesse público, a um edifício.

3 – A delimitação de unidades de intervenção é facultativa, não sendo condição da execução da operação de reabilitação urbana, sem prejuízo de poder constituir, nos termos definidos no presente decreto-lei, um pressuposto do recurso a determinadas modalidades de execução de operações de reabilitação urbana sistemática em parceria com entidades privadas.

4 – As unidades de intervenção devem ser delimitadas de forma a assegurar um desenvolvimento urbano harmonioso, a justa repartição de benefícios e encargos pelos proprietários abrangidos e a coerência na intervenção, bem como a possibilitar uma intervenção integrada em vários imóveis que permita uma utilização racional dos recursos disponíveis e a criação de economias de escala.

5 – O ato de delimitação de unidades de intervenção inclui um programa de execução, que deve, nomeadamente:

a) Explicar sumariamente os fundamentos subjacentes à ponderação dos diversos interesses públicos e privados relevantes;

b) Identificar os edifícios a reabilitar, o seu estado de conservação e a extensão das intervenções neles previstas;

c) Identificar os respetivos proprietários e titulares de outros direitos, ónus e encargos, ou mencionar, se for o caso, que os mesmos são desconhecidos;

d) Definir e calendarizar as várias ações de reabilitação urbana a adotar no âmbito da unidade de intervenção, distinguindo, nomeadamente, as que têm por objeto os edifícios, as infra-estruturas urbanas, os equipamentos, os espaços urbanos e verdes de utilização coletiva e as atividades económicas;

e) Concretizar o financiamento da operação de reabilitação urbana no âmbito da unidade de execução;

f) Especificar o regime de execução da operação de reabilitação urbana a utilizar na unidade de intervenção.

6 – A delimitação de unidades de intervenção é da competência:

a) Da entidade gestora, no caso de se pretender efetuar a delimitação de unidades de intervenção nos termos previstos no programa estratégico de reabilitação urbana;

b) Da câmara municipal, sob proposta da entidade gestora se esta for distinta do município, nos demais casos.

ARTIGO 35º – Iniciativa dos proprietários na delimitação de unidades de intervenção ou de execução

1 – Os proprietários de edifícios ou frações inseridos em área de reabilitação urbana, no âmbito de operações de reabilitação urbana sistemáticas, podem propor a delimitação de unidades de intervenção ou de execução relativamente à área abrangida pelos edifícios ou frações de que são titulares, através da apresentação, ao órgão competente para a aprovação da delimitação, de requerimento instruído com o projeto de delimitação da unidade de intervenção ou de execução e com o projeto de programa de execução.

2 – A delimitação das unidades de execução, no caso previsto no número anterior, segue o procedimento estabelecido no RJIGT, com as necessárias adaptações.

3 – A delimitação das unidades de intervenção, no caso previsto no nº 1, segue o procedimento estabelecido no artigo anterior, com as necessárias adaptações.

4 – A delimitação de unidades de intervenção ou de execução por iniciativa dos proprietários constitui a entidade gestora no dever de ponderar a execução da operação nos termos do regime da administração conjunta.

CAPÍTULO IV – Entidade gestora

ARTIGO 36º – Poderes das entidades gestoras

1 – O município, nos termos do nº 1 do artigo 10º, pode optar entre assumir diretamente a gestão de uma operação de reabilitação urbana ou definir como entidade gestora uma empresa do setor empresarial local.

2 – No caso de a entidade gestora ser uma empresa do setor empresarial local, tal como previsto na alínea *b*) do nº 1 do artigo 10º, o município delega nesta poderes que lhe são cometidos, nos termos do presente decreto-lei.

3 – Os atos de delegação de poderes previstos no número anterior devem acompanhar a estratégia de reabilitação urbana ou do programa estratégico de reabilitação urbana, sem prejuízo do disposto no número seguinte.

4 – Se a entidade gestora revestir a natureza de sociedade de reabilitação urbana, presumem-se delegados os poderes previstos no nº 1 do artigo 45º e nas alíneas *a*) e

c) a *e*) do nº 1 do artigo 54º, salvo indicação em contrário constante da estratégia de reabilitação urbana ou do programa estratégico de reabilitação urbana.

5 – As empresas do setor empresarial local delegatárias consideram-se investidas nas funções de entidade gestora e nos poderes que lhes sejam delegados, nos termos do presente artigo, a partir do início da vigência da área de reabilitação urbana.

6 – A empresa do setor empresarial local delegatária está sujeita ao poder da entidade delegante de emitir diretrizes ou instruções relativamente às operações de reabilitação urbana, bem como de definir as modalidades de verificação do cumprimento das ordens ou instruções emitidas.

7 – Nos casos de participação do Estado no capital social de sociedade de reabilitação urbana, nos termos do nº 2 do artigo seguinte, os poderes previstos no número anterior são exercidos em termos a estabelecer em protocolo entre o Estado e o município em causa.

8 – O disposto no nº 1 não prejudica a aplicação do nº 1 do artigo 79º

ARTIGO 37º – Entidades gestoras de tipo empresarial

1 – É aplicável às empresas do setor empresarial local a que se refere a alínea *b*) do nº 1 do artigo 10º o regime jurídico da atividade empresarial local e das participações locais, aprovado pela Lei nº 50/2012, de 31 de agosto, com exceção do disposto nos nºs 1 e 2 do artigo 20º, no artigo 32º e no nº 1 do artigo 62º daquele diploma.

2 – Em caso de excecional interesse público, é admitida a participação de capitais do Estado nas sociedades de reabilitação urbana.

3 – As empresas a que se referem os números anteriores podem assumir as funções de entidade gestora em mais do que uma operação de reabilitação urbana sistemática e cumular a gestão de uma ou mais operações de reabilitação urbana simples.

4 – No caso de a câmara municipal pretender designar uma empresa municipal para assumir a qualidade de entidade gestora de uma operação de reabilitação urbana, deve proceder à respetiva designação aquando do ato de aprovação da operação de reabilitação urbana.

5 – Se as obras de execução da operação de reabilitação urbana incidirem sobre bens do domínio municipal, público ou privado, o município é representado pela entidade gestora no que respeita ao exercício dos direitos relativos àqueles bens.

(Redação dada pelo Decreto-Lei nº 88/2017, de 27-07)

ARTIGO 38º – Extinção das sociedades de reabilitação urbana

As sociedades de reabilitação urbana devem ser extintas sempre que:

a) Estiverem concluídas todas as operações de reabilitação urbana a seu cargo;

b) Ocorrer a caducidade da delimitação da área ou de todas as áreas de reabilitação urbana em que a sociedade de reabilitação urbana opera;

c) Ocorrer a caducidade da operação de reabilitação urbana ou de todas as operações de reabilitação urbana a seu cargo.

CAPÍTULO V – Modelos de execução das operações de reabilitação urbana

ARTIGO 39º – Execução por iniciativa dos particulares

1 – A execução da operação de reabilitação urbana, na componente da reabilitação do edificado, deve ser promovida pelos proprietários ou titulares de outros direitos, ónus ou encargos relativos aos imóveis existentes na área abrangida pela operação.

2 – Para o efeito do disposto no número anterior, podem ser utilizadas as modalidades previstas no nº 2 do artigo 11º

ARTIGO 40º – Administração conjunta

1 – A entidade gestora pode executar a operação de reabilitação urbana, ou parte dela, em associação com os proprietários e titulares de outros direitos, ónus e encargos relativos aos imóveis existentes na área abrangida pela operação de reabilitação urbana.

2 – O regime jurídico aplicável à administração conjunta é aprovado através de decreto regulamentar, no prazo máximo de 90 dias contado da data de entrada em vigor do presente decreto-lei.

ARTIGO 41º – Execução por iniciativa da entidade gestora

1 – A execução da operação de reabilitação urbana pode ser promovida pela entidade gestora, nos termos do nº 3 do artigo 11º

2 – As entidades gestoras podem recorrer a parcerias com entidades privadas, nomeadamente sob as seguintes formas:

a) Concessão de reabilitação urbana;

b) Contrato de reabilitação urbana.

ARTIGO 42º – Concessão de reabilitação urbana

1 – Para promover operações de reabilitação urbana sistemática o município pode concessionar a reabilitação nos termos previstos no RJIGT, para a execução de planos municipais de ordenamento do território, quer por sua iniciativa quer a solicitação da entidade gestora.

2 – A concessão de reabilitação urbana é feita no âmbito das unidades de intervenção ou das unidades de execução.

3 – A concessão é precedida de procedimento adjudicatório, devendo o respetivo caderno de encargos especificar as obrigações mínimas do concedente e do concessionário ou os respetivos parâmetros, a concretizar nas propostas.

4 – A formação e execução do contrato de concessão regem-se pelo disposto no Código dos Contratos Públicos.

ARTIGO 43º – Contrato de reabilitação urbana

1 – A entidade gestora de uma operação de reabilitação urbana sistemática pode celebrar contratos de reabilitação urbana com entidades públicas ou privadas, mediante os quais estas se obriguem a proceder à elaboração, coordenação e execução

de projetos de reabilitação numa ou em várias unidades de intervenção ou de execução.

2 – O contrato de reabilitação urbana pode prever a transferência para a entidade contratada dos direitos de comercialização dos imóveis reabilitados e de obtenção dos respetivos proventos, bem como, nomeadamente, a aquisição do direito de propriedade ou a constituição do direito de superfície sobre os bens a reabilitar por esta, ou a atribuição de um mandato para a venda destes bens por conta da entidade gestora.

3 – O contrato de reabilitação urbana está sujeito a registo, dependendo o seu cancelamento da apresentação de declaração, emitida pela entidade gestora, que autorize esse cancelamento.

4 – O contrato de reabilitação urbana deve regular, designadamente:

a) A transferência para a entidade contratada da obrigação de aquisição dos prédios existentes na área em questão sempre que tal aquisição se possa fazer por via amigável;

b) A preparação dos processos expropriativos que se revelem necessários para aquisição da propriedade pela entidade gestora;

c) A repartição dos encargos decorrentes das indemnizações devidas pelas expropriações;

d) A obrigação de preparar os projetos de operações urbanísticas a submeter a controlo prévio, de os submeter a controlo prévio, de promover as operações urbanísticas compreendidas nas ações de reabilitação e de requerer as respetivas autorizações de utilização;

e) Os prazos em que as obrigações das partes devem ser cumpridas;

f) As contrapartidas a pagar pelas partes contratantes, que podem ser em espécie;

g) O cumprimento do dever, impendente sobre a entidade contratada, de procurar chegar a acordo com os proprietários interessados na reabilitação do respetivo edifício ou fração sobre os termos da reabilitação dos mesmos, bem como a cessão da posição contratual da entidade gestora a favor da entidade contratada, no caso de aquela ter já chegado a acordo com os proprietários;

h) O dever de a entidade gestora ou da entidade contratada proceder ao realojamento temporário ou definitivo dos habitantes dos edifícios ou frações a reabilitar, atento o disposto no artigo 73º;

i) As garantias de boa execução do contrato a prestar pela entidade contratada.

5 – A formação e a execução do contrato de reabilitação urbana regem-se pelo disposto no Código dos Contratos Públicos.

6 – *(Revogado.)*

7 – O recurso ao contrato de reabilitação urbana deve ser precedido de negociação prévia, na medida do possível, com todos os interessados envolvidos de modo que estes possam assumir um compromisso com a entidade gestora no sentido da reabilitação dos seus imóveis.

CAPÍTULO VI – **Instrumentos de execução de operações de reabilitação urbana**

SECÇÃO I – **Controlo das operações urbanísticas**

SUBSECÇÃO I – **Regime geral**

ARTIGO 44º – Poderes relativos ao controlo de operações urbanísticas

1 – A entidade gestora da operação de reabilitação urbana pode exercer, para efeitos de execução da operação de reabilitação urbana e nos termos do disposto nos artigos seguintes, os seguintes poderes:

a) Licenciamento e admissão de comunicação prévia de operações urbanísticas e autorização de utilização;

b) Inspeções e vistorias;

c) Adoção de medidas de tutela da legalidade urbanística;

d) Cobrança de taxas;

e) Receção das cedências ou compensações devidas.

2 – Quando não seja o município a assumir as funções de entidade gestora da área de reabilitação urbana, a entidade gestora apenas exerce os poderes delegados pelo município, sem prejuízo de poder requerer diretamente ao órgão municipal competente, quando tal se revele necessário, o exercício dos demais.

3 – No caso da delegação de poderes prevista no número anterior, o órgão executivo da entidade gestora pode subdelegar no seu presidente as competências que, de acordo com o disposto no regime jurídico da urbanização e da edificação (RJUE), aprovado pelo Decreto-Lei nº 555/99, de 16 de dezembro, alterado pelo Decreto-Lei nº 177/2001, de 4 de junho, pelas Leis nºs 15/2002, de 22 de fevereiro, e 4-A/2003, de 19 de fevereiro, pelo Decreto-Lei nº 157/2006, de 8 de agosto, pela Lei nº 60/2007, de 4 de setembro, pelos Decretos-Leis nºs 18/2008, de 29 de janeiro, 116/2008, de 4 de julho, e 26/2010, de 30 de março, e pela Lei nº 28/2010, de 2 de setembro, são diretamente cometidas ao presidente da câmara municipal ou neste delegáveis pela câmara municipal.

4 – Os poderes referidos no nº 1 devem ser exercidos em observância do disposto nos artigos constantes da presente secção, nomeadamente no que concerne a consulta a entidades externas, proteção do existente e responsabilidade e qualidade da construção.

ARTIGO 45º – Controlo prévio de operações urbanísticas

1 – Aos procedimentos de licenciamento e de comunicação prévia de operações urbanísticas compreendidas nas ações de reabilitação de edifícios ou frações localizados em área de reabilitação urbana aplica-se, em tudo quanto não seja especialmente previsto no presente decreto-lei, o disposto no RJUE.

2 – São delegáveis na entidade gestora da operação de reabilitação urbana, caso esta não seja o município, as competências para a prática, em relação a imóveis localizados na respetiva área de reabilitação urbana, dos atos administrativos inseridos nos procedimentos de licenciamento e de comunicação prévia de operações urbanísticas,

e ainda de autorização de utilização, que, nos termos do disposto no RJUE, sejam da competência da câmara municipal ou do seu presidente.

3 – Quando a entidade gestora for uma de entre as mencionadas na alínea *b*) do nº 1 do artigo 10º, todos os elementos constantes dos processos relativos aos procedimentos de licenciamento e de comunicação prévia de operações urbanísticas e de autorização de utilização são disponibilizados ao município por meios eletrónicos.

ARTIGO 46º – Inspeções e vistorias

1 – São delegáveis na entidade gestora da operação de reabilitação urbana, caso esta não seja o município, as competências para ordenar e promover, em relação a imóveis localizados na respetiva área de reabilitação urbana, a realização de inspeções e vistorias de fiscalização, nos termos previstos no RJUE.

2 – A entidade gestora tem o dever de comunicar os factos de que toma conhecimento e que sejam puníveis como contraordenação às entidades competentes para aplicar as respetivas coimas.

ARTIGO 47º – Medidas de tutela da legalidade urbanística

São delegáveis na entidade gestora da operação de reabilitação urbana, caso esta não seja o município, as competências para ordenar e promover, em relação a imóveis localizados na respetiva área de reabilitação urbana, a adoção de medidas de tutela da legalidade urbanística, nos termos previstos no RJUE.

ARTIGO 48º – Cobrança de taxas e de compensações

São delegáveis na entidade gestora da operação de reabilitação urbana, caso esta não seja o município, as competências para cobrar as taxas e receber as compensações previstas nos regulamentos municipais em vigor, sem prejuízo do disposto no artigo 67º

ARTIGO 49º – Isenção de controlo prévio

1 – As operações urbanísticas promovidas pela entidade gestora que se reconduzam à execução da operação de reabilitação urbana, independentemente do tipo de operação de reabilitação urbana, encontram-se isentas de controlo prévio.

2 – A entidade gestora, quando diferente do município, deve informar a câmara municipal até 20 dias antes do início da execução das operações urbanísticas a que se refere o número anterior.

3 – A realização das operações urbanísticas, nos termos do presente artigo, deve observar as normas legais e regulamentares que lhes sejam aplicáveis, designadamente as constantes de instrumentos de gestão territorial, do regime jurídico de proteção do património cultural, do regime jurídico aplicável à gestão de resíduos de construção e demolição e as normas técnicas de construção.

ARTIGO 50º – Consulta a entidades externas

1 – A consulta às entidades que, nos termos da lei, devam emitir parecer, autorização ou aprovação sobre o pedido formulado em procedimentos de licenciamento e comunicação prévia de operações urbanísticas ou de autorização de utilização

de edifícios segue o disposto no RJUE, com as especificidades introduzidas pelo presente decreto-lei.

2 – Para efeitos dos procedimentos de licenciamento e comunicação prévia de operações urbanísticas e de autorização de utilização de edifícios, a entidade gestora pode constituir uma comissão de apreciação, composta pelas entidades que, nos termos da lei, devem pronunciar-se sobre os pedidos formulados naqueles procedimentos.

3 – A entidade gestora e o município, quando diferente daquela, podem participar nas reuniões da comissão de apreciação.

4 – A constituição da comissão de apreciação é precedida de solicitação escrita dirigida ao presidente do órgão executivo daquelas entidades, ou ao dirigente máximo do serviço, no caso do Estado, para que designe o respetivo representante.

5 – A competência para emissão, no âmbito da comissão de apreciação, das pronúncias legais a que se alude no nº 1 considera-se delegada no representante designado nos termos do disposto no número anterior.

6 – Os pareceres, autorizações e aprovações que as entidades representadas na comissão de apreciação devam prestar são consignados na ata da reunião da comissão, que os substitui para todos os efeitos, e deve ser assinada por todos os membros presentes na reunião com menção expressa da respetiva qualidade.

7 – A falta de comparência de um dos membros da comissão de apreciação não obsta à apreciação do pedido e à elaboração da ata, considerando-se que as entidades cujo representante tenha faltado nada têm a opor ao deferimento do pedido, salvo se parecer escrito em sentido contrário seja emitido no prazo de 10 dias após a reunião da comissão de apreciação.

8 – Em caso de pronúncia desfavorável, as entidades referidas no nº 1 devem indicar expressamente as razões da sua discordância e, sempre que possível, quais as alterações necessárias para a viabilização do projeto.

ARTIGO 51º – Proteção do existente

1 – A emissão da licença ou a admissão de comunicação prévia de obras de reconstrução ou alteração de edifício inseridas no âmbito de aplicação do presente decreto-lei não podem ser recusadas com fundamento em normas legais ou regulamentares supervenientes à construção originária, desde que tais operações:

a) Não originem ou agravem a desconformidade com as normas em vigor; ou

b) Tenham como resultado a melhoria das condições de segurança e de salubridade da edificação; e

c) Observem as opções de construção adequadas à segurança estrutural e sísmica do edifício.

2 – As obras de ampliação inseridas no âmbito de uma operação de reabilitação urbana podem ser dispensadas do cumprimento de normas legais ou regulamentares supervenientes à construção originária, sempre que da realização daquelas obras resulte uma melhoria das condições de desempenho e segurança funcional, estrutural e construtiva da edificação, sendo observadas as opções de construção adequadas à segurança estrutural e sísmica do edifício, e o sacrifício decorrente do

cumprimento das normas legais e regulamentares vigentes seja desproporcionado em face da desconformidade criada ou agravada pela realização daquelas.

3 – O disposto no número anterior é aplicável ao licenciamento ou à admissão de comunicação prévia de obras de construção que visem a substituição de edifícios previamente existentes.

4 – Os requerimentos de licenciamento ou as comunicações prévias devem conter sempre declaração dos autores dos projetos que identifique as normas técnicas ou regulamentares em vigor que não foram aplicadas e, nos casos previstos no nº 2 e no número anterior, a fundamentação da sua não observância.

ARTIGO 52º – Indeferimento do pedido de licenciamento ou rejeição da comunicação prévia

1 – Sem prejuízo do disposto no artigo anterior, e para além dos fundamentos previstos no RJUE, os requerimentos de licenciamento ou as comunicações prévias para a realização de operações urbanísticas em área de reabilitação urbana podem, ainda, ser indeferidos ou rejeitadas quando estas operações sejam suscetíveis de causar um prejuízo manifesto à reabilitação do edifício.

2 – No caso de edifícios compreendidos em área de reabilitação urbana sujeita a operação de reabilitação urbana sistemática, os requerimentos de licenciamento ou as comunicações prévias para a realização de operações urbanísticas podem ainda ser indeferidos ou rejeitadas quando estas operações sejam suscetíveis de causar um prejuízo manifesto à operação de reabilitação urbana da área em que o mesmo se insere.

ARTIGO 53º – Responsabilidade e qualidade da construção

As operações urbanísticas incluídas numa operação de reabilitação urbana devem respeitar o disposto no RJUE, relativamente a responsabilidade e qualidade da construção, nomeadamente no seu artigo 10º, sem prejuízo do disposto no presente decreto-lei e nos regimes jurídicos que regulam a qualificação exigível aos técnicos responsáveis pela coordenação, elaboração e subscrição de projeto, pelo desempenho das funções de direção de fiscalização de obra e de direção de obra, incluindo os deveres e responsabilidades a que estão sujeitos, e ainda o exercício da atividade de construção ou de outras atividades ou profissões envolvidas nas operações urbanísticas de reabilitação urbana.

SUBSECÇÃO II – Procedimento simplificado de controlo prévio de operações urbanísticas

ARTIGO 53º-A – Âmbito

Às operações urbanísticas de reabilitação urbana de edifícios ou frações conformes com o previsto em plano de pormenor de reabilitação urbana e que, nos termos do RJUE, estão sujeitas a comunicação prévia, aplica-se o disposto na subsecção anterior e no respetivo regime subsidiário para o procedimento de comunicação prévia, com as especialidades previstas na presente subsecção.

ARTIGO 53º-B – Unidade orgânica flexível

1 – Quando a entidade gestora da operação de reabilitação urbana for o município, pode ser criada uma unidade orgânica flexível, interna ao município e constituída especialmente para apreciar o procedimento simplificado de controlo prévio, nos termos da alínea *a*) do artigo 7º e dos artigos 8º e 10º do Decreto-Lei nº 305/2009, de 23 de outubro.

2 – A unidade orgânica flexível deve integrar técnicos com as competências funcionais necessárias à apreciação de todo o procedimento de comunicação prévia, nomeadamente as necessárias para a análise da conformidade das operações urbanísticas com as normas legais e regulamentares aplicáveis.

3 – O presidente da câmara municipal ou os vereadores, se houver delegação de competências nestes, podem delegar ou subdelegar, consoante os casos, no dirigente responsável pela unidade orgânica flexível a competência para admitir ou rejeitar a comunicação prévia.

ARTIGO 53º-C – Apresentação da comunicação prévia

1 – A comunicação prévia é apresentada ao município e é acompanhada dos elementos referidos no nº 4 do artigo 35º do RJUE.

2 – Quando não assuma as funções de entidade gestora da área de reabilitação urbana, o município remete de imediato, por meios eletrónicos, a comunicação referida no número anterior à respetiva entidade gestora, notificando o interessado desse facto no prazo de cinco dias úteis.

3 – O modelo de comunicação prévia a que se refere o nº 1 é aprovado por portaria dos membros do Governo responsáveis pelas áreas das autarquias locais, da economia e do ordenamento do território.

(Redação dada pelo Decreto-Lei nº 136/2014, de 09-09)

ARTIGO 53º-D – Autorização de utilização

1 – Sem prejuízo do disposto no nº 6 do artigo 28º, é dispensada a realização de consultas e a solicitação de qualquer parecer, autorização ou aprovação a entidades externas ou a serviços da organização autárquica municipal.

2 – A entidade gestora pode, a título meramente facultativo e não vinculativo, realizar consultas ou solicitar pareceres às entidades externas ou aos serviços da organização autárquica municipal que considere adequados, para obtenção de esclarecimentos.

(Redação dada pelo Decreto-Lei nº 136/2014, de 09-09)

ARTIGO 53º-E – Rejeição da comunicação prévia

(Revogado pelo Decreto-Lei nº 136/2014, de 09-09)

ARTIGO 53º-F – Proteção do existente

1 – À admissão da comunicação prévia de obras abrangidas pela presente subsecção é aplicável o disposto no nº 1 do artigo 51º

2 – Sempre que seja dispensado o cumprimento de normas legais e regulamentares em vigor supervenientes à construção originária, a apresentação da comunicação prévia deve ser acompanhada de termo de responsabilidade subscrito pelo técnico autor do projeto legalmente habilitado que comprove que a desconformidade com as normas em vigor não é originada nem agravada pela operação de reabilitação urbana ou que esta melhora as condições de segurança e de salubridade da edificação, e ainda que são observadas as opções de construção adequadas à segurança estrutural e sísmica do edifício.

3 – O termo de responsabilidade subscrito pelo técnico autor do projeto legalmente habilitado, nos termos do número anterior, deve:

a) Indicar quais as normas legais ou regulamentares em vigor que o projeto não observa; e

b) Fundamentar a não observância dessas normas.

4 – (Revogado).

5 – O modelo do termo de responsabilidade referido nos nºs 2 e 3 é aprovado por portaria dos membros do Governo responsáveis pelas áreas das autarquias locais, da economia e do ordenamento do território.

(Redação dada pelo Decreto-Lei nº 136/2014, de 09-09)

ARTIGO 53º-G – Autorização de utilização

1 – Concluída a operação urbanística, no todo ou em parte, aplica-se à autorização de utilização de edifício ou sua fração, quando legalmente exigida, o disposto nos artigos 62º a 64º do RJUE, com as especialidades previstas no presente artigo.

2 – Os termos de responsabilidade a que se referem os nºs 1 e 2 do artigo 63º do RJUE, devem conter as declarações previstas naquela disposição legal, bem como:

a) Identificar o titular da autorização de utilização;

b) Identificar o edifício ou a fração autónoma a que respeita;

c) Indicar o uso a que se destina o edifício ou a fração autónoma;

d) Declarar que estão cumpridos os requisitos legais para a constituição da propriedade horizontal, quando aplicável.

3 – Não sendo determinada a realização da vistoria no prazo de 10 dias úteis a contar da receção do requerimento de autorização de utilização instruído nos termos dos números anteriores, o termo de responsabilidade, acompanhado daquele requerimento e do comprovativo da apresentação de ambos à entidade gestora, vale como autorização de utilização, para os efeitos do disposto no artigo 62º do RJUE, substituindo o alvará de utilização referido no nº 3 do artigo 74º do mesmo regime.

4 – O modelo do termo de responsabilidade referido no nº 2 é aprovado por portaria dos membros do Governo responsáveis pelas áreas das autarquias locais, da economia e do ordenamento do território.

(Redação dada pelo Decreto-Lei nº 136/2014, de 09-09)

SECÇÃO II – Instrumentos de política urbanística

ARTIGO 54º – Instrumentos de execução de política urbanística

1 – A entidade gestora pode utilizar, consoante o tipo da respetiva operação de reabilitação urbana, os seguintes instrumentos de execução:

a) Imposição da obrigação de reabilitar e obras coercivas;

b) Empreitada única;

c) Demolição de edifícios;

d) Direito de preferência;

e) Arrendamento forçado;

f) Servidões;

g) Expropriação;

h) Venda forçada;

i) Reestruturação da propriedade.

2 – Quando não seja o município a assumir diretamente as funções de entidade gestora da área de reabilitação urbana, a entidade gestora apenas pode utilizar os instrumentos de execução cujos poderes hajam sido expressa ou tacitamente delegados pelo município, sem prejuízo de poder requerer diretamente ao órgão municipal competente, quando tal se revele necessário, o exercício dos demais.

3 – Os instrumentos de execução previstos nas alíneas *f*) a *i*) do nº 1 apenas podem ser utilizados nas operações de reabilitação urbana sistemática.

ARTIGO 55º – Obrigação de reabilitar e obras coercivas

1 – Caso seja atribuído a um edifício ou fração um nível de conservação 1, 2 ou 3, a entidade gestora pode impor ao respetivo proprietário a obrigação de o reabilitar, determinando a realização e o prazo para a conclusão das obras ou trabalhos necessários à restituição das suas características de desempenho e segurança funcional, estrutural e construtiva, de acordo com critérios de necessidade, adequação e proporcionalidade.

2 – O ato referido no número anterior é eficaz a partir da sua notificação ao proprietário, sendo o registo predial da intimação para a realização das obras de reabilitação promovido oficiosamente para efeitos de averbamento, servindo de título para o efeito a certidão passada pelo município competente.

3 – O registo referido no número anterior apenas pode ser cancelado através da exibição de certidão passada pela entidade gestora que ateste a conclusão das obras, ou pela exibição de autorização de utilização emitida posteriormente.

4 – Quando o proprietário, incumprindo a obrigação de reabilitar, não iniciar as operações urbanísticas compreendidas na ação de reabilitação que foi determinada, não apresentar os elementos instrutórios ou não concluir essas operações urbanísticas dentro dos prazos que para o efeito sejam fixados, pode a entidade gestora tomar posse administrativa dos edifícios ou frações para dar execução imediata às obras determinadas, incluindo todos os seus atos preparatórios necessários, como sejam levantamentos, sondagens, realização de estudos ou projetos, aplicando-se o disposto nos artigos 107º, 108º e 108º-B do RJUE.

(Redação dada pelo Decreto-Lei nº 66/2019, de 21-05)

ARTIGO 56º – Empreitada única

1 – A entidade gestora de uma operação de reabilitação urbana pode promover a reabilitação de um conjunto de edifícios através de uma empreitada única.

2 – Salvo oposição dos proprietários, a entidade gestora, em representação daqueles, contrata e gere a empreitada única, a qual pode incluir a elaboração do projeto e a sua execução, podendo igualmente constituir parte de um contrato de reabilitação.

3 – No caso de os proprietários se oporem à representação pela entidade gestora, devem contratar com aquela as obrigações a que ficam adstritos no processo de reabilitação urbana, designadamente quanto à fixação de prazos para efeitos de licenciamento ou comunicação prévia e para execução das obras.

ARTIGO 57º – Demolição de edifícios

1 – A entidade gestora pode ordenar a demolição de edifícios aos quais faltem os requisitos de segurança e salubridade indispensáveis ao fim a que se destinam e cuja reabilitação seja técnica ou economicamente inviável.

2 – Aplica-se à demolição de edifícios, com as necessárias adaptações, o regime estabelecido nos artigos 89º a 92º do RJUE.

3 – Tratando-se de património cultural imóvel classificado ou em vias de classificação, não pode ser efetuada a sua demolição total ou parcial sem prévia e expressa autorização da administração do património cultural competente, aplicando-se, com as devidas adaptações, as regras constantes do artigo 49º da Lei nº 107/2001, de 8 de setembro.

4 – A aplicação do regime de demolição regulado nos números anteriores não prejudica, caso se trate de imóvel arrendado, a aplicação do Decreto-Lei nº 157/2006, de 8 de agosto, alterado pelo Decreto-Lei nº 306/2009, de 23 de outubro.

ARTIGO 58º – Direito de preferência

1 – A entidade gestora tem preferência nas transmissões a título oneroso, entre particulares, de terrenos, edifícios ou frações situados em área de reabilitação urbana.

2 – Tratando-se de património cultural imóvel classificado ou em vias de classificação ou de imóveis localizados nas respetivas zonas de proteção, o direito de preferência da entidade gestora não prevalece contra os direitos de preferência previstos no nº 1 do artigo 37º da Lei nº 107/2001, de 8 de setembro.

3 – O direito de preferência previsto no nº 1 apenas pode ser exercido caso a entidade gestora entenda que o imóvel deve ser objeto de intervenção no âmbito da operação de reabilitação urbana, discriminando na declaração de preferência, nomeadamente, a intervenção de que o imóvel carece e o prazo dentro do qual pretende executá-la.

4 – O direito de preferência exerce-se nos termos previstos no RJIGT, para o exercício do direito de preferência do município sobre terrenos ou edifícios situados nas áreas do plano com execução programada, podendo ser exercido com a declaração de não aceitação do preço convencionado.

5 – Nos casos previstos na parte final do número anterior, assiste às partes do contrato, primeiro ao vendedor e depois ao comprador:

a) O direito de reversão do bem quando não seja promovida a intervenção constante da declaração de preferência, aplicando-se o disposto no Código das Expropriações, com as devidas adaptações;

b) O direito de preferência na primeira alienação do bem.

ARTIGO 59º – Arrendamento forçado

1 – Após a conclusão das obras realizadas pela câmara municipal nos termos do disposto no nº 4 do artigo 55º, se o proprietário, no prazo de 20 dias, não proceder ao ressarcimento integral das despesas incorridas pela entidade gestora, ou, no mesmo prazo, não propuser outra forma alternativa de extinção da dívida, nomeadamente a dação em cumprimento ou em função do cumprimento, ou ainda a consignação de rendimentos do imóvel, nos termos da lei, pode a entidade gestora optar, em alternativa à cobrança judicial da dívida em processo de execução fiscal, pelo arrendamento forçado, nos termos previstos no RJUE.

2 – *(Revogado.)*

3 – O arrendamento previsto neste artigo não afasta o disposto no nº 3 do artigo 73º

4 – *(Revogado.)*

(Redação dada pelo Decreto-Lei nº 66/2019, de 21-05)

ARTIGO 60º – Servidões

1 – Podem ser constituídas as servidões administrativas necessárias à reinstalação e funcionamento das atividades localizadas nas zonas de intervenção.

2 – A constituição das servidões rege-se, com as necessárias adaptações, pelo disposto no artigo seguinte.

ARTIGO 61º – Expropriação

1 – Na estrita medida em que tal seja necessário, adequado e proporcional, atendendo aos interesses públicos e privados em presença, podem ser expropriados os terrenos, os edifícios e as frações que sejam necessários à execução da operação de reabilitação urbana.

2 – A entidade gestora pode ainda promover a expropriação por utilidade pública de edifícios e de frações se os respetivos proprietários não cumprirem a obrigação de promover a sua reabilitação, na sequência de notificação emitida nos termos do disposto no nº 1 do artigo 55º, ou responderem à notificação alegando que não podem ou não querem realizar as obras e trabalhos ordenados.

3 – A expropriação por utilidade pública inerente à execução da operação de reabilitação urbana rege-se pelo disposto no Código das Expropriações, com as seguintes especificidades:

a) A competência para a emissão da resolução de expropriar é da entidade gestora;

b) A competência para a emissão do ato administrativo que individualize os bens a expropriar é da câmara municipal ou do órgão executivo da entidade gestora, consoante tenha havido ou não delegação do poder de expropriação;

c) As expropriações abrangidas pelo presente artigo possuem caráter urgente.

4 – No caso de a expropriação se destinar a permitir a reabilitação de imóveis para a sua colocação no mercado, os expropriados têm direito de preferência sobre a alienação dos mesmos, mesmo que não haja perfeita identidade entre o imóvel expropriado e o imóvel colocado no mercado.

5 – No caso da existência de mais que um expropriado a querer exercer a preferência, abre-se licitação entre eles, revertendo a diferença entre o preço inicial e o preço final para os expropriados, na proporção das respetivas indemnizações.

ARTIGO 62º – Venda forçada

1 – Se os proprietários não cumprirem a obrigação de reabilitar nos termos do disposto no nº 1 do artigo 55º, ou responderem à respetiva notificação alegando que não podem ou não querem realizar as obras e trabalhos indicados, a entidade gestora pode, em alternativa à expropriação a que se alude no nº 2 do artigo anterior, proceder à venda do edifício ou fração em causa em hasta pública a quem oferecer melhor preço e se dispuser a cumprir a obrigação de reabilitação no prazo inicialmente estabelecido para o efeito, contado da data da arrematação.

2 – Caso haja que proceder à venda forçada de imóveis constituídos em propriedade horizontal, apenas podem ser objeto de venda forçada as frações autónomas, ou partes passíveis de ser constituídas em frações autónomas, necessárias à realização da obrigação de reabilitar, financiando-se as obras do imóvel com a venda forçada destas e mantendo o proprietário o direito de propriedade das demais.

3 – A entidade gestora e o município dispõem de direito de preferência na alienação do imóvel em hasta pública.

4 – Para efeitos do disposto no nº 1, a entidade gestora emite uma resolução de promoção de venda forçada, a qual deve ser fundamentada e notificada nos termos previstos no Código das Expropriações para a resolução de expropriar e requerimento da declaração de utilidade pública, com as devidas adaptações, devendo sempre indicar o valor base do edifício ou fração resultante de avaliação promovida nos termos e de acordo com os critérios ali previstos.

5 – Ao proprietário assiste o direito de alienar o edifício ou fração em causa a terceiro no prazo previsto no nº 5 do artigo 11º do Código das Expropriações, bem como o de dizer o que se lhe oferecer sobre a proposta de valor base apresentada, no mesmo prazo, podendo apresentar contraproposta fundamentada em relatório elaborado por perito da sua escolha.

6 – Para efeitos do exercício do direito de alienação do bem, nos termos do número anterior:

a) O proprietário informa a entidade gestora da intenção de alienação e, antes de esta ocorrer, da identidade do possível adquirente;

b) A entidade gestora deve, no prazo de cinco dias contados a partir da receção da informação prevista na parte final da alínea anterior, notificar o possível adquirente da obrigação de reabilitação do edifício ou fração e do regime aplicável nos termos do presente decreto-lei;

c) A alienação do bem só pode ocorrer após o possível adquirente ter sido notificado nos termos da alínea anterior.

7 – Caso o proprietário tenha apresentado contraproposta nos termos previstos no nº 5 com um valor superior ao valor base do edifício ou fração resultante da avaliação, é aplicável o disposto nos nºs 2 a 5 do artigo seguinte, passando o valor base da venda em hasta pública a ser o valor fixado nos termos das referidas disposições.

8 – A entidade gestora pode decidir iniciar o procedimento de venda em hasta pública, quando o proprietário estiver de acordo com o valor proposto pela entidade gestora ou não apresentar contraproposta nos termos previstos no nº 5.

9 – A decisão de início do procedimento de venda em hasta pública é:

a) Notificada ao interessado, nos termos previstos no Código das Expropriações para a notificação da declaração de utilidade pública, com as devidas adaptações;

b) Publicitada, nos termos previstos no Decreto-Lei nº 280/2007, de 7 de agosto, alterado pelas Leis nºs 55-A/2010, de 31 de dezembro, e 64-B/2011, de 30 de dezembro, para a venda de imóveis do Estado e dos institutos públicos em hasta pública, com as devidas adaptações.

10 – A venda em hasta pública referida no nº 8 segue o procedimento previsto nos artigos 88º e seguintes do Decreto-Lei nº 280/2007, de 7 de agosto, alterado pelas Leis nºs 55-A/2010, de 31 de dezembro, e 64-B/2011, de 30 de dezembro, com as devidas adaptações.

11 – A aquisição do bem em hasta pública, ao abrigo do disposto no presente artigo:

a) É titulada pelo auto de arrematação, que constitui título bastante para a inscrição da aquisição em favor do adjudicatário no registo predial;

b) Obriga à inscrição, no registo predial, de um ónus de não alienação e oneração, que apenas pode ser cancelado através da exibição de certidão passada pela entidade gestora que ateste a conclusão das obras.

12 – Se o arrematante ou o adquirente, nos termos do nº 5, não começar a reabilitação do edifício ou fração no prazo de seis meses contado da arrematação ou da aquisição, ou, começando-a, não a concluir no prazo estabelecido:

a) A entidade gestora deve proceder à expropriação do edifício ou fração ou retomar o procedimento de venda forçada, dando-se conhecimento da decisão ao primitivo proprietário;

b) O arrematante ou o adquirente, nos termos do nº 5, inadimplente não tem direito a receber um valor que exceda o montante que haja dispendido na aquisição do edifício ou fração em causa, revertendo o excesso desse valor para o primitivo proprietário.

13 – Se, em qualquer das vendas em hasta pública, não comparecer licitante que arremate, a entidade gestora paga o preço em que o bem foi avaliado e reabilita-o por sua conta, no prazo inicialmente estabelecido para o efeito, contado da data da realização da hasta pública, sob pena de reversão para o primitivo proprietário, aplicando-se, com as devidas adaptações, o Código das Expropriações.

ARTIGO 63º – Determinação do montante pecuniário a entregar ao proprietário em caso de venda forçada

1 – Nos casos em que o proprietário esteja de acordo com o valor proposto pela entidade gestora ou não tenha apresentado contraproposta nos termos previstos no

nº 5 do artigo anterior, a entidade gestora entrega-lhe o produto da hasta pública, terminado o respetivo procedimento.

2 – Caso o proprietário tenha apresentado contraproposta, nos termos previstos no nº 5 do artigo anterior, com um valor superior à proposta de valor base apresentada pela entidade gestora, esta promove uma tentativa de acordo sobre o valor base da venda em hasta pública, nos termos previstos no Código das Expropriações para a expropriação amigável, com as necessárias adaptações.

3 – Na falta de acordo, nos termos do número anterior, é aplicável, com as necessárias adaptações, o disposto no Código das Expropriações para a expropriação litigiosa, designadamente sobre a arbitragem, a designação de árbitros, a arguição de irregularidades e o recurso da decisão arbitral.

4 – Os prazos reportados no Código das Expropriações à declaração de utilidade pública consideram-se reportados à resolução de promoção da venda forçada, prevista no nº 4 do artigo anterior.

5 – O proprietário beneficia, relativamente ao valor do bem sujeito a venda forçada, de todas as garantias conferidas ao expropriado, pelo Código das Expropriações, relativamente à justa indemnização, designadamente quanto às formas de pagamento, pagamento dos respetivos juros e atribuição desse valor aos interessados, com as necessárias adaptações.

6 – Fixado o valor base da venda, nos termos dos números anteriores, a entidade gestora pode iniciar o procedimento de venda em hasta pública e, findo este, entrega o produto da venda ao proprietário.

7 – O início das obras de reabilitação do bem não pode ocorrer antes da realização da vistoria ad perpetuam rei memoriam, nos termos previstos no Código das Expropriações, com as necessárias adaptações.

ARTIGO 64º – Reestruturação da propriedade

1 – A entidade gestora da operação de reabilitação urbana pode promover a reestruturação da propriedade de um ou mais imóveis, expropriando por utilidade pública da operação de reabilitação urbana, ao abrigo do disposto no artigo 61º, designadamente:

a) As faixas adjacentes contínuas, com a profundidade prevista nos planos municipais de ordenamento do território, destinadas a edificações e suas dependências, nos casos de abertura, alargamento ou regularização de ruas, praças, jardins e outros lugares públicos;

b) Os terrenos que, após as obras que justifiquem o seu aproveitamento urbano, não sejam assim aproveitados, sem motivo legítimo, no prazo de 12 meses a contar da notificação que, para esse fim, seja feita ao respetivo proprietário;

c) Os terrenos destinados a construção adjacentes a vias públicas de aglomerados urbanos quando os proprietários, notificados para os aproveitarem em edificações, o não fizerem, sem motivo legítimo, no prazo de 12 meses a contar da notificação;

d) Os prédios urbanos que devam ser reconstruídos ou remodelados, em razão das suas pequenas dimensões, posição fora do alinhamento ou más condições de salubridade, segurança ou estética, quando o proprietário não der cumprimento, sem motivo legítimo, no prazo de 12 meses, à notificação que, para esse fim, lhe seja feita.

2 – Os prazos a que se referem as alíneas *b*), *c*) e *d*) do número anterior são suspensos com o início do procedimento de licenciamento ou de comunicação prévia, sempre que estes procedimentos sejam aplicáveis, cessando a suspensão caso a realização da operação urbanística não seja licenciada ou admitida.

3 – Nos procedimentos de reestruturação da propriedade que abranjam mais que um edifício ou que um terreno, o procedimento de expropriação deve ser precedido da apresentação aos proprietários de uma proposta de acordo para estruturação da compropriedade sobre o ou os edifícios que substituírem os existentes, bem como de, relativamente aos bens a expropriar que revertam para o domínio público, uma proposta de aquisição por via do direito privado, sem prejuízo do seu caráter urgente.

SECÇÃO III – **Outros instrumentos de política urbanística**

ARTIGO 65º – Determinação do nível de conservação

1 – A entidade gestora pode requerer a determinação do nível de conservação de um prédio urbano, ou de uma fração, compreendido numa área de reabilitação urbana, ainda que não estejam arrendados, nos termos definidos em diploma próprio.

2 – Caso seja atribuído a um prédio um nível de conservação 1 ou 2, deve ser agravada a taxa do imposto municipal sobre imóveis, nos termos legalmente previstos para os edifícios degradados.

ARTIGO 66º – Identificação de prédios ou frações devolutos

A entidade gestora possui competência para identificar os prédios ou frações que se encontram devolutos, para efeitos de aplicação do disposto no Decreto-Lei nº 159/2006, de 8 de agosto.

ARTIGO 67º – Taxas municipais e compensações

1 – Pode ser estabelecido um regime especial de taxas municipais, constante de regulamento municipal, para incentivo à realização das operações urbanísticas ao abrigo do disposto no presente decreto-lei.

2 – Pode também ser estabelecido um regime especial de taxas municipais, constante de regulamento municipal, para incentivo à instalação, dinamização e modernização de atividades económicas, com aplicação restrita a ações enquadradas em operações de reabilitação urbana sistemática.

3 – Pode ainda ser estabelecido, em regulamento municipal, um regime especial de cálculo das compensações devidas ao município pela não cedência de áreas para implantação de infraestruturas urbanas, equipamentos e espaços urbanos e verdes de utilização coletiva, nos termos do disposto nos nºs 4 e 5 do artigo 44º do RJUE.

ARTIGO 68º – Fundo de compensação

1 – Quando sejam adotados mecanismos de perequação compensatória no âmbito das operações de reabilitação urbana, podem ser constituídos fundos de compensação com o objetivo de receber e pagar as compensações devidas pela aplicação daqueles mecanismos de compensação.

2 – São delegáveis na entidade gestora, caso esta não seja o município, as competências para constituir e gerir os fundos de compensação a que se refere o número anterior.

CAPÍTULO VII – Participação e concertação de interesses

ARTIGO 69º – Interessados

1 – Sem prejuízo das regras gerais relativas a legitimidade procedimental, previstas no Código do Procedimento Administrativo, consideram-se interessados, no âmbito de procedimentos a que alude o presente decreto-lei cujo objeto é uma fração, um edifício ou um conjunto específico de edifícios, os proprietários e os titulares de outros direitos, ónus e encargos relativos ao edifício ou fração a reabilitar.

2 – São tidos por interessados, para efeitos de aplicação do disposto no número anterior, os que, no registo predial, na matriz predial ou em títulos bastantes de prova que exibam, figurem como titulares dos direitos a que se refere o número anterior ou, sempre que se trate de prédios omissos ou haja manifesta desatualização dos registos e das inscrições, aqueles que pública e notoriamente forem tidos como tais.

3 – São ainda interessados no âmbito dos procedimentos a que se alude no nº 1 aqueles que demonstrem ter um interesse pessoal, direto e legítimo relativamente ao objeto do procedimento e que requeiram a sua intervenção como tal.

ARTIGO 70º – Representação de incapazes, ausentes ou desconhecidos

1 – Havendo interessados incapazes, ausentes ou desconhecidos, sem que esteja organizada a respetiva representação, a entidade gestora pode requerer ao tribunal competente que lhes seja nomeado curador provisório, que é, quanto aos incapazes, na falta de razões ponderosas em contrário, a pessoa a cuja guarda estiverem entregues.

2 – A intervenção do curador provisório cessa logo que se encontre designado o normal representante do incapaz ou do ausente ou passem a ser conhecidos os interessados cuja ausência justificara a curadoria.

ARTIGO 71º – Organizações representativas dos interesses locais

A participação dos interessados nos procedimentos previstos no presente decreto-lei pode ser exercida através de organizações representativas de interesses locais, nomeadamente no âmbito da discussão pública de planos, programas e projetos.

ARTIGO 72º – Concertação de interesses

1 – No âmbito dos procedimentos administrativos previstos no presente decreto-lei deve ser promovida a utilização de mecanismos de negociação e concertação de interesses, nomeadamente nos casos em que os interessados manifestem formalmente perante a entidade gestora vontade e disponibilidade para colaborar e concertar, nessa sede, a definição do conteúdo da decisão administrativa em causa.

2 – A utilização de mecanismos de concertação de interesses deve privilegiar a obtenção de soluções que afetem os direitos dos interessados apenas na medida do

que se revelar necessário à tutela dos interesses públicos subjacentes à reabilitação urbana e que permitam, na medida do possível, a manutenção dos direitos que os mesmos têm sobre os imóveis.

3 – A entidade gestora deve informar os interessados a respeito dos respetivos direitos e deveres na operação de reabilitação urbana, nomeadamente sobre os apoios e incentivos financeiros e fiscais existentes.

ARTIGO 73º – Direitos dos ocupantes de edifícios ou frações

1 – Quem, de boa fé, habite em edifícios ou frações que sejam objeto de obras coercivas, nos termos do presente decreto-lei, tem direito a realojamento temporário, a expensas do proprietário, exceto se dispuser no mesmo concelho ou em concelho limítrofe de outra habitação que satisfaça adequadamente as necessidades de habitação do seu agregado.

2 – Quem, de boa fé, habite em edifícios ou frações que sejam objeto de reestruturação da propriedade, expropriação ou venda forçada, nos termos do presente decreto-lei, tem direito a realojamento equivalente, devendo apenas ser constituído como interessado no procedimento de determinação de montante indemnizatório se prescindir desse realojamento.

3 – Os sujeitos referidos nos números anteriores têm preferência nas posteriores alienações ou locações de edifício ou fração objeto da ação de reabilitação realizada nos termos do presente decreto-lei.

4 – O disposto nos números anteriores não prejudica os direitos dos arrendatários previstos na legislação aplicável.

ARTIGO 73º-A – Programa de ação territorial

A delimitação da área de reabilitação urbana, o programa estratégico de reabilitação urbana, o programa da unidade de intervenção, a elaboração, revisão ou alteração de plano de pormenor de reabilitação urbana, bem como os termos da sua execução, podem ser, conjunta ou isoladamente, objeto de programa de ação territorial, a celebrar nos termos previstos no RJIGT.

CAPÍTULO VIII – Financiamento

ARTIGO 74º – Apoios do Estado

1 – O Estado pode, nos termos previstos na legislação sobre a matéria, conceder apoios financeiros e outros incentivos aos proprietários e a terceiros que promovam ações de reabilitação de edifícios e, no caso de operações de reabilitação urbana sistemática, de dinamização e modernização das atividades económicas.

2 – O Estado pode também conceder apoios financeiros às entidades gestoras, nos termos previstos em legislação especial.

3 – Em qualquer caso, os apoios prestados devem assegurar o cumprimento das normas aplicáveis a respeito de proteção da concorrência e de auxílios do Estado.

ARTIGO 75º – Apoios dos municípios

1 – Os municípios podem, nos termos previstos em legislação e regulamento municipal sobre a matéria, conceder apoios financeiros a intervenções no âmbito das operações de reabilitação urbana.

2 – Os apoios financeiros podem ser atribuídos aos proprietários, às entidades gestoras da operação de reabilitação urbana e a terceiros que promovam ações de reabilitação urbana, incluindo as que se destinam à dinamização e modernização das atividades económicas.

3 – A legislação a que se refere o nº 1 e os apoios prestados devem assegurar o cumprimento das normas aplicáveis a respeito de proteção da concorrência e de auxílios do Estado.

ARTIGO 76º — Financiamento das entidades gestoras

1 – As entidades gestoras podem contrair empréstimos a médio e longo prazos destinados ao financiamento das operações de reabilitação urbana, os quais, caso autorizados por despacho do ministro responsável pela área das finanças, não relevam para efeitos do montante da dívida de cada município.

2 – A delimitação de uma área de reabilitação urbana confere ao município o poder de aceitar e sacar letras de câmbio, conceder avales cambiários, subscrever livranças, bem como conceder garantias pessoais e reais, relativamente a quaisquer operações de financiamento promovidas por entidades gestoras no âmbito de uma operação de reabilitação urbana.

ARTIGO 77º – Fundos de investimento imobiliário

1 – Para a execução das operações de reabilitação urbana, podem constituir-se fundos de investimento imobiliário, nos termos definidos em legislação especial.

2 – A subscrição de unidades de participação nos fundos referidos no número anterior pode ser feita em dinheiro ou através da entrega de prédios ou frações a reabilitar.

3 – Para o efeito previsto no número anterior, o valor dos prédios ou frações é determinado pela entidade gestora do fundo, dentro dos valores de avaliação apurados por um avaliador independente registado na Comissão do Mercado de Valores Mobiliários e por aquela designado.

4 – A entidade gestora da operação de reabilitação urbana pode participar no fundo de investimento imobiliário.

PARTE III
REGIME ESPECIAL DA REABILITAÇÃO URBANA

ARTIGO 77º-A – Âmbito

1 – O regime estabelecido na presente parte aplica-se às operações urbanísticas de reabilitação que cumpram os requisitos previstos no número seguinte e tenham por objeto edifícios ou frações, localizados ou não em áreas de reabilitação urbana:

a) Cuja construção, legalmente existente, tenha sido concluída há pelo menos 30 anos; e

b) Nos quais, em virtude da sua insuficiência, degradação ou obsolescência, designadamente no que se refere às suas condições de uso, solidez, segurança, estética ou salubridade, se justifique uma intervenção de reabilitação destinada a conferir adequadas características de desempenho e de segurança funcional, estrutural e construtiva.

2 – As operações urbanísticas de reabilitação abrangidas pela presente parte devem, cumulativamente:

a) Preservar as fachadas principais do edifício com todos os seus elementos não dissonantes, com possibilidade de novas aberturas de vãos ou modificação de vãos existentes ao nível do piso térreo, nos termos previstos nas normas legais e regulamentares e nos instrumentos de gestão territorial aplicáveis;

b) Manter os elementos arquitetónicos e estruturais de valor patrimonial do edifício, designadamente abóbadas, arcarias, estruturas metálicas ou de madeira;

c) Manter o número de pisos acima do solo e no subsolo, bem como a configuração da cobertura, sendo admitido o aproveitamento do vão da cobertura como área útil, com possibilidade de abertura de vãos para comunicação com o exterior, nos termos previstos nas normas legais e regulamentares e nos instrumentos de gestão territorial aplicáveis; e

d) Não reduzir a resistência estrutural do edifício, designadamente ao nível sísmico, e observar as opções de construção adequadas à segurança estrutural e sísmica do edifício.

3 – O regime estabelecido na presente parte não se aplica às operações urbanísticas realizadas em bens imóveis:

a) Individualmente classificados ou em vias de classificação; ou

b) Localizados em áreas urbanas de génese ilegal, salvo se estiverem incluídos em áreas de reabilitação urbana.

4 – O regime estabelecido na presente parte aplica-se às operações urbanísticas realizadas em bens imóveis que se localizem em zonas de proteção e não estejam individualmente classificados nem em vias de classificação, salvo quando importem novas aberturas de vãos na fachada ou na cobertura.

ARTIGO 77º-B – Regime do controlo prévio de operações urbanísticas

1 – Sem prejuízo do disposto nos números seguintes, às operações urbanísticas abrangidas pela presente parte aplica-se o procedimento simplificado de controlo prévio, nos termos estabelecidos nos artigos 53º-A a 53º-G e no respetivo regime subsidiário, com as necessárias adaptações, salvo quando estiverem isentas de controlo prévio ao abrigo do presente decreto-lei e do regime jurídico da urbanização e da edificação, aprovado pelo Decreto-Lei nº 555/99, de 16 de dezembro.

2 – Nos casos em que o regime estabelecido na presente parte é aplicável nos termos do nº 4 do artigo anterior, uma vez apresentados ao município a comunicação e demais elementos a que se refere o artigo 53º-C, aquele remete-os de imediato, por

meios eletrónicos, à administração do património cultural, para emissão de parecer não vinculativo no prazo de 10 dias úteis.

3 – Decorrido o prazo previsto no número anterior sem que a administração do património cultural se tenha pronunciado, considera-se que a mesma não se opõe à comunicação a que se refere o artigo 53º-C.

PARTE IV
DISPOSIÇÕES SANCIONATÓRIAS

ARTIGO 77º-C – Contraordenações

1 – Sem prejuízo da responsabilidade civil, criminal ou disciplinar, é punível como contraordenação:

a) A realização de operação urbanística de reabilitação urbana sujeita a comunicação prévia sem que esta haja sido efetuada e admitida;

b) A realização de quaisquer operações urbanísticas de reabilitação de edifícios em desconformidade com o respetivo projeto ou com as condições da admissão da comunicação prévia;

c) A ocupação de edifícios ou das suas frações autónomas objeto do presente decreto-lei sem autorização de utilização, quando exigida, ou em desacordo com o uso nela fixado;

d) As falsas declarações dos autores e coordenadores de projetos no termo de responsabilidade relativamente à observância das normas técnicas gerais e específicas de construção, bem como das disposições legais e regulamentares aplicáveis ao projeto;

e) As falsas declarações dos autores e coordenador de projetos no termo de responsabilidade previsto nos nºs 2 e 3 do artigo 53º-F, incluindo quando o mesmo for apresentado ao abrigo das referidas disposições legais nos termos do artigo 77º-B;

f) As falsas declarações do diretor de obra, do diretor de fiscalização de obra e de outros técnicos no termo de responsabilidade previsto no nº 2 do artigo 53º-G, incluindo quando o mesmo for apresentado ao abrigo da referida disposição legal nos termos do artigo 77º-B, relativamente:

i) À conformidade da execução da obra com o projeto aprovado e com as condições da comunicação prévia admitida;

ii) À conformidade das alterações efetuadas ao projeto com as normas legais e regulamentares aplicáveis;

g) As falsas declarações do técnico legalmente habilitado no termo de responsabilidade previsto no artigo 81º-A;

h) A subscrição de projeto da autoria de quem, por razões de ordem técnica, legal ou disciplinar, se encontre inibido de o elaborar.

2 – A contraordenação prevista na alínea *a*) do número anterior é punível com coima de €500 a €200000, no caso de pessoa singular, e de €1500 a €450000, no caso de pessoa coletiva.

3 – A contraordenação prevista na alínea *b*) do nº 1 é punível com coima de €3000 a €200000, no caso de pessoa singular, e de €6000 a €450000, no caso de pessoa coletiva.

4 – A contraordenação prevista na alínea *c*) do nº 1 é punível com coima de €500 a €100000, no caso de pessoa singular, e de €1500 a €250000, no caso de pessoa coletiva.

5 – As contraordenações previstas nas alíneas *d*) a *h*) do nº 1 são puníveis com coima de €3000 a €200000.

6 – A negligência é punível, sendo os limites mínimos e máximos das coimas reduzidos para metade.

7 – A tentativa é punível com a coima aplicável à contraordenação consumada, especialmente atenuada.

ARTIGO 77º-D – Sanções acessórias

1 – Consoante a gravidade da contraordenação e a culpa do agente, podem ser aplicadas, simultaneamente com a coima, as seguintes sanções acessórias:

a) A perda a favor do Estado dos objetos pertencentes ao agente que serviram ou estavam destinados a servir para a prática da infração, ou que por esta foram produzidos;

b) A interdição do exercício, até ao máximo de quatro anos, da profissão ou atividade conexas com a infração praticada;

c) A privação, até ao máximo de quatro anos, do direito a subsídio ou benefício outorgado ou a outorgar por entidades ou serviços públicos.

2 – As coimas e as sanções acessórias previstas no presente decreto-lei, quando aplicadas a empresário em nome individual ou a sociedade comercial habilitados a exercer a atividade da construção ou a representante legal desta, são comunicadas ao Instituto da Construção e do Imobiliário, I. P.

3 – As sanções aplicadas ao abrigo do disposto nas alíneas *d*) a *h*) do nº 1 do artigo anterior aos autores de projeto, coordenadores de projetos, responsáveis pela direção técnica da obra ou a quem subscreva o termo de responsabilidade previsto nos nºs 2 e 3 do artigo 53º-F, no nº 2 do artigo 53º-G, em qualquer dos casos incluindo quando o fizer ao abrigo das referidas disposições legais nos termos do artigo 77º-B, e no artigo 81º-A, são comunicadas à respetiva ordem ou associação profissional, quando exista.

4 – A interdição de exercício de atividade prevista na alínea *b*) do nº 1, quando aplicada a pessoa coletiva, estende-se a outras pessoas coletivas constituídas pelos mesmos sócios.

ARTIGO 77º-E – Instrução e decisão

Sem prejuízo das competências atribuídas por lei a outras autoridades policiais e fiscalizadoras, a competência para determinar a instauração dos processos de contraordenação, para designar o instrutor e para aplicar as coimas e as sanções acessórias pertence ao presidente da câmara municipal ou, se houver delegação de competências, aos vereadores.

ARTIGO 77º-F – Destino do produto das coimas

O produto da aplicação das coimas reverte a favor do município, inclusive quando as mesmas sejam cobradas em juízo.

ARTIGO 77º-G – Responsabilidade criminal

1 – O desrespeito dos atos administrativos que determinem qualquer das medidas de tutela da legalidade urbanística previstas no presente decreto-lei é punível nos termos do artigo 348º do Código Penal.

2 – As falsas declarações ou informações prestadas nos termos de responsabilidade ou no livro de obra pelos autores e coordenadores de projetos, diretores de obra e de fiscalização de obra e outros técnicos, referidos nas alíneas *d*) a *g*) do nº 1 do artigo 77º-C, são puníveis nos termos do artigo 256º do Código Penal.

3 – O disposto no número anterior não prejudica a aplicação do artigo 277º do Código Penal.

PARTE V
DISPOSIÇÕES TRANSITÓRIAS E FINAIS

SECÇÃO I – Disposições transitórias

ARTIGO 78º – Áreas críticas de recuperação e reconversão urbanística

1 – As áreas críticas de recuperação e reconversão urbanística criadas ao abrigo do Decreto-Lei nº 794/76, de 5 de novembro, alterado pelos Decretos-Leis nºs 313/80, de 19 de agosto, e 400/84, de 31 de dezembro, podem ser convertidas em uma ou mais áreas de reabilitação urbana, nos termos do presente decreto-lei.

2 – A conversão das áreas críticas de recuperação e reconversão urbanística em áreas de reabilitação urbana opera-se por deliberação da assembleia municipal, sob proposta da câmara municipal, que deve englobar a aprovação da estratégia de reabilitação urbana ou do programa estratégico de reabilitação urbana, nos termos do procedimento previsto no presente decreto-lei.

3 – A conversão pode ser feita através da aprovação de plano de pormenor de reabilitação urbana que inclua na sua área de intervenção a área crítica de recuperação e reconversão urbanística em causa.

4 – A conversão das áreas críticas de recuperação e reconversão urbanística deve ocorrer no prazo de dois anos contado da data de entrada em vigor do presente decreto-lei.

5 – Os decretos de classificação de áreas críticas de recuperação e reconversão urbanística, praticados ao abrigo do Decreto-Lei nº 794/76, de 5 de novembro, alterado pelos Decretos-Leis nºs 313/80, de 19 de agosto, e 400/84, de 31 de dezembro, caducam caso não venha a ser aprovada, nos termos e prazo previstos nos números anteriores, a conversão de área crítica de recuperação e reconversão urbanística em áreas de reabilitação urbana.

6 – O disposto no número anterior não prejudica o exercício dos direitos aos benefícios fiscais, ou outros, entretanto adquiridos.

7 – Nas áreas críticas de recuperação e reconversão urbanística, até à conversão prevista no presente artigo ou à caducidade dos respetivos decretos de classificação, é aplicável o regime previsto no Decreto-Lei nº 794/76, de 5 de novembro, alterado pelos Decretos-Leis nºs 313/80, de 19 de agosto, e 400/84, de 31 de dezembro.

ARTIGO 79º - Sociedades de reabilitação urbana constituídas ao abrigo do Decreto-Lei nº 104/2004, de 7 de maio

1 – As sociedades de reabilitação urbana criadas ao abrigo do Decreto-Lei nº 104/2004, de 7 de maio, prosseguem o seu objeto social até ao momento da sua extinção, que ocorre exclusivamente nos termos do artigo 38º do presente decreto-lei, salvo se forem designadas como entidades gestoras em operações de reabilitação urbana, nos termos do presente decreto-lei.

2 – As empresas a que se refere o número anterior regem-se pelo regime do setor empresarial local ou pelo regime do setor empresarial do Estado, consoante a maioria do capital social seja detida pelo município ou pelo Estado, sem prejuízo do disposto no número seguinte.

3 – O disposto nos nºs 1 e 2 do artigo 20º e no artigo 32º do regime jurídico da atividade empresarial local e das participações locais, aprovado pela Lei nº 50/2012, de 31 de agosto, não se aplica às sociedades previstas no nº 1 que mantenham o seu objeto social e que, em virtude de uma alteração no conjunto das participações de natureza pública, passem a integrar o setor empresarial local, designadamente por transferências da entidade titular.

4 – Para efeitos do presente decreto-lei, consideram-se equiparadas às áreas de reabilitação urbana as zonas de intervenção das sociedades de reabilitação urbana, delimitadas nos termos do Decreto-Lei nº 104/2004, de 7 de maio, equiparando-se as unidades de intervenção com documentos estratégicos aprovados ao abrigo do mesmo decreto-lei às unidades de intervenção reguladas no presente decreto-lei.

5 – A reabilitação urbana nas zonas de intervenção referidas no número anterior é prosseguida pelas sociedades de reabilitação urbana já constituídas, que assumem a qualidade de entidade gestora nos termos e para os efeitos do regime aprovado pelo presente decreto-lei, com as seguintes especificidades:

a) A reabilitação urbana nas zonas de intervenção das sociedades de reabilitação urbana é enquadrada pelos instrumentos de programação e de execução aprovados de acordo com o Decreto-Lei nº 104/2004, de 7 de maio, designadamente os documentos estratégicos das unidades de intervenção;

b) As sociedades de reabilitação urbana consideram-se investidas nos poderes previstos no nº 1 do artigo 44º e nas alíneas *a*) e *c*) a *e*) do nº 1 do artigo 54º, para a totalidade da zona de intervenção, considerando-se ainda investidas nos poderes previstos nas alíneas *b*) e *f*) a *i*) do artigo 54º nas áreas das unidades de intervenção com documentos estratégicos aprovados;

c) Os contratos de reabilitação celebrados ao abrigo do Decreto-Lei nº 104/2004, de 7 de maio, são equiparados aos contratos de reabilitação urbana regulados no presente decreto-lei.

6 – Sem prejuízo do disposto no número anterior, os municípios devem, no prazo de cinco anos contados da entrada em vigor do presente decreto-lei, aprovar a estratégia de reabilitação urbana ou o programa estratégico de reabilitação urbana das zonas de intervenção referidas no nº 3, nos termos do procedimento previsto no presente decreto-lei, e dar o subsequente seguimento ao procedimento, convertendo a zona de intervenção das sociedades de reabilitação urbana constituídas nos termos do Decreto-Lei nº 104/2004, de 7 de maio, em uma ou mais áreas de reabilitação urbana.

7 – Sem prejuízo do termo do prazo estabelecido no número anterior, a conversão da zona de intervenção das sociedades de reabilitação urbana pode ser feita faseadamente, nos casos em que o município opte pela delimitação de mais de uma área de reabilitação urbana.

8 – As áreas da zona de intervenção que, nos termos e prazo previstos no nº 5, não sejam objeto da decisão a que alude o mesmo número deixam de se reger pelo regime estabelecido no presente decreto-lei.

9 – As sociedades de reabilitação urbana referidas no nº 1 podem ser encarregues pela câmara municipal de preparar o projeto de delimitação de áreas de reabilitação urbana, nos termos previstos no nº 3 do artigo 13º, ou de preparar o projeto de plano de pormenor e dos elementos que o acompanham, nos termos previstos no nº 3 do artigo 26º

(Redação dada pelo Decreto-Lei nº 88/2017, de 27-07)

ARTIGO 80º – Áreas de reabilitação urbana para os efeitos previstos no Regime Extraordinário de Apoio à Reabilitação Urbana, aprovado pela Lei nº 67-A/2007, de 31 de dezembro, ou no artigo 71º do Estatuto dos Benefícios Fiscais.

A entrada em vigor do presente decreto-lei não prejudica a aplicação do Regime Extraordinário de Apoio à Reabilitação Urbana, aprovado pela Lei nº 67-A/2007, de 31 de dezembro, ou do disposto no artigo 71º do Estatuto dos Benefícios Fiscais.

ARTIGO 81º – Planos de pormenor em elaboração

Os planos de pormenor em elaboração à data da entrada em vigor do presente decreto-lei podem ser aprovados sob a forma de planos de pormenor de reabilitação urbana, devendo a câmara municipal, para o efeito, adaptar o projeto de plano de pormenor às regras estabelecidas no presente decreto-lei.

SECÇÃO II – Disposições finais

ARTIGO 81º-A – Constituição da propriedade horizontal

1 – O termo de responsabilidade subscrito por técnico legalmente habilitado atestando que estão verificados os requisitos legais para a constituição da propriedade horizontal, acompanhado de comprovativo da sua apresentação ao município ou à

entidade referida na alínea *b*) do nº 1 do artigo 10º, quando for aplicável, vale como documento comprovativo de que as frações autónomas satisfazem os requisitos legais, para os efeitos do disposto no artigo 59º do Código do Notariado.

2 – O termo de responsabilidade referido no número anterior deve:

a) Identificar o titular da autorização de utilização;

b) Identificar o edifício e as frações autónomas, bem como as respetivas áreas;

c) Indicar o fim a que se destinam as frações autónomas;

d) Declarar que estão cumpridos os requisitos legais para a constituição da propriedade horizontal.

3 – O modelo do termo de responsabilidade referido nos números anteriores é aprovado por portaria dos membros do Governo responsáveis pelas áreas das autarquias locais, da economia e do ordenamento do território.

4 – Quando a entidade gestora for uma de entre as mencionadas na alínea *b*) do nº 1 do artigo 10º, o termo de responsabilidade e o comprovativo da sua apresentação são disponibilizados ao município por meios eletrónicos.

ARTIGO 82º – Regiões autónomas

O presente decreto-lei aplica-se às Regiões Autónomas dos Açores e da Madeira, com as devidas adaptações, nos termos da respetiva autonomia político-administrativa, cabendo a sua execução administrativa aos serviços e organismos das respetivas administrações regionais autónomas com atribuições e competências no âmbito da reabilitação urbana, sem prejuízo das atribuições das entidades de âmbito nacional.

ARTIGO 83º – Norma revogatória

Sem prejuízo do disposto no nº 7 do artigo 78º, são revogados:

a) O Decreto-Lei nº 104/2004, de 7 de maio;

b) O capítulo XI do Decreto-Lei nº 794/76, de 5 de novembro, alterado pelos Decretos-Leis nºs 313/80, de 19 de agosto, e 400/84, de 31 de dezembro.

ARTIGO 84º – Entrada em vigor

O presente decreto-lei entra em vigor 60 dias após a data da sua publicação.

Direito Real de Habitação Duradoura

Decreto-Lei nº 1/2020, de 9 de janeiro

O XXI Governo Constitucional reconheceu, no âmbito das suas prioridades políticas, o papel primordial da habitação para a melhoria da qualidade de vida das populações, para a revitalização e competitividade das cidades e para a coesão social e territorial.

A habitação é um direito fundamental constitucionalmente consagrado, a base de uma sociedade estável e coesa e o alicerce a partir do qual os cidadãos constroem as condições que lhes permitem aceder a outros direitos como a educação, a saúde ou o emprego.

As profundas alterações dos modos de vida e das condições socioeconómicas das populações, a combinação de carências conjunturais com necessidades de habitação de natureza estrutural, a mudança de paradigma no acesso ao mercado de habitação precipitada pela crise económica e financeira internacional, e os efeitos colaterais de políticas de habitação anteriores, vieram colocar novos desafios à política de habitação e justificaram a necessidade de lançar uma Nova Geração de Políticas de Habitação (NGPH) que contribuísse para resolver problemas herdados e para dar resposta à nova conjuntura do setor habitacional.

Em paralelo com o agravamento das dificuldades de acesso a uma habitação adequada e com as alterações relativas às necessidades sentidas pelos agregados familiares, designadamente quanto à flexibilidade e à mobilidade habitacional, o perfil do parque habitacional do país em termos de regime de ocupação não tem contribuído para dar resposta aos problemas existentes.

Com efeito, em Portugal foi fortemente privilegiado o regime de habitação própria face ao de arrendamento, por diversas razões, das quais se destacam a escassez de oferta e a existência de disfuncionalidades no mercado de arrendamento, a facilidade de obtenção de crédito hipotecário, a disponibilização de apoios do Estado à compra de habitação e aspetos culturais que valorizam a propriedade.

Em resultado, 73% dos alojamentos familiares clássicos de residência habitual em Portugal são ocupados pelos proprietários, o endividamento dos agregados familiares para aquisição de habitação assume valores muito elevados, o setor do arrendamento é diminuto e pouco acessível em termos de preços e as famílias encontram-se numa situação pouco favorável à mobilidade, o que reduz as suas opções e dificulta a sua adaptação a alterações nas dinâmicas pessoais, familiares e profissionais.

Adicionalmente, coloca-se na atualidade o novo desafio de conciliar as necessidades em termos de estabilidade e de segurança na ocupação do alojamento, cruciais para o desenvolvimento da vida familiar, com as de flexibilidade e mobilidade, que derivam de uma maior mutabilidade dos percursos de vida das pessoas.

Se em muitos casos o regime de habitação própria se tem mostrado pouco adequado pela sua rigidez, pelo peso do investimento que representa e pelas dificuldades de acesso ao mesmo, por outro lado, o regime de arrendamento nem sempre é conducente à estabilidade e segurança desejáveis.

Estas desadequações afetam, de forma mais acentuada, as faixas etárias mais vulneráveis da população: os mais jovens, com menor capacidade de investimento e maiores necessidades de mobilidade, e os idosos, que já não conseguindo aceder a crédito hipotecário carecem de fortes condições de segurança e de estabilidade habitacional.

Assim, uma política de habitação que combine as duas lógicas está, portanto, melhor preparada para fazer face ao caráter mutável das necessidades de habitação das famílias ao longo do seu ciclo de vida.

Neste contexto, no âmbito da NGPH, reconhece-se a necessidade de inovar ao nível dos instrumentos de política pública em matéria de habitação e de criação de instrumentos mais flexíveis e adaptáveis a diferentes realidades e públicos-alvo, capazes de dar resposta aos desafios da atualidade.

Desse modo, assumem relevância soluções que constituem alternativas à aquisição de habitação própria e ao consequente endividamento das famílias e dão resposta às necessidades dos grupos etários mais vulneráveis, conciliando condições de estabilidade e de segurança da solução habitacional das famílias com condições de flexibilidade e mobilidade.

Nesse quadro, e atenta a adoção do instituto do direito real de habitação para situações em que, não se justificando a aquisição da propriedade, se revelava necessário garantir a segurança da solução habitacional, como nos casos do direito de habitação atribuído pelo Decreto-Lei nº 502/99, de 19 de dezembro, na sua redação atual, e pela Lei nº 7/2001, de 11 de maio, na sua redação atual, foi adotada uma solução idêntica para o direito criado pelo presente decreto-lei.

Foi promovida a audição ao Conselho Nacional do Consumo.

O presente decreto-lei foi submetido a consulta pública.

Assim:

Nos termos da alínea *a*) do nº 1 do artigo 198º da Constituição, o Governo decreta o seguinte:

ARTIGO 1º – Objeto

O presente decreto-lei cria o direito real de habitação duradoura (DHD).

ARTIGO 2º – Conceito

O DHD faculta a uma ou a mais pessoas singulares o gozo de uma habitação alheia como sua residência permanente por um período vitalício, mediante o pagamento ao respetivo proprietário de uma caução pecuniária e de contrapartidas periódicas.

ARTIGO 3º – Definições

Para efeitos do presente decreto-lei, entende-se por:

a) «Agregado habitacional», o conjunto constituído pelas pessoas que têm a sua residência permanente na mesma habitação e mantêm entre si vínculos familiares, de convivência estável e ou de dependência, bem como as situações determinadas por vínculo contratual que implique residência ou habitação comum;

b) «Habitação», o prédio urbano ou a fração autónoma de prédio urbano, tal como definidos no nº 2 do artigo 204º e nos artigos 1414º e 1415º do Código Civil, legalmente apto para ser utilizado para fins habitacionais;

c) «Morador», a pessoa ou pessoas do agregado habitacional que constam no contrato como titular ou titulares do DHD de uma determinada habitação;

d) «Obras de conservação ordinária», as obras de reparação de deteriorações na habitação resultantes do envelhecimento dos materiais e ou do seu desgaste pelo uso normal, nestas se incluindo as benfeitorias necessárias que se destinem a evitar a deterioração dos mesmos e a garantir um estado de conservação, no mínimo, médio;

e) «Obras de conservação extraordinária», as obras necessárias à reposição das condições de segurança, salubridade e conforto da habitação por anomalias que não sejam decorrentes do envelhecimento dos materiais e ou do seu desgaste pelo uso normal, incluindo as benfeitorias necessárias que se destinem a evitar a perda ou destruição da habitação;

f) «Proprietário», o titular ou cotitulares do direito de propriedade da habitação;

g) «Residência permanente», a habitação utilizada, de forma habitual e estável, por uma pessoa ou por um agregado habitacional como centro efetivo da sua vida pessoal e social.

ARTIGO 4º – Avaliação prévia

1 – Para efeitos de constituição de um DHD, cabe ao proprietário promover a avaliação prévia do estado de conservação da habitação realizada por arquiteto, engenheiro ou engenheiro técnico inscrito na respetiva ordem profissional, que não se encontre em qualquer situação de incompatibilidade ou de impedimento no âmbito desse processo.

2 – A avaliação referida no número anterior deve assegurar o registo das condições existentes na habitação há menos de 12 meses, devendo ser utilizada para o efeito ficha de avaliação elaborada nos termos da portaria a que se refere o artigo 8º do Decreto-Lei nº 266-B/2012, de 31 de dezembro.

ARTIGO 5º – Constituição do direito real de habitação duradoura

1 – O DHD é constituído pelo proprietário de uma habitação a favor de uma ou mais pessoas singulares, que adquirem a qualidade de moradores.

2 – A habitação deve ser entregue pelo proprietário ao morador com um nível de conservação, no mínimo, médio e livre de pessoas, ónus e encargos, incluindo outros direitos ou garantias reais, designadamente a hipoteca.

3 – O contrato é celebrado por escritura pública ou por documento particular no qual as assinaturas das partes são presencialmente reconhecidas.

4 – O DHD está sujeito a inscrição no registo predial, a requerer pelo morador no prazo de 30 dias a contar da data de celebração do contrato.

5 – O contrato de constituição do DHD, além da menção à aplicação do regime do presente decreto-lei, deve conter:

a) O montante da caução prestada e os valores das contrapartidas a que se refere o nº 1 do artigo 7º;

b) A declaração do morador a aceitar o estado de conservação da habitação, determinado de acordo com a ficha de avaliação referida no artigo anterior, que consta como documento complementar do contrato;

c) O endereço postal e, se as partes assim o pretenderem, o endereço eletrónico que cada uma delas se compromete a utilizar para efeito de todas as comunicações a realizar no âmbito do DHD, sem prejuízo do disposto no nº 9.

6 – Após a celebração do contrato, qualquer alteração do endereço de uma das partes deve ser comunicada à contraparte no prazo máximo de 20 dias, sob pena de aquela não poder invocar a falta de receção de comunicações.

7 – No ato de celebração do contrato são pagas pelo morador as quantias relativas à caução e à primeira prestação mensal, esta pelo valor proporcional ao número de dias de vigência do DHD no mês de celebração do contrato, cabendo à entidade que faz o reconhecimento das assinaturas verificar que o montante da caução respeita os limites estabelecidos no nº 1 do artigo seguinte.

8 – A forma estabelecida no nº 3 é aplicável ao ato ou ao contrato que determine a aquisição da propriedade pelo morador ou a transferência dos direitos deste para o proprietário, com exceção da resolução.

9 – As comunicações das partes relativas à cessação do contrato, nomeadamente relativas a atos de resolução ou de renúncia, são efetuadas por carta registada com aviso de receção, considerando-se a comunicação recebida com a assinatura do aviso pelo seu destinatário ou com a recusa deste em recebê-la.

10 – No caso das comunicações referidas no número anterior, quando não seja conseguida a respetiva entrega em virtude de omissão ou de ato do seu destinatário, é efetuado novo envio da comunicação por carta registada com aviso de receção, considerando-se esta recebida no 15º dia a contar da data do registo do envio.

ARTIGO 6º – Caução

1 – Com a constituição do DHD é prestada pelo morador ao proprietário uma caução pecuniária cujo montante é estabelecido, por acordo entre as partes, entre 10% e 20%

do valor mediano das vendas por m^2 de alojamentos familiares, por freguesia, aplicável em função da localização da habitação e da área constante da respetiva caderneta predial, de acordo com a última atualização divulgada pelo Instituto Nacional de Estatística, I. P., (INE, I. P.), sendo considerado o valor da menor unidade territorial para fins estatísticos em que a habitação esteja localizada no caso de indisponibilidade do valor por freguesia.

2 – A caução é prestada por um prazo de 30 anos, sendo o seu valor inicial reduzido em 5% ao ano a partir do início do 11º ano e até ao final do 30º ano de vigência do DHD, por força do disposto na alínea *b*) do nº 1 do artigo seguinte.

3 – A caução prestada pelo morador constitui rendimento do proprietário quando e na medida do que dela se pagar nos termos do artigo seguinte.

4 – Quando existam quantias em dívida decorrentes do não cumprimento pelo morador das suas obrigações, o proprietário, em qualquer caso de extinção do contrato, pode deduzi-las do montante da caução a devolver ao morador, devendo, para o efeito, dispor de comprovativo das comunicações enviadas a solicitar o pagamento dos montantes devidos, com a respetiva fundamentação, e cópia dos documentos comprovativos dos mesmos.

5 – A faculdade conferida ao proprietário no número anterior não prejudica o seu direito à resolução do contrato nos termos do artigo 18º, mas cessa quando haja lugar ao depósito referido no nº 3 do artigo 21º

ARTIGO 7º – Contrapartidas

1 – Como contrapartida do DHD, o morador paga ao proprietário:

a) Uma prestação pecuniária mensal, por cada mês de duração do DHD, cujo montante é estabelecido no contrato;

b) Uma prestação pecuniária anual, por cada ano efetivamente decorrido desde o 11º ano até ao final do 30º ano, correspondente a 5% da caução inicial e paga através de dedução na caução.

2 – Sem prejuízo do disposto no nº 7 do artigo 5º, a prestação mensal deve ser paga pelo morador no dia do mês, pelo meio e com o regime de atualização que ficarem convencionados no contrato.

3 – Na falta de convenção no contrato sobre o regime de atualização da prestação mensal, o proprietário pode atualizá-la anualmente por aplicação da taxa de variação média do Índice de Preços no Consumidor, sem habitação, dos últimos 12 meses disponíveis, através de comunicação enviada ao morador com uma antecedência nunca inferior a 60 dias.

4 – O valor da prestação mensal só pode ser alterado por acordo entre as partes.

ARTIGO 8º – Obrigações do proprietário

Cabe ao proprietário, em especial:

a) Assegurar que a habitação é entregue ao morador em estado de conservação, no mínimo, médio;

b) Pagar, na parte relativa à habitação, os custos de obras e demais encargos relativos às partes comuns do prédio e, no caso de condomínio constituído, pagar as quotizações e cumprir as demais obrigações enquanto condómino;

c) Assegurar a vigência, a todo o tempo, de seguros relativos ao prédio e à habitação que sejam legalmente obrigatórios;

d) Realizar e suportar o custo das obras de conservação extraordinária na habitação, salvo se as anomalias existentes resultarem de atos ilícitos e ou do não cumprimento de obrigações por parte do morador;

e) Gerir o montante recebido a título de caução e, com a extinção do DHD, assegurar a sua devolução ao morador nos casos e termos previstos no presente decreto-lei.

ARTIGO 9º – Obrigações do morador

1 – Cabe ao morador, em especial:

a) Utilizar a habitação exclusivamente para sua residência permanente;

b) Pagar as taxas municipais e entregar ao proprietário do imóvel os montantes relativos ao Imposto Municipal sobre Imóveis;

c) Promover ou permitir a realização das avaliações do estado de conservação da habitação previstas no presente decreto-lei e, salvo nos casos da avaliação prévia prevista no artigo 4º e no nº 3 do presente artigo, pagar o respetivo custo;

d) Realizar e suportar o custo das obras de conservação ordinária na habitação;

e) Consentir ao proprietário a realização das obras a que este está obrigado de acordo com a alínea *b*) do artigo anterior e informá-lo logo que tenha conhecimento da existência de anomalias na habitação cuja reparação seja obrigação do mesmo.

2 – O disposto na alínea *a*) do número anterior não prejudica a possibilidade de o morador utilizar parte da habitação para outro fim, desde que o faça ao abrigo de previsão contratual ou através de autorização prévia escrita do proprietário.

3 – Se o proprietário, no prazo de três meses a contar do aviso do morador referido na alínea *e*) do nº 1, não iniciar as reparações, pode o morador fazê-las a expensas suas, desde que a necessidade das mesmas seja confirmada através de avaliação realizada por arquiteto, engenheiro ou engenheiro técnico inscrito na respetiva ordem profissional, caso em que pode exigir ao proprietário o pagamento da despesa total com a realização das obras e da avaliação.

ARTIGO 10º – Obras

1 – Além das obras referidas na alínea *d*) do nº 1 e no nº 3 do artigo anterior, o morador pode realizar obras que, não alterando a estrutura nem comprometendo as condições de segurança e salubridade da habitação, se destinem:

a) À introdução de soluções de eficiência energética e hídrica;

b) À integração de soluções de acessibilidade destinadas a pessoas com mobilidade e autonomia condicionadas.

2 – Até ao termo de cada período de oito anos de vigência do DHD, o morador deve remeter ao proprietário ficha de avaliação atualizada do nível de conservação da mesma, elaborada há menos de 12 meses em termos idênticos aos previstos no artigo 4º, ou optar por permitir ao proprietário o acesso à habitação para esse efeito.

3 – Quando o nível de conservação da habitação constante da ficha de avaliação referida no número anterior for inferior a médio e a avaliação demonstre que as anomalias existentes resultam da não realização de obras de conservação ordinária, o morador, no prazo máximo de seis meses a contar da data da ficha de avaliação, deve promover a realização das obras necessárias à reposição do nível médio de conservação e confirmá-lo através de nova avaliação.

4 – Independentemente da sua natureza, as benfeitorias realizadas pelo morador na habitação não lhe conferem o direito a levantamento ou a qualquer compensação.

ARTIGO 11º – Transmissão da habitação

1 – O proprietário pode transmitir livremente a terceiros a propriedade onerada com o DHD, de forma onerosa ou gratuita, mas, com exceção da hipoteca, não pode constituir outros direitos ou garantias reais sobre a mesma.

2 – No caso de transmissão da propriedade da habitação para o morador, este pode utilizar o montante da caução a cuja devolução tenha direito para compensar, total ou parcialmente, a obrigação de pagamento do preço.

ARTIGO 12º – Transmissão do direito real de habitação duradoura

O DHD não é transmissível *mortis causa* e, na sua vigência, só pode ser transmitido no caso de execução da hipoteca a que se refere o artigo seguinte.

ARTIGO 13º – Oneração do direito real de habitação duradoura

1 – O DHD só pode ser hipotecado pelo seu titular para garantir crédito que lhe seja concedido para pagar, no todo ou em parte, o valor da caução.

2 – No caso de extinção do DHD por aquisição da propriedade por parte do morador, a hipoteca transfere-se para a propriedade da habitação.

3 – Se a extinção do DHD resultar de renúncia ou de outro ato ou contrato que tenha como efeito a transferência dos direitos do morador para o proprietário, a hipoteca subsiste, como se a extinção do direito não se tivesse verificado.

ARTIGO 14º – Mora

1 – O não pagamento integral e pontual, pelas partes contratantes do DHD, das suas obrigações pecuniárias constitui em mora a parte faltosa, vencendo-se juros legais de mora até ao efetivo e integral pagamento da dívida.

2 – No caso de mora, a parte faltosa deve pagar a dívida, os juros de mora e quaisquer montantes entretanto vencidos e não pagos, no prazo que lhe for fixado na comunicação efetuada para o efeito pela contraparte, prazo esse que não pode ser inferior a 60 dias a contar da data de receção dessa comunicação, dispondo esta contraparte de prazo igual para envio do termo de quitação do pagamento efetuado.

3 – No caso de mora do morador cujo contrato tenha 10 ou mais anos de vigência, o prazo mínimo para pagamento é o referido no número anterior acrescido de dois dias por cada ano de contrato, desde o décimo ano.

4 – Transcorrido o prazo que for fixado nos termos dos números anteriores sem que o morador efetue o pagamento, o proprietário adquire o direito de resolver o contrato nos termos previstos no artigo 18º

5 – Nas situações previstas no nº 2 do artigo 17º, o proprietário constitui-se em mora se não efetuar o pagamento ao morador do montante correspondente ao saldo da caução até ao termo do prazo aplicável nos termos desse preceito, caso em que, aos juros legais de mora, acresce uma penalização de 20% do montante da caução em dívida.

ARTIGO 15º – Extinção do direito real de habitação duradoura

1 – A extinção do DHD determina, entre outras, a obrigação de o morador entregar a habitação ao proprietário com nível de conservação, no mínimo, médio e a obrigação do proprietário de devolver ao morador o saldo da caução.

2 – O crédito do morador pela não devolução pelo proprietário do saldo da caução que lhe seja devido pela extinção do DHD goza de privilégio imobiliário especial sobre a habitação, o qual é graduado depois dos créditos referidos na alínea *b*) do nº 2 do artigo 333º do Código do Trabalho e antes dos créditos referidos no artigo 748º do Código Civil e dos créditos relativos a contribuições para a segurança social.

3 – Qualquer ato unilateral do morador que tenha como efeito a cessação do contrato de DHD onerado com hipoteca só é válido se a correspondente comunicação incluir a declaração do credor hipotecário a autorizar o cancelamento da hipoteca.

ARTIGO 16º – Caducidade

O DHD caduca com a morte do morador ou, se constituído a favor de mais do que uma pessoa, com a morte do último deles.

ARTIGO 17º – Renúncia do morador

1 – O morador pode renunciar livremente ao DHD através do envio ao proprietário, por carta registada com aviso de receção, com uma antecedência mínima de 90 dias em relação à data de entrega da habitação, de declaração com assinatura reconhecida presencialmente, instruída, se for o caso, com a declaração referida no nº 3 do artigo 15º e com ficha de avaliação da habitação elaborada nos termos do artigo 4º comprovativa de um nível de conservação da mesma, no mínimo, médio.

2 – A extinção do DHD por renúncia do morador determina a devolução do montante correspondente ao saldo da caução, dispondo o proprietário de um período para proceder ao respetivo pagamento, contado da data de receção da comunicação da renúncia, nos seguintes termos:

a) Até nove meses, quando o valor do saldo for igual ou superior a 60% dos montantes pagos pelo morador a título de caução;

b) Até seis meses, quando esse valor for inferior a 60% e superior a 30% dos referidos montantes; ou

c) Até três meses, quando o saldo for de valor igual ou inferior a 30%.

ARTIGO 18º – Incumprimento definitivo e resolução contratual

1 – O incumprimento definitivo do DHD por uma das partes contratantes confere à contraparte o direito de resolução contratual nos termos gerais de direito aplicáveis e do disposto no presente decreto-lei, sem efeitos retroativos e não prejudicando o disposto nos nºs 2 e 3 do artigo 13º

2 – Constituem causas de incumprimento definitivo do DHD:

a) O não pagamento, total ou parcial, por qualquer das partes dos montantes devidos à contraparte, após o termo do prazo da interpelação efetuada nos termos dos nºs 2 e 3 do artigo 14º;

b) A reincidência de constituição em mora por parte do morador, com pagamento da dívida antes do termo do prazo referido na alínea anterior, por mais do que três, quatro ou cinco vezes seguidas ou interpoladas, consoante o contrato vigore, respetivamente, há menos de 15 anos, há mais de 15 anos e menos de 30 anos ou há mais de 30 anos.

3 – A resolução do contrato de DHD por qualquer das partes é decretada nos termos da lei de processo, salvo nos casos previstos nos números seguintes.

4 – A resolução contratual com fundamento no não pagamento pelo morador da contrapartida mensal do DHD prevista na alínea *a*) do nº 1 do artigo 7º opera por comunicação do proprietário ao morador, a efetuar no prazo máximo de seis meses, sob pena de caducidade do direito de resolver o contrato.

5 – Nos casos em que não seja efetuada a comunicação do proprietário para resolução do contrato, nos termos do número anterior, com fundamento na alínea *b*) do nº 2, o proprietário tem o direito de resolver o contrato quando o morador se constituir novamente em mora.

6 – A comunicação da resolução prevista no número anterior acompanhada do contrato de DHD e das cópias das comunicações relativas ao incumprimento definitivo nos termos do presente decreto-lei, constitui título executivo para entrega de coisa certa e ou pagamento de quantia certa, incluindo, neste caso, as quantias entretanto vencidas e não pagas e outras que sejam devidas ao proprietário desde a referida comunicação.

7 – No caso de não pagamento, pelo proprietário ao morador, do montante do saldo da caução, decorrido o prazo aplicável para o efeito, nos termos do nº 2 do artigo anterior, constitui título executivo para pagamento de quantia certa o contrato de DHD e a cópia do comprovativo da comunicação de renúncia do morador e respetivos documentos integrantes.

ARTIGO 19º – Entrega da habitação

1 – Extinto o DHD, a habitação deve ser entregue, livre de pessoas, no prazo máximo de três meses a contar da data do ato ou da ocorrência determinante da

extinção, salvo no caso de renúncia pelo morador, em que o prazo corresponde à data da produção de efeitos da renúncia.

2 – Até à entrega da habitação, o morador paga ao proprietário uma indemnização pela sua utilização a título precário, de valor diário proporcional ao montante da última prestação mensal praticada à data da extinção.

3 – O não cumprimento pelo morador das obrigações previstas nos números anteriores confere ao proprietário o direito de exigir a imediata entrega da habitação e uma indemnização, por cada dia decorrido desde a data do ato ou da ocorrência determinante da extinção do DHD ou do início da falta de pagamento da indemnização, correspondente ao dobro do valor diário da última prestação mensal praticada, podendo, para o efeito, o proprietário utilizar a caução existente.

4 – Quando a extinção do DHD resulte da morte do morador, os restantes membros do agregado habitacional dispõem de um prazo de três meses, a contar da data do óbito, para comunicar essa ocorrência ao proprietário, bem como para identificar os membros do agregado que permanecem na habitação e, se for o caso, indicar os que, de entre eles, são herdeiros do morador.

5 – Em qualquer caso, os herdeiros do morador ou o cabeça de casal da respetiva herança dispõem de um prazo de três meses a contar do óbito para notificarem o proprietário da ocorrência, bem como para o informar se a habitação ficou desocupada ou se permanecem na habitação outros membros do agregado habitacional.

6 – Os membros do agregado habitacional ou, se a habitação estiver devoluta, os herdeiros têm um prazo de seis meses, a contar do óbito, para entrega da habitação, pagando ao proprietário uma indemnização pela sua utilização a título precário em termos idênticos aos previstos no nº 2.

7 – A falta de comunicação do óbito ou a não entrega da habitação no prazo referido no número anterior conferem ao proprietário o direito a uma indemnização, a contar da data do óbito e até à efetiva entrega da habitação, de valor diário proporcional ao montante do último valor mediano divulgado pelo INE, I. P., das rendas por m2 de alojamentos familiares por freguesia ou, se este estiver indisponível, da menor unidade territorial subsequente, acrescido de 20%.

8 – No prazo máximo de um mês a contar da receção da comunicação referida no nº 5, o proprietário deve informar os herdeiros ou o cabeça de casal sobre os créditos e ou débitos do morador à data do óbito, enviando-lhes, para o efeito, cópia dos respetivos comprovativos, bem como sobre os créditos já existentes e os que vierem a ser apurados nos termos do artigo seguinte.

9 – Na situação prevista no número anterior, se o saldo da caução for inexistente ou insuficiente para cobrir os créditos do proprietário apurados nos termos aí previstos, o pagamento dos mesmos é efetuado:

a) Pelos herdeiros ou pelo cabeça de casal, no que respeita a dívidas do morador, incluindo as que decorram do disposto no artigo seguinte, sendo o crédito do proprietário titulado pelo contrato, pelo registo dos movimentos da caução e pelos documentos comprovativos dos valores em dívida; e

b) Pelos membros do agregado que permanecem na habitação após o óbito do morador, quanto aos créditos decorrentes dessa ocupação.

10 – O proprietário dispõe dos prazos estabelecidos no nº 2 do artigo 17º, a contar da data de receção da comunicação do óbito, para pagar aos herdeiros do morador falecido o montante da caução que seja apurado após a dedução dos montantes que lhe são devidos nos termos do presente decreto-lei, sem prejuízo do disposto no nº 2 do artigo seguinte.

ARTIGO 20º – Estado de conservação da habitação

1 – Quando a habitação for entregue ao proprietário sem uma ficha de avaliação do estado de conservação, elaborada em termos idênticos aos previstos no artigo 4º, pode aquele assegurar a sua realização, caso em que tem direito a ser pago da correspondente despesa, bem como da despesa com as obras que, em função dessa avaliação, sejam necessárias para dotar a habitação de um estado de conservação, no mínimo, médio.

2 – O proprietário pode deduzir no saldo da caução as despesas referidas no número anterior, dispondo de um prazo de 12 meses a contar da data da entrega da habitação para devolver o saldo remanescente.

3 – O proprietário não pode, porém, exigir a entrega da habitação em estado de conservação, no mínimo, médio se o nível de conservação inferior se relacionar com anomalias decorrentes da não realização das obras que lhe cabe assegurar nos termos do presente decreto-lei.

ARTIGO 21º – Execução de hipoteca

1 – No caso de execução da hipoteca constituída sobre o DHD, o proprietário tem opção de compra deste direito, devendo ser citado no âmbito da ação executiva para dizer se pretende ou não exercer essa faculdade, podendo, para o efeito, utilizar o saldo da caução existente à data.

2 – No caso de extinção do DHD por aquisição pelo proprietário, ao abrigo da opção de compra prevista no número anterior, mantém-se a obrigação de este devolver ao morador o saldo da caução remanescente, após pagamento das quantias necessárias à extinção da ação executiva e da dedução dos montantes a que tenha direito.

3 – Quando não exercer a opção de compra, o proprietário deve depositar à ordem do processo o saldo da caução existente à data da citação referida no nº 1, não podendo continuar a utilizá-la, sem prejuízo de poder reclamar no processo os créditos que detenha ou venha a deter sobre o morador.

4 – São satisfeitas até ao valor da caução depositada as dívidas reclamadas, primeiro, pelo proprietário e, depois, pelo exequente, havendo lugar à devolução do remanescente ao morador uma vez pagas todas as quantias necessárias à extinção da ação executiva.

5 – Sempre que, por insuficiência da caução, haja lugar à venda executiva do DHD, este direito transmite-se ao adquirente nas condições do contrato, incluindo a obrigação de destinar a habitação a sua residência permanente, com exceção da duração do contrato, que passa a ser de 30 anos a contar da data de constituição do DHD, não havendo lugar à prestação de nova caução.

6 – O disposto no número anterior quanto às condições do contrato transmitido não prejudica a faculdade de aquisição do DHD pelo exequente no âmbito da ação,

no caso de este não poder ou não querer destinar a habitação a sua residência permanente, caso em que deve transmiti-lo nas condições indicadas no número anterior no prazo máximo de um ano a contar da data do título de aquisição, sob pena de caducidade do direito.

7 – O proprietário tem direito de preferência na venda executiva do DHD.

8 – Se o proprietário não exercer o direito de preferência, os créditos que tenha reclamado por causa do DHD são graduados logo após os do credor hipotecário.

9 – No caso de ação executiva relativa a hipoteca constituída sobre o direito de propriedade, o morador tem direito de preferência na correspondente venda executiva.

ARTIGO 22º – Registo predial

A constituição do DHD e a sua extinção estão sujeitas a inscrição no registo predial, da qual deve constar a sua duração vitalícia e, sempre que aplicável, a alteração da duração decorrente do disposto no artigo anterior.

ARTIGO 23º – Regime aplicável

O DHD rege-se pelo disposto no presente decreto-lei e, no que neste não seja regulado, pelo disposto nos artigos 1484º e seguintes do Código Civil, com as devidas adaptações.

ARTIGO 24º – Entrada em vigor

O presente decreto-lei entra em vigor no dia seguinte ao da sua publicação.

Visto e aprovado em Conselho de Ministros de 5 de dezembro de 2019. – *António Luís Santos da Costa – António Manuel Veiga dos Santos Mendonça Mendes – Francisca Eugénia da Silva Dias Van Dunem – Pedro Nuno de Oliveira Santos.*

Promulgado em 3 de janeiro de 2020.

Publique-se.

O Presidente da República, Marcelo Rebelo de Sousa.

Referendado em 7 de janeiro de 2020.

O Primeiro-Ministro, *António Luís Santos da Costa.*

Direito Real de Habitação Periódica

Decreto-Lei nº 275/93, de 5 de agosto*

O direito real de habitação periódica, instituído pelo Decreto-Lei nº 355/81, de 31 de Dezembro, tem vindo a revelar-se um instrumento jurídico adequado à dinamização do mercado de unidades de alojamento para férias por curtos períodos de tempo.

A experiência acumulada e a necessidade de enquadrar aquele direito no âmbito da actividade turística estiveram na origem do Decreto-Lei nº 130/89, de 18 de Abril, diploma que, assim, procurou adaptar o instituto às exigências entretanto sentidas.

Apesar do relativamente curto lapso de tempo volvido, considera-se oportuno proceder à revisão deste diploma, por duas razões fundamentais. De um lado, por opções de política do turismo que aconselham a adopção de medidas destinadas a melhorar a qualidade e o funcionamento dos empreendimentos turísticos no regime do direito real de habitação periódica. Depois, porque se entendeu ser conveniente reforçar o grau de protecção dos adquirentes de direitos reais de habitação periódica, atendendo a que os respectivos contratos exigem, na maior parte das vezes, uma tutela particular da parte mais fraca. Acrescente-se que as ditas razões, amplamente debatidas a nível comunitário, vieram a suscitar a apresentação de uma proposta de directiva neste domínio.

Deste modo, e para referir alguns dos aspectos mais salientes do novo diploma, estabelece-se agora que só 60% das unidades de alojamento do empreendimento podem ser exploradas em regime do direito real de habitação periódica, com o fim de melhor garantir os padrões de qualidade exigíveis em empreendimentos turísticos deste tipo.

Consagrou-se também a exigência da unicidade na titularidade do empreendimento – completada pela regra da indivisiblidade jurídica deste – e a unicidade da administração, num esforço para assegurar a eficácia do seu funcionamento.

* Texto de acordo com a republicação do Decreto-Lei nº 37/2011, de 10 de março.

No campo da protecção do adquirente consumidor várias são as medidas adoptadas. Procurou-se antes do mais proporcionar-lhe uma informação atempada e pormenorizada sobre o direito real de habitação periódica a adquirir, estabelecendo-se a obrigatoriedade de o alienante pôr à disposição daquele um documento, complementar do contrato, com indicações exaustivas.

Por outro lado, e de acordo com tendências sentidas também noutros sectores, confere-se agora ao consumidor um direito de resolução do contrato de aquisição ou do contrato-promessa de aquisição, sem sofrer qualquer penalização, durante um prazo de 14 dias, tendo em vista alcançar decisões aquisitivas menos sugestionadas por técnicas agressivas de promoção e comercialização.

Além disso, entendeu-se conveniente defender o adquirente ou o promitente-adquirente contra determinados riscos típicos desses contratos, consagrando-se a obrigatoriedade de o alienante ou o promitente-alienante constituírem garantias suficientes a favor daqueles.

Diferente destas garantias prestadas pelo alienante em favor de cada adquirente é a caução de boa administração, caução que o proprietário do empreendimento ou o cessionário da exploração devem constituir em benefício do conjunto dos titulares de direitos reais de habitação periódica, por forma a proteger as suas expectativas de manutenção da qualidade das unidades de alojamento e dos serviços prestados pelo empreendimento.

Como corolário da protecção dos adquirentes-consumidores, e na senda do que vem sendo proposto em outros domínios da actividade económica, procede-se a uma adequada tipificação dos ilícitos contra-ordenacionais e, do mesmo passo, actualizam-se os montantes das coimas aplicáveis.

Constituiu também preocupação da reforma da regulamentação do direito de habitação periódica aperfeiçoar ou completar alguns mecanismos e regras introduzidas já pela legislação anterior.

Assim, por exemplo, institucionalizou-se uma assembleia geral de titulares de direitos reais de habitação periódica, com competências específicas, a fim de lhes atribuir uma adequada, e desejável, participação na vida do empreendimento, participação essa que, contudo, em nada contende com a administração deste pelo proprietário ou cessionário da exploração. Procurou-se também melhorar o regime da substituição da entidade administradora do empreendimento e aperfeiçoar a sua articulação com a nomeação judicial do administrador, para permitir uma resposta mais adequada a situações limite de incumprimento da obrigação de administração a cargo do proprietário ou do cessionário da exploração.

Estabeleceu-se finalmente um regime básico para todos os direitos que, embora não tendo a natureza de direito real, preenchem um fim análogo ao do direito real de habitação periódica, consagrando-se, assim, um conjunto de regras destinado a assegurar um mínimo de protecção aos que adquiram tais direitos.

O novo diploma apresenta-se no final como largamente inovador. Nem por isso, todavia, deixou de atender à especificidade da tradição jurídica portuguesa neste domínio, representando por isso também uma evolução da nossa experiência particular desde a criação, em 1981, do direito real de habitação periódica com as características que o cunharam. Espera-se que o novo regime constitua um instrumento útil para a correcta dinamização e credibilidade desta actividade e para quantos nela apostam.

Assim:

No uso da autorização legislativa concedida pela Lei nº 18/93, de 14 de Junho, e nos termos das alíneas *a*) e *b*) do nº 1 do artigo 201º da Constituição, o Governo decreta o seguinte:

(...)

Visto e aprovado em Conselho de Ministros de 24 de Junho de 1993. – *Aníbal António Cavaco Silva – Jorge Braga de Macedo – Álvaro José Brilhante Laborinho Lúcio – Fernando Manuel Barbosa de Melo Faria de Oliveira – Maria Teresa Pinto Basto Gouveia.*

Promulgado em 28 de Julho de 1993.

Publique-se.

O Presidente da República, MÁRIO SOARES.

Referendado em 29 de Julho de 1993.

O Primeiro-Ministro, *Aníbal António Cavaco Silva.*

Direito Real de Habitação Periódica

CAPÍTULO I – Do direito real de habitação periódica

SECÇÃO I – Disposições gerais

ARTIGO 1º – Direito real de habitação periódica

Sobre as unidades de alojamento integradas em hotéis-apartamentos, aldeamentos turísticos e apartamentos turísticos podem constituir-se direitos reais de habitação periódica limitados a um período certo de tempo de cada ano.

ARTIGO 2º – Outros direitos reais

1 – O proprietário das unidades de alojamento sujeitas ao regime de direitos reais de habitação periódica não pode constituir outros direitos reais sobre as mesmas.

2 – O disposto no número anterior não impede que, quando necessário, a constituição do direito real de habitação periódica seja precedida da sujeição do edifício, grupo de edifícios ou conjunto imobiliário ao regime da propriedade horizontal.

ARTIGO 3º – Duração

1 – O direito real de habitação periódica é, na falta de indicação em contrário, perpétuo, podendo ser-lhe fixado um limite de duração, não inferior a um ano a contar:

a) Da data da sua constituição; ou

b) Da data da respectiva abertura ao público, quando o empreendimento estiver ainda em construção.

2 – O direito real de habitação periódica é limitado a um período de tempo determinado ou determinável em cada ano.

3 – Sem prejuízo do disposto no número anterior, os períodos de tempo devem ter todos a mesma duração.

4 – O último período de tempo de cada ano pode terminar no ano civil subsequente ao do seu início.

5 – O proprietário das unidades de alojamento previstas no artigo 1º deve reservar, para reparações, conservação, limpeza e outros fins comuns ao empreendimento, um período de tempo de sete dias seguidos por ano para cada unidade de alojamento.

ARTIGO 4º – Condições de exploração do empreendimento no regime de direito real de habitação periódica

1 – A exploração de um empreendimento no regime do direito real de habitação periódica requer que:

a) As unidades de alojamento, além de serem independentes, sejam distintas e isoladas entre si, com saída própria para uma parte comum do empreendimento ou para a via pública;

b) Sobre pelo menos 30% das unidades de alojamento afectas à exploração turística, não sejam constituídos direitos reais de habitação periódica ou direitos de habitação turística, mantendo-se a exploração turística integrada da totalidade do empreendimento;

c) O empreendimento turístico onde se situem as unidades de alojamento sujeitas ao regime de direitos reais de habitação periódica deve abranger a totalidade de um ou mais imóveis, excepto no caso dos hotéis-apartamentos e dos apartamentos turísticos, em que apenas têm de ocupar a maioria das unidades de alojamento de ou mais edifícios, no mínimo de 10, que formem um conjunto urbanístico coerente;

d) As unidades de alojamento dos hotéis-apartamentos e dos apartamentos turísticos devem ser contíguas e funcionalmente independentes;

e) As unidades de alojamento referidas na alínea *c*) devem ter um único proprietário e, quando o prédio estiver submetido ao regime da propriedade horizontal, o respectivo título constitutivo deve garantir a utilização das instalações e equipamentos de uso comum por parte dos titulares de direitos reais de habitação periódica;

f) O proprietário das unidades de alojamento referidas na alínea *c*) pode ser um estabelecimento individual de responsabilidade limitada, uma cooperativa ou uma sociedade comercial;

g) Quando exista cessão de exploração do empreendimento turístico, haja um único cessionário que preencha os requisitos previstos na alínea anterior.

2 – A percentagem prevista na alínea *b*) do número anterior pode ser alterada por decisão dos membros do Governo responsáveis pelas áreas do ordenamento do território e do turismo, sob proposta do presidente do conselho directivo do Turismo de Portugal, I. P., quando, cumulativamente, estiverem reunidos os seguintes requisitos:

a) As entidades exploradoras garantirem contratualmente a manutenção da exploração turística de todas as unidades de alojamento afectas a essa exploração, das instalações e equipamentos de uso comum e das instalações e equipamentos de exploração turística durante o período de duração dos respectivos contratos;

b) A construção dos empreendimentos turísticos onde forem constituídos direitos reais de habitação periódica contribuir de forma decisiva para o desenvolvimento e modernização do sector na região em que se localizam, através do aumento da competitividade e do reordenamento e diversificação da oferta e, nas regiões menos desenvolvidas turisticamente, através da criação de oferta turística viável que permita potenciar o desenvolvimento económico regional;

c) A construção dos empreendimentos turísticos onde forem constituídos direitos reais de habitação periódica produzir um impacte significativo, ao nível regional, na criação de emprego ou na requalificação do sector;

d) Os empreendimentos turísticos onde forem constituídos direitos reais de habitação periódica tiverem uma classificação de cinco estrelas.

3 – As entidades referidas nas alíneas *f*) e *g*) do nº 1 devem ter uma situação líquida correspondente a 25% do activo total líquido.

4 – Se a execução do empreendimento estiver prevista por fases, o disposto na alínea *b*) do nº 1 aplica-se a cada uma das fases.

5 – As unidades de alojamento dos empreendimentos turísticos previstos no artigo 1º não se consideram retiradas da exploração de serviços de alojamento turístico pelo facto de se encontrarem sujeitas ao regime do direito real de habitação periódica.

SECÇÃO II – Constituição

ARTIGO 5º – Declaração de comunicação prévia

1 – A constituição de direitos reais de habitação periódica está sujeita a comunicação prévia com prazo, conforme definida pela alínea *a*) do nº 2 do artigo 8º do Decreto-Lei nº 92/2010, de 26 de Julho, ao Turismo de Portugal, I. P.

2 – O proprietário das unidades de alojamento a submeter ao regime de direitos reais de habitação periódica deve apresentar, por via informática, ao Turismo de Portugal, I. P., nos termos previstos no artigo 62º, a declaração de comunicação prévia com prazo acompanhada dos seguintes elementos:

a) A identificação do ou dos proprietários do empreendimento turístico;

b) A identificação do proprietário das unidades de alojamento sujeitas ao regime de direitos reais de habitação periódica;

c) A identificação do empreendimento, com menção do número da descrição do prédio ou prédios no registo predial e indicação da sua localização;

d) Classificação provisória atribuída ao empreendimento turístico, se este ainda não estiver em funcionamento, ou a classificação definitiva, se já tiverem decorrido dois meses sobre a sua abertura ao público;

e) O título de constituição da propriedade horizontal que garanta a utilização das instalações e equipamentos de uso comum por parte dos titulares de direitos reais de habitação periódica, nos termos previstos na alínea *e*) do nº 1 do artigo anterior;

f) No caso de o empreendimento se encontrar ainda em construção, a licença de construção emitida pela câmara municipal competente;

g) A indicação dos ónus ou encargos existentes;

h) A data prevista para a abertura ao público do empreendimento;

i) A descrição e designação das unidades de alojamento sobre as quais se pretende constituir direitos reais de habitação periódica, com observância, quanto à primeira, do disposto nos nºs 2 e 3 do artigo 83º do Código do Registo Predial;

j) O número de unidades de alojamento referidas na alínea anterior e a percentagem que representam do total do empreendimento turístico;

l) A enumeração das instalações e equipamentos de uso comum e de exploração turística, bem como dos equipamentos de animação, desportivos e de recreio do empreendimento;

m) O número total dos direitos reais de habitação periódica a constituir e o limite de duração dos mesmos;

n) O valor relativo de cada direito real de habitação periódica, de acordo com uma unidade padrão;

o) O critério de fixação e actualização da prestação periódica devida pelos titulares e a percentagem desta que se destina a remunerar a gestão;

p) O início e o termo de cada período de tempo dos direitos;

q) Os poderes dos respectivos titulares, designadamente sobre as partes do empreendimento que sejam de uso comum;

r) Os deveres dos titulares, designadamente os relacionados com o exercício do seu direito e com o tempo, o lugar e a forma de pagamento da prestação periódica;

s) Os poderes e deveres do proprietário do empreendimento, nomeadamente em matéria de equipamento e mobiliário das unidades de alojamento e a sua substituição, de reparações ordinárias e extraordinárias, de conservação e limpeza e os demais serviços disponibilizados;

t) A capacidade máxima de cada uma das unidades de alojamento.

3 – Se for detectada a falta ou desconformidade de algum dos elementos ou documentos referidos no número anterior, a Turismo de Portugal, I. P., dispõe de um prazo de 10 dias a contar da apresentação da comunicação prévia para solicitar ao proprietário que, no prazo de 10 dias, envie os elementos ou documentos em falta, ficando suspenso o prazo a que se refere o nº 5 até que o processo se encontre devidamente instruído.

4 – O processo só se encontra devidamente instruído na data da recepção do último dos elementos em falta.

5 – Caso o Turismo de Portugal, I. P., não se pronuncie no prazo de 30 dias a contar da apresentação da comunicação prévia, o proprietário das unidades pode promover a constituição dos direitos reais de habitação periódica nos termos e nas condições constantes da declaração de comunicação prévia.

ARTIGO 6º – Constituição do direito real de habitação periódica

1 – Salvo o disposto em lei especial, o direito real de habitação periódica é constituído por escritura pública ou por documento particular autenticado.

2 – O acto de constituição de direito real de habitação periódica é instruído com cópia da certidão referida no nº 3 do artigo anterior, devendo nele ser mencionado que o conteúdo daquela certidão faz parte integrante do título.

ARTIGO 7º – Modificação do título de constituição do direito real de habitação periódica

1 – Salvo o disposto em lei especial, o título de constituição do direito real de habitação periódica pode ser modificado por escritura pública ou por documento

particular autenticado, havendo acordo dos titulares de direitos reais de habitação periódica cuja posição seja afectada.

2 – A aprovação da modificação pode ser judicialmente suprida, em caso de recusa injustificada.

3 – À modificação do título de constituição do direito real de habitação periódica é aplicável, com as necessárias adaptações, o disposto nos artigos anteriores.

ARTIGO 8º – Registo

1 – O título de constituição do direito real de habitação periódica está sujeito a inscrição no registo predial.

2 – Só pode ser objecto de direito real de habitação periódica o edifício, grupo de edifícios ou conjunto imobiliário objecto de uma única descrição no registo predial.

3 – Se a execução do empreendimento turístico tiver sido prevista por fases, o registo de constituição dos direitos reais de habitação periódica respeitantes a cada fase será feito por averbamento à respectiva descrição.

ARTIGO 9º – Formulário normalizado de informação pré-contratual

1 – Antes de o consumidor ficar vinculado pelo contrato ou por contrato-promessa, o proprietário ou o vendedor de direitos reais de habitação periódica deve entregar de forma gratuita, em papel ou através de suporte duradouro facilmente acessível ao consumidor, informações exactas que, de uma forma clara, precisa e compreensível, descrevam o empreendimento turístico, bem como os direitos e as obrigações decorrentes do contrato.

2 – As informações mencionadas no número anterior constam de formulário normalizado de informação pré-contratual e incluem designada e obrigatoriamente os seguintes elementos:

a) A identidade, o domicílio e a indicação exacta da qualidade jurídica do vendedor no momento da celebração do contrato, bem como a identidade e o domicílio do proprietário das unidades de alojamento sujeitas ao regime de direito real de habitação periódica;

b) A identificação do empreendimento turístico, com menção do número da descrição do prédio ou prédios no registo predial e indicação da sua localização, com referência ao tipo e à classificação do mesmo e código de acesso à certidão permanente do registo predial;

c) A natureza exacta e especificação do conteúdo do direito objecto do contrato;

d) A indicação exacta do período durante o qual o direito pode ser exercido, incluindo a data a partir do qual pode ser exercido;

e) Quando o bem imóvel se encontre em construção, a indicação do prazo limite para a conclusão do imóvel com indicação da data em que o mesmo está disponível para utilização, incluindo as instalações e equipamentos de uso comum;

f) O preço a pagar pela aquisição do direito real de habitação periódica, incluindo descrição exacta dos custos adicionais obrigatórios decorrentes do contrato;

g) A descrição dos encargos periódicos, contribuições especiais ou taxas eventualmente existentes, bem como os critérios de fixação e actualização dos mesmos;

h) A descrição dos serviços colocados à disposição do titular de direitos reais de habitação periódica, com descrição dos fornecimentos incluídos no preço da unidade de alojamento e os fornecimentos não incluídos no preço que devem ser pagos pelo adquirente;

i) A descrição das instalações e equipamentos de uso comum e de exploração turística dos empreendimentos a que o titular de direitos reais de habitação periódica tem direito, com clara especificação daqueles que não se encontram incluídos no preço, impondo pagamento acrescido;

j) A indicação dos montantes a pagar por serviços colocados à disposição do consumidor não incluídos no preço da aquisição do direito;

l) A informação relativa à existência de sistemas de troca com indicação dos respectivos custos;

m) A existência de códigos de conduta aplicáveis com indicação do local onde os mesmos podem ser consultados;

n) As informações sobre o modo e os prazos do exercício do direito de resolução do contrato, com a indicação da pessoa a quem deve ser comunicada essa resolução;

o) A informação relativa à proibição de quaisquer pagamentos antecipados antes de decorrido o prazo de resolução;

p) A informação de que o contrato pode, nos termos do direito internacional privado e em caso de litígio, ser regido por lei diferente da do Estado membro onde o consumidor reside ou tem o seu domicílio habitual.

3 – O formulário normalizado de informação pré-contratual deve conter ainda informação detalhada sobre:

a) Os direitos adquiridos, com especificação das condições do seu exercício e clara indicação de eventuais restrições à possibilidade de ocupação do alojamento;

b) Os bens, com descrição exacta e pormenorizada do imóvel ou imóveis, incluindo a sua localização e descrição dos móveis e utensílios que constituem a unidade de alojamento;

c) O número da licença de construção e o nome e endereço completo das autoridades competentes e as garantias relativas à conclusão do imóvel e, quando isso não acontecer, as formas de reembolso dos pagamentos já efectuados, bem como as modalidades de pagamento dessas garantias caso se trate de imóvel em construção;

d) A forma de resolução do contrato e respectivos efeitos na esfera do titular, incluindo especificação dos custos a repercutir no titular e consequências em caso de contratos acessórios, incluindo contratos de crédito associados;

e) Os procedimentos relacionados com a manutenção e reparação no imóvel, incluindo a indicação da forma de exploração e ou administração do empreendimento turístico e os mecanismos existentes com vista à participação do adquirente na tomada de decisões no âmbito da administração do empreendimento;

f) A possibilidade ou impossibilidade de revenda do direito ou direitos adquiridos;

g) A indicação da língua ou línguas utilizadas entre o titular do direito e o proprietário ou administrador do empreendimento no âmbito do contrato, incluindo as questões relacionadas com a indicação dos custos, com o tratamento dos pedidos de informação ou apresentação de reclamações;

h) A indicação da possibilidade ou impossibilidade de recurso a mecanismos extrajudiciais de resolução de conflitos.

4 – As alterações às informações previstas no número anterior devem ser comunicadas ao adquirente antes da celebração do contrato, devendo nesse caso o contrato fazer referência expressa a essas alterações.

5 – As alterações previstas no número anterior apenas podem resultar de circunstâncias alheias à vontade do vendedor, salvo acordo expresso das partes.

6 – As informações a que se referem os nºs 2 e 3 devem ser redigidas na língua ou numa das línguas do Estado membro de residência ou da nacionalidade do consumidor à escolha deste, desde que se trate de uma das línguas oficiais da Comunidade.

7 – O modelo de formulário normalizado de informação pré-contratual é aprovado por despacho conjunto dos membros do Governo responsáveis pelas áreas do turismo, defesa do consumidor e justiça.

SECÇÃO III – Do certificado predial

ARTIGO 10º – Certificado predial

1 – Relativamente a cada direito real de habitação periódica é emitido pela conservatória do registo predial competente um certificado predial que titule o direito e legitime a transmissão ou oneração deste, que é entregue ao titular do direito real registado juntamente com o código de acesso à certidão permanente do registo predial.

2 – O certificado predial só pode ser emitido a favor do proprietário das unidades de alojamento sujeitas ao regime de direitos reais de habitação periódica e depois de efectuado o registo definitivo do título de constituição do direito real de habitação periódica.

3 – Só pode ser emitida uma segunda via do certificado predial em caso de destruição ou extravio, alegado em requerimento do titular.

4 – A emissão da segunda via do certificado predial só pode ter lugar depois de decorridos 30 dias sobre a data do respectivo pedido e é sempre anotada à descrição.

ARTIGO 11º – Requisitos

1 – Do certificado predial devem constar:

a) A data em que foi realizado o acto de constituição do direito real de habitação periódica;

b) Os elementos do título de constituição do direito real de habitação periódica referidos nas alíneas *a*) a *c*) do nº 2 do artigo 5º;

c) A identificação do titular do direito;

d) A identificação da unidade de alojamento e o tipo e classificação do empreendimento turístico;

e) A capacidade máxima da unidade de alojamento;

f) A indicação exacta do período durante o qual o direito objecto do contrato pode ser exercido e a duração do regime instituído;

g) A indicação dos ónus ou encargos existentes.

2 – O certificado predial deve mencionar a seguir aos elementos previstos no número anterior a existência de um documento complementar que contenha os seguintes elementos:

a) A menção das informações previstas nos nºs 2 e 3 do artigo 9º que deve ter total correspondência com o formulário normalizado de informação;

b) (Revogada.)

c) O valor relativo do direito, de acordo com o disposto na alínea *n*) do nº 2 do artigo 5º;

d) A indicação de que a aquisição do direito real de habitação periódica não acarreta quaisquer despesas, encargos ou obrigações para além dos estipulados no contrato;

e) *(Revogada.)*

f) *(Revogada.)*

g) *(Revogada.)*

h) *(Revogada.)*

i) A declaração do proprietário do empreendimento turístico que ateste que este foi ou será construído de acordo com o regime jurídico da instalação e do funcionamento dos empreendimentos turísticos, aprovado pelo Decreto-Lei nº 167/97, de 4 de Julho, e que obedece aos requisitos das instalações, classificação e funcionamento previstos nos regulamentos a que se refere o nº 3 do artigo 1º daquele diploma;

j) A identificação da entidade responsável pela exploração e administração do empreendimento;

l) *(Revogada.)*

m) A indicação das garantias prestadas para cumprir o disposto nos artigos 15º e 31º

3 – Os elementos previstos no número anterior fazem parte integrante do contrato e completam os elementos previstos no nº 1, devendo o adquirente declarar por escrito ter recebido aquele documento e compreendido o seu teor.

4 – O certificado predial e o documento complementar devem estar redigidos de forma clara e precisa, com caracteres facilmente legíveis, em português, devendo ser entregue pelo vendedor ao adquirente uma tradução, na língua ou numa das línguas do Estado membro de residência ou da nacionalidade do consumidor à escolha deste, desde que se trate de uma das línguas oficiais da Comunidade, acompanhada de uma tradução do contrato na língua do Estado em que se situe o imóvel.

5 – No espaço do certificado predial imediatamente anterior ao destinado a assinaturas deve constar:

a) A menção relativa à existência do direito de resolução sem necessidade de indicação do motivo e sem quaisquer encargos, no prazo de 14 dias seguidos a contar da data da entrega do certificado predial;

b) A menção sobre a proibição de quaisquer pagamentos antecipados directa ou indirectamente relacionados com o negócio jurídico a celebrar.

6 – No espaço previsto no número anterior, o adquirente deve ainda declarar ter recebido a tradução do certificado e do documento complementar, que constitui parte integrante do contrato para todos os efeitos legais.

7 – O certificado predial deve incluir o formulário de resolução do contrato.

8 – O modelo do certificado predial e o formulário de resolução do contrato são aprovados pelo despacho conjunto a que se refere o nº 7 do artigo 9º

SECÇÃO IV – Da transmissão e oneração de direitos reais de habitação periódica

ARTIGO 12º – Oneração e transmissão de direitos reais de habitação periódica

1 – A oneração ou a transmissão por acto entre vivos de direitos reais de habitação periódica faz-se mediante declaração das partes no certificado predial, com reconhecimento presencial das assinaturas do constituinte do ónus ou do alienante, respectivamente, e está sujeita a registo nos termos gerais.

2 – Se a transmissão for a título oneroso, deve ser indicado o valor.

3 – A transmissão por morte está sujeita a inscrição no certificado predial, devendo a assinatura do sucessor ser reconhecida presencialmente, após exibição ao notário de documento comprovativo da respectiva qualidade.

4 – A transmissão de direitos reais de habitação periódica implica a cessão dos direitos e obrigações do respectivo titular em face do proprietário do empreendimento ou do cessionário da exploração, sem necessidade de concordância deste, considerando-se não escritas quaisquer cláusulas em contrário.

ARTIGO 13º – Documento complementar

1 – Nas transmissões de direitos reais de habitação periódica o vendedor deve entregar ao adquirente o documento complementar, bem como o formulário de resolução do contrato previsto no artigo 11º

2 – Sem prejuízo do disposto no nº 3 do artigo 9º, sempre que haja alguma alteração ao conteúdo do documento complementar ou se verifique a perda ou extravio dele, pode o titular do direito real de habitação periódica exigir do proprietário das unidades de alojamento objecto desse direito um novo documento.

3 – A violação do disposto no nº 1 gera a nulidade do negócio jurídico celebrado, depois de ultrapassados os prazos previstos no nº 3 do artigo 16º

4 – Recai sobre o vendedor o ónus de provar o cumprimento da obrigação prevista no nº 1.

ARTIGO 13º-A – Dever especial de informação

1 – Antes da assinatura do contrato, o vendedor está obrigado a informar o adquirente de que dispõe de um prazo de 14 dias seguidos para resolver o contrato e que se encontra vedado o pagamento de quaisquer quantias.

2 – Incumbe ao vendedor a prova do cumprimento da obrigação prevista no número anterior.

ARTIGO 14º – Sinal ou antecipação do pagamento

1 – Antes do termo do prazo para o exercício do direito de resolução previsto no nº 1 do artigo 16º é proibido efectuar pagamentos seja a que título for ou receber

qualquer quantia como forma de pagamento, ou com qualquer outro objectivo directa ou indirectamente relacionado com o negócio jurídico a celebrar.

2 – São igualmente proibidos os pagamentos de qualquer quantia a título de sinal, de garantia ou de reserva ou a prestação de qualquer outra contrapartida antes do termo do prazo a que se refere o número anterior.

ARTIGO 15º – Caução

1 – O proprietário das unidades de alojamento sujeitas ao regime de direitos reais de habitação periódica ou o cessionário da exploração devem prestar caução que garanta:

a) A possibilidade do início do gozo do direito pelo adquirente na data prevista no contrato;

b) A expurgação de hipotecas ou outros ónus oponíveis ao adquirente do direito;

c) A devolução da totalidade das quantias entregues pelo adquirente por conta da aquisição desse direito, actualizada de acordo com o índice anual dos preços do consumidor, no caso de o empreendimento turístico não abrir ao público;

d) A devolução da totalidade das quantias entregues pelo adquirente até ao termo do prazo previsto nos nºs 3 e 4 do artigo seguinte.

2 – A caução é prestada a favor do adquirente por seguro, garantia bancária, depósito bancário, títulos de dívida pública ou qualquer outra forma de garantia admitida no direito interno dos Estados membros da União Europeia, e o seu valor mínimo é equivalente ao que houver sido entregue por aquele.

3 – Nas transmissões subsequentes de direitos reais de habitação periódica, transfere-se para o adquirente a caução que garante o cumprimento das obrigações previstas nas alíneas *a*) e *b*) do nº 1 e ainda no caso da alínea *c*) do nº 1 se o empreendimento turístico ainda não estiver aberto ao público.

ARTIGO 16º – Direito de resolução

1 – O adquirente do direito real de habitação periódica tem o direito de resolver o contrato de aquisição sem indicar o motivo e sem quaisquer encargos, no prazo de 14 dias seguidos a contar:

a) Da data da celebração do contrato de transmissão do direito real de habitação periódica;

b) Da data em que lhe é entregue o contrato de transmissão do direito real de habitação periódica, ou da data da entrega do formulário de resolução consoante a que for posterior, e caso esta data seja também posterior à data prevista na alínea anterior.

2 – A declaração de resolução deve ser comunicada ao vendedor em papel ou noutro suporte duradouro, enviada até ao termo do prazo previsto no número anterior.

3 – O direito de resolução a que se refere o nº 1 caduca:

a) No prazo de um ano e 14 dias seguidos a contar da data mencionada no nº 1 se o vendedor não preencher e fornecer ao adquirente o formulário de resolução do contrato;

b) No prazo de três meses e 14 dias seguidos a contar do momento da assinatura por ambas as partes do contrato, se o mesmo não contiver os elementos referidos no documento complementar previsto no nº 2 do artigo 11º

4 – Se, nos prazos previstos no número anterior, o vendedor fornecer os elementos em falta, o adquirente passa a dispor, a contar desse momento, da possibilidade de resolver o contrato nos termos previstos no nº 1.

5 – Se, associado ao contrato de aquisição do direito real de habitação periódica, for celebrado um contrato de adesão a sistemas de troca, o prazo para resolução é o mesmo para ambos os contratos, contado nos termos dos números anteriores.

6 – Se o preço do bem imóvel, sujeito ao regime de direitos reais de habitação periódica, for total ou parcialmente coberto por um crédito concedido pelo vendedor, ou por terceiro com base num acordo entre este e o vendedor, e o adquirente exercer o direito de resolução previsto nos números anteriores, o contrato de crédito é resolvido, sem direito a indemnização ou pagamento de quaisquer encargos.

7 – Resolvido o contrato, o vendedor deve restituir ao adquirente todas as quantias recebidas até à data da resolução do mesmo.

8 – Resolvido o contrato de aquisição de direito real de habitação periódica todos os contratos acessórios a este são automaticamente resolvidos sem direito a indemnização ou pagamento de quaisquer encargos.

9 – Por contrato acessório entende-se um contrato por força do qual o consumidor adquire serviços relacionados com um contrato de utilização periódica de bens ou com um contrato de aquisição de um produto de férias de longa duração, sendo esses serviços prestados por um profissional ou por um terceiro com base num acordo entre este último e o profissional.

(Redação dada pelo Decreto-Lei nº 245/2015, de 20-10)

ARTIGO 17º – Contratos-promessa de transmissão de direitos reais de habitação periódica

1 – Os contratos-promessa de transmissão de direitos reais de habitação periódica vinculam ambas as partes e devem ser reduzidos a escrito.

2 – O vendedor deve entregar ao adquirente uma tradução do contrato-promessa de transmissão de direitos reais de habitação periódica, na ou numa das línguas do Estado membro de residência do adquirente ou na ou numa das línguas do Estado membro de que este é nacional, à escolha do adquirente, desde que se trate de uma das línguas oficiais da Comunidade, acompanhada de uma tradução do contrato na língua do Estado em que se situe o imóvel.

3 – A informação de que o adquirente pode resolver o contrato, sem indicar o motivo e sem quaisquer encargos, no prazo de 14 dias seguidos a contar da data da celebração desse contrato, deve constar do contrato-promessa de transmissão de direitos reais de habitação periódica e estar situada imediatamente antes do campo destinado às assinaturas.

4 – *(Revogado.)*

5 – É nula a convenção que faça depender a celebração do contrato prometido da alienação de direitos reais de habitação periódica sobre as restantes unidades de alojamento.

ARTIGO 18º – Requisitos dos contratos-promessa de transmissão de direitos reais de habitação periódica

1 – Os contratos-promessa de alienação de direitos reais de habitação periódica em que o promitente-vendedor intervenha no exercício do comércio devem conter os seguintes elementos:

a) A identidade e o domicílio do proprietário das unidades de alojamento sujeitas ao regime dos direitos reais de habitação periódica, com indicação exacta da qualidade jurídica do vendedor no momento da celebração do contrato;

b) A identificação do promitente-adquirente;

c) Os elementos constantes das alíneas *c*) a *h*), *o*) e *q*) a *t*) do nº 2 do artigo 5º;

d) Os elementos constantes das alíneas *a*) e *c*) a *f*) do nº 1 do artigo 11º;

e) Indicação expressa, aposta imediatamente antes da assinatura das partes, de que o promitente-adquirente do direito real de habitação periódica pode resolver o contrato, sem indicar o motivo e sem quaisquer encargos, no prazo de 14 dias seguidos a contar da data de assinatura deste, enviada até ao termo daquele prazo.

2 – É obrigatória a entrega ao promitente-adquirente do documento complementar previsto no nº 2 do artigo 11º e no artigo 13º, observando-se, com as devidas adaptações, o disposto nos nºs 3 a 5 do artigo 11º e nos nºs 1 e 2 do artigo 13º

ARTIGO 19º – Direito de resolução e caução

1 – Nos contratos-promessa o promitente-adquirente goza do direito de resolução após a sua assinatura, nos termos do disposto no artigo 16º, contando-se o respectivo prazo da data de assinatura do contrato-promessa.

2 – Se na pendência do prazo previsto no número anterior for realizado o acto de constituição do direito real de habitação periódica, o prazo para o adquirente do direito real de habitação periódica resolver o respectivo contrato de aquisição, previsto no nº 1 do artigo 16º, conta-se a partir da data da assinatura do contrato-promessa.

3 – O promitente-vendedor, quando seja proprietário do empreendimento ou cessionário da sua exploração, deve prestar caução nos contratos-promessa que garanta:

a) A possibilidade do início do gozo do direito pelo adquirente na data prevista no contrato-promessa;

b) A expurgação de hipotecas ou outros ónus oponíveis ao adquirente do direito;

c) A devolução da totalidade das quantias entregues pelo adquirente por conta da aquisição desse direito, actualizada de acordo com o índice anual dos preços do consumidor, no caso de o empreendimento turístico não abrir ao público;

d) A devolução da totalidade das quantias entregues pelo adquirente até ao termo do prazo previsto nos nºs 3 a 5 do artigo 16º

4 – É aplicável à caução a que se refere o número anterior o disposto no nº 2 do artigo 15º, observando-se ainda, com as necessárias adaptações, o disposto no nº 3 do mesmo preceito.

ARTIGO 20º – Irrenunciabilidade e nulidade

1 – Os direitos conferidos nesta secção ao adquirente e ao promitente-adquirente do direito real de habitação periódica são irrenunciáveis, sendo nula toda a convenção que, de alguma forma, os exclua ou limite.

2 – É igualmente nula a convenção que, de alguma forma, exclua ou limite as responsabilidades conferidas nesta secção ao vendedor.

SECÇÃO V – Direitos e deveres dos titulares de direitos reais de habitação periódica

ARTIGO 21º – Conteúdo e exercício do direito real de habitação periódica

1 – O titular do direito real de habitação periódica tem as seguintes faculdades:

a) Habitar a unidade de alojamento pelo período a que respeita o seu direito;

b) Usar as instalações e equipamentos de uso comum do empreendimento e beneficiar dos serviços prestados pelo titular do empreendimento;

c) Exigir, em caso de impossibilidade de utilização da unidade de alojamento objecto do contrato devido a situações de força maior ou caso fortuito motivado por circunstâncias anormais e imprevisíveis alheias àquele que as invoca, cujas consequências não poderiam ter sido evitadas apesar de todas as diligências feitas, que o proprietário ou o cessionário lhe faculte alojamento alternativo num empreendimento sujeito ao regime de direitos reais de habitação periódica, de categoria idêntica ou superior, num local próximo do empreendimento objecto do contrato;

d) Ceder o exercício das faculdades referidas nas alíneas anteriores.

2 – No exercício do seu direito, o titular deve agir como o faria um bom pai de família, estando-lhe especialmente vedadas a utilização da unidade de alojamento e das partes do empreendimento de uso comum para fins diversos daqueles a que se destinam e a prática de actos proibidos pelo título constitutivo ou pelas normas reguladoras do funcionamento do empreendimento.

3 – A cedência a que se refere a alínea *d*) do nº 1 deve ser comunicada por escrito à entidade responsável pela gestão do empreendimento até ao início do período de exercício do direito, sob pena de opor a tal cedência.

ARTIGO 22º – Prestação periódica

1 – O titular do direito real de habitação periódica é obrigado a pagar anualmente ao proprietário das unidades de alojamento sujeitas ao regime dos direitos reais de habitação periódica a prestação pecuniária indicada no título de constituição.

2 – A prestação periódica destina-se exclusivamente a compensar o proprietário das unidades de alojamento sujeitas ao regime dos direitos reais de habitação periódica das despesas com os serviços de utilização e exploração turística a que as mesmas estão sujeitas, contribuições e impostos e quaisquer outras previstas no título de constituição e a remunerá-lo pela sua gestão, não podendo ser-lhe dada diferente utilização.

3 – O valor da prestação periódica pode variar consoante a época do ano a que se reporta o direito real de habitação periódica, mas deve ser proporcional à fruição do empreendimento pelo titular do direito.

4 – A percentagem da prestação periódica destinada a remunerar a gestão não pode ultrapassar 20% do valor total.

ARTIGO 23º – Falta de pagamento da prestação periódica ou de indemnização

1 – O crédito por prestações ou indemnizações devidas pelo titular do direito real de habitação periódica e respectivos juros moratórios goza do privilégio creditório imobiliário sobre este direito, graduável após os mencionados nos artigos 746º e 748º do Código Civil e os previstos em legislação especial em vigor nesta data.

2 – Sem prejuízo do disposto no número anterior, é atribuída força executiva, nos termos e para os efeitos do disposto na alínea *d*) do artigo 46º do Código de Processo Civil, no que se refere às prestações ou indemnizações em dívida pelo titular de direito real de habitação periódica e respectivos juros moratórios:

a) Ao contrato de transmissão do direito real de habitação periódica;

b) À certidão do registo predial;

c) À acta da assembleia a que se refere o artigo seguinte;

d) À acta da assembleia geral de titulares que tiver deliberado, por maioria dos votos dos presentes, o valor da prestação periódica devida por cada titular.

3 – Na falta de pagamento da prestação periódica até dois meses antes do início do período de exercício do correspondente direito, o proprietário das unidades de alojamento sujeitas ao regime do direito real de habitação periódica pode opor-se a esse exercício.

4 – No caso previsto no número anterior, o proprietário pode afectar a unidade de alojamento à exploração turística durante o período correspondente a esse direito, caso em que se considera integralmente liquidada a prestação periódica devida nos termos do nº 1 do artigo anterior.

ARTIGO 24º – Alteração da prestação periódica

1 – Independentemente do critério de fixação da prestação periódica estabelecido no título de constituição, aquela pode ser alterada, por proposta da entidade encarregada da auditoria das contas do empreendimento inserida no respectivo parecer, sempre que se revele excessiva ou insuficiente relativamente às despesas e à retribuição a que se destina e desde que a alteração seja aprovada por maioria dos votos dos titulares presentes em assembleia convocada para o efeito.

2 – À alteração da prestação periódica aplica-se o disposto no nº 2 do artigo 7º

SECÇÃO VI – Da administração e conservação do empreendimento

ARTIGO 25º – Princípios gerais

1 – A administração e conservação das unidades de alojamento sujeitas ao regime do direito real de habitação periódica, do seu equipamento e recheio e das

instalações e equipamento de uso comum do empreendimento incumbem ao respectivo proprietário.

2 – O proprietário pode ceder a exploração do empreendimento, transferindo-se para o cessionário os poderes e deveres a ela ligados, sem prejuízo da responsabilidade subsidiária do proprietário, perante os titulares dos direitos reais de habitação periódica, pela boa administração e conservação do empreendimento.

3 – A cessão de exploração deve ser notificada à Turismo de Portugal, I. P., e aos titulares dos direitos de habitação periódica, sob pena de ineficácia.

ARTIGO 26º – Conservação e limpeza das unidades de alojamento

1 – As unidades de alojamento sujeitas ao regime do direito real de habitação periódica, bem como os respectivos equipamento e mobiliário, devem ser mantidos pela entidade responsável em estado de conservação e limpeza compatível com os fins a que se destinam e com a classificação do empreendimento.

2 – Sem prejuízo do normal exercício do seu direito, o titular deve permitir o acesso à respectiva unidade de alojamento para o cumprimento das obrigações previstas no número anterior.

ARTIGO 27º – Reparações

1 – As reparações indispensáveis ao exercício normal do direito que não possam ser efectuadas sem o sacrifício temporário daquele direito devem realizar-se em momento e condições que minimizem esse sacrifício, sem prejuízo do direito de indemnização dos titulares.

2 – As reparações decorrentes de deteriorações imputáveis ao titular do direito ou àquele a quem ele ceder o uso que não resultem do exercício normal desse direito são igualmente efectuadas pela entidade responsável pela exploração do empreendimento, a expensas do titular.

ARTIGO 28º – Inovações

O proprietário das unidades de alojamento sujeitas ao regime de direitos reais de habitação periódica só pode realizar obras que constituam inovações nas unidades de alojamento, ainda que por sua conta, com o consentimento dos titulares, a prestar em assembleia geral.

ARTIGO 29º – Encargos

Os titulares de direitos reais de habitação periódica não podem ser responsabilizados pelo pagamento das contribuições, taxas, impostos e quaisquer outros encargos anuais que incidam sobre a propriedade nem pelo cumprimento das respectivas obrigações acessórias.

ARTIGO 30º – Fundo de reserva

1 – Uma percentagem não inferior a 4% do valor da prestação periódica paga pelos titulares dos direitos reais de habitação periódica deve ser afectada à constituição de um fundo de reserva destinado exclusivamente à realização de obras de reparação e

conservação das instalações e equipamentos de uso comum e das respectivas unidades de alojamento, seu mobiliário e equipamento.

2 – Devem reverter ainda para o fundo previsto no número anterior os saldos das prestações periódicas que constem das contas anuais do empreendimento.

3 – As quantias que integram o fundo de reserva devem ser depositadas em conta bancária própria.

4 – A entidade proprietária ou exploradora do empreendimento deve apresentar à Turismo de Portugal, I. P., documento comprovativo de que o fundo de reserva se encontra constituído.

ARTIGO 31º - Caução de boa administração

1 – O proprietário das unidades de alojamento sujeitas ao regime dos direitos reais de habitação periódica ou, tendo havido cessão da exploração, o cessionário devem prestar caução de boa administração e conservação do empreendimento a favor dos titulares de direitos reais de habitação periódica.

2 – A caução pode ser prestada por seguro, garantia bancária, depósito bancário ou títulos de dívida pública, ou qualquer outra forma de garantia admitida no direito interno dos Estados membros da União Europeia, devendo o respectivo título ser depositado no Turismo de Portugal, I. P., sem prejuízo do reconhecimento de garantia equivalente nos termos da alínea *a*) do nº 1 do artigo 11º e do artigo 13º do Decreto-Lei nº 92/2010, de 26 de Julho.

3 – O montante mínimo da garantia corresponde ao valor anual do conjunto das prestações periódicas a cargo de todos os titulares dos direitos transmitidos.

4 – A garantia só pode ser accionada por deliberação dos titulares dos direitos, desde que essa deliberação tenha sido tomada pela maioria dos votos correspondentes aos direitos transmitidos.

5 – A garantia deve ser actualizada sempre que o seja a prestação periódica.

ARTIGO 32º - Prestação de contas

1 – A entidade responsável pela administração do empreendimento deve organizar anualmente as contas respeitantes à utilização das prestações periódicas pagas pelos titulares dos direitos e das dotações do fundo de reserva, elaborar um relatório de gestão e submeter ambos à apreciação da empresa de auditoria ou do revisor oficial de contas a eleger nos termos da alínea *d*) do nº 2 do artigo 34º

2 – O relatório de gestão e as contas a que se refere o número anterior serão enviados a cada titular de direitos, juntamente com a convocatória da assembleia geral ordinária, acompanhados do parecer da auditoria.

3 – Os titulares dos direitos reais de habitação periódica ou os seus representantes têm o direito de consultar os elementos justificativos das contas e do relatório de gestão apresentados na assembleia geral.

4 – Não tendo havido a eleição prevista na alínea *d*) do nº 2 do artigo 34º, deve a entidade responsável pelo funcionamento do empreendimento solicitar à Câmara dos Revisores Oficiais de Contas a designação de um revisor, o qual exercerá as suas funções enquanto não for substituído por empresa ou revisor eleitos pela assembleia geral.

ARTIGO 33º – Programa de administração

1 – A entidade responsável pela administração do empreendimento deve elaborar um programa de administração e conservação da parte sujeita ao regime de direito real de habitação periódica para o ano seguinte.

2 – O programa deve ser enviado a cada titular de direitos reais de habitação periódica conjuntamente com a convocatória da assembleia geral ordinária.

ARTIGO 34º – Assembleia geral de titulares de direitos reais de habitação periódica

1 – A assembleia geral de titulares de direitos reais de habitação periódica integra todos os titulares daqueles direitos.

2 – Compete à assembleia geral:

a) Eleger o presidente de entre os seus membros, sendo o proprietário do empreendimento inelegível para o cargo;

b) Pronunciar-se sobre o relatório de gestão e as contas respeitantes à utilização das prestações periódicas e das dotações do fundo de reserva;

c) Apreciar o programa de administração e conservação do empreendimento no regime de direito real de habitação periódica para o ano seguinte;

d) Eleger o revisor oficial de contas ou a empresa de auditoria que apreciará o relatório de gestão e as contas do empreendimento;

e) Aprovar a alteração da prestação periódica nos termos do artigo 24º;

f) Deliberar sobre qualquer assunto do interesse dos titulares de direitos de habitação periódica.

3 – A assembleia geral é convocada pela entidade responsável pela administração do empreendimento, salvo o disposto no nº 5.

4 – A assembleia geral deve ser convocada por carta registada, ou por envio de e-mail com recibo de leitura para o endereço electrónico do titular do direito e publicação da convocatória no sítio da empresa na Internet, pelo menos 30 dias antes da data prevista para a reunião, no 1º trimestre de cada ano, para os efeitos, pelo menos, das matérias referidas nas alíneas *b*) a *d*) e *f*) do nº 2.

5 – A assembleia geral deve ser convocada pelo presidente sob proposta de titulares de direitos reais de habitação periódica que representem 5% dos votos correspondentes aos direitos transmitidos.

6 – A assembleia geral delibera qualquer que seja o número de titulares dos direitos presentes ou representados, salvo o disposto no número seguinte.

7 – A assembleia geral convocada nos termos do nº 5 requer a presença de titulares de direitos que representem, pelo menos, um terço dos votos correspondentes aos direitos reais de habitação periódica constituídos.

8 – O presidente da assembleia geral é eleito por dois anos, renováveis.

ARTIGO 35º – Participação na assembleia

1 – Os titulares de direitos reais de habitação periódica podem deliberar em assembleia geral e votar por escrito.

2 – Ninguém poderá representar mais de um décimo dos votos correspondentes aos direitos constituídos, salvo se forem detidos por um único titular.

3 – O proprietário do empreendimento, mesmo quando não seja titular de direitos reais de habitação periódica, ou, tendo havido cessão de exploração, o cessionário devem comparecer na assembleia geral a fim de prestar as informações solicitadas.

4 – Cada titular de um direito real de habitação periódica tem o número de votos correspondentes ao valor do direito, nos termos estabelecidos no título constitutivo.

5 – O proprietário do empreendimento que seja titular de direitos reais de habitação periódica não dispõe dos votos correspondentes às unidades de alojamento cuja construção não esteja terminada.

6 – O proprietário do empreendimento ou o cessionário da exploração não podem ser representantes dos titulares dos direitos reais de habitação periódica nem votar a alteração da prestação periódica a que se refere a alínea *e*) do nº 2 do artigo anterior.

7 – As deliberações são tomadas por maioria simples, salvo o disposto no nº 1 do artigo 37º

SECÇÃO VII – **Destituição e substituição na administração do empreendimento**

ARTIGO 36º – Destituição na administração do empreendimento

1 – Se o proprietário do empreendimento ou o cessionário da exploração deixarem de cumprir a obrigação de administração ou houver cumprimento negligente da mesma, podem os titulares deliberar a sua destituição da administração do empreendimento, sem prejuízo da responsabilidade daqueles.

2 – Considera-se haver incumprimento da obrigação de administrar designadamente nos seguintes casos:

a) Se não for convocada a assembleia geral de titulares nos termos previstos no nº 4 do artigo 34º;

b) Se a assembleia de titulares não aprovar o relatório de gestão do exercício anterior;

c) Se a entidade responsável pela administração do empreendimento não organizar nem apresentar os documentos referidos nos artigos 32º e 33º;

d) Se o proprietário do empreendimento ou o cessionário da exploração não comparecerem na assembleia geral de titulares;

e) Se não for constituído o fundo de reserva previsto no artigo 30º;

f) Se não for constituída ou se caducar a garantia prevista no artigo 31º;

g) Se o empreendimento for desclassificado.

ARTIGO 37º – Processo

1 – O processo de destituição inicia-se em assembleia geral especialmente convocada para o efeito, devendo a deliberação ser tomada por maioria de dois terços dos votos correspondentes aos direitos reais de habitação periódica transmitidos, e só produzindo efeitos depois de decisão do tribunal arbitral, a constituir nos termos dos números seguintes, ou da nomeação judicial prevista no artigo 40º

2 – O tribunal arbitral é composto por três árbitros, sendo um designado pelos titulares dos direitos reais de habitação periódica, outro pelo proprietário e pelo cessionário da exploração, se o houver, e o terceiro pelos árbitros assim designados.

3 – O tribunal arbitral deve, quando tal se justifique, fixar um prazo à entidade administradora para cumprimento das obrigações em falta.

4 – Decorrido o prazo referido no número anterior, se a entidade em causa não tiver cumprido as obrigações impostas pelo tribunal arbitral, este deliberará, de imediato, a destituição daquela e a consequente substituição por uma outra que administrará todo o empreendimento.

ARTIGO 38º – Efeitos da substituição

Destituído da administração o proprietário do empreendimento ou o cessionário da exploração, o pagamento das prestações periódicas deixa de lhes ser devolvido e será realizado à nova entidade administradora.

ARTIGO 39º – Direitos e deveres da entidade administradora nomeada

1 – Compete à entidade administradora nomeada exercer todos os direitos e cumprir todos os deveres inerentes à administração e conservação do empreendimento, sendo-lhe aplicáveis, com as necessárias adaptações, as regras estabelecidas na secção VI.

2 – A administração deve exercer-se também no que respeita aos direitos reais de habitação periódica alienados posteriormente pelo proprietário.

ARTIGO 40º – Nomeação judicial de administrador

1 – Tomada a deliberação prevista no nº 1 do artigo 36º, se, decorrido o prazo de 60 dias, não se encontrar constituído o tribunal arbitral referido no artigo 37º, podem os titulares dos direitos reais de habitação periódica requerer ao tribunal da comarca da situação dos bens a nomeação de um administrador judicial.

2 – A acção para nomeação do administrador judicial deve ser proposta contra o proprietário do empreendimento e o cessionário da exploração, se existir, seguindo-se, com as necessárias adaptações, o processo previsto para a nomeação de administrador na propriedade horizontal.

3 – É aplicável ao administrador judicial, com as necessárias adaptações, o disposto nos artigos 38º e 39º

ARTIGO 41º – Cessação do regime de substituição na administração do empreendimento

O regime de substituição na administração do empreendimento cessa mediante deliberação por maioria dos votos correspondentes aos direitos reais de habitação periódica transmitidos, retomando o proprietário ou o cessionário da exploração do empreendimento as funções respectivas logo que preste a caução prevista no artigo 31º

SECÇÃO VIII – Da renúncia ao direito real de habitação periódica

ARTIGO 42º – Renúncia

1 – O titular do direito real de habitação periódica pode a ele renunciar mediante declaração de renúncia no certificado predial, com reconhecimento presencial da assinatura.

2 – A declaração de renúncia carece de ser notificada ao proprietário do empreendimento e à Turismo de Portugal, I. P., devendo ainda ser registada nos termos gerais.

3 – A declaração a que se refere o número anterior produz efeitos seis meses após as notificações nele previstas.

SECÇÃO IX – Publicidade, comercialização e formas de referência

ARTIGO 43º – Publicidade e comercialização

1 – Toda a publicidade ou promoção respeitante à venda ou comercialização de direitos reais de habitação periódica deve identificar de modo inequívoco a forma e o local onde é possível obter o formulário normalizado de informação pré-contratual a que se refere o artigo 9º

2 – A publicidade respeitante à venda ou comercialização de direitos reais de habitação periódica não pode apresentar a aquisição desses direitos como forma de investimento financeiro.

3 – Os direitos reais de habitação periódica não podem ser publicitados ou promovidos sem que tenham sido sujeitos ao processo de comunicação prévia com prazo, nos termos previstos no artigo 5º

4 – Caso um contrato de utilização periódica de bens, de aquisição de um produto de férias de longa duração, de revenda ou de troca seja proposto pessoalmente a um consumidor numa promoção ou num evento de vendas, o profissional deve mencionar claramente no convite a finalidade comercial e a natureza do evento.

5 – A actividade de promoção e comercialização dos direitos reais de habitação periódica só pode desenvolver-se em instalações do proprietário, do cessionário da exploração do empreendimento turístico ou ainda do mediador.

6 – O disposto no presente artigo é aplicável à publicidade veiculada com o objectivo de promover a troca ou revenda dos direitos previsto no presente diploma.

ARTIGO 44º – Proibição de utilização de certos termos

Na publicidade ou promoção dos direitos reais de habitação periódica, bem como nos contratos e documentos a estes respeitantes, não podem usar-se, em relação aos titulares desses direitos, a palavra «proprietário» ou quaisquer outras expressões susceptíveis de criar nos adquirentes desses direitos a ideia de que serão comproprietários do empreendimento.

CAPÍTULO II – **Dos direitos de habitação turística**

ARTIGO 45º – Regime dos direitos de habitação turística

1 – Ficam sujeitos às disposições do presente capítulo:

a) Os direitos de habitação em empreendimentos turísticos por períodos de tempo limitados em cada ano e que não constituam direitos reais de habitação periódica;

b) Os contratos pelos quais, directa ou indirectamente, mediante um pagamento antecipado completado ou não por prestações periódicas, se prometa ou se transmitam direitos de habitação turística.

2 – Os direitos de habitação turística a que se refere o número anterior incluem, nomeadamente, os direitos obrigacionais constituídos ao abrigo de:

a) Contratos de utilização periódica de bens, entendendo-se estes como os contratos de duração superior a um ano, mediante os quais o consumidor adquire, a título oneroso, o direito de utilizar um ou mais alojamentos, por mais do que um período de ocupação, que não configure um direito real de habitação periódica;

b) Contratos de aquisição de produtos de férias de longa duração, entendendo-se estes como os contratos de duração superior a um ano, mediante os quais o consumidor adquire, a título oneroso, o direito a beneficiar de descontos ou outras vantagens a nível de alojamento, por si só ou em combinação com serviços de viagens ou outros, nomeadamente contratos referentes a cartões e clubes de férias, cartões turísticos ou outros de natureza semelhante.

3 – Não estão sujeitos às disposições do presente capítulo, designadamente:

a) As reservas múltiplas de alojamento;

b) Os contratos comuns de arrendamento;

c) Os sistemas de fidelidade comuns que proporcionam descontos em alojamento em empreendimentos turísticos.

ARTIGO 46º – Requisitos

1 – Sem prejuízo do disposto nos números seguintes, os direitos de habitação turística só podem constituir-se desde que os empreendimentos se encontrem em funcionamento e se verifiquem, com as necessárias adaptações, as condições previstas no artigo 4º, estando a exploração nesse regime sujeita a comunicação prévia ao Turismo de Portugal, I. P.

2 – O disposto no número anterior não prejudica a instalação dos empreendimentos por fases.

3 – Excepcionalmente, por decisão dos membros do Governo responsáveis pelas áreas do ordenamento do território e do turismo, sob proposta do presidente do conselho directivo do Turismo de Portugal, I. P., podem constituir-se direitos de habitação turística sobre empreendimentos turísticos e casas e empreendimentos de turismo no espaço rural ainda em construção quando, cumulativamente, estiverem reunidos os seguintes requisitos:

a) As entidades exploradoras garantirem contratualmente a manutenção da exploração turística de todas as unidades de alojamento afectas a essa exploração, das instalações e equipamentos de uso comum e das instalações e equipamentos de exploração turística durante o período de duração dos respectivos contratos;

b) A construção dos empreendimentos turísticos onde forem constituídos direitos de habitação turística contribuírem de forma decisiva para o desenvolvimento e modernização do sector na região em que se localizam, através do aumento da competitividade e do reordenamento e diversificação da oferta e, nas regiões menos desenvolvidas turisticamente, através da criação de oferta turística viável que permita potenciar o desenvolvimento económico regional;

c) A construção dos empreendimentos turísticos onde forem constituídos direitos de habitação turística produzir um impacte significativo, ao nível regional, na criação de emprego ou na requalificação do sector;

d) Os empreendimentos turísticos onde forem constituídos direitos de habitação turística tiverem uma classificação de cinco estrelas;

e) For prestada uma caução nos termos e para os efeitos previstos no artigo 15º

4 – Quando uma mesma entidade ou grupo empresarial for simultaneamente proprietário e explorador de um hotel da mesma categoria ou de categoria superior ao empreendimento turístico onde se integram as unidades de alojamento sujeitas ao regime dos direitos de habitação turística e os dois empreendimentos se integrem no mesmo conjunto urbanístico, os quartos do hotel podem ser contabilizados para o efeito da percentagem prevista na alínea *b*) do nº 1 do artigo 4º, aplicável aos direitos de habitação turística, por força do disposto no nº 1.

5 – A comunicação prévia deve ser enviada, por via informática, ao Turismo de Portugal, I. P., nos termos previstos no artigo 62º, e instruída com os seguintes elementos:

a) Documento que contenha, com as necessárias adaptações, os elementos previstos no nº 2 do artigo 5º;

b) Cópia da licença de utilização turística do empreendimento turístico;

c) Se o requerente não for o proprietário do empreendimento turístico, o documento que o legitime a constituir direitos de habitação turística.

6 – As unidades de alojamento dos empreendimentos previstos no nº 1 do artigo anterior não se consideram retiradas da exploração de serviços de alojamento turístico pelo facto de se encontrarem sujeitas ao regime do direito de habitação turística.

7 – Ao processo de comunicação prévia da exploração no regime de direito de habitação turística aplica-se o disposto nos nºs 3 a 5 do artigo 5º com as devidas adaptações.

ARTIGO 47º – Duração

Os direitos de habitação turística são, na falta de indicação em contrário, perpétuos, podendo ser fixado um limite de duração não inferior a um ano, a contar da data da sua constituição ou da data da abertura ao público do empreendimento turístico quando o empreendimento estiver ainda em construção.

ARTIGO 47º-A – Formulário normalizado de informação pré-contratual

1 – Em tempo útil, antes de o consumidor ficar vinculado pelo contrato ou proposta, o proprietário ou o vendedor de direitos de habitação turística deve entregar de forma gratuita, em papel ou através de suporte duradouro facilmente acessível ao consumidor, informações exactas que, de uma forma clara, precisa e compreensível, descrevam o empreendimento turístico, bem como os direitos e obrigações decorrentes do contrato.

2 – As informações mencionadas no número anterior constam de formulário normalizado de informação pré-contratual e incluem designada e obrigatoriamente os seguintes elementos:

a) A identidade, o domicílio, a indicação exacta da qualidade jurídica do vendedor no momento da celebração do contrato, bem como a identidade e o domicílio do proprietário das unidades de alojamento;

b) A identificação do empreendimento turístico, com menção do número da descrição do prédio ou prédios no registo predial e indicação da sua localização, com referência ao tipo e classificação do mesmo;

c) A natureza exacta e especificação do conteúdo do direito objecto do contrato;

d) A indicação exacta do período durante o qual o direito pode ser exercido, incluindo a data a partir da qual pode ser exercido;

e) O preço a pagar pela aquisição do direito ou direitos, incluindo descrição exacta dos custos adicionais obrigatórios decorrentes do contrato;

f) A descrição dos encargos periódicos, incluindo calendarização dos mesmos, contribuições especiais ou taxas locais eventualmente existentes decorrentes do exercício do direito, bem como os critérios de fixação e actualização dos mesmos;

g) A descrição dos serviços colocados à disposição do titular do direito ou direitos, com distinção dos custos incluídos e não incluídos no preço a pagar;

h) A existência de códigos de conduta aplicáveis com indicação do local onde os mesmos podem ser consultados;

i) As informações sobre o modo e os prazos do exercício do direito de resolução do contrato, com a indicação da pessoa a quem deve ser comunicada a resolução;

j) A informação relativa à proibição de quaisquer pagamentos antecipados antes de decorrido o prazo de resolução;

l) A informação de que o contrato pode, nos termos do direito internacional privado e em caso de litígio, ser regido por lei diferente da do Estado membro onde o consumidor reside ou tem o seu domicílio habitual.

3 – O formulário normalizado de informação pré-contratual deve conter ainda informação detalhada sobre:

a) Os direitos adquiridos, com especificação clara e adequada das condições do seu exercício, com descrição exacta e pormenorizada do imóvel ou imóveis, incluindo a sua localização e descrição dos móveis e utensílios que constituem a unidade de alojamento;

b) As restrições eventualmente existentes quanto à possibilidade de o consumidor utilizar os direitos;

c) A forma de resolução do contrato e respectivos efeitos na esfera do titular, incluindo especificação dos custos a repercutir no titular e consequências em caso de contratos acessórios, incluindo contratos de crédito associados;

d) A indicação da língua ou línguas utilizadas entre o titular do direito e o proprietário ou administrador do empreendimento no âmbito do contrato, incluindo as questões relacionadas com a indicação dos custos, com o tratamento dos pedidos de informação ou apresentação de reclamações;

e) A indicação da possibilidade ou impossibilidade de recurso a mecanismos extrajudiciais de resolução de conflitos.

4 – As alterações às informações previstas no número anterior devem ser comunicadas ao adquirente antes da celebração do contrato, devendo nesse caso o contrato fazer referência expressa a essas alterações.

5 – As informações previstas no nº 3 não podem ser alteradas, salvo acordo expresso das partes em contrário ou, se as alterações resultarem de circunstâncias inusitadas, imprevisíveis e independentes da vontade do profissional, e as suas consequências não pudessem ter sido evitadas mesmo com toda a diligência devida.

6 – As informações a que se referem os nºs 2 e 3 devem ser redigidas na língua ou numa das línguas do Estado membro de residência ou da nacionalidade do consumidor à escolha deste desde que se trate de uma das línguas oficiais da Comunidade.

7 – O modelo de documento informativo normalizado é aprovado pelo despacho conjunto a que se refere o nº 7 do artigo 9º

ARTIGO 48º – Contrato de transmissão de direitos de habitação turística

1 – O contrato de transmissão de direitos de habitação turística é celebrado por escrito e deve ser entregue pelo vendedor ao adquirente em papel ou através de suporte duradouro.

2 – O vendedor deve entregar ao adquirente um contrato de transmissão de direitos de habitação turística redigido na língua do Estado em que se situe o imóvel e uma tradução do contrato, à escolha do adquirente:

a) Na ou numa das línguas do Estado membro de residência do adquirente; ou

b) Na ou numa das línguas do Estado membro de que este é nacional, desde que se trate de uma das línguas oficiais da Comunidade.

3 – Na área do contrato ou contrato-promessa de transmissão de direitos de habitação turística imediatamente anterior à destinada a assinaturas deve constar:

a) A menção relativa ao exercício do direito de resolução, sem necessidade de indicação do motivo e sem quaisquer encargos, no prazo de 14 dias seguidos a contar da data da celebração do contrato ou do contrato-promessa ou da entrega do mesmo;

b) A menção sobre a proibição de quaisquer pagamentos antecipados directa ou indirectamente relacionados com o negócio jurídico a celebrar.

4 – No espaço previsto no número anterior, o adquirente deve ainda declarar ter recebido a tradução do contrato, que constitui parte integrante do mesmo para todos os efeitos legais.

5 – Os contratos a que se refere o nº 1, ou os respectivos contratos-promessa, devem mencionar, quando o vendedor ou o promitente-vendedor intervenham no exercício do comércio, sob pena de anulabilidade:

a) Os elementos a que se referem as alíneas *c*), *d*), *g*) e *p*) a *t*) do nº 2 do artigo 5º;

b) Os elementos a que se referem as alíneas *c*) e *d*) do nº 2 do artigo 11º, com as necessárias adaptações;

c) A indicação das garantias prestadas para cumprir o disposto no artigo 52º;

d) A indicação explícita de que o direito a que se refere o contrato não constitui um direito real;

e) *(Revogada.)*

f) Se o vendedor não for o proprietário das casas ou empreendimentos previstos no artigo 45º ou alguém que actue devidamente mandatado para o representar nos termos previstos no número seguinte, deve ainda juntar a autorização prevista nos números seguintes;

g) A menção das informações previstas nos nºs 2 e 3 do artigo 47º-A, que deve ter total correspondência com o formulário normalizado de informação.

6 – A comercialização de direitos de habitação turística por quem não seja proprietário dos empreendimentos turísticos previstos no artigo 45º, ou por quem actue devidamente mandatado para o efeito por mediação, agenciamento, cessão ou outras formas afins, depende de comunicação prévia ao Turismo de Portugal, I. P.

7 – A comunicação prévia referida no número anterior depende da observância pelos requerentes dos seguintes requisitos:

a) *(Revogada.)*

b) Garantir o gozo pleno dos direitos de habitação turística objecto do contrato de transmissão durante o seu período de duração;

c) Comprovação da sua idoneidade comercial.

8 – Para efeitos do disposto na alínea *c*) do número anterior, não são consideradas comercialmente idóneas as pessoas relativamente às quais se verifique:

a) A proibição legal do exercício do comércio;

b) A inibição do exercício do comércio por ter sido declarada a sua falência ou insolvência enquanto não for levantada a inibição e decretada a sua reabilitação;

c) Terem sido titulares, gerentes ou administradores de um estabelecimento individual de responsabilidade limitada, de uma cooperativa ou de uma sociedade comercial, punida com três ou mais coimas, desde que lhe tenha sido aplicada a sanção de interdição do exercício da actividade.

9 – Para efeitos do disposto no nº 6, e sem prejuízo do disposto na alínea *d*) do artigo 5º do Decreto-Lei nº 92/2010, de 26 de Julho, o vendedor deve apresentar no Turismo de Portugal, I. P., uma comunicação prévia acompanhada dos seguintes elementos:

a) Certidão do acto constitutivo do estabelecimento individual de responsabilidade limitada, da cooperativa ou da sociedade comercial, ou cópia de documento de identificação, se for pessoa singular sem aquele estabelecimento constituído;

b) Certidão do registo comercial definitivo do estabelecimento individual de responsabilidade limitada, da cooperativa ou da sociedade comercial, se for pessoa colectiva ou singular com aquele estabelecimento constituído;

c) Certidão que ateste que a empresa não é devedora ao Estado de quaisquer contribuições, impostos ou outras importâncias ou que o pagamento das mesmas está formalmente assegurado;

d) Certidão que ateste que a empresa tem a situação regularizada com a segurança social;

e) Cópia dos contratos celebrados entre o vendedor e o ou os proprietários das unidades de alojamento sujeitas ao regime dos direitos de habitação turística, que garantam o gozo pleno dos direitos objecto do contrato ou contrato-promessa de transmissão desses direitos, pelo período de duração neles previstos.

10 – Quando os elementos a que se referem as alíneas *a*) a *d*) do número anterior se encontrem disponíveis na Internet, a respectiva apresentação pode ser substituída pela indicação dos endereços electrónicos onde aquela informação pode ser consultada e respectivos códigos de acesso e, se for caso disso, pela entrega de declaração a autorizar essa consulta.

11 – O processo de comunicação prévia obedece ao disposto nos nºs 3 a 5 do artigo 5º, com as devidas adaptações.

ARTIGO 49º – Direito de resolução

1 – Nos contratos de aquisição de direitos de habitação turística ou nos respectivos contratos-promessa, o adquirente ou o promitente-adquirente tem a faculdade de resolver o contrato, sem indicar o motivo e sem quaisquer encargos, no prazo de 14 dias seguidos e nos termos do nº 2 do artigo 16º

2 – É aplicável ao direito de resolução dos contratos de aquisição de direitos de habitação turística ou dos respectivos contratos-promessa, com as necessárias adaptações, o disposto nos nºs 3 a 9 do artigo 16º

ARTIGO 50º – Administração e conservação

1 – A administração e conservação das unidades de alojamento e das instalações e serviços de uso comum do empreendimento competem ao proprietário ou ao cessionário da exploração, aplicando-se, com as devidas adaptações, o disposto nos artigos 25º a 30º

2 – No 1º trimestre de cada ano será convocada pela entidade responsável pela administração do empreendimento uma assembleia geral dos titulares dos direitos de habitação turística com vista à prestação de informações e à deliberação sobre qualquer assunto do interesse daqueles titulares.

3 – É aplicável, com as necessárias adaptações, o disposto na alínea *b*) do nº 2 e nos nºs 4 e 6 do artigo 34º e nos artigos 36º a 41º

ARTIGO 50º-A – Pagamento escalonado

1 – Nos contratos de aquisição de direitos de habitação turística a que se refere a alínea *b*) do nº 2 do artigo 45º o pagamento do preço pelo titular ao proprietário ou ao cessionário da exploração do empreendimento é feito de acordo com um calendário de pagamentos escalonados.

2 – Os pagamentos, incluindo eventuais quotas de membros, são divididos em prestações anuais, todas do mesmo valor.

3 – É proibido qualquer pagamento do preço que não esteja de acordo com o calendário de pagamentos escalonados.

4 – O vendedor deve enviar um pedido de pagamento por escrito, em papel ou noutro suporte duradouro, pelo menos 14 dias seguidos antes da data de vencimento de cada prestação.

5 – A partir do pagamento da segunda prestação, o titular tem o direito de resolver o contrato sem sofrer qualquer sanção, desde que informe o profissional no prazo de 14 dias seguidos a contar da recepção do pedido de pagamento de cada prestação.

6 – A partir da segunda anuidade, o vendedor e o titular podem acordar na sua actualização de acordo com o índice médio de preços ao consumidor no continente, publicado pelo Instituto Nacional de Estatística.

7 – O exercício do direito a que se refere o nº 5 não prejudica a aplicação das regras gerais do direito em matéria de cumprimento e incumprimento das obrigações.

ARTIGO 51º – Prestação periódica

1 – O contrato de aquisição de direito de habitação turística pode estabelecer uma prestação periódica a pagar pelo titular ao proprietário ou ao cessionário da exploração do empreendimento.

2 – O valor da prestação periódica pode ser actualizado nos termos previstos no contrato.

3 – Não pode convencionar-se o pagamento antecipado das prestações periódicas respeitantes a anos subsequentes.

4 – É aplicável, com as necessárias adaptações, o disposto no nº 2 do artigo 23º

ARTIGO 52º – Cauções

1 – O proprietário das unidades de alojamento sujeitas ao regime de direitos de habitação turística, ou o vendedor, nos casos previstos na alínea *f*) do nº 5 do artigo 48º, deve prestar a favor do adquirente ou do promitente-adquirente de direitos de habitação turística caução pelo montante das quantias recebidas por este a qualquer título, para os efeitos e nos termos do artigo 15º

2 – O proprietário das unidades de alojamento sujeitas ao regime de direitos de habitação turística ou, tendo havido cessão de exploração, o cessionário devem ainda prestar caução de boa administração, a favor dos titulares de direitos de habitação turística, nos termos e para os efeitos do disposto no artigo 31º, com as necessárias adaptações.

3 – Se na casa ou empreendimento existirem titulares de direitos não obrigados ao pagamento de prestações periódicas, a caução de boa administração deve ser fixada anualmente pela entidade encarregada da auditoria das contas, em valor não inferior ao montante de despesas previsto para cada exercício.

4 – A caução prevista nos números anteriores só pode ser accionada por deliberação da maioria dos titulares dos direitos de habitação turística constituídos.

ARTIGO 53º – Extensão do regime

1 – Aos direitos de habitação turística é aplicado, com as necessárias adaptações, o disposto nos artigos 13º-A, 14º, 20º, 43º e 44º

2 – Aos contratos de troca, bem como aos contratos de revenda dos direitos previstos no presente diploma aplica-se, com as necessárias adaptações, o disposto no presente diploma, em especial o previsto nos artigos 9º, 13º, 13º-A, 14º, 16º e 47º-A.

3 – Sem prejuízo do mencionado no número anterior, aos contratos de revenda é aplicável o disposto no Decreto-Lei nº 211/2004, de 20 de Agosto, que regula o exercício das actividades de mediação imobiliária e de angariação imobiliária em tudo o que não contrarie o presente diploma.

4 – Os formulários normalizados de informação pré-contratual respectivos são aprovados pelo despacho conjunto a que se refere o nº 7 do artigo 9º

5 – Por contrato de troca entende-se o contrato por força do qual o consumidor adere, a título oneroso, a um sistema de troca que lhe permite ter acesso a um alojamento de pernoita ou a outros serviços, em troca de conceder a terceiros acesso temporário aos benefícios inerentes aos direitos decorrentes do seu contrato de utilização periódica de bens.

6 – Por contrato de revenda entende-se o contrato por força do qual o profissional, a título oneroso, presta assistência ao consumidor na venda ou na compra de um produto de utilização periódica de bens ou de um produto de férias de longa duração.

ARTIGO 53º-A – Direitos de habitação turística em bens móveis

1 – As normas sobre comercialização, venda e revenda de produtos, publicidade e informações obrigatórias ao consumidor, previstas no presente capítulo, são aplicáveis, com as necessárias adaptações, aos contratos de duração superior a um ano, através dos quais se concedam direitos de habitação em alojamentos de pernoita inseridos em bens móveis.

2 – Sem prejuízo do disposto no número anterior, a exploração de direitos de habitação turística em bens móveis é prestada livremente, não estando sujeita a comunicação prévia nem se aplicando as regras relativas à caução e ao fundo de reserva.

ARTIGO 53º-B – Sinal ou antecipação do pagamento nos contratos de revenda

É proibido qualquer pagamento de sinal, constituição de garantias, reserva de montantes em contas ou o reconhecimento expresso de dívidas, bem como a prestação de qualquer outra contrapartida ao profissional ou a terceiros pelo consumidor, antes da conclusão da venda ou antes de, por qualquer outro meio, se ter posto fim ao contrato de revenda.

(Aditado pelo Decreto-Lei nº 245/2015, de 20-10)

CAPÍTULO III – Das infracções e sua sanção

ARTIGO 54º – Contra-ordenações

1 – Constituem contra-ordenações puníveis com coima de €9975,94 a €99759,40:

a) A comercialização de direito real de habitação periódica não validamente constituído;

b) A infracção ao disposto no nº 1 do artigo 4º;

c) A infracção ao disposto no nº 2 do artigo 12º, no artigo 14º e no nº 1 do artigo 17º;

d) A não prestação das cauções previstas no artigo 15º e no nº 3 do artigo 19º;

e) A não devolução atempada das quantias entregues pelo adquirente ou promitente-adquirente de direitos reais de habitação periódica ou de direitos de habitação turística, em caso do exercício do direito de resolução dos respectivos contratos;

f) A violação dos direitos garantidos pelo disposto nas alíneas *a*) e *c*) do nº 1 do artigo 21º;

g) O incumprimento do disposto no artigo 30º;

h) A não prestação da caução prevista no artigo 31º;

i) A realização de publicidade ou promoção do direito real de habitação periódica ou de direito de habitação turística em infracção ao disposto nos artigos 43º e 44º;

j) A comercialização de direitos de habitação turística em infracção ao disposto nos nºs 1 e 4 do artigo 46º;

l) A infracção do disposto nos nºs 5 e 6 do artigo 48º;

m) A não prestação das cauções previstas no artigo 52º;

n) O incumprimento do disposto no nº 5 do artigo 60º

2 – Constituem contra-ordenações puníveis com coima de €4987,98 a €49879,79:

a) A infracção ao disposto no nº 3 do artigo 4º;

b) A infracção ao disposto nos nºs 1, 2 e 3 do artigo 9º;

c) A infracção ao disposto no nº 2 do artigo 11º;

d) O incumprimento das obrigações previstas nos nºs 3 a 6 do artigo 11º, no artigo 13º e no nº 2 do artigo 18º;

e) A falta de conservação e limpeza das unidades de alojamento objecto do direito, em infracção ao disposto no artigo 26º;

f) O incumprimento do disposto nos nºs 1 a 3 do artigo 32º, no artigo 33º e nos nºs 1 e 4 do artigo 34º;

g) A infração ao disposto nos nºs 1 a 6 do artigo 47º-A;

h) A infracção ao disposto no nº 1 do artigo 48º, quando o vendedor tenha intervindo no exercício do comércio;

i) A infracção ao disposto no nº 2 do artigo 48º;

j) A violação dos direitos garantidos pelos nºs 1, 7 e 8 do artigo 16º e pelo artigo 49º;

k) A infracção ao disposto no nº 2 do artigo 50º;

l) A infracção ao disposto nos nºs 1 a 4 do artigo 50º-A.

3 – A negligência e a tentativa são puníveis.

(Redação dada pelo Decreto-Lei nº 245/2015, de 20-10)

ARTIGO 55º – Sanções acessórias

1 – Conjuntamente com as coimas previstas, podem ser aplicadas, de acordo com a natureza, a gravidade ou a frequência das contra-ordenações, as seguintes sanções acessórias, nos termos da lei geral:

a) Apreensão de todo o material utilizado, no caso da alínea *i*) do nº 1 do artigo anterior;

b) Interdição, por dois anos, do exercício da actividade, salvo no caso da alínea *d*) do nº 2 do artigo anterior.

2 – Da aplicação de qualquer sanção será sempre dada publicidade, a expensas do infractor, mediante:

a) A afixação de cópia da decisão, pelo período de 30 dias, no próprio empreendimento, em lugar e por forma bem visível;

b) A sua publicação em jornal de difusão nacional, regional ou local, de acordo com o lugar, a importância e os efeitos da infracção.

ARTIGO 56º – Concurso de contra-ordenações

Se um facto violar simultaneamente o disposto no Código da Publicidade, aprovado pelo Decreto-Lei nº 330/90, de 23 de Outubro, e alterado pelo Decreto-Lei nº 74/93, de 10 de Março, e pelo Decreto-Lei nº 275/98, de 9 de Setembro, e os artigos 43º e 44º do presente diploma, deve ser punido pela violação destes.

ARTIGO 57º – Responsabilidade

Os titulares, gerentes e administradores ou directores do estabelecimento individual de responsabilidade limitada, da cooperativa ou da sociedade comercial, proprietárias ou cessionárias, são subsidiariamente responsáveis pelo pagamento das coimas aplicadas àquelas.

ARTIGO 58º – Competência

1 – Compete à Autoridade de Segurança Alimentar e Económica a organização e instrução dos processos relativos às contra-ordenações previstas no presente diploma.

2 – É da competência do inspetor-geral da Autoridade de Segurança Alimentar e Económica a aplicação das coimas e sanções acessórias previstas no presente diploma.

(Redação dada pelo Decreto-Lei nº 245/2015, de 20-10)

ARTIGO 59º – Destino das coimas

O produto das coimas reverte em:

a) 60% para o Estado;

b) 40% para a Autoridade de Segurança Alimentar e Económica;

c) [*Revogada.*]

(Redação dada pelo Decreto-Lei nº 245/2015, de 20-10)

ARTIGO 60º – Aplicação no tempo e no espaço

1 – O presente diploma aplica-se aos direitos reais de habitação periódica constituídos, ficando ressalvados os efeitos já produzidos pelos factos que este se destina a regular.

2 – Aos direitos reais de habitação periódica que tenham sido objecto de contratos-promessa de transmissão e não se encontrem constituídos ao tempo da entrada em vigor do presente diploma aplicam-se, quanto à escritura pública, ao registo e à emissão de certificados prediais, as disposições dos artigos 4º, 5º e 7º a 9º do Decreto-Lei nº 130/89, de 18 de Abril.

3 – Nas transmissões de direitos reais de habitação periódica titulados por certificados prediais emitidos ou a emitir ao abrigo do Decreto-Lei nº 130/89, de 18 de Abril, em que, nos termos do presente diploma, caiba ao adquirente a faculdade de resolver o contrato, deve este declarar por escrito, no momento da transmissão, que tomou conhecimento daquela faculdade.

4 – O título de constituição dos direitos reais de habitação periódica deve ser modificado, no prazo de um ano, sempre que o mesmo não se conforme, no tocante ao conteúdo dos direitos, com o que se dispõe no presente diploma.

5 – O proprietário ou cessionário da exploração do empreendimento turístico deve reforçar, no prazo de um ano, a caução de boa administração, até ao montante mínimo previsto no artigo 31º

6 – O presente diploma aplica-se aos direitos obrigacionais de habitação turística, constituídos ao abrigo do disposto no Decreto-Lei nº 130/89, de 18 de Abril, salvo o disposto no nº 1 do artigo 47º

7 – Sempre que a lei aplicável ao contrato seja a lei de um Estado membro da União Europeia é considerada como não escrita toda e qualquer cláusula contratual através da qual o consumidor renuncie aos direitos previstos no presente diploma.

8 – Se a lei aplicável for a lei de um país terceiro ao da União Europeia, o consumidor não pode ser privado da protecção conferida pelo disposto neste decreto-lei quando:

a) O bem imóvel se encontre situado no território de um Estado membro;

b) Nos restantes casos, o vendedor exercer a sua actividade de comércio no território de um Estado membro ou dirigir por qualquer meio essa actividade para o território de um Estado membro.

ARTIGO 60º-A – Informação ao consumidor e resolução extrajudicial de litígios

1 – As entidades responsáveis pela aplicação do presente diploma devem promover acções destinadas a informar os consumidores sobre os direitos que para eles resultam da sua aplicação.

2 – As entidades a que se refere o número anterior devem promover o recurso aos mecanismos de resolução extrajudicial de conflitos para a resolução de litígios entre profissionais e consumidores, na acepção da Lei nº 24/96, de 31 de Julho, resultantes da aplicação do presente diploma.

3 – As entidades referidas no nº 1 devem incentivar os profissionais e os titulares de códigos de conduta a informarem os consumidores sobre a existência destes códigos.

ARTIGO 61º - Isenção de IMT

A transmissão do direito real de habitação periódica é isenta do imposto municipal sobre as transmissões onerosas de imóveis (IMT).

ARTIGO 61º-A - Tramitação desmaterializada

A tramitação dos procedimentos de comunicação prévia previstos nos artigos 5º,46º e 48º é realizada por via informática através de formulário disponível no balcão único electrónico a que se refere o artigo 6º do Decreto-Lei nº 92/2010, de 26 de Julho, acessível através do Portal da Empresa, do Portal do Cidadão e do sítio da Internet do Turismo de Portugal, I. P.

ARTIGO 61º-B - Cooperação administrativa

As autoridades competentes nos termos do presente diploma participam na cooperação administrativa através do Sistema de Informação do Mercado Interno (IMI) no âmbito dos procedimentos relativos a exploradores deste tipo de estabelecimentos com actividade noutro Estado membro, incluindo no âmbito da fiscalização e aplicação de sanções, nos termos do capítulo vi do Decreto-Lei nº 92/2010, de 26 de Julho.

ARTIGO 62º - Norma revogatória

Sem prejuízo do disposto no artigo 60º, é revogado o Decreto-Lei nº 130/89, de 18 de Abril.

Novo Regime do Arrendamento Rural

Decreto-Lei nº 294/2009, de 13 de outubro

A regulamentação relativa ao arrendamento de prédios rústicos para efeitos de desenvolvimento de actividades agrícolas e florestais está actualmente consagrada num conjunto de diplomas de âmbito e complexidade diferenciada e nalguns casos desajustados da realidade agrícola e florestal. Os regimes actuais, aprovados após a nossa adesão às Comunidades Europeias em 1986, encontram-se desajustados face às mudanças significativas ocorridas em Portugal, na sequência das dinâmicas verificadas na estrutura económica e social nacional e da evolução das políticas comunitárias, continuando a caracterizar-se por falta de flexibilidade, excessiva regulamentação e desadequação à realidade do mercado da terra e do desenvolvimento agrícola e florestal.

Um adequado regime de arrendamento dos prédios rústicos para o desenvolvimento de actividades agrícolas, pecuárias e florestais permite melhorar a estrutura das explorações agrícolas e florestais com vista à sua viabilização económica e à utilização das terras agrícolas contrariando a tendência para o seu abandono, com as suas consequências nefastas para a economia, a coesão social e territorial e os riscos ambientais.

É nesta perspectiva, e em cumprimento do consagrado nas Grandes Opções do Plano, que se torna necessário proceder à alteração do regime do arrendamento rural, no sentido de dinamizar o mercado de arrendamento da terra e facilitar a sua mobilização produtiva, com vista à promoção do aumento da dimensão física e económica das explorações agrícolas, assegurando a sua sustentabilidade económica, social e ambiental. Neste sentido, são promovidas alterações conducentes à flexibilização do mercado do arrendamento, privilegiando o acordo entre as partes contratantes.

Por outro lado, existe a necessidade de redefinir, e nalguns casos eliminar, processos e procedimentos regulamentares excessivos, rígidos e ou desajustados, numa perspectiva de simplificação legislativa e de flexibilidade.

O presente decreto-lei tem como objectivos fundamentais agregar a regulamentação relativa ao arrendamento de prédios rústicos dispersa por diversos diplomas, simplificar e consolidar a legislação existente, adaptá-la à nova realidade económica, social e ambiental e privilegiar o estabelecimento de acordos contratuais entre o senhorio e o arrendatário, com a consequente eliminação dos dispositivos que permitiam ou determinavam a intervenção do Estado.

Assim, o presente decreto-lei estabelece o regime jurídico a que fica sujeito o arrendamento de prédios rústicos para efeitos de desenvolvimento da actividade agrícola e ou florestal e de outras actividades com as mesmas relacionadas, destacando-se como elementos centrais do novo regime:

a) A consagração da existência de três tipos de arrendamento rural: agrícola, florestal e de campanha;

b) A consideração não só das actividades agrícolas e florestais, mas também de outras actividades de produção de bens e serviços com as mesmas relacionadas nos contratos de arrendamento rural;

c) A possibilidade de, por vontade das partes, serem igualmente consideradas no contrato a transferência de direitos de produção e outros direitos decorrentes da política agrícola comum associados aos prédios rústicos objecto do contrato;

d) A obrigatoriedade da existência de contrato escrito e da fixação da renda em dinheiro, assim como da entrega do original do contrato nos serviços de finanças da residência ou sede oficial do senhorio;

e) A consagração, como norma, que a duração do contrato de arrendamento é acordada entre as partes com base nos seguintes princípios:

- *i*) Os arrendamentos agrícolas não podem ser contratualizados por prazo inferior a sete anos sendo renovados por sucessivos períodos de, pelo menos, sete anos, presumindo-se de sete anos se não houver sido fixado outro, enquanto os mesmos não forem denunciados;
- *ii*) Os arrendamentos florestais não podem ser celebrados por mais de 70 nem menos de 7 anos, caducando no termo do prazo, salvo cláusula contratual ou acordo expresso entre as partes;
- *iii*) Os arrendamentos de campanha não podem celebrar-se por prazos superiores a seis anos, presumem-se de um ano caso não tenha sido estabelecido prazo e caducam, salvo acordo entre as partes, no termo do prazo;

f) Estabelecer que o valor da renda é fixado por acordo entre o senhorio e o arrendatário, devendo a respectiva actualização ser realizada com base no coeficiente de actualização anual das rendas do Instituto Nacional de Estatística, I. P., no caso de tal dispositivo não constar do contrato;

g) Clarificar o regime de constituição e cessação do arrendatário em mora;

h) Determinar que o arrendamento rural pode cessar por acordo entre as partes, por resolução, caducidade ou denúncia do contrato;

i) Desenvolver a regulamentação no que se refere à conservação, recuperação e beneficiação dos prédios rústicos objecto de contrato de arrendamento de forma a ser clara a responsabilização das partes e com vista a garantir a efectivação das intervenções de conservação e recuperação, assim como as obras necessárias e úteis à rentabilização e à utilização sustentável dos prédios;

j) Tornar obrigatória a conversão dos contratos de parceria e dos contratos mistos de arrendamento e parceria em contratos de arrendamento rural, excluindo deste dispositivo as parcerias pecuárias e a exploração florestal;

l) Salvaguardar a defesa dos arrendatários mais idosos, com situações de arrendamento mais antigas, com rendimentos exclusiva ou principalmente obtidos a partir dos prédios arrendados e sem contratos escritos, garantindo a possibilidade de oposição do arrendatário relativamente às situações de denúncia do contrato pelo senhorio, em particular quando o arrendatário tenha mais de 55 anos e resida ou utilize o prédio há mais de 30 anos e o rendimento obtido do prédio constitua a fonte principal ou exclusiva de rendimento para o seu agregado familiar.

Foram ouvidos os órgãos de governo próprio da Região Autónoma da Madeira e a Associação Nacional de Municípios Portugueses.

Foi promovida a audição dos órgãos de governo próprio da Região Autónoma dos Açores e da Associação Nacional de Freguesias.

Foram ainda ouvidas, a título facultativo, as organizações representativas dos agricultores e dos produtores florestais.

Assim:

No uso da autorização legislativa concedida pela Lei nº 80/2009, de 14 de Agosto, e nos termos das alíneas *a*) e *b*) do nº 1 do artigo 198º da Constituição, o Governo decreta o seguinte:

CAPÍTULO I – **Disposições gerais**

ARTIGO 1º – Objecto

O presente decreto-lei estabelece o novo regime do arrendamento rural.

ARTIGO 2º – Arrendamento rural

1 – Arrendamento rural é a locação, total ou parcial, de prédios rústicos para fins agrícolas, florestais, ou outras actividades de produção de bens ou serviços associadas à agricultura, à pecuária ou à floresta.

2 – O arrendamento que recaia sobre prédios rústicos, quando do contrato e respectivas circunstâncias não resulte destino diferente, presume-se arrendamento rural.

3 – O arrendamento conjunto de uma parte rústica e de uma parte urbana é considerado rural quando seja essa a vontade expressa dos contratantes ou, na dúvida, quando seja considerado como tal, nos termos do artigo 1066º do Código Civil.

ARTIGO 3º – Tipos

1 – O arrendamento rural pode ser dos seguintes tipos:

a) Arrendamento agrícola;

b) Arrendamento florestal;

c) Arrendamento de campanha.

2 – A locação total ou parcial de prédios rústicos para fins de exploração agro-florestal assume a natureza de arrendamento agrícola, de campanha ou florestal de acordo com a vontade das partes, expressa no contrato de arrendamento.

3 – Quando, no caso previsto no número anterior, as partes não expressem a sua vontade, o arrendamento considera-se agrícola.

ARTIGO 4º – Bens abrangidos

1 – O arrendamento rural abrange o terreno, as águas e a vegetação e, quando seja essa a vontade das partes expressamente declarada no contrato, pode abranger:

a) As construções e infra-estruturas destinadas, habitualmente, aos fins próprios da exploração normal e regular dos prédios locados;

b) A habitação do arrendatário e o desenvolvimento de outras actividades económicas associadas à agricultura e à floresta, incluindo as actividades de conservação dos recursos naturais e da paisagem;

c) Outros bens, designadamente máquinas e equipamentos, devendo, neste caso, ser anexado ao contrato um inventário dos mesmos com indicação do respectivo estado de conservação e funcionalidade.

2 – Salvo cláusula contratual em contrário, presumem-se incluídos no arrendamento todos os bens imóveis existentes no prédio rústico objecto de arrendamento.

3 – O arrendamento rural pode, igualmente, integrar a transmissão de direitos de produção e direitos a apoios financeiros no âmbito da política agrícola comum, sem prejuízo da respectiva conformidade com a legislação relativa à transmissão desses direitos, constantes dos respectivos regimes especiais aplicáveis.

4 – Para os efeitos previstos no nº 1, são consideradas actividades associadas à agricultura e à floresta:

a) Os serviços prestados por empreendimentos de turismo no espaço rural e as actividades de animação turística desenvolvidas nos prédios objecto do arrendamento;

b) As actividades de transformação e ou comercialização de produtos de produção própria obtidos exclusivamente a partir das actividades agrícolas ou florestais desenvolvidas nos prédios objecto do arrendamento;

c) As actividades apícola e cinegética, quando desenvolvidas nos prédios objecto de arrendamento;

d) As actividades de conservação dos recursos naturais e da paisagem, não orientadas dominantemente para a produção de bens mercantis.

5 – As actividades e serviços previstos no número anterior devem cumprir os requisitos estabelecidos em legislação específica.

ARTIGO 5º – Outras definições

Para efeitos do disposto no presente decreto-lei, entende-se por:

a) «Acções de conservação» as acções que tenham como objectivo manter as características e potencialidades fundamentais do prédio e, consequentemente, a respectiva capacidade produtiva;

b) «Acções de recuperação» as acções que tenham como objectivo promover e garantir a recuperação das características e potencialidades fundamentais do prédio objecto de destruição ou deterioração, devida a circunstâncias imprevisíveis e anormais, alheias à vontade do arrendatário;

c) «Actividade agrícola» a produção, cultivo e colheita de produtos agrícolas, a criação de animais e produção de bens de origem animal e a manutenção das terras em boas condições agrícolas e ambientais;

d) «Actividade agro-florestal» as actividades agrícolas e florestais desenvolvidas no mesmo prédio e sob gestão única, designadamente, a exploração silvopastoril e o desenvolvimento de culturas anuais sob coberto florestal;

e) «Actividade florestal» a instalação, condução e exploração de povoamentos florestais em terrenos nus ou cobertos de vegetação espontânea, a condução e exploração de povoamentos florestais já existentes, a instalação e exploração de viveiros florestais, a constituição ou ampliação de zonas de conservação e todas as actividades associadas ao desenvolvimento, à manutenção e exploração dos povoamentos e dos viveiros florestais;

f) «Ano agrícola» o período que se inicia em 1 de Novembro, terminando em 31 de Outubro do ano seguinte, quando não seja convencionada outra data pelas partes;

g) «Arrendamento agrícola» a locação total ou parcial de prédios rústicos para fins agrícolas;

h) «Arrendamento de campanha» a locação total ou parcial de prédios rústicos para efeitos de exploração de uma ou mais culturas de natureza sazonal;

i) «Arrendamento florestal» a locação total ou parcial de prédios rústicos para fins de exploração florestal;

j) «Benfeitorias necessárias» as despesas realizadas com o objectivo de evitar a perda, destruição ou deterioração do prédio rústico, ou do urbano, caso esteja incluído no contrato, e, consequentemente, salvaguardar as suas características produtivas fundamentais, sendo as acções de conservação e de recuperação consideradas para os efeitos previstos no presente decreto-lei como benfeitorias necessárias;

l) «Benfeitorias úteis» as despesas que, tendo em consideração o objecto do contrato de arrendamento, determinam o desenvolvimento e melhoria da capacidade produtiva do prédio, e, consequentemente, o seu valor;

m) «Circunstâncias imprevistas e anormais» as ocorrências não previsíveis, fora do contexto de normalidade comportamental geoclimática, e outras circunstâncias anormais, como calamidades climáticas, inundações, acidentes geológicos e ecológicos, incêndios;

n) «Contrato de parceria» o contrato pelo qual uma ou mais pessoas, o parceiro proprietário, entregam a outra ou outras, o parceiro pensador ou cultivador, para estas criarem e ou explorarem, animais e ou prédios rústicos, com o ajuste de repartirem entre si os lucros futuros em certa proporção;

o) «Culturas permanentes» as culturas agrícolas, não integradas em rotação, com exclusão das pastagens permanentes, que ocupam as terras por cinco anos ou mais e dão origem a várias colheitas;

p) «Culturas sazonais» as culturas praticadas em condições especiais e de acordo com um calendário cultural circunscrito a uma época do ano, normalmente na base de uma campanha por cada folha cultural;

q) «Exploração em talhadia» o tipo de actividade de exploração silvícola, na qual são usadas, mais frequentemente, curtas e médias rotações, e que se baseia na capacidade de, após o corte da floresta, as espécies que a constituíam se regenerarem por via vegetativa.

CAPÍTULO II – **Forma e duração do contrato de arrendamento**

ARTIGO 6º – Forma do contrato

1 – Os arrendamentos rurais são obrigatoriamente reduzidos a escrito, constando dos mesmos a identificação completa das partes contratantes, a indicação do número de identificação fiscal e respectiva morada de residência ou sede social, bem como a identificação completa do prédio ou prédios objecto do arrendamento.

2 – A não redução a escrito dos contratos de arrendamento rural celebrados ou renovados na vigência do presente decreto-lei gera a sua nulidade.

3 – No prazo de 30 dias, contados a partir da data de celebração do contrato de arrendamento agrícola ou florestal, o senhorio entrega o original do contrato nos serviços de finanças da sua residência ou sede social, que comunicam a entrega à respectiva direcção regional de agricultura e pescas, no caso do arrendamento agrícola ou de campanha ou à respectiva direcção regional de florestas, quando se trate de arrendamento florestal.

4 – O contrato de arrendamento rural não está sujeito a registo e está isento do pagamento de imposto de selo e de qualquer outro imposto ou taxa, com excepção dos emolumentos registais e notariais.

5 – O disposto nos números anteriores é aplicável, com as necessárias adaptações, às alterações ao contrato.

6 – A comunicação referida no nº 3 é realizada, preferencialmente, através de meios electrónicos.

7 – A falta de entrega do original do contrato nos serviços de finanças mencionados no nº 3 dá lugar à aplicação da coima prevista no nº 1 do artigo 117º do Regime Geral das Infracções Tributárias, aprovado pela Lei nº 15/2001, de 5 de Junho.

ARTIGO 7º – Elementos do contrato

1 – O contrato de arrendamento rural é reduzido a escrito.

2 – São elementos obrigatórios do contrato de arrendamento rural:

a) A identificação completa das partes;

b) A identificação do bem objecto de arrendamento;

c) O fim a que se destina;

d) O valor estipulado para a renda;

e) A indicação da data de celebração.

3 – Caso existam bens móveis que façam parte integrante do contrato, deve a sua descrição detalhada constar de anexo, designadamente no que respeita ao estado de conservação e funcionalidade.

ARTIGO 8º – Cláusulas nulas

São nulas as cláusulas contratuais em que:

a) O arrendatário se obrigue ao pagamento de prémio de seguro contra incêndios de edifícios ou instalações e infra-estruturas não compreendidas no contrato, bem como de impostos, contribuições ou taxas incidentes sobre os imóveis objecto do contrato e que sejam devidos pelo senhorio;

b) Qualquer dos contraentes renuncie ao direito de pedir denúncia ou resolução do contrato e às indemnizações que sejam devidas nos casos de violação de obrigações legais ou contratuais;

c) O arrendatário renuncie ao direito de renovação do contrato ou se obrigue antecipadamente à sua denúncia;

d) O arrendatário se obrigue, por qualquer título, a serviços que não revertam em benefício directo do prédio ou se sujeite a encargos extraordinários.

ARTIGO 9º – Prazo do arrendamento

1 – Os contratos relativos a arrendamentos agrícolas são celebrados por um prazo mínimo de sete anos.

2 – Quando, nos contratos referidos no número anterior, não tenha sido fixado prazo ou o prazo fixado seja inferior a sete anos, considera-se que os mesmos são celebrados de acordo com o disposto no número anterior.

3 – Os arrendamentos agrícolas são renováveis automaticamente por sucessivos períodos de, pelo menos, sete anos, enquanto o mesmo não seja denunciado nos termos do presente decreto-lei.

4 – Os arrendamentos florestais não podem ser celebrados por prazo inferior a 7 nem superior a 70 anos, considerando-se modificados para estes limites os prazos divergentes que hajam sido fixados.

5 – Os arrendamentos de campanha não podem celebrar-se por prazos superiores a seis anos, considerando-se reduzido a este limite o prazo superior que haja sido fixado, e presumem-se de um ano caso não tenha sido estabelecido prazo.

6 – Salvo cláusula contratual ou o acordo expresso dos contraentes, os contratos de arrendamento florestal e de campanha não se renovam automaticamente no termo do prazo do contrato.

7 – Pode ser convencionada, por iniciativa do arrendatário e reduzida a escrito, a alteração da data da cessação do contrato, nas seguintes circunstâncias:

a) Quando o arrendatário realizar, com autorização do senhorio, investimentos de desenvolvimento, melhoria ou reconversão cultural ou obras de beneficiação no prédio;

b) Quando no decurso de um contrato de arrendamento agrícola ou florestal, ocorram circunstâncias imprevistas e anormais, alheias a qualquer das partes, que causem a perda de mais de um terço das plantações das culturas permanentes ou da plantação florestal exploradas e ponham seriamente em causa o retorno económico dessa exploração.

ARTIGO 10º – Subarrendamento

1 – É proibido o subarrendamento ou cedência por comodato ou qualquer outra forma, total ou parcialmente, dos prédios arrendados, ou ainda a cedência a terceiros da posição contratual do arrendatário, salvo se existir acordo expresso com o senhorio para o efeito.

2 – Aos casos de subarrendamento autorizados pelo senhorio aplica-se, com as devidas adaptações, o disposto no presente decreto-lei para o contrato de arrendamento.

CAPÍTULO III – Renda

ARTIGO 11º – Renda anual

1 – A renda é anual, previamente estipulada e corresponde a uma prestação pecuniária.

2 – A renda pode ser alterada nos termos do presente decreto-lei.

3 – No âmbito dos contratos de arrendamento florestal, as partes podem acordar a fixação de uma parte da renda variável em função da produtividade do prédio.

4 – Salvo cláusula em contrário, o pagamento da renda deve ser efectuado até ao último dia do ano a que respeita, no domicílio ou sede social do senhorio à data do vencimento, findo o qual se considera o arrendatário em mora.

5 – Salvo estipulação em contrário, o coeficiente de actualização anual das rendas é o resultante da totalidade da variação do índice de preços do consumidor, sem habitação, correspondente aos últimos 12 meses e para os quais existem valores disponíveis à data de 31 de Agosto, apurado pelo Instituto Nacional de Estatística, I. P., e publicado no Diário da República até 30 de Outubro de cada ano.

6 – Quando, no prédio arrendado, e durante o período fixado no contrato, o senhorio realize, com o acordo expresso do arrendatário, obras de beneficiação, com exclusão das acções de recuperação do prédio, pode ser convencionada, por iniciativa do senhorio, uma alteração da renda, que carece de acordo expresso do arrendatário, sem prejuízo do disposto no número anterior.

ARTIGO 12º – Alteração do valor da renda por ocorrência de circunstâncias imprevisíveis e anormais

1 – Quando no prédio rústico arrendado, e durante o período fixado no contrato, se verifiquem, por circunstâncias imprevisíveis e anormais alheias à vontade do arrendatário, alterações com impacte significativo na regular e normal capacidade produtiva do prédio, pode ser convencionada, por iniciativa de qualquer das partes, uma alteração temporária ou definitiva da renda, sem prejuízo do disposto no artigo anterior.

2 – No caso do arrendamento florestal e das culturas agrícolas permanentes, presume-se que a ocorrência de circunstâncias imprevisíveis e anormais provoca alterações com impacte significativo na regular e normal capacidade produtiva do prédio, sempre que aquelas circunstâncias causem a perda de, pelo menos, um terço das plantações das culturas permanentes ou da plantação florestal explorada no prédio.

ARTIGO 13º – Mora do arrendatário

1 – Constituindo-se o arrendatário em mora, o senhorio tem o direito de exigir, além das rendas em atraso, uma indemnização igual a 50% do que seja devido, salvo se o contrato for resolvido com base na falta de pagamento.

2 – Cessa o direito à indemnização, ou à resolução do contrato, se o arrendatário fizer cessar a mora no prazo de 60 dias a contar do seu início.

3 – É inexigível ao senhorio a manutenção do arrendamento em caso de mora superior a seis meses no pagamento da renda.

4 – Enquanto não sejam cumpridas as obrigações a que se refere o nº 1, o senhorio tem o direito de recusar o recebimento das rendas seguintes, as quais são consideradas em dívida para todos os efeitos.

5 – A recepção de novas rendas não priva o senhorio do direito à resolução do contrato ou à indemnização referida, com base nas prestações em mora.

6 – O arrendatário pode pôr fim à mora oferecendo ao senhorio o pagamento das rendas em atraso, bem como a indemnização fixada no nº 1.

7 – Perante a recusa do senhorio em receber as correspondentes importâncias, pode o arrendatário recorrer à consignação em depósito.

ARTIGO 14º – Depósito das rendas em atraso

1 – O arrendatário pode proceder ao depósito da renda quando ocorram os pressupostos da consignação em depósito, quando lhe seja permitido fazer cessar a mora e ainda quando esteja pendente acção de despejo.

2 – O depósito é feito em qualquer agência de instituição de crédito, perante um documento em dois exemplares, assinado pelo arrendatário e do qual constam:

a) A identidade do senhorio e do arrendatário;

b) A identificação do locado;

c) O quantitativo da renda;

d) O período de tempo a que a renda respeita;

e) O motivo pelo qual é solicitado o depósito.

3 – Um dos exemplares do documento referido no número anterior fica em poder da instituição de crédito, cabendo o outro ao depositante, com o comprovativo de ter sido efectuado o depósito.

4 – O depósito fica à ordem do tribunal da situação do prédio ou, quando efectuado na pendência de processo judicial, do respectivo tribunal.

5 – O arrendatário deve comunicar ao senhorio, por escrito, o depósito da renda.

CAPÍTULO IV – Cessação e transmissão do contrato de arrendamento

ARTIGO 15º – Formas de cessação do contrato

1 – O arrendamento rural cessa por acordo entre as partes, por resolução, por caducidade, por oposição à renovação, por denúncia ou por qualquer outra forma prevista na lei.

2 – Nos casos de cessação do contrato previstos no presente decreto-lei, a restituição do prédio só pode ser exigida no fim do ano agrícola em curso em que se tenham verificado os factos que determinaram a cessação do contrato, com excepção dos prédios arrendados para fins de exploração florestal.

3 – No caso do arrendamento florestal, os procedimentos a adoptar relativamente ao material lenhoso e frutos pendentes em virtude de qualquer das formas de cessação do contrato previstas no presente decreto-lei devem ser acordados entre as partes no contrato de arrendamento.

ARTIGO 16º – Cessação por acordo entre as partes

1 – As partes podem, a todo o tempo, revogar o contrato, mediante acordo.

2 – O acordo referido no número anterior é celebrado por escrito, quando não seja imediatamente executado ou quando contenha cláusulas compensatórias ou outras cláusulas acessórias.

ARTIGO 17º – Cessação por resolução

1 – Qualquer das partes pode resolver o contrato com base em incumprimento pela outra parte, que, pela sua gravidade ou consequências, torne inexigível à outra parte a manutenção do arrendamento, ou alteração significativa da natureza e, ou, da capacidade produtiva do prédio.

2 – O senhorio só pode pedir a resolução do contrato se o arrendatário:

a) Não pagar a renda no tempo e lugar próprio, nem fizer o pagamento nos termos previstos no nº 4 do artigo 11º;

b) Faltar ao cumprimento de uma obrigação legal ou contratual, com prejuízo directo para a produtividade, substância ou função económica e social do prédio;

c) Não utilizar apropriadamente e com regularidade o prédio ou usar o mesmo para fins diferentes do estipulado no contrato;

d) Não zelar pela boa conservação dos bens ou causar prejuízos graves nos que, não sendo objecto do contrato, existam no prédio arrendado;

e) Realizar, sem consentimento do senhorio, investimentos em obras ou construções que alterem a natureza, a estrutura geofísica e as características essenciais do prédio, sem prejuízo do disposto no capítulo V do presente decreto-lei;

f) Subarrendar ou ceder por comodato, total ou parcialmente, os prédios arrendados, ou ceder a sua posição contratual, sem cumprimento das obrigações legais.

3 – O senhorio pode ainda pedir a resolução do contrato caso, no prazo de seis meses contados da data da morte do arrendatário, não seja notificado pelos titulares do direito à transmissão do arrendamento da intenção de mantê-lo.

4 – É fundamento de resolução pelo arrendatário:

a) A redução ou alteração da capacidade produtiva do prédio por causas imprevisíveis e anormais não susceptíveis de serem cobertas pelo seguro, excepto nos casos dos povoamentos florestais e plantações de culturas permanentes;

b) A ocorrência de circunstâncias imprevistas e anormais que causem a perda de mais de um terço das plantações das culturas permanentes ou da plantação florestal e que ponham seriamente em causa o retorno económico dessa exploração, no caso de arrendamentos agrícolas ou florestais;

c) A não realização, pelo senhorio, de obras que a este caibam, quando tal omissão comprometa o normal e regular uso e fruição dos prédios arrendados;

d) A expropriação, ainda que parcial, do prédio.

5 – A resolução deve ser comunicada dentro do prazo de seis meses para os contratos com duração até dois anos e de um ano para os restantes contratos, a contar da data de conhecimento do facto que lhe serve de fundamento, sob pena de caducidade.

6 – Aplica-se à resolução do contrato por falta de pagamento da renda o disposto no artigo 1048º do Código Civil, com as necessárias adaptações.

ARTIGO 18º – Cessação por caducidade

1 – O contrato de arrendamento caduca quando:

a) Findo o prazo estipulado, não haja lugar a renovação, de acordo com o estabelecido no presente decreto-lei;

b) Cesse o direito ou findem os poderes legais de administração com base nos quais o contrato tenha sido celebrado, sem prejuízo do disposto no artigo 1052º do Código Civil;

c) Ocorra expropriação, excepto se a expropriação for compatível com a subsistência do contrato.

2 – A expropriação da totalidade do prédio arrendado importa a caducidade do contrato de arrendamento rural.

3 – Caso a expropriação seja total, o arrendamento é considerado como encargo autónomo para efeitos de indemnização do arrendatário pelo expropriante.

4 – No cálculo da indemnização referida no número anterior, além dos valores dos frutos pendentes ou das colheitas inutilizadas, atende-se ainda ao valor dos capitais investidos e demais prejuízos emergentes da cessação do arrendamento, calculados nos termos gerais de direito.

5 – Caso a expropriação seja parcial, o arrendatário, sem prejuízo do disposto no número anterior relativamente à parte expropriada, pode optar pela resolução do contrato ou pela redução proporcional da renda.

ARTIGO 19º – Cessação por oposição à renovação e por denúncia

1 – O contrato de arrendamento cessa por oposição à renovação ou por denúncia de uma das partes, mediante comunicação escrita.

2 – A oposição à renovação ou a denúncia do contrato de arrendamento inclui obrigatoriamente todo o seu objecto.

3 – O senhorio ou o arrendatário podem opor-se à renovação do contrato de arrendamento, com a antecedência de um ano relativamente ao termo do prazo do arrendamento ou da sua renovação, sem prejuízo do disposto no nº 9.

4 – No caso dos contratos de arrendamento agrícola por senhorio emigrante, pode este denunciar o contrato, com a antecedência de um ano, a partir do terceiro ano do contrato de arrendamento ou da sua renovação, sem possibilidade de oposição

por parte do arrendatário, excepto no caso previsto no nº 9, desde que satisfaça, cumulativamente, as seguintes condições:

a) Ter sido ele quem arrendou o prédio ou o tenha adquirido por sucessão;

b) Necessitar de regressar ou ter regressado definitivamente a Portugal há menos de um ano;

c) Querer explorar directamente o prédio arrendado.

5 – O arrendatário pode denunciar o contrato, sem possibilidade de oposição por parte do senhorio, nos casos de abandono da actividade agrícola ou florestal, ou quando o prédio ou prédios objecto do arrendamento, por motivos alheios à sua vontade, não permitam o desenvolvimento das actividades agrícolas ou florestais de forma economicamente equilibrada e sustentável.

6 – No caso previsto no número anterior, o arrendatário deve notificar o senhorio com a antecedência de um ano.

7 – O senhorio que haja invocado os fundamentos referidos no nº 4 fica obrigado, salvo caso de força maior, à exploração directa, por si ou por membro do seu agregado familiar, durante um prazo mínimo de cinco anos.

8 – Em caso de inobservância do disposto no número anterior, o arrendatário cujo contrato foi denunciado tem direito a uma indemnização igual ao quíntuplo das rendas relativas ao período de tempo em que o arrendatário esteve ausente, e à reocupação do prédio, se assim o desejar, iniciando-se outro contrato, ao qual se aplica o disposto no nº 1 do artigo 31º

9 – O arrendatário pode opor-se à efectivação da oposição à renovação ou da denúncia, desde que reúna, cumulativamente, as seguintes condições:

a) Tenha mais de 55 anos e resida ou utilize o prédio há mais de 30 anos;

b) O rendimento obtido do prédio constitua a fonte principal ou exclusiva de rendimento para o seu agregado familiar.

10 – Em caso de cessação do contrato por oposição à renovação ou denúncia do senhorio o arrendatário tem direito a ser indemnizado:

a) Pelas benfeitorias realizadas, nos termos previstos no artigo 23º;

b) Pelas plantações e melhoramento fundiários que hajam tornado o prédio mais produtivo, realizados com o consentimento do senhorio.

11 – O arrendatário tem ainda direito a uma indemnização correspondente a 1/12 da renda anual por cada ano de contrato, não podendo o valor da indemnização ser inferior a um ano de renda, nos casos previstos no nº 4.

ARTIGO 20º – Transmissibilidade

1 – O arrendamento não caduca por morte do senhorio nem pela transmissão do prédio.

2 – O arrendamento não caduca por morte do arrendatário, no caso de pessoas singulares, nem por extinção, no caso das pessoas colectivas, sendo que:

a) No caso das pessoas singulares, o arrendamento transmite-se ao cônjuge sobrevivo não separado de pessoas e bens ou de facto, àquele que no momento da sua morte vivia com ele há mais de dois anos em condições análogas às dos cônjuges e a parentes ou afins, na linha recta, que com o mesmo viviam em comunhão de mesa e habitação ou em economia comum há mais de um ano consecutivo;

b) No caso das pessoas colectivas, o arrendamento transmite-se para a entidade para quem, de acordo com a legislação aplicável, devem ser transmitidos os direitos e obrigações da entidade extinta.

3 – A transmissão a que se refere a alínea *a*) do número anterior defere-se pela ordem seguinte:

a) Ao cônjuge sobrevivo ou à pessoa que vivia com o arrendatário há mais de dois anos em condições análogas às dos cônjuges;

b) Aos parentes ou afins na linha recta, preferindo os primeiros aos segundos, os descendentes aos ascendentes e os de grau mais próximo aos de grau mais afastado.

4 – A transmissão a favor dos parentes ou afins do primitivo arrendatário também se verifica por morte do cônjuge sobrevivo ou da pessoa que vivia com o arrendatário há mais de dois anos em condições análogas às dos cônjuges quando, nos termos deste artigo, lhe tenha sido transmitido o direito ao arrendamento.

5 – Pode haver duas transmissões mortis causa nos termos do número anterior ou apenas uma, quando a primeira transmissão se operar a favor das pessoas referidas na alínea *b*) do nº 3.

6 – Os titulares do direito à transmissão devem, no prazo de seis meses, notificar o senhorio da intenção de exercer o seu direito.

CAPÍTULO V – Conservação e beneficiação dos prédios rústicos arrendados

ARTIGO 21º – Princípio geral

1 – O senhorio e o arrendatário são obrigados a permitir e facilitar a realização das acções de conservação ou recuperação, assim como as benfeitorias que a outra parte deva ou pretenda fazer, com o intuito de garantir a utilização do prédio em conformidade com os fins constantes do contrato e numa perspectiva de melhorar as condições de produção e produtividade.

2 – As acções de conservação ou recuperação e as benfeitorias referidas no número anterior devem ser realizadas, sempre que possível, durante o período do ano que menos inconvenientes cause ao arrendatário, salvo se as mesmas forem de carácter urgente e inadiável.

ARTIGO 22º – Conservação e recuperação do prédio

1 – O arrendatário é obrigado a conservar e, findo o contrato, a restituir o prédio no estado em que o recebeu, ressalvadas as alterações inerentes a uma adequada utilização do mesmo em conformidade com os fins constantes do contrato, sob pena de pagamento de indemnização, nos termos da lei geral, e sem prejuízo do disposto nos artigos 23º e 24º, no que se refere às benfeitorias.

2 – Para efeitos do número anterior, entende-se por utilização adequada a exploração do prédio de acordo com as técnicas que se revelem necessárias e adequadas à

execução da actividade prevista no contrato, de acordo com os fins contratualmente previstos.

3 – No caso do arrendamento florestal para efeitos de exploração de espécies em talhadia, o arrendatário, no termo do contrato, é obrigado a destruir ou remover as toiças ou cepos, salvo cláusula contratual ou acordo expresso em contrário.

4 – Findo o contrato e na falta de cláusula contratual em contrário, é da responsabilidade do senhorio a realização das acções de recuperação do prédio que se revelem necessárias e não sejam directamente imputáveis ao arrendatário.

5 – Presume-se que o prédio foi entregue ao arrendatário em bom estado de conservação e em condições adequadas à utilização do mesmo nos termos contratuais quando não exista documento em que as partes tenham descrito o estado do mesmo ao tempo da entrega.

ARTIGO 23º – Benfeitorias feitas pelo arrendatário

1 – O arrendatário pode realizar no prédio arrendado acções de recuperação sem consentimento do senhorio, nos casos em que:

a) O senhorio esteja em mora quanto à obrigação de fazer reparações que, pela sua urgência, não se compadeçam com a demora do respectivo procedimento judicial, podendo o arrendatário fazê-las extrajudicialmente, tendo direito ao seu reembolso;

b) A urgência não consinta qualquer dilação, mantendo o direito a reembolso, independentemente de mora do senhorio, contanto que o avise ao mesmo tempo.

2 – Salvo cláusula contratual em contrário, o arrendatário carece do consentimento do senhorio para realizar benfeitorias úteis.

3 – No caso do arrendamento florestal, a alteração da composição, do regime e da estrutura dos povoamentos só pode ser realizada com o consentimento do senhorio, sem prejuízo do cumprimento da legislação aplicável a tais situações.

4 – As benfeitorias úteis realizadas pelo arrendatário sem consentimento do senhorio não justificam a revisão do montante da renda nem dão direito a qualquer tipo de indemnização aquando da cessação do contrato de arrendamento.

5 – As benfeitorias úteis realizadas pelo arrendatário com o consentimento do senhorio não justificam a revisão do montante da renda, mas dão direito ao pagamento de uma indemnização quando revertam para o senhorio após cessação do contrato de arrendamento.

6 – Salvo cláusula contratual em contrário, cessando o arrendamento por qualquer causa, as benfeitorias realizadas pelo arrendatário revertem a favor do senhorio.

ARTIGO 24º – Cálculo das benfeitorias que dão lugar à indemnização

1 – A indemnização pelas benfeitorias úteis realizadas pelo arrendatário, com consentimento do senhorio, que revertam para este no fim do arrendamento, é calculada tendo em conta o custo suportado pelo arrendatário, as vantagens das quais o mesmo haja usufruído na vigência do contrato e o proveito patrimonial e de rendimentos que delas resulte, futuramente, para o senhorio.

2 – O pagamento da indemnização referida no número anterior pode ser fraccionado, de forma que as prestações se efectuem aquando da percepção pelo senhorio dos benefícios resultantes das benfeitorias.

ARTIGO 25º – Benfeitorias feitas pelo senhorio

1 – O senhorio apenas pode fazer benfeitorias no prédio, com exclusão das acções de recuperação do prédio, com o consentimento do arrendatário ou com suprimento judicial daquele.

2 – As benfeitorias realizadas pelo senhorio com o consentimento do arrendatário podem determinar a alteração da renda conforme previsto no nº 6 do artigo 11º

3 – O senhorio indemniza o arrendatário pelos prejuízos que a realização das benfeitorias, efectuadas por sua iniciativa, eventualmente causem no prédio, com exclusão das acções de recuperação do mesmo.

CAPÍTULO VI – Normas processuais

ARTIGO 26º – Forma de comunicação

1 – Salvo disposição legal em contrário, as comunicações legalmente exigíveis entre as partes, designadamente as relativas à cessação e alteração do contrato de arrendamento, à actualização, alteração e depósito da renda, à realização de obras de conservação e de recuperação e de benfeitorias e ao exercício do direito de preferência, são concretizadas mediante escrito assinado pelo declarante e remetido por carta registada com aviso de recepção, sem prejuízo do disposto no artigo 27º

2 – Qualquer comunicação deve conter o endereço completo da parte que a subscreve, devendo as partes comunicar, mutuamente, a alteração daquele.

3 – O escrito assinado pelo declarante pode, ainda, ser entregue em mão, devendo o destinatário apor em cópia a sua assinatura, com nota de recepção.

4 – A comunicação pelo senhorio destinada à cessação do contrato por resolução, nos termos do artigo 17º, é efectuada mediante notificação avulsa, ou mediante contacto pessoal de advogado, solicitador ou agente de execução, sendo, neste caso, feita na pessoa do notificando, com entrega de duplicado da comunicação e cópia dos documentos que a acompanhem, devendo o notificando assinar o original.

ARTIGO 27º – Comunicação digital

Nas comunicações legalmente exigíveis entre as partes é admissível o uso de procedimentos por via electrónica, devidamente validados por assinatura electrónica qualificada.

ARTIGO 28º – Procedimentos a adoptar para actualização, redução ou fixação de nova renda

1 – As rendas convencionadas são actualizadas anualmente conforme previsto no nº 5 do artigo 11º mediante comunicação escrita do senhorio ao arrendatário.

2 – A redução ou fixação de nova renda conforme previsto nos nºs 5 e 6 do artigo 11º e no nº 1 do artigo 12º processa-se de acordo com as alíneas seguintes:

a) A proposta de alteração da renda na sequência da realização de benfeitorias pelo senhorio deve ser apresentada ao arrendatário com expressa e fundamentada indicação da nova renda;

b) A proposta de redução da renda deve ser dirigida ao senhorio, devendo o arrendatário nela mencionar a renda que considera dever ser paga.

3 – As propostas são formuladas por escrito, no prazo máximo de 30 dias após o termo dos factos que as fundamentam, ou, tratando-se de eventos continuados, no decurso destes.

4 – Presume-se que os factos não são fundamento para a redução da renda se o arrendatário não proporcionar ao senhorio a verificação dos sinais da sua ocorrência e os seus resultados.

5 – No caso de os contratantes, nos 30 dias seguintes à formulação do respectivo pedido, não chegarem a acordo sobre a alteração da renda, podem recorrer ao tribunal, o qual fixa, no despacho saneador, a renda a vigorar transitoriamente até decisão final do pleito.

6 – Enquanto a decisão judicial não transitar em julgado, o senhorio não pode requerer a resolução do contrato com base em falta de pagamento de renda, salvo:

a) A que se encontre fixada no contrato de arrendamento até à data do despacho saneador referido no número anterior;

b) A que seja determinada no despacho saneador até à data da decisão judicial transitada em julgado.

7 – A diferença que venha a verificar-se entre os montantes pagos pelo arrendatário e os valores devidos em função da decisão judicial deve ser regularizada após devidamente corrigida pela aplicação da taxa legal prevista para os casos de mora.

ARTIGO 29º – Procedimentos a adoptar relativamente à resolução do contrato

1 – A resolução do contrato de arrendamento por iniciativa do senhorio ou por vontade do arrendatário tem por base o incumprimento da outra parte, conforme previsto no artigo 17º, e tendo em consideração o disposto nos artigos 26º e 27º, em matéria de comunicações entre as partes.

2 – As comunicações entre as partes devem explicitar de forma clara, completa e fundamentada a natureza e dimensão do incumprimento e a data de conhecimento dos factos, devendo, quando possível, anexar cópia de provas eventualmente existentes e, quando for caso disso, uma estimativa dos montantes a considerar a título de compensação pela cessação do contrato.

ARTIGO 30º – Procedimentos a adoptar relativamente à oposição à renovação ou à denúncia do contrato

1 – A oposição à renovação ou a denúncia dos contratos de arrendamento devem concretizar-se mediante comunicação escrita, nos termos previstos nos artigos 26º e 27º e nas condições fixadas no artigo 19º

2 – As comunicações entre as partes devem explicitar de forma clara e completa, se possível com apresentação de provas, a fundamentação para a denúncia do contrato.

3 – Nos casos previstos nos nºs 6 e 9 do artigo 19º cabe ao arrendatário apresentar a fundamentação e provas que suportam, no primeiro caso, a necessidade de denúncia do contrato e, no segundo caso, a oposição à denúncia do contrato.

4 – Em qualquer caso, o senhorio e o arrendatário podem opor-se à efectivação da denúncia do contrato pela outra parte desde que, em acção intentada no prazo de 60 dias após a comunicação prevista no nº 1, provem a inexistência de fundamento para a denúncia.

ARTIGO 31º – Direito de preferência

1 – Quando a cessação do contrato de arrendamento ocorra, por causa não imputável ao arrendatário, este goza do direito de preferência nos contratos de arrendamento celebrados nos cinco anos seguintes.

2 – No caso de venda ou dação em cumprimento de prédios que sejam objecto de arrendamento agrícola ou florestal, aos respectivos arrendatários cujo contrato vigore há mais de três anos, assiste o direito de preferirem na transmissão.

3 – O direito de preferência do arrendatário previsto no número anterior caduca, perante o exercício do mesmo direito, por co-herdeiro ou comproprietário.

4 – Sempre que o arrendatário exerça o direito de preferência referido no nº 2, tem de explorar o prédio, ou no caso de ser pessoa colectiva, por si ou sociedade do mesmo grupo empresarial, como seu proprietário durante, pelo menos, cinco anos, salvo caso de força maior, devidamente comprovado.

5 – Em caso de inobservância do disposto no número anterior, o adquirente fica obrigado a pagar ao anterior proprietário o valor equivalente ao quíntuplo da última renda vencida e a transmitir a propriedade ao preterido com o exercício da preferência, se este o desejar, pelo preço de aquisição do prédio.

6 – No caso do exercício judicial do direito consagrado no nº 2, o preço é pago ou depositado dentro de 30 dias após o trânsito em julgado da respectiva sentença, sob pena de caducidade do direito e do arrendamento.

7 – Ficam isentas do pagamento de Imposto municipal sobre transmissões onerosas de imóveis (IMT) todas as transmissões onerosas de prédios rústicos a favor dos respectivos arrendatários, desde que exista contrato escrito há pelo menos três anos, e o mesmo seja do conhecimento dos serviços de finanças da área de residência do senhorio ou da sede da pessoa colectiva.

ARTIGO 32º – Acção de despejo

1 – A acção de despejo destina-se a fazer cessar a situação jurídica do arrendamento sempre que se imponha o recurso à via judicial para promover tal cessação e segue a forma de processo comum declarativo.

2 – Na pendência da acção de despejo, as rendas vencidas devem ser pagas ou depositadas, nos termos legais.

3 – Se o arrendatário não pagar ou depositar as rendas vencidas por um período superior a seis meses é notificado para, no prazo de 10 dias, proceder ao seu pagamento ou depósito.

4 – Se, dentro daquele prazo, os montantes referidos no número anterior não forem pagos ou depositados, o senhorio pode pedir certidão dos autos relativa a estes factos.

ARTIGO 33º – Título executivo

1 – Não sendo o prédio desocupado na data devida por lei ou por convenção das partes, podem servir de base à execução para entrega de coisa certa, o contrato de arrendamento, acompanhado dos comprovativos das comunicações previstas no presente decreto-lei, relativos à cessação do contrato de arrendamento.

2 – O contrato de arrendamento constitui título executivo para a acção de pagamento da renda, quando acompanhado do comprovativo de comunicação ao arrendatário do montante em dívida.

ARTIGO 34º – Resolução de conflitos

1 – Os eventuais conflitos que possam surgir entre as partes em matéria de aplicação, interpretação ou integração de lacunas emergentes do contrato de arrendamento podem ser resolvidas mediante convenção de arbitragem, nos termos da Lei nº 31/86, de 29 de Agosto.

2 – A submissão de qualquer questão ao processo de resolução de conflitos previsto no número anterior não determina qualquer interrupção do desenvolvimento das actividades do arrendatário decorrentes do contrato de arrendamento, nem da realização das acções do senhorio em matéria de conservação e beneficiação do prédio.

ARTIGO 35º – Formas de processo

1 – Os processos judiciais referidos no artigo 31º têm carácter de urgência, seguem os termos de processo ordinário ou sumário, consoante o valor,e, enquanto estiverem pendentes, não pode efectivar-se a entrega do prédio ao senhorio com base em denúncia do contrato.

2 – Os processos judiciais referentes a litígios de cessação e transmissão do contrato de arrendamento e à realização de acções de conservação, reparação e benfeitorias dos prédios rústicos arrendados têm carácter de urgência e seguem a forma de processo sumário, salvo se outra for expressamente prevista.

3 – É sempre admissível recurso para o tribunal da Relação quanto à matéria de direito, sem prejuízo dos recursos ordinários, consoante o valor da acção, tendo sempre efeito suspensivo o recurso interposto da sentença que decrete a restituição do prédio.

4 – Nos casos previstos no nº 5 do artigo 28º, aplica-se o processo previsto no artigo 1429º do Código de Processo Civil, o qual se reveste de carácter de urgência, não cabendo recurso da decisão.

5 – Nenhuma acção judicial pode ser recebida ou prosseguir, sob pena de extinção da instância, se não for acompanhada de um exemplar do contrato, quando exigível, a menos que logo se alegue que a falta é imputável à parte contrária.

CAPÍTULO VII – Disposições finais e transitórias

ARTIGO 36º – Parcerias

1 – É proibida a celebração de contratos de parceria e de contratos mistos de arrendamento e parceria.

2 – Os contratos de parceria e contratos mistos de arrendamento e parceria existentes à data da entrada em vigor do presente decreto-lei devem ser convertidos em contratos de arrendamento rural nos 30 dias que antecedem a sua renovação.

3 – No caso de não ter sido convencionada qualquer duração para os contratos de parceria e contratos mistos de arrendamento e parceria existentes à data de entrada em vigor do presente decreto-lei, os mesmos permanecem válidos até à cessação do contrato, por acordo entre os parceiros, ou por iniciativa e vontade expressa, ou morte do parceiro cultivador.

4 – O disposto nos números anteriores não é aplicável às parcerias pecuárias, observando-se, relativamente a estas, o disposto nos artigos 1121º a 1128º do Código Civil.

5 – Não estão abrangidos pela proibição constante do nº 1 os contratos de arrendamento florestal em que se estabeleça, conjuntamente com uma renda fixa, uma parte da renda variável, calculada em função do valor da produção florestal, nos termos do artigo 11º

ARTIGO 37º – Arrendamento no âmbito das operações de emparcelamento

Sem prejuízo do disposto no artigo 36º do Decreto-Lei nº 103/90, de 22 de Março, os prédios adquiridos para a reserva de terras podem ser arrendados por prazo inferior a seis anos, assumindo a forma de arrendamento agrícola ou de arrendamento de campanha, em conformidade com a vontade das partes e tendo em consideração o objecto do contrato de arrendamento.

ARTIGO 38º – Trabalhos preparatórios e colheitas de frutos pendentes

1 – Salvo disposição contratual ou acordo entre as partes, o arrendatário tem direito a realizar todas as práticas necessárias à colheita, utilização e transformação dos frutos pendentes, ainda que fora do prazo de arrendamento cessante.

2 – O despejo de prédio rústico arrendado não pode ter lugar antes do termo do ano agrícola posterior à sentença, e sem que esteja salvaguardado o direito de colheita dos frutos pendentes por parte do arrendatário, salvo nos casos de arrendamento florestal, em que se aplica o disposto no nº 3 do artigo 15º

3 – No decurso do último ano do arrendamento, o arrendatário não pode opor-se à realização dos trabalhos indispensáveis ao normal aproveitamento da terra, a efectuar pelo novo cultivador, sem prejuízo do direito que lhe assiste em matéria de colheita de frutos pendentes.

ARTIGO 39º – Aplicação no tempo

1 – Aos contratos de arrendamento rural, celebrados a partir da data de entrada em vigor do presente decreto-lei, aplica-se, obrigatoriamente e na íntegra, o regime nele previsto.

2 – Aos contratos de arrendamento, existentes à data da entrada em vigor do presente decreto-lei, aplica-se o regime nele prescrito, de acordo com os seguintes princípios:

a) O novo regime apenas se aplica aos contratos existentes a partir do fim do prazo do contrato, ou da sua renovação, em curso;

b) O novo regime não se aplica aos processos pendentes em juízo que, à data da sua entrada em vigor, já tenham sido objecto de decisão em 1.ª instância, ainda que não transitada em julgado, salvo quanto a normas de natureza interpretativa;

c) Até ao termo do prazo em curso dos contratos validamente celebrados ao abrigo do artigo 36º da Lei nº 76/77, de 29 de Setembro, não se aplica o disposto no artigo 10º

ARTIGO 40º – Aplicação às Regiões Autónomas

O presente decreto-lei aplica-se às Regiões Autónomas dos Açores e da Madeira, com as necessárias adaptações a introduzir por decreto legislativo regional, mantendo-se em vigor, até à data de publicação deste, a legislação actual.

ARTIGO 41º – Alteração dos contratos existentes

Os contratos de arrendamento rural existentes à data de entrada em vigor do presente decreto-lei devem, no momento da sua renovação, ser alterados em conformidade com o mesmo.

ARTIGO 42º – Direito subsidiário

1 – Nos casos omissos, desde que não contrariem os princípios do presente decreto-lei, aplicam-se, sucessivamente, as regras respeitantes ao contrato de locação e as regras dos contratos em geral, previstas no Código Civil.

2 – Nos casos omissos no presente decreto-lei e respeitantes à parte adjectiva do mesmo aplica-se o Código de Processo Civil.

ARTIGO 43º – Norma revogatória

Ressalvada a sua vigência para efeitos do disposto no artigo 41º, são revogados:

a) O Decreto-Lei nº 385/88, de 25 de Outubro, alterado pelo Decreto-Lei nº 524/99, de 10 de Dezembro;

b) O Decreto-Lei nº 394/88, de 8 de Novembro.

ARTIGO 44º – Entrada em vigor e produção de efeitos

1 – O presente decreto-lei entra em vigor 90 dias após a data da sua publicação.

2 – Sem prejuízo do disposto no artigo 39º, o presente decreto-lei apenas produz efeitos relativamente aos contratos de arrendamento existentes na data da sua entrada em vigor, após os mesmos serem alterados nos termos estabelecidos no artigo 41º

Visto e aprovado em Conselho de Ministros de 20 de Agosto de 2009. – *José Sócrates Carvalho Pinto de Sousa – Alberto Bernardes Costa – António José de Castro Guerra – Jaime de Jesus Lopes Silva.*

Promulgado em 30 de Setembro de 2009.

Publique-se.

O Presidente da República, ANÍBAL CAVACO SILVA.

Referendado em 1 de Outubro de 2009.

O Primeiro-Ministro, *José Sócrates Carvalho Pinto de Sousa.*

Cláusulas Contratuais Gerais

Decreto-Lei nº 446/85, de 25 de outubro*

1 – Constitui a liberdade contratual um dos princípios básicos do direito privado. Na sua plena acepção, ela postula negociações preliminares íntegras, ao fim das quais as partes, tendo ponderado os respectivos interesses e os diversos meios de os prosseguir, assumem, com discernimento e liberdade, determinadas estipulções.

A essa luz, uma boa medida do direito dos contratos possui natureza supletiva: as normas legais apenas se aplicam quando os intervenientes, no exercício legítimo da sua autonomia privada, as não tenham afastado. Por expressivo, recorde-se que o artigo 405º, nº 1, do Código Civil reconhece às partes a faculdade de fixar livremente o conteúdo dos contratos, celebrar contratos diferentes dos previstos na lei ou incluir nestes as cláusulas que lhes aprouver.

2 – Dentro da visão clássica da autonomia contratual, os grandes obstáculos à sua efectivação residiam na ausência concreta de discernimento ou de liberdade, a respeito da celebração, ou, ainda, na presença de divergências entre a vontade real e a vontade declarada. Encararam-se tais aspectos com recurso aos institutos do erro, do dolo, da falta de consciência da declaração, da coacção, da incapacidade acidental, da simulação, da reserva mental ou da não seriedade da declaração.

Uma experiência jurídica antiga também demonstrou que certas cláusulas, quando inseridas em contratos, se tornavam nocivas ou injustas. Deste modo, apareceram proibições relativas, entre outros, aos negócios usurários, aos pactos leoninos, aos pactos comissórios e, em termos mais genéricos, aos actos contrários à lei, à ordem pública ou aos bons costumes.

Assim acautelada, a liberdade contratual assumiu uma importância marcante, com dimensões jurídicas, económicas, sociais e culturais. Importância que se conserva nos nossos dias.

* Texto de acordo com a republicação do Decreto-Lei nº 220/95, de 31 de agosto.

3 – As sociedades técnicas e industrializadas da actualidade introduziram. contudo, alterações de vulto nos parâmetros tradicionais da liberdade contratual. A negociação privada, assente no postulado da igualdade formal das partes, não corresponde muitas vezes, ou mesmo via de regra, ao concreto da vida. Para além do seu nível atomístico, a contratação reveste-se de vectores colectivos que o direito deve tomar em conta. O comércio jurídico massificou-se: continuamente, as pessoas celebram contratos não precedidos de qualquer fase negociatória. A prática jurídico-económica racionalizou-se e especializou-se: as grandes empresas uniformizam os seus contratos, de modo a acelerar as operações necessárias à colocação dos produtos e a planificar, nos diferentes aspectos, as vantagens e as adstrições que lhes advém do tráfico jurídico.

O fenómeno das cláusulas contratuais gerais fez, em suma, a sua aparição, estendendo-se aos domínios mais diversos. São elaborados, com graus de minúcia variáveis, modelos negociais a que pessoas indeterminadas se limitam a aderir, sem possibilidade de discussão ou de introdução de modificações. Daí que a liberdade contratual se cinja, de facto, ao dilema da aceitação ou rejeição desses esquemas predispostos unilateralmente por entidades sem autoridade pública, mas que desempenham na vida dos particulares um papel do maior relevo.

4 – As cláusulas contratuais gerais surgem como um instituto à sombra da liberdade contratual. Numa perspectiva jurídica, ninguém é obrigado a aderir a esquemas negociais de antemão fixados para uma série indefinida de relações concretas. E, fazendo-o, exerce uma autonomia que o direito reconhece e tutela.

A realidade pode, todavia, ser diversa. Motivos de celeridade e de precisão, a existência de monopólios, oligopólios e outras formas de concertação entre as empresas, aliados à mera impossibilidade, por parte dos destinatários, de um conhecimento rigoroso de todas as implicações dos textos a que adiram, ou as hipóteses alternativas que tal adesão comporte, tornam viáveis situações abusivas e inconvenientes. O problema da correcção das cláusulas contratuais gerais adquiriu, pois, uma flagrante premência. Convirá, no entanto, reconduzi-lo às suas autênticas dimensões.

5 – Apresentam-se as cláusulas contratuais gerais como algo de necessário, que resulta das características e amplitude das sociedades modernas. Em última análise, as padronizações negociais favorecem o dinamismo do tráfico jurídico, conduzindo a uma racionalização ou normalização e a uma eficácia benéficas aos próprios consumidores. Mas não deve esquecer-se que o predisponente pode derivar do sistema certas vantagens que signifiquem restrições, despesas ou encargos menos razoáveis ou iníquos para os particulares.

Ora, nesse quadro, as garantias clássicas da liberdade contratual mostram-se actuantes apenas em casos extremos: o postulado da igualdade formal dos contratantes não raro dificulta, ou até impede, uma verdadeira ponderação judicial do conteúdo do contrato, em ordem a restabelecer, sendo caso disso, a sua justiça e a sua idoneidade. A prática revela que a transposição da igualdade formal para a material unicamente se realiza quando se forneçam ao julgador referências exactas, que ele possa concretizar.

6 – O Código Civil vigente consagra em múltiplas disposições o princípio da boa fé. Deu-se um passo decisivo no sentido de estimular ou habilitar os tribunais a intervenções relativas ao conteúdo dos contratos, com vista à salvaguarda dos

interesses da parte negocialmente mais fraca. Através da boa fé, o intérprete dispõe de legitimidade para a efectivação de coordenadas fundamentais do direito. O apelo ao conceito de ordem pública é um outro alicerce.

Sabe-se, contudo, que o problema das cláusulas contratuais gerais oferece aspectos peculiares. De tal maneira que sem normas expressas dificilmente se consegue uma sua fiscalização judicial eficaz. Logo, a criação de instrumentos legislativos apropriados à matéria reconduz-se à observância dos imperativos constitucionais de combate aos abusos do poder económico e de defesa do consumidor. Acresce a recomendação que, vai para nove anos, o Conselho da Europa fez, nesse sentido, aos Estados Membros.

7 – Na elaboração deste diploma atendeu-se aos precedentes estrangeiros, que se multiplicam, assim como aos ensinamentos colhidos da aplicação e da crítica de tais experiências. Também se ponderaram as directrizes dimanadas do Conselho da Europa. Mas houve a preocupação de evitar um reformismo abstracto, quer dizer, que desconhecesse as facetas da realidade portuguesa.

É certo que o problema não tem, entre nós, tradições assinaláveis. Apenas se detectam alguns raros preceitos, mais ou menos vagos e dispersos, mormente voltados para uma fiscalização prévia de índole administrativa. Os arestos dos tribunais, quanto se apurou, são escassos e pouco expressivos. A prática dos contratos nada revela de específico.

Entretanto, a nossa doutrina mais recente põe em destaque inequívoco a acuidade do tema. Aí se encontrou estímulo para um articulado desenvolto, inclusive, abrangendo situações que ultrapassam os meros consumidores ou utentes finais de bens e serviços. Encarou-se a questão das cláusulas contratuais gerais com abertura. A jurisprudência e à dogmática jurídica pertence extrair todas as virtualidades dos dispositivos legais agora sancionados. Aquelas não ficam, de resto, como se impõe, encerradas num sistema rígido que tolha a consideração de novas situações e valorações de interesses, resultantes da natural evolução da vida.

Face aos resultados apurados com base na efectiva aplicação do presente diploma, encarar-se-á a hipótese de ser criado um serviço de registo das cláusulas contratuais gerais. Destinar-se-á esse serviço a assegurar a publicidade das que forem elaboradas, alteradas ou proibidas por decisão transitada em julgado.

A importância, a novidade e a complexidade do presente diploma são óbvias. Em decorrência, consagra-se um período de vacatio mais longo do que o geralmente previsto.

Assim:

O Governo decreta, nos termos da alínea *a*) do nº 1 do artigo 201º da Constituição, o seguinte:

CAPÍTULO I – Disposições gerais

ARTIGO 1º – Âmbito de aplicação

1 – As cláusulas contratuais gerais elaboradas sem prévia negociação individual, que proponentes ou destinatários indeterminados se limitem, respectivamente, a subscrever ou aceitar, regem-se pelo presente diploma.

2 – O presente diploma aplica-se igualmente às cláusulas inseridas em contratos individualizados, mas cujo conteúdo previamente elaborado o destinatário não pode influenciar.

3 – O ónus da prova de que uma cláusula contratual resultou de negociação prévia entre as partes recai sobre quem pretenda prevalecer-se do seu conteúdo.

(Redação dada pelo Decreto-Lei nº 249/99, de 07-07)

ARTIGO 2º – Forma, extensão, conteúdo e autoria

O artigo anterior abrange, salvo disposição em contrário, todas as cláusulas contratuais gerais, independentemente da forma da sua comunicação ao público, da extensão que assumam ou que venham a apresentar nos contratos a que se destinem, do conteúdo que as informe ou de terem sido elaboradas pelo proponente, pelo destinatário ou por terceiros.

ARTIGO 3º – Excepções

1 – O presente diploma não se aplica:

a) A cláusulas típicas aprovadas pelo legislador;

b) A cláusulas que resultem de tratados ou convenções internacionais vigentes em Portugal;

c) A contratos submetidos a normas de direito público;

d) A actos do direito da família ou do direito das sucessões;

e) A cláusulas de instrumentos de regulamentação colectiva de trabalho.

(Redação dada pelo Decreto-Lei nº 220/95, de 31-08)

CAPÍTULO II – Inclusão de cláusulas contratuais gerais em contratos singulares

ARTIGO 4º – Inclusão em contratos singulares

As cláusulas contratuais gerais inseridas em propostas de contratos singulares incluem-se nos mesmos, para todos os efeitos, pela aceitação, com observância do disposto neste capítulo.

ARTIGO 5º – Comunicação

1 – As cláusulas contratuais gerais devem ser comunicadas na íntegra aos aderentes que se limitem a subscrevê-las ou a aceitá-las.

2 – A comunicação deve ser realizada de modo adequado e com a antecedência necessária para que, tendo em conta a importância do contrato e a extensão e complexidade das cláusulas, se torne possível o seu conhecimento completo e efectivo por quem use de comum diligência.

3 – O ónus da prova da comunicação adequada e efectiva cabe ao contratante que submeta a outrem as cláusulas contratuais gerais.

(Redação dada pelo Decreto-Lei nº 220/95, de 31-08)

ARTIGO 6º – Dever de informação

1 – O contratante que recorra a cláusulas contratuais gerais deve informar, de acordo com as circunstâncias, a outra parte dos aspectos nelas compreendidos cuja aclaração se justifique.

2 – Devem ainda ser prestados todos os esclarecimentos razoáveis solicitados.

ARTIGO 7º – Cláusulas prevalentes

As cláusulas especificamente acordadas prevalecem sobre quaisquer cláusulas contratuais gerais, mesmo quando constantes de formulários assinados pelas partes.

ARTIGO 8º – Cláusulas excluídas dos contratos singulares

Consideram-se excluídas dos contratos singulares:

a) As cláusulas que não tenham sido comunicadas nos termos do artigo 5º;

b) As cláusulas comunicadas com violação do dever de informação, de molde que não seja de esperar o seu conhecimento efectivo;

c) As cláusulas que, pelo contexto em que surjam, pela epígrafe que as precede ou pela sua apresentação gráfica, passem despercebidas a um contratante normal, colocado na posição do contratante real;

d) As cláusulas inseridas em formulários, depois da assinatura de algum dos contratantes.

ARTIGO 9º – Subsistência dos contratos singulares

1 – Nos casos previstos no artigo anterior os contratos singulares mantêm-se, vigorando na parte afectada as normas supletivas aplicáveis, com recurso, se necessário, às regras de integração dos negócios jurídicos.

2 – Os referidos contratos são, todavia, nulos quando, não obstante a utilização dos elementos indicados no número anterior, ocorra uma indeterminação insuprível de aspectos essenciais ou um desequilíbrio nas prestações gravemente atentatório da boa fé.

(Cfr. Declaração de Rectificação nº 114-B/95, de 31-08)

CAPÍTULO III – Interpretação e integração das cláusulas contratuais gerais

ARTIGO 10º – Princípio geral

As cláusulas contratuais gerais são interpretadas e integradas de harmonia com as regras relativas à interpretação e integração dos negócios jurídicos, mas sempre dentro do contexto de cada contrato singular em que se incluam.

ARTIGO 11º – Cláusulas ambíguas

1 – As cláusulas contratuais gerais ambíguas têm o sentido que lhes daria o contratante indeterminado normal que se limitasse a subscrevê-las ou aceitá-las, quando colocado na posição de aderente real.

2 – Na dúvida, prevalece o sentido mais favorável ao aderente.

3 – O disposto no número anterior não se aplica no âmbito das acções inibitórias.

(Redação dada pelo Decreto-Lei nº 249/99, de 07-07)

CAPÍTULO IV – Nulidade das cláusulas contratuais gerais

ARTIGO 12º – Cláusulas proibidas

As cláusulas contratuais gerais proibidas por disposição deste diploma são nulas nos termos nele previstos.

ARTIGO 13º – Subsistência dos contratos singulares

1 – O aderente que subscreva ou aceite cláusulas contratuais gerais pode optar pela manutenção dos contratos singulares quando algumas dessas cláusulas sejam nulas.

2 – A manutenção de tais contratos implica a vigência, na parte afectada, das normas supletivas aplicáveis, com recurso, se necessário, às regras de integração dos negócios jurídicos.

ARTIGO 14º – Redução

Se a faculdade prevista no artigo anterior não for exercida ou, sendo-o, conduzir a um desequilíbrio de prestações gravemente atentatório da boa fé, vigora o regime da redução dos negócios jurídicos.

(Cfr. Declaração de Rectificação nº 114-B/95, de 31-08)

CAPÍTULO V – Cláusulas contratuais gerais proibidas

SECÇÃO I – Disposições comuns por natureza

ARTIGO 15º – Princípio geral

São proibidas as cláusulas contratuais gerais contrárias à boa fé.

(Cfr. Declaração de Rectificação nº 114-B/95, de 31-08)

ARTIGO 16º – Concretização

Na aplicação da norma anterior devem ponderar-se os valores fundamentais do direito, relevantes em face da situação considerada, e, especialmente:

a) A confiança suscitada, nas partes, pelo sentido global das cláusulas contratuais em causa, pelo processo de formação do contrato singular celebrado, pelo teor deste e ainda por quaisquer outros elementos atendíveis;

b) O objectivo que as partes visam atingir negocialmente, procurando-se a sua efectivação à luz do tipo de contrato utilizado.

SECÇÃO II – Relações entre empresários ou entidades equiparadas

ARTIGO 17º – Âmbito das proibições

Nas relações entre empresários ou os que exerçam profissões liberais, singulares ou colectivos, ou entre uns e outros, quando intervenham apenas nessa qualidade e no âmbito da sua actividade específica, aplicam-se as proibições constantes desta secção e da anterior.

ARTIGO 18º – Cláusulas absolutamente proibidas

São em absoluto proibidas, designadamente, as cláusulas contratuais gerais que:

a) Excluam ou limitem, de modo directo ou indirecto, a responsabilidade por danos causados à vida, à integridade moral ou física ou à saúde das pessoas;

b) Excluam ou limitem, de modo directo ou indirecto, a responsabilidade por danos patrimoniais extracontratuais, causados na esfera da contraparte ou de terceiros;

c) Excluam ou limitem, de modo directo ou indirecto, a responsabilidade por não cumprimento definitivo, mora ou incumprimento defeituoso, em caso de dolo ou de culpa grave;

d) Excluam ou limitem, de modo directo ou indirecto, a responsabilidade por actos de representantes ou auxiliares, em caso de dolo ou de culpa grave;

e) Confiram, de modo directo ou indirecto, a quem as predisponha, a faculdade exclusiva de interpretar qualquer cláusula do contrato;

f) Excluam a excepção de não cumprimento do contrato ou a resolução por incumprimento;

g) Excluam ou limitem o direito de retenção;

h) Excluam a faculdade de compensação, quando admitida na lei;

i) Limitem, a qualquer título, a faculdade de consignação em depósito, nos casos e condições legalmente previstos;

j) Estabeleçam obrigações duradouras perpétuas ou cujo tempo de vigência dependa, apenas, da vontade de quem as predisponha;

l) Consagrem, a favor de quem as predisponha, a possibilidade de cessão da posição contratual, de transmissão de dívidas ou de subcontratar, sem o acordo da contraparte, salvo se a identidade do terceiro constar do contrato inicial.

ARTIGO 19º – Cláusulas relativamente proibidas

São proibidas, consoante o quadro negocial padronizado, designadamente, as cláusulas contratuais gerais que:

a) Estabeleçam, a favor de quem as predisponha, prazos excessivos para a aceitação ou rejeição de propostas;

b) Estabeleçam, a favor de quem as predisponha, prazos excessivos para o cumprimento, sem mora, das obrigações assumidas;

c) Consagrem cláusulas penais desproporcionadas aos danos a ressarcir;

d) Imponham ficções de recepção, de aceitação ou de outras manifestações de vontade com base em factos para tal insuficientes;

e) Façam depender a garantia das qualidades da coisa cedida ou dos serviços prestados, injustificadamente, do não recurso a terceiros;

f) Coloquem na disponibilidade de uma das partes a possibilidade de denúncia, imediata ou com pré-aviso insuficiente, sem compensação adequada, do contrato, quando este tenha exigido à contraparte investimentos ou outros dispêndios consideráveis;

g) Estabeleçam um foro competente que envolva graves inconvenientes para uma das partes, sem que os interesses da outra o justifiquem;

h) Consagrem, a favor de quem as predisponha, a faculdade de modificar as prestações sem compensação correspondente às alterações de valor verificadas;

i) Limitem, sem justificação, a faculdade de interpelar.

Secção III – Relações com consumidores finais

ARTIGO 20º – Âmbito das proibições

Nas relações com os consumidores finais e, genericamente, em todas as não abrangidas pelo artigo 17º, aplicam-se as proibições das secções anteriores e as constantes desta secção.

ARTIGO 21º – Cláusulas absolutamente proibidas

São em absoluto proibidas, designadamente, as cláusulas contratuais gerais que:

a) Limitem ou de qualquer modo alterem obrigações assumidas, na contratação, directamente por quem as predisponha ou pelo seu representante;

b) Confiram, de modo directo ou indirecto, a quem as predisponha a faculdade exclusiva de verificar e estabelecer a qualidade das coisas ou serviços fornecidos;

c) Permitam a não correspondência entre as prestações a efectuar e as indicações, especificações ou amostras feitas ou exibidas na contratação;

d) Excluam os deveres que recaem sobre o predisponente, em resultado de vícios da prestação, ou estabeleçam, nesse âmbito, reparações ou indemnizações pecuniárias predeterminadas;

e) Atestem conhecimentos das partes relativos ao contrato, quer em aspectos jurídicos, quer em questões materiais;

f) Alterem as regras respeitantes à distribuição do risco;

g) Modifiquem os critérios de repartição do ónus da prova ou restrinjam a utilização de meios probatórios legalmente admitidos;

h) Excluam ou limitem de antemão a possibilidade de requerer tutela judicial para situações litigiosas que surjam entre os contratantes ou prevejam modalidades de arbitragem que não assegurem as garantias de procedimento estabelecidas na lei.

ARTIGO 22º – Cláusulas relativamente proibidas

1 – São proibidas, consoante o quadro negocial padronizado, designadamente, as cláusulas contratuais gerais que:

a) Prevejam prazos excessivos para a vigência do contrato ou para a sua denúncia;

b) Permitam, a quem as predisponha, denunciar livremente o contrato, sem pré-aviso adequado, ou resolvê-lo sem motivo justificativo, fundado na lei ou em convenção;

c) Atribuam a quem as predisponha o direito de alterar unilateralmente os termos do contrato, excepto se existir razão atendível que as partes tenham convencionado;

d) Estipulem a fixação do preço de bens na data da entrega, sem que se dê à contraparte o direito de resolver o contrato, se o preço final for excessivamente elevado em relação ao valor subjacente às negociações;

e) Permitam elevações de preços, em contratos de prestações sucessivas, dentro de prazos manifestamente curtos, ou, para além desse limite, elevações exageradas, sem prejuízo do que dispõe o artigo 437º do Código Civil;

f) Impeçam a denúncia imediata do contrato quando as elevações dos preços a justifiquem;

g) Afastem, injustificadamente, as regras relativas ao cumprimento defeituoso ou aos prazos para o exercício de direitos emergentes dos vícios da prestação;

h) Imponham a renovação automática de contratos através do silêncio da contraparte, sempre que a data limite fixada para a manifestação de vontade contrária a essa renovação se encontre excessivamente distante do termo do contrato;

i) Confiram a uma das partes o direito de pôr termo a um contrato de duração indeterminada, sem pré-aviso razoável, excepto nos casos em que estejam presentes razões sérias capazes de justificar semelhante atitude;

j) Impeçam, injustificadamente, reparações ou fornecimentos por terceiros;

l) Imponham antecipações de cumprimento exageradas;

m) Estabeleçam garantias demasiado elevadas ou excessivamente onerosas em face do valor a assegurar;

n) Fixem locais, horários ou modos de cumprimento despropositados ou inconvenientes;

o) Exijam, para a prática de actos na vigência do contrato, formalidades que a lei não prevê ou vinculem as partes a comportamentos supérfluos, para o exercício dos seus direitos contratuais.

2 – O disposto na alínea *c*) do número anterior não determina a proibição de cláusulas contratuais gerais que:

a) Concedam ao fornecedor de serviços financeiros o direito de alterar a taxa de juro ou o montante de quaisquer outros encargos aplicáveis, desde que correspondam a variações do mercado e sejam comunicadas de imediato, por escrito, à contraparte, podendo esta resolver o contrato com fundamento na mencionada alteração;

b) Atribuam a quem as predisponha o direito de alterar unilateralmente o conteúdo de um contrato de duração indeterminada, contanto que se preveja o dever de informar a contraparte com pré-aviso razoável e se lhe dê a faculdade de resolver o contrato.

3 – As proibições constantes das alíneas *c*) e *d*) do nº 1 não se aplicam:

a) Às transacções referentes a valores mobiliários ou a produtos e serviços cujo preço dependa da flutuação de taxas formadas no mercado financeiro;

b) Aos contratos de compra e venda de divisas, de cheques de viagem ou de vales postais internacionais expressos em divisas.

4 – As alíneas *c*) e *d*) do nº 1 não implicam a proibição das cláusulas de indexação, quando o seu emprego se mostre compatível com o tipo contratual onde se encontram inseridas e o mecanismo de variação do preço esteja explicitamente descrito.

ARTIGO 23º – Direito aplicável

1 – Independentemente da lei escolhida pelas partes para regular o contrato, as normas desta secção aplicam-se sempre que o mesmo apresente uma conexão estreita com o território português.

2 – No caso de o contrato apresentar uma conexão estreita com o território de outro Estado membro da Comunidade Europeia aplicam-se as disposições correspondentes desse país na medida em que este determine a sua aplicação.

(Redação dada pelo Decreto-Lei nº 249/99, de 07-07)

CAPÍTULO VI – **Disposições processuais**

ARTIGO 24º – Declaração de nulidade

As nulidades previstas neste diploma são invocáveis nos termos gerais.

ARTIGO 25º – Acção inibitória

As cláusulas contratuais gerais, elaboradas para utilização futura, quando contrariem o disposto nos artigos 15º, 16º, 18º, 19º, 21º e 22º podem ser proibidas por decisão judicial, independentemente da sua inclusão efectiva em contratos singulares.

ARTIGO 26º – Legitimidade activa

1 – A acção destinada a obter a condenação na abstenção do uso ou da recomendação de cláusulas contratuais gerais só pode ser intentada:

a) Por associações de defesa do consumidor dotadas de representatividade, no âmbito previsto na legislação respectiva;

b) Por associações sindicais, profissionais ou de interesses económicos legalmente constituídas, actuando no âmbito das suas atribuições;

c) Pelo Ministério Público, oficiosamente, por indicação do Provedor de Justiça ou quando entenda fundamentada a solicitação de qualquer interessado.

2 – As entidades referidas no número anterior actuam no processo em nome próprio, embora façam valer um direito alheio pertencente, em conjunto, aos consumidores susceptíveis de virem a ser atingidos pelas cláusulas cuja proibição é solicitada.

(Cfr. Declaração de Rectificação nº 114-B/95, de 31-08)

ARTIGO 27º – Legitimidade passiva

1 – A acção referida no artigo anterior pode ser intentada:

a) Contra quem, predispondo cláusulas contratuais gerais, proponha contratos que as incluam ou aceite propostas feitas nos seus termos;

b) Contra quem, independentemente da sua predisposição e utilização em concreto, as recomende a terceiros.

2 – A acção pode ser intentada, em conjunto, contra várias entidades que predisponham e utilizem ou recomendem as mesmas cláusulas contratuais gerais, ou cláusulas substancialmente idênticas, ainda que a coligação importe ofensa do disposto no artigo seguinte.

ARTIGO 28º – Tribunal competente

1 – Para a acção inibitória é competente o tribunal da comarca onde se localiza o centro da actividade principal do demandado ou, não se situando ele em território

nacional, o da comarca da sua residência ou sede; se estas se localizarem no estrangeiro, será competente o tribunal do lugar em que as cláusulas contratuais gerais foram propostas ou recomendadas.

2 – O valor da acção excede € 0,01 ao fixado para a alçada da Relação.
(Redação dada pelo Decreto-Lei nº 323/2001, de 17-12)

ARTIGO 29º – Forma de processo e isenções

1 – A acção destinada a proibir o uso ou a recomendação de cláusulas contratuais gerais que se considerem abusivas segue os termos do processo sumário de declaração e está isenta de custas.

2 – O valor das acções referidas no número anterior excede 1$ ao fixado para a alçada da Relação.

ARTIGO 30º – Parte decisória da sentença

1 – A decisão que proíba as cláusulas contratuais gerais especificará o âmbito da proibição, designadamente através da referência concreta do seu teor e a indicação do tipo de contratos a que a proibição se reporta.

2 – A pedido do autor, pode ainda o vencido ser condenado a dar publicidade à proibição, pelo modo e durante o tempo que o tribunal determine.

ARTIGO 31º – Proibição provisória

1 – Quando haja receio fundado de virem a ser incluídas em contratos singulares cláusulas gerais incompatíveis com o disposto no presente diploma, podem as entidades referidas no artigo 26º requerer provisoriamente a sua proibição.

2 – A proibição provisória segue, com as devidas adaptações, os termos fixados na lei processual para os procedimentos cautelares não especificados.

ARTIGO 32º – Consequências da proibição definitiva

1 – Se o demandado, vencido na acção inibitória, infringir a obrigação de se abster de utilizar ou de recomendar cláusulas contratuais gerais que foram objecto de proibição definitiva por decisão transitada em julgado, incorre numa sanção pecuniária compulsória que não pode ultrapassar o valor de € 4987,98 por cada infracção.

2 – Aquele que seja parte, juntamente com o demandado vencido na acção inibitória, em contratos onde se incluam cláusulas gerais proibidas, nos termos referidos no número anterior, pode invocar a todo o tempo, em seu benefício, a declaração incidental de nulidade contida na decisão inibitória.

3 – A inobservância do preceituado no nº 1 tem como consequência a aplicação do artigo 9º.
(Redação dada pelo Decreto-Lei nº 323/2001, de 17-12)

ARTIGO 33º – Sanção pecuniária compulsória

1 – Se o demandado, vencido na acção inibitória, infringir a obrigação de se abster de utilizar ou de recomendar cláusulas contratuais gerais que foram objecto de proibição definitiva por decisão transitada em julgado, incorre numa sanção pecuniária

compulsória que não pode ultrapassar o dobro do valor da alçada da Relação por cada infracção.

2 – A sanção prevista no número anterior é aplicada pelo tribunal que apreciar a causa em 1.ª instância, a requerimento de quem possa prevalecer-se da decisão proferida, devendo facultar-se ao infractor a oportunidade de ser previamente ouvido.

3 – O montante da sanção pecuniária compulsória destina-se, em partes iguais, ao requerente e ao Estado.

ARTIGO 34º – Comunicação das decisões judiciais para efeito de registo

Os tribunais devem remeter, no prazo de 30 dias, ao serviço previsto no artigo seguinte, cópia das decisões transitadas em julgado que, por aplicação dos princípios e das normas constantes do presente diploma, tenham proibido o uso ou a recomendação de cláusulas contratuais gerais ou declarem a nulidade de cláusulas inseridas em contratos singulares.

CAPÍTULO VII – Disposições finais e transitórias

ARTIGO 35º – Serviço de registo

1 – Mediante portaria do Ministério da Justiça, a publicar dentro de seis meses subsequentes à entrada em vigor do presente diploma, será designado o serviço que fica incumbido de organizar e manter actualizado o registo das cláusulas contratuais abusivas que lhe sejam comunicadas, nos termos do artigo anterior.

2 – O serviço referido no número precedente deve criar condições que facilitem o conhecimento das cláusulas consideradas abusivas por decisão judicial e prestar os esclarecimentos que lhe sejam solicitados dentro do âmbito das respectivas atribuições.

ARTIGO 36º – Aplicação no tempo

O presente diploma aplica-se também às cláusulas contratuais gerais existentes à data da sua entrada em vigor, exceptuando-se, todavia, os contratos singulares já celebrados com base nelas.

ARTIGO 37º – Direito ressalvado

Ficam ressalvadas todas as disposições legais que, em concreto, se mostrem mais favoráveis ao aderente que subscreva ou aceite propostas que contenham cláusulas não negociadas individualmente.

Visto e aprovado em Conselho de Ministros de 20 de Setembro de 1985. – *Mário Soares – Rui Manuel Parente Chancerelle de Machete – Mário Ferreira Bastos Raposo.*

Promulgado em 14 de Outubro de 1985.

Publique-se.

O Presidente da República, António Ramalho Eanes.

Referendado em 16 de Outubro de 1985.

O Primeiro-Ministro, *Mário Soares.*

Regime da Propriedade Horizontal

Decreto-Lei nº 268/94, de 25 de outubro

A necessidade de desenvolver alguns aspectos do regime da propriedade horizontal, aliada à opção de preservar a integração da disciplina daquele instituto no Código Civil, explica a aprovação do presente diploma.

Na verdade, as regras aqui consagradas estatuem ou sobre matérias estranhas à natureza de um diploma como o Código Civil ou com carácter regulamentar, e têm o objectivo de procurar soluções que tornem mais eficaz o regime da propriedade horizontal, facilitando simultaneamente o decorrer das relações entre os condóminos e terceiros.

Assim:

Nos termos da alínea *a*) do nº 1 do artigo 201º da Constituição, o Governo decreta o seguinte:

ARTIGO 1º – Deliberações da assembleia de condóminos

1 – São obrigatoriamente lavradas actas das assembleias de condóminos, redigidas e assinadas por quem nelas tenha servido de presidente e subscritas por todos os condóminos que nelas hajam participado.

2 – As deliberações devidamente consignadas em acta são vinculativas tanto para os condóminos como para os terceiros titulares de direitos relativos às fracções.

3 – Incumbe ao administrador, ainda que provisório, guardar as actas e facultar a respectiva consulta, quer nos condóminos, quer aos terceiros a que se refere o número anterior.

ARTIGO 2º – Documentos e notificações relativos ao condomínio

1 – Deverão ficar depositadas, à guarda do administrador, as cópias autenticadas dos documentos utilizados para instruir o processo de constituição da propriedade horizontal, designadamente do projecto aprovado pela entidade pública competente.

2 – O administrador tem o dever de guardar e dar a conhecer aos condóminos todas as notificações dirigidas ao condomínio, designadamente as provenientes das autoridades administrativas.

ARTIGO 3º – Informação

Na entrada do prédio ou conjunto de prédios ou em local de passagem comum aos condóminos deverá ser afixada a identificação do administrador em exercício ou de quem, a título provisório, desempenhe as funções deste.

ARTIGO 4º – Fundo comum de reserva

1 – É obrigatória a constituição, em cada condomínio, de um fundo comum de reserva para custear as despesas de conservação do edifício ou conjunto de edifícios.

2 – Cada condómino contribui para esse fundo com uma quantia correspondente a, pelo menos, 10% da sua quota-parte nas restantes despesas do condomínio.

3 – O fundo comum de reserva deve ser depositado em instituição bancária, competindo à assembleia de condóminos a respectiva administração.

ARTIGO 5º – Actualização do seguro

1 – É obrigatória a actualização anual do seguro contra o risco de incendio.

2 – Compete à assembleia de condóminos deliberar o montante de cada actualização.

3 – Se a assembleia não aprovar o montante da actualização, deve o administrador actualizar o seguro de acordo com o índice publicado trimestralmente pelo Instituto de Seguros de Portugal.

ARTIGO 6º – Dívidas por encargos de condomínio

1 – A acta da reunião da assembleia de condóminos que tiver deliberado o montante das contribuições devidas ao condomínio ou quaisquer despesas necessárias à conservação e fruição das partes comuns e ao pagamento de serviços de interesse comum, que não devam ser suportadas pelo condomínio, constitui título executivo contra o proprietário que deixar de pagar, no prazo estabelecido na sua quota-parte.

2 – O administrador deve instaurar acção judicial destinada a cobrar as quantias referidas no número anterior.

ARTIGO 7º – Falta ou impedimento do administrador

O regulamento deve prever e regular o exercício das funções de administração na falta ou impedimento do administrador ou de quem a título provisório desempenhe as funções deste.

ARTIGO 8º – Publicitação das regras de segurança

O administrador deve assegurar a publicitação das regras respeitantes à segurança do edifício ou conjunto de edifícios, designadamente à dos equipamentos de uso comum.

ARTIGO 9º – Dever de informação a terceiros

O administrador, ou quem a título provisório desempenhe as funções deste, deve facultar cópia do regulamento aos terceiros titulares de direitos relativos às fracções.

ARTIGO 10º – Obrigação de constituição da propriedade horizontal e de obtenção da licença da utilização

Celebrado contrato-promessa de compra e venda de fracção autónoma a constituir, e salvo estipulação expressa em contrário, fica o promitente-vendedor obrigado a exercer as diligências necessárias à constituição da propriedade horizontal e à obtenção da correspondente licença de utilização.

ARTIGO 11º – Obras

Para efeitos da aplicação do disposto nos artigos 10º 12º e 165º do Regulamento Geral das Edificações Urbanas, aprovado pelo Decreto-Lei nº 38382, de 7 de Agosto de 1961, é suficiente a notificação do administrador do condomínio.

ARTIGO 12º – Direito transitório

Nos prédios já sujeitos ao regime de propriedade horizontal à data da entrada em vigor do presente diploma deve, no prazo de 90 dias, ser dado cumprimento ao disposto no artigo 3º

Visto e aprovado em Conselho de Ministros de 28 de Julho de 1994. – *Aníbal António Cavaco Silva – Luís Francisco Valente de Oliveira – Álvaro José Brilhante Laborinho Lúcio – Luís Filipe Alves Monteiro – Joaquim Martins Ferreira do Amaral – Fernando Manuel Barbosa Faria de Oliveira.*

Promulgado em 7 de Outubro de 1994.

Publique-se.

O Presidente da República, MÁRIO SOARES.

Referendado em 10 de Outubro de 1994.

O Primeiro-Ministro, *Aníbal António Cavaco Silva.*

Regime Especial de Constituição Imediata de Associações

Lei nº 40/2007, de 24 de agosto

Aprova um regime especial de constituição imediata de associações e actualiza o regime geral de constituição previsto no Código Civil

A Assembleia da República decreta, nos termos da alínea *c*) do artigo 161º da Constituição, o seguinte:

CAPÍTULO I – Regime especial de constituição imediata de associações

ARTIGO 1º – Objecto

1 – É criado um regime especial de constituição imediata de associações com personalidade jurídica, com ou sem a simultânea aquisição, pelas associações, de marca registada.

2 – O regime especial de constituição imediata de associações não é aplicável aos partidos políticos, às pessoas colectivas religiosas, às associações sócio-profissionais de militares e de agentes das forças de segurança, às associações de empregadores, às associações sindicais, às comissões de trabalhadores e às associações humanitárias de bombeiros.

3 – O presente regime especial não é igualmente aplicável às associações cujos interessados na sua constituição concorram para o património social com bens imóveis.

ARTIGO 2º – Pressuposto de aplicação e escolha de denominação

1 – É pressuposto da aplicação do regime previsto na presente lei a opção por estatutos de modelo aprovado por deliberação do presidente do Instituto dos Registos

e do Notariado, I. P., desde que o mesmo se adeqúe ao fim da associação que se pretende constituir.

2 – A escolha da denominação da associação pode fazer-se através da opção por:

a) Uma denominação aprovada no posto de atendimento;

b) Uma denominação constituída por expressão de fantasia previamente criada e reservada a favor do Estado, associada ou não à aquisição de uma marca previamente registada a favor do Estado;

c) Apresentação de certificado de admissibilidade de denominação.

3 – A competência dos serviços de registo para a aprovação da denominação referida na alínea *a*) do número anterior é atribuída por despacho do presidente do Instituto dos Registos e do Notariado, I. P.

(Redação dada pelo Decreto-Lei nº 247-B/2008, de 30-12)

ARTIGO 3º - Competência

O regime a que se refere o nº 1 do artigo 1º é da competência das conservatórias e de outros serviços previstos em portaria do membro do Governo responsável pela área da justiça, independentemente da localização da sede da associação a constituir.

ARTIGO 4º - Prazo de tramitação

Os serviços referidos no artigo anterior devem iniciar e concluir a tramitação do procedimento no mesmo dia, em atendimento presencial único.

ARTIGO 5º - Início do procedimento

Os interessados na constituição da associação formulam o seu pedido junto do serviço competente, manifestando a sua opção pela denominação ou denominação e marca e pelo modelo de estatutos, nos termos do artigo 2º

ARTIGO 6º - Documentos a apresentar

1 – Para o efeito da constituição da associação, os interessados devem apresentar os documentos comprovativos da sua identidade, capacidade e poderes de representação para o acto.

2 – Os interessados podem proceder à entrega imediata da declaração de início de actividade para efeitos fiscais ou à indicação dos dados que permitam a sua entrega por via electrónica.

3 – Caso não procedam à entrega do documento referido no número anterior ou à indicação dos dados que permitam a sua entrega por via electrónica, os interessados são advertidos de que o devem fazer no serviço competente, no prazo legalmente fixado para o efeito.

ARTIGO 7º - Sequência do procedimento

1 – Efectuada a verificação inicial da identidade, da capacidade e dos poderes de representação dos interessados para o acto, bem como a regularidade dos documentos apresentados, o serviço competente procede aos seguintes actos, pela ordem indicada:

a) Cobrança dos encargos que se mostrem devidos;

b) Aprovação de denominação nos termos da alínea *a*) do nº 2 do artigo 2º ou afectação, por via informática e a favor da associação a constituir, da denominação escolhida ou da denominação e marca escolhidas e do número de identificação de pessoa colectiva (NIPC) associado à denominação, nos casos previstos na alínea *b*) do nº 2 do artigo 2º;

c) Preenchimento do acto constitutivo e dos estatutos, por documento particular, de acordo com o modelo previamente escolhido, nos termos das indicações dos interessados;

d) Reconhecimento presencial das assinaturas dos intervenientes no acto, apostas no acto constitutivo e nos estatutos;

e) Comunicação automática e electrónica da constituição da associação ao ficheiro central de pessoas colectivas e, se for o caso, codificação da actividade económica (CAE);

f) Disponibilização imediata do cartão electrónico de pessoa colectiva mediante a atribuição de código de acesso e comunicação aos interessados do número de identificação da associação na segurança social;

g) Sempre que possível, arquivo, em suporte electrónico, com dispensa da sua conservação em suporte físico, do acto constitutivo, dos estatutos, dos documentos comprovativos da capacidade e poderes de representação e de outros documentos que se revelem necessários à instrução do acto;

h) Publicação do acto constitutivo e dos estatutos da associação nos termos legalmente previstos para os actos das sociedades comerciais;

i) Sendo caso disso, completamento da declaração de início de actividade, para menção da denominação, NIPC e CAE.

2 – A atribuição de denominação referida na primeira parte da alínea *b*) do número anterior ocorre com a aprovação da primeira das denominações requeridas que for viável.

3 – Os actos previstos nas alíneas anteriores podem ser praticados pelo conservador ou por qualquer oficial dos registos.

(Redação dada pelo Decreto-Lei nº 247-B/2008, de 30-12)

ARTIGO 8º – Recusa de titulação

1 – O conservador ou o oficial de registo deve recusar a realização do acto previsto na alínea *c*) do nº 1 do artigo anterior sempre que verifique a existência de omissões, vícios ou deficiências que afectem a formação e exteriorização da vontade dos intervenientes no acto ou nos documentos que o devam instruir, bem como nos casos em que, perante as disposições legais aplicáveis, o acto não possa ser praticado.

2 – O conservador ou o oficial de registo deve ainda recusar a realização do acto previsto na alínea *c*) do nº 1 do artigo anterior quando o acto seja nulo, anulável ou ineficaz.

3 – Em caso de recusa, se o interessado declarar, oralmente ou por escrito, que pretende impugnar o respectivo acto, o conservador ou o oficial de registo deve lavrar despacho especificando os fundamentos respectivos.

4 – À recusa de titulação é aplicável o regime de impugnação previsto nos artigos 101º e seguintes do Código do Registo Comercial.

ARTIGO 9º – Aditamentos à denominação

1 – Nos casos previstos na alínea *b*) do nº 2 do artigo 2º, o serviço competente deve completar a composição da denominação com a menção do elemento indicativo da natureza associativa da entidade, assim como com a menção de qualquer expressão alusiva aos fins estatutários que os interessados optem por inserir naquela.

2 – Para efeitos do disposto na parte final do número anterior, não pode ser aditada qualquer menção que sugira a atribuição de um estatuto dependente de reconhecimento legal ou administrativo.

3 – *(Revogado.)*

(Redação dada pelo Decreto-Lei nº 247-B/2008, de 30-12)

ARTIGO 10º – Caducidade do direito ao uso da denominação

A não conclusão do procedimento no prazo previsto no artigo 4º por facto imputável aos interessados determina a caducidade do direito ao uso da denominação aprovada ou escolhida ou da denominação e marca escolhidas afectas à associação a constituir, nos termos da alínea *b*) do nº 1 do artigo 7º, não conferindo o direito à restituição dos encargos cobrados.

(Redação dada pelo Decreto-Lei nº 247-B/2008, de 30-12)

ARTIGO 11º – Documentos a entregar aos interessados

1 – Concluído o procedimento de constituição da associação, o serviço competente entrega de imediato aos interessados, a título gratuito:

a) Uma certidão do acto constitutivo e dos estatutos;

b) O recibo comprovativo do pagamento dos encargos devidos;

c) Nos casos em que com a constituição da associação ocorra a simultânea aquisição do registo de marca, para além dos documentos anteriores, documento comprovativo de tal aquisição, de modelo aprovado pelo Instituto Nacional da Propriedade Industrial, I. P. (INPI, I. P.)

2 – O serviço procede ainda ao envio posterior do cartão de pessoa colectiva a título gratuito.

(Redação dada pelo Decreto-Lei nº 247-B/2008, de 30-12)

ARTIGO 12º – Diligências subsequentes à conclusão do procedimento

1 – Após a conclusão do procedimento de constituição da associação, a conservatória, no prazo de vinte e quatro horas:

a) Remete, quando for caso disso, a declaração de início de actividade ao serviço fiscal competente;

b) Disponibiliza aos serviços competentes, por meios informáticos, os dados necessários para efeitos de comunicação da constituição da associação à administração fiscal, do respectivo início de actividade à Inspecção-Geral do Trabalho, bem como os dados necessários à inscrição oficiosa da associação nos serviços da segurança social;

c) Comunica o acto constitutivo e os estatutos da associação, por via electrónica, à entidade ou serviço competentes, nos casos de associações cujo registo em entidade ou serviço da Administração Pública seja obrigatório ou seja solicitado pelos interessados, quando facultativo;

d) Promove as restantes diligências que venham a ser fixadas por via regulamentar ou protocolar, nos termos do presente regime especial.

2 – No mesmo prazo, o serviço que conduziu o procedimento deve enviar os documentos previstos na alínea *g*) do nº 1 do artigo 7º à conservatória do registo comercial da área da sede da associação.

3 – O envio previsto no número anterior só ocorre quando não existam condições que garantam o arquivo, em suporte electrónico, daqueles documentos.

4 – A comunicação prevista na alínea *c*) do nº 1 constitui prova suficiente, para efeitos do registo aí referido, do acto constitutivo, dos estatutos e da admissibilidade da denominação da associação.

ARTIGO 13º – Emissão de certidões

1 – As certidões do acto constitutivo e dos estatutos da associação podem ser solicitadas e emitidas em qualquer conservatória do registo comercial, bem como nos serviços a designar por despacho do ministro responsável pela área da justiça.

2 – Para o efeito de emissão das certidões previstas no número anterior, a cópia que seja arquivada em suporte electrónico tem o mesmo valor probatório do original.

ARTIGO 14º – Encargos

1 – Pelo procedimento de constituição de associações regulado na presente lei são devidos encargos relativos:

a) Aos emolumentos previstos no Regulamento Emolumentar dos Registos e do Notariado;

b) Ao imposto do selo, quando devido;

c) Às taxas previstas na tabela de taxas de propriedade industrial para a aquisição do registo de marca, nos casos em que este facto ocorra simultaneamente com a constituição da associação.

2 – O Estado goza de isenção do pagamento das taxas devidas pela prática de actos junto do INPI, I. P., ao abrigo da presente lei.

3 – Sem prejuízo do disposto no artigo 10º, não são devidos quaisquer encargos pela recusa de titulação, procedendo-se nesses casos à devolução de todas as quantias cobradas pelo procedimento de constituição de associações regulado nesta lei.

ARTIGO 15º – Bolsa de denominações e de marcas

1 – A bolsa de firmas criada no âmbito do RNPC e reservadas a favor do Estado nos termos do nº 1 do artigo 15º do Decreto-Lei nº 111/2005, de 8 de Julho, na sua redacção actual, pode ser utilizada para a afectação de denominações às associações a constituir no âmbito da presente lei.

2 – A bolsa de firmas reservadas e marcas registadas a favor do Estado prevista no nº 2 do artigo 15º do Decreto-Lei nº 111/2005, de 8 de Julho, na sua redacção actual, pode ser utilizada para a afectação de denominações e marcas às associações a constituir no âmbito da presente lei.

3 – O disposto nos nºs 3 a 7 do artigo 15º do Decreto-Lei nº 111/2005, de 8 de Julho, na sua redacção actual, é aplicável, com as necessárias adaptações, às denominações e marcas afectas às associações a constituir no âmbito da presente lei.

ARTIGO 16º – Protocolos

Podem ser celebrados protocolos entre o Instituto dos Registos e do Notariado, I. P., e outros serviços, organismos ou outras entidades envolvidas no procedimento de constituição de associações com vista à definição dos procedimentos administrativos de comunicação de dados.

CAPÍTULO II – Alterações legislativas

(Alterações introduzidas nos locais e diplomas próprios)

CAPÍTULO III – Disposições finais e transitórias

ARTIGO 24º – Cadastro das associações

O RNPC promove e organiza o cadastro das associações mediante a sua inscrição no ficheiro central de pessoas colectivas.

ARTIGO 25º – Norma transitória

Até à entrada em vigor do diploma orgânico do Instituto de Registos e Notariado, I. P., as competências atribuídas na presente lei são exercidas pela Direcção-Geral dos Registos e do Notariado.

ARTIGO 26º – Norma revogatória

É revogada a alínea *i*) do artigo 4º-F do Decreto-Lei nº 252/92, de 19 de Novembro, na Redação dada pelo Decreto-Lei nº 213/2001, de 2 de Agosto.

ARTIGO 27º – Entrada em vigor

1 – A presente lei entra em vigor no dia 31 de Outubro de 2007.

2 – O disposto nos artigos 3º e 13º, quanto à emissão da regulamentação aí prevista, entra em vigor no dia seguinte ao da sua publicação.

Aprovada em 28 de Junho de 2007.

O Presidente da Assembleia da República, *Jaime Gama.*

Promulgada em 8 de Agosto de 2007.

Publique-se.

O Presidente da República, ANÍBAL CAVACO SILVA.

Referendada em 16 de Agosto de 2007.

O Primeiro-Ministro, *José Sócrates Carvalho Pinto de Sousa.*

ÍNDICE ANALÍTICO DO CÓDIGO CIVIL

Dispensa

Disposição

Disposições testamentárias

Dissolução

Distribuição

Dívidas dos cônjuges

Dividendos

Divisão

Divórcio

Doação

ÍNDICE-SUMÁRIO

SUMÁRIO